교원 임용 교육학 논술 대비

제1판

한이수 교육학 상

- 서양교육사
- 한국교육사
- 교육심리학
- 생활지도 및 상담
- 교육행정

한이수 편저

박문각

머리말

본 교재는 교사가 되고자 하는 예비 선생님들의 효과적인 교육학 학습을 돕기 위해 만들어졌습니다. 새로운 용어와 낯선 이론, 방대한 학습량은 많은 수험생들에게 큰 부담으로 다가옵니다. 교육학은 단순히 암기하는 데서 끝나는 학문이 아닙니다. 이론을 이해하고, 전후 맥락 속에서 논리적으로 연결하며, 이것을 자신의 언어로 표현할 수 있을 때 비로소 진정한 학습이 이루어집니다.

필자는 효과적인 학습을 위해 다음 세 가지 요소를 중점적으로 고려하며 이 교재를 집필하였습니다.

첫째, 쉬운 이해를 목표로 했습니다. 단순한 요약에 그치지 않고, 이론의 전후 맥락을 함께 살펴볼 수 있도록 구성하여 학습자가 단편적인 지식을 넘어 이론 전반의 흐름과 연결성을 이해할 수 있게 하였습니다. 단순 요약은 보기에는 간편하지만, 강의를 들을 때는 이해가 된 것 같다가도, 교재를 다시 보면 낯설게 느껴지는 상황을 만들 수 있습니다. 이를 방지하기 위해 가능한 한 맥락 중심의 설명과 구성을 통해 학습 부담을 줄이고자 하였습니다.

둘째, 전체 구조 파악이 가능하도록 했습니다. 각 영역마다 마인드맵을 배치해 주요 이론의 흐름과 체계를 한눈에 볼 수 있도록 구성했습니다. 구조를 먼저 파악하면 세부 내용을 학습할 때도 전체적인 맥락 속에서 이해할 수 있어 더 깊고 효과적인 학습이 가능합니다. 특히, 체계가 잡히지 않은 상태에서 지엽적인 내용만 학습하게 되면 '나무만 보고 숲을 보지 못하는' 결과를 초래할 수 있습니다. 실제로 학습 후반기에 이르면, 많은 수험생들이 자신이 알고 있는 내용이 어느 이론이나 영역에 속하는지 몰라 혼란스러워하는 경우가 많습니다. 따라서 학습 초기부터 꾸준히 마인드맵을 활용해 전체 구조를 점검하며 학습하는 것이 중요합니다.

셋째, 주요 이론 중심의 구성을 지향했습니다. 임용시험을 준비하는 수험생이라면 반드시 숙지해야 할 핵심적인 이론을 바탕으로, 기출 경향을 면밀히 분석해 자주 출제되는 내용을 우선적으로 다루었습니다. 여기에 최신 교육적 흐름을 반영하여 현재 교육환경에 적합한 내용을 포함함으로써 단순히 과거의 내용을 답습하는 데 그치지 않고 교사로서의 전문성을 키울 수 있게 하였습니다.

임용시험은 논술문 작성 형태로 이루어집니다. 문제에서 요구하는 답을 효과적으로 작성하기 위해서는 단순 암기를 넘어 이론을 이해하고, 효과적으로 인출하며, 학습한 내용을 자신의 언어로 풀어낼 수 있어야 합니다. 이 교재는 예비 교사들이 이러한 과정을 체계적으로 익힐 수 있도록 돕고자 합니다. 지금 배우고 익히는 교육학 이론은 시험만을 위한 지식이 아니라, 미래에 교단에서 학생들을 가르치고 지도하는 데 있어 소중한 자양분이 될 것입니다.

교육학 학습이 부담이 아닌 성장의 기회로 느껴지기를 바라며, 이 교재가 예비 선생님들에게 든든한 길잡이가 되어 합격이라는 결실로 이어지기를 진심으로 응원합니다.

저자 **한이수** 드림

GUIDE

2014~2025학년도 논술형 출제 영역

	2025	2024	2023	2022	2021	2020	2019	2018	2017	2016	2015 추시	2015	2014 추시	2014
한국교육사														
서양교육사												자유교육		
교육심리			자기효능감				가드너 다중지능 이론			에릭슨, 반두라 (관찰학습)				
생활지도 및 상담													행동수정, 인간중심 상담	
교육철학														
교육사회											교육의 기능 (선발과 배치)		비행이론	문화실조
교육행정	카츠 리더십	학교운영 위원회	관료제	학교 중심 연수 (학교 지원책)	의사결정 모형 (합리, 점증)	스타인호프, 오웬스 학교문화	변혁적 지도성	동료장학	교육기획	비공식 조직	학교 조직의 특성	학습조직	장학 (임상, 동료, 자기 등)	상황적 지도성
교육과정	타일러 합리적 모형	잠재적 교육과정	경험중심 교육과정, 학문중심 교육과정	수직적 연계성, 교육과정 재구성	스나이더 교육과정 실행	영 교육 과정, 중핵 교육과정	타일러: 학습경험 선정원리	워커모형	교육내용 조직원리 (통합성 외)	경험중심 교육과정		백워드 설계	학문중심 교육과정	잠재적 교육과정
교수·학습 및 교육공학	조나센 구성주의 모형	온라인 수업 상호작용	자기조절 학습	딕과캐리 모형, 온라인 수업 (고립감 해소)	온라인 수업토론 게시판	사회적 구성주의, 정착수업, Wiki		PBL	조나센 구성주의 모형		ADDIE 모형	ARCS 모형		협동학습
교육평가와 통계	준거참조 평가	능력참조 평가, 탈목표 평가, 컴퓨터 능력적응 검사	형성평가, 내용 타당도	총평관, 준거참조 평가, 성장참조 평가	자기평가		리커트 척도, 문항내적 합치도	준거참조 평가, 능력참조 평가, 성장참조 평가	내용 타당도	형성평가	준거참조 평가			형성평가

교육학 논술 출제 경향 분석

학년도	형식	영역	내용	문항
2014	대화문	교육과정	잠재적 교육과정	수업에서 소극적으로 행동하는 문제: 잠재적 교육과정 관점에서의 진단
		교육사회	문화실조	수업에서 소극적으로 행동하는 문제: 문화실조 관점에서의 진단
		교수·학습 및 공학	협동학습	협동학습 실행 측면에서의 동기유발 방안 논의
		교육평가	형성평가 활용	형성평가 활용 측면에서의 동기유발 방안 논의
		교육행정	교사 지도성 행동 (허시와 블랜차드)	교사 지도성 행동 측면에서의 동기유발 방안 논의
2014 추시	성찰 일지	교육사회	청소년 비행이론 (차별접촉이론, 낙인이론)	부적응 행동 원인: 청소년 비행이론 관점에서 설명
		생활지도 및 상담	인간중심 상담	적응 향상을 위한 상담: 행동중심 상담, 인간중심 상담 관점에서의 기법 논의
		교육과정	학문중심 교육과정 – 발견학습	수업 효과성: 학문중심 교육과정 이론에 근거한 수업 전략 논의
		교육행정	장학	수업 효과성: 장학 활동
2015	교장연설문	교육사	자유교육	자유교육 관점에서의 교육 목적 논술
		교육과정	백워드 설계모형	교육과정 설계 방식의 특징 3가지
		교수·학습 및 공학	ARCS 모형	학습 동기 향상을 위한 학습 과제 제시 방안 3가지
		교육행정	학습조직	학습조직의 구축 원리 3가지
2015 추시	교장연설문	교육사회	기능론: 학교 교육의 기능	•기능론적 관점에서 학교 교육의 선발·배치의 기능 2가지 •기능론적 관점에서 학교 교육의 선발·배치의 한계 2가지
		교육행정	관료제, 이완조직	•학교 조직의 관료제적 특징 2가지 •이완결합체제적 특징 2가지
		교수·학습 및 공학	ADDIE 모형: 분석, 설계	•일반적 교수체제설계에서 분석 과정의 주요 활동 2가지 •일반적 교수체제설계에서 설계 과정의 주요 활동 2가지
		교육평가	준거참조평가	•준거참조평가의 개념 •준거참조평가의 장점 2가지
2016	표	교육과정	경험중심 교육과정	•'수업 구성'에 나타난 교육과정 유형의 장점 2가지 •'수업 구성'에 나타난 교육과정 유형의 문제점 2가지
		교육평가	형성평가	•김 교사가 실시하려는 평가 유형의 기능 2가지 •김 교사가 실시하려는 평가 유형의 효과적인 시행 전략 2가지
		교육심리	에릭슨: 심리적 유예기 반두라: 관찰학습(모델링)	•에릭슨의 정체성 발달이론에 제시된 개념 1가지(2점) •반두라의 사회인지학습 이론에 제시된 개념 1가지
		교육행정	비공식 조직: 순기능, 역기능	•'학교 내 조직 활동'에 나타난 조직 형태가 학교 조직과 구성원에 미치는 순기능 2가지 •'학교 내 조직 활동'에 나타난 조직 형태가 학교 조직과 구성원에 미치는 역기능 2가지
2017	신문 기사	교육행정	교육기획	•A 교장이 강조하고 있는 교육기획의 개념 •교육기획의 효용성 2가지
		교육과정	내용 조직 원리	•B 교사가 채택하고자 하는 원리 1가지 •그 외 내용 조직의 원리 2가지(연계성 제외)
		교수·학습 및 공학	구성주의: 조나센 CLEs	•C 교사가 실행하려는 구성주의 학습 활동을 위한 학습 지원 도구·자원 2가지 •C 교사가 실행하려는 구성주의 학습 활동을 위한 교수활동 각각 2가지
		교육평가	타당도: 내용 타당도	•D 교사가 고려하고 있는 타당도의 유형 •D 교사가 고려하고 있는 타당도의 개념

교육학 논술 출제 경향 분석

학년도	형식	영역	내용	문항
2018	대화문	교육과정	교육과정 모형: 워커 자연주의적 모형	• 박 교사가 제안하는 워커의 교육과정 개발 모형의 명칭 • 이 모형을 교육과정 개발에 적용하는 이유 3가지
		교수·학습 및 공학	구성주의: 문제중심학습(PBL)	• 박 교사가 언급하는 PBL에서 학습자의 역할 2가지 • PBL에 적합한 문제의 특성과 그 특성이 주는 학습 효과 1가지
		교육평가	준거참조평가, 능력참조평가, 성장참조평가	• 박 교사가 제안하는 평가유형의 명칭과 이 유형에서 개인차에 대한 교육적 해석 1가지 • 김 교사가 제안하는 2가지 평가유형의 개념
		교육행정	장학: 동료장학	• 김 교사가 언급하는 교내장학 유형의 명칭과 개념 • 그 활성화 방안 2가지
2019	성찰 메모	교육심리	지능: 가드너 다중지능이론	• #1과 관련하여 가드너의 다중지능이론 관점에서 A, B학생의 공통적 강점으로 파악된 지능의 명칭과 개념 • 김 교사가 C학생에게 제공할 수 있는 개별 과제와 그 과제가 적절한 이유 각 1가지
		교육과정	타일러: 기회의 원리, 만족의 원리 잠재적 교육과정	• #2와 관련하여 타일러의 학습경험 선정 원리 중 기회의 원리로 첫째 물음을 설명하고 만족의 원리로 둘째 물음을 설명 • 잭슨의 잠재적 교육과정의 개념을 쓰고 그 개념에 근거하여 김 교사가 말하는 '생각하지 못했던 결과'의 예 제시
		교육평가	정의적 특성의 평가: 리커트 척도 신뢰도: 문항내적 합치도	• #3에 언급된 척도법의 명칭과 이 방법을 적용하기 위하여 진술문을 작성할 때 유의할 점 1가지 • 김 교사가 사용할 신뢰도 추정 방법 1가지의 명칭과 개념
		교육행정	지도성: 변혁적 지도성 장학, 전문적 학습 공동체, 학습조직	• #4에 언급된 바스의 지도성의 명칭 • 김 교사가 학교 내에서 동료교사와 함께 이 지도성을 신장할 수 있는 방안 2가지
2020	표	교수·학습 및 공학	구성주의: 사회적 구성주의	• 비고츠키 지식론의 명칭, 이 지식론에서 보는 지식의 성격 1가지 • 교사와 학생의 역할 각각 1가지
		교육과정	영 교육과정, 중핵 교육과정	• '영 교육과정'이 교육내용 선정에 주는 시사점 1가지 • B 교사가 말한 교육내용 조직방식의 명칭과 이 조직방식이 토의식 수업에서 가지는 장점과 단점 각각 1가지
		교수·학습 및 공학	구성주의: 정착수업 위키	• C 교사의 의견에서 제시된 토의식 수업을 설계할 때 활용할 수 있는 정착수업의 원리 2가지 • 위키를 활용할 때 발생할 수 있는 문제점 2가지
		교육행정	스타인호프와 오웬스: 기계문화	• 스타인호프와 오웬스가 분류한 학교문화 유형에 따를 때 D 교사가 우려하는 학교문화 유형의 명칭 • 학교 차원에서 그러한 학교문화를 개선하는 방안 2가지
2021	이메일	교육과정	스나이더 교육실행 관점: 충실도, 생성관점	• 교육과정 운영 관점을 스나이더 외의 분류에 따라 설명할 때, 김 교사가 언급한 자신의 기존 관점의 장점과 단점 각각 1가지 • 새롭게 관심을 가지게 된 관점에서 적합한 교육과정 운영 방안 2가지
		교육평가	자기평가	• 김 교사가 적용하고자 하는 평가 방식이 학생에게 줄 수 있는 교육적 효과 2가지 • 이 평가를 수업에서 실행하는 방안 2가지
		교수·학습 및 공학	온라인 수업	• 김 교사가 온라인 수업을 위해 추가로 파악하고자 하는 학생 특성과 학습 환경의 구체적인 예 각각 1가지 • 김 교사가 하고자 하는 수업에서 토론 게시판을 활용하여 학생을 지원할 수 있는 구체적인 방안 2가지
		교육행정	의사결정 모형: 합리모형, 점증모형	• A안과 B안에 해당하는 의사결정 모형의 단점 각각 1가지 • 김 교사가 B안에 따라 학생들의 요구를 반영하기 위해 제안할 수 있는 구체적인 방안 1가지

학년도	형식	영역	내용	문항
2022	대화문	교육과정	내용 조직원리: 수직적 연계성 교육과정 재구성	• 송 교사가 언급한 교육과정의 수직적 연계성이 학습자 측면에서 갖는 의의 2가지 • 송 교사가 계획하는 교육과정 재구성의 구체적인 방법 2가지
		교육평가	교육평가에 대한 관점: 총평관 준거, 능력, 성장참조평가	• 송 교사가 총평의 관점에서 학생을 진단할 수 있는 실행 방안 2가지 • 송 교사가 활용할 수 있는 평가 결과의 해석 기준 2가지를 각각 그 이유와 함께 제시
		교수·학습 및 공학	딕과 캐리 모형: 교수전략 개발 단계 온라인 수업: 고립감 해소	• 송 교사가 교실 수업을 위해 개발해야 할 교수전략 2가지 제시 • 송 교사가 온라인 수업에서 학생의 고립감 해소를 위해 활용할 수 있는 구체적인 교수학습 활동 2가지를 각각 그에 적합한 테크놀로지와 함께 제시
		교육행정	학교 중심 연수	• 김 교사가 언급한 학교 중심 연수의 종류 1가지 • 학교 중심 연수를 활성화하기 위해 학교 차원에서 지원할 수 있는 구체적인 방안 2가지
2023	분석 결과	교육심리	자기효능감 자기조절학습	• 평가 보고서에서 자기효능감 형성에 영향을 미친다고 분석한 요인에 따른 교수전략 2가지 • 자기조절 과정에서 목표 설정 및 계획 단계 이후의 지원 방안 2가지
		교육평가	형성평가 타당도: 내용 타당도	• 평가 보고서에서 언급한 형성평가를 교사 측면에서 활용할 수 있는 방안 2가지 • 평가 보고서에서 제안한 타당도의 명칭과 이 타당도의 확보 방안 1가지
		교육과정	경험중심 교육과정: 장점 학문중심 교육과정: 내용, 조직	• 평가 보고서에서 학교 교육과정 편성·운영의 만족도를 높인 것으로 분석한 교육과정 이론의 장점 2가지 • 학교 교육과정을 보완하기 위해 제안한 교육과정 이론의 교육내용 선정, 조직 방안 2가지
		교육행정	관료제: 규칙과 규정	• 평가 보고서에서 언급한 관료제 이론의 특징 중 '규칙과 규정'이 학교 조직에 미치는 순기능 2가지 • 평가 보고서에서 언급한 관료제 이론의 특징 중 '규칙과 규정'이 학교 조직에 미치는 역기능 1가지
2024	대화문	교육과정	잠재적 교육과정 (평가: 탈목표 평가)	• 교사 A의 궁금한 점을 설명할 수 있는 교육과정 유형에 근거하여 학습 목표 설정 시 교사가 고려해야 할 점 각 1가지 • 교육내용 구성 시 교사가 고려해야 할 점 각 1가지 • 학생 평가 계획 시 교사가 고려해야 할 점 각 1가지
		교수·학습 및 공학	온라인 수업: 상호작용	• 전문가 C가 언급한 온라인 수업에서 학습자 상호작용의 어려운 점 1가지 • 온라인 수업에서 학습자 상호작용의 유형 3가지와 유형별 서로 다른 기능 각 1가지
		교육평가	대안적 평가: 능력참조평가 컴퓨터 능력적응검사: 특성	• 전문가 E가 학습자 맞춤형 교육을 위해 제시한 평가 유형의 적용과 결과 해석 시 유의점 2가지 • 단순히 컴퓨터를 이용하는 검사 방법과 구별되는 컴퓨터 능력적응검사의 특성 2가지
		교육행정	학교운영위원회	• 전문가 G가 언급한 학교운영위원회의 법적 구성 위원 3주체 • 3주체 위원 구성의 의의 1가지 • 위원으로 학생 참여의 순기능과 역기능 각 1가지
2025	대화문	교육과정	타일러 합리적 모형	• 경력 교사가 언급한 '교육철학'을 교육목표 설정에 적용한 사례를 그 이유와 함께 1가지 • 경력 교사가 언급한 '학습심리학'을 교육목표 설정에 적용한 사례를 이유와 함께 1가지
		교수·학습 및 공학	구성주의: 조나센 CLEs	• 경력 교사가 언급한 '문제'의 특성과 역할 각각 1가지 • 모델링 이외의 교사의 지원 활동 사례 2가지
		교육평가	준거참조평가	• 준거참조평가에서 '준거 설정 방법' 1가지 • 교육평가의 기본 가정 3가지
		교육행정	카츠 리더십 이론	• 경력 교사가 언급한 '이와 관련된 능력'의 명칭 • 동료교사와 관련한 이 능력의 구체적 실천 사례 2가지

논술문 작성 시 유의사항

01 답안지 2면이 초안지와 함께 제공됩니다.
  ❯ 답안지 모든 면에 수험정보를 기입하고, 쪽 번호를 마킹합니다.
  ❯ 초안 작성(개요 작성)은 초안지에 합니다. 초안지는 제출하지 않습니다.

02 답안을 작성하지 않은 빈 답안지에도 수험정보(성명, 수험번호, 쪽 번호 등)를 기재 및 표기합니다.
  ❯ 답안지는 2매 모두 제출합니다(빈 답안지가 있을 경우 포함).

03 답안은 지워지거나 번지지 않는 동일한 종류의 검은색 필기구를 사용합니다.
  ❯ 연필 또는 지워지거나 번지는 펜은 사용할 수 없습니다.

04 답안 수정은 반드시 두 줄(=)을 긋고 수정할 내용을 작성합니다.
  ❯ 수정 테이프나 수정액은 사용할 수 없습니다.

05 답안란 이외의 공란(옆면, 뒷면 등)에 작성한 부분은 채점되지 않습니다.
  ❯ 내용 수정 시에 수정하는 내용이 답안란을 벗어나지 않도록 주의합니다.

06 문항에서 요구하는 내용의 가짓수가 제한된 경우, 요구한 가짓수까지의 답안만 작성합니다.
  ❯ 예를 들어 두 가지를 요구했는데 세 가지를 작성한 경우, 첫 번째와 두 번째 답안만 채점됩니다.

07 답안 내용 이외의 것(답안의 특정 부분을 강조하는 밑줄이나 기호 등)을 표시해서는 안 됩니다.
  ❯ 일반적인 교정 부호는 사용 가능합니다.

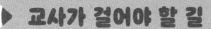

명언으로 되새기는 사명감

훌륭한 교사는 희망을 심어주고, 상상력을 자극하며, 배움에 대한 사랑을 심어준다.

– 브래드 헨리(Brad Henry) –

교육은 세상을 변화시킬 수 있는 가장 강력한 무기이다.

– 넬슨 만델라(Nelson Mandela) –

교사의 손끝에 미래가 달려 있다.

– 헨리 애덤스(Henry Adams) –

미래는 오늘 무엇을 배우느냐에 달려 있다.

– 마하트마 간디(Mahatma Gandhi) –

교육의 뿌리는 쓰지만, 그 열매는 달다.

– 아리스토텔레스(Aristotle) –

교육이 없는 재능은 은행에 넣지 않은 금과 같다.

– 벤자민 프랭클린(Benjamin Franklin) –

한 명의 교사는 1,000권의 책보다 가치가 있다.

– 중국 속담 –

CONTENTS

차례

PART 04 생활지도 및 상담

PART 05 교육행정

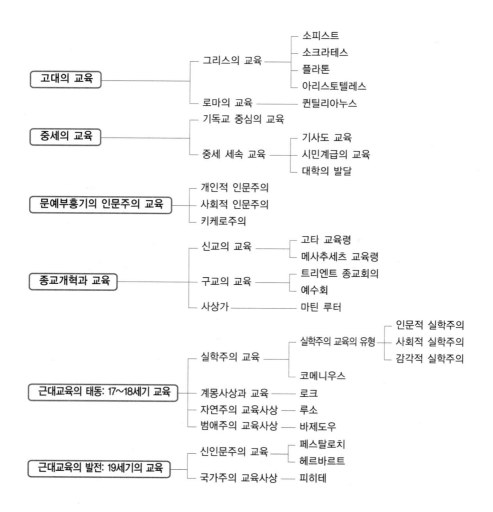

서양교육사

고대의 교육

Chapter 01

01 그리스의 교육

1. 고대 그리스 문화와 교육의 특징

(1) 고대 그리스 사회와 문화

① 고대 그리스는 헬레니즘 문명의 발상지며, 고대 그리스의 교육사상과 교육실제는 현대 유럽 모든 나라의 교육을 형성하는 데 막대한 영향을 미쳤다.

② 고대 그리스라 함은 기원전 2세기 중반까지 현재의 그리스 반도를 중심으로 형성된 사회와 문화를 가리킨다. 하나의 국가가 아니라 아리아족에 속하는 여러 종족들이 각각 독립적으로 세운 수많은 폴리스(polis)들의 집합체이다.

③ 그들은 그리스 반도를 정치 체제를 달리하는 여러 개의 폴리스로 조직하고 서로 경쟁하면서도 공동의 종교적 의식과 올림픽 경기를 통하여 폴리스들을 결속함으로써 부족의 차이를 초월하는 범그리스적인 문화를 형성하였다.

(2) 그리스 문화의 특징

① **휴머니즘의 문화**: 그리스 문화에서 나타나는 두드러진 정신은 인간중심주의, 즉 휴머니즘(humanism)이다. 휴머니즘이란 인간이 인간임을 자각하고 아름답게 사는 것을 제일의 가치로 여기는 삶의 방식을 말한다. 인간을 우주의 중심으로 보고 가장 중요한 존재로 파악하였으며, 신의 세계보다는 인간의 이성과 개성을 존중하였다.

② **조화와 균형의 사회**: 이성적 사고와 신체적 건강 및 아름다움의 가치를 모두 강조한 조화와 균형의 사회였다. 그리스 사회는 인간의 정신능력과 함께 신체적 건강 또한 중요시하였다. 이성적인 사고능력과 신체적 건강을 모두 갖춘 인간이 그리스 시대의 교육적 인간상이었다.

③ **자유로운 공동체 문화**: 고대 그리스는 사상적 자유가 보장되었으며 다양한 생각을 수용하기 위한 토론문화가 발달하였다. 토론에서 중요한 것은 논리적인 언변으로 상대방을 설득하는 것이므로 웅변이 그리스 사회의 중요한 생존 기술로 등장하게 되었다. 그리스 사회에서 인정받고자 하는 사람은 누구나 자신의 생각을 논리적으로 표현하는 수단인 웅변술과 수사법을 공부하게 되었다.

(3) **그리스 교육의 특징** 중등 09

① 인문주의적 특성 : 개인의 가치를 존중하고 개인의 자유로운 발달을 추구하였다. 인간성의 조화
로운 발달을 추구하였으며, 인간에게 천부적으로 주어진 본성을 긍정하고 전인적인 인간의 형
성을 교육의 목표로 추구하였다.

② 자유교육의 중시 중등 15 논술

㉠ 그리스의 자유교육은 자유시민으로서의 자유를 누리고 선용하는 능력을 기르기 위한 교육
이었다. 정치적 자유, 지적 자유, 도덕적 자유, 예술적 표현의 자유를 중요하게 여겼다. 그리
고 이러한 자유교육은 실제적 목적에서가 아니라 지식 그 자체의 가치를 목적으로 한 교육
을 뜻한다. 따라서 현대의 '교양교육'이나 '일반교육'과 같은 맥락을 지닌다.

㉡ 그리스의 자유교육 사상은 강한 귀족주의적 성격을 띠고 있었다. 그리스의 자유시민은 다수
의 노예와 피정복민 위에 군림하는 소수의 특권계급이었다. 노예에게는 여가가 없었던 것에
반해, 그리스의 자유시민은 생산이나 직업 활동으로부터 해방되어 문학이나 예술, 정치적 담
론으로 한가롭게 보낸 유한계급이었다.

㉢ 그리스 자유교육의 또 한 가지 특징으로는 이성주의 혹은 주지주의를 들 수 있다. 그리스인
은 최초로 이성적 존재로서의 인간관을 표방하였으며, 지혜 있는 인간을 이상적 인간으로
간주하였다.

㉣ 교육에 있어 개인의 전인적 완성을 중시하되 공동체의 일원으로서의 개인을 강조하였다. 그
리스의 개인은 모두 공동체의 일원으로서의 개인이었다. 따라서 교육의 목적은 개인의 교육
이 아니라 사회의 일원으로서의 교육, 즉 시민으로서의 교육을 강조하였다.

2. 스파르타의 교육

(1) **개요**

① 스파르타는 북방에서 이주해 온 도리아(Doria)족이 세운 도시국가로 귀족, 평민, 노예의 3계급
으로 구성되었다. 도리아족의 민족성은 호전적이었기 때문에 전쟁을 좋아하고 타민족을 무력으
로 정복하고자 하였다.

② 그들이 강력한 힘을 바탕으로 국방국가를 건설한 데는 다음 두 가지의 이유가 있다.

㉠ 스파르타의 토양이 척박하여 자급자족을 할 수 없었다. 따라서 다른 민족을 정복하여 생필품
을 조달할 수밖에 없었다.

㉡ 스파르타인들이 다른 민족을 정복하는 과정에서 노예의 수가 자국민의 수보다 20배나 많았
다. 신변의 위협을 느낀 스파르타인들은 자연히 강력한 군사력을 바탕으로 하는 국방국가를
건설할 수밖에 없었다.

(2) **교육의 목적**

이상적인 군인을 양성하는 것으로 국가를 위해 몸과 마음을 바치는 용맹한 병사가 되는 것이다.

(3) 단계별 교육

① 국가가 출생, 양육, 군대생활, 결혼 등을 구체적으로 관리하였다.

② 아이가 태어나면 국립검사장에서 국가 관리로부터 건강진단을 받는다. 진단 결과 아이가 허약하거나 불구인 경우에는 동굴에 버려 죽게 하거나 노예들이 데려다 키우게 내버려 두었다.

0~7세	부모 밑에서 가정교육을 받는다. 이 시기를 '어머니의 아들 시대'라고 한다.
7~17세	국가의 공동 교육장에 입소하여 공동생활을 하게 되며 17세까지 국가 교육감독관 밑에서 체벌과 엄격한 군대식 공동훈련을 받는다. 이 시기를 '나라의 아들 시대'라고 한다.
18~20세	본격적인 군사 훈련을 받는다.
20~30세	현역군인으로서 실전에 참가하게 된다.
30세 이후	군생활을 마치고 성인으로서 시민권을 얻고 결혼이 허락된다.

(4) 교육내용

① 체육과 음악이었다. 신체적 도야의 수단으로 체육과 정신적 도야의 수단으로 음악이 중시되었는데 전체적으로 신체적·도덕적 훈련의 수단으로 해석된다.

② 지적 교육으로 리쿠르구스 법전과 호머(Homer)의 시를 암송하였다.

③ 일상생활에 최소한으로 필요한 3R's(reading, writing, arithmetic)와 군대음악을 가르쳤다.

(5) 스파르타 교육의 특징

① 개인의 출생과 양육·결혼까지도 국가가 간섭하고 통제하였으며, 훌륭한 시민이란 강인한 신체를 가진 군인이었다.

② 현대 교육의 관점에서 보면 스파르타의 교육은 인간다운 인간을 길러낸다는 교육 본래의 이념과는 거리가 멀다는 점에서 교육이라기보다는 '훈련'이라고 부르는 것이 적절하다.

③ 여성교육을 반대한 아테네와 달리 스파르타에서는 여성을 나약한 존재로 보지 않고 강인한 체력을 소유하고 남성과 동일한 조건의 훈련을 받는 국가의 일원으로 간주하였다. 여성을 교육시키는 목적은 건강한 아이의 출산을 위한 신체 단련으로 교육보다 훈련에 가까운 것이었다.

3. 아테네의 교육

(1) 개요

① 아테네는 이오니아(Ionia)족이 아티카(Attica)에 세운 폴리스로서 스파르타와는 대조적으로 법과 정의가 지배하는 창의적이고 개방적인 도시국가였다.

② 아테네 교육의 기초는 6~7세기경 솔론 법(Solon, B.C. 640~558)에 의하여 확립되었다. 이 법에 의하면 아테네의 교육은 국가주의적이면서도 사적이었고 자유로웠다.

③ 아테네의 교육은 행동의 인간보다 지혜의 인간을 더욱 강조하였으며, 개인의 자유를 인정하고 신체와 정신이 조화를 이루어 개인의 균형 있는 발달을 도모하는 데 그 목적을 두었다. 즉, 아테네의 교육은 개성을 전면적으로 발전시켜 개인의 교양을 쌓아 자유시민으로서의 자기책임을 완수할 수 있는 인간을 길러내고자 하였다.

④ 원래 영어의 학교(school)라는 말의 어원이 여가 또는 한가함을 뜻하는 그리스어 스콜레(schole)이며, 생업에 종사할 필요가 없이 여가가 있는 자유인들이 선미로운 인간의 생활과 교양을 위한 지식을 추구하는 곳이었다. 따라서 아테네의 교육은 노예들에게 기회가 주어지지 않았으며 자유시민들의 전유물이었다.

(2) 교육목적과 내용

① 교육목적은 조화롭고 균형 잡힌 인간의 양성이었으며, 이에 따라 자유로운 시민을 양성하기 위한 '교양교육(liberal education)'이 그 내용이 되었다.

② 교양교육

    ㉠ 교양의 학습을 통해 사고의 힘을 기르고 이성적인 안목으로 세상을 이해하고자 하는 교육이다.

    ㉡ 교양교육을 위한 그리스 시대의 대표적인 교과는 '7자유학과(seven liberal arts)'이다.

        • 3학(trivium) : 언어적 능력을 기르기 위한 교과 - 문법, 수사, 논리

        • 4과(quadrivium) : 교양교과 - 산수, 기하, 천문, 음악

    ㉢ 이 교과들은 이후 서양교육의 핵심교과가 되었다. 아테네의 교양교육은 전인적 인간양성을 위한 인격교육의 한 방편으로 볼 수 있다.

(3) 교육내용 및 단계

0~7세	주로 가정에서 교육을 받았다. 신체적 도야, 신화 및 역사 이야기를 듣고 독립정신을 기르도록 하였다.
8~16세	두 종류의 학교에서 교육을 받았는데, 하나는 음악학교이며 다른 하나는 체육학교였다. 소년들은 노예인 교복(paidagogos)을 따라 학교에 갔다. 오전에는 체육학교에서 오종경기에 속하는 넓이뛰기, 경주, 씨름, 원반던지기, 투창 등을 통해 신체를 단련하였으며, 오후에는 음악학교에서 독(讀), 서(書), 산(算), 시(詩), 음악을 통해 정신적 아름다움을 배웠다.
16~18세	지식교육과 신체교육이 동시에 이루어졌다. 지식교육은 주로 소피스트들과 접촉함으로써, 신체교육은 공립 체육관에 나가 전문적인 체육교육을 받음으로써 이루어졌다.
18~20세	시민으로 등록하고 군에서 훈련을 받은 후 만 20세가 되면 완전한 시민으로서의 특권을 얻어 정치활동에 참여하고 자유로운 생활을 누릴 수 있었다.

(4) 아테네 교육의 특징

① 원만하고 조화로운 도야의 이상이다. 도시국가의 훌륭한 시민임과 동시에 인간으로서의 고상하고 우아한 교양을 몸에 지니는 것을 이상으로 삼았다.

② 도야의 이상을 실현하기 위한 교육내용은 다면적이었다. 체육을 단순한 군사적인 목적으로만 종속시키지 않고, 미적 · 도덕적 목적도 함께 지향하였다.

③ 아테네의 국민교육은 국가가 통제하지 않고 개인의 자각과 자유에 의해 이루어져야 한다는 것을 원칙으로 삼았다.

④ 아테네의 여성 교육은 현모양처를 양성하는 것으로 가정에서 가사, 재봉 등의 가사학습을 중시하였다. 여성을 위한 제도적 교육기관은 없었으며, 교육은 남자에게만 기회가 주어졌다.

4. 아테네와 스파르타의 차이

① 스파르타의 정치는 전체주의적인 경향이 강했고, 아테네의 정치는 개인주의적 경향이 우세하였다.

② 스파르타인들은 엄격하고 근엄한 것을 좋아했고, 아테네 사람들은 우아하고 세련된 것을 좋아했다.

③ 스파르타와 아테네의 정치사상의 근본적 차이는 집단주의와 개인주의로 대비할 수 있다. 즉, 모든 권리와 행복이란 전체에 대한 절대적인 복종에 의해서만 가능하다고 믿는 것이 스파르타의 정치사상이라면, 아테네의 정치사상은 전체에의 복종이 개성적 목적 달성을 위한 수단이라고 본다. 그러나 아테네의 정치사상이 개체에 치중하고 개인주의적이었다고 해도 그것이 반국가적인 것은 아니었으며, 모든 것이 국가 밑에서의 자유이며 또한 국가 밑에서의 개성을 주장하는 것이었다.

5. 교육사상가

(1) **소피스트(Sophist)** 중등 03

① 소피스트는 원래 지자(知者) 또는 현자(賢者)를 가리키는 말로, 어느 방면에 탁월한 사람에게 부여된 존칭이었으나 페르시아 전쟁 이후, 직업교사를 지칭하게 되었다.

② 소피스트들은 진리의 기준을 절대적이거나 불변의 것에서 찾지 않았다. 진리란 상황에 따라 구성되며 다양한 기준에 따라 달라질 수 있다고 보았다. 소피스트의 대표적 학자인 프로타고라스는 '인간은 만물의 척도'라 주장하며 인간의 감각에 의해 파악된 세계가 곧 인간에게 의미 있는 세계라 주장하였다.

③ 소피스트의 교육목적은 각 개인으로 하여금 변화하는 사회적 조건에 적응하여 입신출세함은 물론이고 개인의 인격적 향상을 확보하는 데 있었다. 따라서 절대적 진리를 탐구하거나 학문을 연구하는 것보다 입신양명에 필요한 실제적이고 기술적인 지식을 가르치는 일을 주된 관심으로 삼았다.

④ 소피스트들은 토론과 정치적 언쟁에서 이기기 위해 논리학을 중요한 교육내용으로 생각하였다. 구체적으로 문법, 수사, 웅변술 등을 포함한다. 이들의 교육내용은 실질적인 사회생활에 기여할 수 있고 현실의 삶을 통해 그 유용성이 검증되는 것이었다. 따라서 그들은 사회적으로 활용되는 교육내용을 상품화하여 판매하는 직업교사의 역할을 담당하였다.

(2) **소크라테스(Socrates, B.C. 469~399)** 중등 08, 초등 03 · 06 · 07 · 09 · 11

① 소크라테스는 소피스트의 한 사람인 프로타고라스의 인본주의적 명제인 '인간은 만물의 척도'를 자신의 철학적 출발점으로 삼고 무엇보다도 인간 자신을 알기 위해 노력하였다. 그러나 소피스트들의 극단적 상대주의적 지식추구보다는 확실한 진리를 찾아내려고 노력하였다. 소크라테스는 진리를 깨우치려 하였고 진리에 이르는 길을 제시함으로써 보편적(절대적) 개념을 추구하려 하였다.

② 그는 델포이 신전에 적혀있는 '너 자신을 알라'는 말의 뜻을 파악하고자 당시 평판이 높았던 현자들을 찾아갔다. 그러나 그들은 모두 소크라테스 앞에서 자신들의 무지를 드러냈다. 그 결과

소크라테스는 '너 자신을 알라'는 말은 결국은 자신의 무지를 지각하는 것이며, 진정한 현자야 말로 무지의 자각자임을 확신하게 되었다.

③ 교육목적

㉠ 소크라테스가 청년들에게 가르치고자 한 것은 스스로를 성찰하는 방법이었다.

㉡ 교육의 목적은 입신출세하는 데 있는 것이 아니라 영원불변의 보편적 진리와 가치를 보는 능력, 즉 이성의 힘을 키우는 데 있는 것이다. 소크라테스는 이를 '영혼을 살찌우는 일'이라 고 하였다.

④ 소크라테스는 인간의 고유한 본성에 일치하는 삶이 선한 삶이며 덕스럽게 사는 것이라고 주장 하였다. 이러한 과정이 '덕'에 이르는 것이며 소크라테스에 있어서 지식은 곧 선이며 선은 곧 덕이 됨으로써 지행합일이 되는 것이다.

⑤ 소크라테스에게 덕은 지식과 동일한 의미이다. 소크라테스의 앎은 단순한 지식의 획득이 아니 라 보편적인 진리에 대한 인식을 의미하며, 이는 행위를 수반할 수밖에 없는 실천적 앎이다. 그 는 지식의 보편타당성을 주장하며, 다음과 같은 논리를 전개한다.

㉠ 옳음을 아는 것은 그것을 행하는 것과 같다.

㉡ 지식은 덕이다.

⑥ 교육방법 : 문답법(대화법)

㉠ 소크라테스는 문답법이라는 독특한 교육방법을 창안하였다. 교사가 학생에게 무엇을 가르쳐 주는 것이 아니라 질문을 던짐으로써 학생으로 하여금 스스로 생각해 보고 진리를 탐색하게 하는 방법이었다.

㉡ 문답법은 '반어법'과 '산파술'이라는 두 단계로 구성되어 있다.

반어법 (무의식적인 무지 → 의식적인 무지)	자신의 잘못된 주장이나 신념을 깨닫게 하기 위해 사용한 방법으로 여 러 가지 질문을 통해 상대로 하여금 지식의 그릇됨을 알고 스스로 무지 를 깨우치게 하는 것이다.
산파법 (무지의 자각 → 참다운 지식, 보편타당한 지식, 합리적 진리)	지식을 전달하거나 주입하는 대신에 질문을 통해 스스로 새로운 지식을 얻게 하는 방법으로 참된 진리를 끌어내고 스스로 생산적 사고를 출산 하도록 하는 것이다. 소크라테스는 "가르치는 작업이란 마치 조산원이 산모의 출산을 돕듯이, 교사가 학습자 내부 깊숙한 곳에 숨어있는 지식, 기능을 이끌어 내어 회 상하게 하는 과정"이라고 보았다.

(3) 플라톤(Platon, B.C. 427~347) 중등 04, 초등 00 · 05 · 10 · 12

① 교육을 통한 철인정치의 이상을 꿈꾸었던 플라톤은 소크라테스의 제자이며, 교육을 국가주의적 관점에서 논하였다.

② 교육목적

㉠ 모든 시민이 똑같이 행복을 누릴 수 있는 사회를 건설하고, 사회적으로 행복한 인간을 양성 하는 것이다. 각자의 올바른 본분을 자각시키기 위해 교육이 필요하며 각 개인으로 하여금 각자의 능력과 재능에 따라 자신이 맡은 일을 수행하여 그 능력을 충분히 발휘할 수 있도록 하는 것이다.

      ⓵ 국가를 위해 유능한 인간을 양성하는 것이며 플라톤이 대화체로 쓴 『메논』, 『향연』, 『국가론』, 『프로타고라스』 등은 모두 교육의 목적과 제도와 내용과 방법에 관한 책들이다.

      ⓒ 교육의 궁극적인 목표는 불변하는 보편적이고 절대적인 진리인 이데아를 인식하는 것이다.

③ 이데아(idea)론

      ㉠ 플라톤은 세계를 이원론적 관점에서 이데아(idea)의 세계와 현상(現象)의 세계로 구분하였다.

      ㉡ 이데아의 세계는 초감각적·초경험의 세계로 불변하는 반면, 현상의 세계는 감각적·경험적 세계로 늘 변화하는 세계이다. 우리가 추구하는 보편적이고 절대적이며 영원한 진리란 이데아의 세계에 존재하는 것이지 현상의 세계에 존재하는 것이 아니라고 믿었다.

      ㉢ 플라톤은 진리란 감각을 통해서가 아니라 이성을 통해 인식할 수 있다고 보았다. 왜냐하면 사물을 인식하는 감각기관 자체가 불완전하며, 매일 같이 보고 듣고 만지는 것은 시간이 지나면 시시각각 변화하기 때문에 믿을 만한 것이 못 된다고 생각하였다.

      ㉣ 현상의 세계보다 관념의 세계를 중시하였다는 점에서 관념론자이며, 현실세계보다는 이상세계를 더 중시하였다는 점에서 이상론자였다.

      ㉤ 그의 관념론적인 생각들은 교육관에도 그대로 반영되었다. 플라톤은 교육의 사명이란 학생을 현상의 세계로 안내하는 것이 아니라 이상세계, 즉 진리의 세계로 안내하는 것이라고 생각하였다.

      ㉥ 학생이 무지의 세계에서 진리의 세계로 나아가도록 하기 위해서는 감각을 훈련시킬 것이 아니라 이성적 능력을 계발해야 한다고 생각하였다. 이런 이유로 그는 신체교육보다는 정신교육을 중시하였으며, 감각교육보다는 이성의 연마를 중시하였다.

④ 이상국가론

      ㉠ 플라톤의 정치사상이 가장 잘 나타난 저작은 『국가론(Republic)』이다. 그는 이 책에서 그 당시의 민주정치가 낳은 폐해들을 비판하면서 모든 사람들의 정의(正義: justice)가 실현될 수 있는 이상국가의 모습을 그렸다.

      ㉡ 플라톤이 그린 이상국가 안에는 세 계급이 존재한다. 또한 인간의 본성, 즉 정신적인 의식구조는 욕망, 의지, 이성이라는 세 가지 요소로 구성되어 있다고 보았다.

제1계급	통치자 ⓞ (이성) 지혜(智慧)의 덕을 가지고 정치하는 일에 전념한다.
제2계급	수호자(군인) ⓞ (의지) 용기(勇氣)의 덕을 가지고 국방을 수호하는 일에 전념한다.
제3계급	생산자(노동자) ⓞ (욕망) 절제(節制)의 덕을 가지고 생업에만 전념한다.

      ㉢ 세 계급에 속하는 각 개인이 자신의 직분과 역할을 충실하게 수행할 때 비로소 개인적 정의뿐 아니라 사회적 정의가 실현될 수 있다고 보았다.

      ㉣ 국가의 세 계급 중에서 통치계급과 군인계급에는 교육이 필요하지만 제3계급인 서민계급에 대해서는 기초교육 이외의 교육이 필요하지 않다고 주장하였다.

⑤ 철인 통치자 교육론

      ㉠ 플라톤은 교육을 통해 이상사회를 실현할 수 있다고 확신하였다. 서민교육, 대중교육보다는 귀족교육, 철인교육에 관심을 가지고 있었다.

      ㉡ 특히 그는 철인교육에 관심을 기울였는데 그것은 지혜를 사랑하는 사람이 나라를 다스릴 때 국가의 정의가 가장 잘 실현될 수 있다고 생각하였기 때문이다.

ⓒ 플라톤은 출생 시에는 통치자가 될 만한 자질이 있는지를 알지 못하기 때문에 교육을 맡고 있는 통치자는 언제나 철학자의 본성을 가진 아이가 누구인가를 예의 주시해서 관찰해야 한다고 생각하였다.

② 단계별 교육과정

0~6세	동화와 신화를 가르쳐 심신의 발달을 꾀한다.
7~17세	7~15세까지는 체조, 음악, 3R's를, 16~17세까지는 수학, 천문학을 가르친다.
18~20세	주로 체육을 통하여 신체의 단련과 군사 훈련을 하며 여기서 성적이 낮으면 다음 단계의 교육을 받지 못하고 생산에 종사하게 된다.
20~30세	산수, 음악, 기하, 천문학을 공부한다. 여기서 성적이 낮으면 군인계급에 머무르게 된다.
30~35세	변증법, 형이상학 등 최고의 교육을 부여한다.
35~50세	실천과 실험의 연구가로서 군사와 정치에 참여하여 실제 경험을 쌓게 되면 50세에 철인으로서 정권을 잡게 된다.

⑥ 교육방법 : 소크라테스의 대화법은 플라톤에 의해 변증법으로 다듬어진다. 플라톤은 타인 또는 자기 자신과의 대화를 통해서 참된 지식에 도달하는 것은 수사학이 아니라 변증법이라고 생각하였으며 소크라테스가 제시한 산파술에 대해서는 상기설을 주장하였다.

ⓐ 변증법(辨證法) : 인간의 감각에 의존하지 않고 논증, 대화와 토론을 통해 이데아를 추구하는 것으로 이데아를 직접 파악하기 위해 계속 노력할 때 가지계(인간의 이성으로 인지)의 궁극에 이르게 된다는 것이다.

ⓑ 상기설(想起說) : 이미 알고 있던 것을 상기하는 것이지 결코 새로운 인식은 아니라는 것을 뜻한다.

⑦ 플라톤의 교사론 : 플라톤의 교사론은 동굴의 비유로 설명될 수 있다. 동굴에 빛을 등지고 앉아 어둠의 벽면을 통해 오로지 그림자의 세계만 보고 있는 죄수들처럼 현실의 사람들은 늘 허상을 진실이라고 인식하고 있다. 진리를 인식한다는 것은 동굴 속에서 바깥세계의 태양을 보는 것처럼 어려운 일이다. 우연한 계기로 태양을 볼 수 있었던 죄수는 다시 동굴로 돌아와 어리석은 자들이 깨칠 수 있도록 도와주어야 한다. 그림자를 보고 진실이라고 믿는 사람들에게 태양의 세계가 있고 그들이 본 것이 허상이라고 주장하는 것은 어려운 일이다. 그러나 어려운 과정을 통해 진리인 이데아를 볼 수 있게 하는 역할을 하는 것이 교사이다.

⑧ 의의

ⓐ 여성교육을 허용하였다.

ⓑ 체계적인 공교육론을 주장하였다.

⑨ 비판

ⓐ 특정 계급에만 해당되는 소수의 엘리트 교육이다.

ⓑ 서민계급의 교육기회를 제한하고, 교육의 기회균등을 무시하였다.

(4) **아리스토텔레스(Aristoteles, B.C. 384~322)** 중등 02 · 08 · 10 · 11 · 12, 초등 10

① 18세 때 플라톤의 아카데미아(Akademia)에 입학하여 약 20년간 수학한 아리스토텔레스는 플라톤의 제자이면서도 플라톤의 지나친 이상주의적 관념을 배격하고 존재의 기반을 사물세계로 끌어내렸다.

② 자신의 학교 리케이온(Lykeion 혹은 Lyceum)을 건립하여 많은 후학을 길러냈으며 이곳을 학문의 요람으로 만들었다. 그와 제자들은 고정된 교실 안에서 배우고 가르친 것이 아니라 광장, 회랑, 숲과 들을 거닐면서 학문적 대화를 나누었기 때문에 소요학파(逍遙學派)라는 명칭을 가지게 되었다.

③ 실재론(realism)

　㉠ 플라톤이 이데아의 세계가 따로 있다고 본 반면, 아리스토텔레스는 사물의 본질은 사물을 떠나서는 존재할 수 없으며 개개의 사물에 내재한다고 보았다.

　㉡ 실재론은 세계는 인간의 마음으로부터 독립하여 그 자체의 법칙에 따라 존재하며 발전한다고 본다. 실재주의에서는 절대 정신이 아니라 물질세계를 관찰하여 법칙을 객관적 인식에 의하여 발견할 수 있다고 여기며 과학적으로 증명된 것이 지식이라고 주장한다.

　㉢ 이러한 사고는 중세의 스콜라 철학의 기초가 된다.

　㉣ 아리스토텔레스에 의하면 모든 사물은 형상과 질료로 구성된다.

　　• **형상(form)** : 실재성 또는 현실태를 말한다. 플라톤이 말하는 이데아이다.

　　• **질료(matter)** : 형상이 될 수 있는 잠재성 또는 가능태를 말한다. 플라톤이 말하는 현상계의 물질이다.

　㉤ 플라톤은 실재가 관념 또는 형상으로 구성되고 물질은 다만 이 형상의 불완전한 표현이라고 생각하였으나, 아리스토텔레스는 형상이라는 것은 물질을 떠나 독립하여 있는 실체가 아니라 언제나 물질에 내재하며 물질을 통해서만 그 존재를 나타내는 것이라고 하였다.

④ 목적론적 세계관

　㉠ 아리스토텔레스는 모든 사물들이 그 자체에 형상과 질료의 속성을 가지면서 어떤 방향으로 변화해 간다고 보았다.

　㉡ 모든 사물들은 그 자체의 목적을 가지면서도 다른 목적을 실현하기 위해 끊임없이 움직여 나간다는 목적론적 세계관을 주장하였다.

　㉢ 인간 역시 어떤 고유한 목적을 실현하기 위해 살아가는 존재로 보았다.

　㉣ 그는 이러한 목적을 실현한 상태를 '자아실현(self-realization)'이라고 불렀다.

⑤ 교육목적

　㉠ **인생최고의 목적으로서의 행복**

　　• 아리스토텔레스는 교육의 목적을 행복한 생활을 영위할 수 있는 인간의 육성에 두고 있으며, 행복을 최고선이라고 보았다. 행복은 이성의 합리적 행동, 즉 덕에 의해서만 얻어진다고 주장한다.

　　• 국가는 국민을 유덕하게 하기 위해 교육기관을 설립하여 교육하지 않으면 안 된다고 보았다. 즉, 아리스토텔레스 역시 플라톤과 같이 국가주의 교육을 주장하고 있다.

ⓛ 시민양성
- 교육은 훌륭한 시민을 양성함으로써 국가의 복지를 보장한다는 실제적 목적을 갖는다.
- 인간의 고유한 덕은 사회적 관계 속에서 성취될 수 있는 것이므로 교육은 인간 개인의 행복을 위해서나 국가의 행복을 위해서나 시민으로서의 실제적 의무를 수행하는 데 적합한 사람을 길러내야 한다.
ⓒ 진리를 명상할 수 있는 관조적인 삶의 실천 : 교육의 궁극적인 목적은 일상의 실제적 문제를 다소 해결하고 난 뒤에 영혼이 신의 모습을 보고 거기서 최상의 행복을 맛볼 수 있도록 여가를 올바르게 누리는 사변적인 삶을 사는 데 있다.

⑥ 교육사상
ⓐ 아리스토텔레스는 인생의 궁극적인 목적을 '행복'이라고 보았다.
ⓑ 그는 인간이 이성적 생활을 하는 것이 행복이라 보았다. 그러나 인간에게는 이성적인 부분뿐만 아니라 비이성적인 부분도 있으므로 비이성적인 부분을 어떻게 이성적인 부분으로 조절하느냐는 것이 행복을 결정짓는 것이다. 그는 이러한 것을 덕(virtue)라고 하였으며, 중용의 덕을 가장 강조하였다.
ⓒ 행복에 이르기 위해서는 지적 탁월성과 도덕적 탁월성을 통해 중용(中庸)의 덕을 길러야 한다고 생각하였다. 그가 말하는 중용이란 우리들의 마음이 어느 한쪽으로 기울어지지 않은 상태를 말하는 것이다. 그에게 있어 중용의 의미는 두 개의 극단을 피하여 성취되는 조화와 균형을 뜻하는 것이다.
ⓓ 그는 중용의 덕으로서 용기와 절제 등을 들었다. 용기가 지나치면 만용을 부리게 되고, 부족하면 비겁해진다. 또 절제가 지나치면 인색해지며, 절제하는 마음이 부족하면 낭비하거나 남용하게 된다.
ⓔ 아리스토텔레스가 제시한 교육목적은 지적 탁월성과 도덕적 탁월성의 연마를 통해 행복에 이르도록 하는 것이었다.
- 지적 탁월성 : 지혜, 이해 등으로 체계적인 교수(敎授)에 의해 길러질 수 있다고 보았다. 오랜 경험과 시간을 필요로 한다.
- 도덕적 탁월성 : 너그러움, 절제심 등으로 습관을 통해 길러진다고 보았다. 오직 연습에 의해서 획득될 수 있다.
ⓕ 이 두 가지 탁월성이 조화를 이룰 때 비로소 행복해질 수 있다고 보았다. 그러나 많은 이들이 지적 탁월성을 획득하였음에도 불구하고 도덕적 탁월성을 성취하지 못하고 있다. 그는 실천의지의 중요성을 강조하였다. 아무리 많이 안다고 할지라도 그것을 행동으로 옮기지 못하는 것은 실천의지가 부족하기 때문이라고 통찰하였다.
⑦ 교육의 3요소 : 교육의 3요소는 자연적 요소(본성), 습관, 이성이다.
⑧ 교육의 단계
ⓐ 인간에게는 육체와 영혼이 있으며, 영혼에는 비이성적인 부분과 이성적인 부분이 있다. 이 세 부분은 발달하는 시기가 다르므로 개인의 발달은 세 단계로 구분되어 일어난다.

신체교육	좋은 신체적 조건을 갖추게 하기 위한 체력훈련과 무기사용법이나 전투동작을 익히는 군사훈련이다. ⊙ 초등교육에서는 육체적·도덕적 습관 형성을 주장한다.
인격교육	좋은 습관을 형성시켜 주는 것을 말한다. 이성은 나이가 들어야 나타나지만 욕망은 태어날 때부터 가지고 있기 때문에 이성보다 먼저 습관을 훈련해야 한다. ⊙ 중등교육에서는 체육, 음악, 그림 등을 통한 정서의 훈련을 강조한다.
지력교육	이성을 훈련하는 것이다. 신체교육이 좋은 신체적 조건을 갖추게 하기 위한 것이고, 인격교육이 좋은 습관을 기르기 위한 것이라면, 지력교육은 인간의 영혼을 신적인 경지로 고양하기 위한 것이다. ⊙ 고등교육에서는 수학, 논리, 과학 등을 통해 시민적 훈련과 이성의 계발을 주장한다.

ⓒ 사변적인 삶을 온전하게 누리는 것은 오직 신만 할 수 있는 일이지만, 인간은 이성을 사용함으로써 자신의 삶을 신의 경지로 고양할 수 있다. 그것은 인간으로서 완전한 행복을 누리는 길이다.

⑨ 교육적 특징
　⊙ 도덕적 습관의 훈련과 이성적 능력의 계발에 초점을 두고 있다.
　ⓒ 국가주의적·귀족주의적 교육을 주장하였으며, 여성교육에 대해서는 무시하였다.
　ⓒ 자유교육의 이념을 이론화하였다. 이성을 훈련하기 위해서는 지식을 추구해야 하며, 실용적인 목적을 떠나 오직 진리 자체를 목적으로 추구해야 한다고 보았다. 지식교육을 통한 이성의 훈련과 실현을 강조한 아리스토텔레스에 의해 자유교육의 이념이 확립되었다.

02　로마의 교육

1. 로마의 문화

① 그리스를 이어 독특한 문화를 발전시킨 국가는 로마(Rome)이다. 로마는 처음 이탈리아 반도의 티베리스(지금의 테베레)강의 언덕 위에 세워진 조그마한 도시국가였으나 B.C. 275년 이탈리아 반도를 통일하고 대제국을 건설하였다. 로마는 원래 왕정을 행하였던 도시국가였으나 공화정을 거쳐 제정시대로 발전하였다.

② 로마 문화의 원천은 그리스 문화에 바탕을 둔다. 그래서 사람들은 비록 로마가 그리스를 군사적으로 정복하였지만 그리스는 로마를 정신적으로 지배하고 있다고 말한다.

③ 로마인은 그리스인들과는 달리 모방능력이 뛰어나고 실제적이고 공리적인 성향이 강하였다. 그리스인들이 사변적이고, 철학적이며, 예술적인 성향이 강하였다면 로마인은 현실적이고 실제적이고 때론 세속적 성향이 강하였다. 이러한 민족성 때문에 그들은 사색을 기초로 하는 철학보다는 실제 생활에 필요한 지식과 기술을 중시하였다. 그들은 군대의 조직·운영, 토목 및 건축공사, 그리고 법의 제정 및 시행에 뛰어난 능력을 발휘하였다.

④ 로마사회는 일찍부터 법률사상과 법이 발달하였다. 식민지 정복으로 제국의 영토가 넓어지고 노예의 수가 많아짐에 따라 계급투쟁이 상존하고 있었으므로 조직적이고 강력한 법이 요구되었다. 12동판법을 비롯하여 시민법과 만민법이 발달하였다.

  ㉠ 12동판법(law of twelve tables): 귀족의 관습법의 악용으로부터 평민을 보호하기 위한 성문법으로 ⅰ) 자식에 대한 부모의 권리, ⅱ) 처에 대한 남편의 권리, ⅲ) 노예에 대한 주인의 권리, ⅳ) 자유민 상호 간의 계약에 관한 권리, ⅴ) 소유권에 대한 것 등이 있다.

  ㉡ 시민법: 개별국가나 특정 공동 사회에 적용되는 헌법 내지 공동체 법이다.

  ㉢ 만민법: 국가 간의 법 내지 국제법으로 관습의 산물로 간주한다.

2. 로마 교육의 전개

(1) 공화정시대의 교육

① 공화정 시기의 교육은 그리스 문화를 받아들이기 전의 교육을 말한다. 타문화의 영향을 받지 않았기 때문에 고유한 성격을 띠고 있었다.

② 이때의 교육은 가정교육과 학교교육으로 구분하여 정리할 수 있다.

구분	교육내용
가정교육	• 가정이 교육의 책임을 맡아 로마 고유의 전통과 경건한 신앙생활을 바탕으로 한 실천적 인간, 즉 선량한 시민을 기르는 교육이 실시되었다. • 읽기, 쓰기, 셈하기와 12동판법 및 체육이었다. 이 중 체육은 전쟁과 관련이 있으므로 소년들은 말타기, 권투, 수영, 창 사용법 등을 배웠다.
학교교육	• 공화정 말경 가정교육의 미비점 보완을 위해 루두스(Ludus)라는 초등학교가 나타나 읽기, 쓰기, 셈하기의 초보를 가르쳤다. • 이후 가정교육은 점점 자취를 감추고 완전한 체계를 갖춘 학교는 아니지만 희랍적인 학교인 문법학교와 수사학교가 생겼다. 이것은 어디까지나 가정교육을 보충하기 위한 것이었을 뿐만 아니라 소수의 부유층 자녀에 한정되었다.

(2) 제정시대의 교육

① 루두스(Ludus)

  ㉠ 초등교육 기관이다. 6~7세에 입학하여 12~13세까지 학교생활을 한다.

  ㉡ 교육내용으로는 주로 3R's와 12동판법을 가르치며, 사립학교이다. 학교관리와 운영은 수업료에 의존하였다.

② 문법학교(grammer school)

  ㉠ 공화정시대의 문법학교에 비해 많은 변화가 있는 학교이다. 중등교육기관으로 12~15세의 아동이 학교생활을 하였다.

  ㉡ 교육내용: 7자유학과(seven liberal arts), 즉 3학(문법, 수사학, 논리학)과 4과(산수, 기하, 천문학, 음악) 등이었다.

  ㉢ 사립이었으며 그리스어 문법학교는 동쪽 지방에서, 라틴어 문법학교는 서쪽 지방에서 설립되어 운영되었다.

   ㉣ 최초의 중등학교가 외국어학교로 시작한 점은 주목할 만하며, 사립임에도 정부의 보조로 유지한 것을 보면 로마가 중등학교에 역점을 두었음을 알 수 있다.

 ③ 수사학교, 철학학교, 법률학교
  ㉠ 고등교육기관으로 15~18세까지의 청소년을 대상으로 교육하였다.
  ㉡ 수사학교 : 정치가를 꿈꾸는 청소년들이 입학하는 학교로 수사학, 라틴어, 그리스어 문법, 변론술을 가르쳤다.
  ㉢ 철학학교 : 수사학교 수료자가 진학하여 윤리학, 수학, 변증법, 법학, 물리학, 의학, 기계학 등 인문과학과 자연과학을 배웠으며 특히 윤리학이 중시되고 스토아(Stoa) 학파가 우세하였다.
  ㉣ 법률학교 : 강의와 토론법을 가르쳤다.
  ㉤ 고등교육기관 중 특히 수사학교가 발달하였는데, 이는 웅변가를 양성한다는 교육목적과 무관하지 않다. 수학연한은 정해진 것이 아니고 각 학생들의 능력, 경력 등에 따라 각각 달랐다.

3. 교육의 목적

(1) 공화정시대

도덕심과 애국심이 강한 인간상을 이상으로 하는 실제주의 교육이 특징이라고 할 수 있다. 실제적인 직업훈련과 군사훈련이 교육활동의 중심이 되었으며 유능한 시민과 용감한 전사를 육성하는 것이 교육의 주된 목적이었다.

(2) 제정시대

지적발달로 웅변술에 능한 사람을 길러내는 것이 목적이었다. 따라서 언어능력, 공개연설의 훈련이 주된 교육내용이었다. 훌륭한 연설가는 도덕적인 인격과 넓은 교양을 가지고 자신 있게 말할 수 있는 능력의 소유자라고 생각하였으며 당시 입신양명을 하려는 시민들에게 반드시 필요한 것은 유창한 웅변과 연설이었다.

4. 로마의 교육사상가

(1) 키케로(Cicero, B.C. 106~43)

① 공화정시대 제1의 웅변가로 성선설의 이념을 중요시한 정치가, 철학가, 교육자이다.
② 키케로는 인간이 타고난 소질을 발견하고 개발하여 이성적 덕성을 발휘하는 존재로 살아가도록 이끄는 것이 교육이며, 교육을 통하여 행복한 삶을 영위하는 것이 '덕'이라고 보았다. 이는 아리스토텔레스의 교육관과 매우 유사한 측면이 있다.
③ 키케로가 생각한 교육은 인문적 교양을 지닌 웅변가 양성을 통해 실시될 수 있다고 보았다. 그는 교육의 목적이 교양 있는 웅변가를 기르는 것이며, 이러한 웅변교육은 정치가가 되기 위한 필수과정이라고 생각하였다.
④ 그의 저서 『웅변론』은 후기 인문주의 시대에 절대적 가치를 지닌 고전으로 인정되었다. 그의 웅변론에 대한 인문주의 시대의 집착은 교육내용을 암기하고 이를 재생하는 방식의 암기식 교수법을 유행시키기도 하였다.

(2) **퀸틸리아누스(Quintillianus, 35~95)**

① 제정 로마 시대 최고의 교육자이며 실천가였다. 그는 교육실천가로서 수사학교를 설립하여 20년간 웅변술을 가르쳤으며, 국가에서 봉급을 지급받은 최초의 공교사가 되었다.

② 『웅변교수론』이라는 저술을 남김으로써 웅변가 양성이라는 로마 후기 교육의 이상을 후세에 전하였다.

③ 교육의 목적은 훌륭한 웅변가를 양성하는 데 있으며, 훌륭한 웅변가란 변론술에 능할 뿐만 아니라 교양 있고 도덕적으로도 뛰어나야 한다고 생각하였다.

④ 오늘날에도 참고할 만한 그의 주장은 다음과 같다.

　㉠ 조기교육론 : 아이가 어느 정도 자랄 때까지 기다릴 것이 아니라 가능한 한 일찍 교육을 시작해야 한다고 주장하였다. 가르치는 내용을 완전히 이해 못한다고 해서 그 내용을 가르치지 말아야 하는 것은 아니다. 부분적인 이해가 쌓여 보다 완전한 이해가 가능하기 때문이다. 그러나 너무 많은 내용을 한꺼번에 가르치려 하거나 공부를 너무 심하게 강요해서는 안 된다고 주장하기도 하였다.

　㉡ 개인차 고려 : 학생의 재능은 천차만별이며, 개인의 마음의 형태도 다양하므로 훌륭한 교사는 학생 개개인이 가지고 있는 특이한 재능을 인식하고 각각에 알맞은 교과를 선택하며, 학생의 능력에 맞게 수업을 조절해야 한다고 주장하였다.

　㉢ 체벌 금지 : 당시는 체벌이 질서유지의 수단으로 널리 사용되었다. 이러한 관행에 대해 그는 아동에 대한 체벌은 아동을 모욕하는 것이며, 체벌은 계속된 체벌을 초래하며 체벌의 공포가 주변 아동들에게 악영향을 미친다고 보아 체벌을 비판하였다.

　㉣ 학교교육 우위론 : 당시 로마 사회 분위기는 가정교육이 중심이고 학교교육은 보조적인 것으로 간주되었는데 퀸틸리아누스는 가정교육보다 학교교육이 더 우수하다고 주장하였다. 학교교육은 경쟁심을 자극할 수 있고, 학우들과 우정을 기를 수 있으며, 배우는 만큼 스스로 배울 수 있고, 학교생활을 통해 공동생활의 경험을 쌓을 수 있다고 생각하였기 때문이다.

Chapter 02 중세의 교육

1. 중세의 사회와 문화

① 중세는 서로마제국이 멸망한 476년부터 유럽사회가 르네상스운동(문예부흥운동)을 통해 근대 세계로 변모하기까지의 약 1,000년 동안의 시기를 말한다.

② 중세는 흔히 암흑시대라고 일컫는데, 이는 로마를 멸망시킨 게르만족이 로마 문화를 철저하게 소멸시켜 로마의 전통과 문화를 쉽게 찾아볼 수 없게 되었기 때문이다. 이러한 상황에서 기독교는 중세사회의 안정과 질서에 기여하는 버팀목으로 작용하였다. 그 결과 중세사회는 점차 기독교적 세계관과 인생관에 지배되는 사회로 변하였다.

③ 이후 초기의 혼란을 극복하고 새로운 통치 권력이 수립되면서 봉건제도라는 새로운 통치 질서가 형성되었다. 그러나 봉건제도는 11세기 말에서 13세기 말까지 약 200년간에 걸쳐 진행된 십자군 전쟁 동안 서서히 그 토대가 무너지기 시작하였다.

④ 전쟁물자 조달을 위한 수공업과 지역 간 교역의 발달은 봉건제도의 경제적 토대인 자급자족적 장원경제체제를 해체시켰고, 십자군 원정의 실패로 인한 교황권의 실추와 지역 간의 인적 교류는 사람들의 의식과 생활방식에 변화를 가져왔다.

⑤ 상공업에 종사하는 도시와 시민사회가 발달함으로써 유럽사회는 점차 근대사회로 탈바꿈하게 되었다. 시민사회의 발달은 정치질서의 변화를 가져왔을 뿐 아니라 대학과 세속적인 교육의 발달을 가져왔다.

2. 중세 교육의 특징

(1) 신중심주의

고대 교육은 자연을 중심으로 인격의 조화로운 발전을 도모한 데 반해 중세의 교육은 신을 중심으로 신을 존경하고, 신을 믿고, 신에 복종하는 것에 전력을 다하도록 하였다. 교육의 목적, 내용, 방법 모두 신을 중심으로 한 것이었다.

(2) 내세주의

미래 세상을 동경하면서 현세의 생활을 내세에 도달하는 수단으로 보았다. 이와 같은 사상을 토대로 중세의 교육은 신체적·수사적인 면의 훈련 대신 행동 면에서 엄격한 훈련이 요구되었다. 어린이의 흥미는 억압당하고 개성의 발전과 심미적인 면의 배려는 오히려 죄악시되었다.

(3) 개인주의

그리스, 로마의 교육이 국가에 충성하고 헌신할 수 있는 애국적인 시민을 기르는 소위 국가주의 교육이었다면, 중세의 교육은 신 앞에서 개인은 평등한 신의 아들이라는 독자적인 가치를 가르치는 개인주의적 교육이었다. 즉, 훌륭한 신앙인을 키우는 교육이었다.

(4) 주정주의

어린이의 종교적 정서 도야가 중세 교육의 목적이었으며, 의지의 도야나 발달도 종교적 정서생활을 경험하는 수단이었다. 가정교육이나 사회교육도 신에 대한 경건한 심정을 갖도록 하기 위한 것이었다.

02 기독교 중심의 교육

1. 기독교의 지배

① 중세의 교육은 주로 그리스도의 설교와 교훈이 교육의 목적임과 동시에 내용이었다. 기독교는 그 이상과 목적을 달성하기 위해 교육적 목적을 정비하였으며, 정비된 교육제도를 통해 이교도를 교화하고 기독교화하였다.

② 교육목적은 개인으로 하여금 도덕적인 인간이 되도록 하여 신에게 봉사하는 것이다.

③ 교육내용은 도덕적이고 종교적인 교리였으며, 문법, 문학, 수사학, 철학은 성서의 시녀인 시기였다.

④ 이 시기의 교육기관으로는 문답학교, 고급문답학교, 본산학교, 수도원 학교 등이 있었다.

2. 교회부설 학교

(1) 문답학교(catechumenal school)

① 말로 가르치는 학교, 문답식으로 수업하는 학교라는 뜻이다.

② 원래 이교도를 기독교도로 개종하기 위한 교육기관으로 2세기경부터 개별 교회에 부설되기 시작하였다.

③ 처음에는 세례를 받기 위한 준비로서 성인들에게 기독교의 핵심적인 교리를 주로 문답식으로 가르치던 단기과정이었다. 그러나 2세기 말경부터 남녀 아동들을 대상으로 종교적인 내용과 세속적인 학문을 동시에 가르치는 학교가 되었고 수학연한도 2~3년으로 연장되었다.

(2) 고급문답학교(catechetical school)

① 문답학교 교사학교라고도 부른다.

② 문답학교가 각 지역에 설립됨에 따라 그 교사가 될 성직자들을 양성하기 위한 목적으로 대주교가 거처하는 큰 교회에 설립한 학교이다.

③ 교육내용은 신학을 비롯하여 그리스 철학, 수사학, 천문학, 문학 등이었으며, 교육 정도는 상당히 높은 수준이었다.

④ 문답학교 교사 또는 교회의 지도자들은 그리스적인 학문을 이해하여 기독교 교리를 설명하고 옹호할 수 있는 논리적 기초가 마련되어 있어야 했다.

⑤ 그러나 문답학교나 고급문답학교는 초·중등학교 역할보다는 순수한 기독교 교육기관의 임무만 담당하였다.

(3) 본산학교(cathedral school)

① 8세기 이후에 총대주교가 거처하는 감독교회에 부설된 학교로서 장차 교회 지도자가 될 성직자와 신학자를 양성하기 위한 최고교육기관이었다.

② 교육내용은 신학은 물론 과학, 철학, 수학 등과 같은 그리스의 학문들을 포함하는 최고 수준의 것이었다.

③ 본산학교의 교사를 스콜라스티쿠스(scholasticus)라 불렀는데, 기독교 교리를 이론적으로 뒷받침한 스콜라 철학(scholasticism)이 바로 이들에 의해 성립되었다.

3. 수도원 학교(monastic school)

① 수도원의 부속학교였지만, 중세의 전문적인 학문연구 기관으로 스콜라 철학자들의 연구 본산지였다.

② 중세의 수도원은 단순히 종교생활을 위한 종교기관만은 아니었다. 수도원은 때에 따라서는 도서관, 공회소, 문학의 중심지, 병원으로서의 역할을 담당하였으며, 고등교육을 담당한 가장 중요한 교육기관이었다.

③ 교육목적은 금욕생활을 통한 내세의 준비였다. 따라서 수도원 교육은 현세적인 욕구와 욕망을 멀리해야 한다고 가르쳤으며 가정적이고 정치적인 문제에 대해서도 초연해야 한다고 가르쳤다.

④ 입학연령 및 수업연한은 10세였으며 엄격한 계율 속에서 8년간 공부하였다.

⑤ 교육과정은 내교(정원과정)와 외교(외원과정)가 있었는데 전자는 수도승을 기르기 위한 과정이었으며, 후자는 일반인들에게 기독교 지식을 가르치기 위한 과정이었다.

⑥ 교육내용은 내·외교 모두 초등반과 고등반에 따라 다르게 제시되었는데, 초등반에서는 읽기, 쓰기, 셈하기 등의 초등교과를 가르치고, 고등반에서는 7자유학과(3학 4과)를 가르쳤다.

⑦ 엄격하고 체벌을 사용하기도 하였다.

⑧ 교육방법은 교리문답식, 문답식, 명상과 사색, 기도, 노동, 수면의 균형 있는 생활로 순결과 복종의 마음으로 신에게 나아가는 내세를 위한 준비교육이었다.

4. 스콜라 철학과 교육

① 스콜라 철학이란 기독교 사상을 철학적 기초 위에 세워 보려고 한 것으로 신앙과 이성의 합일점을 찾아 이론적으로 증명하고자 한 것이다. 6세기에서 10세기에 이르는 동안 사람들은 교회의 교리를 의심 없이 받아들였으나, 십자군 전쟁의 실패로 교황권은 실추되었고 십자군에 의한 동서문화의 교류로 기독교를 무조건적으로 받아들일 수 없게 되었다.

② 기독교 신앙에 대한 불신이 확산되자, 이를 철학적으로 증명하기 위한 움직임이 생겨났다. 즉, 스콜라 철학은 기독교의 신앙과 그리스의 아리스토텔레스의 이론을 결합하여 철학적으로 합리화시키자는 사상이었다.

③ 스콜라 철학은 켄터베리의 대주교 안젤무스(Anselmus)에 의해 시작된 것으로 알려져 있다. 그는 신앙이 인식에 앞서 존재한다고 보고, 지식 또는 인식에 앞서 신앙이 존재함을 강조하였다.

④ 13세기 토마스 아퀴나스(Thomas Aquinas)는 이슬람 문화권을 통해 다시 발견된 아리스토텔레스의 철학과 기독교 신앙을 종합하여 기독교 철학을 체계화하였다. 그는 신의 존재를 아리스토텔레스의 철학이론을 원용하여 논증하였다.

⑤ 교육목적은 신앙과 이성을 조화시키는 것이다. 그러므로 지성에 따라 교권을 지지하고, 이성에 따라 신앙을 정당화하고, 논리에 따라 신학을 증명하려고 하였다.

⑥ 교육내용은 지적 도야에 치중하였으며, 논쟁력이나 지식을 체계화하는 데 필요한 내용을 강조하였다.

⑦ 교육방법은 교사가 교과서를 주해하면 학생은 필사하는 강의방법과 토론방법이었다. 스콜라 철학은 논쟁을 위한, 논의를 위한, 논의 체계를 위한 형식과 방법을 강조하였으며, 이론의 정밀, 논증의 합리화에 치중하였다.

⑧ 교육적 의의
　㉠ 스콜라 철학의 논리적 접근방법은 학생들에게 연역적 사고와 삼단논법을 포함한 변증법적인 훈련을 받게 하여, 중세의 지적 발전에 크게 공헌하였다.
　㉡ 스콜라 철학의 지적 특성은 중세대학의 성립과 발전을 가져왔다.

03 중세 세속 교육

1. 기사도 교육 초등 03

(1) 성립배경

① 기사계급은 10세기경 봉건제도가 성립되면서 나타난 상류계층의 무사 계급이다. 이들은 자신의 영지를 소유한 장원의 지배자인 동시에 자신에게 영지를 하사한 영주의 봉신으로서, 유사시에 주군을 위해 싸워야 하는 전투요원이었다.

② 중세사회 계급을 지배자와 피지배자로 양분할 때, 기사는 귀족으로서 농노계급을 지배하는 지배자 계급에 속한다.

③ 야만적이었던 초기의 게르만 무사들은 세월이 흐르는 동안 교회의 영향으로 차츰 기독교적 교양과 예절을 갖추게 되었고, 기사계급의 우월한 사회적 지위와 그에 대한 긍지와 자부심에서 우러나온 특유의 기풍과 정신을 가지게 되었다. 이러한 정신을 기사도라고 한다.

(2) **기사도 교육의 목적**

① 기사들에게 기독교 정신을 습득시킴으로써 용기, 충성, 관용 등과 같은 군사적 미덕과 함께 예의, 공손, 자비 등의 사회적 미덕을 갖추게 하는 것이었다.

② 이렇게 함으로써 원래 무절제하고 기독교적 계율에 어긋난 생활이 습성화된 기사에서, 약자와 부녀자를 보호하고 교회 및 영주에 봉사하는 기사가 되도록 가르치고자 하였다.

(3) **기사도 교육의 형식과 내용**

① 기사교육을 담당하는 학교가 따로 있었던 것은 아니며, 영주의 궁정에서 생활하는 동안 이루어지는 일종의 실무교육이었다. 그러나 교육내용은 어느 정도 표준화, 구체화되어 있었다.

② 기사교육은 다음의 4단계로 실시되었다.

가정교육의 단계	6세까지 가정에서 어머니나 시녀로부터 가부장적 권위의 기본 질서, 경쾌한 성격, 온화한 미덕, 경건한 신앙심을 갖도록 교육받는다.
시동(侍童)의 단계	• 대략 7~8세에서 시작하여 13세경까지이다. • 이 기간 동안 영주의 성에서 궁정생활의 예법과 행동양식을 배우는 동시에, 장차 기사로 자라기 위한 체력단련과 무술의 기초를 익힌다. • 영주로부터 사냥, 여행, 권투, 씨름, 말타기 등 무술의 기초를 배우고, 영주 부인으로부터 상류사회의 예법과 행동양식을 배운다. • 여기에는 초보적인 읽기와 쓰기, 노래, 시 짓기 등이 포함되며, 봉사정신과 종교적 신앙심을 기르는 것도 포함된다.
시종무사(侍從武士)의 단계	• 14, 15세에서 20세경까지이다. • 영주를 호위하면서 경호를 담당하고, 본격적으로 무술을 익히는 기사 실습의 단계이다. • 교육내용은 승마, 수영, 활쏘기, 검술, 수렵의 다섯 가지 무술에 기사로서의 품위 있는 여가 생활을 위한 서양장기(chess), 시 짓기를 포함해 일곱 과목이었다. 이 일곱 과목을 기사칠예(seven perfection)라고 한다.
기사 입문식 단계	21세가 되면 기사 입문식을 치른다. 입문식은 새로운 기사가 탄생하였음을 공식적으로 알리기 위한 행사로서 종교적 의식으로 성대하게 거행되었다.

2. 시민계급의 교육

(1) **성립배경**

① 십자군전쟁은 장원제도의 붕괴를 촉진하였으며, 사라센 문화를 전래하여 결과적으로 중세 도시의 발달을 촉진시켜 상공업이 급속도로 발달하게 하였다. 이러한 상공업의 발달은 재력과 부력을 배경으로 하는 새로운 사회계급인 시민계급을 형성하였다.

② 새로운 시민계급은 자신들의 권익보호를 위해 단체를 만들었는데, 바로 상인조합(merchant guild)과 수공업조합(craftmen guild)의 조합제도로 외국 무역에 대한 독점과 영주로부터 법적 권리를 얻어 이른바 자유시를 형성하였다.

③ 상공업의 발달과 더불어 새로운 시민계급을 위한 새로운 형식의 교육이 필요하게 되었으며, 이러한 요구에 따라 생긴 것이 시민학교였다.

(2) **시민학교**

① 1252년 독일의 루벡(Lubeck)시에 처음 설립된 이후 여러 나라 각 도시에 잇따라 생겨났다.

② 학교를 운영하고 학생을 가르치는 일을 성직자들이 맡았으며, 교과목도 새로울 것이 없었기 때문에 겉보기에는 수도원 학교나 교회부설 학교와 별 차이가 없어 보였으나, 시민들이 학교교육에 관심을 가지고 학교의 설립과 운영에 한 몫을 담당하였다는 점에서 교육의 이념과 목적에 차이가 있었다.

③ 중세 말기에 오면 일부 학교들은 교회의 손에서 벗어나 순수한 시립 교육기관이 되었다.

④ 시민학교는 교육수준에 있어 두 부류로 나누어진다.

　　㉠ 상류층 아이들에게 시의회의 지도자가 되거나 대학에 진학할 준비를 시키기 위한 학교
　　　　• 영국의 문법학교(grammer school)와 공공학교(public school), 독일의 라틴어학교(Latin schule)
　　　　• 오늘날 각 나라 중등교육의 기초가 되었다.

　　㉡ 하류층 아동들을 위한 교육기관
　　　　• 교구학교(Parish school), 영국의 조합학교(guild school), 독일의 독일어학교(Deutsche schule), 습자 학교(schreib schule)
　　　　• 오늘날 각 나라 초등학교의 전신이 되었다.

⑤ 시민학교들은 교육기회를 시민계급까지 확대하고, 실생활에서 필요한 교육을 추구하였으며, 학교 설립과 운영을 교회로부터 분리시키는 등 중세의 교육이 근대적인 방향으로 한걸음 나아가는 데 기여하였다.

⑥ 그러나 교원의 임면과 감독은 여전히 교회가 맡고 있었다는 점에서 전근대적인 성격을 완전히 벗어나지는 못하였다.

(3) **도제교육제도** 초등 03

① 시민사회의 직업기술 교육의 필요를 충족시키기 위해 발달하였다.

② 자유도시가 생기고 조합이 발달하면서 직업기술도 단순한 개별적 전승이 아닌 조합에서 규정하는 과정을 거쳐 습득하도록 제도화되었다.

③ 조합은 해당 직종에 종사하는 사람들을 도제(apprentice), 직공(journey man), 장인(master)이라는 세 부류로 나누고, 누구든 이 세 단계를 거쳐서 직업에 종사하도록 규정하였다.

도제 단계	7~8세부터 시작할 수 있다. 일정 기간 장인을 도우면서 기술을 배우기로 계약하고 장인 밑에 들어가 침식을 함께 하며 가르침을 받는다. 무보수로 일한다.
직공 단계	한 장인에게 계속되는 것이 아니라 여러 장인의 공장이나 작업소를 떠돌아다니며, 임금을 받고 자신이 배운 기술을 제공하는 동시에 그 장인들의 기술을 배우고 익히는 단계이다.
장인 단계	해당 직종이 필요로 하는 기술을 모두 익히면 장인이 되기 위한 시험작품을 만들어 조합의 심사를 받는다. 통과하면 장인으로 인정받아 정식 조합원이 되며, 자신의 공장이나 점포를 개설할 수도 있고 도제를 받아 가르칠 수도 있다.

④ 도제제도는 중세 직업기술 발전에 큰 공헌을 하였다.

3. 대학의 발달

(1) 성립배경

① 중세 중·후반에 이르러 오늘날 대학의 기원이 되는 다양한 대학이 설립되었다. 중세 후기에 이르러 생겨난 유럽의 대학은 본산학교가 모체가 되었고 12세기 이후에 본격적으로 발달하였다.

② 본산학교를 기반으로 하여 일반 연구소(출신지역이나 국가에 상관없이 누구에게나 열려 있는 배움의 장소)가 생겨났고, 이 일반 연구소들이 모체가 되어 중세대학들이 발달하게 되었다.

③ 중세대학은 교수와 학생이 자유로이 결성하는 일종의 조합에 의해 이루어진 단체(universitas) 였는데, 이것이 오늘날 종합대학교(university)의 어원이 되었고 학생들의 기숙사(collegium)가 오늘날의 단과대학(college)의 어원이 되었다.

(2) 대학의 종류

① 이때 설립된 대표적인 대학으로, 의학으로 유명한 남이탈리아의 살레르노(Salerno) 대학, 법학으로 유명한 북이탈리아의 볼로냐(Bologna) 대학, 신학과 철학으로 유명한 파리(Paris) 대학 등이 있다.

② 이후 12세기 후반에 옥스퍼드(Oxford) 대학과 13세기 초엽에 케임브리지(Cambridge) 대학이 설립되었고, 14세기 후반 독일에서도 하이델베르크(Heidelberg) 대학이 설립되었다.

③ 초기 대학들은 각각 독자적으로 설립되어 발달하였기 때문에 이탈리아 및 프랑스 남부지역과 북유럽 지역 간에는 뚜렷한 차이가 있었다. 그 차이는 양 지역의 교육적 전통에서 비롯된 것으로 볼로냐 대학과 파리 대학의 발전과정에서 뚜렷이 드러났다.

북부지역(파리 대학)	• 교육이 교회의 관할하에 있었고 학생들이 대부분 젊은 성직자들로, 신학공부와 종교·신학적 문제해결을 위한 변증법 또는 논리학이 중요한 학문이었다. • 교회가 대학 운영에 강한 영향력을 행사하여 파리 대학의 발전은 교회와의 투쟁 속에서 이루어졌다.
이탈리아 및 남부지역 (볼로냐 대학)	• 문학과 수사학 공부를 중시하던 로마제국의 교육적 전통이 상대적으로 강하게 남아 실제 생활의 필요를 충족시키는 수사학과 그것을 법률에 적용시키는 것이 학자들의 주된 관심사였다. • 볼로냐에서는 교사들이 대부분 성직자가 아니었고 교회의 간섭도 덜 받았다.

(3) 교육내용

중세대학의 교수 용어는 일반적으로 라틴어를 사용하였으며 교과목은 전공에 들어가기 전에 7자유학과인 산수, 기하, 수사학, 논리학, 문법, 음악, 천문을 예비과목으로 공부한 다음 진정한 학문이라고 할 수 있는 신학(철학), 의학, 법학을 공부하였다.

(4) 중세대학의 특권

① 중세대학은 교황이나 국왕으로부터 공인받을 때 여러 특권을 부여받게 되는데 내용은 다음과 같다.

　㉠ 교수, 학생에 대한 일체의 공역(병역, 부역) 및 세금의 면제

    ⓛ 대학 관계자의 범죄에 대한 자체 내의 재판권

    ⓒ 학위 수여권

    ⓔ 교수와 학생에 대한 신분보장과 자치권(부장, 학장, 총장의 선출권)

    ⓜ 이 밖에 여행의 자유, 부당한 침해에 대항하여 휴교할 수 있는 권리 등

② 당시의 학위로는 닥터(Doctor), 마지스터(Magister), 리센치아(Licentia), 바카로레우스(Baccalaureus) 등이 있었으며 마지스터 이상의 학위는 지적 직업에 종사할 자격이 주어졌다.

Chapter 03 문예부흥기의 인문주의 교육

01 르네상스의 의미와 특징

1. 르네상스의 의미

① 르네상스는 15세기 유럽 전역에서 일어난 반중세적인 정신적 자각운동이자 문화운동이었다.

② 르네상스(renaissance)의 어원은 이탈리아어 르나스시타(renascita)에서 온 것으로 원래 신생 또는 재생이라는 의미를 지니고 있다.

③ 르네상스 또는 문예부흥기의 근본 사상은 중세 가톨릭의 복음주의와 내세주의의 제약에서 벗어나 인간 본연의 자세로 복귀하려는 인문주의(humanism) 사상이라고 할 수 있다.

2. 르네상스의 배경과 특징

① 중세 신 중심사회가 붕괴되고 봉건사회 또한 붕괴되면서 시민국가의 출현이 시작되었다. 이에 따라 경제적 기반이 상공업으로 옮겨가고 공업의 발달과 도시로의 인구집중이 이루어졌다.

② 교회에 대한 정치, 경제, 시민의 반발이 거세지면서 정치와 종교의 분리가 진행되었다.

③ 이러한 시대적 배경으로 나타난 르네상스 시대는 인간의 선천적인 성장 가능성을 최대한으로 발현시켜 인간중심의 문화를 이룩하려 하였다.

④ 르네상스 시대는 신의 세계에서 인간의 세계로, 내세주의에서 현세주의로 사상의 중심을 옮겨 인간을 구속하는 모든 외부적 권위에서 벗어나고자 한 시대였다. 따라서 인간 스스로가 삶의 주체가 되도록 노력한 시대였다.

02 인문주의 교육

1. 스콜라주의와 인문주의

① 교육에 있어서 문예부흥운동은 곧 '인문주의' 교육운동이다.

② 인문주의 교육이란 중세의 스콜라주의(scholasticism) 교육에서 벗어나려는 새로운 교육경향을 가리키는 말이다.

■ 스콜라주의와 인문주의

	스콜라주의	인문주의
교육의 목적	영혼의 구원과 내세에 대한 준비	현세에서 '인간다운 삶' 또는 '교양 있는 삶'을 누릴 수 있도록 준비하는 것
교육내용	신학공부와 신학적 논의를 뒷받침하기 위한 논리학 공부	• 고대 그리스 · 로마 자유인들이 남긴 고전작품을 공부하여 작품 속에 나타나 있는 고대 자유인들의 정신세계를 본받고 되살려 내려 함 • 고대 로마의 학교에서 가르쳤던 문법, 수사학, 역사, 도덕, 철학 등의 교과목을 가르치고 배움
특성	성직자 양성이나 신앙생활을 위한 '신중심주의' 교육	세상에 적극적으로 뛰어들어 다방면에 관심을 갖고 사람들과 폭넓게 교제하는 '교양 있는 활동가'를 기르기 위한 교육

2. 인문주의 교육의 유형

(1) 개인적 인문주의 교육

① 문예부흥 초기 이탈리아의 남부지방을 중심으로 전개되었는데, 주로 사고의 자유, 자기표현 및 창조적 능력의 실현을 교육의 목적으로 삼았다.

② 국가사회보다 개인의 발달, 개성의 신장, 개인의 행복을 더 우선하였기 때문에 개인적 인문주의라 한다.

③ 초기 인문주의 운동은 귀족중심의 개인주의적인 성격을 지녔다.

④ **교육목적** : 자기완성과 자기실현을 중시하였다. 지 · 덕 · 체를 겸비한 조화롭고 고전적이며 교양 있는 신사를 양성하는 것이었다.

⑤ **교육내용** : 중세학문을 지배하였던 신학 대신에 인문과학과 과학의 비중이 커졌으며, 다방면의 인간사가 교육내용으로 다루어졌다.

⑥ **교육방법** : 인간의 자연스럽고 선천적인 능력을 드러내기 위해 강압적인 방법이 아닌 자유로운 분위기가 마련되어야 한다고 생각하였다. 억압과 체벌 대신 개성과 흥미를 중시하고 넓은 교양과 건강하고 도덕성 있는 인간교육을 실시하였다.

(2) 사회적 인문주의 교육

① 북유럽을 중심으로 일어난 사회적 인문주의 교육은 사회개혁적인 성향이 강하였다. 즉, 개인적 인문주의가 개인의 자아실현을 목표로 한 교육운동이었다면, 사회적 인문주의는 사회적 자아의 실현, 즉 사회의 개혁을 목표로 하였던 교육운동이었다.

② **교육목적** : 사회개혁 및 도덕개혁이었다.

③ **교육내용** : 고전과 성서를 중히 여기고 사회적 · 도덕적 · 종교적 교육을 중시하였다.

3. 교육내용

(1) 자유교육(교양교육으로서의 인문주의)

① 중세사회는 모든 활동이 기독교적 제약 속에서 이루어졌기 때문에 사고의 자유나 창의적 활동의 자유가 없었다. 따라서 이탈리아를 중심으로 일어난 인문주의 교육은 사고의 자유, 자기표현 및 창의적 활동의 자유가 주된 목적이었다.

② 이를 위해 르네상스의 교육은 고대 그리스 사람들의 자유교육(liberal education) 이상을 추구하였고, 지·덕·체의 조화로운 발달을 도모함으로써 인간적 교양을 갖춘 자유인을 길러내고자 하였다.

③ 이러한 이념은 특히 플라톤과 아리스토텔레스의 교육사상을 기초로 이루어졌다.

(2) 고전중심 교육

① 자유교양인은 교육의 결과로 길러져야 할 인간상이고, 이를 달성하기 위한 수단으로 고전문학의 학습이 강조되었다.

② 고대 그리스 및 로마의 문헌들을 공부함으로써 그 속에 담겨져 있는 인본주의적 정신과 사상을 받아들이고자 하였다.

③ 그러나 단지 수단이어야 할 고전어 교육이 그 자체로 목적이 되고 말았다. 교육의 목적이 생활과 관련되지 못하고 고대의 언어와 문학에 국한됨으로써 전인교육으로서의 이상이 실현되지 못하고 좁은 의미의 인문주의 교육이 유럽을 지배하였다.

(3) 키케로주의

① 인문주의 교육사상은 시간이 흐름에 따라 점차 좁은 형식적 인문주의로 변질되어 갔다.

② 15세기 말부터 16세기 초에 이르는 문예부흥기 말기에는 로마의 위대한 문장가, 시인, 웅변가였던 키케로의 유명한 문장을 암송하고, 교육에서도 그의 문장구성 형식을 강조하였다.

③ 고전에 담긴 내용과 정신을 이어받고자 한 인문주의 교육이 고전의 형식에 열중한 나머지 단순히 고전문장의 암송과 모방에 급급하게 되었다.

④ 이러한 형식 위주의 고전어교육에 제한된 인문주의적 경향을 키케로주의(ciceronianism)라고 한다.

Chapter 04 종교개혁과 교육

01 종교개혁기의 사회와 문화

1. 종교개혁운동의 특성

① 북유럽에서 일어난 종교개혁운동은 르네상스 운동과 거의 동시에 일어났다. 종교개혁운동은 르네상스 운동을 종교적·도덕적 차원에서 전개한 것이라 볼 수 있다.

② 종교개혁은 로마 교황을 신과 인간의 매개자로 여기고 교회의 의견을 유일의 진리로 간주하던 지난날의 기독교를 개혁하고, 신앙을 성서에 대한 믿음과 개인의 양심 문제로 되돌리려는 운동이었다.

2. 종교개혁의 배경

① 문예부흥 운동이 자아의 발견과 인간의 해방을 통한 인간성 재생운동이라면, 종교개혁운동은 형식적 교권주의에서 탈피하여 오직 성서에 의해서만 구원을 얻을 수 있다는 신앙 해방운동이라고 볼 수 있다.

② 종교개혁의 배경은 다음과 같이 볼 수 있다.
   ㉠ 십자군 원정 실패로 인한 교회의 권위 실추
   ㉡ 중소 상공인 계급의 등장으로 사회지배구조의 변화
   ㉢ 성직자의 타락

③ 종교개혁의 직접적인 도화선이 된 것은 로마 교황 레오 10세가 성 베드로 사원을 개축하는 자금을 조달하기 위해 면죄부를 발행하여 신도들에게 강매하자, 비텐베르크 대학 신학 교수였던 마틴 루터(M. Luther, 1483~1546)가 95개조로 된 항의서를 발표한 데서 비롯되었다.

02 종교개혁기의 교육

1. 신교의 교육

(1) 개요

① 신교의 교육은 종교적·도덕적 성격을 지니고 있다. 이것은 과거 가톨릭교회의 그릇된 관행을 바로잡기 위한 것이었다.

② 종교개혁자들은 가톨릭의 의식보다는 내적 경건을, 신부의 권위보다는 성서의 직접적인 해석을 통한 개인적 판단과 책임을 중시하였다.

③ 종교개혁자들은 교육을 통해 개인의 의식과 양심의 자유를 추구하는 한편, 사회와 국가와 교회를 위해 봉사하는 도덕적 품성을 기르고자 하였다.

(2) 교육목적

① 합리적 신앙과 사회적 도덕이 조화된 종교적 인간의 육성에 있었다.

② 신교가 구교와 다른 점은 신교는 내세주의의 종교교육뿐만 아니라 현세에서도 훌륭한 생활을 할 수 있는 인간을 만든다는 점이었다.

③ 그러므로 가정이나 교회는 직장이나 국가에 대한 의무를 다할 수 있는 준비를 시키는 교육에 힘쓰지 않으면 안 되었다.

(3) 신교의 교육령

① 종교개혁사상에서 교육에 가장 큰 영향을 미친 것은 국민 공교육에 대한 이념이다.

② 이 이념은 근대 보통교육제도의 정신적 토대로 작용하였으며, 그 결과로 나타난 것이 독일의 고타 교육령과 미국의 매사추세츠 교육령이라 할 수 있다.

고타(Gotha) 교육령	• 1642년 고타의 영주인 에른스튼공이 루터파의 신교도로서 루터의 종교개혁 정신을 이어받아 라트케와 코메니우스의 도움으로 확립되었으며, 여러 차례 수정을 거쳤다. • 내용 : 취학의 의무, 학급편성, 학교관리, 교과과정, 교수방법 등을 갖추고 있다. • 세계 최초의 의무교육령으로 역사적 의의를 가진다.
매사추세츠(Massach usetts) 교육령	• 칼뱅주의에 입각하여 인간이 신으로부터 구원받기 위해서는 교육이 필요함을 통감하고, 교육 제일주의를 표방한 것이다. • 신앙의 기초를 확립하기 위한 수단으로서 교육은 국가의 책임이라고 인식하였으며, 구체적인 교육령을 마련하였다. • 내용 : 각 지방자치단체는 자기 관할의 교육을 책임지고 학부모, 고용주, 소년들을 감독하여 모든 소년이 교육받을 수 있는 권한과 의무를 가진다. 또한 부모나 고용주는 감독자에게 복종할 것이며, 이를 어기고 자녀의 교육을 소홀히 하는 자에게는 벌금을 부과한다고 규정하였다. 공교육제도를 취하고, 부모나 고용주의 교육 의무를 규정하였고, 지방자치단체의 학교 설치 의무와 의무교육 감독권을 인정하였으며, 세금으로 운영하는 무상교육제도의 길을 열었다.

2. 구교의 교육

(1) 개요

① 독일, 스위스, 영국 등지에서는 종교개혁이 성공을 거두었지만, 이탈리아, 스페인, 프랑스 등지에서는 계속 구교가 세력을 유지하였다.

② 신교의 종교개혁운동에 자극을 받아서 로마 가톨릭교회가 일으킨 각성운동이 바로 대응종교개혁운동(반종교개혁)이다.

③ 1545년에서 1563년까지 매년 계속된 트리엔트(Trient) 종교회의가 이 사실을 단적으로 보여준다.

(2) 트리엔트 종교회의

① 1545년 종교회의에서 교황의 신성, 교회 전통의 존중, 성직자의 자숙 등을 요망하고 나아가 신교도의 근절을 선언하였다.

② 특히 신교의 교육운동이 크게 성공한 것에 자극을 받은 교황은 대응종교개혁운동의 하나로 교육의 보급에 힘쓰기 시작하였다.

(3) 예수회(the Society of Jesuit)

① 가톨릭교회의 교리를 향상시키고, 교육의 보급을 통해 반종교개혁운동을 조직적으로 전개한 단체이다.

② 스페인의 군인이자 귀족이었던 로욜라(Loyola)에 의해 창설되었다.

③ "신교도에 대항하여 가톨릭교회의 선양에 노력한다.", "모든 것은 신의 영광을 위하여"라는 신조를 가지고 행동하고 교육하는 하나의 조직으로 군대식으로 운영되었다.

④ 단원의 엄격한 훈련과 규율을 준수하고 상관의 명령에 절대 복종할 것을 요구하였으며, 설교, 참회, 교육을 3대 방침으로 하고 교육과 포교 사업에 정진하였다.

⑤ 교육의 목적은 교단의 지도자를 양성하는 것으로 초등교육이나 일반 대중을 위한 교육에는 관심을 보이지 않았으며, 중등교육과 대학교육에 관심을 보였다.

⑥ 교육방법은 강의와 반복이었으며, 학생의 개인적 능력을 존중하였다. 또한 상벌제를 만들어 경쟁심을 고취시켰다.

3. 마틴 루터(Martin Luther, 1483~1546)

(1) 교육목적

① 기독교를 믿는 신앙인을 양성하는 데 있다.

② 여기서 신앙인은 단순한 기독교인을 의미하는 것이 아니라 인간으로 하여금 하나님을 사랑하고 경외하며 이웃에게 봉사하는 생활에 적합한 인간을 형성하는 것이다.

③ 이 점에서 루터는 종교교육과 도덕교육을 동시에 추구하고 있음을 알 수 있다.

(2) 교육내용

종교, 독서, 습자, 창가(음악), 체조, 상업, 공작, 가사 등이었다. 종교교육만을 강조하지 않는다는 점에서 의미 있는 교육내용 선정이라 볼 수 있다.

(3) 주요 교육사상

① 아동의 취학 의무화 : 모든 부모는 귀천, 빈부, 남녀의 구별 없이 자녀를 학교에 보내야 한다고 하였으며, 정부는 그 국민들에 대하여 아이들의 취학을 강제로 규정할 수 있다고 보았다. 비록 완전하게 의무교육이 실시된 것은 아니었으나 적어도 초등 의무교육의 초석을 마련하였다고 볼 수 있다.

② 공교육 제도의 확립 : 교육의 국가 책임론을 강조하였으며, 학교는 공공단체의 공적 경비에 의해 공적제도로 운영되어야 한다고 하였다.

③ **풍부한 학교 교육과정 요구** : 종교개혁의 정신과 인문주의적 정신에 입각하여 그리스어, 라틴어, 히브리어 등의 고전어는 물론이며 역사, 자연, 음악, 체육 등의 다양한 교과를 중시하였다. 특히 정서교육과 건강교육의 수단으로 음악과 체육을 강조하였다.

④ **교수방법의 개선 요구 및 사물 자체에 대한 인식 강조** : 언어는 문법을 통해서가 아니라 실제 연습을 통해 익혀야 하므로, 사물에 관한 인식은 말에 의한 인식이 아니라 사물 자체에 의한 인식을 주장하였다.

⑤ **아동의 인격 존중** : 루터는 아동을 신의 선물이라고 하여 훈련에 있어서 매질과 같은 체벌을 반대하였으며, 아동의 자유롭고 자연스러운 성장을 촉구하였다.

⑥ **교직의 중요성과 고귀성 강조** : 교직과 성직을 동일한 차원에서 이해하였다. 한편, 초등학교에서는 여교사가 채용되어야 한다고 함으로써 과거의 학교에서 남성만을 교사로 채용하던 관습을 반대하였다.

근대교육의 태동 : 17~18세기의 교육

Chapter 05

01 실학주의 교육

1. 실학주의의 배경

① 17세기 실학주의는 인문주의의 소극성과 편협성, 종교개혁의 형식주의에 반발하여 나타난 교육 사조로 그 당시 자연과학의 발달은 실학주의 대두에 결정적 계기가 되었다.

② 천체의 발견, 우주를 지배하는 자연법칙의 발견, 증기기관의 발명, 인쇄술의 발명, 나침반과 망 원경의 발명 등 자연과학의 발달은 인간에 대한 이해와 외부세계에 대한 지식을 확대시켜 인간 중심의 새로운 사회개혁을 추구하는 데 활용되었다.

③ 실학주의가 등장하게 된 배경의 하나는 영국을 중심으로 일어난 정신과학의 발달, 즉 경험론을 들 수 있다. 경험론은 베이컨을 시조로 하는 근대사상의 일대 조류를 이룬 것이다. 베이컨은 경 험론에 입각하여 귀납적 연구 방법의 원리를 제시하여 과학적 연구방법의 창시자가 되었다.

　㉠ 선험적 관념의 존재를 부정하는 경험론 철학에 따르면, 지식은 경험의 산물로 감각 지각을 통한 직접적인 경험에 의하지 않고 얻어지는 진리란 존재하지 않는다고 본다.

　㉡ 따라서 진리의 탐구를 위해서는 선입견이나 고정관념 등에서 벗어나 사물을 객관적으로 관 찰하는 것이 중요하다고 보았다.

④ 실학주의가 발달하게 된 배경 중 다른 하나는 유럽 대륙을 중심으로 한 합리론의 등장이었다. 합리론은 데카르트를 시조로 스피노자와 라이프니츠로 이어지는 철학자들에 의해 발전되었다.

　㉠ 데카르트는 인간의 경험은 사실성만 제시할 뿐 필연성과 보편타당성을 제공하지 못하므로 참된 인식은 오직 이성에 의해서만 가능하다고 생각하였다.

　㉡ 그는 감각을 통해 얻은 지식이란 믿을 만한 것이 못 된다고 보고, 방법적 회의를 통해 연역적 추론을 해 가다 보면 그 누구도 의심할 수 없는 확실하고 전대적인 진리에 다다를 수 있다고 믿었다.

　㉢ "나는 생각한다. 그러므로 나는 존재한다(Cogito ergo sum)."라는 명제로부터 진리를 연역 적으로 추론해 내려고 하였다.

2. 실학주의 교육 중등 04·09

(1) 실학주의 교육의 특징

① 실학주의는 교육의 이론이나 실제에서 관념적 사고방식보다는 실물 그 자체를 중시하고, 고전 문학보다는 자연과학적 사물 교과를 중시하는 교육사상이다.

② 전통적인 언어 학습이나 문학수업을 통한 인간도야보다는 사회적인 삶이나 자연현상을 연구 대 상으로 삼고, 현실생활에 대한 구체적이고 실제적인 학습이 중심이 되는 실질도야를 존중하였다.

③ 실학주의 표어는 "언어 이전에 사물(things before words)"이다. 따라서 교육의 실제적이고 궁극적인 목적도 실생활이나 사물을 통하여 인간의 삶에 구체적으로 필요한 지식을 가르침으로써 실생활에 유능한 인물을 양성하는 것이다.

(2) 실학주의 교육의 유형

① 인문적 실학주의(humanistic realism)

㉠ 고전을 중시하되 그것을 실생활에 활용하고 응용할 것을 강조하였던 교육이론이다.

㉡ 고전을 존중하였다는 점에서는 인문주의적인 성격이 강하였으나, 고전의 형식 자체보다는 내용을 중시하고 그 내용을 실제 생활에 응용하고 활용해야 한다고 강조하였다는 점에서 실학주의적 성격이 더 강하였다.

㉢ 교육목적은 실생활을 준비하는 도구로써 고전을 추구하고 탐구하여 현세 생활에 잘 적응할 수 있는 유능한 인간을 양성하는 것이었다.

㉣ 유창한 언어나 문장의 구사를 중시하였던 키케로주의를 타파하고 고전의 의미를 재발견하고 실천할 것을 강조하였다. 즉, 언어주의와 형식주의가 안고 있는 한계를 극복하고 실천과 실제를 중시하였다.

㉤ 교육내용은 그리스어, 라틴어, 히브리어 등 고전이 핵심이었으며, 교육과정에는 상당히 많은 과목이 있었다.

㉥ 이러한 관점에서 교육론을 전개하였던 사상가로는 영국의 밀턴(John Milton)을 들 수 있다.

② 사회적 실학주의(social realism)

㉠ 사회생활을 통해 얻어지는 실제적인 경험을 중시한 교육사상이다.

㉡ 고전을 연구하는 교육보다 사회생활의 경험을 주요 교육내용으로 하여 신사(gentleman)로서의 준비를 시키는 것을 목적으로 하고 있다.

㉢ 사회적 실학주의는 인문적 교양만으로는 신사양성에 불충분하므로 실생활과의 접촉을 통해서 유능한 사회인 또는 세상일에 밝은 인간을 양성하려고 하였다.

㉣ 이를 위해서 지식교육보다는 가급적이면 풍부한 사회 경험을 하도록 하였다.

㉤ 대표학자로는 프랑스의 몽테뉴(M. E. Montaigne), 영국의 로크(John Locke) 등이 있다.

③ 감각적 실학주의(sensual realism)

㉠ 교육에 있어서 실학주의 사상이 완성되고 절정에 이른 것은 감각적 실학주의에 이르러서이다. 감각적 실학주의는 과학적 실학주의라고도 하며, 인간의 감각적 직관을 기초로 사물의 본질을 파악하려고 하였다.

㉡ 인문적 실학주의나 사회적 실학주의에서와 같이 고전의 내용이나 사회생활을 통해서가 아니라 실물의 표본을 감각적으로 직접 관찰함으로써 학습하는 것이 보다 효과적이며, 사물의 본질에 근접하는 것이라고 보았다.

㉢ 교육목적은 자연법칙에 일치하는 활동을 하며, 이러한 활동을 통해 개인 및 사회를 발달시킬 수 있는 인간을 양성하는 것이었다.

㉣ 교육내용은 모국어, 자연과학과 사회과학의 실제 등 포괄적인 것을 부과하였다

㉤ 감각적 실학주의는 자연과학적 지식과 실생활의 결합을 도모하였으며, 교수의 모든 원리를 자연에서 찾고자 하였다. 당시의 학교교육은 자연과학의 지식을 존중하고 감각에 의해 사물

의 관찰을 중시하는 직관적 방법을 활용함으로써 오늘날 교육방법의 원리인 직관교육 또는 시청각 교육의 모체를 이루었다.

ⓗ 대표적 학자는 독일의 라트케(Wolfgang Ratke), 체코의 코메니우스(Johann Amos Comenius) 등이 있다.

3. 코메니우스(J. A. Comenius, 1592~1670) 중등 02·12, 초등 02·07·12

(1) 개요

① 17세기 최고의 교육자로 현대 시청각 교육의 아버지라 불린다.

② 저서로는 초등교과서인 『어학입문』, 교수방법서인 『대교수학』, 시청각교재인 『세계도회』 등이 있다.

(2) 교육목적

① 교육의 목적을 내세를 위한 준비에 두고 이 준비는 박식과 덕과 경건 등의 세 방향에서 이루어 져야 한다고 하였다. 즉, 코메니우스의 교육에서 지식교육, 도덕교육, 종교교육은 가장 핵심이 되는 교육이다. 인간은 열심히 지식을 닦고 도덕심을 쌓으며 신앙심을 길러 천국의 생활을 준비 하는 존재이다.

② 교육의 궁극적 목적을 인간형성으로 보았으며 교육은 빈부고하를 막론한 모든 계층의 사람에게 필수적인 것으로 보고, 인간성 형성에 기초한 그의 보편교육의 개념을 모든 국가 또는 모든 인 류에게 확대하였다.

③ 즉, 교육의 궁극적인 목적은 인간의 궁극적 목적과 일치하는 것으로 모든 인간이 신과 더불어 영원한 행복을 누리는 것이다.

(3) 교육방법

① 합자연의 원리

㉠ 자연의 질서, 즉 합자연의 원리를 강조하였다.

㉡ 교육은 외부로부터 무엇을 넣어주는 것이 아니라 인간이 태어날 때부터 가지고 있는 본성과 소질을 개발하여 표출하게 하는 것으로 보았다. 따라서 그는 교육의 기본 원리로서 '합자연 의 원리'를 주장하였다.

㉢ 교육은 인간의 내면적 자연을 자연의 원리에 따라 발달시켜야 한다는 것이다(객관적 자연주의).

② **직관주의 교육** : 교육의 실제에 있어서 실물에 의한, 그리고 직접적인 사물을 통한 교육으로 '언 어 이전의 사물'이라는 표현으로 압축될 수 있다. 이는 직접 사물을 통한 직관주의에 입각한 교 육으로 경험적 지식을 중시한 사상이다.

③ 범지학(汎知學)

㉠ 코메니우스 교육학의 가장 큰 특징 중의 하나는 "모든 사람들에게 모든 것을 가르친다."는 범지학이다.

㉡ 코메니우스는 신에 의해 창조된 모든 사물은 하나인데 이러한 사물들에 대해 부분적으로 아 는 것은 그만큼 신을 불완전하게 아는 것이라는 형이상학적 신념에 기초하고 있다.

④ 『대교수학』에서 제시한 교수법의 원칙 : 코메니우스는 효과적인 교육을 위해서는 자연의 순리에 따르는 교수가 이루어져야 한다고 생각하였다. 그가 제시한 교수법의 원칙은 다음과 같다.

　⊙ 자연에는 때가 있듯이 가르치는 데에도 적당한 시기가 고려되어야 한다. 아동에 대한 과학적인 관찰을 통해 학습의 시기, 정도, 분량을 정해야 한다.

　ⓒ 자연은 비약하지 않듯이 가르치는 일도 지속적으로 이루어져야 한다.

　ⓒ 자연이 불필요한 것을 반복하지 않듯이 교육도 실생활에 유용하고 가치 있는 것을 가르쳐야 한다.

　ⓐ 좋은 교수법은 언어 이전에 사물이나 모형을 먼저 제시할 때 가능하다.

　ⓜ 좋은 교수법은 교사가 적게 가르치고 학습자가 많이 배우게 하는 것이다.

　ⓗ 교수는 아동의 흥미와 욕구를 불러일으키고 유쾌한 것이 되어야 한다.

(4) **저서**

① 『세계도회(Orbis Sensualium Pictus)』

　⊙ 이 책은 본래 학생의 감각 발달을 촉진시키고, 라틴어를 효과적으로 가르치기 위하여 삽화를 삽입해 넣은 세계 최초의 교과서이다.

　ⓒ 시청각 교육의 효시라고 할 수 있다.

② 『대교수학(Didactica magna)』

　⊙ 코메니우스가 죽은 3년 뒤에 출판되었다.

　ⓒ 교육에 관련된 세계 최초의 교육학서로서 체계적인 교수이론을 전개한 책으로 높이 평가받고 있다.

　ⓒ 총 4편으로 구성되어 있으며, 제1편은 교육의 본질과 목적을 논하였으며, 제2편은 일반교수론을 다루었다. 제3편은 도덕교육 및 종교교육을 다루었으며 제4편은 학교체제를 다루고 있다.

(5) **교육단계** : 『대교수학』에서 다음과 같이 교육의 단계를 제안하였다.

① **무릎 학교기(어머니 학교) : 1~6세**

　⊙ 어머니 무릎에서 건강과 삶에 필요한 모든 지식의 기초를 다지고 신앙생활의 기본 습관을 익히는 것을 말한다.

　ⓒ 코메니우스는 이 학교의 주된 기능을 자연의 사물을 바르게 지각할 수 있는 외적 감각을 개발하는 데 두었다.

② **모국어 학교 : 7~12세**

　⊙ 오늘날 초등교육의 내용에 해당되는 모국어, 종교, 산수, 지리, 역사, 과학, 읽기, 쓰기, 그리기, 셈하기 등을 학습한다. 이해와 기억 같은 인지적 요소와 다양한 감각 또한 학습의 대상이다.

　ⓒ 코메니우스는 상류계층 아이들만 라틴어 학교에서 초등교육을 받던 당시의 관행에 반대하면서, 모든 아이들이 먼저 모국어를 철저하게 교육받아야 한다고 생각하였다.

③ **라틴어 학교 : 13~18세**

　⊙ 주요 기능은 이해와 판단 능력을 기르는 것이다.

      ⓒ 여기서는 라틴어, 그리스어, 히브리어와 현대 외국어 한 가지를 배우고 모든 과학과 문학의 기초를 다져야 한다. 이는 방대한 내용의 공부로 문법, 자연철학, 수학, 윤리학, 논리학, 수사학을 포함한다.

      ⓔ 이것은 그가 구상하였던 범지학의 이상을 반영하는 것이라 할 수 있다.

    ④ 대학(아카데미 학습) : 19~23세

      ㉠ 오늘날 대학교육에 해당되며 주된 기능은 앞 단계에서 길러진 모든 능력들을 조화롭게 하는 의지를 개발하는 데 있다.

      ⓛ 신학, 법학, 의학과 같은 전문적 지식의 학습과 여행을 통한 안목의 확대 등을 중요한 학습내용으로 삼았다.

(6) 여성교육

  ① 코메니우스가 활동한 시기에 여성은 교육의 대상이 아니었다.

  ② 그는 여성을 남성과 동등하게 교육시킬 것을 주장하였다. 그는 여성도 남성과 같이 다양한 지위와 사회적 역할을 담당할 수 있다고 보았고, 가정에서 자녀를 잘 양육하기 위해서도 교육은 필요하다고 보았다.

  ③ 여성교육과 함께 가난하고 소외받은 자들의 교육 또한 중요시하여 그들을 수용할 공립학교의 필요성을 역설하였다.

(7) 코메니우스의 교육적 시사점

  ① 코메니우스의 교육사상은 베이컨의 경험론과 실학주의 사상의 영향으로 전개된 교육이라 할 수 있다. 그는 직관에 근거한 합자연의 교육을 실시하고 모방에 의한 학습 또한 지지하였다.

  ② 그의 감각적 실학주의 교육관은 이후 자연주의 교육관의 이론적 근거가 되었다.

  ③ 또한 형이상학적 지식은 신의 계시에 의해 인식할 수 있고, 형이하학적 지식은 감각에 의해 인식할 수 있다는 종교와 과학을 통합한 사상을 주장하였다.

02 계몽사상과 교육 ^{중등 11}

1. 계몽주의의 등장배경 및 특징

(1) 등장배경

  ① 유럽의 18세기는 계몽주의 시대라 불린다. 계몽주의는 봉건국가의 최고이며 최후에 나타난 정치사상이다.

  ② 이 시기는 외부의 어떠한 제약도 받지 않고 국왕의 절대왕권을 행사하는 전제군주제가 나타나고, 정치이론상 왕권신수설을 주장하여 왕권의 세습과 신성불가침을 정당화하였다.

  ③ 프랑스 전제군주 루이 14세는 "짐은 곧 국가다."라는 표현으로 본인이 절대군주로서 절대주의자의 대표임을 나타냈다. 이러한 절대주의는 17~18세기에 걸쳐 성립한 제도로, 중세의 봉건제로

부터 근대적 민주체제로 옮겨오는 과도기의 시대적 산물이라 할 수 있다.

④ 이 시기의 개인사상 억압과 신앙자유의 박탈은 이성을 통하여 사회적·정신적 억압을 해방하려는 움직임으로 나타났는데 이 운동이 계몽주의이다.

⑤ 계몽시대는 영국의 명예혁명(1688)으로부터 프랑스혁명(1789)에 이르는 100년간을 일컫는다. 이 시기를 계몽시대라 부르는 이유는 18세기 최대의 역사적 사건이라 일컫는 프랑스혁명과 영국을 중심으로 일어난 산업혁명의 지도적 사상이 되었기 때문이다.

(2) 계몽사상의 개념

① 계몽이란 몽매함, 구습, 무지, 편견, 권위에서 벗어난다는 것을 뜻한다.

② 계몽사상은 모든 전통의 구속이나 속박에서 벗어나 자유롭게 사고하고 연구하고 나아가 기존의 구습, 학문, 종교, 도덕 등을 비판하고 개선할 수 있는 지적인 수준(이성, 지성의 힘)을 고양시키려 했던 사상이라고 할 수 있다.

(3) 계몽사상의 특징

① 합리주의(rationalism)의 지향

  ㉠ 합리주의란 말 그대로 이치에 맞도록 생각하는 힘, 즉 이성을 가장 중시하는 사상을 말한다.

  ㉡ 18세기 유럽인들이 정치적 절대주의에 반대하여 자신이 인권을 가진 존재로서 그 누구에 의해서도 부당하게 처우받아서는 안 됨을 인식하고 자각하게 된 것도 바로 이성, 또는 지성의 힘 때문이었다.

  ㉢ 이 시대의 사람들은 이성의 힘에 비추어 모든 제도, 사상, 관습, 몽매한 요소들을 철저히 비판함으로써 모든 사람들이 바라는 이상적인 사회를 만들 수 있다고 믿게 되었다.

② 자연주의(naturalism)의 지향

  ㉠ 계몽사상가들은 자연법(自然法) 사상에 기초하여 인간은 본래 자유롭고 평등한 존재라고 주장하였다.

  ㉡ 인권을 가진 존재로서 타인에 의해서 부당하게 처우받거나 그의 인권이 양도될 수 없는 것임을 천명하였다.

  ㉢ 이 같은 주장은 당시 왕권신수설이나 정치적 절대주의에 반대하는 정치상의 자연주의를 표명한 것이었다.

2. 계몽주의 교육

(1) 교육목적

이성적 사유능력을 길러줌으로써 종교, 정치제도, 사회구조 등에 내재하는 모든 종류의 권위로부터 자유로울 수 있는 인간을 양성하는 데 그 목적이 있었다.

(2) 교육내용

① 철학과 과학을 중심으로 합리적인 것만을 구성하고 이치에 맞지 않는 것은 배격하였다.

② 이성의 능력을 키우기 위해서는 철학을 비롯하여 자연과학, 정치, 경제, 미술, 문학, 사교상의 예법을 가르쳐야 한다고 주장하였으며, 종교적인 것은 요구되지 않았다.

③ 특히 철학을 가장 중요한 교과목으로 제시하였다. 철학은 이치를 탐구하는 학문으로서 합리적인 능력을 기르는 데 가장 효과적이고 적합한 분야라고 생각하였기 때문이다.

(3) 교육방법

① 감정적인 것은 배척되고 냉정한 비판적·분석적 태도만이 용납되었으며, 인간 이성에 호소하는 교육방법을 중시함으로써 이성적인 면이 강조되었다.

② 신앙과 제도를 논리적 사고의 적으로 경멸하였으며, 이성에 근거한 추리력을 계몽운동의 유일한 수단으로 간주하였다.

3. 로크(John Locke, 1632~1704) 중등 02

(1) 백지설(tabula rasa)

① 로크는 『인간오성론』에서 인간이 태어날 때 인간의 마음은 아무것도 없는 백지 상태라는 백지설(tabula rasa)을 주장하였다.

② 로크는 태어날 때 인간의 마음을 깨끗하고 아무것도 쓰여 있지 않은 석판을 의미하는 라틴어 'tabula rasa'로 비유하였다.

③ 인간의 마음이라는 석판은 감각적 경험을 통해 내용을 각인해 가게 된다. 이에 따라 주위 사물이나 환경에 대한 감각적 인상은 인간이 지식을 습득하는 중요한 요인이 된다.

④ 백지설은 아동이 죄를 가지고 태어나지도 않았고, 내재된 정신을 가지고 태어나지도 않았기에 후천적으로 교육을 받아야 한다는 입장이다.

⑤ 유전적 소질보다 환경이 중요하다는 환경결정론적 생각으로 이후 교육자들에게 교육의 역할이 무엇보다 중요하다는 확신을 심어주는 계기가 되었다. 경험을 통해 감각과 지식을 획득한다는 그의 경험주의 인식론은 경험을 통해 어떤 학습도 가능하다는 교육만능론에 이르게 하였다.

(2) 능력심리학(faculty psychology)

① 로크의 심리학설 중에 숨어 있는 능력심리학적 아이디어는 중세 이래의 형식도야설(formal discipline)을 강화시키는 결과를 가져왔다.
- 형식도야설: 교과 설정의 근거에 관한 학설로 교과는 지각, 기억, 추리, 연상, 판단 등과 같은 몇 가지 기본적인 정신기능을 개발하는 수단이며, 각각의 정신기능을 개발하는 데 가장 적합한 교과가 있다고 보는 입장이다.

② 능력심리학이란 인간의 마음은 본래 백지이지만, 그냥 아무것도 없는 백지가 아니라 감각인상을 받아들이고 처리할 수 있는 몇 가지 능력들, 즉 감각인상을 지각하는 능력, 파지하는 능력, 재생하는 능력, 연상하고 추리하는 능력, 판단하는 능력 등으로 구성되어 있다는 생각이다.

③ 이 생각은 교육활동의 목적과 의미를 그러한 능력들을 훈련시키는 데서 찾음으로써 교육내용이 갖는 실질적인 가치보다는 훈련도구로서의 가치에 주목하게 하였다.

(3) 로크의 교육관

① 교육의 목적: 사회적으로 유능한 신사 즉, 도덕적·신체적·지적으로 완전한 인간을 기르는 것으로 보았다.

② 습관형성의 중요성 강조

　　㉠ 로크가 주장한 신사가 되기 위한 방법은 도덕적 도야와 자기통제이다. 이 부분에서 필요한 것이 습관의 형성이다.

　　㉡ 도덕적으로 습관형성이 이루어진 사람은 특별한 외부적 통제가 없어도 스스로를 잘 통제할 수 있다.

　　㉢ 인간은 어릴 때부터 올바른 생활 태도를 습관화하여 이성적인 신사로 성장하게 된다. 따라서 습관형성과 신사의 양성은 서로 불가분의 관계에 있다고 할 수 있다.

③ 지·덕·체의 교육

체육론	• 신사를 길러내기 위해서는 지육(知育)·덕육(德育)·체육(體育) 모두가 필요한데 그중에서도 체육이 가장 중요하다고 보았다. • 그는 라틴어의 속담을 인용해 "건강한 신체에 건전한 정신이 깃든다."(Locke, 1968)라고 주장하였는데, 이것은 신체건강이 마음이나 정신건강의 기초가 된다는 점을 나타낸 것이다.
덕육론	• 덕육은 자기 마음대로 하거나 욕망을 억제하지 못하는 것을 반대하며 이성의 명령을 따르도록 하는 것이다. • 덕육으로 함양된 덕(virtue), 지혜(wisdom), 예의(breeding), 학문(learning)을 신사가 구비해야 할 조건이라고 보았다. 이 중에서 덕이 신사가 먼저 갖추어야 할 제1요소라고 생각하였다. 덕의 성취가 크면 클수록 다른 것들의 성취가 쉬워진다고 여겼기 때문이다.
지육론	• 인간의 형성은 전인적 인간을 지향해야 한다. 서구사회에서 지·덕·체 순으로 교육을 강조하였던 것에 비해 그는 교육을 체·덕·지의 순으로 논하였다. 지식은 덕을 쌓고 사색을 하는 데 필요한 것이라고 하였다. • 지식은 인격을 쌓는 데 방해하는 요소가 아니라 인격을 쌓는 촉진제 역할을 해야 한다고 보았다. 그는 지육을 체육과 덕육의 기초 위에서 형성해야 한다고 보았다.

03 　자연주의 교육사상

1. 자연주의(naturalism) 중등 06

(1) 개요

① 자연주의는 '자연에 따라서 교육한다.'는 것을 최고의 원칙으로 삼는 입장이다. 이 원칙은 일찍이 코메니우스에 의해 천명된 바 있으나 그 의미를 철학적으로 심화하고 설득력 있게 주장함으로써 교육의 개념에 획기적인 변화를 가져온 사람은 루소였다.

② 루소는 인간의 있는 그대로의 자연 상태를 가치 있는 것으로 인정하면서 그 바탕 위에서 '자연에 따르는' 교육의 목적, 내용, 방법을 강구하였다.

③ 자연주의는 계몽사상의 지나친 합리주의와 주지주의적 경향에 반발하여 인간의 감성을 중요시하고 전인교육을 강조하는 교육사상이다.

④ 교회와 국가의 횡포에 대항하고 전통의 권위에 반대하면서 개인의 인간으로서의 자유와 권리를 주장하였다는 점에서는 계몽사상의 일부라고 할 수 있으나, 교육만능설과 인위적 교육을 비판하였다는 점에서는 계몽사상과 구별된다.

⑤ 자연주의는 개인의 자연적 본성에 주목하였으며, 그것을 발달시킴으로써 완전한 '시민'이 아닌 완전한 '인간'을 기르고자 하였다.

(2) 자연주의 교육의 특징

① 자연주의 교육이란 자연에 일치하는 교육을 의미한다. 즉, 자연의 법칙을 교육의 과정에 적용, 응용한다는 것을 의미한다.

② 자연에 일치하는 교육을 한다는 것은 모든 인위적인 것에 반대하여 자연으로 돌아간다는 것을 뜻한다. 그리하여 자연주의자들은 아동에 대한 인위적인 환경과 훈련을 공격하고 아동의 자연스러운 자발성을 해치는 요소들을 비판하였다.

③ 자연주의 교육이란 인간의 자연스런 본성을 최대로 드러내는 것을 목표로 하는 교육이다. 따라서 자연주의 교육론자들은 아동의 자연스런 본성이 최대로 드러나도록 하기 위해서는 가능한 한 많은 자유를 주어야 하며 간섭을 최소화해야 한다고 생각하였다.

2. 루소(Jean Jacques Rousseau, 1712~1778) 중등 01 · 04 · 05 · 06 · 07, 초등 00 · 01 · 03 · 05 · 06 · 09

(1) 개요

① 자연주의 교육론을 주창한 선구적인 인물로 18세기를 대표하는 교육사상가이다.

② 루소의 사상은 자연주의와 합리주의, 자유주의에 바탕을 두고 있으며, 모든 사상의 기저에는 '자연은 선하고 사회는 악하다'는 성선설적 신념이 자리 잡고 있다.

③ 인간의 자연적 본성을 존중하고 인간의 발달단계에 따른 교육을 행할 것을 주장하면서 자연에 의한 교육을 통하여 이상적인 인간인 자연인을 육성하고자 하였으며 오로지 자연에 일치하는 교육만이 상실된 인간성을 회복할 수 있다고 보았다.

④ 저서로는 『사회계약론』과 『에밀』이 있다.

(2) 루소의 교육적 특징

① 자연인의 양성을 교육목적으로 삼았다. 인간은 본래 선하지만, 자연 상태에서 벗어나 다른 인간과 교류하며 악해진다. 따라서 사회적 삶이 아닌 다른 인간들과 격리된 공간에서 순수한 자연인을 양성할 것을 주장하였다.

② 루소의 교육방법은 자연주의 교육관을 따른다. 자연주의 교육방법은 인간의 교육을 인간 내부의 자연적 발달 순서에 합치시키는 합자연의 원리를 따른다. 또한 실물을 통해 교육하는 직관적 교육법을 따르기도 한다. 따라서 루소의 교육방법은 '비교육이 곧 교육'인 소극적 교육방법으로 자발성의 원리, 탐구의 원리, 노작활동의 원리 등을 기반으로 구성된다.

③ 교육을 학습자의 내적 가능성의 실현과정으로 보았다. 교육을 인간에 내재한 가능성의 발현과정으로 보고, 이 과정에 다른 인간이 개입하는 것을 반대하였다. 그는 학습자 스스로의 자기활동 원리를 중심으로 자연적 발달을 이루기 위한 환경구성에 중점을 두었다.

④ 성선설에 근거한 아동존중사상을 주장하였다. 선하게 태어난 아동이 타락한 사회에서 잘못된 어른의 영향으로 선한 본성을 잃어가는 것이라고 하였다. 그는 아동을 성인과 질적으로 구분된 존재로 파악하였으며 능동적인 자기 결정권이 있는 존재로 보았다.

⑤ 루소의 교육관은 『에밀』에 가장 잘 표현되어 있다. 『에밀』에는 루소가 주장하는 교육목적, 교육 과정, 교육내용 등의 교육관이 구체적으로 기술되어 있다.

(3) 『에밀』의 교육단계

> "인간들은 어린이를 전혀 알지 못한다. 어린이에 대한 생각이 잘못되었기 때문에 나아가면 갈수록 점점 정도를 벗어나게 된다. 가장 현명하다는 사람들까지도 어린이가 무엇을 배울 수 있을까에 대해 생각하지 않고 어른들이 알아야 할 것에 대해서만 열중하고 있다. 그들은 언제나 어린이 속에서 어른을 찾고 어른이 되기 전의 어린이의 모습을 생각하지 않는다. 이것이야말로 내가 정성을 쏟아 연구한 결과이다.
> — 『에밀』의 서문 중

① 제1부(1~5세, 유아기 교육): 신체교육
  ㉠ 가정교육과 신체활동이 혼합된 시기로 이때 최고의 교육은 '비교육(非教育)'이다.
  ㉡ 교육을 하지 않는다는 것이 아무런 교육을 하지 않는 것은 아니다. 즉, 감정을 제어하는 정서교육과 놀이를 통한 감각훈련 등은 꼭 필요한 교육이라 하겠다.
  ㉢ 일상생활을 통하여 습득되는 모국어 교육과 사물에 대한 지각 등은 자연스럽게 이루어지는 교육이다.

② 제2부(7~12세, 아동기 교육): 감각교육
  ㉠ '고귀한 야만인(noble savage)'의 시기로 불리며, 신체와 감각의 훈련이 중요한 시기이다.
  ㉡ 감각교육: 아동들은 다양한 사물을 직접 만지고 느끼며 감각을 키운다. 감각의 개발은 훗날 이루어지는 지식교육의 기반이 된다.
  ㉢ 자연벌: 도덕적 훈련은 자연에 맡겨, 자신의 행동의 결과를 경험하게 한다. 도덕적 가치의 주입을 금지한다.
  ㉣ 소극적 교육: 이 시기의 교육은 '덕이나 진리를 가르쳐 주는 것이 아니라 심성을 악덕으로부터, 지력을 오류로부터 보존하는 것', 즉 소극적 교육이어야 한다.
  ㉤ 사회로부터의 격리: 아동이 잘못된 관념에 물들지 않도록 사회로부터 격리된 자연적 환경에서 교육해야 한다.

③ 제3부(12~15세, 소년기 교육): 지식교육
  ㉠ 지식교육: 지식을 배우는 시기이다. 천문학, 물리, 지리 등 자연과학과 수공(手工)을 배운다. 이 시기는 호기심을 바탕으로 사물과 세계에 대한 경험을 통해 스스로 생각하고 판단할 수 있는 능력을 길러 주도록 한다.
  ㉡ 발견학습: 교사나 책을 통해서가 아니라 실물교육을 통해 스스로 발견하도록 해야 한다. 아이들이 사물을 제대로 이해하도록 하기 위해서는 실제로 경험하도록 하고 직접 만들어 보도록 해야 한다.
  ㉢ 노작교육: 사회성 훈련의 일환으로 목공술을 배우면서 수공 능력으로 마음의 발달을 위한 자극을 받고 미래의 역경을 해결해 나가기 위한 준비를 한다.

　　　ⓔ 독서금지 : 아직 책을 줄 필요가 없다. 다만 『로빈슨크루소(Robinson Cruso)』만은 읽도록 한다. 이 책은 자연의 순리를 깨닫게 하고 그 순리에 따라 살아갈 수 있는 방법을 제시하기 때문이다.

　④ 제4부(16~20세, 청년기 교육) : 도덕교육, 종교교육

　　　㉠ 이성에 눈을 뜨고 감정과 성에 대해 관심을 갖는 시기이다. 이 시기는 제2의 탄생기라고도 할 수 있으며 사회적·도덕적·종교적·신체적 경험을 쌓도록 해야 한다.

　　　㉡ 인간관계와 사회제도에 관한 지식을 배운다. 복잡한 인간관계를 바르게 이해하기 위해서는 사회학, 심리학, 윤리학, 정치학을 배워야 한다.

　　　㉢ 정열이 발달하는 시기로서 이 정열을 적절히 통제하지 않으면 합리적 판단과 자제력을 잃게 된다. 따라서 이 시기는 종교교육과 도덕교육이 이루어져야 한다.

　⑤ 제5부(여성교육론)

　　　㉠ 에밀은 25세가 되어 이상적 여성인 소피와 결혼을 하게 된다. 5부는 에밀의 이상적인 여성인 소피의 교육에 관한 내용이다.

　　　㉡ 소피의 교육은 남자의 사랑을 받고 남자의 종교를 따르고 자녀를 올바르게 기르는 준비교육이다.

　　　㉢ 앞의 에밀의 교육은 매우 진보적이고 혁신적인 교육인 데 반해 여성교육은 매우 보수적이었다.

　　　㉣ 여성에게는 순종과 겸양의 미덕을 강조하고 남편을 즐겁게 해주고 노인을 봉양해야 한다는 현모양처의 교육을 강조하고 있다.

⑷ **교육의 목적**

　개인의 자연적인 본성을 잘 보전하고, 사회적 제약으로부터 벗어나 자기 자신의 삶을 살아가는 자연인의 육성이다.

⑸ **교육방법**

　① 합자연의 원리

　　　㉠ 루소는 교육의 3요소를 인간, 자연, 사물로 정할 정도로 자연을 교육에서 매우 강조하고 있다.

자연에 의한 교육	인간이 날 때부터 자연에 의해 부여받은 모든 특성과 능력을 의미한다.
인간에 의한 교육	자연적 특성과 능력을 신장시키기 위해 인간이 취할 수 있는 모든 노력과 방법을 의미한다.
사물에 의한 교육	인간에게 자극을 주는 주위의 모든 경험적 조건과 환경을 의미한다.

　　　㉡ 즉, 자연에 따르는 교육을 해야 한다고 하였으며 이는 곧 아동의 지적·정서적·신체적 발달단계의 특징에 따라 그에 합당한 교육이 이루어져야 함을 말한다.

　　　㉢ 이에 관한 내용을 요약하면 다음과 같다.

　　　　• 학습은 자연의 발달순서에 따라 이루어지는 것이 옳다. 인위적인 교육으로 서두르는 교육이 되어서는 안 된다.

　　　　• 교육을 진행하는 데 있어서 실제 사물을 보고 느끼는 직관을 통한 교육이 되어야 한다.

　　　　• 인위적인 기성인의 교육이 아니라 아이들이 원하고 필요로 하는 아동중심주의 교육을 강조하고 있다.

② 소극적 교육

 ㉠ 무리하게 지식을 주입하고 이성을 강요하는 등 인위적이고 적극적인 교육에 대한 반대의 의미이다.

 ㉡ 모든 교육에 있어서 학습자들 스스로 판단하고 스스로 행하는 교육이 이루어질 수 있도록 환경을 만들어 주는 교육을 말한다.

 ㉢ 루소의 소극교육의 논리는 단순히 방임적인 교육의 형태가 아니라 지식 일변도의 교육을 배척하고 명령, 교훈 등의 적극적·인위적인 간섭을 배제함으로써 아동의 자유를 보장하고 궁극적으로는 어린이의 자유의지를 자극하여 자립능력을 함양시키는 것을 말한다.

③ 실물중심 교육

 ㉠ 자기 스스로 경험하고 자발적으로 실제 생활 속에서 행동하면서 지식과 진리를 발견하도록 하는 발견학습법을 강조하였다.

 ㉡ 교사중심이 아니라 아동중심 방법, 즉 아동의 활동이 언제나 강조되며 모든 것은 사물을 통하고 실제적 활동에 의해서 배운다.

④ 흥미 위주의 자발성의 원리

 ㉠ 아동의 자연성 계발을 위해 흥미 위주의 자발성 존중, 자유교육, 개성존중의 원리를 중시하였다.

 ㉡ 평소 생활을 통해 교육한다는 점, 생활이 곧 교육이라는 점에서는 교육의 원리가 되고 스스로의 노력을 통한 자발적인 학습을 강조한다는 점에서는 자발학습인 동시에 발견학습과 연결된다.

⑤ 주정주의 교육 : 생활의 원리를 통한 교육과 감각훈련을 통해 느끼고 깨달아 가는 주정주의의 교육을 강조하였다.

⑹ **루소 이론의 장단점**

장점	단점
• 직관주의적 실물교수 강조	• 자유주의에 대한 지나친 맹신
• 자기 능력을 기르기 위한 근로 교육, 수공업 작업을 중시	• 불명료한 자연의 개념
	• 교육실현 가능성에 대한 문제
• 개성, 자유, 자기활동의 원리 강조(주체적 활동 강조)	• 일반도야를 강조한 나머지 직업도야를 배척
• 아동심리에 대한 이해 강조	• 여성교육 반대
• 교육을 내적·자연적 발전과정(성장)으로 보아 자유주의 교육을 주장	• 가정교육에 치중하여 학교교육을 경시
• 감정적 도야 중시	

⑺ **공헌점**

① 바제도우(Basedow)의 범애주의, 칸트(Kant)의 합리주의, 페스탈로치(Pestalozzi)와 프뢰벨(Fröbel)의 계발주의, 듀이(Dewey)의 진보주의 등에 직·간접적으로 영향을 주었다.

② 당시 교육뿐 아니라 현대 교육사상에도 지대한 영향을 미치고 있다. 전통적인 지식 중심 교육에서 벗어나 인간의 본성과 발달단계에 적합한 교육을 주장함으로써 아동중심의 교육, 나아가 인간중심 교육의 선구가 되었다.

04 범애주의 교육사상

1. 개요

① 루소의 교육사상을 독일에서 적극적 교육의 실제 사업으로 연결시킨 것은 바제도우를 중심으로 한 범애파들이다. 이러한 범애파의 사상을 범애주의라고 한다.

② 범애주의는 인류애를 실현하는 것을 목표로 하고 있다. 즉 종교, 국민의 동질성을 따지지 않고 민족을 초월하여 전 인류를 사랑하여 행복을 진전시키는 것을 목표로 한다.

③ 범애학파의 교육은 공리공론보다 실리에 중점을 두고 평화롭고 행복한 생활을 하는 시민을 육성하는 일에 그 목적을 두었다.

④ 범애파란 바제도우가 모범학교를 설립하고 그 이름을 범애학교라 칭한 데서 유래하였다.

⑤ 범애학파의 교육에서 인본주의(humanism)의 확대와 발전을 찾아볼 수 있는데 계몽주의 사상을 배경으로 루소에게서 나타난 시대정신을 교육에 적용하여 성과를 이루었다.

⑥ 이후 페스탈로치의 교육사상에 많은 영향을 미쳤다.

2. 교육사상

(1) **교육목적**

선량하고 행복한 시민을 길러 빈부의 차별이나 종파의 구별 없이 모든 개인을 행복하게 하는 것을 목적으로 하였다.

(2) **교육내용**

생활에 필요하고 유용한 지식과 기능을 교육하며, 행복한 생활에 필요한 조건인 신체의 발육과 정신도야를 위한 것으로 건강증진을 위해 체육을 중시하고, 정신적 도야를 위해 덕육과 지육을 심리적인 교육내용으로 다루었다.

(3) **교육방법**

직관주의와 합자연의 원리를 따라 교수하였으며 다정다감한 인간애로 즐거운 학습을 하도록 하였다.

3. 바제도우(Basedow, 1723~1790) 중등 07, 초등 00

(1) **교육의 국가제도를 지지**

① 개인의 행복이나 동포의 행복을 가져오는 교육은 반드시 국가적 제도의 학교 교육에서만 가능하기 때문에 국가가 철저히 관리하고 감독해야 한다고 하였다.

② 학교 교육은 종교를 막론하고 모든 아동에게 문호를 개방해야 한다. 이러한 교육은 국가의 관리에 의해서만 가능하므로 국가적 교육제도만이 이상적인 제도라고 보았다.

⑵ 교육방법

① 합자연의 원리에 따른 강제가 없는 방법이며 먼저 이해를 통한 교육을 강조하였다.

② 교육에 있어서 많이 가르치지 말고 유쾌하게 배우도록 하며 초보적 학습에서 순차적으로 배우도록 하며 유익한 지식만을 공부하도록 하였다.

③ 체벌을 금하고 선행을 장려하기 위해 1주 중 6일은 선행일로 하여 선행을 많이 한 학생을 상석으로 하고 표창장이나 상패를 주었다.

⑶ 교육내용

① 실제 생활상의 기능을 중시하고 사회 현실에 관련된 학습의 필요성을 강조하였다.

② 모든 학습은 실생활에 유용해야 하며, 생활을 위한 준비가 되어야 한다고 하였다.

③ 범애학원에서는 다양한 교과목들을 가르쳤으며 실과교육을 언어교육보다 우위에 두었다.

⑷ 범애학원

① 자연주의 교육원리를 실천하기 위한 일종의 시범학교로 6~18세까지의 학생을 수용하는 김나지움 형태의 기숙학교였다.

② 박애주의 정신에 따라 부유한 집 아이들에게는 비싼 수업료를 받고, 가난하면서도 능력이 뛰어난 아동은 장차 교사가 될 조건으로 학비를 면제해 주었다.

③ 기숙학교로서 엄격한 자치제도를 운영하였다.

Chapter 06 근대교육의 발전 : 19세기의 교육

01 신인문주의 교육

1. 신인문주의와 교육

(1) 신인문주의의 특징

① 신인문주의는 18세기 말부터 19세기에 걸쳐 독일을 중심으로 일어났던 사상운동이다.

② 신인문주의는 지나치게 이성만 강조하였던 계몽사상의 모순에 반기를 들고 인간의 조화로운 발달을 바라는 사람들이 인간의 정서와 감정을 바탕으로 전개한 운동이었다.

③ 신인문주의자들은 고전을 연구하고 그 속에 담겨져 있는 과학적·역사적·사회적 인식을 얻는 것을 교육의 목적으로 삼았다.

④ 계몽사조가 냉철한 이성과 지성을 가지고 인생 또는 사회를 해석하는 경향인 데 비해, 신인문주의는 이성이나 지성으로 해명할 수 없는 인간의 신비를 감성적·심미적인 태도로 탐구하려는 사상이다.

⑤ 신인문주의 시대는 단순한 고전의 모방을 지양하고 고전에 대한 비판과 다양한 해석을 허용하였다.

⑥ 인간을 가장 중요한 가치로 두고 예술적 성취와 정의적 측면의 발달에도 가치를 두었다.

(2) 신인문주의 교육

① 유럽 전역에 국가주의 교육사상이 확산되고 있을 무렵 다른 한편에서는 신인문주의(neo-humanism) 교육사상가들이 등장하여 활약하였다.

② 신인문주의자들은 18세기의 합리주의 교육론과 주지주의적 교육론이 이성과 지성의 계발 및 도야를 지나치게 강조함으로써 절름발이 인간을 길러냈다고 비판하고, 지(知)·정(情)·의(意)를 고루 겸비한 전인을 길러내야 한다고 주장하였다.

③ 18~19세기 초 국가주의자들이 국가적 이상을 실현하기 위해 교육제도를 조직하고 교육환경의 개선에 관심을 가진 데 반해, 이들은 인간 발달의 법칙에 합치하도록 교육과정 자체를 개혁하려고 하였다.

④ 교육이란 외부에서 성인(成人)의 표준을 강제하는 대신에 내부에서 아동의 내면세계를 계발해 내는 것이라고 보았다.

⑤ 신인문주의는 고대문화의 형식적 모방에 그쳤던 구인문주의의 잘못됨을 비판하고, 그리스의 고전 속에 담겨진 내용인 정신과 사상을 본받을 것을 목적으로 하였다.

⑥ 신인문주의의 특징은 다음과 같다.

　㉠ 구인문주의가 그리스 문화를 계승한 로마문화를 재생하였다면, 신인문주의는 그리스의 문학과 사상, 인간관, 세계관을 부활시켰다. 그리스 문화의 순수성을 부활하려고 했던 점이 신인문주의의 특징이다.

ⓛ 신인문주의의 착안점은 고전의 형식이 아닌 정신과 내용이다. 구인문주의에서는 고전에 담겨진 정신과 내용보다는 로마의 문장, 생활양식 등을 단순히 모방하는 데 그쳤으나, 신인문주의에서는 고전 속에 담겨진 세계관, 인생관 그 자체를 중시함으로써 실질적인 생활에 도움을 주었다.

ⓒ 고전문화에 대한 자각적 태도를 지니고 있었다. 고전을 위한 맹목적인 부흥이 아니라, 자신과 국민문화를 위해 유용한 고전을 부흥하고자 하였다. 즉 그리스의 고전문화 속에서 자기의 본질을 인식하고 참된 자기를 파악하고자 하였다.

2. 교육사상가

(1) 페스탈로치(Pestalozzi, 1746~1827) 중등 06, 초등 10

① 인간관

ⓐ 페스탈로치는 루소와 마찬가지로 인간의 자연적 본성은 선한 것이라는 입장을 취하기는 하였으나, 인간성 안에 자연적·사회적·도덕적 상태의 세 단층을 설정하여 인간성을 설명함으로써 인간성을 실현해 나가는 방법에 있어 루소와는 다른 입장을 보였다.

ⓑ 인간은 자연적 상태에서 사회적 상태로, 다시 도덕적 상태로 나아가면서 질적인 도약을 거듭하는 존재라고 보았다.

자연적 상태	인간의 가장 낮은 단계로 동물적 수준과 근본적으로 다르지 않다. 착하고 선한 본성도 있으나, 동시에 거칠고 야수적인 충동도 가지고 있는 상태의 인간이다.
사회적 상태	이기적인 인간의 폭력적 행위를 법률로 규제하는 상태이다. 인간이 지닌 자연적 욕구를 충족시키고자 하는 데서 오는 무질서를 막기 위해 관습으로서의 법을 만들어 이를 준수하게 만드는 것이다.
도덕적 상태	독자적인 인격적 결단에 의해 자신의 도덕적 세계를 개척하고 나아갈 수 있는 인간을 가리킨다.

② 교육목적: 교육을 인간 도야의 수단인 동시에 사회개혁의 수단으로 보았다.

ⓐ 일차적 목적: 인간성의 도야
- 인간이 태어날 때부터 지니는 자연적 본성은 지적 능력과 기술적 능력, 도덕적 능력 세 가지가 있다.
- 이것은 인간의 머리(head), 손(hand), 가슴(heart)의 작용에 상응하는 것으로 이를 발달시켜주는 교육은 지적교육, 노작교육, 도덕교육이 된다. 교육은 인간의 이러한 자연적 본성을 조화롭게 발달시키는 것을 일차적 목적으로 한다.

ⓑ 이차적 목적: 사회개혁
교육을 통해 인간을 도야하고 개혁하면, 사회개혁이 이루어진다고 보았다.

③ 교육내용

ⓐ 수(數), 형(形), 어(語)
- 교육내용은 아동이 성인의 수준으로 성장하기 위해 필요한 것, 즉 아동의 필요를 기준으로 결정된다. 아동이 성인 수준으로 성장하기 위해 필요한 것은 명확환 관념인데, 이는 수(數), 형(形), 어(語) 세 가지가 기본적 요소가 된다.

- 사물의 인식은 사물의 수와 종류를 식별하고, 다음으로 그 형태와 모습을 보고, 마지막으로 그 이름을 음과 말로 표현하는 방법을 익히는 단계로 순서 있게 이루어져야 한다. 따라서 아동을 대상으로 하는 수업에서는 산수(수), 그리기와 쓰기(형), 언어(어)를 중요한 수업의 요소로 보았다.

ⓒ 머리(head), 손(hand), 가슴(heart)을 교육시키기 위한 교육내용 제시
  - 머리(지식)의 발달을 촉진시키기 위해서는 실물학습이 필요하다고 보았다. 특히 그는 수학과 지리 등을 중시하였다.
  - 손(신체)을 발달시키기 위해서는 노작교육이 필요하다고 보았다.
  - 가슴(정서)을 발달시키기 위해서는 가정교육이 필요하다고 생각하였다. 그는 가정이야말로 사랑, 신뢰, 감사의 마음을 배울 수 있는 가장 좋은 장소라고 생각하였다.

④ **교육방법**

  ㉠ **합자연의 원리** : 감각과 정신을 함께 내포하는 순박한 인간 본성을 발달시키는 활동을 자연의 특성과 법칙과 일치하도록 하는 교육을 강조하였는데, 이것이 합자연의 교육이다.

자발성의 원리	아동 내부에 있는 자연의 힘을 자발적으로 발전시키는 것을 교육의 기본원리로 삼는다는 뜻이다. 즉, 주입식 방법이 아니라 계발식 방법이 페스탈로치 교육원리의 본질이라는 의미이다.
조화의 원리	지적 능력, 정의적 능력, 신체적 기능의 조화로운 발달을 추구하는 것을 교육의 기본원리로 삼는다는 뜻이다. 이것은 페스탈로치의 교육원리가 전인 발달을 추구하는 것이었음을 지적한 것이다.
방법의 원리	인간성의 자기 발전은 일정한 순서에 따라 단계적으로 실시되는 것이므로 이 단계에 따라 교육해야 한다는 것이다. • 이 원리를 도덕적 발달에 적용해 보면 도덕적인 도야는 특별한 규범적 의식 없이 행동하는 무율 단계에서 타인의 명령이나 사회의 제도, 습관을 규범으로 하여 행동하는 타율의 단계를 거쳐 자율의 단계에 이름을 말한다. • 지적인 도야는 수, 형, 어를 교수의 기본적인 요소로 삼아야 한다. 즉, 사물의 인식은 사물의 수와 종류를 식별하고, 다음으로 그 형태와 모습을 보고, 마지막으로 그 이름을 음과 말로 표현하는 방법을 취해야 한다는 것이다. • 신체적인 도야는 신경의 예민함을 반복연습의 원리에 의하여 도야하여야 한다고 하였다.
사회의 원리	페스탈로치는 사회생활의 필요를 말하고 그중에서도 가정생활을 중시하여 모자 간의 사랑을 덕육의 근거로 삼은 사회의 원리를 강조하였다. 사회를 떠난 개인이 존재하지 않는 한 개인의 교육은 사회생활을 통해서만 가능하며 역으로 사회의 진전은 개인의 향상에 의해서만 이루어진다고 보았다.

  ㉡ **직관 교수의 원리** : 아동의 직접 경험 또는 직접 체험을 교육의 기본원리로 삼는다는 뜻이다. 페스탈로치는 모든 인식이 직관에서 출발하며 직관이 인식의 절대적 기초라고 생각하였다.

  ㉢ **노작교육의 원리** : 인간성 계발의 원리로 노작의 원리를 중시하였다. 교육과 노동, 생활과 노동을 결합하여 노동은 단순한 육체적 활동과 생산적 가치에서 정신적·도덕적 가치로 증진되어 간다는 뜻으로 노동을 교육의 방법적 원리로 중시하였다.

> **█ 합자연교육의 방법적 원리**
>
> **1. 안방교육의 원리**
>   ① 인간형성은 믿음과 사랑을 바탕으로 한 가정에서 시작된다. 따라서 인간교육은 생활의 근거지이자 사랑이 충만한 안방에서 출발되어야 한다.
>   ② 특히 페스탈로치의 교육소설 『린하르트와 게르트루트』에서 안방교육의 교육적 의미가 강조되고 있다.
>
> **2. 일반도야의 원리**
>   ① 인간교육이 직업교육에 앞서야 하며, 직업교육은 인간교육에 종속되어야 한다고 보았다.
>   ② 인간교육이란 지·덕·체를 조화롭게 발전시키는 일을 말한다.
>
> **3. 자기계발의 원리**
>   ① 교육이란 가치, 규범, 행동양식, 지식, 기능 등을 외부에서 주입하는 것이 아니라 이미 가지고 있는 내면적 힘을 스스로 계발, 발전시켜 스스로 찾으며 익히게 하는 것이다.
>   ② 자기계발이 가장 자연스럽게 이루어지는 곳이 생활의 마당이다. 이를 페스탈로치는 "생활이 도야한다." 라고 표현하였다.
>
> **4. 도덕교육 중시의 원리**
>   ① 페스탈로치는 지·덕·체 중에서도 도덕성을 함양하는 것이 인간 교육의 핵심이라고 보았다.
>   ② 그는 머리, 가슴, 손으로 특징되는 지능력, 심정력, 기능력 중에서 가슴에 해당하는 심정력을 가장 중시하였다.
>
> **5. 직관의 원리**
>   ① 페스탈로치는 직관을 외적 직관과 내적 직관으로 구별하였다.
>   ② 외적 직관은 감각기관을 통해 외계의 인상을 받아들이는 것이고, 내적 직관은 마음의 눈으로 세계의 본질을 체험하는 것을 의미한다.
>
> **6. 기초도야의 원리**
>   ① 기초과목은 가정교육 단계부터 철저하게 이루어지는 조기교육을 말한다.
>   ② 페스탈로치는 관련된 과목으로 ⅰ) 논리적 사고를 훈련시키는 산수, ⅱ) 공간적 감각을 도야시키는 도형기하학, ⅲ) 민족의 전통과 사상이 압축되어 담겨져 있는 국어를 들었다.

⑤ 평등교육론
  ㉠ 페스탈로치는 교육은 대중을 위한 자연적 권리라고 생각하였으며, 아무리 천한 계층의 아동이라도 교육이 주어지지 않으면 안 된다고 보았다.
  ㉡ 그는 모든 인간은 평등하며, 교육에 의해 발전할 수 있다는 신념에 입각하여 모든 인간에게 교육이 주어져야 한다고 보았다. 또한 특정 신분이나 직업을 가진 인간을 만들기보다는 인간성을 충분히 실현시키는 것을 목표로 삼아야 할 것을 주장하였다.

⑥ 저서
  ㉠ 『은자의 황혼』: 페스탈로치 자신의 교육적 이상을 담았다.
  ㉡ 『린하르트와 게르트루트』: 악의 추방과 가난의 근절을 주제로 담은 책으로, 시골 가정에서 게르트루트가 아이들에게 물레질을 시키면서 대화를 통해 아동의 지력과 인격을 훈련한다는 내용을 담고 있다.

■ 루소와의 페스탈로치의 사상 비교

	루소	페스탈로치
교육에 대한 입장	소극적 교육	적극적 교육
사회에 대한 입장	• 사회는 악한 존재 • 개인주의적 교육 주장	• 사회에 대한 긍정적 입장 • 아동의 지적 · 정신적 성장은 사회에 의존해야 한다고 봄
학교교육	부정적	• 긍정적 • 학교가 가정에서 시작된 교육을 이어나갈 수 있다고 봄
교사의 역할	자연적 성장을 이끌어 주는 보조자	• 아동과 사회를 연결하고 아동을 성인 수준으로 올려야 하는 존재 • 교사의 역할 강조

(2) **헤르바르트(Herbart, 1776~1841)** 중등 10, 초등 07

① 교육의 목적

㉠ 철학자로서 교육학을 독자적인 하나의 학문으로 체계화한 헤르바르트는 교육의 목적을 윤리학에 기초를 두고, 교육방법은 심리학에서 구함으로써 교육학을 하나의 과학으로 정립하였다. 또한 교육의 유일한 일은 도덕성이며 교육의 최고의 목적은 덕성을 함양하는 것이라고 하였다.

㉡ 즉, 교육의 목적을 '도덕적인 품성의 도야'라고 하였다.

② 다섯 가지 도덕적 이념 : 도덕적 품성을 도야하기 위해 불가결한 요소로 5가지 기초적 이념이 필요하다고 보았다.

㉠ 내면적 자유의 이념(idea of inner freedom) : 도덕적 행위를 결정하는 개인의 의지가 자유라는 생각을 말한다. 이 이념은 우리가 한 사람의 행위에 대해 도덕적 책임을 물을 수 있는 근거로, 어떻게 행동해야 하는지에 대한 판단과 그것을 실천에 옮기는 의지가 일치하도록 의지를 훈련함으로써 성취될 수 있다.

㉡ 완전성 또는 완벽성의 이념(idea of perfection or completeness) : 하나의 의지가 행동으로 실천될 수 있도록 의지가 강력, 충실, 조화라는 세 가지 조건을 구비하여 활동하는 상태를 말한다. 특히 교사의 관심사가 되는 이념으로 교사는 학생들이 현재 수준에 만족하지 않고 보다 완전하고 완벽한 것을 추구하기 위해 자신의 역량을 키우도록 가르쳐야 하기 때문이다.

㉢ 선의지 또는 호의의 이념(idea of good will) : 자신의 의지로 남을 돕고 그를 행복하게 하려는 것을 말한다. 즉, 타인의 행복을 자기의 의지의 대상으로 삼는 것을 말한다.

㉣ 권리의 이념(idea of rights) : 이것은 재산문제나 사회제도 문제와 관련되는 것으로, 다른 사람의 의지를 나의 의지와 동등하게 존중하는 것을 말한다. 즉, 서로 다른 두 의지가 충돌할 경우 정의에 입각하여 조화롭고 합리적으로 해결하려는 생각을 말한다.

㉤ 형평 또는 공정성의 이념(idea of equity) : 이것은 누구를 막론하고 자신이 행한 선과 악에 따라 응분의 보상 또는 대가를 받아야 한다는 생각, 즉 대가 없이 부당한 이득을 취하거나 잘못을 저지르고도 책임지지 않는 것을 용납하지 않는 생각을 말한다.

③ 표상(表象) 심리학

   ⊙ 헤르바르트는 표상이 인간의 인식구조에 어떻게 결합되는지를 심리학적 근거를 통해 설명하는데 이를 표상심리학이라 한다.

   ⓛ 헤르바르트는 인간의 마음을 표상의 결합체로 보았다. 따라서 새로운 표상이 학습 대상으로 제시되면, 그 표상은 이미 가지고 있는 표상과의 관계에서 파악된다.

   ⓒ 기존의 표상들과 새로운 표상이 조화를 이룰 때는 쾌감이 생기고, 갈등을 이룰 때는 불쾌감이 생긴다. 표상이 조화를 이루어 쾌감이 생기면 흥미가 일어난다.

   ⓔ 기존의 표상들과 조화를 이루어 흥미를 유발하는 표상은 기존의 표상들과 결합을 하게 되는데, 이것이 통각이며 통각이 곧 학습이 된다. 그리고 이러한 결합을 가능하게 만드는 방법이 연상법이다.

   ⓜ **연상적 방법**: 가르치고자 하는 새로운 관념은 기존의 관념과의 관계에서 이해될 때 흥미가 유발되어 학습이 가능해진다. 이렇게 기존의 관념들과 새로운 관념이 조화되도록 연결하는 방법이 연상법이다.

④ 교육방법

   ⊙ 관리

     • 교수의 예비 단계로서 아동의 신체적·감각적인 욕망을 억제하여 일시적인 외적 질서를 유지시켜 교육을 받을 수 있는 소지를 마련하는 것이다.

     • 아동이 아직 자신의 본능적 욕구나 행동을 스스로 조절하지 못할 때 외부적 권위의 힘으로 규제하는 것을 말한다.

     • 교수나 훈련을 효과적으로 하기 위한 준비로서 꼭 필요한 것이지만 교육 본래의 영역은 아니다.

   ⓛ 훈육

     • 교재를 매개로 하지 않고 직접적으로 아동의 정서와 도덕성을 도야하는 방법이다.

     • 도덕적 품성의 도야를 목적으로 한다는 점은 교수와 같으나 교재를 매개로 하지 않는 점에서 다르다.

     • 훈육의 방법으로는 명령, 상벌, 교훈, 모범 등이 있다. 이 중에서 교사의 모범이 제일 중요하다.

     • 관리는 일시적이고 준비적인 데 비해 훈육은 영속적이고 아동의 내면에 적극적인 영향을 주는 것이라는 점에서 교육 본래의 영역에 속한다.

     • 관리는 억압적·외부적·금지적 활동과 관련이 있지만 훈육은 적극적·내부적·조성적·영구적이다.

   ⓒ 교수

     • 직접적으로 교육의 목적을 달성하기 위한 가장 중요한 방법이다.

     • 단순히 지식과 정보를 제공하는 과정이 아니라 인간의 강한 도덕적 품성도야를 목적으로 하고 있다.

     • 교수 없는 교육이 불가능한 것과 마찬가지로 교육이 없는 교수도 있을 수 없다고 하여 모든 교수의 장면에서 인간의 도덕적 품성을 길러주는 교육이 이루어져야 한다고 하였다.

- 지식과 기능의 전달에만 그치지 않고 의지를 도야하여 도덕적 품성을 형성하는 것이 교육적 수업이다. 그리고 이러한 수업을 통해 우선적으로 아이들의 흥미를 일깨워주어야 한다.
- 흥미 : 흥미란 지식을 획득할 때 느끼는 일종의 쾌감에 수반되는 심적 작용을 말한다. 헤르바르트에 의하면 흥미는 인간의 경험과 인식에 관련된 흥미와 사회적 참여를 통한 사교에 관련된 흥미로 크게 나누어진다. 이러한 경험과 사교로부터 파생된 다음의 6가지 흥미를 다면적 흥미라 한다.

경험과 인식으로부터의 흥미	• 경험적 흥미 : 항상 새로운 것을 추구하고자 하는 흥미 • 사변적 흥미 : 경험적 흥미를 바탕으로 사물 간의 관계를 논리적으로 규명하려는 흥미 • 심미적 흥미 : 사물의 미추선악을 판단하고 평가하려는 흥미. 자신의 개인적 기호에서 출발
사교로부터 나타나는 흥미	• 동정적 흥미 : 타인의 고통과 쾌락을 공감하는 흥미 • 사회적 흥미 : 사회와 국가의 행복과 불행에 대한 흥미 • 종교적 흥미 : 삶과 죽음의 문제에 관심 갖고 신의 존재에 관심을 갖는 흥미

⑤ 흥미발생의 조건 : 헤르바르트는 흥미발생의 조건으로 전심과 숙고를 들고 있다. 전심을 통해 개별지식을 명확하게 파악하고, 숙고를 통해 개별지식들 간의 관계를 이해하면서 사고권(사고체계)을 형성하게 된다.

㉠ 전심(專心, concentration) : 일시적으로 다른 모든 것으로부터 사고를 멀리하고 개개의 대상에 집중하여 그것의 개념을 명확히 파악하는 심적 상태이다.

정지적 전심	개개의 대상에 몰입함으로써 한 개념에 대한 명료한 인식을 획득하는 명료화가 이루어진다. ⓥ 명료화
진동적 전심	하나의 전심에서 다른 전심으로 전이되어 이미 습득한 표상이 새로운 표상과 결합하여 표상 간에 연합이 이루어진다. ⓥ 연합

㉡ 숙고(熟考, correlation) : 전심에 의해 얻어진 개별적 표상을 올바른 관계로 결합하여 통일하는 작용으로서 인격의 기초가 된다.

정지적 숙고	연합된 표상이 숙고를 통해 일정한 체계를 이루는 것을 말한다. 즉, 풍부한 숙고를 통해 개별의 개념들이 일정한 질서를 갖게 되는 것이다. ⓥ 체계
진동적 숙고	정지적 숙고에서 얻은 지식 내용의 체계를 실제 생활 속에 적용하는 방법을 터득하게 된다. ⓥ 방법

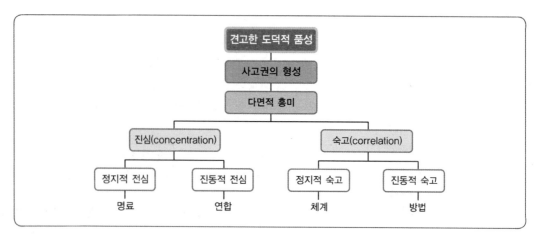

| 헤르바르트의 수업단계 |

⑥ 교수 4단계설

명료 (clearness)	공부해야 할 대상이 세부 요소들로 쪼개어 제시되고, 학습자는 그 각각의 세부사항에 집중적으로 관심을 기울이는 단계이다. ◎ 정지적 전심	전심
연합 (association)	새로운 주제를 학생이 이전에 배운 것들과 관련지어 해석하고 이해할 수 있도록 하는 단계로 낡은 표상과 새로운 표상 사이에 연합이 이루어지는 상태이다. ◎ 진동적 전심	
체계 (system)	새로 배운 내용을 기존의 지식체계 내에서 적당히 자리 잡도록 하는 단계이다. ◎ 정지적 숙고	숙고 (치사)
방법 (method)	새로 얻은 지식과 주제를 활용하여 새로운 문제에 적용할 수 있는 능력을 기르기 위한 연습의 과정이며, 새로운 내용을 제대로 배웠는가를 확인하기 위한 과정이다. ◎ 진동적 숙고	

02 국가주의 교육사상

1. 국가주의 교육 초등 08

(1) 개요

① 19세기의 근대국가는 산업혁명의 진전과 함께 자국의 번영과 영광을 위해 교육이념을 국가적 권위와 일치시키고자 하였다.

② 국가는 국민으로 하여금 국가에 대한 충성심과 애국심을 함양시키거나, 침략적 국가주의의 육성을 위해서 또는 타국의 침략을 방어하기 위해서 학교를 이용하고 교육을 선전의 도구로 삼았다.

③ 19세기 국가주의에 따라 세계 각국은 공교육 기관을 가지게 되었으며, 이 기관을 통해 국가의 보전과 번영을 꾀하였다. 의무교육은 모든 국민에게 국가에 대한 결속력을 강화시키고, 국가 발전에 기여할 수 있는 기초 능력을 전반적으로 육성하기 위한 수단으로서 보급되었다.

④ 국가주의 교육사상가로는 프랑스의 콩도르세, 독일의 슐라이어마허, 피히테, 영국의 랭커스터, 오웬, 미국의 제퍼슨, 호레이스만 등이 있다.

(2) 국가주의 교육관의 특징

① 국가주의 시대의 국가들은 공교육 제도를 확립하는 방향으로 국책을 수립하고 근대적인 보통교육을 실시하기 위해 노력하였다. 이에 따라 국어, 국사, 지리, 건국신화, 애국가, 군가 등을 중요한 교육내용으로 편성하였다.

② 지금까지 종교단체나 개인이 경영해 왔던 학교교육을 정부가 통제하게 되고 이를 통해 공교육 제도가 발전하게 되었다.

③ 국가주의 시대 교육관

㉠ 국가의 공적 이익 증대를 목적으로 한다. 국가주의 교육관에서 국민은 국가발전을 위한 수단이며, 국가의 목적을 위해 희생될 수 있는 존재이다. 따라서 교육도 국가발전을 위한 수단이었다.

㉡ 초등교육을 강조한다. 국가주의 교육관의 교육효과가 가장 크게 작용할 수 있는 수준이 초등교육이다. 초보적 수준의 도덕관과 윤리관 전달에 유리한 초등 수준에서 국가주의 교육관을 주입하고자 초등의무교육을 강조하였다.

㉢ 국가주의 이전까지 교육은 귀족교육, 사교육, 종교교육 등의 형태를 유지하였으나 국가발전에 적합한 인재양성을 위한 국가주의 교육관에 따라 교육의 책임이 점차 국가로 흡수되었다.

2. 산업혁명과 빈민교육

(1) 개요

① 산업혁명은 1770년부터 1830년까지 영국에서 일어난 산업현장의 혁명으로 가내수공업 체제에서 기계공업 체제로의 변화를 말한다.

② 산업현장에서 기능공이나 나이 많은 근로자는 미숙련공이나 힘이 약한 부인 또는 나이 어린 아동들로 대체되는 경우가 많아졌으며 이들은 노동현장에서 신체적 학대나 경제적 불이익을 당하기 일쑤였고, 특히 배워야 할 아이들이 노동 현장에 방치됨으로써 사회적 문제로까지 대두될 위기에 처하였다.

③ 이러한 과정에서 어린 노동자를 돕기 위한 교육적 활동이 전개되기 시작하였으나 체계적인 교육이 이뤄지기에는 많은 제약이 따랐기 때문에 대안적 교육 형태로 일요학교, 조교제도, 자선학교 등이 탄생하면서 빈민을 위한 교육이 시행되게 되었다.

(2) 일요학교

① 이 학교는 공장 노동자의 자제들에 대한 교육을 위해 만들어진 것으로 일요일에 한해 연령의 제한 없이 공부하는 학교였다.

② 성서와 초보적인 종교교육을 비롯하여 독・서・산의 기초를 교육하였다.

③ 이 학교의 진정한 목적은 지식의 전달보다는 소년 노동자의 불량화를 막고 그들로 하여금 착실한 생활을 영위하게 하는 데 있었다.

(3) 자선학교

① 빈민 자제가 입학하였으며 수업료나 학용품 그리고 의복 등이 무료로 제공되었다.

② 이 학교는 산업혁명 시기에 발생하고 있는 청소년 문제를 보다 적극적으로 해결하기 위한 일종의 소년 보호시설이었다.

(4) 벨과 랭커스터의 조교제도(Bell-Lancaster monitorial system) 초등 01

① 자선학교에서 해결하지 못한 다수 교육의 어려움을 전향적으로 개선하기 위한 대안적 교육체제라 할 수 있다. 이 제도는 벨과 랭커스터에 의해 개발된 조교제도이다.

② 조교제도 교육방법은 청소년 중 상급자이면서 성적이 우수한 연장자의 아동을 조교로 교육시켜 많은 학생에게 교육시키는 다량 교수법이다.

③ 영국의 이 조교제도는 영국뿐 아니라 유럽의 다른 지역과 미국에까지 번져 보편적 교육, 즉 공교육제도의 발전에 크게 기여하였다.

3. 피히테(J. G. Fichte, 1762~1814)

(1) 개요

① 원래 개인의 자아를 최고의 가치로 삼는 칸트의 학설을 계승한 철학자로서 정치적으로는 사해동포주의자였다. 그러나 1806년 나폴레옹의 침략전쟁으로 조국 프로이센이 프랑스군에게 점령당하자, 사상을 전환하여 열렬한 민족주의자가 되었다.

② 그는 개인의 생명은 오직 민족 속에서만 영원히 살아남을 수 있으며, 민족국가만이 개인과 가족의 자유와 권리를 수호할 수 있다고 생각하였다.

(2) 독일 국민에게 고함

① 피히테는 프랑스군의 점령하에 있던 베를린의 학사원에서 1807년 말부터 1808년 초에 이르기까지 14회에 걸쳐서 "독일 국민에게 고함"이라는 대중 강연을 하였다.

② 이 연설을 통해 독일의 애국적 국민정신을 고양시키고 교육을 통하여 나라를 부흥시키고자 하였다.

③ 이 강연에서 그는 독일이 전쟁에서 패망하게 된 원인을 세 가지로 분석하였다.
  ㉠ 국민 모두가 개인주의적 이기심에 빠진 점
  ㉡ 진리에 대해 냉담하고 무관심한 점
  ㉢ 죄악에 지배되어 도덕적으로 파멸한 점

④ 민족국가 독일을 재건하기 위해서는 독일 국민의 이러한 도덕적 결함을 근본적으로 시정해야 하며, 이는 국민교육의 근본적인 개혁을 통해서 가능하다고 역설하였다.

(3) 새로운 교육

① 피히테는 인간이 지니고 있는 자연적인 소질을 자유롭게 개발하는 것이 교육이라고 보았다. 하지만 이러한 교육이 개인적인 존재로만 머물러서는 한계가 있기 때문에 전체적인 측면을 고려한, 다시 말하면 국가의 발전과 밀접하게 연관되어야 한다고 보았다.

② 그 국가적 교육을 새교육이라 이름 붙이고 이를 독일을 일으킬 수 있는 수단이라고 하였다. 새교육과 관련된 내용은 다음과 같다.

■ 구교육과 새교육의 비교

구교육	새교육
소수의 특권교육	• 일반시민 교육 • 국민 전체에 대한 교육
교회의 산물	국가의 산물
어린이를 원죄설에 따라 죄를 씻고 천국에 인도하는 교육	• 어린이의 의지적 활동 중시 • 의지력을 통한 국민적 성격 육성 • 어린이의 시야를 넓혀 지식을 얻고 근로의 습관을 기름

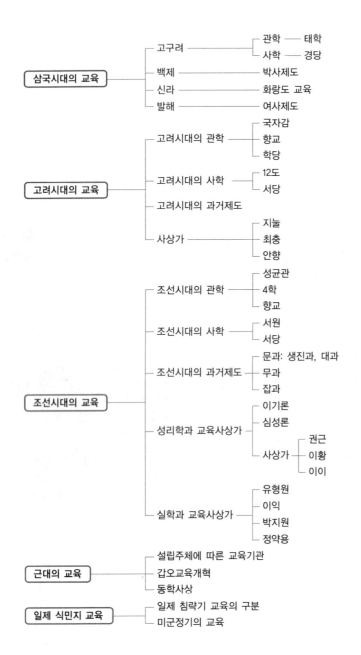

삼국시대의 교육
- 고구려
  - 관학 ── 태학
  - 사학 ── 경당
- 백제 ──────── 박사제도
- 신라 ──────── 화랑도 교육
- 발해 ──────── 여사제도

고려시대의 교육
- 고려시대의 관학
  - 국자감
  - 향교
  - 학당
- 고려시대의 사학
  - 12도
  - 서당
- 고려시대의 과거제도
- 사상가
  - 지눌
  - 최충
  - 안향

조선시대의 교육
- 조선시대의 관학
  - 성균관
  - 4학
  - 향교
- 조선시대의 사학
  - 서원
  - 서당
- 조선시대의 과거제도
  - 문과: 생진과, 대과
  - 무과
  - 잡과
- 성리학과 교육사상가
  - 이기론
  - 심성론
  - 사상가
    - 권근
    - 이황
    - 이이
- 실학과 교육사상가
  - 유형원
  - 이익
  - 박지원
  - 정약용

근대의 교육
- 설립주체에 따른 교육기관
- 갑오교육개혁
- 동학사상

일제 식민지 교육
- 일제 침략기 교육의 구분
- 미군정기의 교육

한국교육사

삼국시대의 교육

01 고구려 ^{초등 06}

1. 태학(太學)

(1) 특징

① 『삼국사기』에 의하면, 태학은 소수림왕 2년(372)에 중국의 학제를 본받아 국가관리를 양성하기 위해 주로 상류계층의 자제를 교육시켰던 관학이다.

② 고구려의 고등교육기관으로 최초로 유교를 정착시킨 학교이다.

(2) 목적

국가체제 정비의 일환으로 관리 양성, 고대국가 체제 확립을 목적으로 하였다.

(3) 교육대상과 기간

귀족의 자녀들만 입학 가능하였고 15세에 입학하여 24세까지 9년간 수업하였다.

(4) 교육과정

주요 교육과정으로는 오경(五經: 시경, 서경, 주역, 예기, 춘추)과 삼사(三史: 사기, 한서, 후한서) 등 유학의 경전들이었다.

(5) 성격

전통유지, 고전중심, 인격교육을 중요시하였다.

2. 경당(扃堂) ^{초등 01}

① 태학이 관학이며 고등교육기관인 데 비해 경당은 우리나라 최초의 사립교육기관으로 알려져 있다.

② 독서와 활쏘기 등 문무교육을 겸하였던 초·중등 교육기관이었다.

③ 경당은 귀족만을 대상으로 하였던 태학과 달리 일반 서민층의 자제들을 교육 대상으로 삼았다.

④ 경당은 지방에 위치하여 일반 대중에게 교육을 보급하고 문무일치 교육을 시행하였다.

> **▮ 경당에 관한 기록**
> 풍속이 서적을 좋아하여, 누추한 문에 땔나무를 해서 사는 집에 이르기까지 네 거리에 커다란 집을 짓고 일컬어 경당이라고 하는데, 자제들이 결혼하기 전까지 밤낮으로 여기서 독서와 활쏘기를 한다(『구당서』, 권 199 상 열전 149 상 동이 고려조).

02 백제

1. 백제교육의 특징

① 고구려와 신라보다 발달된 문화양식을 갖고 있었으며, 중국을 비롯한 주변 국가들과 활발한 문화적 접촉을 하며 독창적인 문화를 발달시켰음에도 학교교육에 대한 기록이 거의 남아있지 않다.

② 중국이나 일본의 사료들을 통해 간접적으로 추정하고 있을 따름이며, 상당히 높은 수준의 학교교육이 이루어졌을 것으로 추정하고 있다.

2. 박사제도

① 백제에 학교가 존재하였을 것으로 예상할 수 있는 가장 중요한 단서는 백제가 '박사제도'를 두었다는 점이다.

② 박사(博士)란 유학의 경전에 정통한 학자를 말하며 교육을 담당하는 사람을 말한다. 백제는 오경박사(五經博士)를 비롯해 모시박사(毛詩博士), 의박사(醫博士), 역박사(易博士) 등 다양한 전업박사를 두어 경전을 연구하고 가르치게 하였다. 이러한 점에 비추어 볼 때 백제는 경전을 연구하고 이를 전수하려는 학교가 설립되어 운영되었을 것으로 생각할 수 있다.

③ 오경(五經)이란 『시경』, 『서경』, 『주역』, 『예기』, 『춘추』를 말하는데, 이러한 경전에 대한 해석은 체계적인 교육을 받지 않고는 불가능한 일이었을 것이다. 따라서 이러한 경전들을 가르치는 수준 높은 학교가 존재하였을 것으로 생각된다.

03 신라

1. 화랑도 교육 중등 08 · 11, 초등 06

(1) 개요

① 화랑도는 본래 자생적인 집단이었다. 당시에는 마을마다 청소년 집단이 있었는데, 용모가 수려하고 다른 사람의 모범이 될 만한 사람이 중심이 되어 운영되었던 수양단체였다.

② 진흥왕 37년(576)에 이르러 국가적인 조직으로 발전하였다. 맨 위에 국선(國仙) 화랑, 그 밑에 화랑도(花郎徒)를 두었고, 각 화랑도에서는 한 명 또는 여러 명의 화랑이 수백 또는 수천의 낭도들을 통솔하도록 하였다.

③ 신라 고유의 사상에 유·불·선의 사상을 조화시켜 만든 청소년 조직체라고 할 수 있다.

(2) 교육내용

① 화랑들은 도의교육(道義教育)을 중시하였음을 알 수 있는데, 도의교육의 핵심은 세속오계(世俗五戒)이다.

② 세속오계는 원광법사가 화랑들에게 지어준 다섯 가지 계율로서 화랑들이 지녀야 할 덕목이었다. 세속오계는 사군이충(事君以忠), 사친이효(事親以孝), 교우이신(交友以信), 임전무퇴(臨戰無退), 살생유택(殺生有擇)으로, 앞의 세 가지가 유교적 덕목이라면 뒤의 두 가지는 불교의 덕목이라고 할 수 있다.

(3) 교육방법

① 상마이도의(相磨以道義) : 서로 도의로써 심신을 단련한다.
② 상열이가악(相悅以歌樂) : 시와 음악을 즐긴다.
③ 유오산수(遊娛山水), 무원부지(無遠不至) : 명산과 대천을 찾아다니며 즐긴다.

(4) 특징

① 평상시에는 명산대천을 찾아다니면서 심신을 단련하고 무술을 연마하였다. 하지만 일단 전쟁이 시작되면 전사(戰士)로서 활동하였으며 나라를 위해 목숨을 바쳤다. 이들은 삼국통일의 위업을 달성하는 데 결정적인 역할을 하였다.

② 화랑도의 교육과정은 주로 전사로서 갖추어야 할 무술이 주된 내용이었으나 정서함양을 위한 시, 춤, 음악 등도 중시되었다. 이러한 점들로 비추어 볼 때 화랑교육은 군사적 목적을 달성하기 위한 군사교육의 성격도 강하였지만 동시에 도의를 연마하기 위한 도덕교육, 심신을 단련하기 위한 체육교육, 정서를 함양하기 위한 정서교육의 성격도 강하였다고 할 수 있다. 즉, 전인적 교육의 성격을 볼 수 있다.

③ 화랑도는 교육이 학교 교육으로 형식화되기 이전의 대표적인 비형식적 교육이다. 즉, 화랑도는 교육이 제도화되기 전 생활 속에서 도덕적·지적·정서적·신체적 수양을 통해 인재를 양성하는 비형식적 교육의 한 전형이라 할 수 있다.

④ 사설기관이지만, 국가의 보호와 지원하에 일정한 형식을 가지고 인재를 양성한 국가주의 교육의 한 형태이다.

2. 국학 초등 09

(1) 신라는 삼국통일 이후 당나라의 국자감(國子監) 제도를 모방하여 국학(國學)을 세웠다. 국학은 신문왕 2년(682)에 설립한 신라 최초의 관학(官學)으로서 예부(禮部)에서 관리하였다.

(2) 국학의 교육목적은 유학의 이념을 연구하고 널리 보급하며 그 이념에 입각하여 국가 관리를 양성하는 것이었다.

(3) 입학자격은 15~30세의 6두품 출신 귀족 자제였고, 수학연한은 9년이었다.

(4) 교육내용

주로 유교경전들이었으며, 『논어(論語)』와 『효경(孝經)』을 필수과목으로 하였으며, 『예기(禮記)』, 『주역(周易)』, 『좌전(左傳)』, 『모시(毛詩)』, 『춘추(春秋)』, 『상서(尙書)』, 『문선(文選)』 등은 선택과목이었다.

(5) 특징

① 신라의 국학에는 문묘(文廟)가 설치되었다. 성덕왕 16년(717)에 당으로부터 공자와 10철 및 72 제자의 화상을 들여와 국학에 안치한 데서 비롯된다.

② 이는 공자를 교학의 정신적 지주로 삼고 그의 사당에 예를 행함으로써 국학의 권위를 높이고자 한 것이었다.

3. 독서삼품과(讀書三品科) 초등 08

(1) 개요

① 국학에서 수학한 학생들의 성적을 3가지로 구분한 것에서 유래한 명칭이다.

② 원성왕 4년(788)에 관리 선발을 위한 국가시험제도로 유학 지식의 여부를 물어 인재등용 방법을 객관화한 것이다.

③ 주로 예부에서 관할하였으며 응시자의 성적을 상·중·하로 구분하여 임용순서를 정하였다.

④ 과거제의 예비단계로 우리나라 최초의 평가제도이다.

(2) 의의

① 학력 위주의 교육제도 : 독서삼품과는 관리 선발을 위한 국가시험제도로 그동안 관리 등용에 있어서 문벌이나 가문 위주에서 벗어나 실력과 능력 위주로 관리를 등용하겠다는 것을 잘 보여준 제도라고 할 수 있다.

② 고려조에 이르러 본격적으로 시작된 과거제의 효시가 되었다고 할 수 있다.

4. 신라의 교육사상가

(1) 원효(617~683)

① 교육이념

㉠ 화쟁(和諍)

• 원효가 제시한 교육이념은 불교 경전의 여러 부분들을 하나로 통합함으로써 하나의 마음(一心)으로 귀의할 수 있다는 화쟁사상에 잘 나타나 있다.

• 화쟁이라 함은 경전과 각론에서 나타나는 쟁론을 화해하는 데 그치지 않고 당시 불교계에서 가장 심각하게 대두되었던 종파 간의 대립과 갈등을 극복하고자 하는 논리를 말한다.

• 화쟁사상의 핵심은 조화와 통일이라고 할 수 있는데 이것은 오늘날 우리가 추구하고 있는 교육적 인간상을 재정립하는 데 도움을 준다. 그가 제시한 이상적 인간상은 오늘날 우리가 추구하는 전인(全人)의 이상과 흡사하다고 할 수 있다.

㉡ 유심연기(唯心緣起) : 의상(義湘)과 함께 당나라 유학길에서 해골에 고인 물을 마시고 "진리는 결코 밖에서 찾을 것이 아니라 자기 자신에게서 찾아야 한다."고 하며 세상 모든 것은 마음이 만든 것이라는 일체유심조(一體唯心造)라는 이치를 깨달았다.

② 원효의 교육관

㉠ 대중교육을 지향하였다. 당시 왕족과 귀족 중심의 불교를 대중화하고 서민화하고 생활화하는 데 기여하였을 뿐 아니라 무지한 백성들을 일깨우기 위해 무애가(無碍歌)와 무애무(無碍舞)라는 독창적인 노래와 춤을 만들어 대중교육의 길을 열었다.

㉡ 대중교육을 위해 다양한 교육매체를 활용하였다. 그는 광대들이 사용하는 괴이한 모양의 박을 본떠 도구를 만들어 '무애호(無碍瓠)'라 이름 붙이고, 이것을 가지고 각처를 다니면서 노래하고 춤추며 대중들을 교화하였다. '무애호'란 화엄경의 "일체 무애인(無碍人)이어야 한 길로 생사를 벗어난다."는 문구를 따서 이름 지은 것이다.

㉢ 매우 쉬운 교육방법을 사용하였다. 어려운 학문적 논의를 거쳐 구원을 얻는 것이 아니라 '나무아미타불'을 반복해 외우면 극락에 갈 수 있다고 백성을 교화하였다.

㉣ 도덕교육을 강조하였다. "원효는 도덕교육에 있어 훈습(薰習)에 따른 깨달음의 중요성을 강조하고, 교육실천에 단계가 있고 그 단계에 따라 깨달음의 정도가 달라지고 공부의 내용이 깊어짐을 시사한다(윤용섭: 2006)." 훈습이란 향기나 연기가 사람에 접하면 스스로 그 향이 배어드는 것처럼 도덕의식 또한 바람직한 환경이나 좋은 스승을 만났을 때 학습자의 마음에서 자연스럽게 생겨난다는 것이다.

⑵ 설총(654~?)

① 설총은 신라 무열왕대에 원효대사와 요석공주 사이에서 태어났다.

② 처음에는 불교를 공부하였으나 나중에는 유학공부에 힘써 신라시대의 뛰어난 유학자가 되었다. 당시 대표적인 유학자였던 설총은 강수와 더불어 국학을 세우는 데 주역을 담당하였고 국학에서 유학을 가르쳤다.

③ 현재 남아있는 저술로는 화왕계가 있다. 또한 이두문인 향찰을 집대성하였고 육경을 읽고 새기는 방법을 연구함으로써 한문을 국어화하는 데 공헌하였다.

④ 교육이념

㉠ 군왕의 교육이념으로 유덕선정을 베풀 수 있는 임금이 되도록 하는 것이다.

㉡ 화왕계(花王戒)라는 꽃을 의인화한 우화를 지어 왕이 미녀와 신하 사이에서 무분별함을 경계하고 국가의 일을 수행함에 있어 감각적인 욕망보다는 이성적인 판단과 절제로 높은 도덕성이 요구됨을 강조하였다.

⑶ 최치원(857~?)

① 유·불·도를 통합적으로 이해하려고 노력하였다. 그가 쓴 『난랑비서』와 『지증대사비서』에서 찾아볼 수 있다.

② 최치원이 제시한 교육이념은 사람됨의 길로 이욕의 문을 막아 부모님께 받은 몸을 상하게 하지 않도록 하는 것이었으며, 그가 제시한 교육적 인간상은 화랑도였다.

04 발해

1. 개요

① 발해의 문화적 발전은 7세기 중엽, 3대 왕인 문왕(737~793 재위) 때에 이루어졌다.

② 문왕은 지방제도와 중앙관서조직 정비를 통해 중앙집권제를 강화시켜 나갔다.

③ 당나라에 사신을 보내 각종 유교 서적과 의례를 받아들여 유교를 통치이념으로 삼았다.

④ 발해의 중앙관제로는 3성과 별도로 서적관리를 맡은 문적원과 중앙의 최고 교육기관인 주자감이 있었다.

⑤ 발해는 건국 초기부터 당에 유학생을 적극적으로 파견하였는데, 고왕이 당과 외교관계를 수립한 이듬해인 714년에 6명의 학생들을 당의 국자감에 입학시킨 기록이 있다. 이후에도 여러 형태로 유학생을 파견하여 당의 문물을 받아들였다.

2. 주자감(胄子監)

① 형성 시기는 분명치 않으나 고구려의 태학이나 신라의 국학, 당의 국자감에 비견되는 중앙의 관학으로 추정된다.

② 주자감의 입학 자격은 당시의 다른 국학과 마찬가지로 왕족과 귀족의 자제들로 제한되었을 것으로 보인다.

③ 중앙관계, 품계, 작위, 연호, 시호 등의 각종 제도가 당과 유사하며 교육내용도 당의 국자감 제도와 같이 유교경전 위주로 구성되었을 것으로 추정된다.

3. 여사(女師)제도

① 무왕의 넷째 딸로 알려진 정효(貞孝)공주의 묘지명에 "(공주는) 어려서부터 여 스승의 가르침을 받아 능히 문왕의 어머니인 태임(太任)과 비견될 수 있었다. 또 항상 여학자인 반소(班昭)의 풍모를 흠모하여 『시』를 독실하게 익혔고, 『예』 공부를 즐거워하였다."는 내용이 있다.

② 여사는 모(姆), 여부(女傅) 등과 함께 중국 고대 궁중의 여자 스승을 일컫는 말로, 발해 역시 왕족의 여성 교육에 관심을 기울였음을 알 수 있다.

고려시대의 교육

Chapter 02

01 고려시대의 관학

1. 개요

(1) 고려는 숭불(崇佛)정책을 내세우면서도 유교교육을 국가 차원에서 널리 장려하였다.

(2) 유교교육을 장려한 것은 봉건제도를 강화하고, 신진 지배층을 적극 등용하는 데 목적이 있었다.

(3) 고려의 교육기관은 크게 관학(官學)과 사학(私學)으로 구별되는데, 거듭되는 내란과 외적의 침입으로 중앙 정부가 교육에 소홀하여 관학에 비해 지방의 유학자들에 의해 세워진 사학이 발달하였다.

(4) 관학으로는 중앙에 국자감, 5부학당과 동서학당이 있었으며 지방에는 향교가 있었다. 사학으로서는 12도와 서당이 있었는데 이것들은 대체로 신라의 교육제도를 계승한 것이다.

(5) **건국 초의 교육**

성종(982~997)에 이르기까지는 내정이 불안정하여 국초에 설립한 학교도 정체를 면치 못하였다. 광종의 개혁정치로 중앙집권의 기틀을 마련하고 난 후 성종 대에 이르러 본격적인 관학교육의 체제를 마련하게 된다. 성종의 교육정책은 다음과 같다.

① 유경습업(留京習業) 제도 : 여러 주, 군, 현에서 자제를 선발하여 서울에 올라가 학문을 익히도록 하였다.

② 권학관(勸學官) 제도 : 성종 6년(987)에 귀향생들에 대한 교수를 위하여, 경서에 능통한 경학박사와 의학박사를 뽑아 12목에 파견하여 유생들이 계속 학문에 정진하도록 장려한 제도이다.

③ 과거제에 대한 관심 : 성종 2년에는 최종시험 합격자라 할 수 있는 예부시(禮部試) 합격자를 다시 임금이 친히 시험을 보는 복시(覆試)를 실시하였고, 시험의 횟수와 합격자 수도 늘렸다.

④ 국자감의 정비 : 성종 11년인 992년, 조서를 내려 "승지(勝地)를 택하여 널리 서재(書齋)와 학사(學舍)를 세우고 토지를 주어서 학교의 식량을 해결하도록 하며 국자감을 창건하라."고 하였다.

2. 국자감(國子監) 중등 04, 초등 12

(1) **설립**

① 국자감은 성종 11년(992) 개경(개성)에 설립된 최고 교육기관으로 국가의 고급관리를 양성해 내는 데 목적이 있었다.

② 국자감에는 태학전(太學田)을 주고 조세를 면제해 주었을 뿐 아니라 예종 14년(1119년)에는 양현고(養賢庫)를 두어 재정을 돕도록 하였다. 또 국자감 안에는 많은 경학박사(經學博士)를 두어 경전을 적극적으로 연구하고 경론(經論)을 펼치도록 하였다.

③ 국자학, 태학, 사문학은 유학과로서 박사와 조교가 있었으며, 율·서·산학은 잡학으로 해당 기술을 익히는 것이며 박사만 두었다.

④ 유학과인 국자학, 태학, 사문학은 천한 일에 종사한 자와 가도(家道)가 부정한 자의 자손과 사죄(私罪)를 범한 자의 입학이 불허되었다.

⑤ 충렬왕(忠烈王) 원년(1275)에 그 명칭을 국학(國學)이라 개칭하였으며, 충렬왕 34년에는 성균관(成均館)이란 명칭으로 재개칭하였다.

(2) 교육내용과 수업연한

① 교육내용 : 주로 『주역(周易)』, 『상서(尙書)』, 『주례(周禮)』, 『예기(禮記)』, 『모시(毛詩)』, 『춘추(春秋)』, 『좌씨전(左氏傳)』 등이었다.

② 수업연한 : 국자학, 태학, 사문학의 경우는 9년이었으며, 기능교육을 담당하였던 율·서·산학은 6년이었다.

(3) 7재(七齋) 초등 07

① 국자감의 조직은 예종 4년(1109) 국학에 7재를 설치함으로써 좀 더 체계화되었다.

② 여기서 재란 요즈음의 반(班)에 속하는 것으로서 7재란 7개의 전공반을 의미한다.

국자감 7재

재의 명칭	전공
여택재	『주역』
대빙재	『상서』
경덕재	『모시』
구인재	『주례』
복응재	『대례』(예기)
양정재	『춘추』
강예재	『무학』

(4) 양현고(養賢庫)

① 예종 24년(1119)에는 양현고(養賢庫)가 설치되었는데, 이것은 일종의 장학재단이라고 할 수 있다.

② 충렬왕 때에는 이 양현고의 재원이 바닥이 나자 이를 해결하기 위해 섬학전(贍學錢) 제도를 운영하기도 하였다.

3. 향교(鄕校)

(1) 설립

① 지방에 설립된 관학으로 중등교육을 담당하였던 교육기관이다.

② 교육내용은 유교경전들이었으며 선현들을 추모하는 제사를 지내기도 하였다. 입학자격은 문무관 8품 이상과 서인들이었고 성적이 우수한 사람에게는 국자감에 입학할 수 있는 특전을 주기도 하였다.

③ 정확한 설립연대를 알 수는 없으나 성종 6년(987) 이후 전국 각 지방의 군현(郡縣)에 설립된 관립학교로 운영되었을 것으로 추측된다.

(2) 교육목적

향교는 유학을 널리 전파하고 지방 사람들을 도덕적으로 교화하고 풍속을 바로 잡는 데 목적이 있었다.

(3) 향교의 구조

① 주로 지방의 선비를 교육하였던 기관으로, 공자 등 성현을 모시는 문묘(文廟)를 두고, 이것을 중심으로 학문을 강론하던 명륜당(明倫堂)을 두고 있었다.

② 이렇게 볼 때 향교는 유교의 사당(祠堂)인 동시에 중요한 교육기관이었음을 알 수 있다.

4. 학당(學堂)

① 학당은 고려시대 말기에 등장한 중앙 교육기관으로 원종 2년(1261)에 동서학당(東西學堂)으로 시작하여 나중에는 동·서·남·북·중의 5부학당(五部學堂)으로 확장되었다.

② 중등 정도의 관립 교육기관으로 지방의 향교와 비슷한 수준의 학교였다.

③ 향교가 문묘를 두어 제사를 지내면서 학생을 가르친 데 비해 학당은 문묘를 두지 않고 오직 학생을 가르치는 기능만을 담당하였다. 즉, 향교가 제사와 교육을 동시에 담당하였던 학교였다면 학당은 순전히 교육만을 담당하였던 학교였다.

④ 개경에 세워졌던 학당은 국자감에서 교육을 받지 못하는 학도들에게 학문의 기회를 부여하였던 중요한 국가 교육기관이었다.

02 고려시대의 사학

1. 12도(十二徒) 초등 10

(I) 설립

① 12도는 고려시대 개경에 있던 최충의 문헌공도(文憲公徒)를 중심으로 한 12개의 사립학교를 말한다.

② 문종 때 대학자였던 최충(崔冲: 984~1068, 文憲公)이 벼슬에서 물러난 후 자신의 집 사랑채에 사숙을 열어 후진을 양성한 데서 비롯되었다.

③ 이때 그의 학덕을 배우고자 하는 유생들이 전국에서 몰려들었는데 이들을 가리켜 문헌공도(文憲公徒)라고 한다.

④ 문헌공도의 교육성과가 널리 알려지자 지방의 선비들이 앞을 다투어 유사한 사학을 설립하였는데, 그중에서 특히 영향력이 컸던 11개의 사학을 더하여 12도 또는 12공도(十二公徒)라고 부른다.

⑵ **교육목적**

유교적인 덕목, 즉 인의(仁義)와 인륜도덕을 함양하는 것이었다.

⑶ **교육방법**

① 하과 : 여름에는 하과(夏課)라는 일종의 하기강습회를 사찰에서 개설하여 산수를 즐기며 공부를 하게 하였다.

② 각촉부시

㉠ 12도의 수업방법들 중 독특한 것은 무더운 여름날 사찰에서 강습회를 열었는데, 이때 각촉부 시(刻燭賦詩)를 행하였다는 점이다.

㉡ 각촉부시란 초에 금을 그어 놓고 그 금까지 초가 탈 동안 부(賦)와 시(詩)를 짓게 하는 시험 을 말한다. 성적이 좋은 학생들은 방을 붙여 칭찬하고 잔치를 베풀어 주기도 하였다. 과거를 위한 일종의 모의고사였다고 할 수 있다.

③ 조교제도 : 학생 가운데 과거에 급제하였으면서도 아직 관직에 나아가지 않은 자를 교도(教導) 로 삼아 학생들을 가르쳤다. 조선시대 서당의 접장제도, 18세기 영국의 랭커스터 조교제도와 그 맥을 같이한다.

2. 서당(書堂) 초등 06

① 서당은 고려시대 일반 서민자제들을 교육시킨 초등 교육기관이었다. 대중교육, 서민교육의 보급 과 지방민의 교화를 목적으로 하였다.

② 서당이 언제 어떻게 설립되었는지에 대한 기록은 없다. 다만 중국 송나라 때 사람인 서긍(徐兢) 이 쓴 『고려도경(高麗圖經)』의 기록에 의하면 서당이 마을마다 있었을 것으로 추측된다.

⊙ 마을의 거리에도 경관(經館)과 서사(書社)가 두 세 개씩 서로 바라보이며, 민간의 미혼 자제 는 무리로 모여 스승에게 경을 배우고 좀 더 장성하면 각각 저희들끼리 벗을 택하여 절간으로 가 공부하고, 아래의 서인(庶人)이나 아주 어린아이까지도 마을의 선생에게 배운다. 아아 성 하도다(『고려도경』, 권 제 40, 유학조).

③ 이 기록에 의하면 서당은 마을마다 세워졌으며 주로 생활이 넉넉하지 못한 서민의 자제들을 위 한 사설 교육기관이었을 것으로 생각된다.

④ 서당교육이 절간에서 이루어졌다는 점에 비추어 볼 때 서당교육이 반드시 특정한 공간에서만 이루어진 것이 아니라는 점을 알 수 있다.

⑤ 당시 서당교육을 담당하였던 사람은 훈장(訓長)과 접장(接長)이었다. 이 서당이 가장 성행하였 던 시기는 조선시대였지만 그것은 대부분 고려시대의 서당제도를 답습한 것이었다.

03 **고려시대의 과거제도** 초등 00

1. 과거제의 도입

① 고려의 과거제도는 국가의 인재를 등용하기 위한 시험제도로 신라 독서삼품과의 영향을 받아
유래된 것이나 본격적인 과거제도는 고려 광종 9년(958) 중국 후주(後周)에서 귀화한 쌍기의 건
의로 본격적으로 시행되었다.

② 고려는 지방호족들의 세력을 규합하여 만들어진 나라로 왕권의 강화가 쉽지 않은 구조적 문제
를 지니고 있었다. 따라서 문벌귀족들의 영향력에서 벗어나기 위한 가장 확실한 수단으로 과거
제도가 조직되었다.

③ 과거제도를 통하여 기존 관리의 영향력에서 벗어나 능력 중심의 인재 등용을 할 수 있었다.

2. 과거의 종류와 내용

과거에는 제술업, 명경업, 잡업의 세 종류가 있으며, 제술업과 명경업은 양대업이라 하여 문관의
등용시험이고 잡업은 기술관의 등용시험이다.

(1) 제술업

① 가장 중시되었고 급제자 수도 제일 많았다.

② 시(詩), 부(賦), 송(頌), 책(策), 논(論), 경학(經學)의 여섯 과목을 초장, 중장, 종장의 3장으로 나
누어 사흘간 시험하였다.

③ 제술업의 합격자를 진사(進士)라고 하였다.

(2) 명경업

① 상서, 주역, 모시, 춘추, 예경을 초장, 중장, 종장으로 나누어 사흘간 시험하였고 급제자를 생원
(生員)이라 하였다.

② 그러나 급제자 수와 대우 등에 있어 제술과를 따르지 못하였고 응시자 수도 적었다.

(3) 잡업

① 여러 분야의 기술관들을 등용하기 위한 시험으로 다음과 같은 종류가 있었다.

② 명법(明法)−법률, 명산(明算)−계산, 명서(明書)−글씨쓰기, 의업(醫業)−의학, 지리(地理)−풍
수 등

3. 응시자격과 시험시기

(1) 응시자격

양인이라면 누구나 응시할 자격이 있다. 그러나 천민이나 승려의 자식, 역적, 불충, 불효, 악사 등의
응시는 제한되었다.

(2) **시험시기**

3년에 한 번 시행하는 식년시(式年試)가 원칙이었으나 매년 혹은 수년에 한 번 시행되기도 하였다.

4. 과거제도의 특징적 제도

(1) **삼장연권법(三場連卷法)**

초장에 불합격하면 중장, 중장에 불합격하면 종장에 응시할 수 없게 하는 제도이다.

(2) **음서제(蔭敍制)**

① 과거제와 함께 고려시대의 가장 보편적인 관리등용법이었다.

② 조상의 음덕으로 그 자손이 관리가 될 수 있게 하는 제도로 5품 이상 관리의 1자(子)에게 관직을 허락해 주는 제도이다.

③ 고려의 귀족들이 문벌을 형성해 가고 그 특권을 유지해 가는 데 큰 영향을 주었다.

(3) **좌주문생(座主門生) 제도**

과거의 시험관을 지공거(知貢擧)라고 한다. 지공거와 급제자는 좌주(座主)와 문생(門生)의 관계를 맺어 서로 부자의 예로 대하였다. 이 관계는 평생 동안 지속되었으며, 그들 사이에 학벌이 형성되어 출세의 배경이 되었다.

---

04 ▍고려의 교육사상가

1. 지눌(1158~1210) 초등 05

(1) **개요**

① 보조국사 지눌은 교종과 선종을 통합한 고려시대 고승이다.

② 한국 불교의 대표 종파인 조계종(曹溪宗)의 창시자인 그는 오늘날까지 이어지는 선 수행법의 이론과 실천 수행법의 정립에 큰 영향을 주었다.

③ 선(禪)은 부처님의 마음이고, 교(敎)는 부처님의 말씀이라고 하여 선과 교가 둘이 아님을 주장하여 선종과 교종의 통합을 추구하였다.

(2) **지눌의 교육사상**

① 정혜쌍수(定慧雙修)

㉠ 정(定)과 혜(慧)를 같이 닦아야 한다는 의미를 담고 있다.

㉡ '정'이란 선종에서 추구하는 고요한 마음의 상태를 말하며, '혜'란 교종에서 추구하는 경전의 지혜를 말한다.

㉢ 지눌은 이 두 가지를 분리해서 닦을 것이 아니라 한 쌍으로 묶어 닦아야 참된 깨달음을 얻을 수 있다고 보았다. 지눌은 정혜쌍수를 수행의 원리 또는 원칙으로 삼아야 한다고 생각하였다.

② 돈오점수(頓悟漸修)

ⓐ 지눌은 돈오점수를 수행의 중요한 방법 혹은 절차로 제시하였다.

ⓑ 돈오(頓悟)란 어느 순간에 갑자기 깨닫는 것이며, 점수(漸修)란 점진적인 수련을 통해 깨달음에 이르는 수행과정을 말한다.

ⓒ 지눌은 이 두 가지 방법이 서로 분리되어서는 안 된다고 생각하였다. 그는 그 당시 교선 어느 한 쪽에만 치우쳐 깨달음을 얻으려는 학승들의 태도를 안타깝게 생각하였다.

ⓓ 설령 참선을 통해 깨달음에 이르렀다고 하더라도 부단한 수행이 이루어지지 않는다면 앞선 깨달음은 무의미한 것이 되어 버린다고 보았다. 따라서 그는 돈오한 다음 점수가 이루어져야 한다는 '오후수(悟後修)'를 중요한 수행절차로 제시하였다.

ⓔ 연속적 형식의 교육과 비연속적 형식의 교육과의 조화와 통일을 추구하였다는 점에서 교육적 의미가 크다.

2. 최충(984~1068)

① 고려시대의 학자이다.

② 자기 재산을 털어 새 집을 짓고 방을 여러 개 만들어 학교 모양을 갖추었는데, 이 학교에 교실이 9개가 있다 하여 구재학당이라고 불렀다.

③ 고려에 최초로 사립학교를 세웠을 뿐만 아니라 유교를 깊이 연구하여 발전시켰다.

④ 12공도(十二公徒)의 선구자로서 해동공자(海東孔子)라 불렸으며, 문헌공도를 세워 성인(聖人)의 도(道)를 교육의 본질로 삼았다.

⑤ 교육방법으로 계절에 따르는 교육적 효과에 관심을 가졌고 각촉부시 방법과 일종의 조교제도를 실시하기도 하였다.

3. 안향(1243~1306)

(1) 주자학의 보급

① 주자학을 도입하고 관학을 부흥시키는 데 큰 기여를 하였다.

② 원나라에서 최초로 주자학 서적을 손수 적어와 유신들에게 신유학으로 보급하였다. 안향의 주자학 도입은 우리나라의 유교사상 발달에 획기적인 사건이 되었고, 그 후의 유교교육과 학문의 발전에 많은 영향을 주었다.

(2) 섬학전 설치

① 교육의 목적을 인재양성에 두고, 국학의 재건을 위해 섬학전(贍學錢)을 설치하였다.

② 장학재단인 섬학전을 설치하고 이를 양현고에 보내 학생의 교육비에 충당하도록 한 것으로, 관학이 부흥하는 계기가 되었다.

(3) 교육사상

① 철저하게 주자학에 입각한 것으로, 교육이란 성현의 도를 배우는 것이며, 그 성현의 도란 곧 효(孝), 제(弟), 충(忠), 신(信), 경(敬), 성(誠) 등의 일상생활의 윤리를 실천하는 것이라고 보았다.

② 불교는 이와 같은 인륜의 도를 어기는 것이므로 철저히 금해야 한다고 하였다.

조선시대의 교육

01 조선시대 교육의 개관

1. 시대적 배경

① 성리학은 조선사회 전체를 지배하였던 통치이념이었다. 조선의 정치, 경제, 사회, 문화는 성리학의 지배를 받았으며, 교육도 예외는 아니었다.

② 교육이념, 교육목적, 교육내용과 방법, 그리고 교육제도들은 유교의 이념을 구현하기 위한 방향으로 수립되고 시행되었다.

③ 조선의 교육은 성리학을 지나치게 숭상하고 과거 합격에만 집착한 나머지 성리학 및 과거와는 비교적 거리가 먼 학문들을 경시하였다. 이러한 학문들을 잡학이라고 하여 이단시하기도 하였다. 이러한 이유로 현실생활과 직접 관련된 과학기술이나 생산기술은 더 이상 발달할 수 없었다.

2. 교육목적

① 조선은 건국 초기부터 성리학의 이념에 따라 교육의 목적을 자신의 몸과 마음을 닦고 다른 사람을 다스린다는 '수기치인(修己治人)'하는 데 두었다.

② 수기(修己)란 자신의 몸과 마음을 닦는 것으로 수기하기 위해서는 끊임없는 수양이 필요하며, 치인(治人)은 다른 사람을 다스리는 것으로 치인하기 위해서는 정명(正名)과 경륜(經綸)이 필요하다.

③ 이렇게 수기치인한 사람이 바로 '군자(君子)' 혹은 '선비'이다. 결국 조선의 유학교육이 길러내고자 하였던 이상적 인간상은 선비라고 할 수 있다.

3. 교육적 인간상으로서의 선비

① 선비란 유가의 이념을 구현하려는 사람 또는 신분계층을 말한다.

② 선비는 학식과 덕성을 갖춘 인격의 소유자로, 수기치인하는 군자를 의미한다.

③ 맹자에 의하면 '호연지기가 무르익은 대장부'와 같은 의미로 지칭한다.

④ 선비는 세속적인 것을 멀리 하고 의리(義理)를 강조하는 삶을 추구하는 사람이다. 그리하여 선비정신은 곧 의리정신과 통하였다. 하지만 이 같은 이상은 현실 속에서 다르게 실현되었다. 즉, 사림파와 훈구파의 대립이다.

■ 사림파와 훈구파

계파	특징
사림파 (士林派)	• 고려 말과 조선 초기에 의리정신을 가지고 정치에 참여하거나 기회가 있으면 낙향하여 유학 연구와 후학 교육에 정진하였던 일군의 학자들은 흔히 사림파(士林派)로 불린다. 사 림파에 속하는 사람들은 의리와 지조를 지키려다 화를 당하거나 여러 차례의 사화로 인 해 희생당하였다. • 사족(士族) 중심의 지배체제를 형성하면서 경술(經術)을 강조하였다.
훈구파 (勳舊派)	• 사림파의 이상주의적 입장을 비판하면서 현실 정치에 적극적으로 참여하였던 일군의 유 학자들로 훈구파(勳舊派)로 불린다. • 관권(官權) 중심의 지배체제를 유지하면서 사장(詞章)을 중시하였다.

02 조선시대의 관학

1. 성균관(成均館) 중등 02 · 04, 초등 01 · 05

(1) 개요

① 성균관은 조선 최고의 교육기관으로 고구려, 신라 때는 태학 혹은 국학, 고려 때는 국자감, 성균
감(成均監)으로 부르다가 다시 성균관으로 개칭한 것을 조선왕조가 계승한 것이다.

② 성균관 안에는 유학을 강의하는 명륜당(明倫堂), 공자를 비롯한 선현들의 위패를 모신 문묘(文
廟), 유생이 거처하는 기숙사(재 : 齊) 등을 두었다.

③ 조선은 건국 직후부터 성균관과 향교, 4부학당 등을 세워 관학체제를 정비하였는데, 이는 이들
학교를 통해 조선시대의 통치이념인 유교를 널리 보급하여 유교중심의 국가체제를 정비하려는
뜻에서였다. 이 가운데 성균관은 유학 연구의 전당이었을 뿐 아니라 당시 통치체제에 필요한
관리양성의 중심지이기도 하였다.

(2) 입학자격

① 양반에 한하여 주어졌고, 양반 자제라고 하더라도 원칙적으로 생원, 진사시험에 합격한 자라야
하였다.

② 인원이 부족할 경우에는 사학(四學)의 학생 중 소학과 4서 1경에 능통한 자, 나라에 공로가 있는
공신과 3품 이상 관리의 적자로서 소학에 통한 자, 문과와 생진시의 초시인 향·한성시 합격자,
현직 관리로서 성균관에서 교육을 받고자 하는 자, 한성과 지방에서 나이는 어리나 우수한 자들
에게 입학을 허용하였다.

(3) 교육과정

교육과정은 크게 강독(講讀), 제술(製述), 서법(書法)의 과정으로 나뉘어져 있었는데, 그 내용은 주
로 4서(四書) 5경(五經)을 비롯한 유교의 여러 경전들이었다.

(4) 학칙과 생활

성균관 유생에게는 자치활동에 대한 자유가 주어져 있어 스스로 대표인 장의(掌議)를 선출하고 대표의 주재하에 재회(齋會)를 열어 필요한 사항을 결정하며, 경우에 따라서는 국가의 정책에 대하여 유소(儒疏)를 올려 의사표시를 하고, 정부의 반응이 온당치 못할 경우 권당(捲堂: 식당에 들어가지 않음), 공재(空齋: 기숙사를 비움), 공관(空館: 성균관에서 물러나는 것, 즉 동맹 휴학) 등과 같은 행동으로 의사표시를 하였다.

2. 4학(四學)

① 태종 11년(1411)에 설립된 4학은 고려 말의 5부학당(혹은 4부학당)을 계승한 국립교육기관으로 4부학당의 준말이다.

② 처음에 서울을 5부(部)로 나누고 여기에 학교를 하나씩 설치하여 5부학당이라 하였는데, 북부학당만은 완성을 보지 못해 4부학당만이 존재하게 되었다. 이런 이유로 이 네 곳의 학당을 흔히 4학이라 부르게 된 것이다.

③ 성균관의 부속기관으로 향교(鄕校)와 비슷한 정도의 중등 교육기관이라고 할 수 있다. 학제와 교육방침은 성균관과 비슷하였으나, 4학은 문묘(文廟)를 두지 않고 명륜당과 양재(兩齋)만을 갖춘 교육기관이라는 점에서 성균관이나 향교와는 차이가 있다.

④ 교육방침과 교육내용은 성균관과 비슷하였으며, 기숙사를 두고 있었으며, 학비는 국가에서 제공하였다.

⑤ 입학자격은 양반자제로서 10세 이상을 원칙으로 하며, 15세가 되어 학문이 우수하면 성균관에 입학할 수 있다.

⑥ 학생들은 매 5일마다 시험을 보았으며, 이를 관장하였던 예조(禮曹) 역시 매달마다 시험을 치게 해 1년간의 성적을 왕에게 보고하였다. 배워야 할 과목 중에서 필수 과목은 『소학(小學)』이었다.

⑦ 직제로는 교수와 훈도 2명을 두었으나, 이들은 대개 성균관의 관원이거나 양반직에서 겸하는 경우가 많았다.

⑧ 임진왜란 때 학당이 불타 소실된 후 건물을 다시 복원하였으나 학생 수도 적고 교육활동도 부진하여 그 명맥을 이을 수 없게 되었다. 이후 구한 말 선교사들에 의해 많은 사학이 세워졌는데 이때 선교사들은 '학당'이라는 이름을 붙여 학교를 개원하였다. 예를 들어, 배재학당(培材學堂), 이화학당(梨花學堂) 등이 바로 그것이다.

3. 향교(鄕校) 초등 07 · 10

(1) 개요

① 조선시대 지방에 설립된 국립 교육기관이다.

② 조선시대 향교는 고려의 향교를 그대로 계승한 교육기관이지만 그 규모나 짜임새는 고려의 향교보다 훨씬 체계적이었다.

(2) **설립목적**

① 성현에 제사를 올리고 지방 유생들에게 유학을 교수하며, 지방 문화를 향상시키고 사풍(士風)을 진작시키는 것이었다.

② 하지만 향교는 지방 유생들을 교육시켜 상급학교에 진학시키고 그들을 중앙에 진출시키는 데 더 큰 관심을 가지고 있었다. 지방민에게 향교는 과거를 보고 중앙정치권에 진입할 수 있는 중요한 통로였다.

③ 지방의 지식인들은 향교를 거점으로 중앙정치 무대에 진출할 수 있었다.

(3) **제사 기능과 교육 기능**

향교는 성균관과 마찬가지로 문묘를 두고 있었으므로 제사 기능과 교육 기능을 동시에 가지고 있던 교육기관이었다. 이런 점에서 조선시대의 향교는 고려시대의 향교와 차이가 없다.

(4) **운영**

① 향교는 지방 수령(首領)에 의해 운영되었다.

② 『경국대전』에 따르면, 교육은 주로 교관이 담당하였는데, 교관은 교수(敎授, 종 6품)와 훈도(訓導, 종 9품)로 구분되었으며, 교수는 부(府)와 목(收) 이상의 지역에 배치되었고 훈도는 군(郡)과 현(縣)에 배속되었다.

(5) **입학자격**

① 17세 이상의 양반 또는 자제를 원칙으로 했으며, 상한은 40세로 하였다.

② 향교에서 가르친 주요 교과목은 『소학』과 사서삼경이었으며 그 밖에 『근사록』 등이 추가되기도 하였다.

(6) **재정**

① 향교의 재정은 국가에서 지급한 학전(學田)과 지방유림으로부터 기부받은 밭, 어시장, 산림 등의 수세(收稅)로 충당하였다.

② 향교는 조선 중기까지 교육적 기능이 활발하였으나 조선 중기 이후 서원(書院)이 세워지면서 점차 교육기관으로서의 기능은 서원에 넘겨주고, 문묘의 기능만 남게 되었다.

03 조선시대의 사학

1. 서원 초등 02 · 10

(1) 서원의 출현 배경

① 관학적 교학체제의 쇠퇴 : 15세기 후반부터 관학교육은 쇠퇴하게 되는데, 왕조의 기틀이 잡히자 국가가 관학의 교육비를 충분히 지출하려 하지 않았기 때문이다. 그리하여 문과 급제자들이 관학교관이 되는 것을 꺼려 교관의 질은 날로 떨어지게 되었다. 이에 특권 양반들은 특권적 교육기관으로 사학을 일으키게 되었다.

② 여말선초 이래 훈구파와 사림파 대결의 산물 : 훈구파는 관학으로서 정교지향(政敎指向) 및 교학체계를 형성하였고, 이에 맞서 사림파는 의리학파로서 그들의 결속을 다질 수 있는 구심체인 서원을 설립하여 예교지향(禮敎指向) 교육체계를 형성하였다고 볼 수 있다. 서원은 사림들의 사회신분적 계층유지를 위한 문화적 결사였다.

(2) 백운동 서원

우리나라 최초의 서원으로 중종 38년(1543) 풍기군수 주세붕이 안향을 추모하기 위해 세운 서원이다. 후에 소수서원(紹修書院)이라는 이름으로 불리게 되었으며, 1549년 명종이 친필로 쓴 사액(賜額)을 내린 국가 최초의 사액 서원이기도 하다.

(3) 교육목적

① 현실과의 타협이 아닌 사림정신의 구현, 즉 의리정신을 구현해 나가는 데 있다. 그리하여 서원의 유림들은 한편으로는 의리정신을 구현한 선현 유학자들을 숭배하는 제사를 지내며 도통의 확립을 기하였다.

② 서원의 교육목적은 법성현(法聖賢, 성현을 본받음)과 후진장학(後進奬學)이라는 이념 아래 의리정신을 구현함에 있었다고 할 것이다.

③ 그러나 후기로 가면서 서원은 진정한 의리정신의 구현보다는 입신출세의 지름길인 과거시험 준비의 장이 됨으로써 교육의 목적도 과거합격으로 바뀌게 된다.

(4) 교육내용

성리서, 그중 특히 『소학』이 강조되었다. 『소학』과 사서오경 등은 어느 서원에서나 필수였다.

(5) 교육방법

① 획일화하여 이야기하기 어려우나 서원이 세워진 위치가 산수가 좋고 조용한 곳이었음을 감안해 볼 때, 잠심자득(潛心自得)의 내구적(內求的)인 방법과 스승 · 제자 사이의 대화법 등이 성행하였을 것으로 추측할 수 있다.

② 그러나 서원의 성격이 과거 준비장으로 변한 뒤에는 교육방법도 맹목적 주입식, 암기식으로 흘렀다.

(6) **서원의 사회적인 기능**

학문적 기관으로서의 역할 외에도 교육문고로서의 역할(도서관 역할), 출판문화의 중심지로서의 역할, 공론의 집약소로서의 역할 등을 수행하였다.

2. 서당(書堂) 중등 01, 초등 01·05·06

(1) **개요**

① 조선시대 서당은 고려시대의 서당을 계승한 사설 교육기관으로서 주로 일반 서민 자제들의 교육을 담당하였다.

② 오늘날 초등교육의 역할을 담당하던 교육기관이다.

③ 서당은 천자문, 동몽선습 등과 같은 기초 유학교재의 학습과 예절교육, 인성교육을 담당하던 교육기관이다.

④ 조선조에 서당이 크게 발달하게 된 이유는 사설 교육기관으로 그 설립이나 폐지가 자유로웠기 때문이다. 또한 설비나 조직이 간단하여 훈장과 일정한 수업공간만 있으면 누구나 서당을 운영할 수 있었다.

(2) **설립목적**

사학(四學)과 향교(鄉校)에 진학할 수 있는 능력을 길러 주는 데 있었다. 말하자면 중등 교육기관에 입학할 수 있도록 지방의 아동 및 청소년들에게 한문의 독해력을 증진시키고 유교에 대한 초보적인 지식을 전하는 데 그 목적이 있었다.

(3) **서당의 형태**

운영주체와 학습자에 따라 구분한 서당의 형태는 다음과 같다.

① 훈장자영서당(訓長自營書堂): 가장 많은 형태로 지방 유학자가 훈장이 되어 생계를 해결하거나 취미·후진양성의 목적으로 운영하는 서당이다.

② 유지독영서당(有志獨營書堂): 지역의 유지가 자신의 자제를 교육시키기 위해 훈장을 초빙하여 운영하는 서당이다.

③ 유지조합서당(有志組合書堂): 마을의 유지 몇 사람이 모여 훈장을 초빙하여 운영하는 서당이다.

④ 동리동족공동서당(洞里同族共同書堂): 마을 전체나 종친끼리 경비를 공동 부담하여 훈장을 초빙하여 운영하는 서당이다.

⑤ 관립서당(官立書堂): 지방행정관의 관권으로 설립하고 운영하는 서당이다.

(4) **교육내용**

① 강독, 제술, 습자 등으로 나눌 수 있다.

  ㉠ 강독(유교경전 읽고 뜻풀이): 천자문, 동몽선습, 통감, 소학, 명심보감, 사서, 삼경, 사기, 당송 등의 내용으로 단계적인 교육을 실시하였다. 각 책의 내용을 주로 강독하되 그 순서는 음독, 구독, 문리, 대의, 자해자독 등을 따른다.

  ㉡ 제술(글 짓는 방법): 오언, 칠언절구, 작문 등의 형식으로 제술을 통한 교육을 실시하였다.

  ㉢ 습자(글씨 쓰기): 주로 해서를 시작으로 하여 행서, 초서 등을 교육하였다.

② 서당의 수준에 따라 이상의 교육방법을 모두 활용하는 곳도 있었으나, 일부만 시행하는 곳도 있었다. 이는 훈장의 학력이 일정하지 않은 점에서 기인한다.

(5) 교육방법

① **강(講) 위주의 교육방법**: '강'이란 이미 배운 글을 소리 내어 읽고, 그 뜻을 질의응답하는 교수방법이다.

② **완전학습**: 강은 날마다 실력에 맞게 범위를 정하여 배우고, 그날의 학습량은 숙독하여 읽는 수를 세었다. 그날의 독서량은 다음날 배송하며, 합격한 다음에 새로운 학습으로 나아가는 일종의 완전학습이었다.

③ **능력별 수업**: 만약 배송하지 못하는 경우 학업성취도에 달성할 때까지 반복시켜 완전히 이해시키는 것을 목표로 하였다. 따라서 개인의 능력에 따라 학습 진도가 달랐다. 1 대 1 대면학습으로 능력별 수업이었다.

④ 무학년제 수업으로 능력에 따라 교육내용과 진도가 달랐다.

⑤ 서당은 훈장이 정해진 교과내용을 설명하고 이전 수업내용을 확인하는 시간을 가진다. 훈장의 수업은 하루 몇 시간에 그쳤고 나머지 학습은 학생들끼리 토론과 자율학습의 형태로 이루어졌다.

(6) 교육시기

① 농번기에 해당되는 봄과 가을을 피하고 농한기 때 집중적으로 학습을 실시하였다. 교육과정 운영에 있어 상당히 융통성이 있었던 것으로 해석된다.

② 교과목을 지도할 때 계절을 고려하였다. 예컨대, 여름에는 흥취를 돋우는 시(詩), 율(律)을 짓도록 하고, 봄과 가을에는 사기(史記) 및 고문(古文)을 읽도록 하였으며, 겨울에는 내용이 어려운 경서(經書)를 읽도록 하였다.

(7) 교육적 특징

① **접장(接長)제도**: 접장은 일종의 조교(助敎)로 훈장을 보조하여 수업을 담당하였다. 서당은 입학시기와 연령이 규정되어 있지 않았기에 다양한 수준의 학습자가 존재하였다. 다양한 학습자의 차이를 훈장의 지도만으로 극복하기 힘들었다. 이를 보완하기 위해 접장을 중심으로 미진한 학생들을 소규모 그룹별로 모아 개별화된 교육을 실시하였다.

② **놀이를 이용한 학습**: 놀이를 이용하여 학습의 효과를 극대화하려고 하였다. 예컨대, 초중장 놀이, 고을 모둠놀이, 조조잡기, 글 대구 맞추기, 추석 때의 가마놀이 등을 이용해 가르쳤다.

(8) 서당의 운영

① 서당의 설립을 위한 재정은 설립자가 담당하지만 운영을 위한 재정은 일종의 수익자 부담의 원칙을 따랐다.

② 서당을 설립하는 것은 훈장의 책임이지만, 운영에 필요한 각종 물품과 생활비 등은 학부모들이 분담하는 것이 관례였다. 따라서 학부모들은 학습에 필요한 일체의 물자와 양곡, 부식 등을 제공하였다. 이를 촌지(寸志)라 지칭한다.

③ 촌지의 본래적 의미는 뇌물이나 처벌의 대상이 아니라 지극히 정상적인 교육비 지출에 해당된다. 현대교육에서 촌지의 의미는 상당히 왜곡되어 있다.

(9) 서당의 교육적 의의

① 소규모 그룹 학습, 수준별 학습과 개별학습, 계절제 수업 등의 다양한 교육방법으로 운영되었다. 이는 소수의 훈장과 다수의 학습자 간의 불균형, 입학시기와 연령의 무제한, 농번기에는 교육을 피하는 것 등을 고려하여 형성된 자연스러운 교육운영이다.

② 조선시대 후기 서당은 문맹퇴치 운동, 민족의식 함양, 구국운동의 본산이 되어 우리나라 교육발전에 기여하였다.

04 조선시대의 과거제도 중등 07, 초등 03

1. 개요

① 조선시대의 과거제도는 관리를 선발하는 중요한 통로의 역할을 했으며, 세습적 지위가 아닌 개인의 능력에 따라 인정받는 공정한 원칙에 따른 제도였다.

② 조선의 과거제도는 고려의 것을 계승하였으나 무과(武科)를 신설하고 승과(僧科)를 폐지한 점이 다르다. 승과를 폐지한 것은 조선이 숭유억불정책을 폈기 때문이다. 과거는 크게 문과와 무과 그리고 잡과로 나누어졌는데, 문과에는 생진과(혹은 小科)와 대과(大科)가 있었으며, 무과는 세분되지 않았다.

2. 선발제도

(1) 생진과(小科)

① 생진과(生進科)는 생원과(生員科)와 진사과(進士科)를 합쳐서 부른 이름으로 사마시(司馬試) 또는 감시(監試)라고 한다.

② 생원과는 명경(明經), 즉 경전을 외우는 시험이었으며, 진사과는 제술(製述) 시험을 보았다. 명경의 합격자를 생원(生員)이라 불렀고, 제술의 합격자를 진사(進仕)라고 불렀다.

③ 생원과와 진사과는 모두 초시(初試), 복시(覆試)를 치렀다.

(2) 문과(文科, 大科)

① 고급 문관을 등용하는 최고 단계의 시험으로 오늘날의 고등고시와 같은 것이다.

② 문과를 흔히 대과 또는 동당시(東堂試)라고 불렀으며, 초시(初試), 복시(覆試), 전시(殿試)의 세 단계로 되어 있었다.

③ 문과의 선발인원은 초시 240명, 복시 33명을 선발하였고 복시 합격자는 왕이 친임하는 전시에 응시하였다. 전시는 대궐 안에서 왕이 참석하여 시험을 보도록 하는 것이었다.

④ 전시는 성적순에 따라 갑과 3명, 을과 7명, 병과 23명으로 분류하였으며 이는 과거 급제자 등용의 기준이 되었다.

(3) 무과(武科)

① 고급 무관의 등용시험으로 문과와는 달리 소과와 대과가 없는 단일과로 초시, 복시, 전시의 세 단계를 거쳤다.

② 과목으로는 활쏘기, 말타기, 창쓰기 등의 무예를 시험하였으며, 복시에서는 유교 경전, 무경의 일부를 구두로 시험하였다.

③ 응시자격은 무관의 자제를 원칙으로 하였으나 향리나 양인으로 무경, 무예가 뛰어난 자도 응시할 수 있었다.

(4) 잡과(雜科)

① 기술직 관리를 선발하기 위한 시험으로 주로 잡직(雜職)에 종사하는 중인 계급의 자제들이 응시하였다.

② 잡과의 시험은 역학(통역), 의학(의술), 음양학(천문기상 및 풍수), 율학(법률) 등이며, 잡학교육 기관에서 배운 중인계급들에게 독점되고 전승되었기 때문에 상민이나 천민은 응시할 수 없었다.

③ 무과와 마찬가지로 대과와 소과의 구별이 없는 단일과이며 초시와 복시 2단계로 전시의 단계는 없었다.

④ 문과와 무과에 비해 경시되었다.

3. 응시자격

① 조선시대의 과거제에 응시할 수 있는 자격은 엄격하게 제한되어 있었다.

② 천민이나 모반죄, 강상죄(綱常罪)와 같은 죄인의 자손, 중범죄자, 재가한 부녀자의 자손, 서자(庶子) 등은 응시할 수 없었다.

4. 과거제도의 의의와 폐해

(1) 의의

① 개인 능력에 의한 선발 : 과거제도는 개인의 능력이 선발의 첫 번째 기준이었다. 조선사회가 신분제 사회이기는 하였으나 혈통과 같은 귀속적 요인들이 선발의 결정적 요인은 아니었으므로 업적주의적 특성을 갖는다.

② 선발의 기회와 대상의 개방성 : 천인, 범법사, 서얼 등은 응시가 허용되지 않았으므로 기회가 완전히 개방된 것은 아니었다. 그러나 당시 사회적 신분에 관한 법제와 관련해 볼 때 개방이라는 기본 정신에 완전히 배치되는 것은 아니었으므로 응시와 선발의 기회와 대상이 사회적으로 개방되어 있다고 볼 수 있다.

③ 관학을 기반으로 학문과 사상 주도 : 과거제도는 좁게 보면 국가의 관리를 충원하는 국가인사제도이지만 당시 학교의 운영뿐만 아니라 지식인 사회의 학풍에도 영향을 미쳤다. 조선 중기 서원과 같은 사학을 중심으로 유학 지식인 사회가 형성되기 이전에는 과거제도가 관학을 기반으로 학문과 사상을 주도하였다.

(2) 폐해

① 다양한 학문분야의 학습을 저해하고 과거시험에 해당되는 교과의 학습만을 장려하여 심각한 교육적 문제를 초래하였다. 조선조 과거제도를 둘러싼 각종 폐단은 조선의 교육을 타락시킨 주원인이었다.

② 무분별하고 기준 없이 시행된 각종 별시에서 다수의 과거 합격자를 배출하게 되자 정기 시험인 식년시의 의미가 퇴색되기도 하였다.

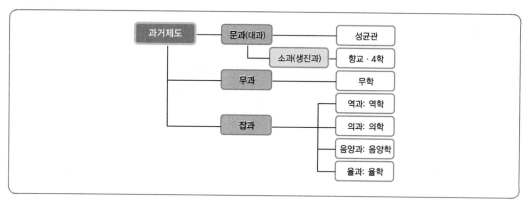

| 조선시대 과거제도 |

05 성리학과 교육사상가

1. 성리학의 기초

(1) 이기론(理氣論)

① 이기론은 성리학의 가장 기본적인 이론이라고 할 수 있다. 성리학의 기본 골격은 이기론에 있다. 이(理)와 기(氣)라는 두 개념으로 만물의 생성과 변화, 우주의 본질과 인간의 본성을 설명하는 이론이다.

② 만물의 생성과 변화에 있어서 이와 기가 작용하는 방식을 어떻게 설명하느냐에 따라 입장이 나뉜다.

③ 절대 순수한 영원의 가치이자 최고선에 해당하지만 자기활동을 통해 자신을 적극적으로 구현할 수 없는 이(理)와 오염되고 타락되어 있어 정화를 통해 거듭나야 할 대상에 해당하지만 욕망을 구현하고 세계를 변모해 나가는 자기활동의 주체인 기(氣)로 이루어진 이론이다.

이(理)	만물생성의 근본원리이며, 보편, 원론, 자연법칙, 도덕법칙, 절대적이며 영원한 것이다. 만물의 본체로서의 태극(太極)은 이로 개념화된다.
기(氣)	만물생성의 근본 재료이다. 형상이고, 개별적이며 가변적이다. 만물의 차별성을 낳는 음양(陰陽)과 오행(五行)은 기로 개념화된다.

㉠ **주리론(主理論) － 이황**
- 이기이론원(理氣二元論)을 바탕으로 생멸하는 기보다 항존불변하는 이를 중시한다. 주희의 이기론적 입장을 받아들인 것이다. 주희는 이와 기의 관계에 있어서 이와 기는 이물(二物)이라고 주장하여 이기이원론적 입장을 취하였다.
- 심성론의 입장에서는 천부적인 선한 본성인 사단은 이의 발동이고, 선과 악이 섞여 있는 칠정은 기의 발동이라는 이기호발설(理氣互發設)을 주장한다.

㉡ **주기론(主氣論) － 이이**
- 이기일원론(理氣一元論)을 바탕으로 모든 현상은 기가 움직이는 데 따라 다르게 나타나며, 이는 단순히 기를 주재하는 보편적 원리에 불과하다고 주장한다.
- 심성론의 입장에서는 사단(四端)과 칠정(七情)은 모두 기가 발동한 것이며, 사단은 칠정 가운데 선한 측면만을 가리키는 것에 불과하다는 기발이승일도설(氣發理乘一途設)을 주장한다.

(2) **심성론(心性論)** 중등 01
① 이기론적 원리를 적용하여 인간의 심성을 설명하는 이론이다.
② 주희는 자신의 이기이원론적 관점을 인간의 본성에 대한 설명 원리에 적용한다.
③ 주희는 인간에게 부여된 성을 본연지성(本然之性)과 기질지성(氣質之性)으로 나누어 생각하였다. 본연지성은 그 자체로서 선한 것이며, 기질지성은 선악의 구별이 있는 것이다.

본연지성 (本然之性)	• 인간의 본성에서 우러나오는 마음씨, 즉 선천적이며 도덕적인 능력을 말한다. • 측은지심(惻隱之心), 수오지심(羞惡之心), 사양지심(辭讓之心), 시비지심(是非之心)
기질지성 (氣質之性)	• 인간 형성에 관여하는 기에 의해 형성된 것으로, 육체와 감각적 작용으로 나타나는 인간 본능을 말한다. • 칠정은 인간의 본성이 사물을 접하면서 표현되는 인간의 자연적인 감정이다. • 희(喜), 노(怒), 애(哀), 구(懼), 애(愛), 오(惡), 욕(欲)

④ 사단칠정(四端七情)에 관한 논쟁은 마음을 설명하는 두 가지 개념인 사단과 칠정의 관계를 이기론에 비추어 설명하려는 시도이다.

2. 성리학의 인간관

① 인간은 하늘과 땅에 근거하여 착하게 태어났다는 순선한 본성을 주장하여 인간의 가능성에 대한 신뢰를 표한다.
② 본성은 선하지만 삶의 과정에서 생기는 이욕과 이단이 인간을 악하게 만들 수 있다.
③ 순수한 본성을 찾기 위해 성인의 말씀을 모델로 삼아 지속적인 공부와 수행이 필요하다.
④ 인간다움을 되찾는 보편적인 도덕교육이 모든 교육의 근간을 이루고 다른 어떤 것보다 우선하는 교육적 가치이다.

3. 교육사상가

(1) **권근**(1352~1409) 초등 07

① 권학사목(勸學事目)

㉠ 교육체제를 정비하기 위해 만든 일종의 규정집이다.

㉡ 핵심내용은 『소학(小學)』을 학문의 기초로 하자는 것이다.

㉢ 『소학』은 인륜에 필요한 책으로서 모든 학생들에게 가장 먼저 읽게 한 뒤 다른 책을 읽혀야 하며 과거시험인 생원시와 성균관의 입학시험에도 『소학』에 관한 시험을 보게 하자는 내용으로 구성되어 있다.

② 입학도설

㉠ 성리학의 주요 내용을 알기 쉽게 40여 개의 도설로 설명한 것으로, 도설로 된 우리나라 최초의 책이다.

㉡ 권근의 교육방법의 원리가 구체적으로 제시된 것으로서 우리나라 시청각 교육의 선구라고 할 수 있다. 서양의 코메니우스(Comenius)가 저술한 『세계도회(世系圖繪)』보다 286년이나 앞섰다는 점에서 교육사적 의의가 크다.

(2) **이황**(1501~1570) 중등 03 · 08, 초등 02 · 03 · 04 · 07

① 기본 입장 : 이기이원론, 주리론

② 교육관

㉠ 교육의 목적 : 기가 이를 따르되, 이가 가려지지 않도록 인간 본연의 성으로 돌아가게 하는 것, 도덕적으로 완성된 성인이 되게 하는 데에 교육의 목적을 두었다.

㉡ 위기지학(爲己之學) : 퇴계는 학문이 남에게 보이기 위한 것이 되어서는 안 되고 자신의 인간 됨을 위한 것이 되어야 한다는 유교의 이른바 위기지학을 강조하였다.

③ 교육방법

㉠ 거경과 궁리를 바탕으로 학문의 체계를 완성하려 하였다.

거경	인간의 타고난 순수한 도덕심이 드러날 수 있도록 몸과 마음을 바르게 한다는 의미이다. 즉, 마음공부의 방법이다.
궁리	주자는 경(敬)의 자세 속에서 만물의 근원인 이(理)를 탐구하고 궁구(窮究)하여 성(性)의 의미를 자각할 것을 강조하였는데, 이것이 바로 궁리이다. 즉, 세상과 사물의 이치를 탐구하는 것이다. • 이가 스스로 발현하는 힘을 가지고 있다고 본 이황은 수양의 방법으로 이를 드러나게 해주는 '경'을 더 중시하였다. • 경을 유지한 상태란 마음을 두 갈래, 세 갈래 내지 않고 오로지 하나로 하여 만물의 변화를 살펴보는 것을 뜻한다. 경을 유지하면 생각과 행동이 언제나 함께 하고, 마음이 움직이거나 고요하거나 간에 거기에는 어김이 없고, 겉과 속이 서로 바른 상태에 있게 된다는 것이다.

㉡ 잠심자득(潛心自得)의 원리 : 마음을 바르게 하여 고요히 하면 이가 우리의 의식 속에 떠올라 그 실상을 드러낸다고 하여 잠심자득의 원리를 수양의 방법으로 내세웠다. 사색을 통한 자기 학습법이라고 할 수 있다.

ⓒ 발달단계에 따른 교육 강조

태교	인간의 본래적 선한 성품이 잘 보존될 수 있도록 하는 방법으로 태교를 중시하였다.
유아기	『효경』, 『가례』부터 시작하여 좋은 습관을 형성할 수 있도록 해야 한다. 동시에 일상적이며 실행하기 쉬운 의복, 음식, 동작, 언어에 있어서의 예를 가정에서 교육시켜야 한다.
소년기	『소학』, 『대학』을 가르쳐 일상생활의 참된 도리인 수신을 알게 한다.
청년기	『심경』을 가르쳐 유교경전에 대한 기초적 지식과 자각을 통한 자율적인 탐구에 들어서게 한다. 정신적 성숙이 이루어진 다음에는 『주자서절요』를 탐독하게 하여 도덕적인 인격완성을 하게 한다.

④ 지행호진설(知行互進說, 지행병진) : 지와 행은 경을 축으로 하는 수레의 두 바퀴와 같은 것으로 보고, 이들이 비록 구분이 되나 같이 나아가야 한다고 보았다.

⑤ 저서 『성학십도(聖學十圖)』: 왕을 위한 교육서로 퇴계가 선조에게 올린 상소문 형태의 책자이다. 선조가 왕도정치를 실현해 줄 것을 기대하면서 도에 관한 학문의 요체를 도식과 함께 실었다.

(3) 이이(1536~1584)

① 기본 입장 : 이기일원론, 주기론

② 교육방법 초등 12

　　ㄱ 입지(立志) : 이이의 교육사상은 교육의 가능성을 전제조건으로 하는 입지로부터 성립한다. 인간이 타고난 본성에 차이가 없는데도 사람마다 차이가 나는 것은 참으로 뜻이 서지 못하고 밝게 알지 못하며, 실천이 독실하지 못하기 때문이라고 보고 인간 자신의 자율적 선택과 책임을 부각시키고자 하였다.

　　ㄴ 성(誠) : 주기론의 입장을 취하는 율곡은 사물의 이치를 밝혀내는 궁리를 중시하였는데, 궁리에서 우리의 마음이 지녀야 할 자세로 성을 내세웠다. 성이란 참되고 거짓이 없음을 뜻하는 것으로, 이이가 말하는 성은 사물을 두고 궁리하고 선을 밝히고 이에 따라 뜻을 돈독하게 가지기 위한 마음자세를 의미한다. 입지가 확고해지는 길은 스스로 성실을 기르는 길뿐이다. 따라서 입지와 성은 따로 떨어져 있는 것이 아니다.

　　ㄷ 치인(治人)의 중시 : 주기론의 입장을 취하는 이이는 기질을 변화시키게 해주는 실천을 더 중시하여 수기(修己)보다 치인에 더 관심을 두었다.

③ 지행합일

　　ㄱ 율곡은 성학집요에서 인식과 실천이 결코 분리될 수 없음을 강조하였다.

　　ㄴ 즉, 아는 것과 행하는 것이 결코 분리될 수 없으며, 지적인 교육과 정의적 교육이 분리될 수 없는 통일된 하나의 양면이며 이 양자가 동시에 조화적으로 진행될 때 궁극적인 진리에 접근할 수 있다고 보았다.

④ 주요저서

　　ㄱ 학교모범 : 16조로 된 성인을 위한 교육규범

　　ㄴ 성학집요 : 성현들의 가르침을 인용한 제왕의 학문을 위한 저서

　　ㄷ 격몽요결 : 일반학도를 위한 교육목적과 학습조항을 설명하는 교육 입문서

　　ㄹ 소아수지 : 아동교육을 위한 소아 법규

■ 이황과 이이의 사상 비교

		이황	이이

이기론에 대한 관점		• 주리론(主理論)
		  - 이는 기의 활동의 근본이 되고 기를 주재하고 통제하는 실제이다.
			• 주기론(主氣論)
			  - 우주의 근원적 존재를 추상적인 이보다는 물질적인 기에서 구해야 한다.

		이기호발설	기발이승일도설

		• 이기이원적
		  - 이는 원리적 개념으로 절대적 선이며 존귀한 것
		  - 기는 현상적 개념으로 선악이 혼재하고 비천한 것
			• 이기일원적
			  - 이는 우주 만물의 근원으로 기 활동의 근거가 되는 것
			  - 기는 만물 구성의 재료이며 사물을 낳는 도구

		인간이 지니고 있는 이를 드러나게 하는 거경(居敬)과 수기(修己)를 더 중시	사물의 이치를 밝히는 궁리(窮理)와 치인(治人)을 더 중시
교육목적		성인을 향한 학문에 두고 나를 가꾸는 학문을 일컬어 위기지학이라고 하였다.	• 학문과 공부를 성인에 두었으며, 수양과 공부가 평생에 걸쳐 이루어진다는 것을 특히 강조하였다. • 성인이 되기 위해서는 입지(立志)가 중요하고, 입지하기 위해서는 성(誠, 성실한 태도)이 요구된다고 보았다.

06 실학과 교육사상가

1. 실학의 등장배경

① 양란 이후 지식인들은 조선이 위약해진 이유가 어디에 기인하는가를 자각하고 반성하게 되었다.

② 그 원인이 공리공론(空理空論)을 일삼아 온 성리학에 있다고 진단, 이를 혁파하는 일이 곧 조선을 새롭게 일으키는 길이라고 생각하였다. 이러한 조선의 현실에 대한 철저한 자각과 각성에서 비롯된 사상이 바로 실학(實學)이라고 할 수 있다.

③ 당시 실학자들은 청나라의 고증학(考證學)과 서학(西學)의 영향을 받았으며, 추상적·관념적·현실 괴리적인 성리학을 비판하고 구체적이고 실제적이며 실증적인 학문을 추구하였다.

2. 사회 개혁 방법론에 따른 학파

(1) 경세치용(經世致用)

토지개혁을 강조하였다. 성호 이익, 반계 유형원 등은 잘못된 토지제도를 개혁함으로써 농촌 경제를 부활시킬 수 있으며 나아가 국가 경제를 부흥시킬 수 있다고 생각하였다. 주로 성호 이익을 따랐던 제자들에 의해 제기되었기 때문에 이 학파를 성호학파(星湖學派)라고 부른다.

(2) 이용후생(利用厚生)

발달된 청나라의 문물 및 기술을 수입하여 활용할 것을 강조하였다. 박지원, 박제가, 홍대용 등은 상업 및 공업을 장려함으로써 부국강병을 이룰 수 있다고 강조하였다. 주로 청나라 학문을 받아들일 것을 강조하였기 때문에 북학파(北學派)라고도 불린다.

(3) 실사구시(實事求是)

사실적인 것에서 진리를 탐구하려는 학풍이 강한 학파였다. 추사(秋史) 김정희는 관념적인 것에서 진리를 구하려고 하였던 조선 성리학의 학풍을 신랄하게 비판하였으며, 사실적인 것, 구체적인 것, 실증적인 것에서 진리를 구하려고 하였다.

3. 실학의 특징

(1) 강한 민족주의적 성격

화이사상에서 탈피하여 우리의 역사와 지리, 언어, 정치, 경제, 군사 등에 대한 연구에 열중하여 이를 체계화하였다.

(2) 근대 지향적 성격

중세적 계급의 해소, 금속화폐의 유통, 상공업의 발달, 외국 무역의 개발, 토지제도의 개혁 등 근대 지향성이 강하였다.

(3) 민중의 편에 선 지식인들의 개혁사상이었다.

4. 실학파의 교육사상

(1) 합리주의(合理主義)

학파마다 다소 차이는 있으나 실학자들은 합리주의 정신을 중시하였다. 합리주의란 이치에 맞도록 생각하는 능력을 가장 중시하는 사상이며 이념이다. 그들은 합리성에 입각하여 조선 민중들의 몽매성, 무지, 편견, 미신 등을 혁파하려고 하였다. 서양의 계몽주의 사상가들이 보여준 노력과 흡사하다고 할 수 있다.

(2) 민본주의(民本主義)

민본주의란 말 그대로 백성이 나라의 근본이라는 이념을 말한다. 물론 성리학도 백성이 근본임을 강조하였다. 그러나 조선의 성리학자들과 통치자들은 이를 실현하기 위한 제도적 장치를 마련하기 위해 노력하지는 않았다. 많은 실학자들은 이러한 현실을 안타까워하였으며 민본정치를 위한 제도들이 마련되어야 한다고 주장하였다.

(3) 실심향학(實心向學)

실심향학이란 허구적이고 관념적인 것을 배격하고 실제적이고 쓸모 있는 지식을 습득하려는 마음에로 나아가야 한다는 이념을 담고 있는 말이다. 실학자들은 조선시대 많은 이들이 성리학이라는 울타리 안에서 많은 공부를 하였다고는 하나 그 공부가 자신과 사회를 바꾸는 데 아무런 쓸모가 없었다는 점에서 성리학을 헛된 학문, 즉 허학(虛學)이라고 불렀다. 쓸모 있는 지식, 유용한 학문에 대한 그들의 주장은 과학교육과 기술교육의 중요성을 암시해 주었다는 점에서 교육사적으로 큰 의미를 지닌다.

5. 실학 교육개혁론의 특징

(1) 학교제도 체계화

교육제도를 위계적으로 분화시키고 각 지역에 체계적으로 보급하는 것을 교육적 과업으로 삼았다. 교육의 보급과 관리를 국가 주도에 의해 중앙집권적으로 한다는 점에서 일종의 국가교육체계를 의미한다.

(2) 학교조직의 단계적 분화

교육대상과 내용 수준에 따른 학교조직의 단계적 분화의 필요성을 강조하였다. 현대 공교육제도의 분화에 상응하는 수준은 아니었으나, 모두를 대상으로 한 초등교육의 독자성을 확립하려 했다는 점에서 의미가 있다. 사적으로 이루어지던 초등교육을 국가교육체제 안으로 포섭하고자 하였으며, 이는 홍대용의 제안에 잘 나타나 있다.

(3) 교육기회의 확대

초등교육은 모두를 대상으로 할 것을 주장하며, 그 이후의 교육에서 교육의 기회가 신분에 의해 특권화되는 데 반대하였다. 그러나 교육기회의 확대가 천민들에게까지 개방되는 것을 의미하는 것은 아니었다.

(4) 과거제도의 개혁

학교를 통한 인재 양성과 과거를 통한 선발이 동일한 과정의 전후라고 보았다. 따라서 실학자들은 추천방식인 공거제(貢擧制)를 과거제도의 대안으로 제시하였다. 또한 취사의 기준에 있어서는 당대의 과거가 개인의 시(詩), 부(賦) 중심의 형식적·문예적 자질을 중시한다는 점을 비판하고, 개인의 덕행과 도예를 중심으로 선발해야 한다고 주장하였다.

6. 실학교육 사상가

(1) 유형원(1622~1673) 중등 03, 초등 00 · 09 · 12

① 교육의 기회균등을 통한 덕행인과 능력인 양성을 교육의 목적으로 삼았다.
② 종래의 과거제를 폐지하고 학교 교육을 통하여 능력 있는 인물을 관리로 등용할 것을 주장하였다. 새로운 인재등용을 위한 개혁방안은 공거제라 하며, 학교 교육과 연계된 관리 선발제도이다.
③ 공거제를 위해 근대적 학제의 도입을 제안하였다. 행정단위를 중심으로 서울과 지방으로 대별하여 네 단계 학제를 구상하였다. 최종 학부인 태학에서 1년 이상 수학한 우수 학생을 대상으로 학교의 추천과 진사원에서의 시험을 통해 인재를 선발하고 이들에게 1년간 관리 수습 후 능력과 인격의 차등에 따라 차별을 두어 관리로 임명하자는 것이다.

④ 읍학에 입학할 수 있는 자격을 사대부에만 국한하지 않고, 서얼과 서민의 자제에게도 부여하여 사대부의 관직 세습화를 막고 인재등용의 기준을 문벌보다 개인의 능력에 두어야 한다고 하였다.

> 서울 : 방상(坊庠) → 사학(四學) → 중학(中學) ↘
> 　　　　　　　　　　　　　　　　태학(太學) → 진사원(進仕院)
> 지방 : 향상(鄕庠) → 읍학(邑學) → 영학(營學) ↗

⑤ 저서『반계수록』: 사회개혁에 관한 사상과 토지개혁 및 사회 부조리의 부당함을 지적하고, 국가 제도상의 학제의 중요성을 서술하였다.

(2) 이익(1681~1764)

① 인간이 다른 동물들과 다른 점은 예의를 숭상하는 데 있다 보고, 교육에서 숭례(崇禮)와 근검을 강조하였다.

② 민본사상을 바탕으로 능력에 따른 개인차가 반영되어야 한다고 하였다.

③ 교육방법에 있어 탐구심의 계발이 자기계발의 요소이며, 자기수양의 방법으로 매일 새롭게(日新) 스승을 구하고(得師), 왕성한 호기심을 가지고 즐겨 질문하는 것(好問)이 참다운 살아있는 교육이라고 하였다.

(3) 박지원(1737~1805)

① 도덕성을 지닌 경제인으로서의 선비를 교육적 인간상으로 보았다.

②『천자문(千字文)』은 비교육적이라서 읽어서는 안 된다는 소위 불가독설(不可讀說)을 주장하였다. 천자문의 문자 배열이 어린아이의 일상생활의 용어보다 시의 운에 따라 배열되었으므로 비실용적이라고 비판하였다.

③ 저서 : 양반계급을 풍자한『허생전』,『양반전』, 청나라를 기행하고 경험한 내용을 담은『열하일기(熱河日記)』가 있다.

(4) 정약용(1762~1838) 중등 04, 초등 03

① 교육적 인간상 : 수기위천하인(修己爲天下人). 자기 수양에 의해 능력을 닦고, 이것을 천하와 국가를 위해 실천궁행하는 사람을 뜻한다. 현대적 의미에서 보면 사회적 자아실현인이라고 할 수 있다.

② 자율적 인간관 : 다산은 인간의 심성이 본질적으로 선하거나 악한 것으로 결정되어 있는 것이 아니라 실천을 통하여 형성된다고 보았다. 즉, 인간을 자유의지를 가진 존재로 보았다.

③ 치인(治人)의 재해석 : 치인은 정치적 지배행위가 아니라 교육적 행위의 일종으로, 인도적 자아실현을 위한 것이며, 모든 인간의 다른 인간에 대한 도덕적 관계의 실천을 의미한다.

④ 역사교육과 기술교육 중시 : 중화 사대주의 사상에서 벗어나기 위해 국사교육을 중시하였고 부국강병을 위한 기술교육도 중시하였다.

⑤ 오학(五學)에 대한 비판 :『오학론』에서 당시의 5학, 즉 성리학, 훈고학, 문장학, 과거학, 술수학을 비판하였다. 정약용은 위의 학문이 명분화, 탁상공론화되어 실제로는 아무런 쓸모가 없게 되었다고 하였다.

⑥ 불가독설 : 천자문, 통감, 사략 등 당시 널리 읽혔던 책들을 읽지 못하게 하는 '불가독설'을 주장하였다. 불가독설은 이미 연암 박지원도 주장한 바 있는데 다산 역시 같은 주장을 하였다. 『천자문』은 문자학습서임에도 문자가 체계적으로 배열되지 않은 폐단이 있으며, 『사략』은 중국 역사의 요약본으로 그 첫머리부터 허구적인 내용이 많으며, 『통감(통감절요)』역시 중국 역사로서 중국에서조차 그 가치를 인정받지 못함을 지적하였다.

⑦ 아학편 : 연암의 천자문 비판에 대한 구체적 해결방안으로 어린이를 위한 입문서인 아학편을 저술하였다. 아학편 2천자문은 기존의 문자교육서인 천자문을 비판하고, 아동이 감각기관으로 경험할 수 있는 글자와 개념을 먼저 학습하게 하고, 다음으로 추상적이고 무형의 개념을 표현하는 글자를 익히도록 하였다. 사물의 성격을 범주화하여 유별 분류체계에 따라 문자를 배열하고 사물을 음양 대치적으로 제시하고 있다.

⑧ 주요저서 : 『목민심서(牧民心書)』(교민, 흥학, 과예의 장에서 교육문제를 구체적으로 다루었다.)
　ㄱ 교민(教民) : 목민관의 직책은 백성을 가르치는 데 있으며 농사를 짓고 부역을 평등하게 배분하고 죄를 밝혀 벌을 주는 것도 모두 가르치기 위함이라 주장하였다.
　ㄴ 흥학(興學) : 스승이 있어야 배움이 있으므로 먼저 덕망이 있는 스승을 초빙해야 하며 목민관은 학교를 수리하고 재정을 지원하고 도서를 많이 구입하여 비치하도록 해야 한다고 하였다.
　ㄷ 과예(科藝) : 과거제도의 폐단을 지적하면서도 목민관은 총명한 아이들을 선발하여 가르쳐야 한다고 주장하였다.

7. 실학의 교육적 의의

(1) 교육기회의 개방 확대

신분을 초월한 교육의 기회균등사상과 민본주의적 개인차 중시 등은 현대의 국민교육의 이념과 연결된다.

(2) 교육내용의 개혁 구상

기존의 경전과 사서 중심의 교과에서 생활에 유용한 과학적 교과의 교육과 우리나라의 역사와 문학교육을 구성하였다.

(3) 한글의 보급과 발전에 기여

당시까지 천시되던 한글이 천주교의 포교 수단으로 활용되면서 정약용은 한글로 된 『주교요지』란 2권의 책을 썼고, 이가환도 교리서를 한글로 번역하여 읽혔으며, 그 후 신경준과 같은 국어학자도 나오게 되었다.

(4) 민족주체의식의 제고

이익이 교육과정에 『퇴계집』과 『동국사』를 읽도록 한 점이나, 박지원이 중국의 문자와 역사를 교육의 입문서로 읽히고 있는 데 대하여 비판을 가하였다는 데에서도 그 일단을 엿볼 수 있다.

(5) 체계화된 학제 제시

유형원의 학제안에서 볼 수 있듯이 발달단계에 따른 보다 체계화된 학제를 제시하였다는 점은 교육사적 의의가 크다고 볼 수 있다.

근대의 교육

Chapter 04

01 설립주체에 따른 교육기관

1. 국가 주도의 교육

① 갑오경장을 전후로 조선정부는 교육을 전담하는 부서인 학무아문(1894)을 설치하고 고종이 직접 교육입국조서(1895)를 발표하여 근대적 교육이념에 입각한 교육을 국가교육의 근간으로 정립하였다.

② 동문학(1883): 1883년 독일의 묄렌도르프가 세운 일명 통변학교로, 통역관을 양성할 목적으로 한 영어학교이다. 그러나 동문학에서 연수받은 관리들이 실무를 담당하였다는 것으로 볼 때 단순한 통변학교가 아닌 특수직업학교였다. 특권층 자제들만 입학시켰으며, 육영공원이 설립되면서 폐지되었다.

③ 육영공원: 조선 최초의 신식학제를 적용한 학교로 왕립영어학교이다. 국가의 지원으로 세워진 육영공원은 영어를 사용하는 관료양성을 목적으로 귀족자제들이 입학하였다. 갑오개혁으로 폐교되었으나 근대적 학교운영이라는 교육사적 의미를 갖는다.

④ 소학교: 1895년 소학교령으로 근대적 학교 설치규정이 마련되었다. 만 8세부터 15세 아동을 대상으로 하며, 수업 연한은 심상과(보통과) 3년, 고등과 2~3년이었다.

⑤ 중학교: 1899년 중학교관제를 제정하여 심상과 4년과 고등과 3년 등 총 7년제의 학제를 마련하고 1899년 한성중학교를 개교하였다.

⑥ 사범학교: 한성사범학교 관제가 1895년 최초의 근대식 학교제도로 발표되고 이어 1895년 한성사범학교가 설치되었다.

2. 선교사 주도의 교육

① 개항을 전후해 외국에서 들어온 선교단체는 조선의 구교육을 신교육으로 바꾸는 데 크게 기여하였다. 선교사들은 선교와 교육, 의료, 복지사업을 함께 전개하여, 선교사 주도의 교육은 의료, 복지 영역의 노하우를 도입한 계기가 되었다.

② 우리나라가 최초로 외국의 신교육을 직접 접하게 된 것은 선교사 알렌에 의해서이다. 의사이기도 하였던 알렌은 1885년 한국 최초의 근대식 국립의료기관인 광혜원을 세워 서양의 의료기술을 보급하였다.

③ 대표적 선교사 주도의 교육기관은 1885년 아펜젤러에 의해 설립된 '배재학당', 1886년 선교사 스크랜튼에 의해 설립된 '이화학당', 언더우드에 의해 1886년 세워진 '경신학교', 1887년 벙커에 의해 세워진 '정신여학교' 등이 있다.

3. 민족 선각자 주도의 교육

① 갑오개혁을 중심으로 서구문물의 홍수 속에 민족 선각자들은 개화와 자강을 이루기 위해 학교를 설립·운영하였다.

② 원산학사

  ㉠ 1883년 덕원부 원산의 지방민들에 의해 세워졌으며, 우리나라 최초의 근대학교이다.

  ㉡ 민간이 주도한 근대사학이지만 외국학제의 모방과 답습이 아니라 전통적 우리나라 교육을 개선·발전시킨 근대학교라는 점에서 의미가 있다.

③ 1896년에 민영환은 서울에 '흥화학교'를 설립하였으며, 1899년 안창호는 강서에 '점진학교'를 세웠고, 1905년에는 엄주익이 '양정의숙'을, 이용익이 '보성학교'를 만들었다.

④ 민족 선각자들의 구국운동을 막기 위해 통감부는 1908년 8월 '사립학교령'을 제정·공포하여 민간사학을 탄압하였다.

02 갑오교육개혁

1. 군국기무처 설치

동학혁명을 진압하기 위해 출병한 일본은 무력행사를 정당화하기 위한 구실로 조선의 내정개혁을 교육하고 김홍집을 수반으로 하는 군국기무처를 출발시켰다.

2. 갑오개혁의 주요내용

① 과거제를 폐지하고 새로운 관리임용 시험제도를 실시한다.

② 신분계급을 타파하여 귀천과 문벌을 가리지 않고 인재를 등용한다.

③ 부녀의 재가를 자유롭게 허용한다.

④ 공사노비의 문서를 없애고 인신매매를 금한다.

3. 근대적 교육행정기구인 학무아문(學務衙門) 설립

① 학무아문은 외교, 교육, 문화 등 여러 부분을 맡아오던 종래의 예조와는 달리 전문적으로 교육행정 사업만을 맡는 행정기구였다(교육입국조서 이후에는 학부로 개칭하였다).

② 학무아문은 설립 직후인 1894년, '학무아문 고시'를 반포하여 관립 사범학교와 부속 소학교를 개교하였다.

4. 학무아문(學務衙門) 고시(告示)

학무아문은 1894년 7월에 '학무아문 고시'를 발표하여 교육개혁에 대한 대내적 선포를 하였다.
① 영재교육의 시급함을 강조하였다.
② 소학교와 사범학교를 세웠다.
③ 종래 교육에 있어서의 계급의식을 불식하고, 반상(班常)의 구별 없이 준총(俊聰)을 모아 인재를 기르며, 장차 대학과 전문학교를 개설할 것을 약속하였다.

5. 홍범 14조

고종은 1895년 1월, '홍범 14조'를 선포하여 근대적 신교육과 신기술 도입을 제시하였다.

6. 교육입국조서

① 1895년 2월 근대교육의 이념을 분명히 하는 '교육입국조서'를 공포하였다.
② 전통적 교육의 틀을 벗고 새로운 세계 정황을 받아들여 교육으로 침체되었던 국가적 상황을 혁신하고자 하는 새로운 교육관이 내포되어 있다.
③ 구교육과 신교육의 분기점으로 법제화를 통한 근대적 학제 확립에 기여하였다.
④ 교육입국조서의 특징적 내용은 다음과 같다.
　㉠ 종래 경전 중심의 교육에서 덕·체·지의 교육을 강조하였다.
　㉡ 국사와 국문을 강조하고, 근대교육 이념의 교과를 지향하였다.
　㉢ 교육의 중요성을 강조하고, 교육 의무화를 계몽하였다.
　㉣ 학교 교육 도중에 퇴학생의 발생을 법적으로 규제하였다.
　㉤ 조서 이후 여러 학교관제가 공포되었다.

7. 갑오개혁의 의의

① 민주주의 교육이념 구현
② 교육의 사회적 기능
③ 국민교육의 중시

03 동학사상

1. 개요

① 최제우가 창도한 우리나라 근대의 새로운 종교이다. 최제우는 전래적인 유·불·도의 사상을 융합하고, '사람이 곧 하늘(人乃天)'이라는 사상을 집약하여, 인간의 존귀함을 일깨우고 지상천국의 이상을 표방하였다.

② 단순히 천주교에 반대하여 창시된 민족 종교의 성격만을 띠고 있는 것이 아니라, 인간의 존엄성에 대한 자각을 환기시켜 근대적인 인간 해방 및 각성을 문제 삼았던 의식 개혁운동이며 사회개혁 운동이었다.

2. 교육론

(1) 만민평등사상

중심사상인 인내천(人乃天)사상은 인간의 존엄성과 평등을 내세운 것으로, 근대교육의 이념과 맥을 같이 한다. 또한 최제우는 봉건사회의 차별적 인간관을 부인하고 한울님을 마음 안에 모시면 신분에 관계없이 똑같다는 시천주(侍天主)사상을 주장하였다.

(2) 아동존중사상

최시형은 '아이를 때리는 것은 곧 한울님을 때리는 것'이라고 할 정도로 아동을 인격적인 존재로 대해야 한다고 강조하였다.

(3) 여성해방의 교육

최제우는 『안심가(安心歌)』에서 여성들이 남녀의 차별을 극복하고 구속에서 벗어나 인간다운 삶을 살아갈 것을 권고하였다.

(4) 농민교육

동학교도들은 농민을 위한 교육기관이 없음을 한탄하고 농민독본을 만들고 교육이 열악한 지역에 야학과 강습소를 세워 교육을 실시하였는데, 이러한 노력은 소외받는 계층에게 교육의 기회를 확대하려고 하였다는 점에서 그 의의가 크다.

Chapter 05 일제 식민지 교육

01 식민지 교육의 특징

1. 내선일체론(內鮮一體論)

① 일제의 식민지 교육은 일선동조론(日鮮同祖論) 혹은 내선일체론(內鮮一體論)을 내세운 동화교육이었다.

② 일본인과 조선인은 본래 한 조상을 가진 민족이며, 한 몸(一體)이라는 것을 강조하면서 동화교육을 추진하였다.

2. 국가주의 · 제국주의적 성격

일제의 식민지 교육은 신도(神道)사상을 내세운 국가주의 · 제국주의적 성격을 띠었다. 일제는 우리나라 전역에 신사(神社)를 건립하여 참배하도록 강요하였다.

3. 우민화(愚民化) 교육

① 한국인에 대한 교육은 하급관리, 사무원, 근로자 양성을 목적으로 하고 있었다. 이러한 사실은 보통학교와 고등보통학교의 교육목적에 잘 나타나 있다.

② 한국인에게는 과학 기술교육과 대학교육의 기회를 부여하지 않았으며, 민립 대학이나 고등교육 기관의 건립을 인정하지 않았다.

4. 글과 말 말살, 역사 왜곡

① 일제 식민지 교육은 우리의 글과 말을 말살하고 역사를 왜곡시켰으며, 조상을 잊게 하려는 데 초점이 맞춰져 있었다.

② 일제는 식민화를 위해 우리의 역사를 없애고 민족성을 단절시키려고 하였다. 나아가 언어, 서적, 예의, 문물, 윤리, 풍속 등을 말살하려고 하였다.

5. 복선형(複線型) 교육제도

① 복선형이란 일본인이 다니는 학교와 한국인이 다니는 학교를 분리하여 규정한 학교제도이다.

② 일본인이 다니는 학교는 소학교, 중학교, 고등여학교라고 하면서 우리에게는 '보통'이라는 말을 붙여 보통학교, 고등보통학교, 여자고등보통학교라고 명명하였다.

③ 수업연한도 국민학교의 경우 한국인 학교는 3~4년인 반면 일본인 학교는 6년이었다. 이렇게 일제가 복선형 교육제도를 운영한 것은 차별화 교육을 통해 일본인의 우위성을 강조하고 한국인을 우민화하려는 데 목적이 있었다.

6. 중앙집권적 교육행정

① 당시에는 조선총독이 일왕을 대신하여 한반도를 통치하였는데, 그는 교육에 관한 법령을 비롯하여 교과서 편찬에 이르기까지 교육행정 전반을 지휘·감독하였다.

② 그들에게 교육은 정치적·군사적 목적 실현을 위한 도구이자 수단이었기 때문에 교육행정은 군국주의화되고 관료주의화될 수밖에 없었다.

7. 관립·공립학교 위주의 교육정책

① 당시 자생적으로 생겨난 사립학교들은 일제의 통제에도 불구하고 독립의식을 심어주었기 때문에 비교적 통제하기 쉬운 관립 및 공립학교를 통해 그들의 지배 이데올로기를 가르쳤다.

② 식민지정책에 방해가 되는 사립학교에 대해서는 사립학교규칙을 적용하여 폐교 또는 잡종학교로 격하시켜 상급학교로의 진학을 어렵게 하였다.

02 일제 침략기 교육의 구분

1. 통감부 교육기(1905~1910)

(1) 보통학교령(1906)

① 갑오개혁으로 설립된 소학교의 명칭을 보통학교로 개정하고, 수업연한을 6년에서 4년으로 단축하였다.

② 학급당 학생 수를 40명에서 60명으로 증대하고, 그동안 무상이었던 수업료를 징수하였다.

(2) 고등학교령(1906)

기존의 중학교를 고등학교로 개정하고, 수업연한을 7년에서 3~4년으로 단축하였다.

(3) 사립학교령(1908)

통감부는 민족사학을 탄압 내지 폐쇄하기 위해 사립학교령을 공포하였다. 전국의 5,000여 개의 사립학교 중 2,241개만 인가하고 나머지는 모두 폐쇄시켰다.

(4) 교과용 도서 검정규정

교과서는 총독부의 편찬, 검정을 거쳐야 하였다.

(5) **일본어 교육의 강화**

조선어의 수업시간을 단축하고, 일본어 교육을 강화하였다.

2. 식민지 교육기(1910~1945)

(1) **제1차 조선교육령(1910~1919)**

① 배경

  ㉠ 한일합방이 체결된 1910년 이후 3.1운동이 일어난 1919년까지를 말한다.

  ㉡ 이 기간 동안 일제는 식민지라는 고정화된 모순과 불평등의 사회질서를 유지하기 위해서 식민지적 제 요인을 당연한 것으로 체념하고 승인하는 식민지적 인간상을 길러내기 위한 교육정책을 전개하였다.

② 「조선교육령」: 한국인을 '충량한 국민'으로 만들고, 한국 문화를 말살하며, 식민지 경영을 위해 저급한 근로인을 만들기 위한 실업교육, 직업교육을 강화하도록 하였다.

③ 사립학교규칙을 제정하여 교사·교과서·교과과정을 규제, 일제에 반항하는 학교는 폐쇄시켰다.

(2) **제2차 조선교육령(1919~1938)**

① 배경

  ㉠ 3.1운동이 발발한 1919년 이후부터 「제3차 교육령」이 발표된 1938년까지로 일제는 무단적 통치 방식에서 문화적 통치로 그 방식을 바꾸게 된다.

  ㉡ 일제는 문화정치를 표방하면서 한민족을 회유하거나 융화시키려고 하였다. 내선일체(內鮮一體), 일선융화(日鮮融和)라는 교묘한 논리를 내세우면서 식민교육 정책을 펼쳐나갔다.

② 수업연한 연장: 일본과 동일한 학제를 적용하였으며, 보통학교는 4년에서 6년으로, 고등보통학교는 4년에서 5년으로, 여자고등보통학교는 3년에서 4년으로, 실업학교는 3년에서 5년으로 수업연한을 연장하였다.

③ 경성제국대학을 설립하였다.

④ 표면상으로는 한국인의 교육과 일본인의 교육을 동일하게 만들었으나 동화정책과 차별정책의 기조를 바꾼 것은 아니었다.

(3) **제3차 조선교육령(1938~1943)**

① 배경

  ㉠ 이 시기는 1938년 「제3차 조선교육령」의 개정 이후, 1937년 중국침략을 도발한 일제가 한국을 대륙침략의 병참기지로 간주하고 전시체제를 전면적으로 적용시키는 동시에 태평양전쟁을 수행하던 때에 해당된다.

  ㉡ 이 시기에 일제는 '황국신민화(皇國臣民化)'라는 이름하에 한국인을 노예화하고, 더 나아가 일본어 상용을 강요하였으며, 창씨개명(創氏改名)을 단행하였다.

  ㉢ 이 시기 교육의 궁극적 목적은 천황제 사상을 주입하여 한국 청소년을 황국신민화하는 데 있었다.

② 교육내용 변화

㉠ 천황제 사상을 주입하기 위해 수신(修身), 역사, 지리 등의 교과서를 최대한 활용하였다.

㉡ 수신 교과서는 한국인의 윤리, 도덕, 민족정신을 말살하기 위한 교과로 가르쳐졌으며, 국사 교과서는 한일합방의 필연성, 내선일체의 역사적 필연성, 동근동족론(同根同族論)을 합리화 하는 데 이용되었다.

㉢ 지리 교과서에서는 대동아 공영권(大東亞共榮圈)을 선전하고, 한반도의 부수성, 주변성, 다 양성 등의 결점과 약점을 가르쳤다.

③ 국민학교령(1941)： 소학교를 국민학교로 개칭하였다.

3. 일제강점기의 민족교육운동

(1) 3.1 독립운동

① 관·공·사립의 구별 없이 참여한 학생들의 민족감정의 총화로, 사립학교 간은 물론이고 학생 간에도 유대의식이 더욱 강화되었다.

② 아동중심 혹은 인간본위의 교육사상이 싹트고 조선본위의 교육운동이 일어나게 되었다.

③ 우리나라 학생운동의 전통을 수립하였고, 그 정신과 전통이 그 후의 학생운동으로 계승되었다.

④ 임시정부가 수립되는 계기를 마련하였다.

(2) 조선 민립대학 설립운동

① 1907년 국채보상운동으로 모금운동을 전개하던 중 합방이 되자 모금된 돈으로 민립대학을 설립 하기 위해 민립대학 기성회를 조직하고 총독부에 대학설립을 신청하였으나 거절당하였다.

② 3.1운동 후 민족교육에 대한 열의 고조로 민립대학 설립을 추진하였으나 결국 실패하였다.

(3) 브나로드 운동과 문자보급 운동

① 브나로드(vnarod)는 러시아어로 '민중 속으로'라는 의미로, '브나로드 운동'이란 동아일보사가 이 말을 따서 1931년부터 1934년까지 실시한 농촌계몽과 문맹타파운동이다. 동아일보는 여름방학에 귀향하는 학생들을 동원하여 각 지방에서 한글과 산술을 가르치고, 연극, 음악, 오락도 가르쳤다.

② 짧은 기간이었으나, 언론기관과 학생이 협력하여 문자보급과 민중계몽에 앞장서서 민족의식을 고취하였다는 점에서 역사적 의의가 있다.

03 미군정기의 교육

1. 개요

8.15 해방과 더불어 미군이 진주함에 따라 한미 양국의 관계는 한말의 수교국에서 그 양상이 새롭 게 바뀌게 된다. 즉, 미국은 점령국이 되었으며 우리나라의 모든 국정을 통치하게 됨으로써 우리는 미군정기를 맞게 된다.

2. 교육이념의 확정

한국교육위원회의 교육이념 분과위원회에서는 '홍익인간'을 교육이념으로 결정하였다.

3. 학제의 개선

종전의 복선형 학제를 개편하여 교육의 기회 균등을 원칙으로 하는 단선형 학제를 구성하였다. 그리하여 조선교육심의회가 결정한 6-3-3-4제의 학제가 기간학제로 자리 잡게 되었다.

4. 새교육 운동

① 해방과 함께 한국교육이 민주주의 노선에 따라 재건되어야 한다는 생각은 모든 교육자들이 같았으나 구체적·이념적·방법적 이해와 대안을 갖지 못하였다.
② 이에 오천석은 '새교육'으로 명명하는 교육운동을 전개하였다. 새교육은 민주주의 교육이념과 미국식 진보주의 교육방법으로 요약될 수 있다.
③ 새교육이 지향하는 바는 다음과 같다.
  ㉠ 전통적 교육의 계급주의, 차별주의를 배격한다.
  ㉡ 인간을 도구화하는 교육을 배격하고, 사람 자체를 목적으로 한다.
  ㉢ 억압과 복종의 교육이 아니라 자유인의 교육이다.
  ㉣ 획일주의 교육을 거부하고, 개인차를 인정하고 개성을 존중한다.
  ㉤ 과거의 문화유산을 전달하는 지식중심, 서적중심의 교육을 배격하고 생활중심의 교육, 즉 삶을 풍요롭게 하는 교육이어야 한다.

5. 문맹퇴치를 위한 성인교육 추진

광복 당시 12세 이상 한국인의 약 78%가 문맹자였다. 학무국에서는 문맹퇴치를 위해 1945년 12월에 성인교육위원회를 조직하고, 공민학교를 설치하였다.

6. 일제의 잔재 청산

① 미군정청은 한국교육위원회의 심의를 거쳐 일제 잔재의 불식, 평화와 질서의 유지, 생활의 실제에 적합한 지식 기능의 연마로 교육 방침을 결정하였다. 그러나 우리의 문화와 전통을 되찾고 실정에 맞는 교육정책을 탐색할 여건이 어려운 실정이었다.
② 따라서 미국의 민주주의 이념을 토대로 교육을 재건하고자 하였으나 구체적인 교육이념, 교육내용, 교육방법 등에서는 대안을 제시하지 못하였다.

Mind Map

01 학습자의 지적 특성

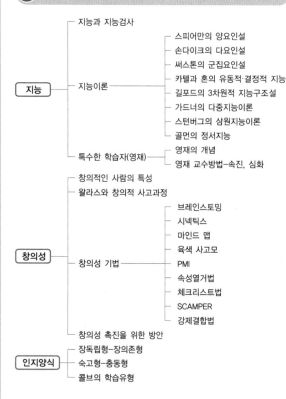

03 학습이론

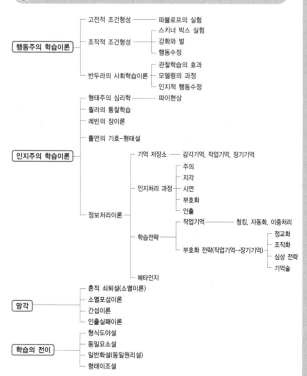

02 학습자의 발달

04 학습자의 정의적 특성

- 학습동기
  - 귀인 이론
  - 자기효능감 이론
  - 기대×가치 이론
  - 성취 동기 이론
  - 목표지향성 이론
  - 자기가치 이론
  - 자기결정성 이론

- 정서와 학습
  - 불안
  - 흥미
  - 자아개념
  - 통제소재
  - 자이가르닉 효과

- 방어기제
  - 합리화
  - 동일시
  - 투사
  - 승화
  - 반동형성
  - 치환
  - 퇴행
  - 고착
  - 백일몽

PART

03

교육심리학

Chapter 01 학습자의 지적 특성

01 지능

1. 지능과 지능검사

(1) 지능의 정의

① 지능검사가 측정하는 것(Boring, 1923)

② 합리적으로 사고하고 유목적적으로 행위하며 환경을 효과적으로 다루는 총체적인 능력 (Wechsler, 1958)

③ 추상적 사상을 다루는 능력(Terman, 1916)

④ 목표지향적이고 적응적인 방식으로 사고하는 능력(Sternberg&Slatter, 1982)

(2) 지능검사의 종류 중등 07, 초등 02

① 실시방식을 기준으로 한 분류

㉠ 개별검사 : 개별검사 혹은 개인용 검사는 한 명의 검사자가 한 명의 피검사자를 대상으로 하여 실시하는 검사를 말한다. 비네-시몬 검사(1905), 스탠포드-비네 검사, 웩슬러 성인용 지능검사, 웩슬러 아동용 지능검사, 웩슬러 유아용 지능검사 등이 개별검사에 해당된다.

• 비네-시몬검사(Binet-Simon test) : 최초의 지능검사로 언어성 검사이며 학습부진아를 가려낼 목적으로 시행된다.

• 스탠포드-비네검사(Stanford-Binet test) : 1916년 스탠포드 대학의 터먼(Terman) 교수가 비네검사를 미국문화에 알맞게 개정해 표준화한 것이다. IQ(비율지능지수)개념이 최초로 사용되었다.

• 웩슬러(Wechsler) 검사 : WPPSI(Wechsler Preschool and Primary Scale of Intelligence Scale, 유아용), WISC(Wechsler Intelligence Scale for Children, 아동용), WAIS(Wechsler Adult Intelligence Scale, 성인용)의 세 가지 종류로, 웩슬러 지능검사는 언어영역과 동작영역의 두 부분으로 구성된다. 언어성 검사에는 기본지식, 숫자 외우기, 이해, 공통성, 산수, 어휘의 6개 부검사가 있고, 동작성 검사에는 바꿔 쓰기, 빠진 곳 찾기, 토막 짜기, 차례 맞추기, 모양 맞추기의 5개 부검사가 있다.

㉡ 집단검사

• 개별지능검사는 지능검사 발전에 커다란 영향을 미쳤으나, 시간과 비용이 많이 소요된다는 문제점을 안고 있다. 이러한 문제점을 극복하기 위해 집단지능검사가 제작되기 시작하였다. 집단검사는 한 명의 검사자가 여러 명의 피검사자를 대상으로 동시에 검사를 실시할 수 있는 효율적인 방법이다.

- 집단지능검사의 효시는 제1차 세계대전 당시 입대자를 신속하게 선별하고 분류해야 할 필요성에 부응하기 위해 개발된 육군알파검사(army alpha test)다. 육군알파검사는 언어성 검사로 개발되었다. 이후 문맹자의 지능을 측정하기 위해 비언어성 검사인 육군베타검사(army beta test)가 개발되었다.

② 문항의 표현양식에 따른 분류
　㉠ 문항의 표현양식에 따라 언어성 검사와 비언어성 검사로 나눌 수 있다.
　㉡ 언어성 검사(verbal test)는 문항을 문자로 표현한 검사이다.
　㉢ 비언어성 검사(nonverbal test)는 문맹자나 어린 아동을 대상으로 지능을 측정하기 위해 그림이나 도형으로 문항을 구성한 검사를 말한다.
　㉣ 동작성 검사(performance test)는 물체를 조립하도록 하는 검사와 같이 동작이나 기능을 수행하도록 요구하는 검사를 말한다.

(3) 지능지수 중등 02, 초등 07

① 정신연령(mental age)
　㉠ 개인의 지능검사 점수를 특정 연령집단의 평균과 비교하여 표시한 것으로, 비네가 처음으로 사용한 개념이다.
　㉡ 정신연령이 5세라는 것은 평균 5세 아동과 동일한 수의 문항에 정답을 했으며, 지적 수준이 5세 아동집단의 평균과 같다는 것을 나타낸다.
　㉢ 정신연령은 지능지수가 애초부터 절대적 의미가 아니라 상대적 의미를 갖고 있었음을 의미한다. 그러나 정신연령이 10세인 7세 아동과 정신연령이 10세인 10세 아동이 동일한 지적 능력을 갖고 있다고 보기 어렵다.

② 비율지능지수(ratio intelligence quotient)
　㉠ 터먼(Terman)이 미국에 소개한 지능지수로 다음과 같은 방식으로 계산한다.

$$IQ = \frac{MA}{CA} \times 100$$

CA(chronological age) : 생활연령
MA(mental age) : 정신연령

　㉡ 비율지능지수는 지능지수를 정신연령과 생활연령(실제 나이)의 비로 나타냈다. 지적 발달이 실제 연령과 같을 때 비율지능지수는 100이며, 실제 연령보다 빠를 때는 100보다 크고, 정신연령이 실제 연령보다 늦을 때는 100보다 작다. 생활연령이 5세인 아동의 정신연령이 6세이면 비율지능지수는 120이다.
　㉢ 그러나 실제 연령은 계속 증가하지만 정신연령은 15세 이후 거의 증가하지 않기 때문에, 15세 이후에는 정신연령이 동일하더라도 지능지수가 낮아진다는 문제점이 있다. 이러한 문제점 때문에 비율지능지수는 어린 아동들의 지능지수를 표시할 때만 사용될 수 있다.

③ 편차지능지수(deviation intelligence quotient)
　㉠ 비율지능지수의 문제점을 해결하기 위한 것으로 동년배의 점수와 상대적으로 비교하여 나타낸 IQ를 의미한다.

ⓛ 편차지능지수는 표준점수의 일종으로 특정 연령집단의 점수분포를 평균 100, 표준편차 15~
16으로 변환시킨 분포에서 개인의 점수 위치를 보는 방법이다.

ⓒ 편차 IQ가 100이라는 것은 평균과 같다는 것이며, 편차 IQ가 115라는 것은 평균보다 +1표준
편차가 높다는 것을 나타낸다. 현재 대부분의 지능검사는 편차지능지수를 사용하고 있다.

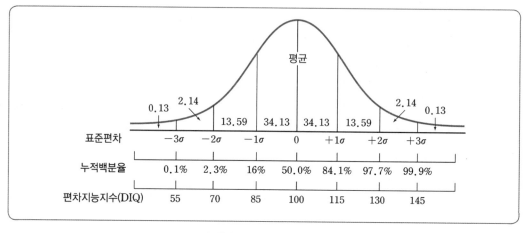

| 편차지능지수의 분포 |

ⓔ 정규분포곡선에서는 평균을 중심으로 ±1 표준편차 범위에 전체 사례의 약 68%가 분포하고,
±2 표준편차 범위에 약 95%의 사례들이 분포하며, ±3 표준편차 범위에 99% 이상의 사례들
이 분포한다.

ⓜ 대다수 사람들은 IQ 70에서 130 사이에 분포한다. 일반적으로 70 이하는 정신지체, 145는 영
재의 지표가 된다.

④ 문화 차이와 경제적 차이를 극복하려는 검사(문화공정검사) 초등 12

㉠ 피험자의 문화적 차이와 경제적 배경으로 인해 발생되는 문제들을 극복하고자 시도된 검사
로 SOMPA와 아동용 카우프만 지능검사가 있다.

SOMPA(system of multicultural pluralistic assessment)	다문화적이고 다원적인 차원에서 지능을 측정하는 검사로, 의료적 요소, 사회적 요소, 문화·인종·사회경제적 배경을 고려한 사회문화척도를 포함하고 있다. 의료적 요소란 아동의 시각, 청각, 예민성, 몸무게, 키, 포괄적인 병력 등을 검사하여 전반적 건강상태를 평가하려는 것이다. 사회적 요소는 주로 면접으로 시행되며 교우관계나 학교 외적 생활 측면을 확인하게 된다. 다양한 사회적·문화적·인종적 배경을 가진 아동에 대한 포괄적이고 정확한 이해를 위해 실시된다.
아동용 카우프만 지능검사(Kaufman assessment battery for children)	언어의 영향을 최소화할 수 있는 비언어적 척도를 포함하고 있다. 지능을 측정하는 방법으로 패턴 인지, 도형 유추, 손동작 반복과 같은 과제를 사용한다. 문항이 모든 계층의 아동들에게 적합하며, 학습잠재력과 학업성취도를 모두 측정한다.

㉡ SOMPA와 K-ABC 모두 기존의 검사들과 달리 백인, 중류계층이 아닌 아동들에 대해 직접
적이고 실제적인 사용이 가능하다는 데 그 중요성이 있다.

ⓒ 이들 검사는 인종, 문화, 언어, 사회경제적 배경 등이 지능검사뿐만 아니라 학업 수행에도 강력한 영향을 미칠 수 있다는 것에 초점을 두고 있다.

(4) 지능지수 해석 시 유의사항

① 지능지수는 개인의 절대적 지적 수준이 아니라 상대적 지적 수준을 나타낸다.

② 개인의 지적 능력을 나타내는 지표는 매우 다양하다. 따라서 IQ는 지적 능력을 나타내는 하나의 지표로 생각해야 한다.

③ IQ가 동일하더라도 하위요인은 다를 수 있다. 두 학생의 IQ가 모두 120이더라도 한 학생은 언어능력이 높고 수리력이 낮은 반면, 다른 학생은 수리력이 높고 언어능력이 낮을 수 있다.

④ 지능은 시간의 흐름에 따라 변한다.

⑤ 대부분의 지능검사는 언어능력, 수리력, 공간지각능력, 유추능력과 같이 한정된 능력만을 측정한다.

⑥ 신뢰도가 완전한 지능검사는 없기 때문에 IQ는 단일점수보다 점수범위로 생각하는 것이 합리적이다.

(5) 지능지수와 학업성적의 관계

① IQ와 학업성취 간의 상관은 .40~.70의 범위에 이른다. 이러한 결과는 지능지수가 학업성적을 예언하는 데 상당한 효과가 있음을 의미한다.

② IQ와 학업성취 간에 높은 상관이 나타났다고 해서 미래의 학업성취를 정확하게 반영하는 것은 아니다. 학업성취는 IQ 외에도 성취동기, 학습습관, 자아개념, 과거의 학업성취 등의 영향을 받기 때문이다.

> **▮ 플린(Flynn) 효과** 초등 11
> 뉴질랜드의 정치학자 James Flynn이 발견한 플린 효과는 시간이 지날수록 세대들의 IQ 검사 평균 성적이 계속 높아지는 현상을 의미한다. 지능지수 평균점의 증가 원인에 대한 의견은 다양하다. 플린은 인간의 정신적 활동을 더 많이 하도록 요구하는 현 사회현상에 기인한다고 본 반면, 다른 학자들은 다양한 시청각 매체의 증가, 지능검사의 반복 효과, 과거에 비해 개선된 가정 및 학교 환경, 질 높은 영양섭취 등 환경적 요인을 원인으로 보았다. 플린 효과를 고려하여 수년마다 개정되는 지능검사의 문항난이도는 점차 높아지고 있다.

2. 지능이론

(1) 스피어만(Spearman)의 일반요인 이론(양요인설) 중등 11

① 스피어만은 인간의 지능이 g요인(일반지능요인)과 s요인(특수지능요인)으로 구성되어 있다고 보았다.

ㄱ 일반요인(g요인) : 다양한 과제에 공통적으로 적용할 수 있는 능력으로 모든 지적 과제의 수행에 영향을 준다. 스피어만은 g요인으로 언어, 수, 정신속도, 주의, 상상의 다섯 가지 요인을 들었다.

ㄴ 특수요인(s요인) : 특정 과제의 수행에만 관련되며, 여러 영역에 일반화할 수 있는 정보를 제공하지 못한다.

② 스피어만은 어떤 종류의 지능검사에도 적용할 수 있는 하나의 정신능력인 g요인에 각각의 지능 검사에서 요구하는 특수한 능력인 s요인이 덧붙여 있는 것이라고 보았다.

③ 인간은 일반지능과 특수능력 모두에서 개인차가 발생하며, 이 두 요인이 함께 정신과제에 대한 수행을 결정하게 된다.

⑵ 손다이크(Thorndike)의 다요인설

① 손다이크는 지능이란 어떤 공통적인 요인으로 구성되는 것이 아니라 고도로 특수화된 무수히 많은 요인들로 구성된다고 보았다.

② 지적인 활동은 몇 개의 작은 요인이 서로 결합해서 작용하는 것으로 이러한 지적 능력의 측정은 공통적인 요인을 측정하기보다는 여러 개의 요인을 측정하는 길이 모색되어야 한다고 보고 있다.

③ 그러나 실제로 무수히 많은 요인을 전부 측정할 수 없기 때문에 지능을 측정할 때는 다음과 같은 4개의 요인, 즉 문장 완성력, 산수추리력, 어휘력, 지시에 따를 수 있는 능력 등을 위주로 측정해야 한다고 주장하였다.

⑶ 써스톤(Thurstone)의 군집요인설

① 써스톤은 단일능력으로서의 일반지능을 부인하고, 지능이란 한 개가 아닌 몇 개의 기본 정신능력(primary mental ability; PMA)으로 구성되어 있다고 주장하였다.

② 인간의 지적 능력은 서로 독립적인 별개의 요인으로 존재하며, 지능에 대한 기술은 각각의 요인에 대한 개별화된 점수를 제시하여야 한다고 보았다.

③ 써스톤은 기본 정신능력(PMA)로 언어요인, 수요인, 공간(시각화)요인, 지각요인, 기억요인, 추리요인, 단어유창성요인의 일곱 가지 집단요인을 제시하였다.

㉠ 언어이해요인(verbal comprehension; V factor) : 언어를 이해하고 사용할 줄 아는 능력

㉡ 수요인(number factor; N factor) : 수를 사용하여 문제를 해결하는 능력

㉢ 공간(시각화)요인(spatial factor; S factor) : 공간관계를 파악하고 해결하는 능력

㉣ 지각요인(perceptual factor; P factor) : 외적으로 주어진 환경을 지각하여 해결하는 능력

㉤ 기억요인(associative memory factor; M factor) : 대상물을 기억하여 오래 정보를 저장할 수 있는 능력

㉥ 추리요인(reasoning factor; R factor) : 미해결된 구조를 추리하는 능력

㉦ 단어유창성요인(word fluency; W factor) : 어휘와 문장을 적절히 사용하고 표현하는 능력

⑷ 카텔(Cattell)과 혼(Horn)의 유동적 · 결정적 지능 초등 03 · 09

① 유동적 지능(fluid intelligence) : 생물학적 · 유전적으로 결정되는 지능으로 생리적 발달이 지속되는 청년기까지는 그 수준이 증가하나 성인기 이후에는 감퇴한다. 일반적 추리능력, 기계적 암기, 지각속도 등의 능력이 해당된다.

② 결정적 지능(crystalized intelligence) : 환경 및 경험, 문화적 영향에 의해 발달하는 지능으로, 가정환경, 교육수준, 직업적 경험 등의 영향을 받는다. 환경적인 자극이 지속되는 한 성인기 이후에도 꾸준히 향상될 수 있다. 언어이해력, 논리적 추리력, 문제해결력, 상식 등이 해당된다.

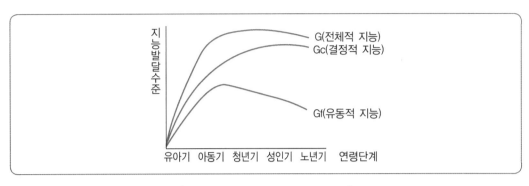

| 카텔과 혼의 유동적 · 결정적 지능 |

(5) 길포드(Guilford) 3차원 지능구조설 초등 01

① 개요

    ㉠ 길포드는 인간의 지능에는 세 가지의 기본 범주 혹은 지적 국면이 있다고 주장하였다.

    ㉡ 세 가지 차원은 정신능력에 포함되는 5개의 내용차원과 그 요인에서 요구하는 6개의 조작차원, 그리고 그러한 조작이 내용에 작용하여 나타나는 6개의 산출차원으로, 세 가지 차원을 조합하여 만들어지는 180개의 기본능력으로 구성된다.

    ㉢ 길포드는 내용과 조작, 산출이라는 세 가지 차원이 조합하여 특정한 요인이 발생한다고 보았으며, 이 지능의 구조를 3차원 입방체 모형으로 설명하였다.

    ㉣ 길포드는 하나의 일반 지능이 있다기보다는 여러 가지 다양한 능력이 있을 수 있다고 보았다.

② 지능의 구조

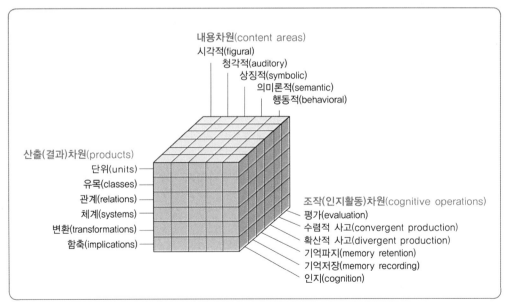

| 길포드의 지능구조 모형 |

　　　　　⊙ 내용차원: 정보의 내용(정보의 형태 및 성질)
　　　　　　• 시각적
　　　　　　• 청각적
　　　　　　• 상징적: 문자, 기호 등 상징적 기호로 구성된 정보
　　　　　　• 의미론적: 개념이나 정신적 요소에 적용되는 언어 형태의 정보
　　　　　　• 행동적: 다른 사람의 감정과 행동에 관한 정보
　　　　　ⓛ 조작(인지활동)차원: 구별 가능한 정보를 처리하는 데 필요한 지능활동(사고과정)
　　　　　　• 평가: 무엇에 대하여 결정하고 판단을 내리는 것
　　　　　　• 수렴적 사고: 주어진 정보를 바탕으로 하나의 정보나 결과를 산출해 내는 능력. 문제에 관해 유일한 답을 찾아내는 논리적 사고
　　　　　　• 확산적 사고(발산적 사고): 주어진 정보로부터 다른 정보를 생산하는 능력. 다양하고 창의적인 문제해결책을 모색하는 사고
　　　　　　• 기억파지: 정보를 기억에 보존하고 인출하는 활동
　　　　　　• 기억저장: 정보를 기억에 저장하는 활동
　　　　　　• 인지: 정보를 인식하고 발견하며 이해하는 과정
　　　　　ⓒ 산출(결과)차원: 내용을 조작하여 처리된 후에 최종적으로 얻어지는 형태(산출되는 결과의 방법이나 형태)
　　　　　　• 단위: 한 개의 도형, 한 개의 상징, 한 개의 아이디어(가장 단순한 산출 형태)
　　　　　　• 유목: 공통적인 특성에 따라 그룹을 짓거나 분류하는 것
　　　　　　• 관계: 주어진 정보의 종류를 결합시켜보는 것
　　　　　　• 체계: 복잡한 형태의 정보로 2개 이상의 상호 연관된 단위로 구성되어 있는 개체
　　　　　　• 변환: 주어진 정보의 수정
　　　　　　• 함축: 결과를 예상하거나 주어진 정보로부터 예측할 수 있는 능력. 지식이나 정보가 함축하고 있는 의미
　　　③ 의의
　　　　　⊙ 지능에 대한 사람들의 관점을 넓혀 주었다.
　　　　　ⓛ 지능의 계열을 확장시키고 학습, 문제해결력, 창의성과 같은 문제들을 새롭게 볼 수 있는 틀을 마련하였다.
　　　　　ⓒ 종래의 지능검사는 기억력과 같은 조작을 지나치게 강조하는 반면 확산적 사고방식 등을 무시하고 있다고 지적하였다.
　　　④ 한계
　　　　　⊙ 실제 상황에서 예견하거나 교수계획을 위한 지침으로 사용하기에는 이론이 너무 복잡하다.
　　　　　ⓛ 실제 검사를 실시한 결과 180개의 지적 영역이 고유하거나 별개의 것이 아닌 상호 관련되어 있는 것으로 나타났다.

(6) **가드너(Gardner)의 다중지능이론(multiple intelligences)** 중등 04 · 09 · 11 · 19논술, 초등 00 · 04 · 05 · 07 · 09

① **개요**

㉠ "사람들은 모두 똑같이 태어나지 않으며, 지능 또한 모두 다르다." 가드너는 다중지능이론에서 모든 학습자는 서로 다른 능력과 흥미, 동기를 가지고 있다고 주장하였다. 따라서 학습자의 능력 및 동기를 고려한 교수 · 학습법을 투입해야 한다고 주장하였다.

㉡ 인간에게는 적어도 9가지의 비교적 독립적인 지능이 있다는 이론을 제시하였다.

② **지능의 종류**

㉠ **언어지능** : 말하기와 읽기, 작문, 듣기 영역에 대한 민감성, 언어학습능력, 특정한 목표를 달성하기 위한 언어활용능력 등을 포함한다. 문학가나 언론인에게서 나타나는 지능으로 지능검사의 언어요인이 이에 해당된다.

㉡ **논리 수학지능** : 수리적 · 논리적 사고와 관련된 지능으로 수학자, 논리학자, 과학자 등이 논리 수학지능이 높은 사람들이다.

㉢ **공간지능** : 시각, 공간적 세계를 정확히 지각하고 그 지각한 내용을 머릿속에서 변형, 회전시켜 볼 수 있는 재능이다. 조각가, 항해사, 건축가, 그래픽 아티스트 등이 공간지능이 높은 사람들이다.

㉣ **신체운동지능** : 자신의 신체적 동작을 완벽하게 통제하고 물체를 능숙하게 다루는 능력으로, 운동선수, 배우, 무용가, 외과의사, 기술자 등이 신체운동지능이 높은 사람들이다.

㉤ **음악지능** : 연주하거나 노래하기, 음악적 양식을 이해하거나 작곡 혹은 지휘와 관련된 능력이다. 음정과 리듬에 대한 민감성, 음악의 정서적인 측면에 대한 이해 등도 포함된다. 작곡가, 연주가, 성악가, 지휘자 등 음악가에게서 발견되는 재능이다.

㉥ **대인 간 지능** : 타인의 기분, 기질, 동기, 의도를 잘 파악하고 적절히 대하는 능력을 의미한다. 교사, 심리치료사, 종교지도자, 정치가 등이 대인 간 지능이 높은 사람들이다.

㉦ **개인 내 지능** : 대인 간 지능과 함께 인성지능에 속하는 지능이다. 자성지능이라고도 불리며, 자신의 감정을 잘 알고 다스리며 욕구, 불안, 두려움 등을 잘 통제하여 효율적인 삶을 살아나갈 수 있는 잠재력을 의미한다. 심리학자, 수도자 등이 개인 내 지능이 높은 사람들이다.

㉧ **자연관찰 지능** : 자연에 존재하는 여러 종을 잘 구분하고, 각각의 종 사이의 관계성을 인식하고 규정하며, 자연과의 교감을 능숙하게 할 수 있는 능력을 의미한다. 생물학자, 동물학자, 식물학자, 농부 등이 자연지능이 높은 사람들이다.

㉨ **실존지능** : 처음에는 영적인 지능으로 불렸다. 인간의 존재 이유, 삶과 죽음의 문제 등 철학적이고 종교적인 사고를 할 수 있는 능력이다. 이 지능은 뇌에 해당 부위가 없을 뿐 아니라 아동기에는 거의 나타나지 않기 때문에 가드너는 실존지능을 반쪽 지능으로 간주하였다.

③ **의의**

㉠ 획기적인 탈 IQ지능이론으로 새로운 지능 연구의 흐름을 구축하였다.

㉡ 지능 종류의 다양성을 제시하였다. 기존 지능이론은 논리 수리적 · 언어적 지능에 치중한 반면, 가드너는 음악적 · 운동적 · 관계적 · 개인내적 지능이라는 새로운 지능의 종류를 제시하였다.

㉢ 교육을 통해 개인의 강점 지능을 지속적으로 발달시키고 약점 지능을 보완시킨다는 측면에서 교육적이다.

   ㈼ 각각의 지능은 개별적으로 발달하며, 모든 지능이 발달한 사람은 존재하기 힘들다. 즉, 개별
    학습과 재능교육의 이론적 기반을 제공하였다.

 ④ 한계

   ㈴ 가드너가 제시한 지능은 지능이 아닌 재능이라는 비판이 있다.

   ㈵ 학생 개인의 우수한 지능을 찾는 것이 현실적으로 쉽지 않다.

   ㈶ 교과별로 수업내용을 서로 다른 지능의 형태로 재구성하는 것이 교사에게 많은 부담이 된다.

   ㈼ 교사에 비해 학생 수가 많고 학급 자원이 충분치 못한 현실 속에서 실용적이지 못하다.

 ⑤ 학업에서의 적용

   ㈴ 모든 학생은 최소한 하나의 우수한 지능을 갖고 있으며 어떤 과목이든 이 지능을 이용하여
    가르치면 성공적으로 학습할 수 있다는 교육철학과 믿음을 갖고 있다.

   ㈵ 한 영역에서 영재인 아동이 다른 영역에서는 부진아일 수도 있기 때문에 최대한 각자의 우
    수한 지능에 맞추어 수업 내용을 제시할 수 있다.

(7) 스턴버그(Sternberg)의 삼원지능이론(삼위일체 지능) 중등 09, 초등 06 · 08

 ① 개요

   ㈴ 스턴버그는 모든 사람에게 공통적으로 나타날 수 있는 사고 과정을 강조하였다.

   ㈵ 지능을 이해하는 데 인지적 접근 차원에서 성공지능의 삼원이론(triarchic theory of
    successful intelligence)을 제안하였다.

   ㈶ 그가 제시한 지능의 삼원론에서 삼원이란 분석적 지능, 창의적 지능, 실제적 지능을 의미한다.

   ㈷ 스턴버그의 이론은 지능의 독립적인 구조를 강조하는 가드너의 이론과 달리 지능의 작용과
    정을 강조한다.

   ㈸ 분석적 · 창의적 · 실제적 지능 간의 균형이 유지될 때 인간은 자신의 목표를 성취하고 성공
    적인 경험을 할 수 있다고 보아 이를 성공지능이라고 불렀다.

 ② 지능 삼원론

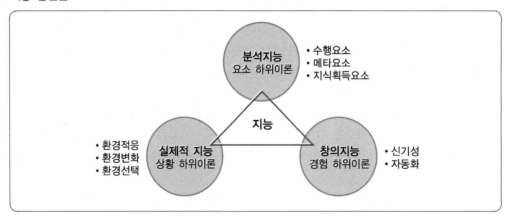

| 스턴버그의 지능의 삼원론 |

㉠ 분석적 지능(요소 하위이론)
- 분석적 능력은 문제를 분석, 판단, 평가, 비교, 대조하는 능력을 말한다.
- 요소는 대상이나 상징물의 내적 표상에 작용하는 기본적인 정보처리의 단위이다. 요소 하위이론이란 지적인 행동과 관련된 인간의 정신과정과 연관된 것으로 흔히 학문적인 영역의 지능을 의미한다.
- 메타요소, 수행요소, 지식획득요소의 세 가지 요인으로 구성된다.

메타요소	인간의 고등정신과정을 의미하는 것으로 사전에 계획 세우기, 계획한 일이 진행되는 과정 점검하기, 진행결과 평가하기와 같은 정신과정을 말한다.
수행요소	메타요소가 계획한 것을 실행하는 것과 관련된 과정이다. 과제 수행을 위해 참고문헌을 조사하고, 자료를 수집하며, 보고서를 작성하는 과정이 수행요소이다.
지식획득요소	문제해결 방법을 학습하는 것과 관련된 과정이다. 과제 수행을 위해 자료를 탐색하고, 자료를 조직하고 보고서를 작성하는 방법을 학습하는 과정이 지식획득요소이다. • 선택적 부호화: 다양한 정보 중에서 적절한 정보를 결정하는 과정 • 선택적 결합: 정보들을 통합된 전체로 구성하는 과정 • 선택적 비교: 새로운 정보와 기억에 저장된 정보를 비교하는 과정 예 학생들이 특정 주제에 대한 중간보고서를 작성할 계획을 세우는 것(메타요소), 주제에 대해 학습하는 것(지식획득요소), 그것을 작성하는 것(수행요소)

㉡ 창의 지능(경험 하위이론)
- 창의적 능력은 새로운 상황과 문제에 대하여 대처하는 능력을 의미하며, 이 능력에 대해 스턴버그는 경험 하위이론으로 체계화하였다.
- 비교적 새로운 문제를 해결하는 능력과 신속하고 자동적으로 정보를 처리하는 능력으로 구성된다.
  - 신기성: 통찰력과 새로운 상황을 효과적으로 다루는 능력이다. 창의적인 사람은 새로운 장면에서 앞서 언급한 지식획득요소(즉, 선택적 부호화, 선택적 결합, 선택적 비교)를 능숙하게 활용한다. 새로운 장면에서 적절한 정보에 주의를 기울이고(선택적 부호화), 전혀 관련 없는 것들을 연결시켜 새로운 것을 만들어 내며(선택적 결합), 기존의 것을 전혀 다른 관점에서 파악하여 새로운 것을 유추하는 능력(선택적 비교)이 뛰어나다.
  - 자동화 능력: 새로운 해결책을 신속하게 일상적인 과정으로 바꾸어서 많은 인지적인 노력 없이도 적용할 수 있는 능력을 의미한다. 지능이 높은 사람은 문제해결과정에서 신속하고 자동적으로 정보를 처리한다.

㉢ 실제적 지능(상황 하위이론)
- 현실 상황에 적응하거나 상황을 선택하고 변형하는 능력이다.
- 메타요소, 수행요소, 지식획득요소를 실생활에 적용하는 실용적 능력은 학교 교육이 아니라 일상생활을 통해 획득되며, 학업성적과 무관하다.
- 상황이론은 이전의 지능이론이 다루지 못하였던 인간의 외적인 환경을 다루는 요인으로 적응, 선택, 조정에 관련하는 능력이다. 상황이론을 기초로 한 지능의 개념은 지능이 특정

한 문화 안에서 개인이 가치 있게 여기는 실제적 행동을 강조한다.
- 스턴버그는 실제적 지능을 통해 인간이 성공할 수 있는 환경을 스스로 선택하고 그 환경에 적응하거나 필요할 경우 환경을 바꾸어 주는 것이 중요하다고 하였다.
  - 적응: 환경과 조화로운 관계를 유지하는 것을 말한다.
  - 변화: 환경을 수정하는 과정이다. 환경에 적응하지 못할 경우 요구나 능력에 맞게 환경을 변화시켜야 한다.
  - 선택: 자신에게 맞는 환경을 선택하는 것을 의미한다. 환경에 적응할 수 없거나 환경을 변형시킬 수 없다면 새로운 환경을 선택해야 한다.

③ 교육적 시사점
  ㉠ 삼원이론은 지능은 교육을 통해 증진될 수 있으며 분석적 능력, 창의적 능력, 실제적 능력이 모두 동원될 때 학습을 극대화할 수 있다고 주장한다.
  ㉡ 스턴버그는 모든 교과에는 동일한 정신과정이 포함되어 있으므로 모든 교과의 수업에는 세 가지 능력이 모두 포함되어야 한다고 주장한다.
  ㉢ 예를 들어, 수학에서는 수학공식을 이용해 문제를 풀거나(분석적 능력), 수학문제를 출제하거나(창의적 능력), 공식을 이용해서 서울에서 부산에 도달하는 데 걸리는 주행시간을 추정할 수 있다(실제적 능력).
  ㉣ 삼원이론의 관점에서 보면 기존 지능검사는 분석적 능력 중에서 지식획득요소나 수행요소는 어느 정도 측정하고 있으나 분석적 능력의 메타요소, 창의적 능력, 실용적 능력을 제대로 측정하지 못한다는 제한점이 있다.

(8) 골먼(Goleman)의 정서지능(EQ)
① 개념
  ㉠ 정서지능은 자신과 타인의 정서를 이해하고 활용하는 능력을 말한다.
  ㉡ 다중지능이론의 영향을 받은 샐로비(Salovey)와 메이어(Mayer)가 처음으로 정서지능에 대한 공동 연구로 그 개념을 정리하였다. 그들은 정서지능을 '자신의 감정을 이해하고, 타인의 감정에 공감하고, 그 감정들을 통제하는 능력'이라고 정의하였다.
  ㉢ 정서지능이란, 자신과 타인의 정서를 평가하고, 표현할 줄 아는 능력, 자신과 타인의 정서를 효과적으로 조절할 줄 아는 능력, 그리고 자신의 삶을 계획하고 성취하기 위해서 그런 정서를 이용하여 활용할 줄 아는 능력이다(Salovey&Mayer, 1990).
② 정서지능의 구성요소
  ㉠ 골먼(Goleman)은 정서지능의 개념을 대중화시키는 데 크게 공헌하였으며, 1995년에 『정서지능(emotional intelligence)』이라는 책을 펴냈다.
  ㉡ 이 책에서 골먼은 정서지능을 자기인식(self-awareness), 자기조절(self-management), 자기동기화(self-motivation), 감정이입(empathy), 사회적 기술(social skill) 등의 다섯 가지 구성요소로 규정하였다.

■ Goleman의 정서지능 구성요소

구성요소	내용
자기인식	자신의 정서를 인식하는 능력 : 자신이 느끼는 감정을 재빨리 인식하고 알아차리는 능력으로, 정서지능의 초석이 된다.
자기조절	정서통제 능력 : 정서의 정확한 인식을 토대로 정서를 적절하게 관리하는 능력이다. 일상에서는 이를 자제력이라고 한다.
자기동기화	동기부여 능력 : 어려움을 참아 내어 자신의 성취를 위해 노력할 수 있는 능력이다. 예를 들어 만족지연과 낙관성 등을 말한다.
감정이입	다른 사람의 정서를 인식하는 능력 : 타인이 느끼는 감정을 자신의 것처럼 느끼고, 타인의 감정을 읽어내는 능력이다. 공감 혹은 감정이입능력이라고 한다.
사회적 기술	대인관계 관리능력 : 인식한 타인의 감정에 적절하게 대처할 수 있는 능력을 말하며, 적절한 정서표현력을 말한다.

③ 정서지능과 학업지능

　㉠ 정서지능과 학업지능의 관계는 상호독립적이다. 학업지능이 높아도 정서지능은 낮을 수 있고, 그 반대도 가능하다.

　㉡ 학업지능이 우수하면 다른 모든 능력들도 당연히 우수할 것이라는 전통적인 견해가 그릇되었음을 의미한다.

3. 특수한 학습자(영재)

(1) 영재의 개념 ^{초등 05}

① 영재는 특수한 능력과 재능을 가진 자이다(Callahan, 2000).

② 가장 널리 사용되는 영재성의 개념은 렌줄리(Renzulli)가 개발한 세 고리 모형을 기본으로 한다.

③ 그는 영재성이 ⅰ) 평균 이상의 능력, ⅱ) 창의성, ⅲ) 과제집착력의 세 가지 요소가 상호작용하여 발생한다고 보았다.

④ 따라서 영재란 특정한 영역에 대하여 높은 수준의 능력과 창의성, 강한 과제집착력이라는 세 가지의 속성을 잠재적으로 보유하고 있는 사람으로서 그에 적합한 특수한 교육과정이 필요한 사람이라고 볼 수 있다.

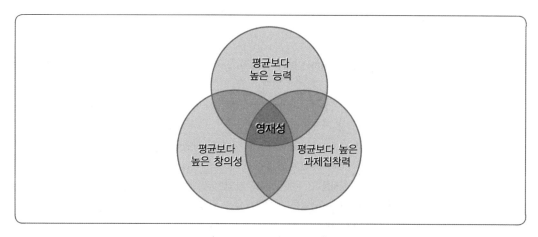

| 렌줄리의 영재성 정의 |

(2) 영재학생 교수방법

① 속진

㉠ 스탠리(Stanley)가 주장하였다. 정규교육과정을 받지만, 학습 진도가 매우 빠르다. 예를 들면 3학년과 4학년의 수학교육과정을 단 1년 만에 마칠 수 있다.

㉡ 유사한 프로그램에 교육과정 압축이 있다. 핵심적인 정규교육과정을 배우도록 되어 있지만, 학생들이 이미 알고 있는 내용은 제외시킨다. 이를 위해서는 학생들의 선행지식에 대한 진단이 있어야 하며, 그 결과를 바탕으로 교육내용을 압축하고 반복을 피해서 확보되는 시간에 또 다른 속진이나 심화활동으로 활용되는 장점이 있다.

② 심화

㉠ 정규교육과정을 배우되 지식의 이해를 심화시키는 활동과 이미 배운 것을 실제로 적용할 수 있는 기회를 제공한다.

㉡ 정규교육과정 외에 교육경험을 첨가하여 교육내용을 풍부화·다양화한다. 멘토 프로그램, 토요 프로그램, 독립연구(개별탐구학습), 현장교육, 특수학교 설립 등의 방법이 있다.

㉢ 속진 프로그램의 대안으로 묘사되기도 한다. 실제로 두 접근은 상보적이고 병행적일 수 있다.

㉣ 렌줄리는 3가지 특별한 유형의 심화 프로그램을 기술하였다. 초등 08

• 1단계: 일반적인 탐구활동 - 광범위하고 다양한 주제에 접하게 하여 자신의 적성에 맞는 분야를 찾아 관심을 높여갈 수 있도록 해 준다.

• 2단계: 집단훈련 활동 단계 - 집단훈련 활동을 통해 심화경험을 제공한다.

• 3단계: 개인 및 소집단 실제문제 탐구 활동 단계 - 실제 문제에 대한 전문적 연구단계로서 1, 2단계에서 학생이 특별히 관심을 갖게 된 주제에 대해 프로젝트를 수행하여 생활과 관련된 문제에 관한 지적 산출물을 만들어 내는 단계이다.

	장점	단점
속진교육	• 월반(grade-skip)이 가능하다. • 경제적인 면에서 효과적이다.	• 중요한 기술을 놓칠 수 있다. • 교육과정의 수직적 운영으로 인해 폭넓은 학습경험을 제공하지 못한다. • 과정은 무시하고 내용지식 경험에 치중한다.
심화교육	• 학습자의 관심과 흥미에 따라 연구 과제를 설정하고, 생활 속의 문제를 중심으로 해결해 나가기 때문에 학습자의 동기를 유발시켜 자발적인 학습과 창의적인 결과물을 낼 수 있다. • 고차원적인 사고기술을 개발할 수 있다.	• 정규교육과정과의 연속성이 결여될 수 있다. • 심화과정을 잘 가르칠 수 있는 전문교사가 부족하다. • 재정적인 부담이 크다. • 프로그램의 개발이 쉽지 않다.

02 창의성

1. 창의성의 개념

① 창의성은 독창적이고 적합하면서도 유용한 것을 만들어 내는 능력이다.

② 창의성의 두 가지 기준은 신기성 혹은 독창성과 적합성 혹은 유용성이다. 따라서 어떤 아이디어나 산물이 창의적인 것으로 간주되려면 기발하고 독창적이어야 할 뿐만 아니라 유용하고 적절하며 가치가 있어야 한다.

③ 길포드는 창의성을 확산적 사고와 동일시하여 '새롭고 신기한 것을 창출해 내는 능력'이라고 정의하였다. 골드만은 '창의성이라는 개념은 우산과 같아서 그 밑에 모든 것이 들어올 수 있지만 정작 그 밑에는 아무것도 없다'는 말로 표현한 적이 있다.

2. 창의적인 사람의 특성

(1) **지적 특성(Guilford, 1967)** 초등 02

민감성(감수성) (sensitivity)	주변 환경에서 어떤 문제를 지각하는 능력 ◉ 경험에의 개방성. 과거 방식에 집착하지 않고 자유분방하게 탐색
유창성(fluency)	가능한 한 많은 양의 아이디어를 산출하는 능력 ◉ 단위 시간에 더 많은 아이디어 생각
융통성(유연성) (flexibility)	가능한 한 다양한 범주의 아이디어를 산출하는 능력 ◉ 사고의 상호관계와 상호작용을 명백히 볼 수 있음
독창성(참신성) (originality)	참신하고 독특한 아이디어를 산출하는 능력 ◉ 상호 무관해 보이는 아이디어들로부터 새로운 것 창조

정교성(elaboration)	다듬어지지 않은 기존의 아이디어를 보다 세밀하고 치밀한 것으로 발전시키는 능력 ◎ 아이디어에 살을 덧붙여 구체화하거나 의미를 명확히 함
재구성력(논리성) (reorganization)	기존의 일반적인 생각이나 산물을 다른 목적이나 관점에서 재구성하는 능력 ◎ 여러 내용들을 종합하여 새로운 생각이나 산물을 만들 수 있음

(2) 정의적 특성

새롭고, 복잡하고, 어려운 문제 선호	통상적이고 흔한 문제나 쉽고 단순하고 명백한 사태에는 도전의식을 갖지 못하지만, 그 단순하고 명백한 사태에서 희귀하고, 참신한 해답을 구하려는 경향이 있다.
모호성을 참는 역량	자신이 지각하고 느끼는 것을 금방 이해하지 못해도 참아낼 줄 알며 좌절하지 않고 계속 노력한다.
위험부담을 즐기는 경향	실패에 대한 불안이 적으며, 약간의 위험부담을 즐기는 경향이 있다.
관행 동조를 거부	표준적 패턴에서 과감히 이탈하며, 독립적이기 때문에 때로는 비사교적이고 고립된 사람으로 인식되기도 한다.
경험에 대해 개방적	경험을 왜곡하거나 방어하지 않고, 있는 그대로 받아들이며 그대로 인식한다.

3. 왈라스(Wallas)의 창의적 사고과정

(1) 준비단계

여러 가지 가능성을 탐색하고 다양한 방법으로 해결책을 모색하는 단계이다. 문제와 관련된 기본적인 정보를 모으고 연구할 만한 가치가 있는지, 적절한 주제인지 인식한다. 준비단계에서 교사는 학생으로 하여금 알고자 하는 욕구를 일으키고 예상과 기대감을 고양하며 주의를 집중시켜야 한다.

(2) 배양(부화)단계

일정 기간 동안 어떤 주제나 문제에 대해 곰곰이 생각하거나 때로는 인식하지 못하지만 무의식 수준에서 아이디어를 탐색하기도 한다. 한때 배양을 퇴행적인 사고과정으로 생각하였으나 점차 창의적 사고에서 매우 중요한 과정으로 인정하고 있다.

(3) 영감(발현, 조명)단계

어떤 문제에 대한 가능한 해결책이나 좋은 아이디어가 갑자기 의식 수준에 나타나는 단계이다.

(4) 검증(확인)단계

해결책의 적절성을 검증하거나 아이디어가 실제로 작품으로 실행되는 단계이다. 영감만으로는 창의적 결과물을 만들 수 없으므로 검증단계가 필요하다. 검증과정에서는 확산적 사고능력 외에도 수렴적 사고능력이 중요한 역할을 한다.

4. 창의성을 촉진하는 요인

(1) 수용적 이해 분위기 조성

따뜻하고 인간미 넘치는 학급 분위기는 창의성을 촉진한다. 창의적인 아동은 그 행동이 생산적인 면을 띠기는 하나 상식과 규범에서 다소 일탈을 보이는 경우가 있기 때문에 교사로부터 요주의 인물이 되거나 친구들 간에 따돌림을 당할 수 있다. 그러므로 이들을 바르게 수용하고 이해할 수 있어야 한다.

(2) 개인적 동기유발

학생이 가진 순수한 동기를 권장하고 강화시키는 분위기가 필요하다. 창의성 계발을 위해서는 성취감과 자신감을 북돋아주는 것이 필요하다.

(3) 적절한 자아개념의 형성

학생들이 자기 자신의 재능에 대한 자신감과 긍정적인 자아개념을 가져야 한다. 학생들은 자기의 능력이나 생각이 타인과 다를 때, 그것을 염려할 수 있고 이는 창의성과 재능을 위축시킬 수 있다.

(4) 자유로운 분위기 조성

창의적인 학습과 사고 활동을 함양하기 위해서는 불필요한 간섭을 삼가고 자유로운 구상과 표현활동을 보장해 주는 것이 좋다.

(5) 교사와의 협조적인 지도체제

학생의 일탈을 이해, 수용하고 창조적 재능을 개발할 수 있는 기회를 부여하며 부모나 다른 교사들도 이들을 이해하도록 원조해야 한다.

5. 창의성 기법

(1) 브레인스토밍(brain-storming)

① 개념
- ㉠ 특정 문제나 주제에 대한 아이디어 창출을 위해 시행되는 기법으로, 여러 사람의 아이디어를 결합해서 합리적인 해결책을 모색하는 방법이다(Osborn, 1963).
- ㉡ 여러 사람이 모여서 어떤 한 주제에 대해 다양한 아이디어를 자유롭게 내놓은 집단토의 방법으로 처음에는 해결할 수 없다고 생각되던 문제를 풀 수 있으며, 참여자도 그 과정에서 창의적 아이디어에 대한 영감을 얻을 수 있다는 장점이 있다.
- ㉢ 언어능력 부족으로 생각을 자유롭게 표현하기 어려울 경우에는 브레인라이팅(brain-writing) 기법을 적용할 수 있다.

② 브레인스토밍의 주요 원리

다다익선	아이디어가 많으면 많을수록 쓸 만한 아이디어가 나올 확률이 높으므로 가능하면 많은 아이디어를 질적 수준에 관계없이 이야기하도록 격려한다.
자유분방	어떤 아이디어라도 거리낌 없이 내놓을 수 있도록 자유분방한 분위기를 조성해야 한다.
비판금지	아이디어에 대한 비판은 아이디어의 산출을 억제할 수 있으므로 아이디어에 대해 절대 비판하지 않는다.
결합권장	아이디어를 결합하고 수정하여 참신한 아이디어를 구성한다.

③ 집단의 구성 및 절차

　　㉠ 브레인스토밍은 유아부터 성인까지 누구나 가능하다.

　　㉡ 구성원은 6~7명이 적절하나 경험이 적어 많은 아이디어를 만들기 어려운 경우에는 15명까지도 가능하다.

　　㉢ 구성원은 다양한 경험을 가지고 있고 성별, 연령별로도 다양할수록 효과가 높다.

　　㉣ 브레인스토밍 실시시간은 30~40분 정도가 적당하다.

④ 브레인스토밍의 단계

　　㉠ 1단계 : 문제를 정의한다.

　　㉡ 2단계 : 문제에 대해 가능하면 많은 해결책을 생성한다.

　　㉢ 3단계 : 잠재적인 해결책을 평가하기 위한 기준을 설정한다.

　　㉣ 4단계 : 위의 기준에 따라 가장 적절한 해결책을 선정한다.

> **■ 브레인라이팅(brain-writing)**
> 브레인스토밍과 유사하지만, 발언 대신 글로 쓰는 과정을 통해 아이디어를 창출하는 기법이다. 의견을 쓸 수 있는 구분란이 그려진(또는 포스트잇을 여러 개 붙인) 종이를 인원수만큼 만들어서 구성원에게 한 장씩 나누어 준다. 각자 아이디어를 적은 후 옆으로 종이를 돌린다. 다음 사람은 이전 구성원이 준 종이에 쓰여 있는 아이디어를 발전시켜 추가로 적어 넣는다. 모든 구분란이 채워질 때까지 같은 방법으로 진행한다. 발전된 아이디어가 없을 때는 독자적인 아이디어를 쓴다. 아이디어를 모두 적은 다음 주제별로 분류하고 그중에서 좋은 아이디어를 선정하여 정교화한다. 이 기법은 다른 사람이 아이디어를 기록하는 동안 기다리지 않아도 되므로 아이디어 차단 효과를 줄일 수 있으며, 여러 사람이 한꺼번에 말하는 도중에 아이디어가 손실되는 것을 방지할 수 있다. 비판이 두려워 아이디어를 내지 않는 사람들도 아이디어를 낼 수 있으며, 익명성이 보장되어 평가불안을 줄이고, 아이디어를 분류하기 쉽다는 장점이 있다.

(2) **시넥틱스(synectics)** 중등 04, 초등 01

① 시넥틱스는 고든(Gordon)이 개발한 기법이다.

② '서로 관련이 없는 요소들 간의 결합'을 의미하는 희랍어 'synecticos'에서 유래하였는데 1961년 고든이 이 개념을 창의적인 문제해결기법으로 발전시켰다.

③ 당연하게 생각하고 있던 대상이나 요소를 이상한 것으로 파악하거나 반대로 이상하게 여기던 것을 친숙한 것으로 받아들이는 경험을 통해 사고의 민감성을 높이는 기법이다(Gordon, 1961).

④ 시넥틱스에 널리 사용되고 있는 유추방법은 다음과 같다.

　　㉠ 대인 유추(personal analogy) : 인간이 문제의 주체가 되어 사물과 동일시(인격화)하여 자신이 만약 그 사물이라면 어떻게 느끼고 행동할지 추측해 보는 것 ⊚ 신체적
　　　　예 내가 만일 새롭게 고안된 병따개라면 어떤 모양이 되고 싶은가?

　　㉡ 직접적 유추(direct analogy) : 두 가지 사물, 아이디어, 현상, 개념들을 직접적으로 연관시키는 방법 ⊚ 현실적
　　　　예 신문과 지하철은 어떤 면에서 서로 비슷한가?

　　㉢ 상징적 유추(symbolic analogy) : 두 개의 서로 모순되어 보이는 단어를 가지고 어떤 현상을 기술하도록 하는 방법 ⊚ 추상적
　　　　예 뚱뚱하고 날씬한 사람, 친숙한 낯선 사람, 천둥치는 침묵

ㄹ 환상적 유추(fantastic analogy) : 현재와 다른(현실세계를 넘어서는) 것을 상상하거나 유추함
으로써 문제를 해결하는 방법 ⓢ 비현실적

예 날으는 양탄자

(3) 마인드 맵(mind map) 초등 07

① 마인드 맵은 영국의 토니 부잔(Tony Buzan)에 의해 고안되었다.

② 마인드 맵이란 '마음의 지도(mind map)'란 뜻으로 무순서, 다차원적인 생각을 종이 한가운데에
이미지로 표현해 두고 가지를 쳐서 핵심어, 이미지, 컬러, 기호, 심볼 등을 사용하여 방사형으로
펼침으로써 사고력, 창의성 및 기억력을 높이는 기법이다.

③ 복잡한 아이디어 생성과정을 그림으로 나타낼 수 있으며, 아이디어들 간의 관계를 명확하게 드
러낼 수 있다.

④ **활용법** : 먼저 중심 이미지를 중앙에 그리고, 주가지를 그려서 가장 큰 주제를 나타낸 다음, 주가
지에 부가지를 그려서 주가지를 설명한다. 그리고 부가지에는 다시 세부가지를 붙여서 부가지
를 설명한다. 이런 식으로 가지에 가지를 계속 붙여 나가면서 생각이나 아이디어를 확장시켜
나간다.

(4) 여섯 가지 사고모자(육색 사고모) 중등 05

① 드보노(1985)는 사고에 어려움을 겪는 주된 이유가 감정, 정보, 논리, 희망, 창의적 사고 등 한
번에 여러 가지를 동시에 고려하기 때문이라고 보았다.

② 육색 사고모는 드보노(De Bono)가 개발 기법으로, 여섯 가지 색깔의 모자가 각각 나타내는 사고
자 역할을 통해 한 번에 한 가지의 사고만 하도록 함으로써 창의적 사고를 촉진하려는 방법이다.

③ 이 방법을 사용하면 한 번에 한 가지만 다루게 함으로써 사고를 단순화시킬 수 있고, 나아가
여러 가지 측면의 사고를 할 수 있다는 이점이 있다.

④ 모자 색깔에 따른 사고의 특징은 다음과 같다.

백색모자	중립적·객관적인 사실, 자료, 정보
적색모자	감정, 느낌, 직관
흑색모자	부정적인 판단
황색모자	낙관적·긍정적 측면
녹색모자	창의적이고 다각적인 해결방안
청색모자	요약, 결론, 사고에 대한 강조

(5) 드보노의 PMI 중등 08, 초등 12

① 이 기법의 목적은 제안된 해결방안 중에서 어느 것이 최선책인지를 결정할 수 있도록 돕는 것이다.

② 어떤 상황에 대해 긍정적인 측면(plus), 부정적인 측면(minus), 긍정적이거나 부정적인 측면을
떠나서 그 문제의 흥미롭거나 재미있는 측면(interesting)을 차례로 생각하도록 함으로써 사고
의 방향을 유도하는 기법이다.

③ PMI기법 역시 육색 사고모와 같이 수평적 사고를 촉진시키기 위해 개발되었다.

> **■ 드보노의 수직적 사고와 수평적 사고**
> • 수직적 사고: 기존의 관점에 따라 직선적이고 일방적인 방향으로 진행되는 사고로서 논리적 추론을 통해 옳고 그름을 판단
> • 수평적 사고: 기존 관념을 깨뜨리고 새로운 관점과 인식으로 변화를 찾는 사고로서 문제를 새롭게 정의하거나 해석하는 대안을 탐색

⑹ 속성열거법

① 속성열거법은 크로포드(Crawford)가 창안한 기법이다.

② 이 기법은 문제의 대상이나 아이디어의 다양한 속성을 목록으로 작성하여 세분된 각각의 속성에 주의를 기울이도록 하는 방법이다.

③ 속성열거법은 ⅰ) 대상의 주요 속성 열거하기, ⅱ) 속성을 변경시킬 수 있는 방법 열거하기, ⅲ) 한 대상의 속성을 다른 대상의 속성을 변경하는 데 이용하기 등으로 이루어져 있다.

④ 여기에서 대상의 속성은 크게 명사적 속성, 형용사적 속성, 동사적 속성 등 세 가지로 구분한다.

⑺ 체크리스트(checklist)법

① 오스본에 의해 개발된 창의성 개발의 특수기법으로 문제해결 방법의 기준을 미리 정해놓고 폭넓은 각도로 점검해 다양한 사고를 유발시키는 기법이다.

② 문제를 생각할 때 기준 없이 막연하게 생각하다 보면 아이디어가 잘 나오지 않는다. 이때 일정한 기준을 세우고 하나씩 체크하면서 질문해 가면 더욱 효과적으로 아이디어를 창출할 수 있다.

③ 오스본은 자신이 개발한 '오스본 체크리스트법'에서 일정한 기준의 75가지 질문을 사용하는데 그중 대표적인 9가지가 많이 쓰인다.

> • 용도를 바꾸면?   • 대치하면?
> • 적용하거나 응용하면?   • 재배열하면?
> • 수정하거나 새롭게 구성하면?   • 뒤바꾸면?
> • 확대하면?   • 결합시키면?
> • 축소하면?

⑻ 에벌(Eberle)의 SCAMPER

① 오스본의 질문 목록을 재조직하여 만든 것으로 7가지 질문에 있는 핵심 단어의 두문자를 따서 명명하였다.

② 아이디어 체크리스트법이라고도 부른다.

   ⊙ S(substitute): 다른 것으로 바꾸기

   ⓒ C(combine): 다른 것과 결합하기

   ⓒ A(adapt): 맞도록 고치기

   ⓔ M(modify, magnify, minify): 새롭게 변화시키기, 확대하기, 축소하기

   ⓜ P(put to other uses): 다른 용도를 찾기

   ⓗ E(eliminate): 축소하거나 제거하기

   ⓢ R(rearrange, reverse): 새로운 방식으로 배열하기, 거꾸로 바꾸기

■ SCAMPER 기법 적용 예시

사고기법	기존의 물건	새로운 아이디어
대체(substitute) : 재료, 인물, 성분, 과정, 에너지의 대체	나무 도마	실리콘 도마
결합(combine) : 기능의 결합 또는 단위의 결합	전화, 카메라	카메라 기능을 갖춘 휴대전화
적용(adapt) : 번안하거나 각색 또는 아이디어를 발전시킴	야생풀	벨크로
확대 및 축소(magnify/minify) : 크기나 빈도, 밀도의 변화, 간소화, 생략	대형 컴퓨터, 30% 카카오 초콜릿	개인용 컴퓨터, 99% 카카오 초콜릿
다른 용도(put to other uses) : 다른 용도로 사용	접착력이 약한 풀	포스트잇에 활용
제거(eliminate) : 없애거나 부품 수를 줄임	안경	콘택트렌즈
재배열/역방향(rearrange/reverse) : 역할과 위치, 원인과 결과를 바꿈	교수 중심의 수업	학습자 중심의 수업

PART
03

교육심리학

(9) **강제결합법(forced connection method)**

① 강제결합법은 다루려는 문제와는 별로 관계가 없어 보이는 대상을 강제로 연결시켜서 새로운 아이디어를 얻는 방법이다.

② 모터-자전거, 상가-아파트, 히터-에어컨 등을 서로 결부시켜서 오토바이, 주상복합주택, 냉난방기와 같은 발명품이 나왔다.

③ 새로운 아이디어가 필요하거나 생각이 막혀 더 이상 아이디어가 떠오르지 않을 때, 또는 다양한 시각에서 아이디어를 생성해보고 싶을 때 사용할 수 있다.

④ 목록표 작성법, 카탈로그 기법, 임의의 강제결합법의 3가지 유형이 있다.

유형	내용
목록표 작성법	• 먼저 문제를 제시한 후 여러 사물이 목록화된 표를 나눠 준다. • 제시된 목록을 문제와 연결시킨다. 학생들은 표에 제시된 사물을 차례로 문제와 연결시켜 본다. • 아이디어를 평가한다. 관련 지은 아이디어를 모두 기록한 다음 수정이 가능한지, 또는 그 아이디어를 발전시킬 수 있는지, 실행에 옮길 수 있을 것인지 평가해 본다.
카탈로그 기법	• 목록표 작성법과 매우 유사하다. 첫째, 문제의 진술이 이루어진다. • 둘째, 문제 해결책과 연결시켜 생각해 볼 사물을 무작위로 카탈로그로에서 뽑아 관계를 구성해 본다. 이때 카탈로그의 페이지를 무작위로 펼쳐보고 어떤 사물이든 임의로 뽑아 쓸 수 있다. • 셋째, 평가, 발달, 실행의 단계를 거친다.

임의의 강제 결합법	• 문제의 진술은 필요하지 않다. • 단지 필요한 것은 무작위로 선택된 단어들이나 사물들 혹은 아이디어들이다. • 이 중에서 무작위로 두 개를 뽑아 억지로 연결시켜 생각해 본다. 이렇게 형성된 아이디어 들을 그 이후에 발전시킨다.

6. 창의성 촉진을 위한 방안

① 학생이 창의성에 가치를 부여하도록 한다. 창의적으로 사고하고 행동하는 것이 사회적, 개인적
으로 가치 있고 중요한 일임을 인식하게 한다.

② 내적 동기의 중요성을 강조한다. 창의성의 결정 요인으로 외적 동기보다 내적 동기가 더 효과적
이다.

③ 창의적 사고를 유발하는 질문을 한다. 새로운 관점에서 생각하게 하는 질문을 받으면 창의적으
로 사고할 확률이 높아진다.

④ 학생에게 자유를 부여하고, 실수를 허용한다. 창의성은 실패의 두려움이 크면 나타나지 않는다.
평가를 하지 않는 상황에서 활동을 하게 하거나, 실패와 실수가 불가피하다는 것을 알려줄 수
있다.

⑤ 창의성을 발휘할 수 있도록 충분한 기회와 시간을 준다. 새로운 아이디어를 산출하고, 그 아이디
어를 실험하는 데는 상당한 시간이 필요하다.

⑥ 특정 영역에 대한 지식을 획득할 수 있게 한다. 특정 분야에서 창의성을 발휘하기 위해서는 오
랜 시간 지식을 축적할 필요가 있다.

⑦ 창의적 모델을 제공한다. 각 분야에서 창의적인 인물을 모델로 제시하거나 교사 자신이 모델이
될 수 있다.

03 인지양식

1. 인지양식의 개념

(1) 개념

① 인지양식(cognitive style)은 사물이나 정보를 지각하고 처리하는 독특한 방식을 의미한다.

② 인지양식은 다양한 지각 및 인지 과제에 대해 일관성 있게 반응하는 방식으로, 성격 특성과 지
적 능력을 연계시키는 통합적 개념으로 간주되고 있다.

③ 인지양식이라는 용어는 학습양식과 서로 호환되어 사용된다.

(2) 인지양식과 인지능력의 차이

① 인지양식은 "어떤 방식으로 정보를 처리하는가?"에 관련된 개념이다. 반면, 인지능력은 "무엇을
어느 정도 잘 할 수 있는가?"를 뜻하는 개념이다.

② 인지양식은 가치중립적인 개념으로 어느 양식이 더 좋거나 나쁘다고 할 수 없다. 반면, 인지능력은 가치지향적인 개념으로 능력이 높을수록 바람직한 것으로 간주된다.

2. 장독립형 – 장의존형 중등 02·12, 초등 06·07·10

(1) 개요

① 위트킨(Witkin)은 전체 장(field)에서 구성요소를 별개 항목으로 지각하는 정도에 대해 연구한 결과 사람에 따라 정보처리양식이 다르다는 사실을 발견하였다. 그는 그 양식을 장독립형 – 장의존형이라고 명명하였다.

② 장독립형 – 장의존형 인지양식을 판별하기 위해 위트킨 등은 잠입도형 검사를 개발하였다.

③ 장독립형 – 장의존형은 복잡한 문제 장면에서 부적절한 정보를 무시하고 적절한 정보를 선택할 수 있는 정보처리양식이므로 학습 및 지각에 영향을 미친다.

(2) 인지양식 유형

① 장독립형

ㄱ 장(배경)의 영향을 별로 받지 않는 지각양식이다.

ㄴ 장독립형은 분석적으로 정보를 처리하고, 모호한 장면에서 능동적으로 구조를 부여하거나 그 장면을 재조직하는 경향이 있다.

ㄷ 대인관계 측면에서 볼 때 장독립성이 높을수록 혼자 행동하고, 다른 사람에게 별 관심이 없으며, 다른 사람과 거리를 두고, 비사회적 상황에 관심을 갖는 경향이 높다.

② 장의존형

ㄱ 배경의 영향을 많이 받는 인지양식이다.

ㄴ 장의존형은 전체적으로 정보를 처리하고, 구조를 부여하기보다는 주어진 대로 정보를 수용하고 처리한다.

ㄷ 대인관계 측면에서 볼 때 장의존성이 높을수록 사회적 정보에 의존하고, 다른 사람의 감정에 민감하며, 대인관계가 원만하다.

■ 장독립형과 장의존형의 차이

장독립형	구분	장의존형
분석적 처리	정보처리방식	전체적 처리
• 새로운 구조를 부여하여 재조직한다. • 구조의 영향을 거의 받지 않는다. • 비구조화된 과제 수행이 용이하다.	구조화	• 장에 새로운 구조를 부여하지 않는다. • 구조의 영향을 많이 받는다. • 비구조화된 과제 수행이 곤란하다.
• 내부 단서를 중시한다. • 개인내부를 지향한다.	지향성	• 외부 단서(사회적 정보)를 중시한다. • 타인의 비판에 민감하다.
외부의 지도 없이 스스로 문제를 해결할 수 있는 수업을 선호한다.	수업방식	문제해결방식을 분명하게 가르치는 수업 방식을 선호한다.
대인관계에 무관심하다.	대인관계	대인관계를 중시한다.

◼ 장독립적 학생과 장의존적 학생의 차이

장독립형	구분	장의존형
• 개별학습을 선호한다. • 경쟁을 즐긴다. • 과제지향적이다. 사회환경에 무관심하다.	친구관계	• 협동학습을 선호한다. • 친구의 감정과 의견에 민감하다.
• 교사와 거리를 둔다. • 교사와 형식적 관계를 유지한다.	교사에 대한 관심	• 교사에 대한 긍정적 감정을 표현한다. • 교사에게 관심이 많다.
• 독자적으로 과제를 해결한다. • 과제를 먼저 시도하고, 먼저 완성하려고 한다. • 비사회적 보상을 추구한다.	수업 태도	• 교사의 지도와 시범을 바란다. • 사회적 보상(인정)을 원한다. • 교사의 개별지도를 받을 때 동기가 높아진다.
• 구체적 사항을 강조하는 수업 • 발견법	수업형태	• 수업목표와 전반적 내용을 체계적으로 설명하는 수업 • 강의법

◼ 장독립적인 교사와 장의존적인 교사의 특성 비교

비교기준	장독립적인 교사(수업활동)	장의존적인 교사(수업활동)
선호하는 교육방법	강의법을 선호하고, 인지적인 측면을 강조한다.	학생들과의 상호작용이나 토론을 선호한다.
학습상황	교사에 의해 조직된 학습상황을 중시한다.	학생들에 의한 학습상황을 중시한다.
교사의 역할	원리 적용을 조장하는 사람으로 인식한다.	사실을 가르치는 사람으로 인식한다.
피드백과 평가	정확한 피드백을 주고 부정적 평가를 주로 사용한다.	피드백을 거의 사용하지 않고 부정적인 평가를 피한다.
학습환경 형성	학습환경을 조직화하고 안내하는 데 강하다.	따뜻하고 인간적인 학습환경을 형성하는 데 강하다.

(3) 잠입도형 검사

① 장독립형−장의존형은 위트킨 등(1954)의 잠입도형 검사(embedded figure test; EFT)를 통해 측정할 수 있다.

② 장독립성과 장의존성을 측정하기 위한 잠입도형 검사의 문항은 아래에 제시되어 있다. 이 그림 (I, II)에서 숨겨진 도형(A, B, C, D, E 중 하나)을 빨리 찾을수록 장독립성이 높다.

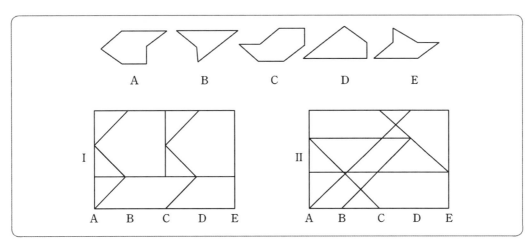

| 인지양식을 측정하기 위한 문항 |

3. 숙고형과 충동형 중등 12

(1) 개념

① 케이건(Kagan)은 문제를 해결하기 위한 가설을 설정하고 그 가설의 타당성을 검증하는 과정에서 나타나는 반응의 정확성과 반응속도를 기준으로 인지양식을 숙고(reflectivity)형과 충동형(impulsivity)으로 구분하였다.

② 숙고형 학습자들은 충분히 생각하기 때문에 오류를 적게 범하는 데 반해 충동형 학습자들은 충분히 생각하지 않고 빨리 반응하여 오류를 많이 범한다.

(2) 인지양식 유형

① 숙고형(사려형)

  ㉠ 문제를 해결하기 위해 가설을 설정하고 그것의 타당성을 검토하는 과정에서 신중하게 생각하는 유형이다.

  ㉡ 숙고형과 충동형은 두 개의 차원, 즉 반응잠시(response latency)와 반응오류에서 구분된다. 반응잠시는 반응을 할 때까지 소요되는 시간을 말한다. 반응오류는 반응의 정확성과 관련된다. 숙고형은 충동형보다 반응잠시가 더 길고, 반응오류를 적게 범한다.

  ㉢ 일반적으로 숙고형은 충동형에 비해 정보를 더 체계적으로 수집하고 더 철저하게 평가한다.

  ㉣ 문제를 해결할 때 숙고형은 정확성에 주안을 둔다. 그로 인해 반응속도가 느리지만 실수가 적은 경향이 있다.

  ㉤ 어려운 과제를 해결해야 할 때 유리하다.

② 충동형(속응형)

  ㉠ 가설을 설정하고 검증하는 과정에서 신중하게 생각하지 않고 실수를 많이 범하는 유형이다.

  ㉡ 충동형은 숙고형보다 더 빨리 반응을 하기 때문에 반응잠시가 더 짧고, 반응오류를 많이 범한다.

　　　　ⓒ 문제를 해결할 때 충동형은 속도에 주안을 두고, 그로 인해 반응속도가 매우 빠르지만 실수
　　　　가 많은 경향이 있다.

　　　　ⓔ 쉬운 과제를 신속하게 수행해야 할 때 유리하다.

(3) **같은 그림 찾기 검사**(matching familiar figures test; MFFT)

　　① 이 인지양식은 주로 MFFT 검사로 판별된다.

　　② 각 문항마다 하나의 표준도형과 5~6개의 선택도형으로 구성되어 있는데, 선택도형 중에는 표
　　　준도형과 똑같은 도형이 하나만 있을 뿐 나머지 선택도형은 서로 비슷하여 정답을 선택할 때
　　　자세히 검토하지 않으면 정답을 고르기 어렵게 되어 있다.

　　③ 답을 선택하는 데 걸리는 시간이 짧고 오답 수가 많으면 충동형, 이와 반대로 시간이 오래 걸리
　　　고 정답 수가 많으면 숙고형으로 판별된다.

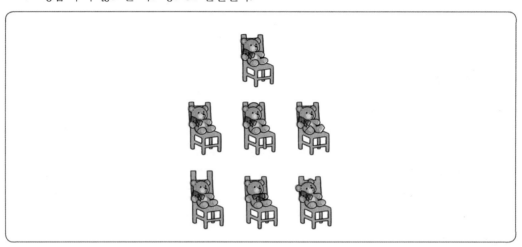

| MFFT 검사 문항의 예|

4. 콜브(Kolb)의 학습유형 초등 11

(1) 개요

　　① 콜브는 학습과정에서 학습자가 사용하는 정보지각방식과 정보처리방식에 의해 학습유형이 결
　　　정된다고 보았다.

　　　ⓐ **정보지각방식**: 학습자마다 정보를 지각하는 방식에 차이가 있다. 어떤 사람은 정보를 지각할
　　　　때 구체적 경험을 통해 정보를 느끼는 것(feel)을 선호하지만, 어떤 사람은 정보에 대해 생각
　　　　하는 것(think)을 더 선호한다.

　　　ⓑ **정보처리방식**: 학습자는 정보를 처리하는 방식에서 차이를 갖는다. 이것은 정보나 문제를 관
　　　　찰하려는(watch) 경향과 정보나 문제를 실행하려는(do) 경향으로 나뉜다.

정보 지각방식	구체적 경험	• 직접 경험하고 깨달은 일을 통해 학습한다. • 학습상황에서 사람들과 더불어 하기를 좋아하며 사람들과의 관계를 중시한다. ⓢ 정보를 느끼기 좋아하는 사람 → 직접 경험을 통해 학습하기를 좋아한다.
	추상적 개념화	• 논리와 아이디어를 사용하여 학습하면서 문제해결에 접근한다. • 체계적으로 계획을 수립하며 이론을 개발하고 정확하고 논리적인 사고를 하며, 추상적인 생각이나 개념을 중요시한다. ⓢ 정보에 대해 생각하기를 좋아하는 사람 → 논리와 아이디어 사용을 좋아한다.
정보 처리방식	숙고적(성찰적) 관찰	• 판단하기 전에 주의 깊게 관찰하며, 여러 관점에서 사물을 조망하고 아이디어를 낸다. • 행동하기보다 관찰을 좋아하고, 정보를 수집하여 범주를 창출해낸다. ⓢ 의사결정하기 전에 주의 깊게 관찰한다.
	능동적 실험	• 문제를 지켜보기만 하는 것이 아니라 실제로 문제에 접근하고자 하고 실험을 시도한다. • 문제해결, 실제적 결론을 찾아내는 것, 기술적 과제를 좋아한다. ⓢ 문제를 직접 실험하여 해결한다.

② 이러한 정보지각방식과 정보처리방식의 조합으로 이루어지는 학습유형의 특성은 다음과 같다.

(2) 학습유형의 특성

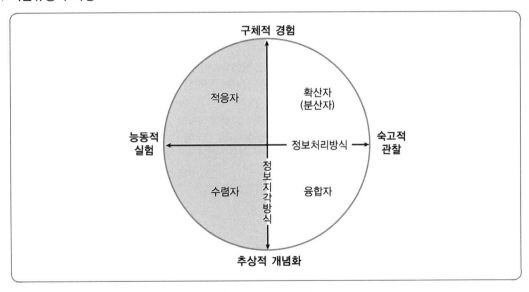

| 콜브의 학습유형 |

학습양식	학습방법
적응자	구체적 경험-능동적 실험 • 문제해결과정에서 논리보다 직감에 의존하는 경향이 있다. • 발견학습을 좋아하고 프로젝트 수업을 좋아한다. • 생각하기보다 실천하기를 더 좋아한다.
확산자(분산자)	구체적 경험-숙고적 관찰 • 실생활에서 접할 수 있는 구체적인 상황을 관찰하는 학습을 더 잘한다. • 상상력이 풍부하고 폭넓은 영역의 정보 수집에 능하다. • 한 가지 이상의 많은 해결안을 생산하기를 좋아한다. • 많은 대안을 마련할 수 있다. • 행동하기보다 관찰하기를 더 좋아한다.
수렴자	추상적 개념화-능동적 실험 • 문제 상황에서 결정하는 능력이 뛰어나 문제나 과제가 제시될 때 아주 빠르게 움직인다. • 아이디어와 이론을 실제적으로 응용해 낼 수 있어 의사결정이나 문제해결능력이 뛰어나다. • 혼자 일하는 것을 선호한다.
융합자	추상적 개념화-숙고적 관찰 • 다양한 정보를 통합하여 이론적 모형으로 조직화를 잘한다. • 논리적이며 추상적이다. • 프로젝트보다 토론식 수업을 더 좋아한다. • 추상적인 개념을 잘 개발하지만 이를 실제 적용하는 데 관심이 없다.

▌ 교사의 인지양식과 학생의 인지양식 일치 여부에 관한 입장

• **교사의 인지양식과 학생의 인지양식 일치**
  교사와 학생의 인지양식이 일치하면 서로 긍정적으로 평가하고, 원활한 의사소통이 이루어진다. 장독립적 교사는 장독립적 학생을 우수하다고 평가하고, 장의존적 교사는 장의존적 학생을 우수하다고 평가할 것이다.

• **교사의 인지양식과 학생의 인지양식 상치**
  학생의 인지양식과 상치되는 수업방법을 의도적으로 제시하여 학생이 균형 있게 성장할 수 있도록 자극해야 한다는 주장이다. 예컨대, 장의존적 학생에게 장독립적 사고를 촉진할 수 있는 교육환경을 제공하는 것이 바람직하다는 것이다. 장의존형과 장독립형의 장점을 모두 갖춘 '양인지적 학생'이 특정 방식으로만 사고할 수 있는 학생보다 더 바람직하다는 입장이다.

Chapter 02 학습자의 발달

01 발달의 원리와 단계

1. 발달의 개념

① 발달이란 일생에 걸쳐 이루어지는 모든 구조 및 기능의 변화를 의미한다.
② 따라서 발달은 신체, 운동기능, 지적 특성, 정의적 특성 등 인간의 모든 특성의 변화를 포함한다.
③ 발달은 긍정적인 변화는 물론, 부정적인 변화도 포함한다.
④ 변화의 측면에서 발달은 선천적 요인에 의해 행동이 변화되는 성숙과 경험이나 연습에 의해 행동이 변화되는 학습을 포괄하는 개념이다.

2. 발달의 원리

① 상호작용성: 발달은 성숙과 학습의 상호작용으로 일어난다.
② 상호관련성: 발달에서 여러 특성은 상호관련된다. 신체적 특성, 언어적 특성, 인지적 특성, 정서적 특성과 같은 인간의 여러 특성은 독자적으로 발달하는 것이 아니라 서로 영향을 주고받는다.
③ 발달의 순서성(방향성): 발달에는 일정한 순서가 있다. 시간의 경과에 따른 행동이나 특성의 변화는 무질서하게 일어나는 것이 아니라 일정한 순서와 방향을 갖고 있다.
   예 머리 → 다리, 중추 → 말초, 전체운동 → 부분 운동
④ 발달의 주기성: 발달은 연속적이지만 발달속도는 일정하지 않다. 특성에 따라 발달속도가 다르기 때문에 어떤 특성은 일찍 발달하고, 어떤 특성은 비교적 늦게 발달한다.
⑤ 발달의 연속성: 장기간으로 봤을 때 인간의 발달은 끊임없이 연속적으로 일어난다.
⑥ 분화와 통합성: 초기의 전체적이고 미분화된 기관과 기능이 점차 세분화되는 동시에 분화된 기관 또는 기능은 전체적으로 연결되어 하나의 새로운 체제로 통합되는 과정을 밟는다.
⑦ 발달의 개별성: 발달에는 개인차가 있다. 개체의 발달속도와 발달시기는 개인차가 있다.
⑧ 예측곤란성: 연령이 증가함에 따라 발달 경향성을 예측하기 어렵다.

3. 발달의 주요 기제

① 기초성: 초기발달 후 후기발달이 일어난다. 즉, 어릴 때 경험의 기초성이 중요하다.
② 적기성: 모든 발달에는 단계가 있고 각 단계에 맞는 발달 과업이 있으며, 발달에는 결정적 시기가 있다.
   ◉ 결정적 시기: 인간의 발달 단계에서 여러 발달 과업들이 획득되는 최적의 시기이다. 언어·심리·인지·신체 발달에는 결정적 시기가 있다고 인정되며, 이러한 시기를 놓칠 경우 미흡한 상태에 머무르게 된다.

③ 누적성: 발달은 계속적·연속적·누가적 성격을 가진다. 앞 단계에서 잘못되면 다음 단계에서는 더욱 잘못되고, 앞 단계에서 잘되면 다음 단계에서는 더 잘된다.

④ 불가역성: 전 단계의 잘잘못이 다음 단계에 영향을 끼치기는 하나, 역으로 후 단계의 잘잘못이 전 단계의 잘잘못에 영향을 주거나 교정, 보충하는 데는 한계가 있다.

02 인지발달이론

1. 피아제(Piaget)의 인지발달이론 중등 00·03·05·08·10·11, 초등 00·05·06·09·10

(1) 개요

① 피아제는 인지적 보편성을 강조하였다. 인지적 보편성이란 모든 아동이 거의 동일한 인지발달 특성을 갖는다는 것을 의미한다.

② 피아제는 도식, 평형화, 그리고 동화와 조절이라는 개념을 사용하여 인간의 인지발달 과정을 설명하였다.

(2) 도식·구조

① 피아제는 유기체가 가지고 있는 기존 체제, 즉 '이해의 틀'을 도식(scheme) 또는 구조(structure)라고 하였다. 인지구조는 유기체가 주변세계를 이해하고 그것에 대하여 생각하는 심리적 구조의 틀을 말한다.

② 인간이 발달한다는 것은 자기 자신과 그 주변 환경에 의해 세계를 구성하면서 인지구조가 변화하는 것이다.

③ 도식이나 구조는 연령의 증가에 따라 질적 변화를 나타내는데, 아동이 보이는 인지구조의 질적 차이로써 발달의 단계가 나누어진다고 한다.

④ 이러한 도식 혹은 인지구조가 질적으로 변화되는 과정이 곧 인지발달이다. 즉, 인지발달이란 환경과의 상호작용을 통한 도식 혹은 인지구조를 정교화하고 변형하는 과정이다.

(3) 인지발달의 기제

① 조직

㉠ 여러 요소(신체적 요소, 인지적 정보, 지각적 정보)를 일관성 있고 논리적으로 상호관련된 틀(인지구조) 속으로 체제화하고 결합하는 과정이다.

㉡ 인간은 사고과정을 일관성 있는 심리적 구조로 조직하려는 선천적인 경향을 갖고 있다.

㉢ '사과'와 '귤'을 더 큰 범주인 '과일'의 하위범주로 생각하는 것이 그 예이다.

② 적응(순응): 평형화를 유지하기 위해 도식과 새로운 경험을 조절하는 과정이다. 적응은 동화와 조절을 통해 달성된다.

㉠ 동화(assimilation)

• 외부 요소를 기존 도식이나 구조에 통합하는 과정이다.

- 인지구조(선행지식)와 일치하는 방식으로 문제를 해결하도록 한다.
- 환경정보를 기존 도식에 통합하기 위해 수정하거나 왜곡하는 과정으로, 외부 정보를 단순히 수용하는 수동적 과정이 아니라, 기존 도식에 통합하는 능동적 구성과정이다. 기존 구조만으로 문제를 해결할 수 없을 경우에는 인지불균형이 유발된다.
  - ⓛ 조절(accommodation)
    - 외부 환경의 요구에 따라 기존 도식이나 구조를 수정하는 과정이다.
    - 기존 도식으로 해결(동화)할 수 없는 정보에 직면할 때 나타난다.
    - 동화와는 반대이면서 상보적인 과정으로 볼 수 있다.
- ③ 평형(equilibrium)
  - ㉠ 인지구조의 균형을 유지하려는 정신과정이다.
  - ㉡ 모든 유기체는 환경과의 상호작용을 통한 균형을 추구한다. 균형이 깨지면 동화나 조절이 나타나 균형을 깬 새로운 것을 이해하고 새로운 지식을 꾸미서 깨진 균형 상태가 도전을 받아야 한다고 하였다.
  - ㉢ 평형화의 과정은 기본적으로 동화와 조절의 두 기능의 통합 과정이다.

(4) 인지발달단계

아동의 인지발달은 인지구조의 질적인 변화과정으로 기존의 인지구조를 바탕으로 새로운 인지구조가 결합되어 일어난다.

- ① 감각운동기(sensorimotor stage : 0~2세)
  - ㉠ 감각과 운동을 통해 자신의 주변 세계를 탐색하고 이해하려고 한다.
  - ㉡ 감각운동기단계 후기에는 대상영속성 개념을 획득한다.
    - 대상영속성(object permanence) : 7~8개월경에 획득되며, 사물이 보이지 않더라도 존재한다는 것을 인식하는 능력이다. 대상영속성을 획득하기 전에는 눈에 보이지 않으면 존재하지 않는 것처럼 행동한다. 대상영속성을 획득하였다는 것은 표상능력을 갖게 되었음을 의미한다.
- ② 전조작기(preoperational stage : 2~7세)
  - ㉠ 정신활동이 가능하지만, 정신활동이 논리성과 체계성을 갖추지 못한 단계를 가리킨다.
  - ㉡ 전조작이란 정신활동이 조작의 요건을 충족시키지 못해 내재적인 한계가 있음을 의미한다.
  - ㉢ 이 시기의 특징적 사고는 다음과 같다.

물활론(animism)	생명이 없는 대상에 생명과 감정을 부여하는 비논리적 사고를 말한다.
인공론(artificialism)	존재하는 모든 것을 인간이 창조하였다고 생각하는 경향성을 말한다. 해와 달은 사람이 만들었다고 생각하는 것이 인공론이다.
자기중심성 (ego-centrism)	자신의 조망(perspective)과 관점에 의해, 사물을 지각하므로 타인의 관점에서 사물을 이해할 수 없다. 다른 사람의 감정, 생각, 관점이 자신과 같다고 생각하는 것을 말한다.

비가역성 (irreversibility)	모양과 크기가 같은 A와 B의 두 잔에 든 주스의 양이 같다는 사실을 유아에게 확인시킨 후 B잔의 주스를 가늘고 긴 C잔에 부으면 주스의 외양이 바뀌게 된다. 어떤 대상의 외양이 바뀌어도 그 실체는 변하지 않는다는 보존(conservation) 개념의 습득을 통해 가역성을 획득하게 되지만, 이 시기의 아동의 사고는 일방향적이기 때문에 보존성이 형성되지 않는다.

③ **구체적 조작기(concrete operational stage : 7~11세)**

　㉠ 직접 경험할 수 있는 사상에 한해 논리적으로 사고할 수 있다. 여기서 '구체적'이란 말은 사고조작이 구체적인 대상이나 상황에 한정된다는 것을 의미한다.

　㉡ 이 시기에는 구체적 사물에 대한 인지적 조작이 가능하므로 사물 간의 관계성도 고려할 수 있으며, 어느 정도 논리적 추리를 할 수 있을 만큼 심리적 도식이 발달한다.

가역성	변형된 형태가 그 반대 절차에 따라 다시 현재 상태로 되돌아갈 수 있음을 말한다. 이 시기의 가역적 사고가 가장 잘 드러나는 대표적인 세 가지 조작형태가 보존개념, 분류조작, 서열조작이다.
보존개념	구체적 조작단계에서는 보존능력을 획득한다. 보존은 대상의 겉모습이 바뀌어도 양적 속성이나 실체가 동일한 것을 인식하는 능력이다.
분류조작	구체적 조작단계에서는 유목 포함 조작이 가능하여 사물을 속성에 따라 다양하게 분류, 통합하여 유목의 위계망을 형성한다. 유목화 개념이 없는 전조작기 유아는 5명의 남자아이와 2명의 여자아이의 무리를 보고 "아이들이 많니, 남자아이들이 많니?"라고 물으면, 남자아이들이 많다고 대답한다. 그러나 구체적 조작기의 아동은 아이들이 남자아이들의 상위 개념임을 이해하고 아이들이 더 많다고 대답한다.
서열조작	사물들을 크기나 길이와 같은 일정한 기준에 따라 순서대로 배열하는 서열조작능력을 갖추게 된다. 예를 들어, 길이가 서로 다른 막대 A, B, C를 주고 A가 B보다 길고 B가 C보다 길다는 것을 확인시켜주면 7~8세 아동은 A와 C 중 어느 것이 긴지 판단할 수 있다.

④ **형식적 조작기(formal operational period : 11세 이후)**

　㉠ 완전히 가설적이고 추상적인 사상과 개념을 논리적으로 다룰 수 있고, 형식논리에 의해 사고할 수 있다.

　㉡ '지금 여기'의 상황뿐 아니라 가능성까지 논리적으로 생각할 수 있게 됨으로써 논리적인 사고능력이 완전하게 기능할 수 있게 된다. 따라서 이 시기의 청소년은 사실과 반대되는 명제를 형성하고 다룰 수 있다.

　㉢ 형식적 조작기의 특징은 다음과 같다.

추상적 사고	• 추상적 개념을 사용해서 논리적으로 사고하는 능력이 가능하다. • '사고에 대한 사고'가 가능하고, 사고내용에 대해 성찰할 수 있다. 사고에 대한 사고, 즉 내적 성찰 과정을 반성적 추상화라고 한다.
가설연역적 사고	문제를 해결하기 위해 가설을 설정, 검증함으로써 결론을 도출하는 사고가 가능하다.

명제적 사고	• 명제를 구성하고 명제 간의 관계에 대해 논리적으로 추론할 수 있다.
	• 명제적 사고란 'A인 동시에 B', 'A이지만 B는 아님', 'A도 아니고 B도 아님'과 같은 3개의 명제를 바탕으로 가설을 설정하고 논리적으로 추론하는 능력을 말한다.
조합적 사고	• 문제를 해결할 수 있는 모든 경우의 수를 논리적이고 체계적으로 숙고하는 사고를 말한다.
	• 조합적 사고를 통해 문제의 개별적인 요인들을 분리하거나 문제해결에 필요한 요인들을 골라내어 구성할 수 있다.
	例 무색무취인 서로 다른 종류의 액체를 각각 A, B, C, D, E병에 넣고, 노란색을 만들어 보라는 문제를 제시한다. 이때 형식적 조작기의 청소년은 모든 가능성을 고려하여 조합을 만들어 보고, 체계적으로 액체를 섞는다.

> **▌ 청소년기의 자기중심성** 중등 10
>
> 청소년기에는 자기중심적인 입장에서 행동하는 경향이 강하다. 청소년기의 자기중심성은 상상적 청중(imaginary audience)과 개인적 우화(personal fable)의 현상에서 잘 나타난다.
>
> • 상상적 청중 : 청소년기에 나타나는 과장된 자의식을 반영하는 개념으로, 자신의 행동과 외모 등이 타인들의 집중적인 관심과 주의의 대상이 되고 있다고 생각하는 것을 말한다. 상상적 청중에 대한 의식은 누구나 조금씩 경험되는 현상이기는 하지만 특히 청소년 초기에 강하게 나타난다. 청소년들은 자신의 자아에 사로잡혀 있기 때문에 모든 사람들이 자신들과 똑같은 관심을 갖고 있다고 생각하기 쉽다.
> • 개인적 우화 : 청소년이 자신을 특별한 존재로 여기는 경향을 말한다. 자신의 경험과 사고 및 감정은 너무 독특한 것이어서 다른 사람들은 제대로 이해하지 못할 것이라고 생각하거나, 자신은 특별한 사람이기 때문에 특정 위험으로부터 안전할 것이라고 생각하는 것을 말한다. 자신은 독특하며 다른 사람들에게 적용되는 일반법칙이 그 자신들에게는 해당되지 않을 것이라는 믿음을 토대로 자신을 예외적인 존재로 생각하기 쉬운데, 이를 개인적 우화라고 한다.

(5) 피아제 이론에 대한 비판

① 인지발달의 보편성이 없다. 피아제는 모든 아동이 성장환경과 관계없이 동일한 발달단계를 동일한 속도로 통과한다고 주장했으나, 인지발달단계의 보편성에 대한 증거가 부족하고 인지발달에서 문화적인 차이가 있다는 연구결과가 제시되고 있다.

② 피아제는 인지발달이란 비연속적인 과정이며, 각 단계는 사고의 질적 차이를 나타낸다고 주장한다. 그러나 비판론자들은 인지발달이 연속적으로 일어난다고 주장한다.

③ 성인의 인지능력을 과대평가하였다. 피아제는 성인의 대부분이 형식적 조작 능력을 획득한다고 주장하였으나 이후 연구에 따르면 형식적 조작이 청소년기의 보편적인 특징은 아니라는 사실이 드러났다.

④ 인지발달의 보편적 법칙을 밝히는 데 초점을 두어 인지발달의 개인차에 대한 고려가 미흡하다.

(6) 피아제 이론의 교육현장에서의 시사점

① 능동적으로 탐색할 수 있는 환경을 조성해야 한다. 아동은 적극적으로 사고하여 능동적으로 탐색하는 과정에서 스스로 지식을 구성하면서 인지발달이 이루어진다.

② 발달단계를 뛰어넘는 선행학습은 지양한다. 피아제는 발달에 기초하여 학습이 이루어진다고 하였다. 따라서 교사가 아무리 훌륭한 수업계획을 구상하였더라도 아동이 수업을 이해하는 데 필

요한 인지구조나 조작능력을 가지고 있지 못하면 수업은 무의미해진다. 수업내용은 아동의 인지수준에 맞는 것이어야 한다.

③ 학생들에게 언제나 조금은 새로운 내용을 제시함으로써 동화와 조절의 인지활동을 활발히 할 수 있도록 유도한다. 이때 제시되는 새로운 환경은 학생의 인지발달단계를 훌쩍 뛰어넘는 것이어서는 안 된다.

2. 비고츠키(Vygotsky)의 인지발달이론 중등 00 · 03 · 04 · 06 · 12, 초등 00 · 01 · 02 · 03 · 04 · 05 · 08 · 10

(1) 개요

① 비고츠키는 사회관계 속에서 인지발달이 이루어진다고 보았다. 즉, 문화와 사회가 인간발달에 큰 영향을 준다는 사실을 강조한다.

② 유능한 사람과의 사회적 상호작용이 학습 및 발달에 중요한 영향을 준다고 보았다.

③ 언어는 학습 및 발달에서 핵심역할을 한다. 언어는 사고의 도구로 사고에 필요한 개념과 범주를 제공하여 사고를 가능하게 하고, 자신의 행동을 조절하고 사회적 상호작용을 가능하게 하는 수단이 된다.

(2) 근접발달영역

① 비고츠키는 발달 수준을 실제적 발달 수준과 잠재적 발달 수준으로 구분하였다.
  ㉠ 실제적 발달 수준: 아동이 주위의 도움 없이 스스로 문제를 해결할 수 있는 수준을 말한다.
  ㉡ 잠재적 발달 수준: 도움을 받아서 문제를 해결할 수 있는 더 높은 수준을 말한다.

② 이 두 수준 사이에 존재하는 영역이 근접발달영역(zone of proximal development; ZPD)이다. 즉, 근접발달영역은 혼자서는 문제를 해결할 수 없지만, 성인의 안내를 받거나 친구와 협동하면 성공적으로 문제를 해결할 수 있는 영역을 말한다.

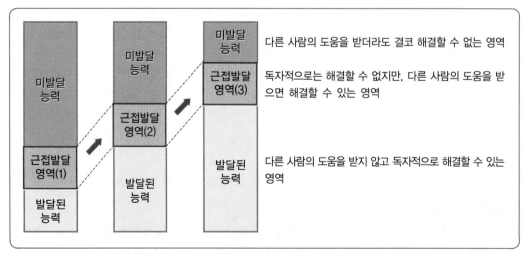

| 근접발달영역의 개념 |

③ **교수·학습에 대한 시사점**: 교수·학습활동은 근접발달영역에 주안을 두어야 한다. 실제적 발달수준에 해당하는 영역이나 근접발달영역을 초월하는 영역에서는 학습이 거의 일어나지 않으므로 교수·학습의 대상이 될 수 없다. 실제적 발달수준이 낮더라도 근접발달영역을 고려하여 지도하면 잠재적 발달수준이 실제적 발달수준으로 바뀌기 때문에 결과적으로 근접발달영역이 끊임없이 상향적으로 확장된다.

④ **사회적 상호작용촉진**: 사회적 상호작용은 근접발달영역의 상한계를 결정하는 데 중요한 역할을 한다. 근접발달영역의 하한계는 실제적 발달수준에 의해 고정되어 있지만, 상한계인 잠재적 발달 수준은 아동과 성인의 상호작용을 통해 창조된다. 그러므로 교사는 발달잠재력을 활성화시킬 수 있도록 사회적 상호작용을 촉진해야 한다.

(3) 비계설정(발판화, scaffolding)

① 비계설정은 독자적으로 해결할 수 없는 과제를 해결하도록 도와주는 것을 말한다. 즉, 근접발달영역 내에서 교사를 비롯한 유능한 사람이 학생의 수준에 맞추어 도움과 지도의 정도를 변화, 조정하는 방법이다.

② 비계는 건물을 지을 때 높은 곳에서 공사를 할 수 있도록 임시로 설치하는 안전 가설물을 칭한다. 비계는 건물을 조금 더 빨리 그리고 효율적으로 건설할 수 있도록 돕는다. 학습에서도 문제해결을 위한 교사의 힌트 또는 친구들과의 협동학습은 학습자의 인지발달을 앞당길 수 있다.

③ 학습이 진전될수록 발판화의 필요성은 줄어들게 된다. 발판화에서는 학생의 지식과 자신감이 향상됨에 따라 도움을 점진적으로 줄여 나가는 것이 중요하다. 교사나 부모가 학습을 조력할 수 있는 구체적인 발판화 방법은 다음과 같다.

• 시범 보이기	• 구체적이고 현실적인 목표 제시하기
• 모델 제공하기	• 피드백 제공하기
• 오류 교정하기	• 절차 설명하기
• 틀린 개념 발견하고 수정하기	• 질문하기
• 동기 유발하기	

(4) 역동적 평가

① 지능지수가 동일한 두 사람의 현재의 능력수준은 동일할 수 있지만, 발달잠재력은 다를 수 있다. 역동적 평가는 비고츠키가 제안한 근접발달영역의 개념에 근거하여 발달잠재력을 확인하기 위한 평가로 고정적 평가와 대비된다.

㉠ **고정적 평가**: 실제적 발달수준을 확인하기 위한 평가이다. 학교현장에서 실시되는 대부분의 평가는 고정적 평가이다.

㉡ **역동적 평가**: 무엇을 얼마나 학습하였는가는 물론 앞으로 무엇을 어느 정도 학습할 수 있는가를 확인하기 위한 평가방식이다. 실제적 발달수준을 파악하기 위한 평가와 잠재적 발달수준을 파악하기 위한 평가를 포함한다.

② 역동적 평가에서는 평가과정에서 평가과제를 바꾸고, 피드백을 제공하며, 자기점검기능 활용을 권장하고, 영역특정전략 혹은 일반적인 문제해결전략을 가르친다.

③ 힌트를 활용하는 능력을 중시한다. 특정 문항에 오답을 했다고 하더라도 힌트를 이용해서 문제를 풀 수 있는 학생은 그렇지 못한 학생보다 잠재력이 높다고 해석한다.

■ 고정적 평가와 역동적 평가의 특성 비교

고정적 평가	구분	역동적 평가
교육목표 달성 정도 평가	평가목적	향상도 평가
학습결과 중시	평가내용	학습결과 및 학습과정 중시
정답한 반응 수 중시 일회적·부분적 평가	평가방법	응답의 과정이나 이유도 중시 지속적·종합적 평가
특정 시점(주로 도착점)	평가시기	교수·학습의 전 과정
획일적이고 표준화된 상황	평가상황	다양하고 융통성 있는 상황
선발·분류·배치	평가결과활용	지도·배치·조언
교수·학습과 평가활동 분리	교수·학습활동	교수·학습과 평가활동 통합

(5) 언어

① 비고츠키는 언어가 인지발달에 중요한 역할을 한다고 보았다. 대부분의 사회적 상호작용이 언어를 통해 이루어지며 언어는 학습자로 하여금 다른 사람이 이미 가지고 있는 지식에 접근하도록 해 준다고 하였다.

② 언어는 스스로 문제를 해결할 수 있도록 돕는다. 비고츠키는 목표를 달성하는 데 중요한 역할을 하는 혼잣말 형태의 언어를 사적 언어(private speech)라고 하였다.

③ 사적 언어는 자신의 생각을 조절하고 반영하는 수단이다. 어린 아동에게서 쉽게 발견되며 복잡한 과제일수록, 직접적으로 해결할 수 없는 과제일수록 더 많이 사용된다.

④ 언어기능은 사회적 언어(외적 언어) → 자아중심적 언어 → 내적 언어 순으로 발달한다.
- 사회적 언어(3세 이전): 다른 사람의 행동을 통제하기 위해 감정이나 사고를 전달하는 기능
- 자아중심적 언어(3~7세): 자신의 행동을 조정하기 위해 자기 자신에게 하는 언어(소리내어 말함)
- 내적 언어: 나이가 많은 아동이나 성인이 주로 사용하는 언어, 즉 내적 자기대화를 의미

⑤ 아동은 자신의 능력보다 약간 더 어려운 문제에 직면하였을 때 사회적 언어를 통해 주변 사람의 도움을 구하거나, 혼잣말을 함으로써 문제를 해결한다.

⑥ 여러 연구에 따르면, 사적 언어를 열심히 사용한 아동이 그렇지 않은 아동보다 복잡한 과제를 더 효과적으로 학습하는 것으로 나타났다.

⑦ 성장하면서 사적 언어는 내적 언어로 변환된다. 하지만 사적 언어는 여전히 중요한 역할을 한다. 성인도 소리 내어 말하지 않을 뿐 머릿속으로 끊임없이 혼잣말을 한다. 당황할 때나 불확실한 상황에서는 소리를 내어 혼잣말을 하기도 한다.

(6) 비고츠키 이론의 비판점

① 사회 및 문화환경의 중요성을 과장하고 있다. 인지발달에는 사회환경도 영향을 주지만 다른 요인도 영향을 미친다. 또, 사회환경이 미치는 영향을 정확하게 규명하기 어렵다.

② 근접발달영역에 대한 설명이 모호하다. 근접발달영역을 측정하는 데 문제가 있다. 예를 들어,

읽기를 못하는 아동 3명을 대상으로, 학생 1에게는 단어를 읽어주고, 학생 2에게는 문장 연결을 도와주고, 학생 3에게는 읽기 동기를 높여주어 모두 읽기에 성공하였다. 이때 세 아동의 근접발달영역은 같다고 보기 어렵다.

③ 사회적 상호작용이 발달에 부정적인 역할을 미칠 수도 있다는 점을 간과하고 있다.

④ 성인이나 유능한 또래의 적절한 도움을 받으면 학습이 촉진된다는 주장과 달리, 어린 아동의 경우 부모나 학교가 많이 도와주더라도 복잡한 기능을 학습하는 데 시간이 많이 걸린다는 사실은 비고츠키가 간과한 학습의 제약요인이 있음을 시사한다.

(7) 비고츠키 이론의 시사점

① 교사의 지도는 실제적 발달 수준보다 발달 가능한 잠재력을 고려해야 한다. 교사는 아동의 근접발달영역을 찾아낸 후 근접발달영역 내에서 수업을 진행해야 한다.

② 협동학습을 활용한다. 집단을 구성할 때는 아동의 능력 수준이 서로 다르게 한다.

③ 비계설정을 활용한다. 다양한 비계설정을 제공해 주면 학생들이 해결할 수 있는 문제의 범위가 넓어진다. 학생들이 문제해결에 어려움을 겪을 때 교사는 부분적으로 답을 제공하거나, 시범을 보여 주거나, 학생들이 자신의 사고과정을 소리내어 말할 수 있도록 도와야 한다.

3. 피아제와 비고츠키의 공통점과 차이점 중등 07

(1) 공통점

① 발달에서 개체와 환경(사회)의 상호작용을 중시하였다.
② 학습자를 능동적인 존재로 파악하였다.
③ 발달을 급격한 변화로 구성된 역동적인 과정으로 간주하였다.

(2) 차이점

① 비고츠키는 발달에서 사회적 상호작용을 강조한 반면, 피아제는 아동 혼자서 주변 세계를 탐색하고 발견하는 개인적 상호작용을 강조하였다.

② 비고츠키는 교사가 아동에게 교사 자신이나 보다 유능한 또래와 학습할 기회를 제공해 주어야 한다고 본 반면, 피아제는 아동 스스로 주변 세계를 탐색하고 지식을 발견할 수 있도록 도움을 주어야 한다고 보았다.

③ 비고츠키에 따르면 인지발달은 각 사회문화마다 다양하게 나타나지만, 피아제는 모든 문화에서 인지발달은 동일하다고 보았다.

④ 비고츠키는 언어를 사고와 인지발달에 중요한 도구로 본 반면, 피아제는 언어가 인지발달에 영향을 미치지 않는다고 보았다.

⑤ 비고츠키는 학습이 발달을 촉진한다고 본 반면, 피아제는 학습을 위해서는 우선 인지발달이 이루어져야 한다고 보았다.

■ 피아제와 비고츠키의 차이점

구분	피아제	비고츠키
발달의 원동력	내부에 존재한다. 학습자가 발달의 주체이다. ◎ 인지적 구성주의	사회 및 문화 환경이 결정적인 영향을 미친다. ◎ 사회적 구성주의
중시	인지갈등을 해소하려는 평형화를 중시한다.	사회적 상호작용을 통한 내면화를 중시한다.
언어의 역할	사고의 징표에 불과하다.	사고발달에 핵심 역할을 한다.
사적 언어	인지적 미성숙의 징표이다.	인지발달에 긍정적 영향을 미친다.
학습과 발달	발달이 학습에 선행한다.	학습이 발달에 선행한다.
상호작용	또래 간의 상호작용이 중요하다.	지적으로 더 유능한 사람이 더 중요하다.

03 성격발달

1. 프로이드(Freud)의 심리성적 발달이론 중등 00 · 02, 초등 03 · 06

(1) 개요

① 프로이드는 정신결정론(psychic determinism)의 입장을 취하고, 어릴 적 한 번 형성된 성격은 회복 불가능하다고 보았다.

② 청년기 이후 성인기에 대해서는 자세히 언급하지 않았고 성격발달에서 초기 아동기 경험의 중요성을 강조하였다.

③ 그의 이론은 성격발달에 관한 중요한 기초 가설을 제공한다는 것과 건전한 성격의 아동을 키우기 위해 생리적 본능의 충족을 적절한 시기에 잘 얻도록 도와야 함을 시사하였다는 점에서 의미를 갖는다.

(2) 특징

① 결정론자인 프로이드는 우연히 일어나는 것은 아무것도 없으며, 모든 행동, 사고, 감정에는 반드시 원인이 존재한다고 믿었다. 그에 따르면 모든 행동은 무의식이 표출된 것이다.

② 정신분석은 기본적으로 인간의 거의 모든 행동이 무의식의 지배를 받는다고 가정한다.

③ 정신분석의 주요한 목적은 행동, 사고, 감정의 원인을 규명하는 데 있다.

④ 태어나서 5세까지의 유아기 경험이 성격발달에서 가장 중요하다고 보고 유아교육의 중요성을 일깨워 주었다.

⑤ 프로이드는 어떤 행동을 하는 무의식적 동기의 추진력을 의미하는 본능적 욕구 개념을 제시하였다. 성격발달에 가장 영향력이 큰 것이 성 본능이며, 성적 에너지인 리비도(libido)가 일생 동안 정해진 순서에 따라 구강, 항문 및 성기와 같은 다른 신체 부위에 집중된다고 보았다. 리비도는 인간의 정신과 육체활동의 모든 근원이 되는 심리적 에너지를 의미한다.

⑥ 각 단계에서 아동이 성적 쾌감을 충분히 느끼지 못하여 욕구불만이 생기거나 지나치게 몰두하면 고착(fixation) 현상을 일으켜 다음 단계로 순조롭게 발달이 이루어지지 못한다.

(3) **성격 구조**

① **원초아(id)**

㉠ 자아와 초자아가 작동하는 데 필요한 정신에너지를 제공한다.

㉡ 선천적이며, 모든 동인과 충동의 원천이다.

㉢ 쾌락의 원리에 의해 지배되며 본능적 충동에 의해 지배되는 성격의 부분이다.

② **자아(ego)**

㉠ 원초아에 현실을 강요하는 정신의 부분이다. 자아는 원초아의 충동을 수용할 수 있는 방식 혹은 적어도 문제가 덜 되는 방식으로 충족시킨다.

㉡ 자아는 원초아의 충동이 사회 및 물리적 현실과 갈등을 일으킬 수도 있다는 것을 이해한다.

㉢ 자아가 발달한 아동은 화가 난다고 해서 무작정 동생을 때리지는 않는다.

㉣ 본능의 충동 중에서 비합리적이고 반사회적인 것을 억압하고 현실적으로 가능하고 타당한 방법으로 만족을 얻게 하는 성격의 부분이다. 따라서 자아는 현실의 원리에 의해 지배된다.

③ **초자아(super-ego)**

㉠ 부모나 양육자와의 지속적인 관계에 의해 내면화된 사회의 이상과 가치를 자아에 요구하게 되면서 발달한다.

㉡ 사회의 가치, 도덕, 이상을 내면화시킨 것이다. 초자아는 무엇이 옳고 무엇이 그른가를 결정한다. 옳고 그름을 판단할 수 있는 원천이 된다.

㉢ 이상의 원리에 의해 지배되는 인간행동의 도덕적 규제를 맡는 성격의 부분으로 완벽과 이상을 추구한다.

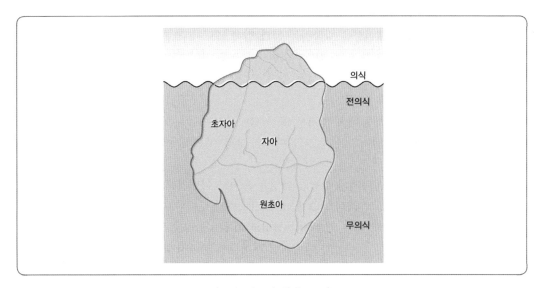

| 프로이드의 성격 구조 |

(4) **인간의 의식 구조**

① 의식(conscious) : 현재 인식할 수 있는 사고, 감정, 지각 등으로 구성된다. 현재 사고하거나 지각하고 있는 것은 모두 의식이다.

② 전의식(preconscious) : 원할 때 쉽게 의식화할 수 있는 기억, 사고, 꿈으로 구성된다. 전의식에 저장된 정보는 현재 인식할 수 없지만 조금만 노력하면 의식 속으로 떠올릴 수 있다.

③ 무의식(unconscious) : 개인이 자신의 힘으로는 의식 상태로 떠올릴 수 없는 생각 또는 감정으로, 정신의 가장 큰 부분을 차지한다. 의식과 무의식의 관계는 빙산에 비유된다. 물 위에 보이는 부분은 의식이고, 물속에 감추어져 있는 부분은 무의식이다. 수면 바로 아래 보이는 부분은 전의식이다. 그러나 무의식은 완전히 물속에 잠겨 있기 때문에 전혀 볼 수 없다.

(5) 성격발달단계

① 구강기(oral stage, 0~1세)

㉠ 심리성적 발달의 첫 단계로 태어나서 처음으로 성적 쾌감을 느끼는 곳이 구강이다.

㉡ 이 단계 영아는 물체를 손으로 잡으면 입으로 가져가서 빨기 시작하며, 치아가 생기면 곧 물어뜯기 시작한다.

㉢ 영아가 이러한 활동을 통해서 성적인 쾌감을 얻을 수 있는 것은 자기 의지가 아니라 타인, 주로 어머니에 의해서다. 따라서 이 시기에 어머니는 상당히 의미 있는 타자의 역할을 하게 된다.

㉣ 적절한 보살핌을 받지 못하고 추구하는 쾌감을 얻지 못한다거나 과잉 충족을 하게 되면 성장 과정에서 성격적 결함이 나타난다. 이때의 성격적 결함은 지나친 흡연, 손가락 깨물기, 과음, 과식, 남을 비꼬는 일을 일삼는 미성숙한 성격으로 나타난다.

② 항문기(anal stage, 2~3세)

㉠ 리비도가 항문에 집중되는 시기이다.

㉡ 유아는 배변훈련을 통해서 항문 근육의 자극을 경험하게 되고, 이러한 경험을 통해 성적 쾌감을 얻게 된다. 배설물을 방출하는 것과 함께 쾌락을 지연시키는 방법 또한 배우게 된다.

㉢ 이 시기를 적절히 보내지 못하면 대소변을 더러운 것이라고 생각하는 반동형성이 생겨서 지나치게 규율을 준수하는 결벽성을 갖게 된다(Crain, 1992).

③ 남근기(phallic stage, 3~5세)

㉠ 리비도의 초점이 항문에서 성기로 옮겨가는 시기이다.

㉡ 이 시기의 아동은 남녀의 신체 차이, 아기의 출생, 부모의 성역할 등에 대해서 상당한 관심을 가지게 된다.

㉢ 남자 아이들은 어머니에게 성적인 애정을 느끼고 아버지에게는 애정을 박탈당할까 걱정하게 되는 오이디푸스 콤플렉스(Oedipus complex)가 나타나게 된다. 또한 아버지가 자신의 성기를 없앨까 봐 염려하는 거세불안(castration anxiety)을 갖게 된다.

㉣ 여자 아이들도 처음에는 남자 아이처럼 어머니를 좋아하게 되나 곧 자기는 남근이 없음을 알게 되고 그것을 부러워하는 남근선망(penis envy)을 갖게 된다. 그리고 이 책임을 어머니에게 돌리게 되며 아버지를 더 좋아하기 시작하는 엘렉트라 콤플렉스(Electra complex)를 갖게 된다.

㉤ 콤플렉스를 극복하는 과정에서 동일시(identification) 현상이 나타난다. 남자 아이는 어머니에 대한 성적 애정을 포기하고 아버지와 같은 남성다움을 갖기 위해 노력하며, 여자 아이는 남근이 없다는 사실을 인정하고 어머니처럼 되고자 노력한다.

ⓗ 이 시기를 잘 극복하지 못하면 성 불감증 등과 같은 신경성 질환이 유발된다.

④ 잠복기(latency stage, 6~11세)

　㉠ 초등학교 시기로, 이 시기에 성적 본능은 휴면에 접어들게 된다.

　㉡ 성적 욕구는 억압되고, 이 기간 동안 학교공부, 취미활동, 친구와의 관계에 집중하게 된다.

　㉢ 이 시기를 잠복기라고 하는 것은 성적으로 침체된 시기라는 의미이다.

⑤ 생식기(genital stage, 11세 이상)

　㉠ 사춘기에 접어들면서 다시 성적 욕구가 생기게 된다.

　㉡ 이전 단계에서의 단순한 쾌감과는 달리 이 시기에는 진정한 사랑의 대상을 찾아 만족을 얻고자 한다.

　㉢ 부모에게서 독립하려는 욕구가 생기며 진정한 사랑의 대상으로서 이성을 찾게 된다.

(6) 프로이드 이론의 비판점

① 가설적 실험 검증보다는 성인 정신병 환자의 치료 과정에서 얻어진 자료에 근거하여 추론된 것이어서 비과학적이라는 비판을 받고 있다. 신경증 치료과정에서 형성된 이론이 일반 사람의 성격을 일반적으로 설명할 수 있는지에 대한 문제가 있다.

② 성적 욕구를 지나치게 강조하였다. 성적 본능인 리비도가 인간행동을 설명하기에 충분한가에 대한 논란이 있다.

③ 성격발달이 5세경에 완성된다는 주장에 대한 비판이다. 학자들은 성격발달이 청소년기와 성인기에도 일어난다고 주장한다.

④ 인간의 본성을 부정적으로 기술하고 있다. 프로이드에 따르면 인간의 본성은 자기중심적이고 충동적이고 격렬하다. 그는 초자아가 그러한 본성을 금지하지 않으면 인간은 자기와 타인을 파괴한다고 본다.

⑤ 프로이드가 여성에 대해 편견을 갖고 있다는 비판이다. 프로이드는 여성을 남성보다 열등한 존재로 본다.

2. 에릭슨(Erikson)의 심리사회적 발달이론 중등 00 · 01 · 03 · 04 · 07, 초등 01 · 11

(1) 개요

① 에릭슨은 성격발달의 심리사회적 측면을 강조하였다. 한 개인의 자아는 부모와 그를 둘러싼 사회적 · 역사적 환경의 영향을 통해 성장과 발달이 이루어진다고 보았다. 그의 이론은 심리적 · 사회적 발달에 대한 관심을 반영하고 있기 때문에 심리사회적 발달(psychosocial development) 이론이라고 한다.

② 사람이 성장하면서 직면하게 되는 위기를 수용하고 해결한다는 것은 개인이 지니고 있는 사회심리적 특징에서 긍정적인 면과 부정적인 면이 서로 적절한 비율로 나타나고 있음을 의미한다. 직면한 위기를 완벽하게 해결할 수는 없다 하더라도 각 발달단계에서 위기를 긍정적인 관점으로 해결하게 되면 인격을 형성하는 데 충분한 기능을 하게 된다.

(2) 에릭슨 이론의 기본 견해

① 발달에는 자아가 핵심역할을 한다. 에릭슨은 자아를 강조하고, 원욕이나 초자아에는 큰 관심을 기울이지 않았다. 자아는 위기를 경험하고 극복하는 과정에서 중추역할을 한다.

② 발달은 일생 동안 이루어진다.

③ 발달에는 심리사회환경이 중요하다. 문화적 목표, 기대, 사회제도와 같은 사회환경을 중시한 에릭슨은 심리발달원리와 사회발달원리를 관련지었다.

④ 발달은 단계별로 이루어진다. 개인은 각 발달단계에서 위기 또는 심리적 문제에 직면하게 되는데, 특정 단계에서 문제를 적절하게 해결하지 못하면 일생동안 부정적 영향을 주게 된다. 또한 발달단계는 상호 의존적이어서 후속단계의 발달은 선행단계에서 심리적 위기를 어떻게 극복하였는가에 따라 좌우된다.

⑤ 발달은 점성적으로 이루어진다. 에릭슨은 성격발달을 점성원리에 비추어 설명하고 있다. 에릭슨은 신체의 각 부분이 상호 관련된 방식으로 발달하는 것처럼, 성격도 상호 관련된 단계를 통해 발달한다고 주장한다.

• 점성원리 : 인간 발달이 유전적 요인에 의존한 일련의 단계에 의해 지배됨을 의미

⑥ 발달에서 심리사회적 위기의 극복을 중시한다. 개체가 일련의 전환점, 즉 심리사회적 위기를 성공적으로 해결하면 긍정적인 성격이 발달한다. 에릭슨은 위기를 각 단계에서 출현하는 발달과업, 즉 특정 시기에 해결해야 할 사회발달과제를 의미하는 개념으로 사용하고 있다. 에릭슨은 욕구를 충족시키기 위해 환경과 접촉하는 과정에서 자아가 경험하는 위기의 극복과정을 성격발달의 주요 요인으로 간주한다.

(3) 발달단계

① 신뢰감 대 불신감(trust vs. mistrust, 0~18개월)

㉠ 영아는 모든 것을 타인에게 의존하는데, 이때 신뢰감이나 불신감을 경험하게 된다.

㉡ 부모를 비롯한 타인에게 지속적인 사랑과 관심을 받는 경우 신뢰감이 발달하고, 지속적이고 일관된 보살핌을 받지 못한 영아들은 타인과 주변 세계에 대해 불신감, 두려움, 의심 등을 갖게 된다.

② 자율성 대 수치심(autonomy vs. shame and doubt, 18개월~3세)

㉠ 이 시기의 아동은 스스로 먹고 입기 시작하며 배변훈련도 시작하게 된다. 즉, 자기 스스로 일을 수행해야 하는 도전에 직면하게 된다.

㉡ 부모가 아동의 자율적 성숙을 지지해주면 자율성을 획득하지만, 지나치게 엄격한 배변훈련을 하거나 사소한 실수에도 벌을 줄 경우, 아동에게 수치심을 느끼게 하거나 자신의 능력에 대해 회의감을 갖게 할 수도 있다.

③ 주도성 대 죄책감(initiative vs. guilt, 3~6세)

㉠ 이 시기의 아동은 자율성이 증가하며 왕성한 지적 호기심을 보인다. 또한 아동의 인지가 급격하게 발달하게 되며 생활의 모든 부분에서 도전적인 충동을 갖게 된다.

㉡ 어머니가 부엌에서 요리를 할 때 주도적으로 참여하려는 등 자신이 주도적으로 일을 하여 인정받고 싶어 한다.

ⓒ 부모가 이러한 아동의 주도성을 비난하거나 질책하면 아이들은 위축되고 자기 주도적인 활동에 대해 죄책감을 느끼게 된다.

④ 근면성 대 열등감(industry vs. inferiority, 6~12세)

　　㉠ 아동은 대부분의 시간을 학교에서 보내게 되며 학교에서의 성공과 성취가 아동의 근면성을 발달시키게 된다. 따라서 교사와 또래 친구들의 영향력이 매우 중요하다.

　　㉡ 이 단계에서 실패로 끝나는 경험이 많아지면 아동은 열등감에 빠지게 된다. 반대로 학습자로서 아동이 학습 상황에서 높은 성취와 성공을 할 수 있다면 매우 긍정적인 자아 개념을 갖게 된다.

　　㉢ 교사는 학생들에게 도전감을 심어 주고 근면성을 발달시킬 수 있도록 체계적으로 개입하여 학생들이 자신의 어려움을 슬기롭게 극복할 수 있도록 도와주어야 한다.

⑤ 정체감 대 역할 혼미(identity vs. role confusion, 12~18세)

　　㉠ 청소년기의 중·고등학생들은 중요한 육체적·지적·감성적 변화를 경험하게 된다. 육체적으로는 급격한 성장을 하지만 정신적인 조정 능력은 신체적 발달에 미치지 못해 혼란을 경험하게 되는 시기이다.

　　㉡ 에릭슨은 이 시기가 자기 존재의 동질성과 연속성이 유지됨을 인식하게 되는 정체감(identity) 발달과 밀접한 관계를 맺고 있다는 것을 강조하였다.

　　㉢ 이 단계에서 청소년은 자신의 신체조건, 역할 등을 인정하고 받아들이며 자신의 가치를 발견하도록 노력해야 한다. 적절한 제한 속에서 스스로 독립적으로 행동하는 시도를 하게 될 때 정체감이 발달한다.

　　㉣ 정체성이란 자기 자신이 누구이고, 삶에서 무엇이 중요한가에 대해서 스스로 구성한 정의를 말한다. 다시 말하면 정체성이란 자기 자신이 어떤 존재인가에 대한 확고한 인식이다.

　　㉤ 이 단계에서 긍정적인 자아정체감이 확립되면 이후의 심리적 위기를 적절히 넘길 수 있지만 방황이 계속되면 부정적인 정체감을 형성하게 된다.

> ■ 심리적 유예기(psychological moratorium) 중등 16 논술
> 자아정체성이 확립되기 전 탐색 기간이다. 청소년기는 진정한 자아를 찾기 위한 노력을 기울이는 시기로 자신의 능력을 시험해 보면서 새로운 역할을 실험하거나 가치 혹은 신념 체계에 대한 끊임없는 탐색활동을 하게 된다.
> 이 시기는 정체성 탐색을 위해 아동기와 성인기 사이에 자신에 대한 결정을 잠시 보류하고 주변으로부터 일시적으로 해방되는 시기이기도 하다.

⑥ 친밀감 대 고립감(intimacy vs. isolation, 19~24세)

　　㉠ 성인 초기에 해당하는 시기로 사회에 참여하게 되고 자유와 책임을 가지고 스스로의 삶을 영위하기 시작하는 시기다. 이 단계에서는 직업 선택, 배우자 선택, 친구 선택 등의 다양한 문제를 경험한다.

　　㉡ 배우자나 직장에서의 동료 등 다른 사람과 친밀성을 이루는 것이 중요한 과업이며, 친밀성이 획득되면 상호 간에 삶을 공유할 수 있고 인간관계에서 만족을 얻을 수 있다.

　　㉢ 타인과 친밀한 인간관계를 성립하지 못하면 사회관계를 회피하는 고립감에 매몰되고 자신에게 위협이 되는 사람에 대해 거부감이나 적대감을 형성하게 된다.

⑦ 생산성 대 침체성(generativity vs. self-absorption, 25~54세)
  ㉠ 성인 후기의 중요한 특징은 창조성, 생산성, 다음 세대를 지도하는 것에 대한 관심과 헌신 등이다(Erikson, 1980).
  ㉡ 자녀의 양육이나 지식과 기술을 다음 세대로 전수하는 직업활동을 통해 생산성을 경험할 수 있다.
  ㉢ 생산성을 확립하지 못하면 침체감에 빠지게 된다. 침체감에 빠진 사람들은 부모 역할이나 지도자 역할을 제대로 수행하지 못한다.
⑧ 통합성 대 절망감(ego integrity vs. despair, 54세 이상)
  ㉠ 통합성이란 자신의 삶에 후회가 없으며 열심히 살았고 가치 있었다고 생각하는 사람이 지니는 특성을 말한다. 이런 사람은 자신이 살아온 인생에 책임감이 있으며 죽음 또한 겸허하게 받아들인다.
  ㉡ 이에 비하여 자신이 살아온 길이 후회스럽고 무가치하며 새로운 인생을 시작하기에는 너무 늦었다고 생각하는 사람은 절망감에 빠지게 된다.

■ 에릭슨의 심리사회적 발달기제

발달단계	연령	주요 특징	바람직한 결과	주요 사회관계
신뢰성 대 불신감	0~18개월	• 양육자의 일관적인 사랑 ⟫ 신뢰감 • 양육자의 거부적 태도 ⟫ 불신감	신뢰, 희망	어머니 (양육자)
자율성 대 수치심	18개월~3세	• 신체적 기술 발달의 허용·격려 ⟫ 자율성 • 도움 부족 또는 과잉보호 ⟫ 수치심	의지	부모
주도성 대 죄책감	3~6세	• 탐색 자유 허용 ⟫ 주도성 • 아동의 활동 제한, 간섭 ⟫ 죄책감	목적, 의도	가족
근면성 대 열등감	6~12세	• 성취에 대한 인정 ⟫ 근면성 • 성취기회 박탈, 결과 비난 ⟫ 열등감	유능감	이웃, 학교
자아정체성 대 역할 혼미	청년기	• 자신의 존재, 가치 인식 ⟫ 정체감 • 성역할과 직업선택의 불안정 ⟫ 역할 혼미	성실, 충성	또래집단 리더십 모델
친밀성 대 고립감	성인전기	• 타인과 친밀한 관계 ⟫ 친밀성 • 친밀한 관계 형성 실패 ⟫ 고립감	사랑	친구, 연인, 회사동료
생산성 대 침체감	성인중기	• 타인과 사회 위해 노력 ⟫ 생산성 • 활동에 참여 못할 때 ⟫ 침체감	배려	노동 분화와 가사분담
통합성 대 절망감	노년기	• 인생에 대한 만족, 회상, 수용, 관조 ⟫ 통합성 • 인생을 후회, 죽음에 대한 두려움 ⟫ 절망감	지혜	인류

■ 에릭슨의 심리사회 발달단계

발달단계	주요 발달과업	영향 요인
신뢰감 대 불신감	자신과 주변에 대한 신뢰감 형성	어머니, 따뜻한 상호작용
자율성 대 수치심 및 회의	행동에 대한 통제, 의도를 행동으로 실행할 수 있다는 인식	부모, 모방
주도성 대 죄책감	부모에 대한 동일시를 통한 자기감과 자기 행동에 대한 책임감 발달	부모, 동일시
근면성 대 열등감	또래와 상호작용을 통한 자기가치감 발달	학교, 교사, 학습 및 교육 격려
정체감 대 역할 혼미	확고한 자아정체성 발달	또래 및 역할모형, 사회적 압력
친밀감 대 고립감	타인과 친밀한 관계	배우자, 동료, 사회
생산성 대 침체성	사회에서 성인역할 수행, 공헌하기	배우자, 자녀, 친구, 동료, 지역사회
통합성 대 절망감	죽음 준비, 절망감 극복, 삶의 의미 통찰	가족, 친구, 친척, 지역사회, 종교

(4) 프로이드 이론과의 차이점

① 프로이드는 원초아(id)를 중시하였으나, 에릭슨은 자아(ego)를 강조하였다.

② 성격발달에서 프로이드는 부모의 영향을 중시하였고, 에릭슨은 심리사회환경의 영향을 강조하였다.

③ 프로이드의 이론은 남근기 이후의 성격발달에는 거의 관심을 갖지 않았으나 에릭슨의 이론은 유아기에서 노년기에 이르는 전생애 발달이론이다.

④ 프로이드는 청소년기를 무시하였으나 에릭슨은 성격형성에 중추역할을 하는 것으로 간주하였다.

⑤ 무의식과 초기의 외상적 경험이 정신병리를 유발하는 과정을 중점적으로 설명한 프로이드와 달리, 에릭슨은 심리사회적 위기를 극복하는 과정을 통해 건강한 성격이 어떻게 발달하는가를 설명하는 데 주안점을 두었다.

(5) 에릭슨 이론의 시사점

① 심리사회 발달단계에 따라 특정한 유형의 행동과 대인관계가 특별한 중요성을 지닌다는 점에 유념해야 한다.

② 청소년들이 신체적·정신적·심리적으로 혼란스러운 상태에 있을 수 있음을 이해하고, 열린 마음으로 수용하는 태도를 갖고 대화를 통해 학생들의 자아정체감 형성을 도와야 한다.

③ 일부 학생의 방황이 심리사회적 유예를 나타낼 수도 있음에 유의하고, 가능하면 장기적인 목표를 계속 추구하는 과정에서 단기적인 목표에 주안점을 두도록 격려하는 것이 좋다.

(6) 이론에 대한 비판

① 이론이 모호하고, 경험적 검증이 어렵다. 예를 들어, 주도성이나 통합성을 어떻게 측정할 것인지, 심리사회적인 갈등을 극복하기 위해 어떤 경험을 제공할 것인지에 대한 뚜렷한 지침을 제공하지 못하고 있다.

② 이론의 대부분이 에릭슨의 개인적이고 주관적인 해석에 근거하고 있을 뿐, 엄밀한 실험을 통해서 검증되지 못하였다는 비판이다.

③ 에릭슨의 성격발달단계는 여성보다 남성의 성격발달을 더 정확하게 기술하고 있다.

3. 마샤(Marcia)의 정체성 지위이론 중등 09, 초등 05

(1) 개요

① 마샤는 에릭슨의 이론을 발전시켜 정체성 지위에 관한 연구를 하였다. 정체성 지위(identity status)는 개인의 정체감 형성과정뿐 아니라 정체감 형성 수준의 개인차를 함께 진단하고자 하는 개념이다.

② 정체성 지위는 과업에 대한 전념(무엇인가에 전념하고 있는가)과 정체성 위기 경험 여부(정체감을 갖기 위해 노력하는가)라는 두 가지 기준에 따라 네 가지로 분류되었다.

③ 일반적으로 정체감 성취와 유예상태가 청소년에게 바람직한 것으로 볼 수 있다.

(2) 정체성 지위

① 정체성 혼미(identity confusion)

㉠ 정체성 위기를 겪지도 않고 역할과 과업에 몰입하지도 못한 상태를 말한다. 방향성이 결여되어 있는 상태로 다른 사람이 어떤 일을 하는지, 내가 이 일을 왜 하는지에 대해 관심이 없다.

㉡ 정체감 위기를 느끼지 않으며, 미성숙하여 자아존중감이 낮고, 혼돈에 빠져 있어서 정체성 지위 중에서 가장 낮은 단계이다.

㉢ 이 상태에 있는 사람은 자신은 물론 직업, 종교, 가치에 관해 심각하게 숙고하지 않아 자신이 누구이고 삶을 어떻게 살아갈 것인가에 관해 확고한 인식이 없으며, 삶의 확실한 방향이 없다.

㉣ 정체성 혼미는 정체성을 탐색하는 과정에서 가장 위험한 상태인데, 이 상태가 지속되면 부정적 정체성에 빠질 위험이 있다.

㉤ 성인이 되어도 정체성이 혼미한 사람은 하루 종일 재미만 추구하는 사람이거나, 불안수준이 높고 자신감이 낮은 미성숙하고 혼란스러운 사람이다.

② 정체성 유실(폐쇄, 상실)(identity foreclosure)

㉠ 정체성 유실은 정체성 위기를 경험하지 않고서도 정체성이 확립된 것처럼 행동하는 상태를 말한다.

㉡ 이 상태에서는 자신의 다양한 정체성은 물론 이념이나 직업에 관한 다양한 대안들을 전혀 탐색하지 않은 채 타인(부모, 역할모델)의 신념, 가치, 직업, 생활방식을 답습한다.

㉢ 다른 지위에 비해 사회적 인정 욕구가 강하고, 부모에게서 영향을 받은 자신의 가치에 따라 생애의 방향을 결정하고, 부모와 긴밀한 관계를 유지한다.

㉣ 이들은 청년기를 안정적으로 보내는 것처럼 보이지만, 성인기에 들어 뒤늦게 정체성 위기를 경험하는 경우가 많다.

③ 정체성 유예(identity moratorium)

㉠ 정체성 위기를 경험하고 있지만 역할과 과업에 몰두하지 못하는 상태를 의미한다. 현재 정체감 위기나 변화를 경험하고 있는 상태로 정체감 확립을 위해 노력한다.

㉡ 유예란 탐색을 하면서도 개인적 및 직업적 선택을 유보한 상태를 말한다. 이 상태에 있는 사람은 여러 가지 대안을 검토하지만 특정 과업에 몰입하지 못한다.

㉢ 이 지위에 속하는 청년은 가장 적극적으로 정체성을 탐색한다.

   ⓔ 이 단계는 정체성 성취에 이르는 과도기적 단계이므로 대부분 시간이 지나면 정체성을 확립
    하게 된다. 정체성 유예는 정체성 성취와 함께 건강한 상태로 간주된다.
  ④ 정체성 성취(identity achievement)
   ㉠ 정체성 성취는 정체성 위기를 경험한 다음 확고한 개인적 정체성을 확립한 단계를 지칭한다.
    즉, 자기에 대한 다양한 가능성을 검토한 다음 자기를 정확하게 인식하고, 인생행로를 분명
    하게 확립한 상태를 말한다.
   ㉡ 정체성을 성취한 청년은 현실적이고, 안정감 있는 대인관계를 형성하고, 자존감이 높으며,
    스트레스에 대한 저항력도 높다.
   ㉢ 정체성 확립은 심리적 건강의 초석이 될 뿐만 아니라 성인기 이후 건강한 삶을 살아가는 터
    전이 된다.

  ■ Marcia의 정체성 지위

정체성 지위(status for id)	위기(crisis)	전념(commitment)
정체감 혼미	×	×
정체감 유실	×	○
정체감 유예	○	×
정체감 성취	○	○

04 도덕성 발달이론

1. 피아제(Piaget)의 도덕발달이론

(1) 개요
 ① 피아제는 도덕성은 인지발달에 의존한다고 본다. 그러므로 인간의 인지발달이 일정한 순서에
  따라 이루어지는 것처럼 도덕성 발달도 일정한 단계를 거친다고 주장하였다.
 ② 도덕발달단계에 대한 체계적 정보 수집을 위해 다음의 이야기를 들려준 후 '줄리앙과 톰 중에서
  누가 더 나쁜가?', '왜 그렇게 생각하는가?' 등과 같은 질문을 하고, 질문에 대한 반응을 분석하
  여 나이에 따라 해석이 달라진다는 사실을 발견하였다.
  ㉠ 줄리앙이라는 꼬마는 아버지가 없을 때 아버지의 만년필을 갖고 놀다가 테이블보에 조그만
   잉크 자국을 남기고 말았다.
  ㉡ 톰은 아버지가 사용하는 잉크병이 비어 있다는 것을 발견하고 아버지를 도와주기 위해 잉크
   병에 잉크를 채워 넣다가 테이블보에 커다란 잉크 자국을 내고 말았다.
 ③ 어릴수록 테이블보를 더 많이 더럽힌 톰이 더 나쁘다고 응답하였으며 행위자의 의도를 전혀 고
  려하지 못하였다. 피아제는 면접과 관찰 결과를 토대로 도덕적 추리단계를 3단계로 구분하였다.

(2) 피아제의 도덕발달단계

① 전도덕적 혹은 전인습적 단계(pre-moral stage : 2~4세경)

규칙을 전혀 이해하지 못하며 규칙을 따라야 한다는 생각도 거의 없다.

② 타율적 도덕성(heteronomous stage : 4~9세경)

　㉠ 규칙과 질서를 절대적인 것으로 인식하는 도덕적 사실주의(moral realism)를 따른다.

　㉡ 이 단계는 행위의 결과를 중심으로 선악을 판단하는 타율적 도덕성(heteronomous morality)에 의해 지배된다.

　㉢ 아버지가 없을 때 잉크를 가지고 놀다 테이블보에 작은 잉크 얼룩을 남긴 줄리앙과 아버지를 돕기 위해 잉크병에 잉크를 채워 넣다가 큰 잉크 얼룩을 남긴 톰 중에 잉크 얼룩을 더 많이 남긴 톰이 나쁘다고 생각한다.

③ 자율적 도덕성(autonomous stage : 10세 이후)

　㉠ 10세 이후는 피아제 인지발달단계에서 구체적 조작기 이후로, 규칙이나 질서가 다른 사람과의 협의에 의해 결정된다는 것을 이해하고 사회적으로 합의하면 바꿀 수 있다는 것을 인식하는 단계로 도덕적 상대주의(moral relativism)라고 부르기도 한다.

　㉡ 이 단계에서는 서로 다른 사람이 각각 다른 규칙을 갖는다는 것을 알게 되는 협력의 도덕성(morality of cooperation)으로 발달하며, 아동에게 규칙은 사람에 의해 바뀔 수 있는 것으로 받아들여진다.

　㉢ 아동은 행동의 결과보다는 상황이나 의도와 동기를 기준으로 하여 선악을 판단한다.

2. 콜버그(Kohlberg)의 도덕발달이론 중등 06, 초등 02 · 07

(1) 개요

① 콜버그는 주로 아동을 대상으로 한 피아제의 도덕발달이론을 성인에 이르기까지 확대하여 3수준 6단계의 이론으로 심화·발전시켰다.

② 도덕적 딜레마나 어려운 결정을 해야 하는 가설적 갈등상황을 제시하고 '어떻게 하겠는가?', '왜 그렇게 해야 하는가?'를 질문하였다.

③ 왜 그렇게 생각하는지 이유를 분석함으로써 옳고 그름에 대한 도덕적 판단, 도덕적 추론의 발달순서를 세 가지 수준으로 구분하고, 각 수준을 하위 단계로 나누었다.

④ 콜버그는 여러 연구를 통해 서로 다른 문화에서도 유사한 발달단계의 원칙이 지켜지고 있으며, 도덕발달은 인지발달과 병행한다고 주장하였다.

> **█ 하인츠(Heinz)의 딜레마**
> 유럽의 한 마을에 살고 있는 하인츠라는 남성의 부인이 암으로 죽어 가고 있었다. 의사들은 같은 마을에 살고 있는 약사가 조제한 약만 먹으면 부인은 살 수 있다고 하였다. 그런데 그 약은 원가(200달러)도 비쌌지만 약사는 약값으로 2,000달러를 요구하였다. 가난한 남편 하인츠는 백방으로 노력하였지만 1,000달러밖에 구하지 못하였다. 하는 수 없이 그는 약사를 찾아가 약을 싸게 팔든가 아니면 외상으로 달라고 사정하였지만 약사는 일언지하에 거절하였다. 그날 밤 하인츠는 약국에 침입하여 그 약을 훔쳤다.

⑤ 콜버그는 위와 같은 도덕적 갈등상황에 대한 피험자들의 도덕적 판단을 분석하였다.

⑥ 갈등상황에 대한 피험자들의 직접적 대답보다는 응답 뒤에 함축되어 있는 도덕적 추리에 더 관심을 가졌다.

(2) 콜버그 이론의 도덕발달단계

① 전인습수준(preconventional level): 도덕적 가치는 외적이고 물리적인 결과에 의존하며 자기중심성의 특징을 보인다.

　㉠ 제1단계 - 처벌회피 및 복종지향(3~7세): 행위에 수반되는 물리적 결과를 기준으로 옳고 그름을 판단한다. 즉, 선과 악은 행위의 결과에 따라 결정된다. 이 단계에서는 처벌을 피할 수 있거나 힘을 가진 사람에게 무조건 복종하는 것이 도덕적이라고 판단한다. 그러므로 이 단계에서는 처벌받는 행위를 나쁜 행위로, 처벌을 받지 않는 행위를 옳은 행위로 간주한다. 그래서 들키지 않고 부정행위를 하는 것은 정당하다고 생각한다. 초등 02

　㉡ 제2단계 - 상대적 쾌락주의(개인적 욕구충족 지향)(8~11세): 자신이나 타인의 욕구충족 여부를 기준으로 도덕판단을 한다. 우선 자신의 욕구가 충족되고 나면 다른 사람의 욕구도 고려하게 된다. 이 단계에서는 순진한 도구적 상대주의(instrumental relativism)가 나타난다. 이 단계의 아동은 공평성, 상호성이 중요하다고 생각하므로 어떤 환경에서든지 모든 사람이 동등한 대우를 받아야 한다고 생각한다. 하인츠 딜레마에서 이 단계에 해당하는 사람은 하인츠 입장에서는 약을 훔치는 것이 정당하나, 약제사 입장에서는 약을 훔치는 것이 그르다고 답을 한다. 이 단계에서는 인간관계를 시장원리와 동등시한다.

② 인습수준(conventional level): 자아중심성이 감소하고 타인의 관점에서 세상을 조망하는 능력이 발달함에 따라 다른 사람의 판단과 의견을 고려하는 도덕적 추리가 가능하다. 인습수준이라고 부르는 이유는 사회의 인습이나 규칙에 동조하기 때문이다. 사회규칙과 사회계약을 유지하려고 노력하는 단계이다.

　㉠ 제3단계 - 대인관계 조화(착한 소년소녀) 지향(12~17세): 다른 사람을 도와주고 기쁘게 하는 행위나 다른 사람의 인정을 받는 행위를 옳은 행위라고 생각한다. 충성심과 다른 사람의 기대에 부응하는 것을 중시한다는 점에서 착한 소년소녀 지향이라고 부르기도 한다. 행동은 의도에 의해 판단되기 시작한다.

　㉡ 제4단계 - 사회질서 및 권위 지향(법과 질서 지향)(~20세): 법과 질서를 기준으로 도덕판단을 한다. 따라서 의무를 다하고 권위를 존중하고 사회질서를 유지하는 행동을 도덕적이라고 생각한다. 이 단계의 피험자들 대부분은 하인츠에 대해 동정은 하나 약값을 치르고 감옥에 가야 한다는 반응을 보였다. 법을 지키는 것은 처벌을 피하기 위한 것이 아닌, 법이 사회질서를 유지하는 데 기여하기 때문이다.

③ 후인습수준(post-conventional level): 개인이나 사회적 차원을 넘어 보편적 원리와 윤리에 초점을 두고 도덕판단을 한다. 사회 인습의 기저를 이루고 있는 도덕적 원리를 바탕으로 상황이나 맥락에 따라 적절한 판단기준을 적용하게 된다.

　㉠ 제5단계 - 사회계약 지향: 이 단계에서는 개인의 권리를 존중하고 사회 전체가 인정하는 기준을 지키는 행동이 도덕적이라고 생각한다. 법과 규칙은 고정불변의 것이 아니라 유동적인 것이며, 법이란 개인의 자유를 규제하기 위한 것이 아니라 극대화하기 위해 공동체가 합의한

것이므로 법이 사람들의 요구를 충족시키지 못할 경우 상호합의와 민주적인 절차를 통해 변경할 수 있다고 생각한다.

    ⓒ 제6단계 – 보편적 원리 지향: 이 단계에서 도덕성은 스스로 선택한 도덕적 원리에 기반을 둔 양심에 따라 결정된다. 여기서 도덕적 원리란 정의, 인간의 존엄성, 평등과 같은 추상적이고 보편적인 원리를 지칭한다. 보통 사람에게서는 거의 찾아볼 수 없는 단계로 극히 소수만이 이 단계에 도달한다.

(3) 콜버그 이론에 대한 비판

① 도덕적 판단과 행위 간의 불일치 현상이 나타난다. 도덕적 행동은 도덕판단 수준의 영향을 받지만 상황요인이나 성격요인 등의 영향도 받으므로 도덕적 판단과 도덕적 행동이 일치하지 않는 경우가 많다.

② 도덕적 퇴행 현상이 발생한다. 콜버그는 도덕성 발달단계의 순서는 불변적이며 어떤 단계도 뛰어넘거나 낮은 단계로 퇴보하는 경우는 없다고 주장하지만, 실제로 도덕적 퇴행현상이 발생한다.

③ 문화적으로 편향되어 있다. 후인습수준은 개인의 존엄성을 중시하는 서구사회의 가치를 반영하고 있어 다른 문화나 국가에 그대로 적용하기에는 무리가 있다. 충효(忠孝)를 중요한 가치로 여기는 중국 성인 남성 대부분이 1단계 반응(처벌회피 및 복종 지향)을 나타냈다는 연구결과 (Walker et al., 1995)는 콜버그의 도덕발달단계가 모든 문화권에 적용되지 않을 수 있음을 시사한다.

④ 도덕발달단계의 구분이 불명확하다. 도덕발달단계가 질적으로 다르다는 주장과 달리, 도덕발달단계가 질적인 측면에서 뚜렷하게 구분되지 않는다는 지적이 있다.

⑤ 인습 이후 수준은 이상적 방향만을 제시한다. 연구대상의 10%만이 5단계에 도달하였고 6단계에 도달한 사람은 거의 없었다는 연구결과는 후인습적 도덕성이 도덕발달의 이상적인 방향을 제시하고 있을 뿐 실제적 지침으로 부적합하다는 것을 시사한다.

⑥ 여성의 도덕적 판단과 발달을 제대로 설명하지 못했다. 남성은 도덕성에서 공정과 정의를 중시하는 반면, 여성은 동정과 배려를 중요시한다.

(4) 콜버그 이론의 교육현장에서의 시사점

① 연령과 인지 수준에 따른 도덕교육에 대한 구체적 행동지침을 주고 있다. 아동에게 인지발달 수준보다 높은 도덕적 판단을 기대할 수 없으므로 연령에 따른 행동과 도덕 판단 수준을 이해하고 그에 따라 대응해야 한다. 예를 들면, 어린 아동의 잘못된 행동에는 즉각적 처벌이 필요하고, 보다 성숙한 아동에게는 사회적 제재(착한 아이는 그런 행동을 하지 않는다)가 더 효과적이며, 아동이 더욱 성숙하면 보편적인 가치 기준이나 양심에 호소하는 것이 적절한 대응행동이 될 수 있다.

② 발달단계를 제시하는 것은 더 높은 단계로의 도덕성 발달을 가능하게 한다. 그러나 너무 높은 수준의 도덕적 추론을 접하는 것을 이해하기 어려우므로 현재 추론단계보다 한 단계 높은 추론을 해 볼 수 있게 하는 것이 좋다.

③ 콜버그는 토론식 도덕교육 방법을 학교교육에 제안하였다. 학교의 도덕교육은 아동의 도덕적 판단능력을 길러주는 것이므로 구체적 행동을 나열하기 보다는 왜 그렇게 해야 하는지 생각해 보게 하여 다양한 상황에서 스스로 판단하여 도덕적 행동을 하도록 하는 것이 바람직하다.

④ 역할극이 도덕교육에 활용되어야 한다. 역할극을 통해 등장인물의 입장이 되어 보는 것은 학생들이 높은 수준의 도덕적 추론을 할 수 있도록 돕는다.

▣ 도덕판단의 수준 및 특징

수준	단계	도덕판단의 특징
전인습 수준	단계1: 처벌회피 및 복종 지향	다른 사람의 욕구나 감정을 고려하지 않고 자기에게 유리한가를 기준으로 도덕판단을 한다. 권위적인 인물이 결정한 규칙에 복종하지만, 처벌하지 않으면 복종하지 않는다.
	단계2: 상대적 쾌락주의 지향	다른 사람도 욕구를 갖고 있다는 사실을 인식한다. 자기 욕구가 충족되면 다른 사람의 욕구를 충족시키려고 한다. 자기에게 어떤 영향을 미치는가를 기준으로 옳고 그름을 판단한다.
인습 수준	단계3: 대인관계 조화 지향	다른 사람, 특히 권위적 인물을 기쁘게 하는가를 기준으로 도덕판단을 한다. 공유, 신뢰, 충성을 통해 대인관계를 유지하는 데 관심을 갖는다. 유죄 혹은 무죄를 판단하기 위해 다른 사람의 의도를 고려한다.
	단계4: 사회 질서 및 권위 지향	법이나 규칙을 기준으로 옳고 그름을 판단한다. 규칙이나 법은 고칠 수 없으며, 그것을 지키는 것이 의무라고 생각한다.
후인습 수준	단계5: 사회 계약 지향	규칙이나 법은 사람들이 합의해서 만든 것임을 이해한다. 법은 융통성이 있으며, 법이 사회의 요구를 충족시키지 못할 경우 고칠 수 있다는 사실을 인식한다.
	단계6: 보편적인 도덕 원리 지향	추상적이고 보편적인 원리를 준수한다. 내적 양심에 호소하고, 자신의 도덕적 원리에 반(反)하는 규칙을 지키지 않는다.

3. 길리건(Gilligan)의 도덕발달이론

(1) 개요

① 성인 남성은 4, 5단계의 도덕성 발달단계를 보이는 반면 여성은 대부분 3단계의 도덕성 발달 수준에 머물러, 여성의 도덕발달이 남성에 비해 낮다고 규정한 콜버그의 주장이 여성의 도덕발달을 적절하게 설명하지 못하고 있다고 비판하였다.

② 길리건은 기존 서양의 윤리관을 남성중심의 성차별적 윤리관으로 규정하고 이에 대한 대안으로 배려의 윤리를 주장하였다.

③ 도덕발달의 성차는 주로 법, 질서, 정의 등과 같이 추상적인 것에 큰 관심을 갖고 있는 남학생과 달리, 여학생은 사회관계에 민감하고 공감에 관심이 많으며 현실지향적이고 추상적 원리에 대한 관심이 적은 데서 기인하는 것으로 해석되고 있다.

④ 길리건은 공정성과 정의와 같은 추상적인 원리를 강조하고 있는 콜버그 이론이 도덕의 또 다른 측면인 동정과 배려를 간과하고 있다고 지적하였다.

⑤ 동정과 배려는 여성의 도덕성을 규정짓는 가장 중요한 특징이다. 그녀는 여성이 대인관계와 다른 사람의 복지를 중시하도록 사회화된다고 주장한다. 일반적으로 여성은 남성보다 다른 사람의 감정을 이해하는 공감능력이 더 높다. 남성은 경쟁지향적인 특징을 갖고 있지만 여성은 협력지향적인 특성을 갖고 있다.

(2) 여성의 도덕성 발달단계

① 자기지향(이기적인 단계)

㉠ 자신의 이익과 생존에 자기중심적으로 몰두하는 단계이다.

㉡ 어떤 상황이나 사건이 자신의 욕구와 갈등을 일으킬 때에만 도덕적 사고와 추론을 시작하며, 어느 쪽이 자신에게 중요한가가 판단의 준거가 된다.

㉢ [제1전환기](이기심에서 책임감으로) : 애착과 다른 사람과의 관계 형성이 중요해진다. 도덕적 판단 기준이 독립적이고 이기적인 것에서 관계와 책임감으로 옮겨가기 시작한다.

② 다른 사람에 대한 책임 인식(자기희생으로서의 선)

㉠ 사회적 조망 발달, 자신의 욕구를 억제하고 타인의 요구에 응하여 노력하게 되고 타인에 대한 배려, 책임감, 자기희생을 지향한다.

㉡ 자기희생과 타인에 대한 배려를 선한 것으로 간주한다.

㉢ [제2전환기](선에서 진실로) : 왜 다른 사람을 위해 자신을 희생해야 하는가에 대한 의문을 가진다. 도덕적 판단 기준이 주변 타인과의 일치에서 보다 넓은 범위의 타인의 욕구와 통합되는 것으로 발전해 간다.

③ 자기와 타인에 대한 평등(비폭력적 도덕성)

㉠ 대인 간 도덕적 추론의 마지막 단계로, 개인의 권리 주장과 타인에 대한 책임이 조화를 이룬다.

㉡ 의사 결정 과정에 적극적으로 참여하고, 다른 사람에게 상처 주는 것을 피한다. 비폭력, 평화, 박애 등은 이 시기 도덕성의 주요 지표이다.

4. 래스(Rath)의 가치명료화 이론 초등 01

(1) 개요

① 학생들의 가치가 정립되지 않아 불명료할 때 그것을 탐색, 선택, 검토, 존중, 재확인, 실천, 내면화하도록 함으로써 스스로 합리적이고 적절한 가치체계 또는 가치관을 정립하도록 하는 데 중점을 둔다.

② 가치명료화란 여러 가지 가치 중에서 특정 가치를 선택하고 수용하여 그 가치에 따라 행동함으로써 가치를 내면화하는 과정이다.

③ 특정 가치를 무비판적으로 주입하도록 하는 것이 아니라 학생이 선택한 가치가 무엇인지 명백하게 검토하여 그 가치를 소중히 여기며, 그 가치와 부합되는 행동을 실천하도록 하는 자기학습 활동을 중시한다.

④ 가치명료화 이론은 가치를 개인적 차원에서의 선택과 존중의 문제로 간주한다.

⑤ 가치명료화 과정을 통해 '가치화'되었다는 것은 충분한 사고와 확인을 거쳐서 나온 일관된 행위의 반복이라고 할 수 있는데 이는 도덕을 행위의 실천체계로 인식하는 것이다.

⑥ 가치가 되기 위해서는 아래의 일곱 단계의 과정들을 모두 거쳐야 한다.

(2) 가치명료화 단계

① 가치선택하기(choosing)

㉠ 자유로운 상황에서 가치 탐색(가치 탐색)

ⓒ 대안들로부터 가치 선택(가치 선택)

ⓒ 선택한 가치에 대한 검토(가치 검토)

② 가치 선택을 소중히 여김(prizing)

㉠ 가치 선택을 기쁘게 생각하고 소중히 여김(가치 존중)

ⓒ 가치 선택을 타인에게 기꺼이 공언함(가치 재확인)

③ 실천하기(행동하기, acting)

㉠ 선택한 가치에 따라 행동을 실천함(가치 실천)

ⓒ 선택한 가치가 자신의 생활양식으로 굳어지도록 계속적으로 반복 실천함(가치 내면화)

05 사회성

1. 브론펜브레너(Bronfenbrenner)의 생태학적 이론(ecological theory) 초등 12

(1) 개요

① 브론펜브레너는 개인사회적 발달에서 사회 및 문화적 맥락이 중요하다는 에릭슨의 견해를 확대시켜 가족, 친구, 지역사회, 문화 등 생태환경을 구조화하고 이 환경체제가 발달에 미치는 영향을 분석하였다.

② 생태학적 이론은 확장된 환경과 아동에게 영향을 주는 환경을 미시체계, 중간체계, 외체계, 거시체계, 연대체계의 다섯 수준으로 분류하여 제시한다.

(2) 생태환경

① 미시체계(microsystem): 아동이 직접 접하는 환경으로 가정, 학교, 부모, 친구, 선생님 등이 포함된다. 아동의 활동은 직접적인 환경에 의해 영향을 받고 아동의 기질, 능력, 성격과 같은 특성이 성인의 행동에 영향을 미치므로 모든 관계가 상호적이다. 미시체계에서의 관계는 양방향적이다. 즉, 아동은 부모에게 영향을 주고, 부모는 아동에게 영향을 준다.

② 중간체계(mesosystem): 미시체계 간의 상호관계를 의미한다. 부모와 친구의 관계, 부모와 학교의 관계 등이 중간체계를 구성한다. 그러므로 중간체계는 미시체계들로 구성된다. 중간체계에서의 관계도 양방향적이다. 교사는 부모에게 영향을 주고, 부모는 교사에게 영향을 주는데, 이러한 상호작용이 아동에게 영향을 준다.

③ 외체계(exosystem): 아동이 직접적으로 접촉하고 있지는 않지만 아동에게 영향을 주는 환경이다. 부모의 직장이라든가 가족의 친구, 교육청, 지역정부기관 등이 포함된다. 예를 들어, 아동이 아프거나 문제가 생겼을 때 부모의 직장에서 신축성 있게 시간을 조정해 준다면 아동과 부모의 상호 관계는 증진될 수 있으며, 결국 이는 아동발달에 영향을 미치게 된다.

④ 거시체계(macrosystem): 아동이 속해 있는 사회의 가치, 법률, 관습 등과 같은 문화적 영향을 의미한다. 사회의 공통된 가치가 아동발달에 바람직한 방향으로 형성되는 것은 중요하다. 예를 들어,

정부의 아동보호에 대한 기준이 높게 책정되어 있을 경우 아동이 보다 쾌적한 경험을 할 수 있다. 또한, 거시체계의 영향으로 한국에서 성장한 아동과 미국에서 성장한 아동의 특성은 다르다.

⑤ 연대(시간)체계(chronosystem): 시간의 차원으로 일생 동안 일어나는 인간의 변화와 사회·역사적 환경의 변화와 생애에서 전환점이 되는 사건 등을 의미한다. 부모의 이혼이 시간이 지남에 따라 부정적인 영향을 미치는 것이 다르며, 과거보다 더 많은 여성이 사회생활을 한다. 따라서 환경과 상호작용하는 아동을 이해하는 데 시간이라는 변인 역시 중요하게 고려되어야 한다. 환경은 외부 사건으로 인해 변화하며 아동이 자신의 환경과 경험을 선택하면서 환경의 변화를 만들어가기도 한다.

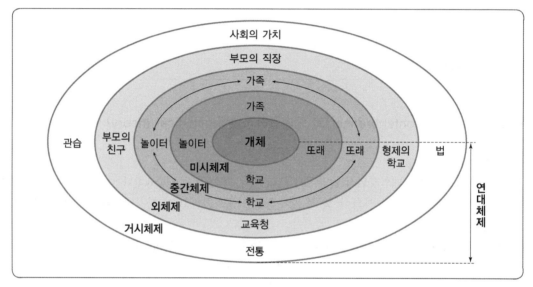

| 생태환경의 구조 |

2. 셀만(Selman)의 사회적 조망수용이론 중등 10

(1) 개요

① 타인에 대한 이해란 곧 사회인지(social cognition)의 발달을 의미한다.

  ㉠ 사회인지: 사회관계를 인지하는 것으로 타인의 사고와 의도, 정서를 생각할 수 있는 사회적 조망수용능력(social perspective taking ability)을 의미한다.

  ㉡ 사회적 조망수용능력: 타인의 관점, 입장, 사고, 감정 등을 추론하여 이해하는 능력이다.

② 사회적 조망수용능력이 발달한 아동은 다른 사람의 정서상태를 대리적으로 경험하는 감정이입 능력과 동정심을 가지고 있으며 어려운 사회적 상황을 잘 처리하는 사회적 문제해결 능력도 지니고 있다.

③ 셀만은 아동이 자신의 관점과 다른 사람의 관점을 구별하는 능력과 다른 관점 간의 관계를 파악하는 능력을 발달시키면서 자신과 타인을 이해하게 된다고 하였다.

④ 사회적 조망수용능력은 가정환경, 사회적 상황 등의 영향을 받으면서 발달하므로 나이에 상관없이 발달이 이루어지며 청소년이나 성인도 0단계나 1단계에 머무를 수 있다.

(2) **사회적 조망수용능력의 발달단계**

① 0단계 : 자기중심적 관점수용단계(the egocentric undifferentiated stage of social perspective taking, 3~6세)

  ㉠ 자기중심적 사고로 자신과 타인의 입장을 구별하지 못하며, 타인도 자신과 같은 생각과 느낌을 가지고 있다고 생각한다.

    예 학교폭력 가해자는 자신의 폭력으로 다른 친구가 괴롭다는 것을 전혀 인지하지 못한다.

  ㉡ 다른 사람의 입장을 물어보면 자신의 입장을 말한다.

② 1단계 : 주관적 조망수용단계(the differentiated and subjective perspective taking, stage 5~9세)

  ㉠ 타인의 조망과 자신의 조망이 다를 수 있다는 것까지는 이해하지만 아직도 자기의 입장에서 이해하려고 한다.

  ㉡ 자신의 행동을 다른 사람의 조망을 통해 평가하기 어려우며, 타인의 의도, 감정, 사고를 추측할 수 있지만 숨은 의도나 감정을 알아차리지는 못한다.

    예 학교폭력 가해자는 '왜 폭력을 가하였는가'라는 질문에 '피해자가 잘못을 하였으니 때릴 수도 있다'고 생각하거나, "재미있어서요.", "단순한 장난이에요." 등의 대답을 한다.

③ 2단계 : 자기반성적 조망수용단계(self-reflective thinking or reciprocal perspective taking, stage 7~12세)

  ㉠ 타인의 조망을 고려할 수도 있으며 타인도 자기의 조망을 고려할 수 있다는 것을 인식한다.

  ㉡ 다른 사람이 자신의 행동에 대해 어떻게 생각하는지 알 수 있으며, 다른 사람이 서로 다르게 생각하고 느낀다는 것을 안다.

  ㉢ 다른 사람의 입장이 되어서 그 사람의 의도와 목적, 행동을 이해할 수 있다. 그러나 이러한 과정을 동시 상호적으로 하지는 못한다.

    예 학교폭력 가해자는 피해자가 아프고 속상해 한다는 것을 알고 피해자가 자신을 미워할 것임을 안다.

④ 3단계 : 상호적 조망수용단계(the third person or mutual perspective taking, stage 10~15세)

  ㉠ 동시 상호적으로 자기와 타인의 조망을 할 수 있다.

  ㉡ 다른 사람과의 관계 혹은 상호작용 속에서 발생하는 문제에 대해 제3자의 입장에서 객관적으로 생각하게 된다.

    예 학교폭력 가해자는 교사나 부모가 학교폭력에 대해 부정적으로 생각하고 있음을 알고 있으며 자신이 교사나 부모로부터 벌을 받을 수 있다는 것을 깨닫는다.

⑤ 4단계 : 사회적 조망수용단계(the in-depth and social perspective taking, stage 12세~성인)

  ㉠ 동일한 상황에 대해 다른 생각을 한다고 해서 그 조망이 틀렸다고 생각하지 않으며, 자신이 다른 사람의 조망을 완전하게 이해하지 못한다는 것을 안다.

  ㉡ 제3자의 입장을 확대하여 사회 구성원들이 갖는 일반화된 관점을 갖게 된다.

  ㉢ 사회체계를 사회의 많은 구성원이 공유하는 견해의 결과라고 생각하기 시작하므로 사회적 합의나 타인의 견해 등에 대해 관심이 많아지게 된다.

  ㉣ 자기와 타인을 포함하여 개인은 물론 집단과 전체 사회체계와 조망을 이해하는 최상의 사회인지를 획득한다.

    예 학교폭력 가해자는 사회에서 폭력이 바람직한 행동이 아니기 때문에 교사나 친구들이 학교폭력을 중지하기 바란다는 것을 깨닫는다. 폭력은 사회질서를 어지럽히는 일이며, 위법행위임을 인지한다.

학습이론

01 행동주의 학습이론

1. 고전적 조건형성(조건반사이론) 중등 06, 초등 09

(1) 개요

① 조건반사이론(conditioned reflex theory)은 러시아의 생리학자인 파블로프(Pavlov)가 개의 소화생리를 연구하는 과정에서 정립한 것이다.

② 파블로프의 조건반사이론은 가장 고전적인 S－R이론으로, 스키너의 조작적 조건반사이론과 구별하기 위해 고전적 조건형성이론으로 불리기도 한다.

(2) 실험

① 파블로프는 다음 그림과 같은 장치를 이용하여 개에게 종소리를 약 30초 동안 들려준 후 음식물을 주고, 이런 과정을 5~10분 간격으로 6~10회씩 매일 혹은 격일로 계속해서 반복하였다.

② 이후 음식을 주지 않고 벨소리만 들려주어도 개는 침을 흘리는 반응을 하게 되었는데 이 현상을 조건형성(conditioning)이라고 한다. 과정을 구체적으로 살펴보면 다음과 같다.

㉠ 개는 먹이를 먹으면 침을 분비하는데 이는 자동적인 것으로 무조건 반응(unconditioned response; UR)이라고 한다.

㉡ 실험에 사용된 음식은 무조건 자극(unconditioned stimulus; US)으로 학습 없이도 자동적·자연적으로 타액을 분비하게 하는 자극이다.

㉢ 종소리는 처음에는 침 분비를 유발하지 않는 중성 자극이었으나, 종소리와 먹이를 여러 번 연합하면 종소리만으로도 침 분비가 유발된다.

㉣ 이때 종소리는 조건 자극(conditioned stimulus; CS)이 되고, 종소리에 반응하여 침을 흘리는 것은 조건 반응(conditioned response; CR)이 된다.

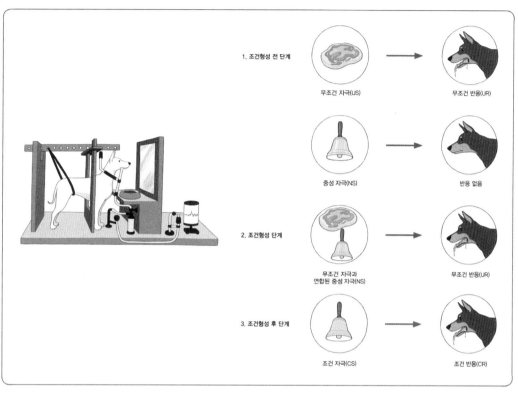

| 파블로프의 실험 |

(3) **조건반사의 원리**

① **시간(time)의 원리** : 조건 자극을 무조건 자극보다 먼저 제시하고, 두 자극 간의 시간 간격이 짧게 즉시 제공되어야 조건형성이 잘 이루어진다. 무조건 자극이 조건 자극보다 먼저 주어지면 조건화가 형성되지 않는다.

② **강도(intensity)의 원리** : 무조건 자극(음식)의 심리적 강도가 조건 자극(종소리)의 강도와 같거나 커야 조건화가 형성된다.

③ **일관성의 원리** : 행동에 변화를 가져오기 위해서는 자극이 일관성이 있어야 조건형성이 더 잘 이루어진다.

④ **계속성(continuity)의 원리** : 조건 자극과 무조건 자극의 결합이 계속적으로 반복되어야 한다. 반복의 횟수가 많을수록 조건화의 형성이 촉진된다.

조건형성 전	조건형성 과정	조건형성 후
음식(US) ◉ 침 분비(UR) 종소리(NS) ◉ 무반응	종소리 + 음식 ◉ 침 분비	종소리(CS) ◉ 침분비(CR)

(4) 조건화의 학습현상

① **자극의 일반화**: 조건화 초기단계에서는 조건 자극으로부터 발생하는 조건 반응이 그와 유사한 자극에 의해서도 발생하는데, 이것이 자극일반화(stimulus generalization)이다.

② **변별**: 연습이 반복되면 최초의 조건 자극(벨) 이외의 자극에는 반응하지 않게 된다. 일반적 자극에는 반응하지 않고 최초의 자극에만 반응하는 현상을 분화(differentiation) 또는 변별(discrimination)이라 한다.

③ **소거**: 고전적 조건화의 경우 무조건적 자극이 없는 상태에서 조건 자극만 계속될 때 발생하며, 조작적 조건화에서는 행동에 대해 강화를 멈추었을 때 발생한다. 조건화되어 있는 개에게 계속해서 조건 자극(벨)만 제시하고 무조건 자극(음식)을 중단하면, 조건 반응(침)이 점차 줄어들어 결국은 반응을 중단하게 된다. 이것은 소멸(extinction) 또는 소거라고 한다.

④ **자발적 회복**: 소거 이후 무조건 자극과 연합하지 않은 채 다시 조건 자극을 제시했을 때 지시훈련 없이도 조건화된 반응이 다시 나타나는 것을 말한다. 소거 이전의 조건반응보다 강도가 약하고, 다시 소거과정에 들어가면 이전보다 빨리 소거된다.

⑤ **고차조건화**: 이미 형성된 조건 자극을 무조건 자극으로 삼아 새로운 조건반사를 형성할 수 있다. 이를 2차 또는 고차조건화(higher order conditioning)라 한다.

(5) 고전적 조건형성의 응용

① 소거(extinction)

　㉠ 무조건 자극을 주지 않고 조건 자극만 반복 제시하여 바람직하지 않은 조건 반응을 약화시키려는 것이다.

　㉡ 담배나 술은 조건 자극이고, 흡연이나 음주가 유발하는 생리적 만족감은 무조건 자극이다. 흡연이나 음주를 소거하려면 조건 자극(담배나 술)을 생리적 만족감이 수반되지 않는 상태에서 반복 제시하면 된다.

② 역조건형성

　㉠ 바람직하지 못한 조건 반응을 바람직한 조건 반응으로 대치하는 방법이다. 바람직하지 못한 반응과 바람직한 반응을 동시에 할 수 없으므로 결국 바람직한 반응이 바람직하지 못한 반응을 대치하게 된다.

　㉡ 역조건형성의 절차

　　• 바람직하지 못한 조건 반응과 상반되는 바람직한 반응을 선택한다. 예를 들어, 공포와 양립할 수 없는 반응은 즐거움이다.

　　• 바람직한 반응을 유발하는 자극을 확인한다. 즐거움을 유발할 수 있는 자극은 초콜릿이다.

　　• 바람직한 반응을 유발하는 자극을 제시한 후 바람직하지 못한 반응을 유발하는 조건 자극을 제시한다. 이때 바람직한 반응을 유발하는 자극이 바람직하지 않은 반응을 유발하는 자극보다 강도가 더 높아야 한다.

- 1단계 : 비둘기(조건 자극 1)　　⊙ 두려움(조건 반응)
- 2단계 : 초콜릿(조건 자극 2)　　⊙ 즐거움(조건 반응)
- 3단계 : 초콜릿＋비둘기　　⊙ 즐거움(조건 반응)
- 4단계 : 비둘기　　⊙ 즐거움

③ 홍수법(flood method)

　㉠ 공포나 불안을 일으키는 장면에 장시간 노출시킴으로서 공포나 불안을 소거시키려는 방법이다. 비행공포증이 소거될 때까지 비행기를 타도록 하는 방법은 홍수법을 활용한 예이다.

　㉡ 홍수법과 유사한 방법으로 내폭요법이 있다. 극심한 불안이나 공포를 일으키는 대상이나 장면을 상상하도록 하여 불안이나 공포를 극복하도록 하는 방법이다.

④ 혐오치료(aversion therapy)

　㉠ 바람직하지 않은 반응을 유발하는 조건 자극과 혐오자극을 함께 제시하여 조건 자극을 회피하도록 하는 방법이다.

　㉡ 혐오자극을 이용하여 해로운 상황을 회피하도록 하는 방법이다.

　㉢ 알코올 중독증 치료를 위해 구토제를 주사하여 술을 마실 때 구토와 혐오감을 경험하게 하여 술을 회피하도록 하는 방법은 혐오치료를 활용한 것이다.

⑤ 체계적 둔감법(systematic desensitization)

　㉠ 역조건형성을 이용하여 공포를 일으키는 조건 자극에 점진적으로 노출시켜 공포를 소거시키려는 방법이다. 공포에 상반되는 반응은 이완(relaxation)이다.

　㉡ 이 기법은 크게 다음의 단계로 이루어져 있다.

- 불안위계 작성 : 불안을 일으키는 자극의 위계표를 작성한다.
- 이완훈련 : 이완훈련을 통해 이완상태를 경험하도록 한다. 즐거운 장면을 상상하면서 이완하는 학습을 한다.
- 상상하면서 이완하기 : 완전히 이완된 상태에서 불안위계의 가장 약한 불안을 일으키는 자극을 상상하도록 한다. 이 상태에서 불안을 경험하면 상상을 멈추고 이완하도록 한다. 충분히 이완되면 불안을 유발하는 자극을 상상하면서 이완하도록 훈련시킨다. 점차 상위수준의 자극과 이완을 결합시킨다.

　㉢ 체계적 둔감법은 불안을 유발하는 자극을 역치(threshold, 감지할 수 있는 최저 수준의 자극)보다 낮은 수준에서 제시한 다음 그 자극이 불안을 유발하지 않으면 점차 자극의 강도를 높여 간다는 특징이 있다.

⑹ **교육적 시사점**

① 일상에서 흔히 볼 수 있는 정서적 반응이나 태도는 고전적 조건형성의 결과라 할 수 있다.

② 시험이라는 단어만 들어도 떨린다던지, 좋아하는 선생님이 담당하는 교과목을 좋아하게 되는 경우도 고전적 조건형성으로 설명 가능하다.

2. 조작적 조건형성 초등 10

(1) 개요

① 파블로프의 이론은 행동형성(학습)을 위해 자극을 통제하는 것, 즉 수동적 행동학습이 주요개념 인 데 비해, 스키너(Skinner)의 조건화 이론에서는 반응의 통제, 즉 능동적 행동이 더 중요한 개념이 된다.

② 학습자는 자신의 환경을 '조작(操作)'한다. 조작적(작동적) 조건형성이란 의도적 · 능동적 · 조작 적 행동을 포함하는 행동주의적 학습과정이다.

(2) 실험

| 스키너 박스 |

① 스키너는 그림과 같이 제작된 스키너 박스(Skinner box)를 이용하여 실험을 하였다.

② 스키너는 파블로프처럼 유기체에 대한 자극을 통제하는 것이 아니라 유기체의 반응을 통제하여 학습을 형성하려는 것이다.

③ 스키너 박스는 쥐를 박스에 넣어 지렛대를 눌러 먹이를 먹는 과정을 관찰할 수 있도록 장치되었 다. 쥐는 처음 박스 안에 넣어졌을 때 우연히 지렛대를 누르게 되고, 그 결과 먹이를 먹게 된다.

④ 처음에는 지렛대와 먹이의 관계를 몰랐으나 시행이 증가함에 따라 지렛대를 누르면 먹이가 나온 다는 사실을 학습하게 된다. 이후 쥐는 먹이가 필요할 때마다 지렛대를 누르게 되고 이 행동은 먹이가 계속해서 주어짐에 따라 강력한 행동으로 형성(강화, reinforcement)되게 된다.

⑤ 쥐가 지렛대를 누르는 행동은 배고픔(자극)에 대한 반응으로서 수동적인 반응이 아니라 적극적 이고 임의적인 작동행동이다.

⑥ 파블로프의 행동 형성은 수동적인 조건화, 즉 자극을 주면 반응하는 S-R인 반면, 스키너의 행 동 형성은 능동적인 조건화, 즉 반응을 함으로써 자신이 원하는 자극을 얻는 R-S인 것이다. 이처럼 보상이 뒤따르는 행동은 증가하고 처벌이 주어지는 행동은 감소하게 된다.

(3) 강화

① **강화**: 강화물을 이용하여 행동의 빈도와 강도를 증가시키는 것을 말한다. 쥐에게 먹이는 지렛대를 누르게 하는 강화요소이며, 돌고래에게는 생선이 강화요소이다.

② **정적 강화와 부적 강화** 중등 00 · 01 · 04 · 12, 초등 05

  ㉠ 정적 강화(positive reinforcement): 어떤 행동 후에 만족스러운 강화물을 제공함으로써 의도한 행동의 빈도와 강도를 증가시키고 유지하는 것을 의미한다. 즉, 요구되는 반응을 하면 유쾌한 자극으로 보상되는 강화이다.

  ㉡ 부적 강화(negative reinforcement): 어떤 행동 후에 싫어하는 자극을 제거함으로써 의도한 행동의 빈도와 강도를 증가시키는 것을 의미한다. 즉, 요구되는 반응을 하면 불쾌한 자극을 회피할 수 있는 강화이다. 부적 강화는 벌(punishment)과는 다르다.

③ **일차적 강화물과 이차적 강화물**

  ㉠ 일차적 강화물(primary reinforcer): 그 자체로 강화능력을 가지고 있어 욕구를 충족해 주는 것으로, 음식물이나 물 같은 것이 해당된다.

  ㉡ 이차적 강화물(secondary reinforcer): 그 자체로 강화능력을 가지지 않는 중성 자극이 강화능력을 가지고 있는 자극과 결합되어 강화의 속성을 갖고 있는 것으로 돈, 토큰(별 도장, 스티커 차트 등)과 같은 것이 해당된다.

④ **강화계획** 중등 02, 초등 01 · 06

  ㉠ 고정간격 강화계획(fixed interval schedules): 반응횟수와 상관없이 일정한 시간이 지날 때마다 강화가 주어지는 방법이다. 강화가 제시되는 시기를 예측할 수 있기 때문에 강화를 받은 직후 바로 행동에 옮기지 않고 다음 강화가 제시되는 시점이 임박해서야 행동에 옮기는 패턴을 보일 수 있다.

  ㉡ 변동간격 강화계획(variable interval schedules): 강화가 제시되는 시기를 예측할 수 없도록 설정하여 행동의 빈도를 증가시키고 유지하는 방법이다. 예측이 불가능하기 때문에 꾸준한 반응을 초래하는 경향이 있다. 그러나 학생들에게 높은 불안감을 줄 수 있으므로 신중해야 한다.

  ㉢ 고정비율 강화계획(fixed ratio schedules): 일정한 수량의 반응을 해야 강화가 주어지는 방법이다. 학생이 10번 문제를 풀 때마다 한 번의 강화를 주는 식이다. 고정비율 강화 역시 일정한 비율로 강화가 주어진다는 것을 학생들이 예측하기 때문에 강화 후에 잠시 행동의 빈도가 줄어드는 경향이 있다.

  ㉣ 변동비율 강화계획(variable ratio schedules): 불규칙한 횟수에 따라 강화가 주어지는 방법이다. 따라서 학생들은 강화물을 얻기 위해 수행해야 하는 수행 횟수를 예측할 수 없다. 변동비율 강화계획이 이루어지는 상황에서 형성된 행동은 더 이상 행동에 대해 강화물이 주어지지 않아도 매우 오랫동안 소거되지 않는다.

유형	고정간격	변동간격	고정비율	변동비율
특징	• 일정한 시간 간격을 두고 강화를 주는 것 • 시간예측이 가능하므로 강화가 주어진 바로 다음 수행수준은 떨어지고 강화가 일어날 시간이 가까워 오면 다시 회복되는 경향이 있음	• 변동적인 시간 간격으로 강화를 주는 것 • 소거에 대한 저항력이 강해서 비교적 항상적인 반응 비율을 보이는 경향이 있음	• 규칙적인 반응횟수에 따라 강화를 주는 것 • 유기체는 몇 번의 반응이 있은 후에야 강화가 주어진다는 것을 예측할 수 있기 때문에 일단 강화를 받으면 일시적으로 수행수준이 떨어지기도 함	• 불규칙적인 반응횟수에 따라 강화를 주는 것 • 언제 강화가 있을지 예측할 수 없기 때문에 계속해서 반응을 시도하게 됨
예	• 3시간의 자율학습 시간 중 교사가 1시간마다 학생들의 학습점검을 하는 경우 • 월급	3시간의 자율학습 시간 중 교사가 학생들의 학습점검을 3회 하는데 그 점검 간격이 일정하지 않은 경우	영어단어 20개를 외우면 10분의 휴식을 주는 경우	축구나 농구에서 골을 넣는 것

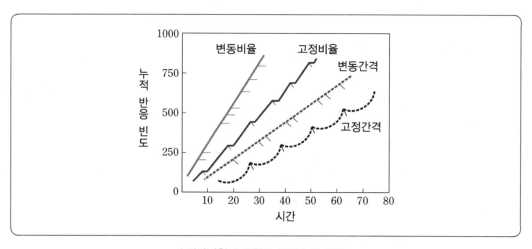

| 강화계획의 유형별 행동수행 곡선 |

㉠ 고정간격 강화계획에서는 반응 형태가 시간 경과를 추적하는 경향을 보이며, 강화가 주어진 직후 반응률이 급속도로 떨어졌다가 다음 강화가 주어질 무렵이 되면 반응률이 상승한다.

㉡ 변동간격 강화계획에서는 강화와 강화 간에 반응률이 크게 동요하지 않는다. 왜냐하면 언제 시간이 끝날지 모르기 때문이다. 따라서 강화가 주어질 때 빨리 그것을 받기 위해서 상당히 꾸준하게 반응한다.

㉢ 고정비율 강화계획과 변동비율 강화계획에서는 매우 빠른 반응률이 나타난다. 비율이 작으면 강화 직후부터 반응이 시작된다. 비율이 크면 각 강화 뒤에 잠깐 중단하였다가 꾸준하게 많은 반응을 하게 된다.

⑷ **소거와 벌**

① 소거 : 강화를 중단하여 행동의 빈도를 낮추어 결국에는 반응행동을 제거시키는 과정이다. 보통 소거의 방법은 무관심, 주의집중의 억제 등이 있다.

㉠ 아이의 우는 행동을 소거시키려면, 울 때 주어지는 보상(관심, 돌봐줌 등)을 주지 않으면 된다. 점차 우는 반응이 감소되다가 소거된다.

㉡ 소거는 대체로 보상을 중지하면 일어나지만 즉각적인 소거는 일어나지 않는다. 보상을 처음에 중지하면 반응이 일시적으로 잠시 증가하였다가 쇠퇴해 간다. 소거에 따른 반응은 보다 변동적이고 일시적으로 강해지기도 한다.

- 소거폭발(extinction burst) : 강화가 주어지지 않는 행동은 곧바로 소거되는 것이 아니라 일시적인 행동의 증가 후에 점차적으로 사라진다. 강화의 제거 이후 나타나는 일시적 행동의 증가를 소거폭발이라고 한다.

㉢ 자발적 회복(spontaneous recovery)은 지렛대를 누르는 행동을 소거시킨 뒤에 상당한 시간이 경과한 다음 스키너 박스에 다시 쥐를 집어넣으면, 어떤 추가 훈련 없이도 다시 지렛대를 누르게 되는 행동을 의미한다.

㉣ 소거에 주의해야 할 일반적인 원칙

- 소거는 상반행동에 대한 강화와 동시에 사용해야 효과적이다. 상반행동이란 소거하고자 하는 행동의 반대행동에 대한 강화를 말한다. 동생을 울리는 행동을 소거시키려 한다면, 사이좋게 놀 때, 즉 상반행동에 강화를 주면 효과적이다.
- 강화자극 이외의 외적 자극을 잘 통제해야 한다.
- 상반행동에 사용되는 강화는 간헐적인 강화보다는 지속적인 강화가 좋다. 보통 소거는 벌과 유사하게 인식되고 있으나 동일한 것은 아니다. 소거는 강화자극을 제거하는 것이지만, 벌은 강화의 반대 자극을 주어 행동 빈도를 감소시키는 것이다.

② 벌 : 강화는 행동을 증가시키는 반면, 벌은 바람직하지 않은 행동의 빈도를 감소시키는 역할을 한다.

㉠ 벌의 종류에는 수여성 벌(presentation punishment)과 제거성 벌(removal punishment)이 있다.

- 수여성 벌(정적 벌) : 싫어하는 자극(혐오자극)을 제공하여 바람직하지 못한 행동을 줄이는 방법이다. 교실에서 큰 소리를 내며 뛰어다니는 학생에게 교사가 꾸중을 하는 것, 숙제를 안 해 온 학생이 손바닥을 맞는 것 등이 수여성 벌의 예이다.
- 제거성 벌(부적 벌) : 좋아하는 자극(강화물)을 제거하여 바람직하지 못한 행동을 줄이는 방법이다. 바람직하지 않은 행동을 하였을 때 게임을 못하게 한다거나 좋아하는 운동을 못하게 하는 것이 예이다.

㉡ 벌을 사용할 때 고려해야 할 사항

- 벌을 받는 원인을 알려주고 동의를 받아야 한다.
- 벌 받은 직후 정적 강화를 제공하지 말아야 한다. 벌을 주고 나서 달래거나 과자를 주지 말아야 한다.
- 벌의 상반행동에는 즉시 강화를 하는 것이 좋다.
- 벌은 자주 주어서는 안 되며, 한 번을 주더라도 강하게 주어야 한다.

■ 강화와 벌

자극	제시	철회
유쾌한 자극	정적 강화(반응빈도의 증가)	제거성 벌(반응빈도의 약화)
불쾌한 자극	수여성 벌(반응빈도의 약화)	부적 강화(반응빈도의 증가)

■ 고전적 조건화와 조작적 조건화의 비교

특징	고전적 조건형성	조작적 조건형성
자극-반응의 계열	자극이 반응 앞에 온다.	반응은 효과(또는 보상) 앞에 온다.
자극의 역할	반응은 추출된다(elicited).	반응은 방출된다(emitted).
자극의 자명성	특수한 반응은 특수한 자극이 일으킨다.	특수한 반응을 일으키는 특수한 자극이 없다.
조건형성과정 내용	한 자극이 다른 자극을 대치한다. 정서적·부수의적 행동이 학습된다.	자극의 대치는 일어나지 않는다. 목적 지향적·수의적 행동이 학습된다.
학습의 원리	강도, 일관성, 동시간, 계속성	연습, 효과, 준비성

(5) 행동수정

행동수정 또는 응용행동분석은 조작적 조건형성의 기법을 이용해서 행동을 변화시키려는 절차를 말한다. 행동수정의 기본 전제는 다음과 같다.

• 모든 행동은 학습된다. 따라서 행동 A를 행동 B로 대치할 수 있다.

• 강화 또는 처벌을 효과적으로 활용하면 모든 행동을 수정할 수 있다.

▌ 행동수정의 단계

① **목표행동을 결정한다.** 교사는 변화시키기를 원하는 학생의 특정 행동을 파악하여 빈도를 측정한다. 예를 들어 욕하기, 다른 학생 때리기와 같은 목표행동을 선정할 수 있다.

② **목표행동의 기저선을 만든다.** 이것은 비교할 수 있는 기준을 세우기 위해 행동의 발생 빈도를 측정하는 것을 뜻한다. 예를 들어, 교사는 해당 학생이 한 주 동안 욕설은 몇 번 하였는지, 다른 학생은 몇 번 때렸는지를 파악한다. 이 기저선은 각각의 목표행동에 어떤 변화가 나타날 것인지를 볼 수 있게 해준다.

③ **강화인을 선택하고 필요시 처벌인도 선택한다.** 행동의 변화를 시도하기 전에 교사는 개별 학생에게 영향을 줄 수 있는 특별한 강화인과 처벌인을 찾아야 한다. 교사는 칭찬이나 스티커를 강화인으로 선택할 수 있으며, 방과 후에 늦게 귀가시키는 것과 같은 처벌인을 선정할 수도 있을 것이다.

④ **목표행동의 변화를 측정한다.** 기저선을 만들고 가능한 강화인과 처벌인을 결정하면 특정 기간 동안 변화가 발생하는지를 보기 위해 목표행동을 측정하게 된다.

⑤ **행동이 향상되면 강화인의 빈도를 점점 감소시킨다.** 처음에는 연속적 강화인이 필요하겠지만 점차 부분 강화를 사용하는 것이 바람직하며, 학교 밖에서나 강화가 없는 상황에서도 문제행동을 하지 않고 기대되는 행동을 계속 유지할 수 있도록 도와주어야 한다.

---

① 바람직한 행동을 증가시키는 방법

　㉠ 행동조성(조형) 중등 07·09, 초등 08·12

　　• 행동조성(shaping) 혹은 조형은 강화를 이용해서 목표행동을 점진적으로 형성하는 기법이다. 행동조성은 정적 강화를 포함하고 있지만 목표행동에 점진적으로 접근하는 행동만 강화한다는 점에서 단순한 정적 강화와 다르다.

- 행동조성은 차별강화와 점진적 접근으로 이루어져 있다. 차별강화란 어떤 반응에는 강화를 주고 어떤 반응에는 강화를 주지 않는다는 것을 의미하며, 점진적 접근은 목표행동에 근접하는 행동에만 강화를 주는 것을 의미한다.
- 최종 목표행동을 작은 단위로 나누어 목표행동에 근접한 행동에만 강화를 하여 목표행동을 점진적으로 형성시켜야 한다.
- 행동조성의 절차는 다음과 같다.
  - 바람직한 목표행동을 선정한다.
  - 일상적인 조건에서 목표행동이 나타나는 빈도(기저선, baseline)를 확인한다.
  - 강화물을 선택한다.
  - 목표행동을 작은 단위로 나눈 다음 순서대로 배열한다.
  - 연속강화계획에 따라 목표행동에 접근하는 행동을 할 때마다 강화를 준다.
  - 목표행동을 할 때마다 강화를 준다.
  - 변동강화계획에 따라 목표행동에 강화를 준다.
- 행동조성은 복잡한 행동을 단계적으로 형성할 때 적합하다.
- 행동조성이 성공을 거두기 위해서는 몇 가지 사항에 유념해야 한다.
  - 기초단계의 행동이 충분히 획득된 다음 단계의 행동을 강화해야 한다.
  - 바람직한 반응이 나타나는 즉시 강화를 해야 한다. 강화를 지연시키면 다른 행동이 강화를 받을 수 있다.

ⓒ **행동연쇄** : 다수의 반응을 순서대로 연결하는 것을 말한다. 행동연쇄는 일련의 반응이 단계별로 구성되어 있으므로 선행반응이 후속반응의 단서가 된다. 전형적 사례로 댄스 동작을 학습하는 경우를 들 수 있다.

ⓒ **단서철회(용암법)** : 단서철회(fading)는 반응에 도움을 주는 단서나 강화물을 점진적으로 줄여가는 것을 의미한다.

ⓔ **Premack 원리** : 빈도가 높거나 선호도가 높은 활동을 강화물로 이용해서 빈도나 선호도가 낮은 활동을 증가시키려는 원리를 말한다. 예를 들어, 책상에 앉아 책 보는 것은 싫어하지만 책상에 앉아 게임하는 것을 좋아하는 아동이 있을 때, 10분 동안 책을 보면 5분 동안 게임을 할 수 있게 하여 책을 보는 반응을 강화할 수 있다. 중등 01·06·12, 초등 01

ⓜ **변별학습/자극통제** : 자극을 활용하여 행동을 통제하는 기법이다.
  - **변별학습(discrimination learning)** : 변별자극의 학습을 의미한다. 변별자극은 특정 행동이 강화를 받을 것인지 아니면 강화를 받지 못할 것인지에 대해 알려주는 기능을 하는 자극이다. 스키너 박스 속의 쥐가 빨간 불이 켜졌을 때 레버를 누르면 강화를 주고 파란 불이 켜졌을 때는 레버를 눌러도 강화를 주지 않는다면, 쥐는 빨간 불이 켜진 상태에서만 레버를 누르고 파란 불이 켜진 상태에서는 레버를 누르지 않을 것이다. 이때 빨간 불과 파란 불이 변별자극이다.
  - **자극통제(stimulus control)** : 변별자극을 이용해 행동을 통제하는 기법이다. 자극통제의 핵심은 변별자극을 제시하여 바람직한 행동을 증가시키거나 변별자극을 제거하여 바람직하지 못한 행동을 감소시키는 것이다. 바람직한 행동을 증가시키려면 바람직한 반응과 연합

된 변별자극을 제시하면 된다. 반대로 바람직하지 않은 행동을 감소시키자면 그 행동의 단서가 되는 변별자극을 없애면 된다.

ⓑ 토큰경제(token economy) : 토큰을 이용해서 바람직한 반응의 확률을 증가시키려는 기법이다. 토큰이란 그 자체로는 아무 가치가 없지만 다른 물품을 구입하거나 교환하는 데 사용될 수 있다. 포인트, 쿠폰, 별표, 스티커, 스탬프, 칩 등이 흔히 토큰으로 사용된다. 토큰은 관리하기 쉽고, 적립할 수 있으며, 편리하기 때문에 흔히 활용된다. 중등 08

ⓢ 수행계약(performance contract) : 수행계약 혹은 수반관계계약(contingency contract)은 특정 행동을 하면 다른 사람(교사, 부모, 상담자 등)이 강화를 제공해야 한다는 것을 명시한 계약을 이용해서 행동을 수정하는 기법이다. 예를 들면, 수업시간에 30분 동안 조용히 공부하면 강화를 준다는 계약을 학생과 체결할 수 있다. 수행계약을 체결할 때는 목표행동, 목표행동을 수행해야 하는 조건, 목표행동을 완수 혹은 완수하지 못하였을 때 얻을 수 있는 결과를 명시해야 한다. 계약은 교사와 학생의 합의를 통해 이루어진다.

이때 목표행동은 구체적이어야 하고, 시간적으로 근접해야 하며, 다소 어렵지만 달성할 수 있어야 한다.

② 바람직하지 못한 행동을 감소시키는 방법

ㄱ 소거(extinction) : 강화를 주지 않을 때 반응 확률이나 강도가 감소하는 현상이다. 따라서 바람직하지 못한 행동을 소거시키려면 그 반응을 할 때 강화를 주지 않으면 된다. 수업시간에 발표를 하기 위해 열심히 손을 들어도 교사가 계속 지명하지 않으면 손을 들지 않게 되는 것은 소거되었기 때문이다.

ㄴ 차별강화(differential reinforcement) : 여러 행동 중 어느 하나만을 골라 선택적으로 강화하는 방법이다.
• 상반행동 (차별)강화 : 문제행동과 상반된 바람직한 행동에 대해 보상을 준다.
• 다른 행동 차별강화 : 문제행동 이외의 다른 행동을 하거나 문제행동을 하지 않을 때 보상을 준다.
• 저율행동 차별강화 : 평상시보다 문제행동을 덜 했을 때 보상을 준다.

ㄷ 꾸중 : 비난이나 질책과 같은 꾸중은 처벌의 일종이다. 꾸중은 바람직하지 못한 행동을 억압한다. 꾸중은 즉시, 그리고 짧게 해야 한다. 또 눈을 바라보면서 꾸중을 하는 것이 좋다. 조용한 목소리로 다른 학생이 모르도록 꾸중하되, 꾸중을 하면서 더 잘할 수 있다는 메시지를 전달하는 것이 좋다.

ㄹ 포만(satiation) : 문제행동을 지칠 때까지 반복하게 하여 문제행동을 감소시키려는 방법이다. 포만은 문제행동이 강화기능을 상실할 때까지 반복적으로 수행하도록 하여 그 행동을 감소시키려는 것이다.

ㅁ 타임아웃(time-out) : 바람직하지 못한 행동을 감소시키거나 제거하기 위해 정적 강화를 받을 수 있는 기회를 박탈하거나 강화를 받을 수 있는 장면에서 일시적으로 추방하는 방법이다. 타임아웃은 정적 강화로부터의 철수를 의미하므로 타임아웃 환경은 강화가 없거나 강화를 덜 받는 곳이어야 한다.

ㅂ 반응대가(response cost) : 문제행동이 발생한 후 정적 강화물을 회수하여 문제행동을 감소

시키기 위한 부적 벌의 절차이다. 수업시간에 소란행위를 할 때 자유시간을 박탈하는 것, 귀가시간이 늦은 자녀에게 외출을 금지하는 것이 해당된다.

ⓐ 과잉교정(overcorrection) : 바람직하지 못한 행동을 할 때 싫어하는 행동을 하도록 하는 처벌 기법이다. 이 경우 싫어하는 행동은 바람직하지 않은 행동과 유사해야 한다.

- 배상적 과잉교정(restitutional overcorrection) : 바람직하지 않은 행동을 하기 전보다 환경을 더 좋은 상태로 개선하도록 하는 방법이다. 책상에 낙서를 하였을 때 원래보다 깨끗하게 지우도록 하는 것이 해당된다.
- 긍정적 과잉교정(positive practice overcorrection) : 적절한 반응을 반복하게 하는 기법이다. 철자법이 틀린 학생에게 정확한 철자를 반복해서 쓰도록 하는 것이 예가 될 수 있다.

PART 03

교육심리학

(6) 조작적 조건형성에 대한 비판

① 관찰 가능한 행동만 강조하고 인지과정을 무시하였다는 비판을 받고 있다. 인간 행동은 환경에 의해 결정되므로 사고과정을 고려하지 않아도 인간 행동을 적절하게 설명할 수 있다는 스키너의 주장이 극단적이라는 비판이다.

② 외적 통제를 지나치게 강조하여 인간이 자율적으로 행위를 선택하고 행위의 결과에 대해서 책임을 지는 존재라는 사실을 인정하지 않고 있다.

③ 복잡한 행동을 적절하게 설명하지 못하고 있다. 스키너는 행동조성을 통해 복잡한 행동을 조성할 수 있다고 주장하였으나 행동조성으로는 문제해결이나 창의적 행동과 같은 복잡한 행동은 적절하게 설명할 수 없다는 비판이 있다.

④ 외적 강화가 내재적 동기를 약화시킬 수 있다. Deci(1975)는 아동이 게임 자체를 즐기고 있는 상황에서 게임결과에 대해 칭찬을 하거나 상을 주면 칭찬이나 상을 줄 때만 게임을 한다는 사실을 보고하였다. 이 비판은 내재적 동기에 의해 수행되는 행동에 외적 보상을 주는 것이 바람직하지 않다는 것을 시사하고 있다.

4. 반두라(Bandura)의 사회학습이론 중등 00·16 논술, 초등 08·12

(1) 개요

① 행동주의 이론에서는 직접적인 강화와 벌에 의해서만 학습이 일어난다고 보았으나, 직접적인 강화나 벌 없이 다른 사람의 행동을 관찰하고 모방하는 것으로 새로운 행동이 습득되기도 한다.

② 불을 직접 만져보지 않아도 불이 위험하다는 사실을 알고 있으며 뱀에 물리지 않아도 뱀이 위험하다는 것을 알고 있다. 이는 직접 행동하지 않아도 학습이 이루어진다는 것을 뜻한다.

③ 이와 같이 직접적인 강화 없이 관찰을 통해 모델의 행동을 모방하고 새로운 행동을 학습하는 것을 사회학습이론(사회인지이론)이라고 한다.

(2) 모델링

① 사회인지이론의 핵심은 대부분의 학습이 관찰을 통해 이루어지므로 강화가 학습의 필수요건이 아니라는 것이다.

② 사회인지이론은 모델 관찰을 통해 학습하는 과정, 즉 모델링을 체계적으로 분석한다. 모델링 혹은 관찰학습은 모델 관찰을 통해 행동, 인지, 정의가 변화되는 과정을 말한다.

③ 모델링의 기본 관점

　　㉠ 대부분의 인간 학습은 실제 모델이나 상징적 모델(소설 속의 가상적 인물이나 텔레비전 프로그램의 주인공 등)의 관찰과 모방을 통해 이루어진다.

　　㉡ 긍정적 결과를 받을 것이라고 기대되는 행동은 나타날 확률이 높다. 직접 강화를 받지 않아도 학습이 이루어진다.

　　㉢ 행동이 변화되지 않아도 학습은 이루어진다(즉, 수행과 학습은 구분된다).

　　㉣ 인지과정은 학습에 중요한 역할을 한다. 즉, 행동 후 강화(혹은 처벌)받을 것이라는 기대, 주의, 파지와 같은 인지과정이 학습에 영향을 미친다.

④ 대리적 조건형성(vicarious conditioning) : 다른 사람이 행동하였을 때 나타나는 결과를 관찰함으로써 자신이 그러한 행동을 하였을 경우를 예측하여 행동하는 것을 말한다. 직접적인 조건형성이 어려운 위험도가 높은 학습의 경우 효과적으로 활용될 수 있다.

　　예 오빠가 난로에 손을 데는 것을 목격한 동생은 난로를 함부로 만지면 안 된다는 것을 배우게 된다.

(3) 관찰학습의 효과

① 관찰학습 효과(모델링 효과) : 모델을 관찰하여 새로운 행동이나 기능을 학습하는 것을 말한다. 특정 행동을 한 후 강화받는 모델을 본 관찰자는 모델의 행동을 학습한다. 관찰학습을 통해 바람직하지 않은 행동도 학습할 수 있다는 사실을 주의해야 한다.

② 금지효과(제지 효과) : 특정 행동을 한 모델이 처벌받는 것을 관찰한 학습자가 그 행동을 금지하거나 억제하는 것을 말한다. 일벌백계(一罰百戒)는 금지효과를 잘 나타내는 표현이다.

③ 탈제지효과 : 금지된 행동을 한 모델이 보상을 받거나 처벌받지 않는 것을 관찰한 후 억제하고 있던 행동을 하는 것이다. 지각을 하고도 처벌을 받지 않는 친구를 관찰한 학생이 따라서 지각을 하는 것이 그 예이다.

④ 기존 행동 촉진 : 이미 학습한 행동을 촉진하는 기능을 하기도 한다. 음악회에서 청중이 손뼉을 칠 때 같이 치는 것이 예가 된다.

(4) 효과성 있는 모델

모델이 학습자와 성(gender), 연령, 문화 등에서 유사성을 가지고 있거나, 사회적으로 유능하거나 높은 위치에 있을 때 학습자는 모델에 더욱 집중하는 경향이 있다.

(5) 모델링의 과정 중등 05 · 06

① 주의(attention) 단계 : 학습이 일어나기 위한 첫 번째 단계로, 학습자가 모델의 행동에 관심을 갖고 주의집중을 하는 단계이다.

　　예 수영 강습을 받을 때 유능한 코치가 보여 주는 수영 동작 시범에 집중하는 경우

② 파지(retention) 단계 : 주의집중을 통해 얻은 모델의 행동이 정신적으로 언어화되거나 시각적으로 표현되어 학습자의 기억에 전이되는 단계이다. 모델의 행동을 저장하지 않으면 모델이 존재하지 않는 상황에서는 그 행동을 할 수 없으므로 파지는 관찰학습에서 매우 중요하다. 파지 단계에서 시연을 하면 모델 행동에 관한 기억이 증진된다.

　　예 주의 단계에서 보여준 코치의 수영 동작 순서를 차례대로 말로 되뇌거나 시각적 영상으로 생각해 내는 경우

③ 재생(reproduction) 단계 : 모델의 기억된 행동을 능숙하게 재생하는 단계이다. 즉, 기억에 저장되어 있는 행위를 신체동작으로 나타내는 것을 말한다.

  📖 수영 코치가 보여준 동작을 기억하고 호흡, 손동작, 발동작 하나하나를 직접 해보고 코치의 수영 동작과 비교하여 수정하고, 동작이 자연스러워질 때까지 연습하는 경우

④ 동기화(motivation) 단계 : 반응을 하려는 동기가 없으면 관찰한 반응을 재생하지 않을 것이다. 관찰한 반응이 자신에게 이익이 될 수 있는 상황이라고 판단될 때 동기유발은 잘 될 것이다. 긍정적 결과(강화)를 얻을 것이라고 기대되는 행동은 수행으로 나타나지만, 부정적인 결과(처벌)를 얻을 것이라고 기대되는 행동은 수행되지 않는다. 강화는 직접 강화, 대리 강화, 자기강화로 구분된다.

  ㉠ 직접 강화 : 자기 행동의 결과로 획득하는 강화
  ㉡ 대리 강화 : 모델이 강화받는 사실을 관찰할 때 관찰자가 경험하는 일종의 간접 강화
  ㉢ 자기 강화 : 바람직한 행동을 스스로 강화하는 것

  📖 수영을 배운 후, 전보다 건강해졌거나 기대한 만큼 체중조절이 되었다면 계속해서 수영 강습을 받을 것으로 기대

(6) 인지적 행동수정

① 학습자의 인지과정을 조작하여 행동을 수정하려는 기법으로, 자신의 행동을 점검, 관리, 조절하도록 하는 데 주안점을 준다.

② 외현적 행동 변화를 목적으로 하며 강화원리를 활용한다는 점에서 조작적 조건형성과 유사하지만, 행동 변화를 위해 인지과정을 조작한다는 점에서 사회인지이론을 응용한 것이다.

③ 인지론과 행동주의 원리를 통합적으로 적용하여 자기조절능력을 향상시키는 데 주력한다. 학습에 대한 학습자의 통제력을 높이기 위해 학습목표를 설정하고, 자신의 행동을 점검하며, 자신의 행동을 평가하고, 스스로의 행동을 강화하는 등 행동에 관해 상당한 책임을 요구한다.

④ 마이켄바움이 개발한 언어적 자기교수 프로그램(verbal self-instruction program)에 잘 구현되어 있다.

📘 마이켄바움(Meichenbaum)의 언어적 자기교수 프로그램

단계	과정
인지적 모델링	교사는 과제를 수행하면서 행동을 큰 소리로 학생에게 말해준다. 📖 교사는 문제를 풀면서 풀이과정을 큰 소리로 말한다.
외현적 외적 지도	학생은 교사의 지도를 받는 상태에서 큰 소리로 말하면서 과제를 수행한다. 📖 큰 소리로 말하면서 문제를 푼다.
외현적 자기지도	학생은 자신에게 큰 소리로 말하면서 과제를 수행한다. 📖 자신에게 큰 소리로 말하면서 문제를 푼다.
외현적 자기지도의 축소	학생은 속삭이면서 과제를 수행한다. 📖 속삭이면서 문제를 푼다.
내재적 자기지도	학생은 내적 언어를 사용하여 과제를 수행한다. 📖 속으로 말하면서 문제를 푼다.

⊙ 마이켄바움은 비합리적인 자기언어가 정서적 장애의 원인이라고 보았다. 또한, 내면적 언어의 발달은 먼저 타인의 가르침으로 조정되고 차차 자기 교수를 통해 행동통제가 가능하게 되며 이러한 자기언어는 내면적 자기교수로 내면화하게 된다고 보았다.

⊙ 마이켄바움의 언어적 자기교수 프로그램은 비고츠키의 혼잣말을 활용한 것이다.

⊙ 자기교수란 자기 스스로에게 하는 내적 언어인 자기진술로서 잘못된 인지양식을 바꾸어 행동을 바르게 변화하도록 하는 것을 말한다.

⊙ 충동형 수정에서 널리 사용되고 있는 방법 중 하나이다.

(7) **자기조절**

① 모델링의 궁극적 목적은 학습자가 자기조절을 하도록 하는 데 있다.

② 자기조절이란 자신의 사고, 감정, 행동에 대한 통제를 말한다. 목표가 학습에 있을 경우 자기조절학습이라고 한다.

③ 자기조절은 크게 메타인지조절, 인지조절, 동기조절로 구성된다.

   ⊙ 메타인지조절 : 인지과정을 인식하고 통제하는 것

   ⊙ 인지조절 : 학습정보를 부호화, 저장, 인출하기 위한 인지전략을 통제하는 것

   ⊙ 동기조절 : 감정과 동기를 적절하게 관리하는 것

(8) **사회인지이론의 교육적 시사점**

① 바람직한 행동모델을 제공해야 한다. 특히, 교사나 부모가 바람직한 행동을 하는 모델이 되어야 한다.

② 바람직한 행동을 하면 강화를 받고, 바람직하지 못한 행동을 하면 처벌을 받는다는 점을 주지시켜야 한다.

③ 학습자들의 동기를 높일 수 있는 다양한 모델을 제시해야 한다.

④ 자기조절능력을 증진시켜야 한다. 자기조절능력은 자기교수, 자기강화 등 다양한 방법으로 증진시킬 수 있다.

02 인지주의 학습이론 중등 02

인지주의 관점에서는 행동주의에서처럼 인간을 환경적 상황에 의해 영향을 받는 수동적 존재가 아니라 능동적이고 적극적인 존재로 본다. 인간은 문제해결을 위한 정보를 적극적으로 탐색하며 이미 알고 있는 것을 재배열하고 재구성함으로써 새로운 학습을 성취하는 것이다. 인지주의 학습이론으로는 쾰러의 통찰이론, 레빈의 장이론, 톨먼의 기호형태이론 및 앳킨슨과 쉬프린의 정보처리이론 등이 있다.

	행동주의 학습이론	인지주의 학습이론
인간관	백지설, 수동적 존재	백지설 거부, 능동적 존재
학습과정	자극과 반응의 연합을 통한 점진적인 행동의 형성	종종 갑작스러운 통찰을 포함한 인간의 인지구조의 변화
학습의 범위	직접 경험에 근거한 행동의 변화	직접 경험을 뛰어넘는 행동잠재력의 변화

1. 형태주의 심리학(gestalt psychology)

(1) 개요

① 형태심리학은 정신의 내재적인 조직화 경향과 전체적인 성질을 강조하는 인지심리학의 초기 접근이다.

② 베르하이머(Wertheimer)는 '인간의 의식이란 구성요소의 가산적 종합이 아니라 통합된 전체로서 작용하는 존재'라고 주장하며 의식의 분석적 입장을 거부하였다. 그의 핵심개념은 독일어의 gestalt로 표현되었는데, 이는 "조직된 형태, 윤곽 또는 부분의 집합과는 대조되는 조직된 전체를 뜻하는" 것이다. 즉, 인간의 의식이나 인지는 단순한 요소들의 합으로 환원될 수 없음을 의미한다.

③ 지각, 학습, 문제해결에서 조직화 과정을 강조한 형태심리학은 인본주의 심리학과 인지 심리학의 출현에 기여하였다.

(2) 형태심리학의 기본 견해

① 지각(perception)은 실재와 종종 차이가 있다. 유기체는 대상을 있는 그대로 인식하는 것이 아니라 나름대로 해석한다. 착시현상은 지각이 실재와 다르다는 것을 잘 나타내 준다.

② 전체는 단순히 부분의 합이 아닌 그 이상이다. 파이현상은 전체가 부분의 합보다 크다는 사실을 잘 나타낸다.

③ 유기체는 경험을 능동적으로 구조화하고 조직한다. 즉, 유기체는 형태(gestalt, 조직화된 전체)를 구성한다. 형태는 외부 환경에 존재하는 것이 아니라 유기체가 능동적으로 구성한 것이다.

④ 문제해결은 시행착오의 과정이 아닌 문제 장면의 재구조화와 통찰을 통해 이루어진다.

(3) 파이현상

① 파이현상(phi phenomenon)은 정지해 있는 물체를 움직이는 것으로 지각하는 일종의 운동 착시현상이다(가현운동). 전구들을 일렬로 배열해 놓고 일정한 시간간격을 두고 순서대로 불을 켜고 끄기를 반복하면 불빛의 움직임을 지각할 수 있는데 그것이 바로 파이현상이다.

② 파이현상을 근거로 형태심리학은 "전체는 부분들의 합보다 더 크다."는 명제를 정립하였다.

③ 유기체는 지각장에서 능동적으로 유의미한 전체, 즉 형태(gestalt)를 구성한다. 구조는 외부에 존재하는 것이 아니라 유기체가 능동적으로 구성한 것이다.

(4) 지각형성의 예

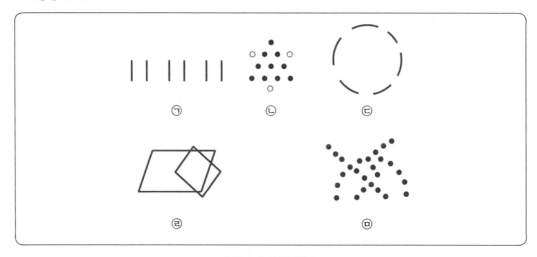

| 지각의 하위법칙 |

① **근접의 법칙**(law of proximity) : 시공간적으로 가까이 있는 정보들을 군집화하여 유의미한 형태로 지각하는 경향성을 말한다. 책을 읽을 때 띄어쓰기를 통해 의미를 이해할 수 있는 것 역시 근접의 법칙이 적용되었다고 볼 수 있다.

② **유사의 법칙**(law of similarity) : 어떤 것을 지각함에 있어 개개의 독립된 부분 중 비슷한 것끼리 연결시켜 통일된 하나로 이루어가면서 지각하는 경향을 말한다.

③ **폐쇄성의 법칙**(law of closure) : 불완전한 형태나 경험을 보충하여 완전한 형태나 경험으로 지각하는 경향성으로, 완결의 법칙이라고도 한다. 그림에서는 불완전한 원인데도 완전한 원으로 지각하고 있다.

④ **단순의 법칙**(law of simplicity) : 정보들을 가장 단순하고 규칙적인 형태로 조직화하는 경향을 말한다. 즉, 정보들을 대칭적이고 규칙적이며 부드러운 형태로 지각하려는 경향이다.

⑤ **연속의 법칙**(law of continuity) : 같은 방향으로 패턴이나 흐름을 형성하는 정보들을 연속적인 직선이나 도형으로 지각하는 법칙이다. 공통방향의 법칙이라고도 한다.

2. 쾰러의 통찰학습

(1) 개요

① 통찰(insight)이란 문제해결책을 갑자기 이해하는 것을 말한다.
② 학습은 통찰을 통해 이루어지며, 통찰이 일어나면 흔히 '아하' 현상을 경험하게 된다.

(2) 실험

① 쾰러(Köhler)는 행동주의자들이 주장한 자극-반응의 연합을 통한 점진적인 반응으로서의 학습을 거부하였다.
② 그는 침팬지 우리 안에 바나나를 높이 매달아 놓고 침팬지의 행동을 관찰하였다.

③ 침팬지는 바나나를 따려고 노력하다가 손이 닿지 않자 포기한 듯 구석에 가서 앉아 우리 안에 있는 상자들을 한참 쳐다보았다. 그러다 어느 순간 갑자기 일어나서 상자를 쌓고 그 위에 올라가 바나나를 따서 먹었다.

(3) 행동주의 이론의 한계점 지적

① 행동주의에 의하면 학습은 시행착오를 경험하면서 점진적으로 문제를 해결하는 과정이다. 그러나 쾰러의 실험에서 침팬지는 문제해결과정에서 오차가 거의 발생하지 않았으며, 갑자기 완전한 형태로 문제를 해결하였다.

② 행동주의에서 학습은 자극과 반응의 반복적인 연합으로 이루어진다. 따라서 침팬지가 여러 개의 상자를 쌓게 하기 위해서는 상자를 하나씩 이용할 때마다 강화를 주어야 한다. 그러나 쾰러의 실험에서 침팬지는 강화를 받지 않았음에도 한순간에 여러 개의 상자를 조합하였다.

③ 쾰러는 문제해결은 여러 번의 시행착오(trial and error)를 통하여 이루어지는 것이 아니라 단번의 통찰을 기초로 하여, 어떤 관계를 지각함으로써 문제가 해결된다고 보았다.

(4) 통찰학습

① 통찰학습은 어떠한 문제 상황에서 관련 없는 여러 요인이 갑자기 완전한 형태로 재구성되어 문제를 해결하는 것을 뜻한다.

② 서로 관련 없던 부분의 요소들이 유의미한 전체로 갑자기 파악되면서 문제해결을 위한 수단과 목적으로 결합된다.

③ 이때 학습자는 '아하' 현상을 경험하게 되는데, 통찰을 통해 획득된 지식은 쉽게 전이되며 오랫동안 기억된다.

3. 레빈(Lewin)의 장이론

① 사회심리학자인 레빈은 인간의 행동을 개인과 환경의 함수로 보아 장이론을 제시하였다.

② 레빈은 B=f(P·E)라는 행동방정식을 제시하여, 인간의 행동(behavior)은 개체(person)와 환경(environment)의 함수관계라고 설명하고 있다. 즉, 인간 행동은 개체와 개체를 둘러싸고 있는 여러 가지 물리적·심리적 환경에 의해 결정된다는 것이다.

③ 장(場)은 개인을 둘러싼 주관적인 심리적 생활공간(life space)과 독립적인 의미를 가지면서 장의 한 구성 요소인 개인 자신과의 통합체라고 할 수 있다.

④ 장은 개인을 포함하고 있으며 비심리적 환경과 구분된다. 그런데 이와 같은 통합체는 시간적인 조건에 따라 역동적으로 변화하여 각각의 위상을 나타내게 된다. 레빈은 학습은 이러한 과정에서 개인의 인지구조가 변화되면서 일어난다는 장학습이론(field theory of learning)을 전개하였다.

⑤ 행동은 개인과 환경의 상호작용 결과로 나타나는 역동적이고 전체적인 총합체에 의한 결과이므로 행동의 방향은 양립하는 '환경적인 힘의 강도'와 '개인의 요구(욕구)'와의 관계에 의해서 형성되는 방향가(vector)에 의해 결정된다.

⑥ 레빈은 개인과 환경의 역동적 관계에 의해 형성되는 장을 통하여 인지구조가 새롭게 형성되거나 기존의 인지구조가 재구조화되는 과정을 학습이라고 하였다.

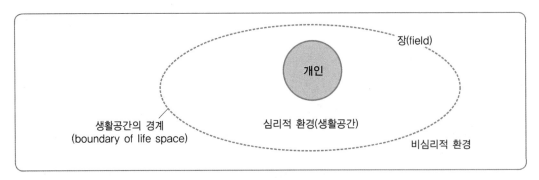

| 심리적 생활공간으로서의 장 |

4. 톨먼(Tolman)의 기호-형태설 중등 07

(1) 개요

① 기호-형태설(sign-gestalt)은 미국심리학자 톨먼에 의해 제안된 학습이론이다. 톨먼의 학습이론은 학자에 따라 목적적 행동주의 이론(purposive behaviorism theory), 기호-학습설(sign-learning theory), 기호-의미설(sign-significate theory), 또는 기대설(expectancy theory) 등 다른 이름으로 불리기도 한다.

② 톨먼은 학습상황에서 목표를 달성하는 수단을 '기호(sign)'라고 명명하고, 그 목표를 '형태(의미체)'라고 하여, 이 양자의 관련성을 기호-형태라고 칭하였다.

③ 톨먼에 따르면 행동은 목적을 지향한다. 그에 따르면 학습이란 단순히 자극-반응 관계를 형성하는 것이 아니라, 행동을 하면 결과(강화)를 얻을 것이라는 기대를 학습하는 과정이다. 그래서 그의 이론을 목적적 행동주의라고 부른다.

④ 인간을 포함한 유기체는 주어진 문제 사태에서 '목표(문제해결)'를 성취하는 수단(기호)을 인지하게 된다. 여기서 학습이란 행동 자체를 습득하는 것이 아니라 목표 달성에 관한 기호를 인지하는 것이다. 즉, 일련의 경험을 통하여 수단-목표-기대, 즉 '무엇을 하면 어떻게 될 것이다'라는 관련성을 파악함으로써 결과적으로 문제해결에 대한 인지를 획득하는 것을 말한다.

(2) 실험

① 톨먼은 쥐들을 서로 다른 강화 조건을 가진 세 집단으로 나누어 미로학습을 시켰다.

② 첫 번째 집단의 쥐들은 첫날부터 미로 찾기 학습에 성공할 때마다 강화(먹이)를 받았다.

③ 두 번째 집단의 쥐들은 성공하여도 아무런 강화도 받지 못하였다.

④ 세 번째 집단의 쥐들은 첫날부터 10일째까지는 강화를 받지 못하다가 11일째부터 강화를 받았다.

(3) 결과

① 첫 번째 집단은 실수를 범하는 횟수가 꾸준히 줄어들었으며, 아무런 보상을 제공하지 않은 두 번째 집단에서도 약간의 향상이 있는 것을 확인할 수 있었다. 세 번째 집단은 10일까지 두 번째 집단과 비슷한 실수를 보이다가 11일째부터 실수가 급격하게 줄어들고, 12일째부터는 첫 번째 집단과 비슷한 정도의 실수를 하였다.

② 이 연구는 세 번째 집단의 쥐들이 10일 동안 강화물이 없어도 무언가를 학습하였음을 의미한다. 이들의 머릿속에 이미 미로에 대한 지도가 그려져 있었던 것이다. 톨먼은 이것을 인지도 (cognitive map)라고 하였다. 인지도는 환경의 특성과 구조를 나타낸다. 그림 또는 지도의 형태로 나타낸 정신적 표상이다.

③ 그의 연구는 눈에 보이는 행동의 변화만이 학습은 아니라는 것을 나타낸다. 눈에 보이지 않는 인지적 변화도 학습이며, 이러한 학습은 강화와 관계없이 일어날 수 있다는 것이다. 톨먼은 이러한 학습을 잠재학습(latent learning)이라고 하였다.

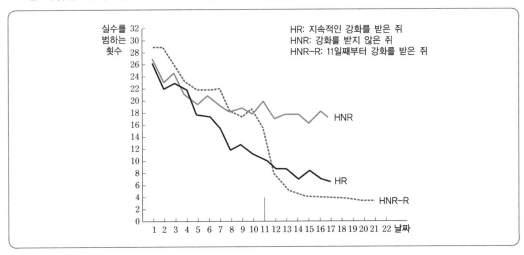

| 톨먼의 실험 |

(4) 학습

① 인지학습(장소학습)

㉠ 톨먼은 피험자들이 환경에 대한 인지도(cognitive map)를 학습한다고 주장하였다.

㉡ 인간은 목표에 도달하기 위해 반응 하나하나 또는 개개의 길을 보는 것이 아니라 전체적인 상황에 대한 인지도를 발달시켜 가장 짧은 길이나 가장 비용이 적게 드는 길을 선택한다고 보았다.

㉢ 인지도가 정신구조 속에 형성됨으로써 수단-목표-기대의 관계가 형성된다. 반면에 행동주의자들은 반응이 학습된다고 주장하였다.

㉣ 이러한 내용은 쥐를 대상으로 한 미로실험을 통해서도 알 수 있다.

> **📕 미로실험**
> 쥐는 복잡한 미로의 출발지점에서 목표지점을 향해 갈 때 다양한 방향의 갈림길에서 올바른 길을 선택해야 하였다. 반복적 경험을 통해 쥐는 목표지점으로 가는 인지도를 뇌 속에 그려가게 된다. 한참 후 미로의 중간지점에 장애물을 설치해 통행을 방해한 다음 쥐의 행동을 관찰하자 쥐는 또 다른 여러 미로를 여기저기 통과하여 목표지점에 도달하는 것이 아니라, 두 번째로 가깝고 쉬운 미로를 통해 곧바로 목표지점에 도달하였다. 여러 번 반복된 경험을 통해 쥐가 전체 미로에 대한 인지도를 이미 뇌 속에 그려놓았다는 사실을 알 수 있다.

② 잠재학습

　㉠ 잠재학습이란 행동으로 나타나지 않고 있지만 이미 학습한 지식이다. 행동주의의 주장과 달리, 잠재적 학습은 반응을 하지 않아도 학습이 이루어진다는 것을 시사한다. 또한 잠재적 학습은 강화 없이도 학습이 이루어진다는 것을 뜻한다.

　㉡ 톨먼은 미로를 달리는 것(수행)과 올바르게 미로를 달린 것에 대한 보상으로 음식을 받는 것은 학습에 반드시 필요한 요인은 아니라고 보았다. 배워서 아는 것이 학습이라면 그것을 실행에 옮기는 것은 수행이다. 다시 말해서 학습과 수행은 동의어가 아니다. 강화물은 잠재학습을 직접 관찰할 수 있는 행동으로 표현하게 만드는 유인책의 역할을 한다.

　㉢ 학습은 단순히 자극—반응의 연합이 아니라, 어떤 행동을 하면 특정한 결과를 얻을 것이라는 기대를 학습하는 과정이고, 그 결과를 얻기 위해 행동한다.

　㉣ 기대란 어떤 변화가 무엇 때문에 일어난다고 하는 것에 대한 예감이다. 처음의 잠정적인 기대는 '가설'이라 하며, 이는 경험에 의해 확인된다. 이때 확인된 가설은 인지 속에 남아있게 되며 이러한 과정을 통해 인지도가 형성되고 발달된다. 이렇게 확인된 기대는 '신념'으로 발달되고 인간은 어떤 방식으로 행동하면 어떤 결과가 따르는지 알게 된다. 즉, 행동의 목적지향성을 강조한다.

5. 정보처리이론 중등 00

(1) 개요

① 정보처리이론(information processing theory)은 컴퓨터의 정보처리과정에 기초하여 인간의 인지과정을 밝힌 이론으로, 새로운 정보가 투입되고 저장되며 기억으로부터 인출되는 방식을 연구하는 이론이다. 컴퓨터가 정보를 입력, 저장, 인출해내듯 인간도 정보를 받아들이고 저장하며 인출한다.

② 앳킨슨(Atkinson)과 쉬프린(Shiffrin)은 기억 저장소로 감각기억, 단기기억, 장기기억을 제시하였으나, 배들리(Baddeley)(1986)에 의해 작업기억(working memory)이 소개된 후 단기기억의 특징을 포함한 개념으로 사용되고 있다. 단기기억은 짧은 기간 동안 정보를 보유하는 저장소인 반면, 작업기억은 저장 기능뿐 아니라 조작 기능을 포함한다는 점에서 차이가 있다.

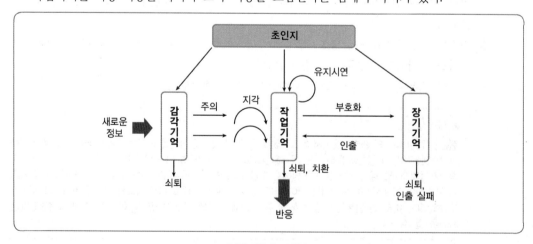

| 정보처리 모형 |

(2) **기억 저장소** 중등 01·07·08, 초등 01·02·03

① 감각기억(감각 등록기)

㉠ 감각기억(sensory memory)은 외부자극들을 있는 그대로 잠시 보존하는 저장고이다.

㉡ 시각적 정보는 시각적 형태로, 청각적 정보는 청각적 형태로 짧은 시간 동안 유지된다.

㉢ 용량에는 한계가 거의 없지만 즉시 처리되지 않으면 정보는 금세 사라진다. 정보가 보존되는 시간은 1~4초(시각적 정보는 약 1초, 청각적 정보는 2~4초)밖에 되지 않는다.

② 작업기억

㉠ 작업기억(working memory)은 일시적인 저장과 처리를 동시에 하는 기억의 요소로, 의식적으로 활성화되어 있다.

㉡ 작업기억이라는 작업대 위에는 감각기억에서 넘어온 새로운 자극과 장기기억에서 인출해 온 지식이 놓여 있다.

㉢ 감각기억과 장기기억에서 오는 정보를 적절하게 탐색하여 활용하는 작업공간이다.

㉣ 작업기억에 들어온 정보는 기억전략을 쓰지 않을 경우 약 10~20초 동안만 유지되고, 용량도 7 ± 2개(item)로 제한된다. 따라서 오래 기억되어야 할 정보는 부호화의 과정을 통해 장기기억으로 이동되어야 한다.

㉤ 작업기억에 정보를 유지할 수 있는 방법으로는 유지시연이 있다. 작업기억에 들어온 정보를 변형하지 않고 있는 그대로 반복적으로 되뇌는 과정으로, 유지시연을 충분히 하면 정보는 장기기억으로 이동될 수 있다.

㉥ 하지만 유지시연은 장기기억 속에서 정보가 고립된 상태로 존재하기 때문에 비효과적이다. 그리고 유지시연을 통해서는 정보를 이해하거나 새로운 상황에 적용할 수 없다.

③ 장기기억

㉠ 작업기억의 정보는 부호화 과정을 통해 장기기억(long-term memory)에 저장된다. 장기기억의 용량이 무제한이며 저장기간도 영구적이다.

㉡ 활성화된 기억인 작업기억과 달리 장기기억은 비활성화된 상태이다. 따라서 정보를 인출하려면 저장되었던 정보가 작업기억으로 이동하여야 한다.

㉢ 장기기억에서의 체제화는 도서관에서 책들을 일련의 분류기준에 의해 정리하는 것에 비유될 수 있다. 장기기억에서의 기억체제화는 의미(meaning)나 개념(concept)을 기준으로 이루어진다.

㉣ 일반적으로 장기기억의 유형은 정보를 정신적으로 표상하는 형식에 따라 서술적 지식과 절차적 지식으로 구분된다. 정신적 표상이란 정보를 기억에 저장하는 방식을 의미한다. 이론적 관점에 따라 장기기억에 저장된 기억을 도식이라고 하기도 한다.

• 서술적 지식

－ 일화기억: 주로 개인의 경험을 보관하는 저장소이다.

－ 의미기억: 사실에 관한 지식으로, 어떤 사건과 관련되지는 않는다.

　　📖 석굴암이 경주에 있다는 것, 시간을 말하는 방법, 우리나라 초대 대통령이 누구인지에 대해 아는 것

• 절차적 지식: 일을 어떻게 수행하느냐에 대한 지식을 말한다. 어떤 것을 하는 방법을 기억하고 운동기술과 인지기술을 학습하는 것이다.

예 자전거 타기, 운전하기, 수영하기

- 도식(schema or scheme)
  - 도식이란 수많은 정보들을 유의미한 범주로 조직하는 인지구조 또는 지식구조를 말한다.
  - 도식은 유사한 경험을 통해 형성된 공통속성이기도 하다. 개에 대한 경험을 통해 개의 공통속성을 추상화할 수 있게 된다. 그것이 바로 '개' 도식이다.
  - 사람에 따라 경험이 다르므로 도식은 개인차가 있다.

■ 장기기억의 유형

구분	서술적 지식(knowing what)	절차적 지식(knowing how)

정의	• 사실적 정보에 관한 기억
	  - 의미적 기억: 사실, 개념에 관한 기억
	  - 일화적 기억: 개인적 경험에 관한 기억
		• 어떤 행위를 수행하는 방식에 관한 기억
		• 고전적으로 조건형성된 반응

사례	• 용어의 뜻을 아는 것(의미적 기억) • 어제 누구를 만났는지 기억하는 것(일화적 기억)	• 운전하는 방법을 아는 것 • 슬픈 노래를 들을 때 저절로 슬픈 마음이 드는 것

■ 기억 저장소

구분	감각기억	작업기억	장기기억
부호 형태	감각적 특징	식별된 청각적·시각적·감각적 특성	의미적·시각적 지식, 추상적 개념, 심상
용량	매우 큼	7±2개	무한대
저장기억	1~4초	약 10~20초 (시연으로 좀 더 길어질 수 있음)	영구적
망각	쇠퇴	치환, 쇠퇴	쇠퇴, 인출 실패

(3) 인지처리 과정(cognitive process)

정보를 하나의 저장소에서 다른 저장소로 옮기는 내부적이고 지적인 활동을 의미하며, 주의집중(attention), 지각(perception), 시연(rehearsal), 부호화(encoding), 인출(retrieval)과 망각 등의 처리 과정이 포함된다.

① 주의
  ㉠ 자극에 반응하는 것을 의미한다. 주의를 받은 정보는 감각기억에서 작업기억으로 이동된다. 반면, 중요하지 않다고 판단되어 주의를 받지 못한 대부분의 정보는 소멸된다.
  ㉡ 주의집중의 특성은 그것이 선택적이라는 것이다. 감각 등록기에 들어온 수많은 자극들은 주의집중을 하지 않으면 곧 유실된다. 학습은 주의집중에서 시작되며 관심을 두지 않으면 학습은 결코 일어나지 않는다.
  ㉢ 선택적 주의집중은 칵테일파티효과(cocktail party effect)에서 명확하게 나타난다.
  ㉣ 학생들의 주의를 유지하고 지속시키기 위한 방안은 다음과 같다.
    • 시각자료를 제시할 때는 밑줄, 진한 글씨, 이탤릭체, 별표 등을 이용해서 중요한 내용을 강조한다.

- 정보를 언어로 제시할 때는 음성의 고저, 강약, 세기를 조절하고, 시험에 반드시 출제되는 내용이라고 강조한다.
- 다양한 자료와 시청각 매체를 이용하고 흥미로운 자료를 제공한다.

② 지각
  - ㉠ 유입된 자극(정보)의 의미를 파악하고 해석하는 과정을 말한다. 감각기억에 들어온 자극에 일단 주의집중을 하면 그것은 지각되게 된다.
  - ㉡ 학습에서 정확한 지각은 매우 중요하다. 교사는 모든 학생이 같은 지각을 할 것이라고 생각하지만 이는 착각이다.
  - ㉢ 지각이 일어난 자극은 '객관적인 실재'로서의 자극이 아니라 개인마다 다르게 받아들이는 '주관적인 실재'로서의 자극으로 바뀐다.

③ 시연
  - ㉠ 작업기억 안에서 이루어지는 처리과정이다. 정보를 소리 내어 읽든지 속으로 되풀이하든지 형태와 관계없이 계속해서 반복하는 것을 의미한다.
  - ㉡ 작업기억 안으로 들어온 정보는 시연을 통해 파지가 되기도 하고 장기기억으로 전이될 수도 있다.
  - ㉢ 시연은 크게 유지형 시연과 정교형 시연으로 구분된다.
    - **유지형 시연**: 정보를 단순히 속으로 되뇌는 전략으로, 효과는 일시적이며 망각되기 쉽다.
    - **정교형 시연**: 연합과 심상을 이용하여 새로운 정보를 기존지식과 연관 짓는 과정이다. 정교형 시연을 하면 정보가 선행지식에 관련되고, 정보를 다른 상징으로 대치할 수 있으며, 회상을 촉진하는 데 도움을 주는 단서가 추가된다.
  - ㉣ 시연은 할수록 기억이 향상되는데, 집중적인 시연보다는 여러 차례 시연을 하는 것이 기억에 도움이 된다. 따라서 한꺼번에 공부하는 집중학습보다 규칙적으로 여러 차례 시연하는 분산학습이 더 효과적이다.
  - ㉤ 초두성 효과와 신근성 효과를 적절하게 설명할 수 있다. 초두성 효과는 목록에 포함된 항목 중 첫 부분에 제시된 항목을 가장 잘 회상하는 현상을, 신근성 효과는 목록에서 가장 나중에 제시된 항목을 더 잘 회상하는 현상을 말한다.

④ 부호화(약호화)
  - ㉠ 부호화(encoding) 혹은 약호화는 새로운 정보를 잘 기억하기 위해 그 정보를 유의미하게 하거나 장기기억에 저장되어 있는 정보에 관련짓는 인지전략이다.
  - ㉡ 기계적 암기와 달리 새로운 정보를 유의미하게 만들고 장기기억에 저장되어 있는 정보와 연결하고 결합한다. 이러한 과정을 통해 새로운 정보는 작업기억에서 장기기억으로 이동한다.
  - ㉢ 정보가 부호화되지 않으면 그 정보는 작업기억에서 사라진다. 부호화는 정교화, 조직화, 심상, 기억술을 통해 촉진될 수 있다.

⑤ 인출 **중등 04**
  - ㉠ 인출(retrieval)은 장기기억에 저장되어 있는 정보에 접근하는 과정으로, 부호화와 밀접하게 관련되어 있다. 이는 효과적으로 부호화되지 않으면 효과적인 인출이 될 수 없음을 의미한다.

ⓛ 정보가 저장되었던 맥락과 같은 환경에서는 정보 인출이 쉽지만, 저장되었던 맥락과 다른 환경에서는 정보 인출이 좀 더 어려워진다.

ⓒ 저장된 정보가 장기기억 어느 곳에 분명 존재하고 있더라도 그 정보를 인출할 수 있느냐가 더 중요하다. 설단 현상(tip-of-the-tongue)은 장기기억에 존재하는 특정한 정보에 대해 정확하게 접근할 수 없는 것을 가리킨다.

▆ 부호화 특수성 초등 05

Tulving의 부호화 특수성 원리(encoding specificity principle)는 정보를 부호화할 때 사용된 단서가 가장 효과적인 인출단서가 된다는 원리이다. 인출조건이 부호화 조건과 일치할수록(시험조건이 학습조건과 일치할수록) 인출이 촉진된다.

모의고사나 예행연습은 부호화 특수성 원리를 응용한 것이다. 학습맥락과 동일한 맥락에서 정보를 인출할 확률이 높아진다는 부호화 특수성 원리는 상황학습이론으로도 적절하게 설명된다. 특정 상황에서 학습한 내용은 상황이 바뀌면 잘 인출이 되지 않는다.

부호화 특수성 원리는 효과적인 인출단서로 활용될 수 있는 다양한 맥락과 예시를 사용해서 학습내용을 가르쳐야 함을 시사한다. 그래야만 학습내용이 효과적인 인출단서와 함께 부호화되어 잘 인출될 수 있다. 학습정보를 특정 맥락에서만 제시하면 학습정보를 회상할 수 있는 단서가 충분히 부호화되지 않는다. 그 결과 그 단서가 상실되면 학습정보를 회상하는 데 어려움을 겪게 된다.

▆ 상태의존학습

상태의존학습(state-dependent learning)은 특정 정서 상태에서 학습한 내용은 같은 정서 상태에서 더 잘 회상되는 현상을 일컫는데, 부호화 특수성과 긴밀하게 관련된다. 학습시점과 회상시점의 정서 상태가 동일할수록 학습내용이 잘 회상된다. 기분이 좋을 때 학습한 단어는 즐거울 때 더 잘 회상되고, 슬픈 상태에서 학습한 단어는 슬플 때 더 잘 회상된다. 상태의존학습은 학습자가 학습내용은 물론 정서 상태를 기억에 함께 부호화한다는 것을 의미한다.

---

(4) 학습전략

① 작업기억의 용량 한계 극복

청킹 (chunking) 초등 06	• 주어진 정보를 보다 큰 단위로 묶는 것을 말한다. 정보를 묶어서 조직화하면 파지할 수 있는 정보의 양을 늘릴 수 있다. • 작업기억에서의 기억폭은 7±2이지만 청킹(chunking)을 통해 용량을 확장시킬 수 있다. 따라서 청킹은 작업기억의 용량 한계를 극복하는 매우 효과적인 방법이다. • 전화번호를 외울 때 051이라는 3개의 숫자를 부산의 지역번호라는 하나의 정보로 조직하는 전략도 청킹의 한 예이다. 훈련을 통해 향상될 수 있는 능력이므로 꾸준히 연습하면 어려운 문제도 묶을 수 있으며, 묶음의 수 또한 줄일 수 있다.
자동화 (automaticity) 초등 04	• 주의나 정신적 노력을 기울이지 않고 정보를 처리할 수 있는 상태를 말한다. 어떤 기능에 대한 자동화가 이루어지면 작업기억의 인지자원을 거의 활용하지 않아도 된다. • 자동화는 집중연습을 통해 획득된다. 처음에는 상당한 주의집중과 노력이 필요한 활동이라도 집중연습하면 자동적으로 처리할 수 있다. • 자동화는 작업기억의 한정된 인지적 자원을 중요한 문제를 해결하는 데 활용할 수 있게 해 준다.

이중처리 (dual processing)	• 시각과 청각을 작업기억에서 동시에 사용하도록 하는 방식, 즉 정보의 이중처리를 통하여 작업기억의 정보처리 능력을 최적화할 수 있다. • 언어로만 설명해 주는 것보다는 사진이나 표를 사용해서 설명해 줄 때 더 쉽게 이해할 수 있다. 이것은 시각과 청각이 상호 보완적으로 정보처리를 돕기 때문이다.

② 부호화

정교화 전략 (elaboration) 초등 04 · 06 · 11	• 정보에 의미를 추가하거나 정보를 기존지식에 관련짓는 인지전략이다. • 정교화는 학습한 정보들을 보다 확실하고 명확하게 파악하고, 또한 개별적인 정보들 간의 관련성(연합, 결합)을 보다 광범위하게 확장시켜 나가는 것을 말한다.

조직화 전략
(organization)
중등 12
	• 정보를 의미적으로 관련되고 일관성 있는 범주로 묶는 기법이다. 정보를 유의미한 범주나 군집으로 조직화하면, 정보가 체계적으로 관련되어 인출을 할 때 특정 정보가 다른 정보를 회상하는 단서 역할을 하므로 그대로 기억하는 것보다 더 잘 기억할 수 있다.
	• 조직화 전략의 구체적인 방법에는 개요작성과 개념도가 있다.
	  − 개요작성(outlining): 학습자료의 주된 내용을 위계적인 형식으로 표현하는 것이다. 즉, 세부 정보는 상위 범주 아래에 조직화되어 표현된다.
	  − 개념도(concept mapping): 개념 간의 관계를 보여 주고 주제와의 관련성을 나타내기 위해 개념 간의 관계를 도형화하는 것이다. 핵심 아이디어 간의 관계를 기억하도록 돕는 강력한 시각적 도구가 된다.

심상전략 (imagery) 초등 07	• 정보의 시각적인 형태를 말한다. 심상전략을 통해 정보를 오래 기억할 수 있다. • 이 전략은 이중부호화이론(dual-coding theory)의 지지를 받는다. 이 이론에 따르면, 장기기억은 언어 기억체계와 심상 기억체계라는 두 개의 분리된 기억체계를 가진다. **이중부호화이론** Paivio는 장기기억에서는 정보가 언어적 형태와 시각적 형태(심상)로 저장될 수 있는데, 정보에 따라 어느 한 가지 방식으로 표상되기도 하고 두 가지 방식으로 표상되기도 한다고 주장한다. 성공, 영혼과 같은 추상적 개념은 언어적 형태로 표상되지만, 집이나 사과와 같은 구체적 대상은 언어적 형태와 시각적 형태 두 가지 방식으로 표상된다. 이중부호화모형은 두 가지 방식으로 표상되는 정보가 한 가지 형식으로 표상된 정보보다 더 잘 기억된다고 주장한다. 따라서 '성공'이나 '영혼'과 같은 개념보다 '집'이나 '사과'와 같은 개념이 더 잘 기억된다. 그 이유는 두 가지 방식으로 저장되는 구체적 단어가 언어적 형태로만 저장되는 추상적 단어보다 인출될 확률이 더 높기 때문이다. • 새로운 정보를 성공적으로 부호화하기 위해서 언어적 정보와 함께 시각적 자료를 보충하는 것이 좋다.

기억술	• 장소법 : 기억해야 할 항목을 잘 아는 장소의 심상과 연결해 기억하는 방법이다. 예 마트에서 사과, 밀가루, 시금치, 맥주를 사와야 한다면, 우리 집 방 문에 사과가 화살에 꽂혀 매달려 있고 방바닥에는 밀가루가 쏟아져 있으며 화단에 시금치가 심어져 있고 내가 그 시금치에 맥주를 붓고 있는 모습을 연상하는 것 • 핵심단어법 : 암기해야 할 단어의 운과 심상을 연결하여 기억하는 방법이다. 예 '거대한'의 뜻을 가진 'huge'를 암기할 때 'huge'의 발음을 이용하여 '거대한 휴지'를 연상하며 암기 • 두문자법 : 각 항목의 첫 번째 철자로 두문자(acronym)를 만들어 기억하는 방법이다. 예 태정태세문단세 • 문장작성법 : 항목의 첫 번째 단어나 철자를 이용해서 문장이나 이야기를 구성하는 방법이다. • 연결법 : 항목 간의 시각적 심상을 형성하여 기억하는 방법이다. 예 잡지, 면도용 크림, 필름, 연필과 같은 단어를 기억해야 할 경우 연필과 면도용 크림을 손에 들고 있는 남자가 모델로 실린 잡지의 표지를 연상 • 운율법 : 항목으로 운율을 만들어 기억하는 방법이다. 예 영어의 알파벳 송

(5) **메타인지** 중등 03 · 09 · 10, 초등 06 · 07 · 09 · 10 · 12

① 개념

㉠ 메타인지(초인지, metacognition)는 인지에 관한 인지로 자신의 인지과정을 통제하고 조절하는 것을 말한다. 초인지, 상위인지라고도 불린다.

㉡ 메타인지는 기억체계의 전체 과정을 지각하고 통제한다. 어떤 정보에 주의를 기울여야 하는지, 시연을 사용할 것인지 아니면 부호화 전략을 사용할 것인지, 어떠한 부호화 전략을 잘 활용하며, 학습하는 데 얼마나 많은 시간이 필요한지, 그리고 새로운 학습이 장기기억에 잘 저장되었는지를 확인하는 것 모두 메타인지적 활동이다.

㉢ 메타인지는 자신의 인지과정에 적용되는 인지과정으로 인지과정 전체를 계획하고 점검하며 평가하는 역할을 한다.

② 메타(초)인지적 학습자가 학업성취도가 높은 이유

㉠ 메타인지적인 학습자는 목표와 동기를 계획하고 통제하며 이끄는 방법을 안다.

㉡ 정보에 주의를 기울이고, 변형하고, 조직하고, 정교화하고, 재생하는 데 도움을 주는 여러 인지전략(심상화, 정교화, 조직화)의 사용방법을 알고 익숙해져 있다.

㉢ 주의집중의 중요성을 지각하고 자신에게 효과적인 학습환경을 조성한다.
예 교실 앞자리에 앉거나, 공부하는 동안 휴대전화를 꺼 놓는 행동

(6) **정보처리이론의 교육적 적용**

① 투입된 정보는 매우 짧은 시간 감각 등록기에 머무르며 즉시 처리되지 않으면 곧 유실된다. 여러 자극을 동시에 수용하는 것은 어려울 수 있다. 따라서 수업 중에 동시에 두 가지 이상의 감각 정보가 제시되는 것은 바람직하지 않다.

② 교사는 학생의 주의집중력이 쉽게 저하될 수 있다는 사실을 인지하고 주의집중을 유지할 수 있는 수업계획을 세워야 한다.

③ 교사는 학생의 부호화가 유의미하게 일어나도록 도와야 한다. 정보의 유의미성을 높여 부호화를 촉진시키는 수단에는 조직화, 정교화, 기억술 등이 있다.

6. 바틀릿(Bartlett)의 스키마 이론

(1) 개념

스키마는 새로운 정보의 이해를 위해 사용되는 일종의 일반적 지식구조로 기억 속에 들어오는 정보를 선택하고, 선택된 정보를 인지구조 속에 의미 있게 통합하고 조직하는 역할을 한다.

(2) 스키마의 기능

① 텍스트 이해를 위한 해석의 틀: 어떤 스키마를 사용하느냐에 따라 다른 방식으로 글을 이해하고 해석하게 된다. 같은 내용의 텍스트라도 스키마에 따라 해석이 달라질 수 있다.

　예 동일한 내용을 어떤 사람은 '탈옥수의 상황으로', 어떤 사람은 '레슬링 시합에서 패시브를 당한 상황으로 해석

② 스키마에 따른 선택적 주의와 지각: 어떤 스키마를 사용하느냐에 따라 학습되는 내용이 달라진다. 같은 글이라도 어떤 관점에서 읽느냐에 따라 기억되는 내용이 서로 다르게 된다.

　예 동일한 글도 집 집을 구하려는 '세입자'의 관점에서 읽은 사람은 집의 구조나 결함 부분에 대한 기억을 잘하고, '좀도둑'의 관점에서 읽었을 때는 모피와 보석함 등의 내용을 더 잘 기억하게 되는 것

③ 의미 파악과 구성을 촉진하는 기능: 스키마는 학습 자료의 이해에도 큰 영향을 미친다. 미리 설명을 제시한 경우 관련된 사전 지식을 관련지을 수 있으므로 글의 내용에 대한 이해도를 증진시킬 수 있다.

　예 제목을 알고 글을 읽은 집단이 그렇지 않은 집단보다 더 높은 이해도와 회상도를 나타낸다. 사전 지식이 자료에 관한 추론능력에 중요한 영향을 미친다.

(3) 스키마 이론의 교육적 적용

① 배경지식의 중요성

　㉠ 유의미한 학습이 이루어지기 위해서는 새로운 지식을 이해하고 통합하기 위해 이용될 수 있는 적절한 사전 지식과 경험을 지닌 학습자들의 적극적인 관여가 필요하다.

　㉡ 학생들이 배우고자 하는 어떤 경험이든 그것을 적용할 수 있는 스키마가 존재하느냐에 따라 학습의 효율성이 좌우된다.

② 스키마 활성화 전략의 중요성

　㉠ 잘 발달된 스키마와 부합되는 정보일수록 더 쉽게 이해되고 학습되며, 더 오랫동안 파지된다.

　㉡ 적절한 배경지식의 활성화는 수업 목표에 부합될 경우 새로운 내용을 더 쉽고 효율적으로 학습하도록 돕는다.

　㉢ 교사는 학생들의 스키마 활성을 위해 읽을 내용의 줄거리를 미리 말해주거나 질문하는 방법을 사용할 수 있다.

　㉣ 새로운 내용을 학생들에게 친숙한 개념이나 경험과 관련시키기 위해 비유를 들거나 예를 제시함으로써, 수업 시작 전에 주제에 관해 학생들이 알고 있는 것들을 나열하게 하고 학생들이 학습할 내용에 관해 예언하도록 하거나 이에 근거하여 문제에 대한 해결책을 제시하도록 함으로써 사전 지식을 활성화시킬 수 있다.

③ 학습자의 적극적 관여에 의한 의미 구성
  ㉠ 인간은 학습한 내용을 그대로 기억하기보다는 글의 요점을 기억하며, 덜 중요한 정보보다 더 중요한 정보를 잘 기억하고, 자신의 관점과 일치하는 정보를 더 잘 기억한다.
  ㉡ 스키마는 정보를 기억하고 이해하는 과정에 작용하여 정보를 변화시킨다. 이런 점에서 학습은 본질적으로 스키마에 기초한 것이며, 객관적인 지식과 정보의 수용 과정이라기보다는 적극적 이해의 과정이라고 할 수 있다.
  ㉢ 이러한 학습관은 구성주의 학습이론과 관련된다.

03 망각

1. 개념
① 망각은 기억에 저장되어 있는 정보를 상실하거나 의식하지 못하는 현상이다.
② 학습한 내용을 모두 파지할 수 없기 때문에 시간이 경과됨에 따라 학습한 것이 망각되어진다.

2. 망각의 원인

(1) 흔적 쇠퇴설(소멸이론)
① 기억이란 학습한 것이 기억흔적으로 남은 것이며, 망각은 이 기억흔적이 쇠퇴하는 현상으로서 특별한 조치를 취하지 않으면 시간이 경과함에 따라 기억이 희미해지거나 저절로 소멸된다고 본다.
② 비석의 글씨가 세월이 갈수록 희미해지는 것과 같이 뇌의 기억흔적이 시간이 흐를수록 소실되어 망각된다는 것이다.
③ 시간 경과를 망각의 원인으로 간주하여 시간이 많이 경과할수록 많이 망각된다.

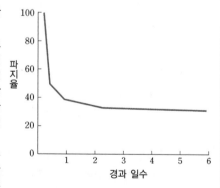

▌ 에빙하우스 망각곡선
시간 경과에 따른 파지량 또는 망각량의 변화를 최초로 연구한 사람은 에빙하우스(Ebbinghaus)이다.
그는 무의미 철자의 학습을 토대로 하여 망각곡선을 그렸는데 그의 망각곡선을 보면, 학습한 직후에 가장 많이 망각되고, 시간이 경과함에 따라 망각의 정도가 완만해진다는 것을 알 수 있다. 새로운 내용을 학습한 후 1시간이 경과되면 내용의 50% 정도를 망각하고, 48시간 후에는 약 70%, 31일 후에는 약 80%를 망각한다. 따라서 망각을 예방하기 위해서는 새로운 내용을 학습한 직후에 바로 복습하는 습관을 들이는 것이 좋다.
또, 에빙하우스는 무의미 철자를 이용한 실험을 통해 절약점수(saving score)를 계산하였다. 절약점수는 정보를 다시 기억할 때 소요된 시행횟수나 시간이 처음 기억할 때보다 감소한 정도를 나타낸다. 처음에 10회 반복으로 완전히 기억한 내용을 두 번째에는 5회 반복으로 완전하게 기억하였다면 50%가 절약된 것이다. 절약이 된다는 것은 기억이 반복과 연습을 통해 향상된다는 것을 시사한다.

(2) 소멸포섭이론(오수벨)

① 새로운 정보가 기존 인지구조에 융합되어 변별력을 상실하게 되어 망각된 상태를 뜻한다. 새로운 정보가 인지구조에 완전히 포섭되어 변별력이 상실되면 망각이 일어난다. 그래서 이를 망각포섭이라고 한다.

② 시간경과에 따라 구체적인 정보가 상위수준의 정보에 흡수되므로 소멸이론의 변형이다.

③ 수업시간에 개념과 사례를 가르치면, 시간이 흐름에 따라 일부 사례는 개념과 구분되는 특이성을 상실하게 되어 개념에 융합되므로 개념은 기억하지만 사례는 망각된다.

(3) 억압

① 억압은 고통스럽거나 위협적이고 수치스러운 경험을 무의식으로 추방하는 과정을 말한다.

② 정신분석학에 따르면 망각은 억압으로 인해 일어난다. 불쾌한 기억이 불안을 유발하기 때문에 억압된다고 설명한다. 불안은 불쾌하고 고통스럽기 때문에 불안을 유발하는 기억을 회피한다는 것이다.

(4) 간섭이론

① 간섭이론은 기억에 저장된 정보들의 혼동으로 인해 망각이 일어난다고 주장한다.

② 여러 정보가 서로 기억되기 위해 경합을 벌이는 과정에서 패배한 정보는 접근할 수 없게 되기 때문에 망각된다.

③ 간섭은 순행간섭과 역행간섭으로 대별된다.

  ㉠ 순행간섭 : 선행학습이 후속학습의 회상을 방해하는 현상을 말한다. 선행학습과 후속학습이 유사할수록 순행간섭이 많이 일어난다.

  ㉡ 역행간섭 : 후속학습이 선행학습의 기억을 방해하는 현상을 말한다.

④ 간섭을 방지하기 위해서는 간섭이 일어나지 않도록 학습과제를 차별화해야 한다. 교사는 비슷한 개념을 함께 가르쳐서는 안 된다. 따라서 같은 날 유사한 2개의 개념을 함께 가르치는 것은 되도록 피하고, 함께 가르쳐야 한다면, 두 번째 개념을 가르칠 때 첫 번째 개념과의 차이점을 먼저 부각하는 것이 좋다.

(5) 인출실패이론

① 망각은 장기기억에 저장되어 있는 정보를 인출할 수 없어서 일어난다. 장기기억에 수많은 정보들이 저장되어 있어도 인출되지 않으면 기억할 수 없다.

② 설단현상은 인출실패로 인한 망각을 잘 설명한다.

  • 설단현상 : 어떤 사실을 알고 있기는 하지만 말하려고 할 때 갑자기 말문이 막히면서 혀끝에서만 빙빙 맴돌 뿐 말로 표현되지 않는 것을 말한다.

③ 인출실패로 인한 장기기억의 망각은 회상과 재인의 개념을 통해서도 확인할 수 있다.

  ㉠ 회상(재생) : 어떠한 단서나 도움이 제공되지 않은 상태에서 장기기억의 정보를 인출해 내는 것을 말한다.
    예 주관식 시험 문제

  ㉡ 재인 : 단서나 도움이 제공되는 상황에서 장기기억의 정보를 인출해 내는 것을 말한다.
    예 객관식 시험 문제

④ 회상보다 재인이 쉬우며, 사람들은 회상보다 재인을 더 잘한다. 이는 회상하지 못한다고 해서 모두 망각된 것은 아님을 의미한다.

(6) 왜곡이론

① 경험의 모든 측면들을 완전히 기억할 수 없기 때문에 기억이 왜곡되어 망각이 일어난다는 주장이다.

② 인간의 기억은 경험을 정확하게 복사해서 저장한 것이 아니라, 경험의 얼개만 저장하고 나머지는 선행지식(도식)이나 신념에 근거하여 보충하고 재구성하고 추론한 것이다. 기억은 경험을 재구성한 것이므로 그 과정에서 왜곡되어 망각이 일어난다.

③ 기억의 왜곡을 방지하려면 중요하고 특징적인 사항을 구별할 수 있도록 강조해야 한다. 구별되는 특징은 정확하게 기억되므로 망각되지 않는다.

> **▌ 최신효과-초두효과**
>
> 망각은 학습 중간 상황에서 가장 잘 일어난다. 사람들은 처음과 마지막에 배운 것을 잘 기억하고 중간에 배운 것은 잘 기억하지 못한다. 이러한 기억 패턴을 초두-최신효과(primacy- recency effect) 또는 계열위치 효과라고 한다. 따라서 교사는 수업을 할 때 첫 부분에는 새로운 내용 또는 개념을 제시하고 종료 시점에는 배운 내용을 정리하는 것이 좋다. 그리고 중간 시간대에는 연습이나 토론 등의 활동을 하는 것이 좋다.

04 학습의 전이

1. 개념

① 전이(transfer)는 선행학습이 새로운 학습에 영향을 미치는 현상을 말한다.

② 한문 학습이 중국어 학습에 도움이 되거나, 바이올린 연주자가 비올라를 쉽게 배울 수 있었다면 전이가 일어난 것이다. "하나를 가르치면 열을 안다."는 속담은 전이가 매우 잘 일어난다는 것을 뜻한다.

2. 전이의 종류

(1) 정적 전이(positive transfer)와 부적 전이(negative transfer)

① 정적 전이(적극적 전이) : 이전의 학습이 새로운 학습을 촉진하는 전이를 말한다. 교육에서 전이는 사실상 정적 전이를 가리킨다.
　　예 영어학습은 프랑스어 학습을 촉진하고 수학학습은 공학학습을 촉진하는 것

② 부적 전이(소극적 전이) : 이전의 학습이 새로운 학습을 방해하는 전이를 말한다.
　　예 사투리 학습이 표준말 학습을 방해하는 것

(2) **일반전이(general transfer)와 특수전이(specific transfer)**

① 일반전이 : 이전의 학습에서 획득한 지식, 기능, 법칙을 완전히 새로운 장면에 적용하는 것을 말한다.

　예 생물학적 지식이 철학공부에 도움이 되는 경우

② 특수전이 : 선행장면에서 학습한 지식, 기능, 법칙을 매우 유사한 장면에 적용하는 것을 말한다. 일반전이에 비해 나타나기 쉽고, 가르치기도 쉽다.

　예 영어 학습이 스페인어 학습에 영향을 미치는 현상

(3) **근접전이(near transfer)와 원격전이(far transfer) : 특수전이의 사례가 됨**

① 근접전이 : 과제나 맥락의 근본 원리뿐만 아니라 겉으로 드러나는 모습도 유사할 때 이루어지는 전이를 말한다.

　예 5초 안에 시속 70km에 도달할 수 있는 자동차를 만들었다. 이 자동차의 가속도는?

　⟩ 10초 안에 시속 100km에 도달할 수 있는 자동차를 만들었다. 이 자동차의 가속도는?

② 원격전이 : 과제나 맥락의 근본 원리는 유사하지만 표면적 모습이 상이할 때 이루어지는 원리를 말한다.

　예 5초 안에 시속 70km에 도달할 수 있는 자동차를 만들었다. 이 자동차의 가속도는?

　⟩ 8초 안에 시속 60마일로 달릴 수 있는 동물을 연구하고 있다. 이 동물의 가속도는?

(4) **수평적 전이(horizontal transfer)와 수직적 전이(vertical transfer)**

① 수평적 전이 : 선행학습과 후속학습 수준이 비슷할 때 나타나는 전이를 말한다.

　예 역사시간에 학습한 3.1운동에 관한 지식이 국어시간의 독립선언문 학습에 영향을 미치는 것

② 수직적 전이 : 위계관계가 분명한 학습과제 사이에서 나타나는 전이를 말한다.

　예 사칙연산이 방정식을 푸는 데 기초가 되는 것

(5) **의식적 전이(high-road transfer)와 무의식적 전이(low-road transfer)**

① 의식적 전이 : 선행학습에서 학습한 추상적인 지식이나 전략을 새로운 학습에 의식적이고 의도적으로 적용할 때 나타나는 전이를 말한다.

　예 피라미드 면적을 구하는 방법을 이용하여 원뿔 면적을 구할 때

② 무의식적 전이 : 고도로 연습한 기능이나 지식을 매우 유사한 문제를 해결하는 데 자동적으로 적용할 경우 나타나는 전이를 말한다.

　예 독서요령을 철저하게 학습한 독자가 책을 읽을 때 자동적으로 의미를 해석하는 경우

(6) **전향적 전이(proactive transfer)와 역행적 전이(retroactive transfer)**

① 전향적 전이 : 선행학습이 후속학습에 영향을 미치는 현상을 말한다.

　예 세미나에 참가한 후 수업을 더 잘 이해하게 된 경우

② 역행적 전이 : 후속학습이 선행학습을 이해하는 데 소급적으로 영향을 주는 현상을 말한다.

　예 오늘 공부한 내용이 어제 공부한 내용을 이해하는 데 도움을 주는 경우

3. 전이 이론

(1) 형식도야설 중등 01 · 05 · 06 · 09

① 정신능력이 훈련으로 도야될 수 있으며, 도야된 정신능력이 광범위한 영역으로 전이가 된다는 일반기능의 일반전이론이다.

② 능력심리학에 토대를 두고 19세기와 20세기 초반까지 영향력을 미쳤다.

- **능력심리학**: 인간의 정신은 기억력, 주의력, 추리력, 의지력, 상상력과 같은 몇 가지 기초능력 (마음의 근육, 心筋)으로 구성되어 있고, 신체훈련으로 근육을 단련시킬 수 있는 것처럼 정신 능력도 훈련으로 연마할 수 있으며, 일단 연마된 정신능력은 다양한 장면으로 전이된다고 주장한다.

③ 이에 근거하여 형식도야설은 연습과 훈련으로 주의력, 기억력, 판단력, 상상력을 향상시킬 수 있으며, 일단 정신능력이 향상되면 자동적으로 다양한 장면으로 전이가 된다고 주장한다.

④ 학교에서 인문교과를 가르치는 이론적 근거를 제공하였다.

(2) 동일요소설

① 두 학습 사이에 전이가 발생하려면 학습자료 간에 동일요소(목적, 내용, 방법, 기능, 절차 등)가 있어야 한다는 입장이다.

② 손다이크(Thorndike)는 형식도야설을 부정하고, 어떤 교과의 구체적 내용이 다른 교과를 학습 하는 데 필요할 경우(동일요소가 있을 경우)에만 전이가 일어난다고 주장하였다.

③ 면적을 알아내거나 선을 긋는 훈련결과는 단어나 문장학습에 전혀 전이를 유발하지 못한다고 하면서, 두 학습 사이에 동일요소가 없으면 전이가 발생하지 않는다고 하였다.

④ 동일요소설에 따르면 자전거 타는 행동이 오토바이 타는 행동에 영향을 주는 것이나 덧셈학습 이 곱셈학습에 영향을 주는 것은 공통요소를 포함하고 있기 때문이다.

⑤ 두 학습 요소 간의 동일성이나 유사성이 크면 클수록 전이가 잘 발생된다.

(3) 일반화설(동일원리설) 초등 08

① 쥬드(Judd)가 주장한 일반화설은 두 가지 학습 장면 간에 유사한 원리나 법칙이 포함되어 있을 때 전이가 일어난다고 주장하는 이론이다.

② 전이의 가장 중요한 조건은 선행학습과 후속학습 사이의 동일요소가 아니라 일반원리에 관한 지식이다.

③ 초등학교 5 · 6학년 학생들을 두 집단으로 나누어 한 집단에는 빛의 굴절원리를 설명해 주고, 다른 한 집단에는 아무런 원리도 설명하지 않았다. 그리고 두 집단 모두에게 물속에 있는 표적 을 화살로 맞추는 연습을 시켰다. 굴절원리를 사전에 학습한 집단은 성공률이 급격하게 높아진 반면, 원리를 학습하지 못한 집단은 성공률이 상대적으로 높지 않았다.

④ 실험의 결과 일반적 원리의 학습은 그 원리가 적용될 수 있는 학습으로 적극적 전이가 발생한다 는 것이 밝혀졌다.

(4) 형태이조설

① 인지이론가들에 의해 주장된 전이이론으로, 형태이조설에 따르면 전이의 결정요인은 통찰 (insight)이다.

② 형태이조설은 한 학습장면에 관한 관계나 형태의 전체적인 이해가 다른 학습장면으로 전이된다는 주장이다. 이것은 두 학습 간의 요소나 원리에 의해서만 전이가 발생하는 것이 아니라, 오히려 그보다는 학습장면의 전체적인 이해가 전이를 일으킨다는 것이다.

③ 일반화설은 기계적 전이이론으로, 일반화를 이해하면 전이가 자동적으로 일어난다고 보는 반면, 형태이조설은 일반화를 이해하더라도 자동적으로 전이가 일어나지 않는다. 전이가 일어나려면 관계를 통찰하고, 그 통찰을 활용하려는 욕구가 있어야 한다.

④ 닭에게 명암의 차이에 따라 먹이가 주어지는 훈련을 시켰다. 어두운 장면에서는 먹이가 주어지지 않고 밝은 장면에서 먹이가 나오도록 장치하여 이를 훈련시켰다. 그 뒤에 실험장면의 밝기를 통제하여 실험장면보다 더 밝은 장면을 제시하였더니, 닭은 원래의 실험장면보다는 더 밝은 장면을 선택하였다. 즉, 닭은 밝기의 형태에 반응하였던 것이다.

⑤ 이 이론가들에 의하면 전이는 인지구조의 재구성에 의해 전이가 발생하는 것, 즉 형태 파악의 결과라는 것이다.

(5) 메타인지이론

① 메타인지가 전이의 결정요인이다. 메타인지는 자신의 인지과정을 인식하고, 점검, 조절, 통제하는 과정이다.

② 문제를 이해하고, 문제를 해결할 수 있는 적절한 전략을 선택하며, 그 전략이 문제를 해결하는 데 제대로 적용되는지 점검할 수 있을 때 전이가 일어난다.

(6) 인출이론

① 선행학습에서 획득한 지식과 기능을 새로운 장면에 적용하자면 장기기억에 저장되어 있는 관련 지식 및 기능을 적절한 시점에 인출할 수 있어야 하고, 작업기억이 두 장면의 특징을 동시에 파지해야 한다.

② 인출단서가 장기기억에 저장된 관련 지식 및 기능과 긴밀하게 관련될수록 선행학습의 정보가 잘 인출되어 새로운 장면으로 전이가 잘 일어난다.

(7) 상황학습이론

① 전이가 일어나려면 새로운 장면이 원래 학습장면과 비슷해야 한다.

② 거리에서 껌이나 과자를 파는 아이들은 물건 값을 받고 거스름돈을 계산하는 데 별 문제가 없었으나, 그 계산방법을 학교의 수학수업에 전이시키지 못하였다.

③ 상황학습이론에 따르면 학교학습이 실제 상황과 유사할수록 전이가 촉진된다.

4. 전이에 영향을 미치는 요인

① 정보가 유의미하게 부호화될수록 새로운 맥락에서의 전이 가능성이 커진다.

② 이전에 학습이 이루어진 맥락과 새로운 맥락이 유사할수록 전이가 촉진된다. 학교 교육이 전이를 촉진하려면 실생활과 비슷해야 한다.

③ 학습시간이 충분할수록 전이가 촉진된다. 학습시간이 부족하면 피상적으로 학습하게 되어 전이가 잘 일어나지 않는다.

④ 선행학습과 새로운 학습 사이에 경과한 시간이 짧을수록 전이가 촉진된다. 시간이 짧을수록 선행학습내용을 인출할 확률은 높아진다.

⑤ 학습과제의 일반성이 높을수록 전이가 촉진된다. 전이란 특정 영역에서 학습한 것을 다른 영역에 적용하는 과정이기 때문이다.

⑥ 개별 사실보다 원리나 법칙을 강조할수록 전이가 촉진된다. 원리나 법칙은 구체적인 사실에 비해 전이가 더 쉽게 일어난다.

⑦ 장기기억에 저장된 정보를 인출할 수 있는 능력이 높을수록 전이가 촉진된다. 그러므로 전이를 촉진하려면 학습내용을 다양한 인출단서에 관련지어야 한다.

Chapter
04

학습자의 정의적 특성

01 학습동기

1. 동기의 개념

(1) 개념

① 동기란 유기체 내에서 목표 달성을 추구하는 행동을 하게 하는 상태나 태세를 말한다. 따라서 동기를 유기체로 하여금 어떤 행동을 하게 할 뿐만 아니라 그 행동의 방향을 결정하는 힘이라고 할 수 있다(Petri, 1996).

② 동기화(motivation)란 목표를 향해 나아가도록 하는 행동을 유발하고 시간이 경과되어도 그 행동을 유지하는 내적 과정 등으로 정의된다(Pintrich&Schunk, 2002).

(2) 외재적 동기와 내재적 동기

① 외재적 동기와 내재적 동기의 개념

    ㉠ 외재적 동기(extrinsic motivation)

      • 행동의 동인이 행동 외부에 존재하며, 어떤 목적을 달성하기 위한 수단으로 행동하려는 동기를 뜻한다.

      • 외적 보상(돈, 칭찬, 인정, 경쟁, 성적, 취업, 인센티브 등)이나 처벌회피와 같이 외적 결과를 충족시키기 위해 행동하려는 동기이다.

    ㉡ 내재적 동기(intrinsic motivation)

      • 행동의 동인이 행동 내부에 존재하며, 행동 자체를 목적으로 하는 동기이다.

      • 과제 자체에 대한 흥미 또는 과제 수행에 따르는 즐거움이나 만족을 얻기 위해 행동하려는 동기이다.

② 내재적 동기가 높은 학생들의 특징

    ㉠ 학습활동을 자발적으로 시작한다.

    ㉡ 도전감 있는 과제를 선호한다.

    ㉢ 인지적 관여도와 주의집중력이 높다.

    ㉣ 외재적 보상과는 관계없이 과제를 수행한다.

    ㉤ 높은 창의성을 나타낸다.

    ㉥ 완성하지 못한 과제를 중간에 그만두려고 하지 않는다.

    ㉦ 과제수행을 즐긴다.

    ㉧ 학습 도중 스스로 설정한 표준에 비추어 이해 여부를 점검한다.

    ㉨ 성취도가 높다.

③ 내재 동기유발 방안

　㉠ 학습에 자율성을 부여하여 과제 및 해결방식을 선택할 수 있게 한다.

　㉡ 유능감과 자신감을 높인다. 내재적 동기는 유능감과 자신감이 높을 때 유발된다.

　㉢ 내재적 동기가 높은 인물을 모델로 제시한다.

　㉣ 흥미로운 과제를 제시하고, 학습을 학생들의 욕구, 경험, 삶에 관련 짓는다.

　㉤ 내재적 동기의 중요성을 강조한다. 공부하는 과정에서 얻는 즐거움도 좋은 성적 못지않게 중요함을 강조한다.

　㉥ 인지불균형을 유발한다.

④ 내재적 동기와 외재적 동기의 관계

관계	• 상호독립적이다. • 내재적 동기가 높다고 해서 외재적 동기가 반드시 낮은 것도 아니며, 그 반대도 아니다. • 내재적 동기가 없을 경우에는 외재적 동기를 갖고 있는 것이 동기가 전혀 없는 것보다는 낫다.
효과	내재적 동기가 더 효과적이다. 외재적으로 동기화된 행동은 외적 보상이 없으면 중단되지만, 내재적으로 동기화된 행동은 지속성이 높기 때문이다.
발달	내재적 동기는 학년이 올라갈수록 감소한다. 학년이 높을수록 성공을 절대적인 성취수준에 비추어 정의하지 않고, 동급생들과 비교한 상대적 성취수준에 비추기 때문이다.
과정당화 효과	• 외적 보상이 내재적 동기를 손상시킬 수 있다. • 내재적 흥미를 가진 과제에 보상을 주면, 그 과제가 보상을 위한 수단으로 인식되면서 내재적 동기가 감소할 수 있다.

2. 학습동기 이론

(1) 행동주의 동기이론

① 행동주의 동기이론은 특별한 사고 과정 없이 인간 행동의 힘과 방향이 결정된다는 관점이다. 전통적인 행동주의 이론은 관찰이 불가능한 내면적 과정이나 상태 등이 행동에 대한 과학적인 연구 대상으로 부적당하다고 본다.

② 외적인 보상과 처벌이 학생의 동기를 유발한다고 주장한다. 동기를 높이려면 바람직한 반응에 강화를 주면 된다.

③ 인간의 모든 행동을 기계적인 자극−반응의 연합만으로 설명하기에는 한계가 있기 때문에 보완적 연구로 신행동주의가 제기되었다. 신행동주의의 대표 학자 헐(C. Hull)은 충동감소이론을 제안하였다.

(2) 인본주의 동기이론

① 매슬로의 욕구위계 이론(a hierarchy of needs) 초등 03

㉠ 개념

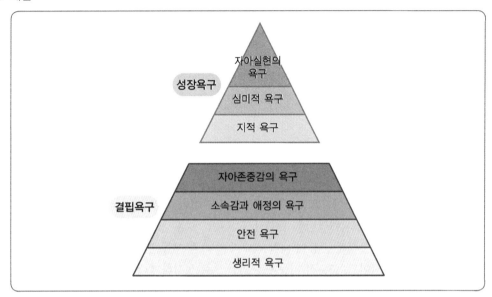

| 매슬로의 욕구위계 |

- 매슬로(Maslow)는 인간의 욕구는 피라미드 구조로 이루어져 있어서 하위 단계 욕구가 충족되지 못하면 상위 단계의 욕구가 발현되지 못한다고 주장하였다.
- 인간의 다양한 욕구를 7단계로 나누어 그 위계를 정하였다. 하위 단계에 속하는 욕구는 상위 단계에 해당하는 욕구보다 빈번하게 나타나며, 하위 단계의 욕구가 충분히 실현될 때 상위 단계의 욕구가 발현된다.
- 결핍욕구에 해당하는 생리적 욕구, 안전 욕구, 소속감과 애정의 욕구, 자아존중감의 욕구는 긴장의 이완이 최종목표이며, 완전충족이 가능하다. 성장욕구에 해당하는 지적 욕구와 심미적 욕구, 자아실현의 욕구는 긴장 자체를 즐기는 것이 목표이며, 완전충족이 불가능하고 끝이 보이지 않는 욕구이다.

㉡ 비판

- 서로 다른 단계의 욕구 사이를 옮겨 다니거나, 동시에 서로 다른 욕구에 의해 동기화될 수 있다.
- 상위 욕구의 충족을 위해 하위 욕구를 거부하는 경우가 있다. 지적 혹은 심미적 욕구의 충족을 위하여 안전이나 생리적 욕구를 거부할 때도 있으며, 자아존중감의 욕구 충족을 위해 소속감과 애정의 욕구를 거부할 때도 있다.

㉢ 교육현장에 주는 시사점

- 생리적 욕구가 충족되고 가정과 학교에서 안전감과 소속감, 애정을 충분히 느끼며 자기 자신이 존중받을 만한 가치가 있는 사람이라는 자긍심이 충족될 때 학생들은 성장욕구인 지적 욕구를 충족하기 위해 노력할 것이다.

- 하위 단계의 욕구가 충족될 때 학생들의 학습동기도 유발될 수 있으므로 교사는 학생의 결핍욕구가 충분히 충족되었는지 항상 주의를 기울여야 한다.

② 로저스의 실현 경향

  ㉠ 실현 경향(actualizing tendency)

    - 자아실현 욕구는 선천적인 것이며, 타고난 잠재력을 완전히 계발하기 위한 지속적인 노력의 욕구로 보았다.
    - 성장을 위한 노력에는 '투쟁과 고통(struggle and pain)'이 수반되며, 이러한 고통을 이겨나가는 것을 '실현 경향'이라고 하였다.
    - 실현 경향은 새롭고 도전적인 경험을 하게 하며, '타율성을 벗어난 자율성을 추구'하는 것으로 볼 수 있다. 로저스는 실현 경향을 동기의 원천이라고 보았다.

  ㉡ 충분히 기능하는 인간(fully functioning individual)

    - 타인과의 경험 중 가장 중요한 것은 '무조건적 긍정적 존중(unconditional positive regards)'으로, 인간은 자신의 행동과 상관없이 가치 있는 존재로서 누구나 타인으로부터 긍정적 관심의 대상임을 뜻한다.
    - 무조건적 긍정적 존중에 대한 욕구가 충족된 아동은 자아실현을 위한 노력을 지속함으로써 적응적이고 '충분히 기능하는 인간'으로 성장하게 된다. '무조건적 긍정적 존중'은 인간을 '충분히 기능하는 인간'으로 성장하게 하는 동력이다.
    - 충분히 기능하는 인간이란 로저스가 상정하는 이상적인 인간형으로 매슬로의 표현에 따르면 자기를 실현한 사람이다.

(3) 귀인 이론 중등 03 · 05, 초등 00 · 06 · 10

  ① 개요

    ㉠ 성공이나 실패에 대한 원인을 귀속시키는 경향성에 대한 이론을 귀인 이론(attribution)이라 한다.

    ㉡ 와이너(Weiner)에 따르면 귀인 이론은 학교에서 학생들이 그들의 성공과 실패를 어떻게 설명하는가에 대해 체계적으로 이해하려는 것이다. 인간은 자신의 성공과 실패의 원인을 알고자 하는 특성이 있다.

    ㉢ 실패의 원인을 노력 부족으로 지각한 학생은 수치심을 느낄 것이고 다음 시험에는 더 많은 노력을 기울일 것이다. 이처럼 어떤 사건이나 결과의 원인에 대한 개인의 지각을 귀인(歸因)이라고 한다.

    ㉣ 와이너는 사람들이 자신의 실패나 성공의 원인으로 가장 많이 제시하는 것으로 능력, 노력, 운, 과제의 난이도라는 네 가지 요소를 제시한다. 그리고 이러한 귀인들은 원인의 소재, 안정성, 통제 가능성이라는 세 가지 차원의 모형을 기준으로 분류될 수 있다.

  ② 귀인 이론의 인과적 차원

    ㉠ 원인의 소재: 성공과 실패의 원인을 내부로 돌리느냐, 외부로 돌리느냐의 차원이다. 노력이나 능력 등은 개인의 내부에 존재하는 원인이기 때문에 내적 원인이 되며, 운이나 과제의 난이도 등은 성공이나 실패를 외부에 귀인시키는 전형적인 외적 원인들이다.

ⓛ **안정성**: 성공과 실패의 원인이 변할 수 있느냐 없느냐의 차원이다. 안정적－불안정적 차원으로 특징지어진다. 능력은 쉽게 변화되기 어렵기 때문에 안정된 요인이지만 기분과 같은 요인은 언제든지 변화될 수 있기 때문에 불안정적 요인이다.

ⓒ **통제 가능성**: 통제 가능성 차원은 행위자가 그 원인을 통제할 수 있느냐 없느냐의 문제이다. 예를 들면, 운이나 지능지수는 통제 불가능한 원인의 한 예가 될 수 있고 노력은 통제 가능한 원인이 될 수 있다. 따라서 통제 가능성은 통제가능귀인과 통제불가귀인 두 가지로 나눌 수 있다.

■ **귀인과 각 차원과의 관계**

요소	원인의 소재	안정성	통제 가능성
능력	내적	안정	통제불가
노력	내적	불안정	통제가능
운	외적	불안정	통제불가
과제 난이도	외적	안정	통제불가

③ 귀인 결과와 동기

  ㉠ 귀인의 결과는 학습자의 기대(expectation)에 영향을 미친다.

    • 성공(또는 실패)을 안정적 요인으로 귀인시킨 학생은 미래의 유사한 과제에 대해서도 성공(또는 실패)을 기대할 것이다. 그러나 성취결과를 불안정적 요인으로 귀인시킨 학생은 장래에 유사한 과제에 직면하였을 때 그 성취결과가 달라질 것으로 기대할 것이다.

    • 노력이 부족하였기 때문에 실패하였다고 생각하는 학생은 좀 더 노력하면 다음번에는 성공할 수 있을 것이라는 희망을 가질 것이다.

  ㉡ 귀인의 결과는 학습자의 정서적 반응에 영향을 미친다.

    • 성공의 원인을 능력으로 귀인시킨 학생은 자부심이나 유능감을 경험하게 되지만, 실패의 원인을 노력으로 귀인시킨 학생은 자책감이나 수치심을 경험하게 될 것이다.

    • 또, 성공의 원인을 타인이나 운과 같은 외부 요인으로 귀인시킨 학생은 고마움을 느끼지만, 실패의 원인을 그러한 외부 요인으로 귀인시킨 학생은 화가 나거나 분노하게 될 것이다.

  ㉢ 학습자의 귀인은 학습된 무기력(learned helplessness)을 유발시킬 수 있다.

    • 학습된 무기력이란 아무리 노력해도 실패할 수밖에 없다는 신념 때문에 노력을 하지 않는 것을 말한다.

    • 실패를 많이 한 학생들이 실패를 피하기 위해 자신이 할 수 있는 일은 아무것도 없다고 믿을 때 발생한다. 학습된 무기력 현상을 나타내는 학생들은 실패를 불충분한 노력이나 부적절한 학습전략과 같이 통제 가능한 요인보다는 능력 부족과 같이 통제 불가능하면서도 안정적인 내부 요인으로 귀인시킨다.

    • 이들은 또한 자신의 성공을 행운이나 쉬운 과제와 같이 통제 불가능하고 불안정적인 외부 요인으로 귀인시키는 경향이 있다.

④ 귀인훈련(귀인변경) 프로그램

　⊙ 귀인훈련 프로그램은 귀인을 변화시켜 동기를 높이려는 프로그램이다. 체계적인 귀인훈련 프로그램은 학습자의 바람직하지 못한 귀인유형을 적절히 바꿀 수 있으며, 자신의 능력이 부족하다는 고정관념에 사로잡힌 학습자에게 큰 도움을 줄 수 있다.

　⊙ 교사는 다음과 같은 단계의 프로그램을 시행할 수 있다.

- 노력귀인으로 갈 수 있도록 한다. 노력귀인이란 성공이나 실패의 원인을 자신의 노력으로 돌리는 것을 의미한다. 학습에 실패하는 학생들은 실패의 원인을 능력부족으로 귀인하는 경향이 있다. 실패의 원인을 능력부족으로 귀인하면 동기가 손상되고, 결국 성취가 낮아진다. 능력이 부족해서 실패를 하였다고 생각하는 학생은 열심히 노력하더라도 능력이 낮기 때문에 실패가 불가피하다고 생각하고 노력하지 않는다. 와이너는 '실패 → 능력부족 → 무력감 → 성취감소'의 귀인유형을 '실패 → 노력부족 → 죄책감과 수치심 → 성취증가'의 형태로 바꾸는 것을 귀인 프로그램의 목적으로 보았다. 따라서 바람직하지 않은 귀인유형을 지닌 학습자는 우선 귀인훈련 프로그램의 첫 단계인 노력귀인으로 갈 수 있도록 도와주어야 한다.

- 실패를 무조건 노력으로 귀인한다고 해서 모든 문제가 해결되는 것은 아니며, 오히려 적절하지 못한 경우도 있다. 충분히 노력한 학생에게 '노력이 부족하다'는 말은 학습자에게 '아무리 노력해도 안 된다'는 좌절을 줄 수 있다. 따라서 이러한 경우에는 전략귀인으로 가도록 한다. 전략귀인은 실패의 원인을 자신의 학습방법이나 학습전략 등으로 귀인하는 것을 의미한다. 학습방법이나 습관을 스스로 점검해 보고 더욱 바람직한 방법으로 바꾸어주는 전략이 필요하다.

- 마지막으로 노력귀인과 전략귀인을 다 거쳤음에도, 즉 충분한 노력과 적절한 전략을 사용하였음에도 결과가 좋지 않을 때는 포기하도록 유도함으로써 학습자의 기대 자체를 수정하고 새로운 길을 모색하는 것이 현명하다.

▌학습된 무기력 초등 00

- 개념 : 삶을 전혀 통제할 수 없고, 무엇을 하더라도 실패를 피할 수 없다는 신념이다. 학습된 무기력은 아무리 노력해도 반드시 실패할 것이라는 확고한 기대로 나타나며, 통제되지 않았던 실패 경험의 반복으로 형성된다.
- 실험 : 셀리그만(Seligman)은 학습된 무기력을 확인하기 위해 개를 대상으로 실험을 실시하였다. 아무리 노력해도 피할 수 없는 전기충격을 개에게 계속 가하였다. 그다음, 전기충격을 경험하지 않은 개와 전기충격을 가한 개를 옆 칸으로 뛰어넘으면 전기충격을 피할 수 있는 장소로 옮겼다. 그 결과, 전기충격을 경험하지 않은 개는 쉽게 전기충격을 피한 반면, 피할 수 없는 전기충격을 경험한 개는 피하려는 시도를 하지 않은 채 전기충격을 견디고 있었다.
- 학생들 역시 학업실패를 거듭하면, 쉬운 문제도 해결하려고 시도하지 않는다. 거듭된 실패로 노력해도 결과를 통제할 수 없다는 신념, 즉 학습된 무기력을 형성하였기 때문이다.

⑷ 자기효능감 이론

① 개념

　㉠ 반두라(A. Bandura)는 자기효능감(self-efficacy)이란 어떠한 과제를 성공적으로 조직하고 실행하는 자신의 능력을 지각하는 특성이라고 정의한다.

　㉡ 교육적 맥락에서 자기효능감은 학습자가 소유하고 있는 지식과 기술을 효과적으로 적용하여 새로운 인지기술을 학습할 수 있는 능력이 있는가에 대한 학습자의 믿음이라고 정의된다(Schunk, 1989).

　㉢ 결국 학습자의 자기효능감이란 어떤 과제나 목표를 성공적으로 수행하기 위한 자신의 능력에 대한 판단이라고 할 수 있다.

　㉣ 자기효능감은 구체적 과제에 대한 자기 능력의 평가로서, 자신의 전반적인 능력에 대한 평가가 아니라 특정 시간에 주어진 특정 과제를 잘 수행할 수 있는지에 대한 믿음이다.

　㉤ 행동의 선택에 있어 어떤 과제에 대해 자기효능감이 낮으면 그 과제를 회피하고, 자기효능감이 높으면 적극적으로 수행하게 된다.

② 효과

　㉠ 자기효능이 높을수록 학습에 적극적으로 참여하고, 더 많이 노력하며, 지속성이 높고, 효과적인 학습전략을 사용하며, 스트레스와 불안을 잘 통제한다. 자기효능감이 높을수록 성취도가 높다.

　㉡ 자기효능이 높으면 스스로 할 수 있다고 믿고 열심히 노력한다. 그 결과 '할 수 있다고 믿는 것'을 실제로 할 수 있게 된다(자기충족적 예언). 반대로 자기효능감이 낮다는 것은 스스로 정신적 한계를 만드는 것과 같다.

③ 자기효능감 판단의 단서

　㉠ 실제 경험: 실제 그 과제를 직접 수행해 본 결과에 따른 성패 경험에 의해 자기효능감이 달라진다. 과거에 성공 경험이 있으면 앞으로도 그 과제에 대해서는 자기효능감이 강할 것이지만, 어려움을 겪었다면, 또는 성공하였다 하더라도 타인의 도움을 받았거나 과제가 쉬워서 성공하였다고 생각하면 자기효능감은 낮아진다.

　㉡ 대리 경험: 타인을 통해 자신의 능력에 관한 정보를 습득하는 것 또한 효능감에 대한 자기지각에 영향을 준다. 어린 아동일수록 또래들의 성공적인 수행결과를 보고 자신도 할 수 있다는 생각을 갖게 된다.

　㉢ 언어적 설득: 부모나 교사 등 자신에게 중요한 인물이 어떤 일을 할 수 있다고 믿어주고, 격려하고 설득하는 것에 의해 자기효능감은 달라질 수 있다.

　㉣ 생리적 상태(예 심장 박동수, 땀): 특정한 과제를 수행하는 동안 일어날 수 있는 생리적 현상 혹은 정서적 반응은 효능감 판단의 단서가 될 수 있다. 예를 들어, 심하게 긴장하고 불안하면 얼굴이 빨개지고, 손에 땀이 나며, 심장 박동이 빨라지게 되는데, 이를 자신의 능력이 부족하고, 실패가 두렵기 때문에 생기는 것이라 지각하고 효능감이 떨어질 수 있다.

④ 자기효능감 향상을 위한 방안

　㉠ 성공적인 과제 수행경험을 하게 한다. 교사는 다양한 상황에서 학습자들이 성공을 경험할 수 있는 기회를 제공하여 스스로 잘 할 수 있다는 확신을 갖도록 해 줄 필요가 있다.

ⓛ 또래모델을 활용하여 학생의 자기효능감을 향상시킬 수 있다. 학습자들은 자신과 연령이나 성별, 혹은 능력이 유사한 모델의 성공적인 수행을 관찰함으로써 자신도 과제를 수행할 수 있다는 신념을 갖게 된다.

ⓒ 교사는 다양한 형태의 피드백을 통하여 학습자의 자기효능감을 높일 수 있다. 교사는 성공적으로 과제를 수행한 학습자에게 능력이나 노력에 귀인하도록 함으로써 학습자가 자신의 능력을 높게 지각하도록 할 수 있다. 또한 학습전략과 관련된 교사의 피드백은 학생의 자기효능감을 향상시킬 수 있다. 학습전략이 성공적인 과제수행에 도움이 된다고 지각하는 학생들은 자기효능감이 향상되고 그에 따라 추후과제에서도 그러한 전략을 기꺼이 사용하려고 할 것이다.

ⓔ 실패나 어려운 과제를 접할 때 유발되는 정서적 각성을 긍정적으로 대처할 수 있는 기회를 제공한다. 긴장이나 불안에 대응하는 기술을 훈련시킬 수 있다.

ⓜ 교사 자신도 학생의 학습을 도와줄 수 있는 교사 자신의 능력에 대한 판단을 높게 가져야 한다(김영상, 1999). 교사 자신의 수업 능력, 학습전략 교수 능력, 교과 내용에 대한 지식, 학생의 생활지도 및 도움 제공 능력 등에 대한 능력을 높게 지각한 상태에서 학생들을 대할 때 능률도 높아질 것이며 결과적으로 학생의 효능감을 높여준다.

> **▌교사의 자기효능감**
> 교사의 자기효능은 학생들을 잘 가르칠 수 있다는 개인적 신념을 말한다. 교사의 자기효능은 교사 행동의 선택, 노력, 지속성, 성취에 영향을 준다.
> 자기효능이 높은 교사는 도전적인 과제를 개발하고, 학생들이 성공할 수 있게 적절한 도움을 주며, 학생들이 어려움에 처하였을 때 적극 도움을 준다. 학생의 실패를 능력이나 가정환경 탓으로 돌리지 않으며, 교사 자신이 학습을 촉진할 수 있다는 신념에 따라 열정적으로 가르친다.
> 반면 자기효능이 낮은 교사는 수준이 높은 학습과제를 개발하거나 학생들을 잘 가르칠 수 있는 방법을 찾기 위해 노력하지 않는다. 학생들에 대한 기대수준이 낮으며, 학업성적이 낮은 학생들을 포기하고, 학생들이 실패했을 때 비난한다.
> 교사의 자기효능감이 높을수록 학생들의 동기와 성취가 높아진다.

(5) 기대×가치이론 중등 11, 초등 10

① 기대×가치이론(expectancy-value theory)은 동기란 목표에 도달하려는 개인의 기대와 그 목표가 자신에게 주는 가치의 산물임을 의미한다.

② 행동의 경향성은 그 행동을 통해 목표를 달성할 수 있는 확률(즉, 기대)과 목표에 대해 부여하는 가치에 따라 좌우된다. 만일 목표가 매력적이고 그것을 달성할 수 있다고 생각하면 행동이 나타나겠지만, 만약 둘 중 하나가 없다면, 목표를 향해 행동할 동기는 사라진다.

③ 사람들은 어떤 활동에 대하여 적당한 양의 노력을 하면 성공적으로 수행할 수 있다고 믿을 때(높은 기대), 그리고 활동 또는 활동의 결과가 가치 있다고 믿을 때(높은 가치) 과제활동에 참여하게 된다.

기대와 가치에 영향을 주는 요인

기대(Eccles et al., 1998)	과제가치(Eccles et al., 1992)
• 과제의 난이도 : 일반적으로 과제가 어려운 것으로 지각될 때 성공에 대한 기대가 낮아진다. • 자기도식 : 자신에 대한 정보의 망으로 자아개념과 자신에 대한 믿음을 포함한다.	• 습득가치(과제의 중요성) : 개인적으로 중요하다고 평가하기 때문에 가치가 부여되는 활동이다. 과제가 개인의 가치체계나 정체성과 부합되는지와 관련된다. 예 친구들과 좋은 관계를 유지하는 것을 중요하게 생각하는 학생은 협력할 기회를 부여하는 활동이나 과제의 가치를 높게 인식 • 내재적 가치(내재적 흥미) : 어떤 과제를 수행함으로써 얻을 수 있는 즐거움을 의미한다. • 효용가치 : 어떤 과제의 숙달이 실용적 또는 미래 목표와 관련이 있는가에 따라 결정된다. 예 부모님을 기쁘게 하거나 상급 학교에 진학하기 위해 과제를 수행하는 것 • 비용가치 : 특정 활동을 선택함으로써 발생하는 기회 상실이나 심리적 부담을 의미한다. 다른 3가지 요소와 달리 비용이 높을수록 과제의 가치는 낮아진다.

		기대(성공 가능성)	
		낮음	높음
과제의 가치	낮음	과제거부	노력최소화
	높음	무능감추기(자기방어)	과제수행

| 기대×가치의 수준에 따른 과제접근 행동 |

(6) 성취 동기 이론 초등 01

① 개관

㉠ 성취 동기는 도전적이고 어려운 과제를 성공적으로 수행하려는 욕구(Atkinson, 1980)라고 정의할 수 있다.

㉡ 성취 동기는 머레이(Murray)에 의해 처음 제시되었고, 이후 맥클리랜드(D. McClelland)와 앳킨슨(J. Atkinson)에 의해 보다 체계적으로 발전하였다.

㉢ 성취 동기의 측면에서 머레이는 정의적인 측면을 중시하고 있는 데 반해 맥클리랜드와 앳킨슨은 기대-가치라는 인지적인 측면을 강조한다.

㉣ 맥클리랜드는 아동에게 성취에 대한 보다 높은 욕구를 형성시킬 수 있다고 믿고 있었으며, 앳킨슨은 성취하고자 하는 욕구를 실패 회피 동기와 함께 설명함으로써 성취 동기를 이해하는 데 보다 유용한 시각을 제시하였다.

② 성공 추구 동기와 실패 회피 동기

㉠ 앳킨슨은 학생들의 성취 동기를 성공 추구 동기(M_s)와 실패 회피 동기(M_{af})로 설명하고 있다.

ⓒ 성공 추구 동기가 높은 학생은 중간 정도의 난이도 과목에 접근하려는 경향이 두드러지며, 실패 회피 동기가 높은 학생은 과목에 대한 실패를 감수하면서도 어려운 과목을 선택하는 경향성이 있다.

ⓒ 실패를 과목 난이도에 귀인시키려기 위함이며, 이러한 현상이 학생들의 실제적인 학업성취에 도움을 주지는 못한다.

ⓔ 반면, 성공 추구 동기에 의해 동기화된 학생은 지나치게 어려운 과제에 도전하지 않는다.

■ 동기유형과 과제의 성공, 실패 함수로서의 동기 변화

구분	Ms > Maf	Ms < Maf
성공	동기 감소	동기 증가
실패	동기 증가	동기 감소

ⓜ 표와 같이 성공 추구 동기를 갖는 학생은 실패하였을 때 성취 동기가 증가되고, 실패 회피 동기를 갖는 학생은 성공하였을 때 성취 동기가 증가한다. 일반적으로 성취의 욕구가 높은 학생들은 도전적인 과제물, 높은 기준, 명백한 피드백, 재도전의 기회 등에 의해 동기화되는 경향이 있으며, 실패회피에 높은 욕구를 가진 학생들은 성공을 위한 여러 강화, 자유로운 평가, 실패로 인한 당황으로부터의 방어 등에 동기화된다.

ⓗ 이러한 차이점들을 이해하면 서로 다른 동기 유형을 가진 학생들에게 적절한 도움을 줄 수 있다. 교사는 적절한 난이도의 과제를 배분시켜 학생들의 성공경험과 실패경험을 조절해 줌으로써 성취 동기를 향상시키고 유지시켜야 한다.

ⓢ 앳킨슨의 성취 동기 연구는 후에 와이너의 귀인 이론과 통합되어 학습상황에서의 성취결과를 보다 자세하게 설명하고 있다. 대체로 성취 동기가 높은 학생들은 성공과 실패의 원인을 내적으로 귀인시키는 데 반해, 성취 동기가 낮은 학생들은 외적으로 귀인시키는 경향이 있음을 알게 되었다.

⑺ **목표지향성(성취목표) 이론** 중등 12, 초등 08

① 목표지향성의 유형

ㄱ 목표지향성 이론(goal orientation theory)은 성취상황에서 학생들이 지닌 목표와 동기를 연결시켜 설명하는 이론이다.

ㄴ 목표는 숙달목표(mastery goal)와 수행목표(performance goal)로 분류된다.

• 숙달목표

– 과제의 숙달 및 향상, 이해 증진 등 학습과정 자체에 가치를 부여하며 자신의 유능감을 발전시키는 것을 중요하게 생각하는 목표유형이다.

– 숙달목표가 높은 학생은 도전적인 새로운 과제를 학습하려 하므로, 과제에 대한 흥미, 즐거움과 같은 내재동기가 높아진다.

– 자신에게 도움이 된다면 다른 사람들에게 적극적으로 도움을 요청한다.

• 수행목표

– 자기가 다른 사람보다 상대적으로 유능하다는 것을 입증하거나 반대로 무능하다는 다른 사람들의 평가를 피하는 데 주안점을 두는 목표유형이다.

- 위험부담을 피하려고 하기 때문에 쉬운 과제를 선호하고 도전적인 과제는 회피한다.
- 다른 사람에게 도움을 요청하는 것은 자신의 능력이 부족함을 드러내는 것이라고 생각하여 도움을 요청하지 않는다.

▣ 숙달목표지향과 수행목표지향의 특징

목표 / 기준	숙달목표지향	수행목표지향
성공의 정의	향상, 진보	높은 점수, 타인보다 잘하는 것
가치의 설정	노력 및 학습	규준적으로 높은 능력
만족에 대한 이유	열심히 공부하는 것, 도전	다른 학생들보다 잘하는 것
실수나 오류에 대한 견해	학습의 일부	실패, 능력 부족의 근거
관심의 초점	학습과정	다른 학생들과의 비교를 통한 수행
노력에 대한 이유	새로운 것을 학습하는 것	다른 학생들보다 높은 점수, 수행
평가기준	절대적, 향상	규준적
능력에 대한 관점	노력을 통해 변화한다고 봄	타고난, 고정된 것으로 봄

ⓒ 숙달목표와 수행목표는 접근─회피 경향을 고려하여 각각 두 가지 하위유형으로 분류되며, 사회적 목표와 과제회피목표 또한 목표지향성의 유형에 포함된다.
- **숙달─접근목표(mastery-approach goal)**: 절대적인 성취수준이나 과거 성취수준에 비추어 유능성을 높이고 과제를 마스터하는 데 주안점을 두는 목표지향성을 말한다.
- **숙달─회피목표(mastery-avoidance goal)**: 절대적인 과제성취수준이나 과거 성취수준에 비추어 자신이 무능하다는 부정적 판단을 회피하려는 목표지향성을 말한다. 실수를 용납하지 않는 완벽주의자이다.
- **수행─접근목표(performance-approach goal)**: 다른 사람들보다 상대적으로 유능하다는 것을 입증하는 데 주안점을 두는 목표지향성을 뜻한다. 다른 사람보다 높은 성취를 하는 데 주력한다.
- **수행─회피목표(performance-avoidance goal)**: 다른 사람들보다 상대적으로 무능하다는 부정적 평가를 피하는 데 주안점을 두는 목표지향성을 뜻한다. 다른 사람들보다 더 낮은 성취를 하지 않도록 하는 데 주력한다.
- **사회적 목표(social goal)**: 성취와 무관한 목표를 말한다. 특정한 사회적 결과나 사회적 상호작용을 달성하려는 목표이다. 학습동기를 증가시킬 수도 있고, 감소시킬 수도 있다.
- **과제회피목표(work-avoidance gaol)**: 최소한의 노력으로 열심히 공부하지 않고 과제를 대충 수행하는 것이 목표이다. 과제가 쉽거나 별다른 노력 없이 할 수 있을 때 성공적이라고 느낀다.

ⓔ 수행회피목표를 가진 학생이 실패를 반복하면 학습된 무기력(learned helplessness) 상태의 학습자가 된다.
② **목표지향성의 영향**: 숙달목표와 수행목표가 인지, 정의, 행동에 미치는 영향은 다음과 같다.
ⓐ 숙달목표를 가진 학생들은 성공 및 실패 장면에서 노력귀인을 하고 능력이 노력에 비례한다

고 생각한다. 반면 수행목표를 가진 학생들은 성공 및 실패의 장면에서 능력귀인을 하고, 능력과 노력이 반비례한다고 생각하며 능력과 자기가치 보호를 위해 노력을 회피하는 경향이 있다.

ⓛ 숙달목표를 가진 학생들은 정교화나 조직화와 같은 심층적인 인지전략은 물론 메타인지전략과 자기조절전략을 적절하게 활용한다. 반면 수행목표를 가진 학생들은 피상적이고 기계적인 학습전략을 활용하는 경향이 있다.

ⓒ 목표지향성은 정의적 특성과도 관련이 있다. 숙달목표를 가진 학생들은 노력을 통해 성공하면 자부심을, 실패하면 죄책감을 경험한다. 이들은 내재적 동기가 높고, 학습태도가 긍정적이며, 학습에 가치를 부여한다. 반면 수행목표를 가진 학생들은 외재적 동기가 높고, 학습과제에 가치를 부여하지 않는다.

ⓔ 행동 측면에서 숙달목표를 가진 학생들은 시간 및 노력을 효율적으로 관리하고, 도전적이고 새로운 과제를 선호하며, 위험부담경향이 높다. 이들은 다른 사람이 학습에 도움이 된다고 보고 적극적으로 도움을 요청한다. 이에 비해 수행목표를 가진 학생들은 쉬운 과제를 선호하고, 새로운 과제나 도전적인 과제를 기피한다. 또 다른 사람의 도움을 받는 것은 능력이 부족하다는 것을 의미한다고 보고 다른 사람에게 적극적으로 도움을 요청하지 않는다.

▌ 드웩(Dweck)의 암묵적 이론 : 능력에 관한 신념을 실체론과 증진론으로 구분
- 실체론(entity theory) : 능력이 고정되어 있다는 신념이다. 지능이 양적으로 존재하고 일생 동안 매우 안정되어 있으므로 아무리 노력해도 능력을 높일 수 없다고 본다(=고정 마인드셋)
- 증진론(incremental theory) : 능력이 고정된 것이 아니라 경험과 노력을 통해 바꿀 수 있다는 신념(=성장 마인드셋)이다.

목표지향성 이론과 긴밀하게 관련
- 실체론을 갖고 있는 학생들은 성취장면에서 수행목표를 추구한다.
- 증진론을 갖고 있는 학생들은 성취장면에서 숙달목표를 추구한다.

---

(8) 자기가치 이론(self-worth theory) 초등 12

① 개념

ⓐ 자기가치란 자신의 가치에 대한 평가로, 자아존중감(self-esteem)과 유사한 개념이다.

ⓑ 자기가치 이론에서 코빙턴(Covington)은 사람들이 자신을 가치 있는 존재로 인식하려는 욕구를 갖고 있으며 자기가치를 보존하기 위해 최선을 다한다고 가정한다.

ⓒ 자기가치 이론의 핵심동기원은 자기가치를 보존하는 것이다.

ⓔ 이론에 따르면 가치 있는 존재는 결국 유능한 존재이므로 사람들은 자신이 유능하다는 사실을 자기 자신과 다른 사람들에게 증명 내지 과시함으로써 자기가치를 보호하기 위해 전력을 다한다.

② 자기가치 보존을 위한 전략

ⓐ 자기장애 전략(self handicapping strategy)

- 자기장애 전략(자기열등화 전략)은 성취를 방해하는 장애물을 의도적으로 만들어 학업실패의 원인을 능력이 아닌 장애물로 귀인하려는 전략이다.

- 실패원인을 능력으로 귀인하면 자기가치가 손상되기 때문이다.
- 시험 전에 일부러 공부하지 않거나, 친구들과 시간을 보내는 학생은 자기장애 전략을 구사하고 있다. 이 경우 실패하더라도 실패의 원인을 노력부족으로 귀인할 수 있어 자기가치가 손상되지 않으며, 다행히 성공하면 능력으로 귀인할 수 있어 자기가치가 보호된다.

ⓒ 방어적 비관주의(defensive pessimism)
- 비현실적으로 낮은 표준을 설정하여 자기가치를 보호하려는 전략이다.
- 실패 위험이 낮은 안전한 표준을 설정하여 실패의 의미를 바꾸려는 전략이다. 표준이 낮으면 실패확률이 낮으므로 실패하였을 때 경험할 수 있는 자기가치의 손상을 방지한다.

③ 시사점
ⓐ 자기가치 이론은 시험실패의 원인을 노력부족으로 귀인하는 이유를 잘 설명한다.
ⓑ 시험실패의 원인을 노력부족으로 귀인해도 자기가치는 전혀 손상되지 않는다. 반대로 노력을 했는데도 실패하면 이는 능력이 낮다는 것을 시사하여 자기가치가 손상된다. 이처럼 노력에는 위험이 수반된다.

(9) 데시와 라이언(Deci&Ryan) 자기결정성 이론 초등 11

① 개념
ⓐ 자기결정성은 환경에 대해 어떤 행동을 취할 것인가를 스스로 결정하는 것으로 개인의 의지를 사용하는 과정이다. 인간은 외부의 힘에 의해 통제받기보다는 스스로 결정하는 것을 선호한다.
ⓑ 인간은 자율성, 유능감, 관계성의 세 가지 기본 욕구를 가지고 있으며 이를 충족하기 위해 노력한다. 이 세 가지 욕구가 개인의 환경에서 지지될 때 개인의 학습 성장, 발달에 내재동기를 제공한다.

② 기본심리욕구이론
ⓐ **자율성 욕구** : 자기결정성 이론의 핵심으로 자신이 원하는 것에 따라 행동하려는 욕구이다. 스스로 목표를 세우고, 자신에게 중요하고 가치 있는 것을 결정하기를 원하는 것이다.
  ⓞ 학생들에게 학습에 대한 선택권, 즉 스스로 학습을 통제할 수 있는 권리를 제공함으로써 신장시킬 수 있다.
ⓑ **유능감 욕구** : 능력 있는 사람이기를 원하고 자신의 능력이나 재능을 향상시키기 원하는 욕구이다. 매슬로의 욕구위계에서 지적 욕구, 사회인지이론에서 자기효능감과 유사한 개념이다. 유능감 욕구는 환경과 상호작용하면서 자신의 능력을 사용하고 성취하는 경험을 할 때 충족된다.
  ⓞ 도전감을 줄 수 있는 과제를 제시함으로써 유능감을 향상시킬 수 있다. 학생들의 현재 인지적 수준과 약간의 불일치를 조장할 수 있는 도전감 있는 과제를 제공해야 한다.
ⓒ **관계성 욕구** : 다른 사람과 정서적 유대와 애착을 형성하고자 하는 욕구이다. 관계성 욕구는 내재동기와 직접 관련된 것은 아니지만 외적 원인을 내재화하는 데 중요하며, 다른 사람과 함께 하는 활동에서 내재동기를 유지하는 데 중요하다.
  ⓞ 교사와 학생 간의 긴밀한 유대관계를 형성함으로써 충족시켜 줄 수 있다. 관계유지 욕구는 협동적인 학습풍토 내에서 충족될 수 있다.

③ 동기의 유형(유기적 통합 이론)
  ㉠ 동기의 변화과정은 무동기에서 외재적 동기를 거쳐 내재적 동기로 발달해 간다.
  ㉡ 외재동기는 개인이 지각하는 상대적인 자율성 정도에 따라 달라지므로 스스로의 사고와 행동을 조절하는 자기조절의 정도에 따라 다양한 외재적 동기들이 존재한다.
  ㉢ 아무런 동기도 없는 무동기로 시작하여 극단적인 외재동기와 내재동기 사이에 각기 다른 종류의 외재동기들이 존재하게 된다.

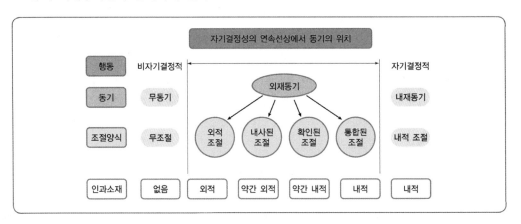

| 동기유형을 보여주는 자기 결정성 연속선 |

• 무동기: 자기 결정성이 전혀 없는 상태로, 행동하려는 의지가 결핍된 상태이다.
  예 공부를 왜 하는지 모르겠다.
• 외적 조절동기: 규칙에 따라야 하기 때문에 혹은 처벌을 피하기 위해 어떤 행동을 하는 것으로, 외재적 동기화의 가장 극단적인 형태이다.
  예 부모님이나 선생님이 시키니까 혹은 상을 받거나 처벌을 피하기 위해 공부한다.
• 내사된(주입된) 조절동기: 자기 자신과 다른 사람들의 인정을 받거나 비판을 피하기 위해 행동하는 것으로, 죄책감의 회피와 수치심을 통해 형성된다.
  예 부모님을 기쁘게 해드리기 위해 공부한다.
• 확인된(동일시된) 조절동기: 스스로 가치 있는 일이라고 판단하여 부여한 목표나 개인적 중요성 때문에 공부하지만, 공부하는 것 자체에 대한 기쁨이나 자기만족보다는 어떤 목적을 달성하기 위해 행동하기 때문에 완전히 내재화된 것은 아니므로 외재동기로 분류된다.
  예 실생활에서 유용하게 사용할 수 있기 때문에 공부한다.
• 통합된 조절동기: 확인된 조절이 자신의 가치, 목표, 욕구, 정체성 등과 조화를 이루며 통합될 때 발생, 과제 수행 자체에 대한 즐거움보다는 자신의 정체감이나 가치관에 맞아서 수행하는 것이므로 외재동기로 간주한다.
  예 공부하는 것이 사회에 필요한 사람이 되고자 하는 나의 가치관과 맞기 때문에 공부한다.
• 내재동기: 순전히 내재적 조절의 결과로 나타나는 유형으로 과제 자체에 대한 관심과 만족감 때문에 행동하는 것으로 공부가 재미있기 때문에 하는 가장 자율적이고 자기결정성이 높은 동기 유형이다.
  예 공부하는 것을 즐기므로 공부한다.

④ 자기결정적 학습을 위한 방안

　ⓐ 자율성이 지지되는 학습환경을 제공한다. 교사는 학생들이 자율적으로 판단해서 결정하고 행동하도록 권하고, 학생들에게 왜 학습활동이 필요하고 중요한지에 대해 설명함으로써 학생들이 학습활동을 내재화하도록 돕는다.

　ⓑ 교사는 학습자가 성공을 경험할 수 있는 기회를 지속적으로 제공하여 학생이 유능감을 갖도록 도와주어야 한다.

　ⓒ 친밀한 사회관계를 형성하도록 한다. 다른 사람과 친밀한 관계를 형성하는 것은 관계성 욕구를 충족함으로써 동기를 유발할 수 있다. 또래와의 친밀한 관계 형성을 위해 협동학습을 활용할 수 있다.

02 정서와 학습

1. 불안

(1) 개념

① 불안은 불확실한 결과를 가져오는 상태에 대한 불편한 감정과 염려다. 불안은 위협의 대상이 모호한 것으로 구체적인 위협에 대한 반응인 공포와 구분된다.

② 불안은 내적·외적으로 감당하기 힘든 자극에 의해 마음속에서 일어나는 초조, 긴장, 두려움, 걱정 등으로 특징지어지는 정서반응의 하나로, 뚜렷하지 않은 대상에 의해 생겨나는 심리적 반응이다.

(2) 불안의 영향 초등 02

① 불안은 학습과 수행, 인지 과정에 영향을 줄 수 있다. 심리학자들은 각성이 학습과 수행에 영향을 주며, 최적 수준의 각성이 학습과 수행을 최대화한다는 것을 발견하였다.

② 불안(각성)과 성취는 다음 그림과 같은 ∩형 관계가 있다. 그러므로 불안수준이 너무 낮거나 너무 높으면 성취수준이 낮고, 불안수준이 중간 정도일 때 성취수준이 가장 높다. 불안을 증가시키면 동기(및 성취)도 증가하지만, 적정수준을 넘으면 불안이 증가함에 따라 동기 및 성취가 감소한다는 것을 나타낸다.

　따라서 동기를 높이려면 불안을 적정수준에서 유지해야 한다.

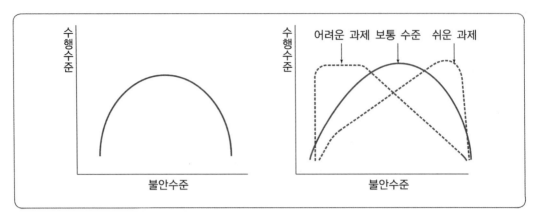

| 불안과 학습과의 관계 |

③ 또 불안이 과제수행에 미치는 효과는 과제의 곤란도 수준에 따라 다르다. 과제의 수행수준은 어려운 과제에서 불안이 낮을 때 높고, 쉬운 과제에서는 불안이 높을 때 높다(대부분의 과제에서는 불안이 중간 정도일 때 과제수행이 높다).

2. 흥미

(1) 흥미의 유형

① 내적 동기의 한 형태로 보통 긍정적인 정서는 흥미를 수반한다.
② 흥미의 유형은 개인적 흥미와 상황적 흥미로 구분된다.
  ㉠ 개인적 흥미: 스포츠, 장난감에 대한 관심과 같이 상대적으로 안정되어 있는 것으로 개인이 선택하는 데 일관된 패턴을 보인다.
  ㉡ 상황적 흥미: 새롭거나 독특한 것, 놀라운 것과 같은 어떤 상황에 의해 유발되는 것이다.
③ 상황적 흥미는 주의집중을 하도록 하는 것에, 개인적 흥미는 장기적으로 봤을 때 어떤 활동에 지속적으로 참여하게 하는 것에 영향을 준다.

(2) 흥미를 증진시키는 요인

① 새롭고 예측할 수 없는 주제들은 흥미를 유발시킨다.
② 개인적 흥미는 다양한 주제와 활동에 대한 선행 경험에서 발생하는데 대상에 대한 초기의 상황적 흥미가 개인적 흥미 향상의 원인이 될 수 있다.
③ 개인적 흥미는 그 분야에 대한 보다 많은 학습을 유도하게 하며, 이러한 과정을 통해 증가된 지식은 보다 많은 흥미를 느낄 수 있는 원인이 된다.

3. 자아개념(self-concept) 초등 02

(1) 개념

① 자아개념은 개인이 자기 자신에 대하여 갖는 태도이다. 인간은 환경과의 상호작용(경험)을 통하여 자신에 대해 내재화된 상(self-image)을 갖게 된다.

② 성공이나 실패에 대한 누적적인 경험은 자신에 대해 긍정적 또는 부정적인 태도나 감정을 갖도록 한다. 뿐만 아니라 이는 학교와 학업 또는 교과에 대한 긍정적 또는 부정적인 태도를 형성하게 하는 데 유의미한 영향을 미친다.

(2) 학교에서 일관성 있게 성공을 경험하는 경우

① 효능감, 유능감, 성취감, 만족감 등을 느낌으로써 자아의 증진이 이루어져 긍정적인 자아개념이 형성되게 된다.

② 이는 학교, 학업, 교사 및 교과에 대한 긍정적인 태도형성으로 이어지고 내재적인 동기유발에도 도움을 주며, 특히 학업에 대한 흥미가 강해진다.

(3) 실패적인 경험을 계속하는 경우

① 무능감, 열등감, 패배감, 좌절감 등을 느낌으로써 '학습된 무기력'을 갖게 되는데, 이는 자아의 손상으로 이어져 부정적 자아개념이 형성되게 된다.

② 그리고 학교, 학업, 교사 및 교과에 대한 부정적인 태도형성으로 이어지게 된다.

4. 통제소재(locus of control)

(1) 개념

행동이나 강화를 자신이 통제할 수 있는가에 대한 일반적인 신념이나 기대를 말한다. Rotter는 통제소재를 내적 통제소재와 외적 통재소재로 구분하였다.

(2) 내적 통제소재와 외적 통제소재

① 내적 통제소재

㉠ 행동이나 강화를 자신이 통제할 수 있다는 신념이다.

㉡ 일반적으로 노력을 한 후 긍정적인 결과를 얻었던 사람은 내적 통제소재를 갖고 있다.

㉢ 내적 통제자는 삶을 통제할 수 있고, 행동이 강화를 받을 것이라고 기대한다. 그래서 끈기 있게 몰두하고, 결과적으로 학교나 직장에서 성공한다.

② 외적 통제소재

㉠ 다른 사람이나 운 또는 상황이 행동이나 강화를 결정한다는 신념이다.

㉡ 일반적으로 노력 후 강화를 받지 못한 사람은 외적 통제자가 된다.

㉢ 외적 통제자는 자신이 통제할 수 없는 운이나 다른 사람이 삶에 결정적인 영향을 미친다고 생각한다. 그래서 학습에 몰두하지 않으며, 설사 결과가 좋더라도 그 원인을 외부 요인으로 돌린다.

③ 동기의 측면에서 볼 때 능력이 동일하더라도 내적 통제자가 외적 통제자에 비해 더 많이 노력하고, 지속성도 높으며 결과적으로 성적도 높다.

내적 통제자	외적 통제자
• 실패하더라도 쉽게 포기하지 않는다.	• 실패했을 때 쉽게 포기한다.
• 과제해결에 몰두한다.	• 과제해결에 시간을 거의 사용하지 않는다.
• 스트레스에 잘 대처한다.	• 스트레스에 적절하게 대처하지 못한다.
• 고민거리에 민감하게 반응하지 않는다.	• 고민거리에 민감하게 반응한다.
• 새로운 도전을 좋아한다.	• 새로운 도전을 싫어한다.
• 중요한 사건에 대한 정보를 수집한다.	• 사건이 일어나는 대로 내버려 둔다.
• 단점을 적극적으로 보완한다.	• 단점을 적극적으로 보완하지 않는다.
• 성취 동기가 높다.	• 성취 동기가 낮다.

▌ 자기결단의 욕구

1. 자기결단의 개념

① 드샴(DeCharms, 1968)은 통제소재의 양극단을 각각 '주인(origin)'과 '꼭두각시(pawn)'로 명명하였다.

② 자기결단이란 무엇을 어떻게 할 것인지에 대한 선택의 욕구를 말한다.

③ 외부보상이나 압력보다 스스로 자신의 행동을 결정하기를 바라는 욕구이다.

2. 자율적 행위자(the origin) : 자기결단

① 자신의 행동의 원인이 자신이라고 단정하며 자신을 행동의 주체자로 파악하는 사람을 말한다.

② 자신의 삶의 방향과 목표를 스스로 설정하고, 그것들을 성취하기 위한 활동들을 자신이 자유롭게 선택하며 실행하여 모든 것이 내부로부터 통제된다고 느낀다.

3. 타율적 행위자(the pawn) : 타인결단

① 자신의 행동이 자기 이외의 외부적 요인에 의해 일어났다고 단정하는 사람을 말한다.

② 자기 이외의 외부적 요인들이 자신의 운명을 통제한다고 믿는다.

---

5. 자이가르닉 효과(Zeigarnik effect) 초등 09

① 개인이 긴장을 느끼게 되면, 긴장이 감소될 때까지 어떤 형태의 심리적인 과정이 발생하며, 그 고조된 긴장은 심리적 과정에 계속적으로 에너지를 부여하게 된다. 이러한 현상을 밝힌 사람이 자이가르닉(Zeigarnik, 1972)이다.

② 사람들이 어떤 일에 적응하기 전에는 인지적으로 불평형 상태, 즉 긴장을 하게 된다. 긴장상태는 그 일을 해결할 때까지 계속되고, 문제가 해결되지 않으면 긴장상태는 계속되기 때문에 관련된 기억이 생생하게 남게 되는 것이다.

③ 예를 들면, 시험에서 쉽게 푼 문제보다 어려워서 잘 풀지 못한 문제를 더 잘 기억하는 것도 투입할 에너지가 해소되지 못하고 계속 남아있어서 기억이 더 선명한 것이다. 이를 심리학적으로 자이가르닉 효과라고 한다.

④ 어떤 일을 중간에 그만두게 되면 머릿속에 마무리하지 못한 일을 하려고 하는 동기가 계속 작용하기 때문에 기억을 잘하게 된다. 그렇지만 일단 일을 마치게 되면 그 일과 관련된 기억들이 쉽게 사라진다.

⑤ 자이가르닉 효과 역시 긴장이 유기체의 인지과정에서 에너지를 부여하는 하나의 동기요소로 작용하여, 과제의 회상활동에 영향을 미치는 것으로 전제하기 때문에 인지적 동기이론이라고 할 수 있다.

03 방어기제

1. 개념

① 개인은 자신의 '자아'가 주어진 문제를 제대로 해결하지 못하면 그 자아를 방어하기 위해 노력을 하게 된다.

② 개인은 부적응상태, 즉 욕구불만 또는 갈등상태에 빠지게 되면 자아가 위축되거나 손상을 입게 되고, 이때 그러한 자아를 방어하는 행동을 하게 되는데 이러한 노력을 '방어기제'라고 한다.

2. 적응기제

(1) 방어기제(defence mechanism)

어려운 현실에 당면하여 문제의 직접적인 해결을 시도하지 않고, 현실을 왜곡시켜 체면을 유지하고, 심리적 평형을 되찾아 자기를 보존하려는 것을 방어기제라고 한다.

① 보상(compensation)

㉠ 정신적·신체적 부족이나 열등감을 방어하기 위하여 자신의 다른 장점이나 특기를 내세우는 행동을 말한다.

㉡ 예를 들면, 신체적으로 결함이 있는 아동이 학업 면에서 뛰어나려고 노력한다든지, 용모에 자신이 없는 여성이 복장이나 소지품으로 다른 사람의 눈을 끌려고 하는 것 등이다.

㉢ 보상작용을 지나치게 이용하면 병적인 상태에 이르거나 편협한 성격이 형성되기 쉽다.

② 합리화(rationalization) 중등 05

㉠ 자기변명이나 그럴듯한 이유를 들어서 정서적인 불안이나 당면하고 있는 난처한 입장, 결점 등을 은폐함으로써 사회적으로 용인받으려는 행동을 합리화라 한다.

㉡ 수용할 수 없는 행동이나 결과를 자기기만적으로 정당화하는 전략이다. 즉, 합리화는 어떤 행동이나 결과를 수용할 수 없을 때 그럴 듯한 이유를 둘러대거나 변명을 통해 정당화하는 전략이다.

㉢ 합리화는 방어기제의 양식에 따라 다음과 같이 나눌 수 있다.

• 신 포도형(sour grapes): 어떤 행동목표를 달성하려 하였으나 실패한 사람이 자기는 처음부터 그것을 원하지 않았다고 자기변명을 하는 것이다.

예 끈질긴 구애에도 상대방이 미동도 하지 않자 마침내 포기하고 돌아서서 "나는 처음부터 그 여자(남자)가 마음에 들지 않았어."라고 말하는 경우

• 달콤한 레몬형(sweet lemon) : 자신이 인정하고 싶지 않은 상황을 할 수 없이 받아들여야 할 때 그것이 마치 바라던 일인 것처럼 과대평가함으로써 자기만족을 얻으려는 것이다.

🔲 남편의 수입이 적어서 불만인 여자가 수입이 많은 남자는 대개 바람이 나고 탈선하니, 차라리 수입이 적지만 착실한 자신의 남편이 낫다고 말하는 경우

③ 동일시(identification) 중등 01

㉠ 다른 사람의 특성(가치, 태도, 행동 등)을 무의식적으로 내면화하여 자신의 일부로 통합하는 과정을 뜻한다.

㉡ 쉽게 말하면 동일시는 다른 사람을 자기도 모르게 닮아가는 과정이다.

🔲 자기 아버지를 자랑함으로써 우쭐대는 경우, 소설 혹은 연극의 주인공처럼 행동하는 경우

④ 투사(projection) 초등 00 · 08

㉠ 투사는 외형적 행동은 합리화와 비슷하나 내적으로 차이가 있다. 자기의 불만이나 불안을 해소시키는 방법으로 그 이유를 다른 사람이나 다른 장면과 연결시킴으로써 자기를 방어하려는 기제이다.

㉡ 사회적으로 인정받을 수 없는 자신의 행동과 생각을 외적 요인으로 전가시키는 것을 말한다.

㉢ 자기 내부에 증오심이 있는데도 다른 사람이 자기를 증오하고 있다고 생각하는 사람, 시험실패의 원인을 시험문제나 담당교사에게 전가하는 학생, 다른 사람이 자기를 해치려 한다고 믿는 편집증 환자는 투사를 하고 있다.

🔲 어떤 친구를 싫어하는 학생이 그 친구도 자신을 싫어한다고 생각하는 경우

⑤ 승화(sublimation) 중등 06

㉠ 성적 충동이나 공격적 충동을 사회적으로 용인되는 바람직한 형태나 방식으로 전환하는 치환의 일종이다.

㉡ 정신적 갈등이나 불만을 해소하려는 방어기제이다. 개인의 욕구불만을 종교적·예술적·사회봉사적 활동으로 발전시키는 것으로, 사회적·윤리적으로 만족할 수 없는 욕구를 발산하여 자기를 방어하는 것인데 교육적으로 잘 활용하면 부적응 행동을 치료할 수 있다.

🔲 주먹대장이 권투선수로 출세한 경우

⑥ 반동형성(reaction formation)

㉠ 수용하기 힘든 심리상태와 정반대되는 행동을 함으로써 회피하는 것을 말한다.

㉡ "미운 아이 떡 하나 더 준다."는 속담은 반동형성을 잘 나타낸다.

㉢ 다른 사람에 대한 적대감을 애정으로 표출하는 것도 반동형성이다. 일반적으로 적대감이 클수록 애정표현이 강해진다.

🔲 무의식에서 공격적 충동이 강한 사람이 폭력을 반대하거나 음주욕구가 강한 사람이 금주운동에 참여하는 경우

⑦ 치환(displacement)

㉠ 욕구를 충족시킬 수 있는 대상이 존재하지 않을 때 다른 대상으로 욕구를 충족시키는 과정이다.

㉡ 현실적 제약으로 욕구를 충족시킬 수 없을 때 대안적인 대상으로 욕구를 충족시키는 과정이다.

㉢ "종로에서 뺨 맞고 한강에서 화풀이한다."는 속담은 치환을 잘 나타낸다.

🔲 아버지의 꾸중을 들은 후 동생에게 화풀이하는 형이나 문을 쾅 소리가 나도록 세게 닫는 학생

(2) 도피기제(escape mechanism)

욕구불만에 의하여 발생된 정서적 긴장이나 불안감을 해소하기 위하여 비합리적인 행동을 하거나 비현실적 세계로 벗어나 정서적 안정을 추구하는 현상을 말한다.

① 고립(isolation) : 열등감을 느끼거나 자신이 없는 경우 다른 사람과의 접촉을 피해서 자기의 내적 세계로 들어가 현실의 불만족으로부터 피하려고 하는 기제이다.

> 예 대학시험에 실패한 학생이 자기 방에서 나오지 않음으로써 남과 마주치는 것을 피하는 경우

② 퇴행(regression) 초등 11

　ㄱ 발달과정에서 경험하는 불안을 해소하기 위해 초기 발달단계로 후퇴하는 현상이다.

　ㄴ 안정되고 즐거웠던 인생의 초기 단계로 되돌아감으로써 불안을 줄이려는 방법이다.

> 예 초등학교 입학 첫날 극심한 학교공포를 경험한 아이가 오줌을 싸거나 손가락을 빠는 경우

③ 고착(fixation)

　ㄱ 정상적인 발달은 발달단계들을 순서대로 통과하는 것이다. 그런데 상위단계로 이행할 때는 항상 어느 정도의 불안이나 좌절이 수반된다.

　ㄴ 고착은 상위단계로 이행할 때 경험하는 불안이나 좌절로 인해 정상적인 발달이 일시적 혹은 영구적으로 중단되는 현상을 말한다.

　ㄷ 의존성이 높은 아이는 독립하는 것이 너무 불안한 나머지 고착이라는 방어기제를 사용한다.

　ㄹ 고착은 퇴행과 긴밀하게 관련된다.

④ 억압(repression)

　ㄱ 의식하기에는 현실이 너무 충격적이고 고통스러워서 과거에 있던 심리적 상처를 무의식 속으로 억눌러버리는 것이다.

　ㄴ 충격적인 사건을 겪은 후 그 사건 자체를 전혀 기억하지 못하는 것도 억압되었기 때문이다.

⑤ 부인(denial) : 특정의 외적 현실(현상이나 사건)에 직면하기가 너무 불쾌하거나 통제 또는 극복이 전혀 불가능하게 될 때 무의식적으로 받아들이지 않으려고 하는 것이다.

> 예 심한 질병으로 어쩔 수 없이 죽게 될 아이를 가진 부모가 아이의 질병을 잘 알고 있고 또, 그 결과를 예견할 수 있음에도 불구하고 전혀 심각하지 않다고 주장하면서, 심각성을 부인하는 경우

⑥ 백일몽(day-dreaming)

　ㄱ 현실적으로 도저히 충족할 수 없는 욕구나 소원을 상상의 세계를 통해 만족을 얻으려고 하는 행동을 말한다.

　ㄴ 누구나 이용하는 수단으로 일종의 정신적·정서적 휴식이다.

> 예 대학시험에 실패한 학생이 마치 그 대학에 합격한 것처럼 상상하면서 앞으로의 대학생활을 마음속으로 설계하는 것

01 생활지도와 상담의 기초

생활지도의 개념

상담의 활동
- 상담의 정의와 목표
- 상담자의 윤리적 책임
- 상담관계형성의 원리
- 상담의 기법

03 진로상담

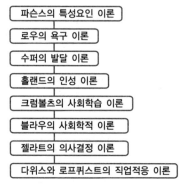

파슨스의 특성요인 이론

로우의 욕구 이론

수퍼의 발달 이론

홀랜드의 인성 이론

크럼볼츠의 사회학습 이론

블라우의 사회학적 이론

젤라트의 의사결정 이론

다위스와 로프퀴스트의 직업적응 이론

02 상담이론

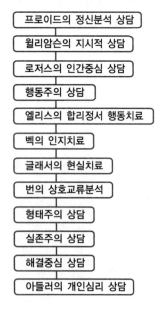

프로이드의 정신분석 상담

윌리암슨의 지시적 상담

로저스의 인간중심 상담

행동주의 상담

엘리스의 합리정서 행동치료

벡의 인지치료

글래서의 현실치료

번의 상호교류분석

형태주의 상담

실존주의 상담

해결중심 상담

아들러의 개인심리 상담

04 상담의 유형

개인상담

집단상담

또래상담

PART

04

생활지도 및 상담

Chapter 01 생활지도와 상담의 기초

01 생활지도의 개념

1. 생활지도의 의미

① 생활지도(guidance)란 학교 교육에서 교과활동 이외의 모든 교육을 지칭한다.
② 학생의 학업, 진로, 문제행동 등과 관련하여 전문적인 도움을 주는 활동뿐만 아니라 예절교육, 청결위생, 생활습관 등과 관련한 전반적인 지도를 하는 비교적 비전문적 활동을 포함한다.
③ 학생의 성장과 발달을 촉진하고 잠재력을 개발함으로써 독자적으로 문제를 해결할 수 있는 능력을 길러주기 위한 교육활동이다.

2. 생활지도의 목표

① 생활지도를 통해 각자의 고유한 개성을 발견하고 이해한다.
② 개인이 가지고 있는 잠재능력을 최대한 계발하여 성장, 발달할 수 있는 경험을 제공한다.
③ 당면한 문제를 스스로 해결할 수 있는 능력을 길러주고 자신의 결정에 책임을 지게 한다.
④ 현명한 선택을 하여 주위환경에 잘 적응할 수 있도록 한다.
⑤ 전인교육을 목표로 신체적, 지적, 정서적, 사회적 측면에서 조화로운 삶을 영위하게 한다.
⑥ 건전한 민주시민으로서 성장·발달할 수 있도록 모든 경험을 마련하는 데 목표를 둔다.

3. 생활지도의 원리

① 생활지도는 전인적 발달을 도모해야 한다. 즉, 지·덕·체의 조화로운 발달을 도모하며, 지적 발달뿐만 아니라 심신의 균형 잡힌 발달을 추구해야 한다.
② 문제 학생을 대상으로 하는 것이 아니라 모든 학생을 대상으로 한다. 생활지도는 학생의 성장과 발달을 조력하기 위한 활동이기 때문에 문제 학생은 물론 신체적 혹은 정신적으로 건강한 학생도 대상이 된다.
③ 처벌보다는 지도를 강조한다. 처벌은 바람직하지 않은 행동을 일시적으로 억압하는 효과가 있지만 부작용이 수반되므로 바람직한 방법이 아니다. 따라서 생활지도는 처벌보다 지도에 주안을 두어야 한다.
④ 치료보다 예방에 중점을 둔다. 생활지도는 문제가 발생하지 않도록 사전에 예방하는 지도활동이다.
⑤ 상식적 판단이 아니라 과학적이고 객관적인 기초 위에서 이루어져야 한다. 상식에 근거한 생활지도는 오류를 범할 소지가 있다. 따라서 생활지도는 과학적이고 객관적인 자료를 기초로 하여 계획적이고 조직적으로 이루어져야 한다.

⑥ 학생의 자율성과 책임을 강조한다. 학생이 당면하고 있는 문제를 해결해 주는 데 그치는 것이 아니라 스스로 문제를 해결할 수 있는 능력을 길러 주는 데 주안을 두어야 한다.

⑦ 생활지도는 학교 교육의 일부로 통합되어야 한다. 교과지도와 생활지도는 상호 밀접한 관계를 가지며 중첩적이므로 교과지도와 생활지도의 조화가 요구된다.

4. 생활지도 · 심리치료 · 상담

① 생활지도와 유사한 활동으로 심리치료와 상담이 있다.

② 생활지도는 예방적 차원에서 학생들의 성장과 발달을 촉진하기 위한 활동을 의미한다.

③ 심리치료는 정신적 장애를 치료하는 활동을 의미한다. 생활지도는 정상적인 학생을 대상으로 성장과 발달을 촉진하기 위하여 각종 정보와 조언을 제공하고 의사결정을 내리는 데 도움을 준다. 반면 심리치료는 비교적 심각한 정신적 장애를 갖고 있는 사람을 대상으로 진단과 치료를 강조한다.

④ 상담은 생활지도와 심리치료의 중간에 위치하는 개념이다. 상담은 심각한 적응 문제를 나타내는 사람보다는 정상적인 사람을 대상으로 한다.

5. 생활지도의 영역 초등 05

(1) 학생조사활동

① 학생조사활동은 학생을 정확하게 이해하는 데 필요한 각종 자료를 수집하는 활동이다.

② 가정환경을 비롯하여 학업성적, 지적 능력, 신체적 특성, 성격, 흥미, 적성, 교우관계, 장래 계획 등 생활지도를 하는 데 필요한 각종 정보를 수집한다.

(2) 정보제공활동

① 학생, 교사, 학부모 등에게 필요한 정보를 수집해서 제공하는 활동이다.

② 정보의 종류는 교육정보, 직업정보, 개인 · 사회적 정보로 구분된다.

③ 교육정보는 입학요건, 교과과정, 교칙, 과외활동, 장학관련 규정 등에 대한 자료를 말한다.

④ 직업정보는 직업의 종류, 직무, 취업요건, 근무조건, 보수, 진급 등에 대한 정보를 포함한다.

⑤ 개인 · 사회적 정보는 자기 자신과 다른 사람을 이해하는 데 도움을 주는 정보로 이성교제, 여가 활동, 금전관리, 건전한 생활에 대한 정보를 포함한다.

⑥ 학생이 바라고 필요로 하는 각종 정보와 자료를 제공하여 개인적 성장과 사회적 적응을 도울 수 있다.

(3) 상담활동

① 생활지도의 핵심적인 활동으로 내담자와 상담자 간의 인간관계를 통해 문제해결 능력을 신장시키고 정신건강을 증진시키며 적응을 도와주기 위한 활동이다.

② 상담자와 내담자의 상호작용 관계에서 상담자인 교사가 내담자인 학생의 과제해결 능력을 기르고, 나아가 인지적 · 정서적 · 행동적 변화를 조력함으로써 학생의 올바른 성장과 발달을 돕는 활동이다.

PART
04

생활지도 및 상담

③ 상담의 효과적 목표를 달성하기 위한 필수 요건은 신뢰, 수용, 존중, 공감, 진솔성 등의 태도로, 상담자와 내담자 간의 친밀한 관계인 래포(rapport)가 형성되면 원활한 상담이 이루어질 수 있다.

(4) 정치활동

① 정치활동(定置活動, placement service)은 학생을 능력이나 흥미에 맞게 적재적소에 배치하는 활동이다.

② 학생을 능력수준에 따라 배치하는 일, 진급·전학·진학, 학생의 수준에 맞는 교육과정이나 교과목 선택 조력, 과외활동 선택 조력, 아르바이트 선택 조력, 상급학교 선택 조력, 직업선택 조력 등으로 구분될 수 있다.

(5) 추수활동

① 추수활동(follow-up service)은 생활지도를 받은 학생의 추후 적응상태를 지속적으로 관찰하여 효과적으로 적응하도록 도와주는 활동이다.

② 상담이 끝난 후 내담자의 적응을 증진하기 위해 계속 지도하는 좁은 의미의 추수지도와 교육이나 생활지도의 전체적인 성과를 체계적으로 계속 확인하는 넓은 의미의 추수지도로 구분할 수 있다.

02 상담의 활동

1. 상담의 정의와 목표

(1) 상담의 정의

① 상담(counseling)이란 내담자와 상담자 간의 수용적이고 구조화된 관계를 통해서 내담자의 성장과 발달을 촉진하는 심리적 조력의 과정이다.

② '전문적인 교육을 받은 상담자가 도움을 필요로 하는 내담자가 겪고 있는 생활 과정상의 문제를 해결하고 예방하며, 나아가 인지, 정서, 행동 측면에서 인간적 성장과 발달에 도움을 주기 위한 활동'으로 볼 수 있다.

(2) 상담의 목표

① 행동변화: 개인의 생활에 방해가 되는 행동을 감소 또는 제거하고, 도움이 되는 행동을 형성 또는 증가시킨다.

② 정신건강 증진: 정신건강의 증진은 적극적이고 현실적이며 합리적인 성격을 형성하는 것을 의미한다.

③ 인간관계 개선: 원만한 인간관계의 형성을 돕는다. 가정, 학교, 직장 등 다양한 장면에서 촉진적 인간관계를 형성하도록 조력한다.

④ 의사결정 조력 : 상담의 목표는 내담자가 합리적으로 중요한 의사결정을 내리도록 돕는 것이다. 상담에서 의사결정을 내리는 것은 상담자가 아닌 내담자이다. 따라서 의사결정을 내리는 데 필요한 정보를 수집, 평가, 선택하는 능력 증진과 그에 관한 태도 함양을 강조한다.

⑤ 문제의 해결 : 내담자의 문제해결에 목표를 둔다. 내담자가 상담을 필요로 하는 것은 도움이 필요한 문제를 갖고 있기 때문이다.

2. 상담자의 윤리적 책임

(1) 비밀유지

① 상담관계를 맺는 학생이나 학부모의 사생활을 존중해야 하며, 상담초기 구조화 과정을 통해 상담내용은 본인의 허락 없이 누설하지 않을 것임을 분명히 한다. 특히 상담내용을 기록하거나 녹화하고 녹음하는 경우에는 학생이나 학부모의 사전허락을 받아야 한다.

② 다만, 미성년자인 내담자에게 신변의 위험이 생길 수 있는 위험요인이 인지될 경우, 제3자에게 가해지는 명백한 위험요소가 인지될 경우, 법정에서의 요구가 있을 경우 등에는 비밀유지에 대한 예외가 적용된다.

(2) 상담자의 능력

상담자는 자신이 어느 정도까지 상담을 진행할 수 있는지 판단해야 하며, 어느 시점에서 다른 전문가에게 의뢰해야 하는지 정확하게 평가하여야 한다.

3. 상담관계형성의 원리

(1) 공감적 이해

① 내담자 입장에서 내면세계를 이해하는 것을 말한다.

② 상담자가 자기를 이해하고 자신과 정서적으로 연결되었다고 내담자가 느낄 때 온전한 것이 된다.

(2) 무조건적 존중

① 상담자는 내담자의 행동이나 감정·사고를 무조건적으로 존중하며, 내담자를 하나의 전체적인 인간으로 아끼고 사랑해야 한다.

② 상담자가 내담자를 무조건적으로 존중해 줄 때 안전한 상담관계 속에서 자기탐색을 활발히 하게 된다.

(3) 신뢰성

① 내담자가 상담자를 신뢰할 때 자신을 의뢰할 수 있다.

② 상담 초기에 내담자는 상담자에 대한 신뢰수준을 결정하기 위하여 끊임없이 시험해 본다. 이때 상담자가 솔직하고, 진지하며 숨겨진 의도를 갖고 있지 않다고 판단되면 상담자를 신뢰하게 된다.

(4) 안전성

내담자는 상담자와의 관계에서 안전함을 느낄 수 있어야 한다. 안전한 관계 속에서 내담자는 자기의 모습을 적나라하게 내보일 수 있다.

4. 상담의 기법

(1) 구조화(structuring) 초등 07 · 10

① 상담자가 상담 시작 단계에서 내담자에게 필요한 제반 규정과 상담에서의 한계에 대해 설명해 주는 것이다.

② 제반 규정에는 적극적으로 참여하기, 약속 시간 준수하기, 상담약속 취소나 연기 신청방법, 위급한 상황에 처하였을 때 연락하는 방법, 상담실 이용방법, 그리고 기타 내담 학생이 알아두어야 할 제반 사항 등이 포함된다.

③ 적절한 구조화는 지나친 기대에 따른 내담자의 오해를 시정해 줄 뿐만 아니라 상담 관계를 바람직한 방향으로 안정시키는 역할을 한다.

④ 상담의 한계란 교사와 학생 사이에 할 수 있는 사항과 그렇지 않은 사항을 서로 간에 의사소통을 통해 명백히 구분 짓는 것을 말한다. 정해진 한계 없이 학생의 요청을 무조건 들어 주다 보면 결국 상담에도 악영향을 미칠 수 있다. 상담 초기 단계에 학생이 이해할 수 있는 언어로 상담의 한계가 포함된 구조화를 실시해야 한다.

> ■ 학생상담의 한계
> • 책임의 한계 : 교사는 학생의 문제와 행동 및 문제해결에 대한 책임이 학생에게 있음을 명확히 한다. 학생은 당면한 문제의 책임을 다른 사람에게 돌리려는 경향이 있다. 따라서 상담 초기에 책임에 대한 한계를 명확히 할 필요가 있다.
> • 시간의 한계 : 교사는 시간에 대한 규정과 한계에 대해 학생이 이해할 수 있도록 명확하게 설명한다. 예를 들면, 상담시간의 길이와 빈도, 약속시간의 변경이 필요한 경우의 조치 등이 포함된다.
> • 행동의 한계 : 교사는 학생이 자신이나 타인을 해치거나 방화 또는 그 외의 범죄행동이 임박하였다고 판단되는 경우, 비밀유지 원칙을 파기하는 등 지체 없는 적절한 조처를 취할 수 있다는 점을 설명한다.
> • 애정의 한계 : 애정에 한계를 긋는 것은 상담자의 윤리기준과 관련된다. 예를 들면, 학생이 교사에게 과자나 선물을 사달라고 하는 경우, 어떻게 할 것인지에 대한 한계를 설명한다. 또, 교사와 학생의 관계 이외의 관계는 이중관계에 해당되므로 교사는 역할 갈등이 없도록 항상 상담자 윤리강령에 저촉되지 않는 범위 내에서 행동해야 한다.

(2) 주의집중(attending)

① 내담자는 상담자가 주목할 때 스스로 가치 있다는 것과 자신의 이야기가 들어줄 만하다는 것을 느낀다.

② 내담자에게 상담자가 자신이 말하는 것을 듣고 싶어 한다고 느끼게 하기 때문에 생각과 느낌을 말로 옮기는 것을 도와줄 수 있으며 내담자의 적절한 행동을 지원할 수 있다. 행동유형에는 눈 마주치기, 표정, 공간 활용, 신체적 움직임 등이 있다.

(3) 경청(listening)

① 상담실에 자기 문제 호소를 위해 오는 내담자의 대부분은 자신의 이야기를 잘 들어주고 이해해 주기를 원한다.

② 내담자는 자기 문제를 언어를 통해 표현하기도 하지만 내담자의 표정이나 억양, 행동상의 습관 등과 같은 비언어적인 표현을 통해 드러내기도 한다.

⑷ 수용(acceptance)

① 내담자에게 주의를 기울이고 있으며, 내담자의 말을 받아들이고 있다는 상담자의 태도이다.

② 내담자를 존중하며, 감정, 사고, 행동을 평가하거나 판단하지 않고, 있는 그대로 받아들이는 것을 말한다. 이러한 태도는 무조건적이고 긍정적이어야 한다.

⑸ 반영(reflection) 중등 04 · 10

① 내담자의 말과 행동에서 표현된 기본적인 감정, 생각 및 태도를 상담자가 다른 참신한 말로 부연해 주는 것이다.

② 내담자의 자기이해를 도와줄 뿐만 아니라, 내담자로 하여금 자기가 이해받고 있다는 인식을 주게 된다.

③ 반영의 목적은 내담자로 하여금 자신의 감정을 보다 더 표현하도록 독려하고, 자신의 감정을 보다 강하게 경험하게 하며, 내담자를 압도하고 있는 감정을 깨달을 수 있도록 도와주고, 감정을 인정하고 효과적으로 관리하고, 잘 변별할 수 있도록 도와주기 위함이다.

> 예 학생 : 담임선생님께서 이번 시험에 성적이 잘 나온 학생들만 모아서 영화를 보러 간대요.
> 교사 : 너도 이번 시험을 잘 봐서 선생님의 인정도 받고 친구들과 어울려 지내고 싶었는데 잘 안 돼서 속상하겠다.

⑹ 재진술(paraphrase) 중등 08 · 09, 초등 08 · 12

① 어떤 상황이나 사건, 사람, 생각을 기술하는 내담자의 진술 중에서 내용 부분을 상담자가 다른 동일한 의미의 말로 바꾸어 기술하는 기법이다.

② 내담자가 말한 내용을 다시 한번 잘 정리하여 전달하되 조금 더 간단명료하게 되풀이해 주는 것을 의미한다.

③ 주로 내담자에 관한 정보를 함축적으로 되돌려 줌으로써 자신이 한 말의 내용에 주의를 기울이도록 돕는 역할을 한다.

④ 반영과 비슷한 맥락이지만, 반영이 내담자의 주관적인 감정의 측면에 강조점을 둔다면, 재진술은 내담자의 인지적 측면 내지 사실적인 측면에 강조점을 두는 차이가 있다고 할 수 있다.

> 예 학생 : 저는 담임선생님이 싫어요. 다른 애들이 잘못했을 때는 가만히 계시다가 제가 조금만 떠들어도 막 야단을 치시는 거예요.
> 교사 : 담임선생님이 너를 불공평하게 대한다고 생각하는구나.

> 예 학생 : 어제 수업 중에 갑자기 머리가 너무 아파서 집으로 바로 가고 싶었는데, 담임선생님께서 계속 참으라고 하셔서 속상했어요.
> 교사 : 선생님께서 너의 두통에 대해 이해하려고 노력하시지 않아서 속상했다는 말이구나.

⑺ 명료화(clarification) 초등 05 · 09

① 내담자의 모호한 진술 다음에 사용되는 질문형태의 기법으로, 내담자의 말 속에 내포되어 있는 것을 명확하게 해주는 것을 말한다.

② 명료화를 사용하는 목적은 내담자가 보다 구체적으로 말하도록 돕고, 내담자의 진술 내용을 정확하게 들었는지를 확인하며, 모호하거나 혼동되는 진술 내용을 분명하게 밝히기 위함이다.

③ 명료화는 내담자가 말하고자 하는 의미를 상담자가 생각하고, 그것을 다시 내담자에게 말해 준다는 의미에서 내담자의 말을 단순히 재진술하는 것이 아니다. 명료화는 내담자의 실제 반응에서 나타난 감정 또는 생각 속에 암시되었거나 내포된 의미를 내담자에게 보다 분명하게 말해 주는 것이다.

④ 내담자가 말하는 의미가 모호하거나 혼란스러울 때에는 "이해가 잘 안 됩니다. 말하고자 하는 바를 좀 더 분명하게 말해 주십시오.", "나는 당신이 느끼는 감정이 어떤지 정확히 모르겠습니다." 등으로 말할 수 있다.

> 예 학생 : 선생님, 영희는 정말 재수 없는 아이예요.
> 교사 : 재수가 없다는 말은 영희가 싫다는 뜻이니?

(8) 직면(confrontation) 초등 02·12

① 내담자가 모르고 있거나 인정하기를 거부하는 생각과 느낌에 대해서 주목하도록 하는 것이다.

② 내담자의 언어적 진술과 비언어적 진술, 또는 언어적 진술들 사이에 불일치하거나 상충되는 부분이 있을 때 상담자가 이러한 모순점을 진술하는 기법이다.

③ 내담자가 스스로 깨닫지 못하고 있는 불일치된 상황이나 왜곡된 사고방식, 반응양식을 상담자가 지적하여 내담자가 스스로 성찰할 수 있도록 하는 것이다.

④ 내담자의 말과 태도가 일치하지 않는 경우가 많은데, 이때 내담자는 애써 자신의 감정을 숨기고 드러내지 않으려 하고 자신의 부정적 정서를 회피하려고 한다.

⑤ 상담자가 이러한 모순을 지적하면 내담자는 자기 자신의 모순된 행동과 왜곡된 부분, 그리고 상충되는 부분을 인식하게 되고 자신의 문제해결 방안을 탐색하는 대안적인 방식을 생각해 볼 수 있게 된다.

> 예 학생 : 저는 이 세상에서 우리 아빠를 누구보다도 사랑하고 존경해요(온몸이 경직되면서 두 주먹을 불끈 쥔다).
> 교사 : 너는 아빠를 사랑한다고 말하면서도 아빠에 관한 이야기를 할 때마다 온몸이 긴장되는 것 같구나.

(9) 해석(interpretation) 중등 09, 초등 12

① 내담자가 진술한 말과 행동보다는 상담자가 학생으로 하여금 거기에 무엇이 함축되어 있는지를 생각하게 할 때 사용한다.

② 해석은 보통 내담자의 진술에 대해 명료화, 재진술, 반영, 요약 등에 이어서 사용하게 되는데, 내담자의 진술에 무엇이 함축되어 있는지 상담자가 잠정적으로 가정하거나 설명을 가하는 것이다.

③ 상담 초기 단계를 지나서 내담자에 대한 충분한 자료가 확보되어 상담자가 그에 대한 분석을 토대로 자신이 가진 상담이론의 틀에 비추어서 내담자가 가진 문제의 원인이 무엇인지, 왜 그러한 문제가 반복되며 내담자의 감정과 정서를 부정적으로 이끌고 있는지에 대해 설명하는 것을 말한다.

> **예** 교사 : 철수가 자주 등교를 하지 않고 흡연과 과음을 하는 것은 자신을 인정해 주지 않는 주변 어른들에 대한 항의의 표현으로 보이는구나.

⑩ **즉시성(즉시적 반응)** 초등 07

① 상담자가 내담자와의 관계에서 상담자 자신, 내담자 또는 치료적 관계에 대한 즉각적인 감정을 표면화하여 드러내는 것을 말한다.

② 또한 상담자가 내담자의 대인관계 양식을 파악하는 기법으로 내담자가 상담자와 관계를 맺는 방식을 통해 일상생활에서의 대인관계를 알 수 있다.

③ '과거-거기'에서 벌어졌던 일 보다는 '지금-여기'에서 벌어지는 일들에 직면하여 다루도록 하는 초점화 기술이다.

⑪ **요약(summarization)**

① 여러 생각과 감정을 하나로 묶어 정리하는 것이다.

② 요약의 목적은 내담자의 언어적 표현들 중 여러 요소들을 서로 엮어 공통적인 주제 혹은 유형을 밝혀내고 지나치게 두서없는 이야기를 정리하며 상담의 진척 정도를 검토함으로써 내담자로 하여금 자신의 문제에 대한 통찰을 촉진시키기 위함이다.

⑫ **질문(questions)**

① 상담과정에서 학생이 자발적으로 얘기를 풀어가기도 하지만 때에 따라 교사가 적절한 질문을 하는 것은 학생의 자기 탐색을 촉진하는 역할을 한다.

② 자신의 감정에 휩싸인 내담자는 두서없이 감정을 쏟아내기 때문에 적절한 시점에서 내담자가 자신의 문제를 잘 드러낼 수 있도록 상담자가 적절한 질문을 제시하여야 한다.

③ 질문은 특정 답을 요구하지 않는 형태인 개방형 질문과 분명한 답변만을 요구하는 폐쇄형 질문으로 나눌 수 있다.

> **예** 폐쇄형 질문 : 친구들하고 사이가 틀어져서 실망했겠네?
> 개방형 질문 : 친구들하고 사이가 틀어졌을 때 어떤 기분이 들었니?

⑬ **자기개방(self-disclosure)**

① 상담자가 내담자가 가진 문제와 비슷한 문제를 일부 개방함으로써 내담자에게 자신만이 겪고 있는 문제가 아님을 깨닫게 하고 문제의 해결책에 대한 모델링을 할 수 있도록 도울 수 있다.

② 적절하게 이루어지면 내담자가 자기 문제를 해결할 수 있는 새로운 시각개발에 도움을 줄 수 있으며 상담자와의 인간적인 신뢰구축을 통한 관계형성이 용이하다.

③ 자기개방은 내담자에게 부담을 주는 수준이어서는 안 되며, 자주 이루어지면 사적인 관계로 전환될 수 있으므로 주의해야 한다.

Chapter 02 상담이론

01 프로이드(Freud)의 정신분석 상담

1. 개요

① 프로이드의 정신분석 상담이론에서는 인간의 마음이 원초아(id), 자아(ego), 초자아(superego)로 구성되며 이러한 심리적 세력 간의 정신역동에 의해 인간의 행동이 결정된다고 보았다.

② 인간 행동은 어릴 적 경험에 의해 좌우되며(결정론), 마음의 대부분은 무의식으로 이루어져 있다고 가정한다. 무의식은 자아에 위협이 되기 때문에 숨겨져 있거나 억압되어 있다.

③ 인간은 위협적인 사고와 충동으로부터 자아를 보호하기 위해 정신장벽을 구축하는데 장벽은 마음대로 제거할 수 없다. 이러한 위협적인 사고와 충동은 무의식적 갈등을 유발하고, 그 결과 심리·신체적인 문제가 나타난다. 즉, 무의식적 갈등은 심리적인 문제와 신체적인 징후의 주요 원인으로 작용한다.

④ 정신분석 상담이론의 목적은 무의식을 의식화하는 것이다. 무의식적 갈등이나 억압된 사고는 자유연상, 꿈의 분석 등을 통해 확인할 수 있다.

2. 상담기법

(1) 자유연상(free association)

내담자가 마음에 떠오르는 생각, 감정, 기억을 있는 그대로 이야기하도록 함으로써, 과거 경험을 회상하고 과거의 외상적(外傷的) 사건과 결합된 정서를 배출하도록 하는 방법이다.

(2) 꿈분석(analysis of dream)

프로이드가 "꿈은 무의식에 이르는 왕도"라고 말한 것처럼 꿈분석은 내담자의 무의식적 요구를 찾아내고 내담자로 하여금 해결되지 않은 문제에 대한 통찰력을 얻게 하는 중요한 절차이다. 꿈의 내용보다는 꿈에 상징적으로 나타나 있는 동기상의 갈등에 초점을 둔다.

(3) 전이(transference)

내담자가 과거 중요한 인물에게 느꼈던 감정을 상담자에게 표출하는 것이다. 치료 시점에서 환자는 치료자를 삶에서 중요한 인물의 대리인으로 간주해서 치료자에게 자기의 감정을 전이시킨다.

(4) 저항(resistance)

내담자의 무의식이 의식화되는 과정에서 내담자가 보이는 비협조적이고 저항적인 행동을 뜻한다. 상담의 발전을 저해하고 내담자가 무의식적 요구를 표출하는 것을 방해한다. 따라서 상담자는 이러한 저항을 지적해 내야 하며 내담자는 갈등 해결을 원한다면 저항에 직면해야 한다.

(5) 해석(interpretation)

상담자가 꿈, 자유연상, 전이 등의 의미를 내담자에게 지적하고 설명하는 것이다. 해석을 통해 내담 자는 무의식적 내용을 의식화하고 수용할 수 있게 된다.

3. 방어기제(defense mechanism)

① 원초아의 충동과 이에 대립되는 초자아의 압력으로부터 자아를 보호하기 위한 전략으로, 불안 을 유발하는 문제를 직접 해결하는 것이 아닌 감정이나 정서를 관리하기 위한 전략이다. 방어기 제는 자아를 보호하고, 불안과 위협을 최소화하는 기능을 한다.

② 방어기제가 해로운 것만은 아니다. 방어기제를 가끔 사용하는 것은 지극히 정상이며 불안을 감 소시켜 정상적인 생활을 영위하는 데 도움을 준다. 단, 과도한 사용은 불안을 유발한 진정한 원 인을 정확하게 인식하기 어렵게 한다.

02 윌리암슨(Williamson)의 지시적 상담 중등 00

1. 개요

① 윌리암슨이 주창한 지시적 상담(directive counseling)은 원래 직업 상담에서 출발하였다. 특성 요인 상담(trait-factor counseling), 상담자중심 상담이라고도 불린다.

② 상담이란 내담자에게 정확하고 객관적인 정보를 제공하고, 합리적으로 문제를 해결할 수 있도 록 가르치는 활동이다.

③ 부적응의 원인을 자신의 특성과 환경과의 부적합성으로 본다.

④ 부적응 행동의 근원은 내담자 자신이 미성숙하고 자신의 문제를 해결하는 데 필요한 정보가 없 기 때문이라고 본다. 청소년들은 미성숙하기 때문에 자신이 안고 있는 문제를 합리적이고 현명 하게 처리하기 위해서는 누군가의 도움이 반드시 필요하다고 본다.

2. 특징

① 특성요인 이론에 기초한다.

② 상담자의 적극적·주도적 역할을 강조한다. 내담자의 문제해결을 위해 충고, 명령, 금지, 지시, 제언 등의 방법을 사용한다.

③ 상담의 결과는 내담자의 문제해결이다.

④ 내담자의 문제해결을 조력하는 데 지적 과정을 중시한다.

3. 상담의 진행과정

과정	내용
분석	내담자를 이해하기 위해 내담자의 모든 정보와 자료를 수집하는 단계이다. 내담자의 태도, 교육 정도, 가치관, 흥미, 적성 등 내담자에 관련된 정보를 주관적 또는 객관적인 방법으로 수집한다.
종합	수집된 자료, 분석된 자료를 체계적으로 재조직・정리하여 적응・부적응의 상태를 검토한다.
진단	정리한 자료를 바탕으로 내담자가 지닌 문제점을 파악하고 그 원인을 추정하여 결론을 내린다.
예진	특정한 문제해결을 위한 내담자의 성공이나 실패 가능성을 예측한다. 문제의 정도나 조건이 앞으로 어떻게 진전될 것이라고 예측한다.
상담	상담자가 내담자의 최적의 적응을 위해 문제를 해결하도록 도와주는 과정이다. 즉, 밝혀진 문제해결을 위해서 직접적인 조력을 한다.
추후지도	상담결과의 계속적인 평가와 확인의 과정이다. 상담효과를 평가하며 재발 가능성에 대해 조언을 주기도 한다.

4. 상담기법

(1) 동조 구하기

상담자가 내린 결정을 내담자가 동조해 줄 것을 요구한다. 상담자의 의견이 적절한 것이라도 내담자가 강요받는다는 느낌을 받으면 충고로 끝날 위험이 있다. 따라서 상담자는 자신의 결정이 내담자의 결정이 될 수 있도록 설득하는 것이 중요하다.

(2) 환경 바꾸기

상담목표 달성에 도움이 되도록 내담자의 물리적 환경과 특성 등을 변화시키는 것을 말한다.

(3) 환경 선택하기

내담자가 목표로 하는 행동에 대한 장단점의 정보를 모두 갖게 하여 적절한 의사결정을 내리도록 하는 것이다.

(4) 기술 습득하기

내담자가 잠재력을 실현할 수 있는 각종 기술을 습득할 수 있는 정보제공, 여건 등을 만들어 준다.
예 대인관계 기술, 독서기술, 자격훈련 등

(5) 태도 바꾸기

내담자의 욕구와 환경의 요구가 조화를 이루도록 내담자의 이성적인 판단으로 합리적인 행동을 하도록 한다.

5. 장단점

(1) 장점

① 객관적 자료를 강조하였다. 이는 이후 검사 개발, 활용, 보급 및 예측에 많은 기여를 하였다.

② 문제행동이나 원인을 다루는 기술에 이르는 체계적 진단 과정에 주의를 불러일으켰다.

③ 많은 상담이론이 정서를 강조하는 반면, 이성을 강조하여 상담의 균형적 발전에 기여하였다.

(2) 단점

① 내담자의 가능성을 가정하면서도 상담자가 내담자를 도와줘야 한다는 모순을 안고 있다.

② 정서를 지나치게 경시함으로써 인간의 중요한 한 측면을 배제하였다.

③ 객관적 자료를 지나치게 강조하였다.

03 로저스(Rogers)의 인간중심 상담 중등 01 · 03 · 07 · 14 논술, 초등 02

1. 개요

① 칼 로저스(Carl Ransom Rogers)는 당시 상담을 주도하던 정신분석학과 지시적 상담에 대한 대안으로 비지시적 상담을 제창하였다. 이것은 후에 내담자중심 상담으로 바뀌었다가 현재 인간중심 상담이라고 불리고 있다.

② 로저스는 사람은 선하며, 근본적으로 자신의 문제를 해결할 수 있는 능력을 가지고 있고, 궁극적으로는 자기실현(self-actualization) 방향으로 나아가려는 성향을 타고난다는 점을 강조하였다.

③ 내담자의 무의식 세계보다는 의식적 경험이 더 중요하며, 객관적 현실보다는 내담자가 지각하는 주관적 현실에 더 강조점을 두면서 개인의 부적응 행동을 유발하는 것은 객관적 현실보다는 그것을 지각하는 방식에 있다고 보고 있다.

2. 상담 목표

① 내담자가 자기 자신의 욕망과 경험에 좀 더 집중하면서 자기실현을 위해 노력함으로써 충분히 기능하는 인간(fully functioning person)이 되도록 조력하는 데 있다.

② 충분히 기능하는 인간은 잠재력을 인식하고 실현한 사람이다. 충분히 기능하는 인간의 주된 특징으로는 ⅰ) 경험에 대한 개방성, ⅱ) 실존적인 삶, ⅲ) 자기 자신의 유기체에 대한 신뢰, ⅳ) 자유감, ⅴ) 창조성 등을 들 수 있다.

3. 주요 개념

(1) 통합된 유기체로서의 인간

인간은 신체적 기능과 감각, 감정, 사고, 동기 등의 심리적 기능이 하나의 통합적 조직체계로 환경과 상호작용하면서 유기체적 경험을 하게 된다.

(2) 실현 경향성

① 유기체의 보전·유지 또는 향상을 위해 모든 잠재능력을 발휘하려는 천부의 성향을 의미한다.

② 인간은 내면의 잠재력을 펼치며 성장과 성숙을 향해 나아가려는 실현 경향성을 지닌다. 즉, 자신의 모든 잠재력을 발현하여 좀 더 가치 있는 존재로 성장하려는 선천적 성향을 갖는다.

③ 실현 경향성이 외부의 조건에 의해 차단되었을 때 부적응적인 행동이나 사고가 나타난다.

④ 상담자는 내담자의 삶에 대해서 구체적인 방향을 지시하기보다는 내담자의 실현 경향성이 촉진될 수 있는 조건을 제공해야 한다.

(3) 자기개념

① 개인이 자신에 대해 가지고 있는 지속적인 체계적 인식을 뜻한다.

② 자기개념은 어느 날 갑자기 생기는 것이 아니라 세상을 경험해 가는 과정에서 서서히 점차적으로 확립되어 간다.

③ 사람들에게는 자신을 긍정적으로 생각하려는 욕구가 있는데 자신을 긍정적 존재로 여기기 위해서는 다른 사람에게서 긍정적 존중을 받는 것이 필요하다. 자기개념을 형성하는 데 자신을 대하는 다른 사람들의 태도가 중요하다.

(4) 자기와 경험의 불일치

① 개인이 유기체로서 소망하여 경험하는 것들과 자기존중감을 위해 추구하는 것들 사이에 불일치가 생길 때 부적응적인 감정이 발생한다.

② 자신의 유기체적 경험을 무시하거나 왜곡하면서 외부로부터 부여된 가치의 조건에 맞추어 살게 되면, 자기개념과 경험 간에 불일치가 생길 수 있다.

③ 외적으로 부여된 가치의 조건은 성장과정에서 부모에게 부여받는데, 부모가 나타내는 가치기준이 아동에게 어떤 영향을 미치는가에 따라 자기와 경험의 일치와 불일치가 결정된다.

④ 예를 들면, 신나게 축구를 하는 아이에게 부모가 경험을 인정하고 격려해 주면 자기 경험과 자기의 일치를 느끼지만, 축구하는 모습을 이해 못하는 부모의 가치기준을 자기개념으로 수용하면 경험과 자기의 불일치로 부적응적인 감정 상태에 놓이게 된다.

4. 상담자가 지녀야 할 태도

(1) 진솔성(진실성, genuineness)

① 상담자가 자기 내면에서 경험하는 것과 내담자에게 표출하는 것이 일치될 때 내담자도 관계에 대해 신뢰할 수 있다.

② 진실성은 상담자가 있는 그대로 자신의 모습을 솔직하게 표현하고 열린 자세로 자신을 수용하려는 것을 의미한다.

(2) 무조건적 긍정적 존중(unconditional positive regard)

① 내담자의 행동이나 감정, 사고에 대해 상담자의 가치관이나 관점을 기준으로 평가하지 않고, 있는 그대로 조건 없이 수용하고 존중하는 것을 말한다.

② 내담자의 모든 행동에 대해 칭찬하거나 격려하라는 것이 아니라, 내담자가 현재 겪고 있는 상황 속의 감정이나 생각을 있는 그대로 긍정하되 판단하지 않음을 의미한다.

(3) 공감적 이해(empathetic understanding)

① 상담자가 마치 내담자가 된 것처럼 감정을 느끼는 것으로 내담자의 주관적인 경험세계를 정확하고 깊이 있게 이해하는 것이다.

② 공감적 이해는 진실성과 무조건적 긍정적 존중이 먼저 이루어져야 가능하며, 상담자가 내담자의 모든 것을 있는 그대로 존중하면서 그의 내면세계로 들어가 교감하려는 노력이 필요하다.

5. 상담기법

(1) 진실하려고 노력하기

① 상담자는 내담자를 도우려는 진정한 관심을 지니고 있어야 하며 이러한 관심을 내담자에게 전달할 수 있어야 한다.

② 내담자는 진실하게 느껴지지 않는 상담자를 신뢰하기 어렵다.

(2) 적극적으로 경청하기

① 상담자는 내담자의 내면세계를 이해하기 위해 내담자의 말과 행동에 경청하는 적극적인 태도를 보여야 한다.

② 내담자를 마주 보고 몸을 기울이고 눈 맞춤을 하는 것, 내담자가 언급한 내용과 관련해서 적절한 표정이나 행동반응을 나타내는 등 경청기술이 필요하다. 이러한 반응을 통해 내담자는 상담자가 자신에게 진정한 관심을 가지고 주의를 기울이고 있음을 느끼게 된다.

(3) 공감적으로 반영하기

① 상담자가 내담자의 내면세계에 대해 이해한 바를 전달하는 것이다. 상담 초기단계에서는 상담자가 내담자의 언어적 표현에 근거하여 가장 두드러진 생각과 감정을 반영해 준다.

② 상담자가 내담자를 더 잘 알게 될수록 언어적 표현 이면의 생각과 감정에 대한 공감적 추측이 가능해진다. 상담자의 공감적 이해는 정확할 수도 그렇지 않을 수도 있다. 상담자는 이러한 공감적 이해를 내담자에게 전달하여 자신의 공감적 이해가 얼마나 정확한지 탐색해 볼 수 있다.

(4) '지금 여기'의 즉시성

① 내담자가 상담자와의 관계 속에서 경험하고 있는 '지금 여기'에서의 즉시적인 생각과 감정은 상담에서 가장 중요한 재료이다.

② 따라서 효과적인 상담이 되기 위해서는 '지금 여기'에서 경험되는 생생한 체험을 다루는 즉시성이 중요하다.

6. 장단점

(1) 장점

① 미리 결정되거나 명시된 상담목표가 따로 없어 내담자의 특정한 욕구에 맞게 개별화될 수 있다.

② 상담이론이 평이하고 상대적으로 어려운 개념이 없어서 초보자들에게도 쉽게 수용되고 채택될 수 있다.

③ 상담자와 내담자가 사람 대 사람으로 같은 지위에서 서로 존중하며 만나는 민주적인 관계를 형성한다.

④ 사람에 대한 긍정적이고 낙관적인 태도를 갖는다. 로저스는 사람은 기본 여건만 갖추어지면 '건설적인 방향으로 나아가는 존재'라는 낙관적인 관점을 강조하였다.

(2) 단점

① 인간의 감정을 지나치게 강조하고 행동이나 생각을 소홀히 여긴다.

② 구체적인 문제해결보다는 인간의 성장발달에 더 주목한다.

③ 현대사회의 치열한 생산성 경쟁 풍토가 문제해결 중심적이고, 상담자 중심적이며, 상담기술 중심적인 접근에 보다 관심을 갖게 한다.

④ 상담자의 보다 많은 개입을 원하는 내담자에게는 적합하지 않다. 수동적이고 소극적·제한적 반응을 하는 내담자에게는 지시적이고 구조적인 상담이 효과적일 수 있다.

04 행동주의 상담 중등 06·15 논술 추가, 초등 06

1. 개요

① 행동주의 상담은 행동주의 심리학에 근거하고 있는 상담이론으로 학습의 원리와 법칙을 상담에 적용하여 행동을 수정하려는 접근이다. 행동의 원인보다는 행동 자체를 강조하고, 부적응 행동도 학습되는 것이므로 학습 원리를 이용하면 수정 또는 교정될 수 있다고 가정한다.

② 관찰할 수 있는 행동에만 관심을 두는 행동적 상담은 무의식이나 자기개념 혹은 인지과정과 같이 관찰이 불가능한 가설적 개념에는 관심을 갖지 않는다.

③ 고전적 조건형성, 조작적 조건형성, 사회인지이론에 근원을 두고 발전하였다.

2. 상담 목표

① 적응문제를 해결하기 위해 바람직한 행동을 증가시키거나 바람직하지 못한 행동을 바람직한 행동으로 변화시키는 데 있다.

② 행동에 영향을 주는 요인에 관심을 갖고 문제행동을 다룰 방법을 찾는다. 상담 목표 설정과 목표 달성 여부를 평가하는 과정에서 내담자가 적극적으로 참여한다.

3. 행동치료의 일반적인 절차

① 관찰 가능한 행동을 기록할 수 있는 방법을 통해 문제행동을 정의한다.
② 기저선 자료를 수집하여 문제의 심각성 정도를 평가한다.
③ 측정 가능한 목표를 설정한다.
④ 한 번에 한 가지 목표를 설정하여 점진적으로 접근해 간다.
⑤ 학생의 변화 정도를 측정·평가하여 바람직한 목표를 달성할 때까지 방법적인 변화를 시도한다.

4. 상담기법

(1) 부적응 행동을 감소시키는 기법

① 소거(extinction)
  ㉠ 부적응 행동이 반복적으로 나타나게 강화하는 요인을 제거하는 것이다.
  ㉡ 예를 들어, 수업 중 떠드는 학생은 교사가 계속 관심을 줌으로써 강화를 받을 수 있다. 따라서 교사가 관심을 주지 않으면 행동이 감소될 수 있다.
② 노출법(exposure)
  ㉠ 내담자가 두려워하는 자극이나 상황에 반복적으로 노출하여 직면하게 함으로써 자극상황에 대한 불안을 감소하는 방법이다.
  ㉡ 노출 및 반응방지법은 문제행동을 하게 되는 자극상황에 노출하되 문제행동을 하지 못하게 함으로써 자극상황과 문제행동의 연합을 차단하는 방법이다.
    예 반복적인 손 씻기 행동을 하는 강박장애 환자에게 더러운 자극에 노출하되 손 씻는 행동을 못하게 하는 것
  ㉢ 처음부터 강한 불안을 유발하는 자극에 노출하는 급진적 노출법 중 하나가 홍수법(flooding)이다. 이 방법은 내담자의 불안을 높이고, 불쾌감을 줄 수 있으므로 신중하게 사용하여야 한다.
③ 체계적 둔감법(systematic desensitization) 초등 11
  ㉠ 부적응적 증상을 제거하는 대표적 기법으로, 특히 공포증과 같은 불안장애 치료에 효과적인 것으로 알려져 있다. 울페(Wolpe)에 의해 개발되었다.
  ㉡ 양립할 수 없는 새로운 반응(신체적 이완)을 통해 부적응적 반응(공포반응)을 억제하는 상호억제의 원리를 이용하는 기법이다. 이미 조건이 형성된 부적응적 반응을 해체하는 새로운 조건형성이 이루어진다는 점에서 탈조건형성이라고도 한다.
  ㉢ 단계
    • 내담자에게 불안을 대체할 수 있는 이완반응을 가르친다. 충분한 이완훈련을 하는 것이 중요하다.
    • 불안의 정도에 따라 위계를 정한다. 완전한 이완상태인 0점에서 가장 불안한 상태인 100점까지 점수를 할당한다.
    • 둔감화 단계로 이완상태에서 낮은 수준의 불안 유발 자극에 노출한다. 이완상태에서 조금씩 강한 공포상황에 노출하면서 내담자가 공포를 느낀다고 보고하면 자극을 멈추고 긴장을 이완한다.
    • 충분히 이완되면 다시 약한 공포상황부터 제시한다.

④ 혐오적 조건형성

㉠ 내담자에게 있는 부적응 행동을 제거하기 위해 그 행동이 나타날 때마다 불쾌하고 혐오스러운 경험을 동시에 제시하는 조건형성을 제시한다.

　　예 흡연자가 흡연하려고 담배를 꺼낼 때마다 아주 큰 경적소리를 듣게 하여 불쾌 경험을 느끼게 하는 경우

㉡ 이때 내담자에게 신체적·정서적으로 부정적 영향을 크게 미치지 않도록 주의하여야 하고 내담자의 선택을 존중하여야 한다.

(2) 적응행동을 증진시키는 방법

① 행동조성(behavior shaping) 중등 07·09, 초등 08·12

㉠ 새로운 행동을 만들어 주는 것으로, 최종 목표행동을 몇 개의 작은 단위로 나누어 목표로 하는 행동에 근접한 행동을 계획해서 점진적으로 강화해 나가도록 한다.

㉡ 행동조성(조형)은 정적 강화를 활용하여 바람직한 행동 증가를 목적으로 목표행동에 접근하는 행동만 강화한다.

㉢ 예를 들어, 청각장애아에게 말하기를 가르칠 때 처음에는 정확한 발음과 조금만 비슷해도 강화를 주고, 어느 정도 학습된 뒤에는 좀 더 정확한 반응을 할 때 강화를 주는 방식으로 완벽한 발음을 하도록 학습시킬 수 있다.

② 모델링(modeling)

㉠ 모델의 적응행동을 관찰하고 모방하게 함으로써 적응행동을 학습하게 하는 방법이다. 적응행동을 어떻게 해야 하는지 잘 모르는 사람에게 적응행동을 학습시키는 데 효과적이다.

　　예 대인관계 기술이 부족한 학생에게 다른 학생이 친구에게 인사하고 말을 건네는 모습을 관찰하게 하여 비슷한 행동을 유도하는 것

㉡ 본보기가 되는 사람은 호감을 줄 수 있어야 하고, 강화를 받는 모습이 함께 제시되면 효과적이다.

③ 토큰경제(token economy)

㉠ 토큰, 스티커 등이 일정 개수 모이면 실제 강화물로 교환하는 방법을 통해 바람직한 행동을 유도하는 것이다.

㉡ 조작적 조건형성을 이용한 것으로, 먼저 강화하고자 하는 표적행동을 구체적으로 정한 후 보상이 주어지는 분명한 행동규칙을 정해서 모든 구성원이 이해하고 행동하도록 한다.

④ 타임아웃(time out) 중등 08, 초등 08

㉠ 처벌의 한 방편으로 긍정적인 강화로부터 격리시킴으로써 부적절한 행동을 줄이도록 만드는 기법이다.

㉡ 아주 단시간에 효과를 내기도 하지만, 내담자가 정적 강화로 인식하지 않는 상황에서는 역효과가 생길 수도 있다. 교실에서 떠드는 학생을 교사가 교실 밖으로 내보내는 '타임아웃'의 경우 학생이 교실에 앉아 있는 것을 정적 강화로 여기지 않기 때문에 효과가 크지 않을 수 있다.

5. 공헌점 및 제한점

(1) 공헌점

① 상담자와 내담자의 역할이 명확하게 설정되어 있다.

② 상담 목표와 내용, 과정, 절차, 결과 등이 명료하여 많은 영역에서 효율적인 것으로 나타났다.

③ 상담의 평가와 결과가 실증적으로 제시되어 상담의 효과를 표면적으로 검증할 수 있다.

(2) 제한점

① 인간의 행동은 변화시킬 수 있으나, 내면의 심리 감정을 변화시키기는 어렵다.

② 현재 행동에 대한 과거의 내재된 원인을 무시하고, 상담자가 통제하고 조작한다.

③ 환경적 변인을 통제하기 어렵기 때문에 행동변화를 객관적으로 평가하기 어렵다.

05 엘리스(Ellis)의 합리정서 행동치료(rational emotive behavior therapy; REBT)

1. 개요 중등 02 · 03, 초등 03 · 05 · 08

① 엘리스(Albert Ellis)에 따르면 사람들이 정서적 문제를 겪는 이유는 구체적인 사건들 때문이 아니라 그 사건을 지각하고 받아들이는 방식이 잘못되었기 때문이다.

② 어떤 사건을 자신이 이미 가지고 있는 기존의 생각들에 비추어 비합리적으로 해석하기 때문에 그 결과로 정서적 문제를 경험하게 된다.

③ 정서적인 건강을 회복하려면 비합리적인 생각을 합리적인 생각으로 변화시켜야 한다.

2. 상담 목표

① 내담자가 가지고 있는 자기 파괴적이고 비합리적 사고와 신념을 합리적인 사고와 신념으로 바꾸는 데 있다.

② 내담자가 수집하고 평가하는 것과 모순되는 증거로 잘못된 신념을 찾아내고 직면시켜 줄인다.

3. 비합리적 신념들의 예

① 우리는 주위의 모든 사람들에게 항상 사랑과 인정을 받아야 한다.

② 일이 내가 바라는 대로 되지 않으면 파멸뿐이다.

③ 우리는 모든 면에서 반드시 유능하고 성공해야만 한다.

④ 현재의 행동과 운명은 과거에 의해 결정되며, 우리는 과거에서 벗어날 수 없다.

4. 상담의 방법과 진행과정(ABCDE 모형)

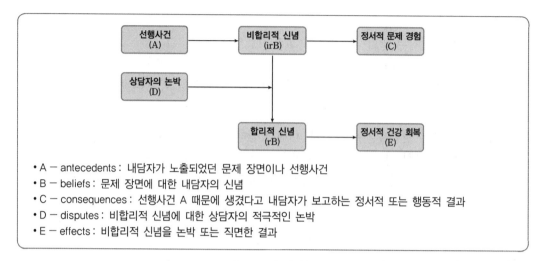

• A — antecedents : 내담자가 노출되었던 문제 장면이나 선행사건
• B — beliefs : 문제 장면에 대한 내담자의 신념
• C — consequences : 선행사건 A 때문에 생겼다고 내담자가 보고하는 정서적 또는 행동적 결과
• D — disputes : 비합리적 신념에 대한 상담자의 적극적인 논박
• E — effects : 비합리적 신념을 논박 또는 직면한 결과

| REBT의 과정 |

① 내담자가 겪는 심리적 문제(C)는 선행사건(A) 때문이 아니라, 그 사건에 대해 내담자가 가지는 신념체계(B) 때문이다.
② 상담 과정에서 상담자는 내담자의 비합리적 신념(irrational Beliefs; irB)의 부당성을 적극적으로 논박(D)하여 그것을 합리적인 신념(rational Beliefs; rB)으로 변환함으로써 정서적 건강을 되찾게 하는 효과(E)를 얻는다.

5. 상담진행 시 주의사항

상담자의 논박이 내담자의 인격을 모독하여 내담자가 상담 자체에 부정적인 느낌을 가지게 되는 경우가 발생할 수 있다. 상담자의 논박 대상은 내담자 개인이 아니고 내담자가 가진 비합리적 신념이다.

6. 상담기법

⑴ 인지적 기법

① 비합리적 신념 논박하기(disputing)
  ㉠ REBT의 가장 핵심적인 치료기법으로 내담자의 비합리적 신념을 포착하여 논박하는 것이다.
  ㉡ 대부분의 사람은 특별한 신념을 갖고 살아가지만 이러한 신념을 자각하지 못하거나 논리성, 현실성, 실용성에 대해서 의문을 제기하지 않는다. 따라서 논박하기는 내담자의 삶을 부적응적인 것으로 몰아가는 비합리적 신념을 포착하여 바꾸는 기법이다.
    • 소크라테스식 문답법 : 상담자가 다양한 질문을 던짐으로써 내담자 스스로 자기신념의 비합리성을 깨닫도록 유도한다.

- **설명식 논박법**: 강의식 설명을 통해 내담자의 비합리적 신념을 논박하여 바꾸는 방법이다.
- **풍자법**: 내담자의 비합리적 신념을 과장하거나 우스꽝스러운 것으로 희화화함으로써 비합리성을 깨닫게 하는 방법이다.
- **모델링 방법**: 내담자와 유사한 사건을 경험하였지만 심각한 정서적 문제없이 살아가거나 오히려 성장의 기회로 승화한 사람들을 모델로 제시한다.

② 유추: 내담자가 드러내 보이는 문제행동이 내담자 자신의 어떤 특성 때문인지 유추해 보도록 하여 내담자가 자신의 특성을 이해하고 나쁜 습관으로 인해 영향받는 자신을 깨닫도록 하는 데 그 목적이 있다.

(2) 정서적 기법

① 합리적 정서 심상법
  ㉠ 내담자가 문제 상황에서 느낄 수 있는 적절하고 건강한 정서를 찾을 수 있도록 돕는 방법이다.
  ㉡ 상담자는 내담자에게 눈을 감게 한 후 부정적 감정을 일으킨 문제 상황을 떠올리게 한다. 내담자가 문제 상황을 떠올리면 그때의 고통스러운 감정을 구체적으로 명명하게 한다.
  ㉢ 상담자는 내담자에게 고통스러운 감정을 합리적인 수준의 건강한 부정적 정서로 바꾸도록 요청한다. 그리고 내담자의 고통스러운 감정이 어떻게 건강한 감정으로 바뀌게 되었는지, 그 상황에서 어떤 생각을 바꾸었는지 또는 어떤 속말과 대처방법을 사용하였는지 등을 탐색한다.

② 합리적 역할극
  ㉠ 내담자가 심리적 고통을 겪었거나 그러할 것으로 예상되는 상황을 상담자와 함께 역할연기를 통해 체험해 보는 방법이다.
  ㉡ 상담자와 내담자는 구체적인 상황을 설정하고 시나리오를 만든 후 서로 역할을 맡아 상황을 재연한다. 동일한 상황에 대해 여러 번 역할극을 할 수도 있으며 내담자와 상담자가 서로의 역할을 바꾸어 역할극을 할 수도 있다.
  ㉢ 역할극이 끝나면 상담자는 내담자에게 역할을 하면서 어떤 생각과 감정이 들었는지 질문한다.
  ㉣ 내담자가 자신의 비합리적 신념을 확인하는 기회가 될 수 있을 뿐만 아니라 내담자에게 다양한 피드백을 해주는 기회가 되기도 한다.

③ 유머: 내담자 중에는 자신의 잘못을 지나치게 심각하고 진지하게 고민하는 경우가 있다. 유머는 내담자의 비합리적 신념을 극단적으로 과장하여 우스꽝스러운 결론에 도달하게 함으로써 그 어리석음을 익살스럽게 깨닫게 하는 방법이다.

④ 수치심 공격하기: 내담자가 어떤 행동을 하였을 때 주변으로부터 비난받을까 두려워하거나 자신의 수줍음으로 인해 해보지 못했던 행동을 실제로 해보도록 함으로써 다른 사람들이 내담자가 생각한 만큼 크게 반응하지 않는다는 사실을 알게 하여 비합리적 신념에서 벗어나도록 하는 기법이다.

(3) 행동적 기법

① 행동적 과제부과: 행동지향적인 숙제를 부과한다. 숙제는 실생활에서 새로운 행동을 시도하도록 하여 합리적으로 생각하고 행동하는 인간이 되도록 한다. 과제는 난이도가 낮은 것부터 점진적이고 체계적으로 제시한다.

② **자극통제**: 상담자가 내담자에게 특정 자극을 통제하는 방법을 보여줌으로써 내담자의 역기능적 행동의 가능성을 줄이는 방법이다. 내담자로 하여금 자신의 환경을 재구성하게 하고, 내담자가 역기능적 행동을 할 수 있게 하는 자극들에 노출되지 않도록 한다.

06 벡(Beck)의 인지치료 초등 06

1. 개요

① 합리적 정서치료와 함께 인지 · 행동적 상담 이론들 중 가장 널리 알려지고 보편화된 상담 이론이다.

② 원래 우울증을 치료하는 이론으로 출발하였으나 점차 불안과 공포증 등을 포함한 정서적 문제 전반, 그리고 사람들의 성격적 문제를 치료하는 이론으로까지 확장되었다.

2. 이론적 근거

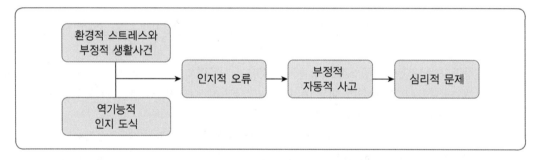

| 인지치료 이론에 따른 심리적 문제의 발생과정 |

(1) 자동적 사고

① 자동적 사고는 어떤 사건에 당면할 때 자신의 의지와는 상관없이 자동적으로 떠오르는 생각을 말하며, 노력이나 선택 없이 자발적으로 일어난다.

② 사람들이 경험하는 심리적 문제는 스트레스 사건을 경험하였을 때 자동적으로 떠올리는 부정적인 내용의 생각들로 인해 발생한다.

③ 자동적 사고에는 인지삼제가 포함된다. 인지삼제란 자동적 사고의 내용으로 다음과 같은 세 가지 내용으로 구성된다.

  ㉠ 자신에 대한 비관적 생각   예 '나는 무가치한 사람이다.'

  ㉡ 미래에 대한 염세주의적 생각   예 '나의 앞날은 희망이 없다.'

  ㉢ 세상에 대한 부정적 생각   예 '세상은 살기 매우 힘든 곳이다.'

④ 이러한 생각들을 가지고 있는 사람이 그러한 생각들을 불러일으키는 생활사건을 경험하였을 때 심리적 문제가 경험되는 것이다.

(2) 역기능적 인지도식

① 사람들은 살아가면서 나름대로 자기와 세상에 대한 '이해의 틀'을 발달시킨다. 이러한 지식들이 어린 시절부터 쌓여 체계화된 지식 덩어리를 이루게 될 때, 이를 인지도식이라 부른다. 세상을 살아가는 과정에서 삶에 관한 이해의 틀을 형성한 것이 바로 삶의 인지도식인 것이다.

② 사람에 따라 인지도식의 내용은 달라질 수 있다. 살아온 삶의 과정과 경험의 내용들이 다르기 때문이다.

③ 문제는 개인의 인지도식이 부정적인 성질의 것일 경우이다. 이러한 인지도식을 역기능적 인지도식이라 부르는데, 이는 심리적 문제를 초래하는 근원적 역할을 한다.

④ 역기능적 인지도식의 예는 다음과 같다.
> **예** • 사람은 멋지게 생기고 똑똑하고 돈이 많지 않으면 행복해지기 어렵다.
> • 다른 사람의 사랑 없이 나는 행복해질 수 없다.
> • 다른 사람에게 도움을 요청하는 것은 나약함의 표시다.
> • 절반의 실패는 전부 실패한 거나 다름없다.
> • 인정을 받으려면 항상 일을 잘해야만 한다.
> • 한 인간으로서의 나의 가치는 나에 대한 다른 사람의 평가에 달려 있다.
> • 사람들이 언제 나에게 등을 돌릴지 모르기 때문에 믿을 수 없다.

⑤ 역기능적 인지도식을 가지고 있는 사람이 일상생활에서 스트레스 사건을 경험하게 될 때 부정적인 내용의 자동적 사고를 떠올리게 되며, 그 결과 심리적 문제가 발생하게 된다.

(3) 인지적 오류

① 역기능적 인지도식은 자동적 사고뿐 아니라 인지적 오류를 발생시키기도 한다.

② 인지적 오류(cognitive errors)란 현실을 제대로 지각하지 못하거나 사실이나 그 의미를 왜곡하여 받아들이는 것을 뜻하는 용어다.
> **예** 길을 가다가 마주 오는 사람과 우연히 어깨가 부딪혔을 때 '저 사람이 아예 나를 넘어뜨리려고 작정했구나.'라고 생각해 버리면 사실 자체와 사실에 대한 해석이 뒤죽박죽된 경우로 볼 수 있다.

③ 벡의 인지치료 이론에서는 개인의 임의적인 추측을 사실 또는 현실과 혼동하는 것은 일종의 오류 또는 잘못이며, 이러한 오류를 많이 범할수록 심리적 문제를 겪게 될 가능성이 더 커진다고 본다.

④ 인지적 오류를 범하는 이유는 과거의 경험들을 통해 차곡차곡 쌓아 온 인지도식 때문이다. 거부의 경험을 갖고 있는 사람은 넓게는 인간관계 전반에, 좁게는 친밀한 인간관계에 대해 거부와 관련된 인지도식을 가지고 있다.

⑤ 인지적 오류의 대표적 종류는 다음과 같다.
- ㉠ 흑백논리(이분법적 사고) : 사건의 의미를 이분법적인 범주의 둘 중 하나로 해석하는 오류이다. 어떤 일의 성과를 성공이냐 실패냐의 이분법으로만 나누어 평가하거나, 타인이 나를 사랑하느냐 미워하느냐의 둘 중 하나로만 생각할 뿐 중립지대를 인정하지 않는 경우가 해당한다.
- ㉡ 과잉 일반화 : 한두 번의 사건에 근거하여 일반적인 결론을 내리고 무관한 상황에도 그 결론을 적용하는 오류이다. 한두 번의 실연으로는 실연당할 것이라고 생각하는 경우가 해당한다.
- ㉢ 선택적 추상화 : 상황이나 사건의 주된 내용은 무시하고 특정 정보에만 주의를 기울여 전체적 의미를 해석하는 오류이다. 발표를 했을 때 많은 사람이 긍정적인 반응을 보였는데도 한두 명의 부정적 반응에만 선택적으로 주의를 기울여 실패하였다고 단정하는 경우가 해당한다.

ㄹ 의미 확대 및 의미 축소 : 사건의 중요성이나 의미를 지나치게 과장하거나 축소하는 오류이다. 한번 낙제점수를 받은 것을 가지고 '내 인생은 이제 끝이다.'라고 생각하거나 1등을 하고도 '운이 좋아서 그렇게 되었겠지.'라고 생각하는 경우가 해당한다.

ㅁ 임의적 추론 : 어떤 결론을 내리기에 충분하고 적절한 근거가 없는데도 최종적인 결론을 성급히 내려버리는 오류이다. 여자 친구가 바쁜 상황으로 인해 연락을 못했음에도 이별을 준비하는 것이라고 결론 내리는 것이다.

3. 상담의 진행과정

① 내담자의 심리적 문제를 구체화하여 내담자와 상의하여 상담 목표로 정한다.

② 심리적 문제에 인지적 요인이 관련되어 있음을 내담자가 납득할 수 있도록 인지치료의 기본 원리를 설명한다.

③ 심리적 문제를 일으키는 환경적 자극과 자동적 사고를 내담자와 함께 탐색하고 조사한다.

④ 자동적 사고의 현실적 타당성을 따져본다.

⑤ 환경적 자극에 대한 보다 객관적이고 타당한 대안적 해석을 탐색해 보고 이를 기존의 부정적인 자동적 사고와 대치한다.

⑥ 환경적 자극을 왜곡되게 지각하도록 만드는 근원적인 역기능적 인지도식의 내용들을 확인한다.

⑦ 역기능적 인지도식의 내용을 현실성, 합리성, 유용성 측면에서 검토한다.

⑧ 더욱 현실적이고 합리적인 대안적 인지를 탐색하여 내면화할 수 있도록 유도한다.

4. 상담의 주요기법

(1) 문제 축약 기법

내담자의 다양한 문제 증상들을 중요한 것 몇 가지로 묶어서 다루는 방법이다.

① 여러 증상에 기저하는 공통 요소를 찾는다.

> 예 내담자가 엘리베이터 타기, 터널 지나기, 빨리 걷거나 뛰기, 강한 바람에 공포를 가진 경우
>
> ◎ 공통 요소는 '희박한 공기로 인한 호흡 곤란'이다. 개별 증상을 다루기보다는 질식에 대한 공포 해소에 상담의 초점을 맞출 수 있다.

② 문제 증상들의 발달 연쇄에서 초기에 발생한 문제 증상들에 초점을 맞춘다. 먼저 발생한 문제들로 인해 이후 증상이 초래되었을 가능성이 크기 때문이다.

> 예 주의집중이 안 되어 공부가 안 되고, 그로 인해 시험 성적이 낮아지고, 열등감으로 친구관계도 소원해지고, 그 결과 우울감을 겪는 내담자
>
> ◎ 주의집중 문제를 먼저 다루게 되면 결과적으로 발생한 증상들은 별도로 다루지 않아도 상당 부분 해소될 수 있다.

(2) 빈 틈 메우기 기법

스트레스 사건과 그 결과 경험하는 정서적 혼란 사이의 빈 틈을 확인하여 채우는 방법이다. 빈 틈에는 내담자는 자각하지 못하지만 스트레스 사건을 접하였을 때 떠올랐던 부정적인 자동적 사고가 게재되어 있기 때문이다.

예 사람들을 만날 때마다 주체할 수 없이 화가 나는 경험을 하는 경우, 상담자는 '사람들을 만났을 때 어떤 생각이 스쳐 지나갔습니까?', '그때 머리에 떠오른 생각들은 무엇이죠?' 등의 질문으로 내담자의 자동적 사고를 확인할 수 있다. '나를 무시한다.' '나를 차별대우한다.' 등과 같은 부정적 사고를 확인하고, 그 자동적 사고가 현실적으로 적절한지, 다른 대안은 없는지 검토할 수 있게 된다.

(3) 칸 기법

빈 종이에 여러 칸을 나누어 스트레스 사건, 정서적 경험, 자동적 사고, 대안적인 사고, 정서적 변화 등을 기록하는 방법이다.

07 글래서(Glasser)의 현실치료 중등 05·06, 초등 09·10

1. 개요

① 윌리엄 글래서(William Glasser)의 현실상담(reality counseling) 혹은 현실치료는 통제이론에 근거한 상담이론이다. 통제이론(control theory)은 인간이 자신과 환경을 통제할 수 있으며, 행동은 물론 자기 자신에 대해 책임을 질 수 있는 존재라는 사실을 강조한다.

② 현실상담은 인간의 모든 행동은 결국 스스로 선택한 것이므로 선택에 대한 책임도 전적으로 자신에게 있다는 점을 강조한다. 그래서 이 이론을 선택이론(selection theory)이라고 부르기도 한다.

③ 인간은 매순간 자신의 욕구를 충족시킬 수 있는 행동을 선택한다. 선택을 하지 않는 것도 선택이다. 선택이론에 따르면 행복이나 불행을 선택하는 것도 결국 자기 자신이다. 불행하게 만드는 행동을 선택한다는 것이다.

2. 상담 목표

① 내담자가 기본적인 욕구를 제대로 충족시킬 수 있는 방법을 찾을 수 있게 도와줌으로써 자신의 삶을 효과적으로 선택하고 통제할 수 있게 한다.

② 현실상담은 통제이론을 이해하면 누구나 삶을 바꿀 수 있다고 주장한다. 기본적 욕구가 무엇인지 정확하게 인식하지 못하거나 욕구가 제대로 충족되지 않을 때 문제가 발생한다. 그러므로 현실상담은 내담자가 진정으로 원하는 욕구가 무엇인지 파악하게 한 다음 욕구를 효과적으로 충족시키도록 조력한다.

③ 현실상담은 내담자가 자신의 삶에서 제대로 선택을 하게 하고 타인에게 피해를 주지 않는 방식으로 기본적인 욕구를 충족시키도록 도와주는 데 목적이 있다.

3. 특징

(1) 행동, 책임, 현재를 강조한다.

① 내담자의 행동에 초점을 두고, 현재 행동이 욕구 충족에 도움이 되는지 아닌지 평가하게 한다. 현실상담은 인간이 5개의 기본적인 욕구(소속, 힘, 즐거움, 자유, 생존의 욕구)를 충족시키기 위해 노력한다고 가정한다.

② 행동은 개인이 자신의 욕구를 충족시키기 위해 스스로 선택한 것이므로 자신의 선택에 책임을 져야 한다.

③ 현실상담에서는 모든 문제가 현재에 존재한다고 보고 과거는 거의 다루지 않는다. 과거는 바꿀 수 없으므로 과거를 탐색한다고 해서 문제를 해결할 수 없기 때문이다.

(2) 3R 강조

① 바람직한 방법으로 욕구를 충족시키기 위해 3R, 책임감(responsibility), 현실(reality), 옳고 그름(공정성)(right or wrong)을 강조한다. 즉, 욕구는 책임감이 있고, 현실적이고, 옳은 방법으로 충족되어야 한다.

② 현실상담의 방법은 WDEP(W : Wants-욕구탐색, D : Doing-현재 행동, E : Evaluation-내담자의 자기 행동과 수행능력 평가, P : Planning-욕구충족 계획 수립)로 요약된다.

4. 현실치료의 진행절차 - WDEP모델

(1) W-Wants(바람)

내담자가 진정으로 원하는 것이 무엇인지 스스로 인식할 수 있도록 돕는다. 이 과정에서 현재 상황과 좋은 세계의 비교를 통해 그 차이를 해소하기 위해 무엇이 필요한지 내담자 스스로 인지할 수 있다. ⊙ 자신의 바람, 욕구, 지각 탐색

(2) D-Doing(행동)

상담자는 내담자의 전체 행동(행동, 사고, 감정, 생리반응)을 구체적으로 작성하게 하여 어떻게 살고 있는지 살펴보도록 한다. ⊙ 현재 행동에 초점을 맞추어 파악

(3) E-Evaluation(평가)

현재 자신이 한 행동이 진정 원하는 것을 충족시키는 데 도움이 되는지 평가하는 것을 의미한다. 평가가 제대로 이루어지면 자신이 변화해야 한다는 자발적인 동기를 갖게 됨으로써 다음 단계의 계획하고 실천하기로 자연스럽게 발전하게 된다. ⊙ 자신의 행동 평가

(4) P-Planning(계획)

내담자가 자신의 욕구를 충족시킬 수 있는 새로운 행동을 계획하고 실천하도록 돕는 것을 뜻한다. 이 과정에서 상담자는 내담자가 선택과 행동에 대한 책임은 자신에게 있음을 인식하게 해야 하며, 내담자는 스스로 자신의 삶을 통제할 수 있다는 자신감을 갖게 된다. ⊙ 바람과 욕구 충족을 위한 계획 수립

5. 주요 개념

(1) 기본 욕구

① 소속의 욕구: 소속감을 느끼는 것뿐 아니라 사랑하고 협동하는 것을 포함하며, 인간이 살아남는 데 중요한 역할을 한다.

② 힘의 욕구: 자신의 삶을 효과적으로 통제할 수 있다고 지각하는 것을 말하며 경쟁하고, 성취하고 중요한 존재이고 싶어 하는 욕구를 말한다.

③ 자유의 욕구: 자신의 행동을 스스로 선택하고자 하는 욕구이며 이동하고 선택하는 것을 마음대로 하고 싶어 하는 욕구를 의미한다.

④ 즐거움의 욕구: 새로운 것을 배우고 놀이를 통해 즐기고자 하는 욕구를 말한다. 하지 않아도 되는 일을 자의적으로 할 때 즐거움의 욕구는 충족된다.

⑤ 생존의 욕구: 살고자 하고, 생식을 통해 자기확장을 하고자 하는 욕구를 의미한다.

(2) 좋은 세계(quality world)

① 개인의 욕구와 소망이 충족되는 세계이며, 글래서는 이를 '우리가 원하는 모든 것으로 이루어진 세계'라고 칭하였다.

② 인간의 욕구가 잘 충족되었을 때 경험하였던 생각과 심상을 내면세계에 보관해 두면서 개인이 인지하는 현실세계와 비교하여 어떻게 행동할 것인지를 선택하는 토대가 된다.

(3) 전 행동(total behavior)

① 인간이 생각하고, 느끼고, 행동하고, 생리적으로 반응하는 모든 것을 전 행동이라고 한다.

② 이 네 영역에서 일어나는 모든 것들은 인간이 현실세계를 좋은 세계와 비교하며 끊임없이 선택한 것에 불과하다는 것이다.

③ 인간은 전 행동의 요소 중 행동은 거의 완벽하게 통제할 수 있고, 사고도 얼마간의 통제력이 있으나 감정은 거의 통제하기 어렵고, 생리적 반응은 더욱 더 통제력이 없다. 그러므로 행동을 변화시키면 나머지 세 요소는 자동적으로 변화가 유발된다.

08 번(Berne)의 상호교류분석 중등 12, 초등 12

1. 개요

① 교류분석(transactional analysis; TA) 혹은 의사교류분석은 미국의 정신과 의사 에릭 번(Eric Berne)이 창시한 심리치료기법이다.

② 상담에서 교류는 사람 사이에 일어나는 사회적 상호교섭(의사소통)의 한 단위를 말한다. 따라서 교류분석이란 의사소통을 이해하고 분석하는 방법을 일컫는다.

③ 교류분석에 따르면 어릴 적 부모에게 부정적인 말을 들으며 자란 아동은 부정적인 메시지를 토대로 부모의 관심과 인정(스트로크)을 받기 위해 잘못된 초기결정을 내리게 된다.

④ 그러한 결정은 타인과 진실하지 못한 상호작용방식(게임)을 형성시켜 결국 인생각본(무의식적인 인생계획)으로 자리 잡게 된다.

⑤ 부정적 메시지가 누적되어 형성된 부적응적 인생각본은 어느 한쪽 또는 양쪽에 부정적인 영향을 미친다.

2. 인간관

① 인간은 자신을 발달시키고, 행복하게 하며, 생산적이게 할 긍정적인 능력을 갖고 태어났고, 궁극적으로 자율적일 수 있는 존재이며, 무엇에 의해 결정되기보다는 많은 자유를 가진 존재이다.

② 인간은 자신에게 영향을 미치는 환경을 개선할 수 있다. 자신의 선택과 결정에 대해 책임질 수 있고, 과거의 결정을 이해하고 재결단할 수 있으며, 행동할 수 있는 존재이다.

3. 인간행동의 동기

(1) 생리적 욕구

물, 공기, 음식과 같이 생명을 유지시켜 주는 것과 관련된 욕구이다.

(2) 심리적 욕구

① 자극욕구

㉠ 자극을 받고자 하는 욕구로, 타인으로부터 인정자극(stroke)을 받으려는 욕구를 의미한다.

㉡ 인정자극이란 타인에 의한 신체적 접촉과 심리적 인정을 말한다. 번은 이를 어루만짐이라 표현하였다.

㉢ 인정자극을 통해 인간은 긍정적인 자아존중감을 느끼고 보살핌과 사랑에 기초한 대인관계를 맺을 수 있게 된다. 인정자극은 따뜻한 말이나 친근한 자세와 같은 긍정적 인정자극과 싫어한다는 말이나 신체표현과 같은 부정적인 인정자극으로 나눌 수 있다.

㉣ 부정적인 인정자극도 전혀 없는 것보다는 낫다.

② 구조욕구: 자극욕구가 충족되지 않을 때 자극욕구의 충족을 위해 자신과 관계된 사회적 상황을 인정욕구의 가능성을 높이는 방향으로 자신의 시간과 생활을 수단화하는 것을 말한다.

㉠ 철수(withdrawal): 타인으로부터의 인정자극을 포기하고 자기를 타인으로 멀리하여 스스로에게 어루만짐을 주려는 자기애에 해당된다. 타인과의 관계 상황에서 물러나서 혼자 시간을 보내는 시간 구조화 방식으로 타인과 격리시키는 시간방식이다.

㉡ 의식(ritual): 사회적으로 인정되고 예측이 가능한 방식으로 서로를 대하는 행동양식이다. 의례적인 시간 구조화로 간단한 아침인사, 의식, 예배와 같은 종교의식 같은 것이 있다.

㉢ 소일담(pastime): 사회적으로 수용될 수 있는 방식으로 특별한 목적 없이 다른 사람과 얘기하며 시간을 보내는 것으로, 깊이 들어가지 않고 어루만짐을 주고받는 단순한 보완적 교류이다. 무난한 화제 중심의 대화로 운동경기, 날씨, 음식과 같은 이야기를 주고받음으로써 정서적 움직임 없이 자신의 사회적 위치를 확고하게 하는 구조화 방법이다.

㉣ 활동(activities): 확실한 목표가 있는 사람에게서 나타나며, 외적 현실을 다루는 시간구조화

방식으로 흔히 일(work)을 말한다. 직장동료와 함께 어려운 문제를 해결하는 창조적이고 생산적인 과정을 통해 서로 인정자극을 주고받으며 만족한다.

    ◎ 게임(game) : 무의식 속에 숨겨져 있는 만성 문제감정(racket)에 의해 갚음하기가 동반되는 이중적 대화로 표면행동과 다르게 숨은 의도가 있는 시간 구조화 방법이다. 게임은 심리적 대가를 치르는 반복되는 저의적 교류이자 일종의 방어기제로서 필요악 같은 교류이다. 이는 기본적으로 솔직하지 못하며, 부정적 어루만짐을 교환하게 되고, 게임의 결과는 두 사람 모두에게 불쾌한 감정을 갖게 한다.

    ⓗ 친밀성(intimacy) : 자극의 욕구를 가장 만족스럽게 충족시켜 줄 수 있는 시간 구조화 방법이다. 상대를 서로 신뢰하며 수용하고 존중하기 때문에 방어가 필요 없는 진실한 교류가 이루어지는 이상적 시간 구조화 방법이다.

  ③ 자세의 욕구
    ㉠ 삶을 유지하는 어떤 결정을 확고하게 유지시키고자 하는 욕구이다.
    ㉡ 6세 이전의 부모나 의미 있는 타인들에 의한 금지령과 허용정도에 따라 내린 초기결단으로 인해 가지는 생활자세를 의미한다.

4. 생활자세 유형

(1) I'm OK-You're OK(자기긍정−타인긍정) : 건강한 자세
  ① 게임에서 자유롭고, 자신의 문제를 건설적으로 해결할 수 있으며, 있는 그대로 수용하며 협력하는 정신적으로 건강한 사람의 태도이다.
  ② 자신을 존중하고 소중하게 여기며, 타인과도 더불어 함께한다.
  ③ 개방적 의사소통을 하고, 자유와 자기변화가 있다.
  ④ 스스로에 대해 신뢰하며, 타인과 대화하고, 문제가 발생했을 때는 쌍방의 해결모색을 한다.

(2) I'm not OK-You're OK(자기부정−타인긍정) : 우울한 자세
  ① 스스로 무능하다고 생각하고, 자신감이 없으며, 문제나 책임을 회피한다. 무기력하고 억압이 심하며 낙심하여 생기가 없는 사람의 태도이다.
  ② 타인으로부터 달아나려 하면서도 강자에게 기식하고, 타인을 의지하려 하는데, 이는 자기의 부적절을 나타낸다.
  ③ 심리적·신체적으로 우울하며, 심할 경우 자살할 수도 있다.
  ④ 낙담하고 있으며, 자신이 원하는 것을 잘 모른다.

(3) I'm OK-You're not OK(자기긍정−타인부정) : 편집적 자세
  ① 자신의 문제를 타인에게 투사하고 불평하는 사람의 태도이다.
  ② 자신이 희생되고 있고, 박해받고 있다고 느끼고 있으나, 실제적으로는 타인을 박해하고 희생시키고 있다.
  ③ 타인을 지배하며, 벌주고 책망한다.
  ④ 타인에 대한 진정한 수용 경험이 없다.
  ⑤ 일방적인 의사소통을 하며 타인의 의견을 거부한다.

⑷ I'm not OK-You're not OK(자기부정-타인부정) : 무력한 자세

① 인생을 허무하고 무가치하다 여기며, 삶에 흥미가 없다.

② 다른 사람을 공격하며, 자신과 타인을 불신한다.

③ 인생목표가 없고, 험악하고 반항적이며 적의를 가지고 있다.

5. 자아상태(P-A-C)

⑴ 부모 자아(parent ego; P)

어린 시절 부모나 어른들의 말과 행동을 통해서 학습하고 내면화한 자아상태이다. 양친이나 양육자들의 생각, 행동 또는 느낌을 동일시한 부분으로 아직도 자기에게 영향을 주고 있는 말이나 동작이 내포되어 있다.

① 양육적 부모 자아(nurturing parent ego; NP) : 어린 사람이나 남들을 이해, 지지, 수용, 용서, 사랑, 격려, 보호하려는 성향으로 어린이의 성장을 도와주는 측면과 같은 부분이며 동정적·보호적·양육적·공감적이다. 그러나 지나치면 상대방의 독립심이나 자신감을 빼앗는 결과를 가져오기도 한다.

② 비판적 부모 자아(critical parent; CP) : 부모들이 윤리, 도덕적으로 잘잘못을 따지고, 꾸짖거나 나무라거나 명령하고 금지하는 것 등을 어려서 학습하여 내면화한 자아상태이다. 주로 비판, 비난, 질책과 관련되어 있으며, 어린이들에게 규칙을 가르쳐 주는 면, 양심과 관련이 있다.

⑵ 성인 자아(adult ego; A)

감정과 도덕이 배제되며, 추리하고 외부자극을 평가하고, 정보들을 모아서 미래행동 수행에 참고자료로 사용할 수 있도록 저장한다. 객관적·합리적·분석적이다.

⑶ 어린이 자아(child ego; C)

어린 시절에 실제로 느꼈다든지 행동했던 것과 같은 감정이나 행동을 나타내는 상태이다. 인생 초기에 어버이에 대응하기 위해 습관화된 반응양식도 포함된다.

① 자유로운 어린이 자아(free child; FC) : 감정표현이 자발적이고, 장난과 재미를 좋아하는 때 묻지 않은 자유로운 자아의 기능이다. 성격 중에서 가장 선천적인 부분으로 감정적·본능적·자기중심적이고 호기심이나 창조성의 원천이다.

② 순응하는 어린이 자아(adapted child; AC) : 환경과 분위기를 살펴가면서 순종하고, 자제하며 적응할 줄 아는 아동 자아상태이다. 어린이가 부모에게 순종하려고 노력하는 부분으로 부모의 영향 밑에서 이루어진다. 보통 말이 없고 얌전한 소위 '좋은 아이'이지만 자라면서 억눌린 것이 반항이나 격노로 비화되기도 한다.

③ 어린이 교수 자아(little professor; LP) : 내면에 있는 재치 있는 작은 어린아이의 모습으로 창의적이고 직관적이며, 탐구적인 특성이 있고, 자신이 바라는 바를 얻을 수 있도록 자신과 다른 사람들을 대하는 방법을 안다. 어린이 자아 속에 있는 어른 자아라고 할 수 있다.

6. 의사교류 유형 ^{초등 01}

(1) 상보적 의사교류

의사교류의 자극과 반응이 평행을 이루는 의사교류로 상대에게서 기대했던 자아상태가 반응하는 것을 말한다. 즉, 두 사람 간에 잘 통하는 대화가 오가며, 2개의 자아상태만이 관여한다.

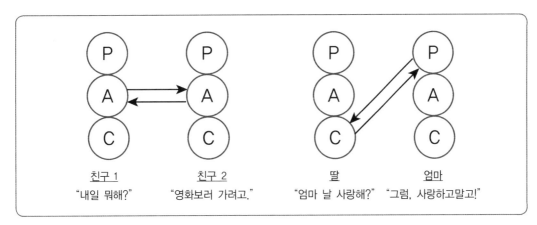

| 상보적 의사교류 |

(2) 교차적 의사교류

의사소통의 방향이 평행이 아니고 서로 어긋날 때, 즉 교차될 때 이루어지는 교류를 의미한다. 말하는 이가 기대했던 상대방의 자아상태에서 반응이 나오지 않고, 다른 자아상태가 반응하기 때문에 의사소통의 방향이 서로 어긋난다. 이런 경우 대화가 오래 지속되지 못하고 중단되며 대화의 단절을 가져온다.

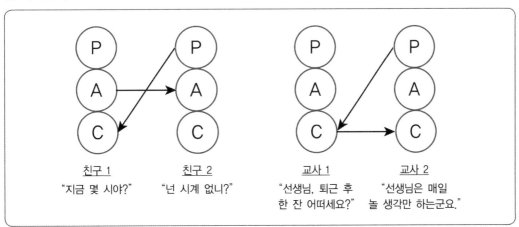

| 교차적 의사교류 |

(3) 암시적 의사교류

의사교류에 관계된 자아 중 겉으로 직접 나타나는 사회적 자아와 실제로 기능하는 심리적 자아가
서로 다른 의사교류를 말한다. 따라서 이 교류에서는 두 가지 수준의 교류가 동시에 일어난다.

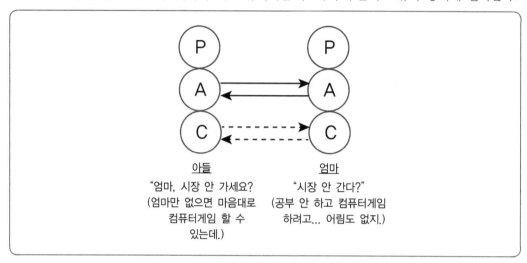

| 암시적 의사교류|

7. 상담 목표

① 부모의 금지령에 따른 초기결단을 이해하게 하고, 각성시켜 게임에서 벗어나 새로운 결단을 하
게 한다.
② 자기긍정－타인긍정의 생활각본을 갖게 한다.
③ 상황에 따라 부모 자아, 어른 자아, 어린이 자아가 적절히 기능할 수 있도록 한다.
④ 시간에 대한 구조욕구를 적절히 달성하게 한다.
⑤ 암시적 교류에서 벗어나게 한다.

8. 상담 과정

(1) 상담 계약

상담자와 내담자의 관계 형성, 상담구조화를 하는 단계이다. 계약에서는 "나는 ～것을 변화시키려
한다."와 같이 계약적 문구로 작성해야 한다.

(2) 구조 분석

어른 자아가 제대로 기능하지 못하는 과거의 원인을 찾기 위해 내담자의 행동특징, 자아기능 그래
프 등을 기초로 내담자의 자아상태를 이해하고 분석·확인한다.

(3) 의사교류 분석

의사교류의 유형을 파악하기 위한 것으로, 부모, 형제자매 등 의미 있는 타인과의 의사교류를 분석
한다.

(4) 게임 분석

암시적 의사교류를 구체적인 게임의 종류 및 만성부정감정과 관련시켜 분석하는 것으로, 내담자에게 게임과 만성부정감정을 이해시키고, 암시적 의사교류의 형성과 유지를 알게 하며, 내담자가 사용하는 게임에 대해 분석한다.

> **■ 게임**
> 진짜 동기와 목적이 감추어진 채 암시적 의사교류가 이루어지는 것으로서, 게임 당사자는 자신이 게임을 하고 있다는 사실을 알지 못하며, 그 결과는 최소 한 사람의 이상의 감정을 불쾌하게 만든다.

(5) 생활각본 분석

생활각본이란 사람들이 자신의 인생에 대해서 무의식적으로 가지고 있는 계획이나 기대이고, 사람들이 다른 사람에게 기대하는 관계의 종류를 반영한다. 또한, 어린 시절 허용, 금지령, 왜곡에 의해 형성된 초기결단에 기초한 생활계획을 말한다. 생활각본은 무의식적 수준에서 일상을 지배한다. 생활각본 분석에서는 문제행동과 관련된 각본을 찾아내어 정확한 정보와 활력을 바탕으로 재결단을 하게 하여 자율적인 삶을 살아가도록 한다.

(6) 재결단

내담자가 인생각본 분석을 통해 통찰하게 된 초기에 형성된 부정적인 생활자세, 게임, 만성적인 부정감정과 행동 등을 새롭게 변화시키기 위해 결단을 내리는 것을 의미한다. 재결단을 통해 내담자는 새로운 생활각본을 형성하고 자율적인 인간으로 변화할 수 있다.

09 게슈탈트 상담(형태주의 상담) 중등 08·11

1. 개요

① 펄스(Perls)가 창안한 게슈탈트 상담(gestalt counseling)은 ⅰ) 개체를 전체적인 관점에서 통합적으로 이해하려고 하고, ⅱ) 지금-여기에 주안을 두며, 게슈탈트의 형성과 해소를 강조하고, ⅲ) 내담자의 자각을 중시한다.
② 게슈탈트 상담은 형태심리학의 견해를 반영하여 전체적인 관점에서 인간이 구성요소의 합보다 더 크다고 전제한다.
③ 지금-여기에 주안을 둔다는 것은 현재를 중시함을 의미한다. 게슈탈트 상담에 따르면 과거는 지나가 버렸고, 미래는 아직 오지 않았기 때문에 현재가 유일하게 중요한 시제이다. 게슈탈트 상담에서는 과거의 문제 상황을 현재로 가져와 마치 그것이 지금 일어나고 있는 것처럼 상황을 재연한다.

2. 주요 개념

(1) 게슈탈트

① 게슈탈트(gestalt)는 '개체가 지각한 자신의 행동동기', 즉 자신의 욕구나 감정을 의미 있는 전체로 조직화하여 지각한 것을 의미한다. 개체가 게슈탈트를 형성하는 것은 욕구나 감정을 해소하기 위함이다.

② 인간은 현상학적이고 실존적인 존재로서 끊임없이 게슈탈트를 형성하면서 살아간다.

(2) 전경과 배경

① 건전한 유기체는 자기조정 능력이 있어서 매 순간 자신에게 가장 필요한 욕구의 순서대로 자연스럽게 게슈탈트를 형성할 수 있다.

② 우리가 어떤 대상을 지각할 때 관심 있는 부분은 지각의 중심부분으로 떠오르고, 나머지 부분은 배경(background)으로 물러난다. 개체가 전경(foreground)으로 떠올렸던 게슈탈트가 해소되고 나면 이는 배경으로 사라진다.

③ 그리고 그다음으로 관심이 가는 것을 전경으로 떠올리게 된다. 전경과 배경이 자연스럽게 교체되지 못하는 것을 미해결 과제라고 부른다.

(3) 미해결 과제

① 개체가 게슈탈트를 형성하지 못하였거나 게슈탈트를 형성했지만 제대로 해소하지 못하였을 경우 계속 전경으로 떠오르려 하며 미해결 과제로 남게 된다.

② 미해결 과제가 많을수록 개체는 자신의 유기체적인 욕구를 효과적으로 해소하는 데 실패하게 되고 심리적·신체적 장애를 일으킨다.

③ 예를 들어, 애인과 다툰 학생은 그것이 미해결 과제로 남아 공부에 전념하기 어렵다. 미해결 과제는 전경과 배경의 자연스러운 교체를 방해하여 부적응을 유발하므로 게슈탈트 상담에는 미해결 과제의 해결을 주요 목표로 한다.

(4) 알아차림

① 미해결 과제를 해결하려면 그것을 자각해야 한다. 알아차림(자각, 각성, 인식 등으로 부르기도 함)이란 자신이 생각하고 느끼고 감지하고 행동하는 것을 인식하는 것을 말한다.

② 게슈탈트 상담은 자신에게 일어난 것을 정확하게 자각하면 해결할 수 있다고 가정한다. 자각을 통해 자신이 거부하던 것을 직면·수용하고, 미해결 과제를 해결함으로써 과거에 집착하지 않고 현재에 집중할 수 있다.

(5) 접촉 및 접촉경계 장애

① 지금-여기의 알아차림을 통해 게슈탈트를 형성하였다면, 이제는 접촉을 통해 게슈탈스를 해소한다. 접촉은 전경으로 떠오른 게슈탈트를 해소하기 위해 다양한 방식으로 접촉하는 것이다.

② 접촉경계 장애는 온전하고 진실하게 현재를 경험하는 것을 방해하며, 왜곡된 비현실적인 자아상을 실현하여 이상성격 또는 병리적인 행동이 일어나게 하고, 성숙과 문제해결을 방해한다.

■ 접촉경계 장애의 유형

접촉경계 장애	내용
내사 (introjection)	• 타인의 신념, 행동양식, 감정, 평가, 기준을 무비판적으로 수용하는 것이다. • 자신이 가지고 있지만 자신의 것이 아닌 다른 어떤 것이다.
투사 (projection)	• 자신의 자아상에 맞지 않아 받아들일 수 없는 생각, 태도, 느낌, 감정, 행동 등을 다른 사람에게 전가하는 것이다. • 내가 접촉하기 싫은 나를 타인을 통해 봄으로써 나를 부인하고 남 탓을 하여 접촉을 피하는 것이다. • 내사와 반대되는 개념이다.
반전 (retroflection)	• 대인관계에서 자신의 감정을 표현하지 못하고 자신에게 감정을 표현하는 것을 말한다. • 주어진 상황에서 합리적 근거로 반전을 사용하여 억제하는 경우는 긍정적이다.
융합 (confluence)	• 자신과 타인, 또는 자신과 환경 사이가 분리되지 않고 경계 없이 하나가 되는 것을 말한다. • 두 사람 간에 차이점이 없다고 느껴 불일치나 갈등이 용납되지 않으며, 이런 관계를 깨뜨리는 쪽은 상대의 분노와 짜증을 사게 된다.
편향 (deflection)	• 감당하기 힘든 내적 갈등이나 외부자극에 노출될 때 이러한 경험으로부터 압도당하지 않기 위해 자신의 감각을 둔화시켜 환경과의 접촉을 약화시키는 것이다. • 말을 장황하게 하여 초점을 흐리는 것, 실없이 웃는 것, 추상적인 차원에서 이야기하는 것, 감각을 차단시키는 것 등이 해당된다.

3. 상담 목표

① 게슈탈트 상담의 목표는 내담자가 자각을 통해 자신의 삶에 대해 책임을 질 수 있는 존재가 되도록 하고, 감정, 지각, 사고, 신체가 전체로서 통합된 기능을 발휘하도록 도와주는 것이다.
② 게슈탈트 상담은 개체가 게슈탈트를 완성하고, 불안을 삶의 일부분으로 수용하고 처리하도록 조력한다.
③ 게슈탈트 상담은 목표 달성을 위해 ⅰ) 지금-여기, ⅱ) 직접적인 경험, ⅲ) 자각, ⅳ) 선택과 책임을 강조한다.

4. 상담기법

(1) 빈의자 기법(empty chair technique) 중등 07

① 내담자에게 중요한 의미를 가지는 사람이 의자에 앉아 있다고 상상하면서 자신이 하고 싶은 말과 행동을 하게 하는 것이다.
② 게슈탈트 상담기법의 직면과 역할연기의 요소가 모두 작동하는 것으로 내담자가 상대에 대한 감정을 분명히 느끼면서 자신의 감정을 직면하게 하고 동시에 해결책에 대해서도 모색할 수 있다.
③ 역할을 바꾸어 가면서 대화하는 방법을 통해 내담자는 자신의 감정뿐 아니라 상대의 입장도 경험해 볼 수 있게 된다. 이를 통해 서로의 입장을 이해하고 차이를 줄임으로써 통합에 이를 수 있다.

(2) 신체자각

① 신체행동은 주어진 순간 개인을 자발적으로 표현하므로 내담자의 신체표현에 초점을 두고 관찰하여, 그 의미를 확인하고 내담자의 각성을 조력하는 신체행동을 통한 지각 기법이다.

② 통합되어 기능하는 사람은 신체행동과 언어적 표현이 잘 조화되어 있으므로, 상담자는 신체행동과 언어적 표현이 불일치할 때 지적하여 내담자의 자각을 확장시킨다.

(3) 과장하기

내담자가 무심코 또는 습관적으로 하는 행동을 반복하게 하거나 과장하여 표현하게 하는 기법이다. 자신의 내적 의미를 보다 잘 자각할 수 있게 한다.

(4) 꿈 작업

꿈은 자신에 대한 투사이며 상이한 부분은 자신과 정반대이거나 불일치한 면으로서, 꿈을 분석하기보다는 일상 속으로 가져와서 마치 지금 일어난 것처럼 꿈의 모든 부분을 경험하게 하여 꿈을 재창조하고 재생시킨다.

10 실존주의 상담

1. 개요

① 실존주의 상담은 하나의 학파나 접근이라기보다는 여러 분야의 관심들이 모여서 이루어진, 상담의 이론체계이다.

② 주요 학자로는 빈스반거(Binswanger), 프랭클(Frankl), 메이(May), 얄롬(Yalom) 등이 있다.

③ 인간의 본질, 인간 존재의 의미에 관심을 두며, 그 초점을 인간의 가장 직접적인 경험인 자신의 존재에 둔다.

④ '실존은 본질에 앞선다'하여 개인의 개별성과 주관성을 강조한다.

⑤ 인간은 모두 무한한 가능성을 가지고 있으며 그 자신이 가치와 의미의 창조자임을 강조한다.

⑥ 상담의 목표는 내담자가 자기 인생의 의미를 발견하고 발전시키도록 돕는 것으로, 핵심 개념은 자유와 책임, 자기각성, 참 만남 등이다.

⑦ 실존주의 상담은 개별성과 자아의 발달을 강조하여 물질문명 속에서 방황하는 현대인에게 도움을 준다.

2. 인간관

① 인간은 세상에 던져진 제한된 존재이고, 인간은 존재론적 불안에 직면하면서 성장한다.

② 인간이 무엇인지 규정할 수 있는 힘은 오직 자기 자신에게 있다.

③ 인간은 무에서 시작된 자유로운 존재로서 선택할 자유가 있으며, 선택한 결과에 대해 책임을

진다. 즉, 인간은 자신의 자유의지에 따라 선택하며 행동하고 책임지면서 자신의 본질을 만들어
가는 존재이다.

3. 주요 개념

(1) 자유와 책임

인간은 선택할 수 있는 자유를 가진 자기 결정적 존재이다. 인간은 근본적으로 자유롭기 때문에
삶의 방향을 지시하고 운명을 이루어 나가는 데 책임을 져야 한다.

(2) 실존적 소외

인간관계에서 느끼는 소외나 자기 자신의 내적 소외가 아닌 보다 근본적인 소외를 말한다. 실존적
소외는 다른 어떤 종류의 소외도 초월한 피조물과 세상으로부터의 소외이다.

(3) 무의미

인간은 던져진 존재이며, 미리 예정된 삶은 없다. 인간은 각자 인생에서 자신의 의미를 만들고, 스
스로 만든 의미에 따라 삶을 만들어가야 한다.

(4) 실존적 불안

실존적 불안은 정상적 불안이며, 오히려 성장을 자극하는 건설적 불안이다. 실존적 불안은 인간이
삶에서 필연적으로 겪게 되는 것이지만 신경증적인 불안과 달리 인간이 절망에 빠지지 않고 자신의
삶을 더 의미 있게 살아가게 하는 원동력이 되는 것으로 이해될 수 있다.

4. 상담 목표

① 자신의 유일성을 발견하도록 한다.
② 삶의 의미를 찾도록 한다.
③ 불안을 긍정적 의미로 활용하도록 한다.
④ 선택하고 그 선택에 대해 책임을 지도록 한다.

5. 상담 과정

(1) 실존주의 상담에서는 상담 관계를 참 만남의 관계로 본다. 상담자가 내담자를 인간적으로 만날 때
내담자도 인간적으로 될 수 있다.

(2) 다른 상담 접근에 비해 명확하게 구분되는 상담의 단계가 있는 것은 아니지만 대체로 다음의 과정
을 거친다.
① 상담자는 내담자를 따뜻하게 대하면서 공감적 이해하여 내담자 스스로 성찰할 기회를 준다. 지
속적으로 내담자를 수용·허용하고 내담자의 이야기를 적극 경청한다.
② 내담자와 촉진적 관계를 맺는다. 내담자 스스로 진지성과 성실성을 느낄 수 있도록 진정한 만남
이 되도록 한다.

③ 관계 형성이 끝나면 적절한 기법을 사용하여 각성을 시킨다. 내담자는 자신의 진정한 자유와 선택, 인간의 무의미성을 각성하고 자기 선택에 따른 책임을 느끼며 새로운 세계를 수용할 수 있게 된다.

④ 내담자가 각종 장애를 초월적으로 수용할 자세가 되어 있다고 생각하면 합의에 따라 상담을 종결한다.

6. 상담기법

일반적으로 실존주의 상담자들은 특별한 상담기법을 사용하거나 강조하지 않는다. 따라서 실존주의 상담기술은 실존주의학자들이 독자적으로 개발한 것이 아니라, 인간의 실존적·정신적 본질에 초점을 맞추고 철학적·심리학적·정신적인 모든 영역과 관련 있는 다양한 기술들을 활용한다.

7. 공헌점과 비판점

(1) 공헌점

① 인간성 상실 시대를 살아가는 현대인에게 삶의 의미를 발견하는 데 도움을 주었다.

② 주체성, 자유, 책임을 강조함으로써 소극적이거나 무력한 삶에서 능동적 삶을 사는 데 도움을 주었다.

(2) 비판점

① 검증하기 어려운 철학적 측면에 치중하여 상담기법이나 방법에 소홀하였다.

② 이론이 체계적이지 못하고 추상적이다.

---

11 해결중심 상담(단기상담) 중등 08, 초등 10·12

1. 개요

① 드 세이져(Steve De Shazer)와 김인수에 의해 개발된 단기해결중심 상담은 문제보다는 해결을 중시한다.

② 시간 제한적 치료(time limited therapy), 단기간 치료(short term therapy), 해결중심적 치료(solution focused therapy), 해결 지향적 치료(solution oriented therapy) 등과 같이 다양한 명칭으로 불린다. 특히 학교상담에서 효과적인 상담방법으로 인정받아 왔다.

③ 비교적 짧고 해결중심적인 상담 접근방법으로 문제의 원인, 역기능, 병리현상 등에 초점을 맞추기보다는 내담자의 강점과 자원을 탐색하고 구체적인 해결방안을 적극 모색함으로써 내담자의 변화를 돕는 것을 목적으로 한다.

2. 특징

① 목표 지향적이고, 시간 제한적이며 해결 중심적이고 실천을 토대로 이루어진다.

② 내담자는 변화를 유발할 수 있는 타고난 잠재력과 힘이 있으며, 중요한 변화가 신속하게 일어날 수 있다고 믿는다.

③ 상담자는 내담자를 격려하면서 문제해결에 적극적으로 개입하지만, 지시적인 것은 아니다. 상담 과정에서는 대체로 내담자에 의해 조정되는 체계적 접근방법이 적용된다.

④ 학생과 교사의 제한된 시간 때문에 학교상담에서 유용한 도구로 활용될 수 있다. 학교에서 학생 상담 시간은 확보하기도 어려울 뿐만 아니라 교사가 지도해야 할 학생 수가 많기 때문에 단기상 담의 효용성은 그만큼 높다.

⑤ 내담자의 강점과 해결책에 초점을 맞추어 행동에 대한 책임감을 갖게 하고, 그들의 내면에 해결 책을 찾아낼 수 있는 힘을 불어넣어 주는 역할을 한다. 단기상담은 가급적 짧은 시간 내에 내담 자의 문제해결을 목표로 단기간의 치료적 개입을 도모한다.

⑥ 인격의 변화보다는 구체적인 문제나 증상에 초점을 맞춘다. 제한된 시간 내에서 구체적인 문제 해결을 목표로 설정하고 목표 달성을 위한 단기 전략을 실행한다. 상담을 시작하면서 예상되는 회기 수를 정하고, 제한된 기간 내에 상담목표를 달성하고자 상담의 전략을 계획한다.

⑦ 내담자의 문제점이나 약점을 분석하여 들추어내기보다는 강점이나 자원을 찾아내어 스스로 문 제해결에 주도적이고 적극성을 띠는 것에 역점을 둔다.

3. 기본 전제

① 병리적인 것 대신에 건강한 것에 초점을 둔다.
　◎ 잘못된 것에 관심을 두기보다는 성공한 것과 성공하게 된 구체적인 방법을 발견하는 데 관심 을 둔다.

② 내담자의 강점, 자원, 건강한 특성을 발견하여 치료에 활용한다.
　◎ 내담자가 원하는 결과를 성취하기 위해 이미 가지고 있는 자원, 기술, 지식, 믿음, 동기, 행동, 증상, 사회 관계망, 환경, 개인적인 특성 등을 활용한다.

③ 탈이론적이고 규범에 얽매이지 않으며 내담자의 견해를 존중한다.
　◎ 인간행동에 대한 이론의 가설적 틀에 맞추어 내담자를 사정평가하지 않는다.

④ 간단하고 단순한 것에서 출발한다.
　◎ 복잡한 것에서 시작하지 않는다. 작고 간단한 성공적 경험이 누적되면 큰 변화도 가능하며, 한 가지 변화는 연쇄작용을 일으켜 다른 변화도 가져오게 한다.

⑤ 변화는 지속적으로 일어나고 있고 불가피하다.
　◎ 누구에게나 변화는 삶의 일부이며 자연스런 현상이다. 상담자는 변화를 하고 그 변화를 해결 방법으로 활용한다.

⑥ 현재와 미래를 지향한다.
　◎ 내담자의 과거와 문제에 관심이 적고, 미래와 해결방안 구축에 집중한다.

⑦ 내담자의 자율적인 협력을 중시한다.

ⓐ 치료자와 내담자가 함께 해결방안을 발견하고 구축하는 과정에서 협력을 중요시한다.

⑧ 해결중심 상담은 다음의 철학을 중요시한다.

㉠ 어떤 것이 잘 기능하면 그것을 고치지 않는다.

㉡ 일단 효과가 있으면 그것을 좀 더 한다.

㉢ 효과가 없다면 다음에는 같은 방법을 사용하지 말고 다른 방법을 사용한다.

4. 해결중심 상담의 질문법

(1) 상담 전 변화에 대한 질문

① 상담자는 내담자에게 상담에 오기 전까지 문제의 심각한 상태가 어떻게 나아졌는지 질문한다.

예 전화로 면담 약속을 하고 오늘 여기에 오시기까지 혹시 어떤 변화는 없었나요?

② 내담자의 답변에 따라 어떤 방식이든 무의식적이라도 시도한 방법에 관하여 인정하고 칭찬해 준다.

③ 누구의 도움도 없이 혼자서 시도한 방법에 대한 용기와 노력한 점을 칭찬해 주며 그런 사실을 강화하고 확대하도록 한다.

(2) 기적질문 : 가상적 해결방안 구성

① 막막한 상황에 처한 내담자에게 마치 기적이 일어난 것처럼 문제가 해결된 상황을 가상적으로 상상해 보라고 권한다.

② 내담자가 진정으로 해결하기를 원하는 것을 그려내고 구체화하도록 하기 위하여 질문을 한다.

③ 내담자가 과거에서 현재로의 시점이 아니라 미래에서부터 현재의 상황을 볼 수 있게 하여 해결책 안으로 들어설 수 있도록 하는 것이다.

예 오늘밤에 당신이 잠자는 동안에 기적이 일어나서 모든 문제가 해결된다면 기적이 일어난 것을 어떻게 알 수 있을까요? 무엇이 달라질까요?

(3) 예외질문 : 예외 구성하기

① 내담자의 삶에서 우연적이거나 무의식적으로 실시한 성공의 경험을 강화하여 이를 의도적이고 의식적인 삶의 방법으로 바꾸는 기법이다.

② 일상생활에서 성공적으로 잘하고 있으면서도 의식하지 못하는 것을 발견하고, 성공했던 행동을 의도적으로 하도록 강화시킨다.

③ 상담자는 예외상황을 발견하여 강화, 유지, 확대에 초점을 맞추어 나간다. 내담자가 할 수 있는 그 상황을 더 강화시키고 확대하도록 돕는다.

④ 내담자가 할 수 없는 다른 시도보다는 할 수 있는 것, 현재하고 있는 것을 지지하고 강화시키는 것이 문제를 없애기 위해 에너지를 소비하는 것보다는 훨씬 더 효과가 있다고 본다.

(4) 척도질문 : 수치화 표현

① 내담자가 문제 상태에서 해결중심으로 변하는 과정에서 추상적인 사고를 구체적인 사고로 무엇이, 언제, 어디서, 어떻게 발전해야 할지 지각하고 점검하도록 도와준다.

② 척도질문은 자신의 문제 상태, 심각성, 치료목표, 성취 정도, 변화 동기를 구체적인 숫자로 표현하므로 좀 더 객관적으로 사정 평가와 결과 평가를 검토할 수 있다.

> **예** 문제가 가장 심각한 상태를 0점이라고 하고 문제가 완전히 해결된 상태를 10점이라고 한다면 지금 현재 상태는 몇 점으로 나타낼 수 있을까요?

(5) **대처 및 극복 질문 : 내담자의 자원과 강점** 초등 12

① 내담자가 생존하기 위해서 나름대로 최선의 방책을 하였다는 것을 알게 해주는 질문법이다.

② 문제로 인해 오랫동안 절망적이거나 좌절한 상태에서 도저히 희망이 없다고 생각하는 내담자들에게 대처질문은 더 효과적이다.

> **예** 어떻게 더 이상 나빠지지 않을 수 있었나요?
> **예** 당신이 극복할 수 있었던 것은 어떤 것이 있었나요?

(6) **관계성 질문 : 상호 간의 반응과 관계 탐색**

① 내담자와 중요한 관계에 있는 사람들(가족, 배우자, 연인, 친구들)이 갖고 있는 생각, 의견 등에 대한 질문이다.

② 주변인들과 어떻게 서로 반응하는지 상호작용과 관계성을 알 수 있다.

> **예** 당신이 약속한 대로 행동하면 어머니는 어떤 반응을 보일까요?

12 아들러(Adler)의 개인심리 상담 중등 04, 초등 07

1. 개요

① 알프레드 아들러(Alfred Adler)는 한때 프로이드와 함께 정신분석운동에 참여하였으나, 견해 차이로 결별한 후 독자적인 이론체계인 개인심리학을 제창하였다.

② 프로이드(Freud)나 융(Jung)과는 달리 열등감의 보상, 공동체 의식의 중요성을 강조하고 있다.

2. 인간관

① 아들러는 목적론적이고 사회심리학적인 관점에서 인간을 이해하고자 하였다. 인간을 생물학적 성적 본능에 의해 움직이는 존재가 아니라, 사회적인 관계 속에서 자신이 선택한 목표와 가치를 추구하는 존재로 파악한다.

② 인간을 프로이드의 주장처럼 원초아 · 자아 · 초자아로 나누어 이해하기보다는, 하나의 통합된 존재로서 자신의 목표를 향해 통일성 있게 살아간다는 분리불가능성(indivisibility)을 강조하였다.

③ 인간을 과거에 끌려가는 존재가 아니라, 목표를 향해 나아가는 존재로 인식한다. 인간행동의 기본적 목적은 어린 시절에 경험한 열등감을 극복하는 것에 있으며 이 과정에서 우월성, 완전성, 유능감을 추구하며 더욱 발전된 자기모습을 갖추어간다.

④ 심리학에 주관적 접근을 시도하여 개인의 신념과 가치, 목표, 현실에 대한 지각과 같은 내적 구
성요소를 강조하였다.

3. 주요 개념

(1) 허구적 최종목적론(fictional finalism)

① 허구적 최종목적론은 허구나 이상이 현실을 보다 더 효과적으로 움직인다는 한스 바이힝거
(Hans Vaihinger)의 말에서 나온 개념으로, 인간은 한 번뿐인 인생을 가상적 소설을 쓰듯이 의
미 있게 채워 나가려고 하며, 이를 위해 인간은 '모든 인간은 평등하다'라든가 '정직이 최선이다'
와 같은 상상적 목표를 이루기 위해 어떤 행동을 선택하고 책임지려 한다는 철학적 신념에서
비롯된 개념이다.

② 인간의 모든 행동이나 생각은 어떤 목표를 지향하고 있으며, 이러한 목표는 인간의 자유로운
선택의 산물이다.

③ 인간은 누구나 자신의 인생에서 실현하고자 하는 궁극적인 목표를 지니는데 이를 '허구적 최종
목표'라고 칭하였다.

④ 인간은 누구나 허구적인 이상을 추구하며 살아가는데, 이러한 허구적 이상은 현실세계와는 동
떨어진 관념에 불과하지만 개인의 삶을 이끌어가는 데 큰 영향력을 미친다.

⑤ 아들러는 개인의 성격과 감정을 이해하기 위해서는 그가 지닌 '허구적 최종목적론'을 인식하는
것이 중요하다고 보고 있다.

⑥ 허구적 최종목표는 보통 아동기에 형성되는데, 자신이 자각하지 못하는 무의식 수준에서 작용
할 수 있으며, 성격통합의 기본 원리로 작동함과 동시에 개인의 열등감을 보상하는 기능을 한다.
개인의 최종목표를 이해하는 것은 그 개인이 가지고 있는 심리적 고통을 이해하고 치유하는 데
많은 정보를 제공한다.

(2) 열등감과 보상

① 열등감이란, 사회적 존재로서의 인간이 다른 사람과 자신을 비교하여 부족하다고 느끼는 것을
말한다.

② 인간은 현재보다 나은 완전성을 추구하고, 타인과 비교하여 자신을 평가하는 존재이므로 누구
나 열등감을 가질 수밖에 없다. 열등감은 보편적이고 정상적인 현상으로, 그것을 극복하려는 노
력 속에서 자기 성장과 발전이 이루어질 수 있다.

③ 열등감은 자기완성을 위한 필수요인으로 극복되어야 한다. 인간이 자신의 부족한 점을 인정하
고 극복하기 위해 노력함으로써 열등감을 지배하게 되면 심리적 건강을 유지하지만, 우월성 추
구에 집착하여 파괴적인 생활양식을 소유하게 되면 열등감 콤플렉스에 빠져 심리적 건강을 잃
게 된다.

④ 상담자는 내담자가 스스로의 열등감을 인지하고 극복하기 위한 자기 성장의 노력을 열등 콤
플렉스나 우월 콤플렉스의 차원이 아닌 건강한 방식으로 시도할 수 있도록 돕는 것이 필요
하다.

(3) 우월성 추구

① 아들러는 자신의 발전을 위한 근간이 열등감이지만 열등감 해소와 동기화의 궁극적 원인이 되는 것은 우월성 추구라고 보았다.

② 인간은 완전성, 우월성, 자아실현을 추구한다. 우월성이란, 자기 자신의 가능성을 더 많이 실현하고 완성하고자 하는 자기완성과 자아실현의 의미로 문제에 직면한 인간이 부족한 것을 보충하고, 낮은 것은 더 높이고, 미완성은 완성시키며, 무능은 유능으로 만들어 자신을 좀 더 향상시키려고 노력하는 선천적 경향성을 말한다.

③ 우월성 추구를 위한 노력은 개인의 문제해결 양식을 결정할 뿐 아니라 인간을 한 단계 더 높은 단계로 성숙하게 해준다.

(4) 생활양식(life style)

① 생활양식은 개인의 기본적인 삶의 지향 내지 성격을 의미한다. 또한, 인생초기인 4~5세 사이에 가족들과의 상호작용을 통해 형성된 자신과 세상에 대한 관점이다. 생활양식은 개인의 행동이 조화를 이루어 일관성을 유지하도록 한다.

② 이것은 거의 변하지 않는 삶을 영위하는 근거가 되는 기본적 전제와 가정으로서 '나는~이다, 세상은 ~이다, 그러므로 ~다'로 표현될 수 있으며, 자신의 삶의 목표를 추구하기 위해 선택한 방식이다.

③ 열등감을 극복하기 위한 독특한 개인의 노력인 생활양식은 개인이 생각하고 느끼고 행동하는 모든 것의 기초가 되며, 인생의 중요 과제인 직업, 사회, 사랑에 대한 관점을 나타내게 된다.

④ 상담과정에서 내담자의 생활양식을 이해하는 것은 내담자의 삶의 목표와 동기를 이해하는 데 아주 중요한 요소가 된다.

⑤ 아들러는 생활양식을 인간에 대한 이타적이고 사회발전에 협동적인 사회적 관심과 인생과제를 다루는 데 개인이 보여주는 에너지의 양과 관련된 활동 수준이라는 두 가지 차원으로 설명하였다.

⑥ 사회적 관심과 활동 수준이라는 2가지 기준에 의한 생활양식의 유형에는 지배형, 기생형, 회피형, 사회적 유용형의 4가지가 있다.

■ 생활양식의 유형

구분	내용
지배형 (the ruling type)	• 지배하고 통제하는 독재형 양육에 의해 형성된다. • 부모가 힘으로 자녀를 지배하고 통제할 때 형성되는 생활양식이다. • 사회적 관심이 낮고 활동 수준은 높다.
기생형 (the getting type)	• 부모가 자녀를 과잉보호하여 독립심을 키워주지 못했을 때 나타난다. • 의존성이 특징이며, 부모 재산을 믿고 빈둥대는 사람들이 이 유형에 속한다. • 사회적 관심과 활동 수준 모두 낮다.
회피형 (the avoiding type)	• 자신감이 없고, 매사 소극적이며 부정적이다. • 시도해 보지도 않고, 불평을 늘어놓는다. • 부모가 기를 꺾는 양육법을 사용하였을 때 나타난다. • 사회적 관심과 활동 수준이 모두 낮다.

사회적 유용형 (the socially useful type)	• 자신과 타인의 욕구를 동시에 충족시킨다. • 성숙하고 긍정적이며 심리적으로 건강하다. • 협동, 용기, 타인의 안녕에 대한 공헌 등의 의지가 있다. • 사회적 관심과 활동 수준이 모두 높다.

(5) 사회적 관심(social interest)

① 아들러가 제시한 독특한 개념 중의 하나로, 개인의 내면적 인식체계를 사회적인 환경적 요구에 맞추어 조화를 이루도록 조절하는 심리적 태도를 의미한다.

② 사회적 관심은 우정, 동료애, 지역에 대한 감정, 이웃사랑, 애타심 등으로 표현되기도 하지만 사회에 참여하여 타인에 기여하는 이타적인 면을 말한다.

③ 인간은 하나의 통합된 전체이기에 개인은 보다 더 큰 전체, 즉 가족·종족·공동체의 일원으로서 사회적 맥락 속에 존재할 때 의미가 있다.

④ 각 개인이 공동체에 대한 사회적 관심을 더 발달시키면 자연히 열등감이나 소외감이 줄어들 것이라고 보았다. 각 개인의 성공과 행복은 그가 속한 사회 속에서 어떻게 유대관계를 맺느냐와 관련이 크다는 것이다.

(6) 출생순서와 가족구조

① 아들러는 개인의 생활양식과 성격발달에 기여하는 요인으로 가족구조와 출생순위를 매우 중요하게 여겼다. 가족은 개인이 태어나서 처음 속하게 되는 사회집단으로, 그의 생활양식과 성격형성에 큰 영향력을 미친다는 것이다.

② 출생순서에 따라 나타나는 전형적인 특징들이 존재하지만, 이러한 특징은 고정불변의 것이 아니라는 점에 유의해야 한다.

4. 상담목표

① 내담자로 하여금 자신의 열등감을 찾아내어 부정적인 자기평가인 열등감과 실망감을 감소하거나 극복할 수 있도록 조력한다.

② 내담자로 하여금 사회적 상호작용을 통해 사회적 관심을 갖게 하고, 사회에 기여하고 유용한 사람이 되게 한다.

③ 자신의 잘못된 동기나 가치에 대한 지각을 교정하고 새로운 인생 목적을 갖게 한다.

④ 개인 발달과 성장을 저해하는 초기회상에 대한 의미 있는 변화가 일어나도록 한다.

⑤ 부딪히는 문제와 어려움을 극복할 수 있는 용기로써 자기완성을 위해 노력하도록 한다.

5. 상담과정

(1) 상담관계 형성

① 상담자와 내담자는 우호적이며 대등하고 평등한 관계를 형성한다.

② 협동적이고 공감적인 관계를 형성하는 데 집중한다.

(2) 평가와 분석

① 내담자의 부적절한 생활양식에 영향을 준 요인을 평가 분석한다.

② 초기회상, 가족구도, 기본적 오류, 자질, 꿈 등을 통해 생활양식을 조사한다.

③ 내담자의 생활양식과 역동성을 탐색하고 신념, 감정, 동기, 목표를 이해한다.

(3) 해석과 통찰

① 해석을 통해 내담자의 자기이해와 통찰을 촉진한다.

② 생활양식과 관련된 해석은 개인적 삶의 방향과 목표에 대한 자각을 일깨운다.

(4) 재정향

① 앞 단계에서 얻은 통찰과 변화를 구체적인 행동으로 실천하도록 격려하는 재교육의 단계이다.

② 목표를 성취할 신념과 행동에 대해 변화하도록 한다.

③ 이전의 비효과적 신념과 행동에 대해 대안을 갖도록 하여 새로운 방향을 갖게 한다.

6. 상담기법

(1) 즉시성

① 현재 무엇이 일어나고 있는지 내담자가 스스로 깨닫게 하는 방법이다.

② 상담과정에서 내담자와 상담자의 상호과정 속에 일어나는 일들이 내담자의 일상생활 속에서 일어나는 일의 하나의 표본임을 자각하게 하여, 자신의 부적응적 감정이나 행동에 대해 인지할 수 있도록 한다.

> 예 상담과정 중에 내담자가 눈 맞춤을 하지 않고 성실하게 응하지 않는 모습을 보일 때, 그런 행동이 일상생활이나 친구들과의 관계에서도 보이는 부적응적 행동패턴임을 깨닫게 한다.

(2) 격려

① 격려는 개인심리학 상담기법 중 가장 보편적인 방법의 하나로, 내담자에게 용기를 북돋워 주는 과정이며 '있는 그대로의 존재' 자체를 인정해 주는 것이다.

② 진정한 격려는 실패에 초점을 맞추는 것이 아니라, 자신의 장점과 잠재력을 스스로 깨달아 삶의 목표를 설정하고 그것을 성취할 수 있는 방법과 과정을 찾도록 돕는 것이다.

③ 특히, 재정향 단계에서의 격려는 내담자로 하여금 변화를 위한 새로운 시도를 하도록 하여 심리적 장애를 극복하게 하며, 유용한 생활양식으로 변화하도록 한다.

④ 아들러는 모든 정신장애의 증상은 낙담의 표현이라고 보았다. 부적응적 행동을 하는 내담자에게 강점을 찾아주고 잠재력을 격려하는 방식이 내담자가 스스로 변화할 수 있도록 만드는 원동력이 된다.

(3) 마치 ~인 것처럼 행동하기(acting as if)

① 내담자가 겪고 있는 문제 중에 스스로 할 수 없다고 생각하는 것을 실제로 할 수 있는 것처럼 해 보도록 유도하는 방법이다.

② 불가능하다고 생각한 것을 가능한 것처럼 행동함으로써 자존감을 향상시키고 그 과정에서 자신의 문제에 대해 새로운 인식과 결과를 가져올 수 있다.

③ 내담자 스스로 자신이 가진 잠재적인 문제를 극복할 수 있는 능력에 대해 재인식할 수 있으며, 통찰의 과정에 이를 수 있다.

(4) 악동 피하기(수렁 피하기)

① 내담자는 자신에게 형성된 자기패배적인 행동을 계속 유지하려고 한다. 자기패배적 행동의 유지를 위해 내담자는 상담자 또한 다른 사람과 마찬가지로 행동한다고 생각하려 하고, 다른 사람이 자신에게 했던 것과 같은 행동을 하도록 상담자를 조작하려 한다.

② 악동 피하기란 자기패배적인 내담자가 자기지각의 유지를 위해 상담자를 조작하려 할 때 악동을 피하기 위해 격려행동을 하게 되는 것을 말한다.

(5) 자기모습 파악하기

① 내담자가 목표로 하는 행동으로 변화하기 위해서 우선, 현재 자신의 모습을 있는 그대로 파악할 수 있게 하는 것을 말한다.

② 오랫동안 생활양식으로 몸에 배어 있는 행동들을 시도하지 않고 행동으로 옮기기 전의 자기모습을 파악하도록 하는 연습은 새로운 행동으로의 변화를 가져오게 된다.

(6) 단추 누르기

① 내담자에게 어떠한 상황에서 느끼는 다양한 감정들을 느끼게 한 후, 내담자 자신이 적응적인 방식으로 행동할 수 있는 적절한 감정을 스스로 선택할 수 있음을 깨닫게 하는 것이다.

② 내담자가 무엇을 생각할지를 결정한다면 자신이 원하는 감정을 끌어낼 수 있음을 깨닫게 하는 것이다.

> 예 수련회에 참가하고 싶지 않은 학생에게 이전에 갔었던 수련회 기억을 회상하면서 즐겁고 유쾌했던 감정과 불안하고 불쾌했던 감정을 떠오르게 한 후, 어떤 감정(단추)을 선택할 것인지 스스로 결정할 수 있도록 돕는 것이다.

(7) 수프에 침 뱉기

① 내담자가 반복적으로 자기패배적인 행동이나 감정을 표현할 때 그 속에 내재되어 있는 동기를 밝혀내어 내담자가 얻으려고 하였던 효과를 얻지 못하게 하는 것이다.

② 내담자의 부적응 행동이나 감정이 보이는 내면적 동기에 침을 뱉어 혐오스러운 것으로 보이게 만들어 더 이상 그런 행동이 반복되지 못하게 하는 것이다.

③ 이 과정을 통해 내담자가 자신의 내면에 감추어진 동기를 외면하거나 회피하지 못하고 스스로 깨달을 수 있도록 돕는다.

> 예 내담학생이 계속 담임선생님의 행동이나 말에 대해 비난조로 말을 할 때 "너는 선생님의 관심을 받고 싶었던 것 같구나."라는 말로 내담자가 가지고 있는 내면적 동기를 직면할 수 있게 한다.

(8) 역설적 의도

① 상담 장면에서 내담자가 보이는 저항에 동조하는 것으로, 내담자로 하여금 자신을 위축되거나 나약하게 하는 행동이나 생각에 대해 의도적으로 관심을 가지고 과장하여 반응하도록 하는 기법이다.

② 내담자의 저항에 반대하여 극복하려고 하지 않고 내담자가 드러내는 저항에 동조함으로써 내담자의 행동을 덜 매력적으로 만들어버리는 기법이다.

> 예 늑장 부리는 사람에게 과제를 더 미루게 하거나, 우울해 있는 사람에게 더 우울해지라고 하여 그 행동들에서 벗어나도록 하는 것이다.

(9) 과제 설정과 이해

① 과제와 관련된 행동을 변화시키기 위해 상담자와 내담자는 특별계획을 세운다. 특별계획이 내담자가 성공할 수 있는 적절한 것일 때 내담자에게 용기를 가져다주는 과제가 된다.

② 과제수행에 실패하게 되면 상담자와 내담자는 다시 계획을 수립하게 된다.

③ 바람직한 행동이나 목표설정에 대한 반복 실천은 행동 변화로 이어지게 된다.

PART
04

생활지도 및 상담

진로상담

01 파슨스(Parsons)의 특성요인 이론(trait-factor theory) 중등 10

1. 개요

① 특성요인 이론은 진로 선택 이론 중에서 가장 오래된 것으로써 일반적인 상담이론으로 분류되기도 한다.

② 사람마다 특정 직업에 적합한 특성과 요인을 지니고 있다고 보았다. 따라서 개입하지 않아도 사람들은 각자의 특성에 알맞은 직업을 선택하는 방향으로 나아가지만, 상담을 통해 보다 효과적이고 효율적으로 직업을 선택할 수 있다는 점을 강조하였다.

③ 특성요인 이론은 본래 교육적이고 지시적이어서 상담자는 내담자의 특성을 각종 검사를 통해서 평가하고, 이에 적합한 진로 선택을 하게 하는 명료하고 합리적인 과정을 사용하였다. 그러나 최근에는 개인과 환경의 일치를 강조하는 경향은 여전하지만, 상담자 역할의 범위는 대폭 확장시켰다.

■ 특성요인 이론의 핵심 내용
- 사람들은 각자 객관적으로 측정·조사할 수 있는 독특한 특성, 즉 적성, 욕구, 흥미, 가치관을 가지고 있다.
- 사람들이 특정 직업에서 성공하려면 그 직업에 맞는 특성을 지녀야 한다.
- 개인의 능력이 직업에 맞는 특성일수록 개인이 성공하고 만족감을 느낄 가능성은 커진다.
- 내담자와 상담자와의 상호작용은 정의적 요소와 인지적 요소가 포함된 역동적인 과정이다.
- 특성에 맞는 직업을 선택하는 능력은 의도적인 방식으로 할 수 있는 의식적인 과정이다.

---

2. 이론의 가정

(1) Crites(1969)의 가정과 원리

① 개인에게는 독특한 심리적 특성이 있으며, 그 특성에 맞는 최적의 일이 있다.

② 각기 다른 직업에 종사하는 직업인들은 다른 심리적 특성을 가지고 있다.

③ 직업적 적응은 개인의 특성과 직업에서 요구하는 특성의 일치 정도에 따라 다르다.

(2) Miller(1974)의 가정

① 직업발달은 직업특성 간의 관계를 합리적으로 추론하여 의사결정을 도출해 가는 인지과정이다.

② 직업선택에서는 발달보다 선택 자체를 강조한다.

③ 개인에게는 각기 자기에게 맞는 하나의 적절한 직업이 있다. 한 사람이 여러 가지 직업에 두루 적합하기는 어렵다.

④ 각 직업에는 그 직업에 맞는 특정한 형태의 사람이 종사하고 있다. 따라서 어떤 특정한 직업에서 유능하게 일할 수 있는 사람의 특성에는 어떤 제한이 있다고 볼 수 있다.

⑤ 누구나 자신의 특성에 알맞은 직업을 선택할 수 있다.

⑥ 직업마다 요구하는 특성이 다르고, 개인은 각기 다른 특성을 갖고 있으므로, 개인의 특성에 맞는 직업을 가질 수 있도록 지도하는 것이 바람직하다.

3. 진로지도의 과정

① 개인의 특성을 이해하기 위해 각종 심리검사를 실시·해석한다.

② 적합한 직업을 선택하기 위해 다양하고 광범위한 직업정보를 수집한다.

③ 적절한 직업을 선택할 수 있게 직업상담을 한다.

4. 한계

① 주로 심리검사를 통해 개인의 특성을 평가하는데, 얻어진 정보의 예언타당도가 낮다.

② 특성이 안정적이고 지속적인지, 특성을 효과적으로 측정할 수 있는지에 대한 논란이 따르고 있다.

5. 특성요인 이론을 통한 진로지도상의 함의

① 학생의 흥미, 적성, 가치관 등을 측정하여 자신을 이해하고 분석할 수 있도록 도와주어야 한다. 학생의 특성 분석을 위해 학생기록부, 심리검사, 질문지, 면담기록 등 모든 가능한 자원으로부터 정보를 모으고, 개인의 강점과 약점을 확인할 수 있도록 자료를 요약·종합하여 사용해야 한다.

② 진로지도에서는 각 직업이 갖는 특성과 차이점을 이해시키고 개인의 특성과 관련된 직업과 직무에 대한 사전학습을 도와주어야 한다.

③ 진로지도 과정에서 학생들에게 일과 자신의 특성을 잘 연결시킬 수 있는 의사결정 능력을 길러주어야 한다.

02 로우(Roe)의 욕구 이론 중등 05·11

1. 개요

① 앤 로우(Ann Roe)는 직업 선택과정이 인생 초기에 부모와의 관계에서 형성된 개인의 욕구 위계(needs hierarchy)에 의해 결정된다고 주장하였다.

② 욕구 위계체계는 부모로부터 받은 유전적인 특성을 토대로 부모와의 관계에서 경험하는 만족감과 좌절감을 통해 형성된다.

③ 부모의 양육방식이 자녀의 성격과 욕구 위계체계를 형성하고, 결국 자녀의 직업 선택에 결정적인 영향을 미치게 된다.

2. 직업의 선택과 욕구구조

① 욕구구조는 유전적 특성과 함께 어렸을 때 경험하는 좌절과 만족에 의해 형성된다.
② 친근한 부모−자녀 관계에서 성장한 사람은 어렸을 때부터 어떠한 필요나 욕구가 있을 때 사람들과의 접촉을 통해 만족시키는 욕구충족 방식을 배우게 된다. 이것은 인간 지향적인 성격을 형성시키며, 직업선택 시에도 인간 지향적인 직업(서비스직, 비지니스직, 단체직, 문화직, 예술직)을 선택하게 한다.
③ 냉담한 부모−자녀 관계에서 성장한 사람은 부모의 배려나 관심을 받지 못하고 자라, 문제가 생겼을 때 부모나 주위의 도움을 요청하지 않고 사람들과의 접촉을 통하지 않는 다른 방식으로 문제를 해결하는 방법을 터득하게 된다. 그 결과 비인간 지향적인 직업(기술직, 옥외 활동직, 과학직)을 선택하게 된다.

3. 부모의 양육방식에 따른 자녀의 직업 선택

■ 부모의 양육방식 유형과 직업 선택

부모의 양육방식 유형		특징	자녀의 직업 선택	
정서 집중형	과보호형 (overprotective)	• 부모가 자녀를 특별히 소중하게 여기며, 지나친 보호를 한다. • 가정은 아동중심적이다.	서비스, 예술, 연예활동 관련 직업	인간 지향적
	과요구형 (overdemanding)	• 부모는 성취에 대해 높은 기대치를 설정하고 엄격한 규칙과 복종을 요구한다.	일반 문화, 즉 법조인, 교사, 학자, 도서관 사서나 예술과 연예 관련 직업	
수용형	애정형 (loving)	• 부모는 자녀에게 사려깊은 격려를 한다. • 한계를 설정하고, 합리적인 문제해결을 통해 행동을 지도한다. • 행동으로 아동을 돕지만 무리하지 않는다.	서비스나 비즈니스와 관련된 직업(세일즈맨)	
	무관심형 (casual)	• 부모는 아동에게 정서적인 면과 신체적인 면에서 되는 대로 주의를 기울이지만, 우선권은 그들 자신에게 둔다.	기술직(엔지니어, 항공사, 응용 과학자)이나 단체에 속하는 직업(은행원, 회계사, 점원)	비인간 지향적
회피형	무시형 (neglecting)	• 부모로서의 책임을 회피하려는 경향이 있다. • 자녀에 대한 관심은 적지만, 감정적으로 거부하지는 않는다.	과학과 옥외에서 활동하는 직업	
	거부형 (rejecting)	• 부모는 아동을 아동으로 수용하지 않을 뿐만 아니라 한 개인으로조차 인정하지 않는다. • 냉랭하고, 적대적이며, 경멸적이어서 아동으로 하여금 열등감을 느끼게 한다.	과학 관련 직업	

4. 시사점

진로상담 시 인생 초기의 부모를 비롯한 중요한 타인들과의 역동성을 살피는 것이 중요하다.

03 수퍼(Super)의 발달 이론 중등 12

1. 개요

① 수퍼는 진로발달이 인간의 총체적 발달의 일부라는 점을 강조하였다.
② 진로발달을 인간의 발달과정과 마찬가지로 인생의 초기에 시작되어 일정한 단계를 거치면서 인생의 말기까지 연속적으로 이어지는 지속적인 과정으로 설명하였다.

2. 자아개념

① 수퍼 이론의 기저를 이루고 있는 것은 자아개념이다.
② 수퍼에 따르면 인간은 자아 이미지와 일치하는 직업을 선택한다고 한다. 즉, '나는 이런 사람이다.' 하고 느끼고 생각하던 바를 살릴 수 있는 직업을 택한다는 것이다.
③ 예를 들어, 자신을 매우 활달하고 적극적이며, 능력이 충분히 있어서 어떤 지도적인 역할을 할 수 있는 사람이라고 여기던 사람은 그러한 자신의 이미지에 일치하는 직업을 찾게 된다는 것이다.
④ 직업발달에 있어 본질적인 역할을 하는 자아개념은 유아기에서부터 사망에 이르기까지 계속 발달되고 보완된다. 그러나 청년기 이후에는 대개의 경우 자아개념에 큰 변화는 오지 않는다.

■ **발달 이론의 핵심 내용**
- 사람들은 능력, 흥미 그리고 성격이 각기 다르다.
- 진로성숙도는 직업발달과업을 충족시킬 준비의 정도를 포함한다.
- 다양한 결정요인들이 진로결정 과정에 영향을 미친다.
- 자아개념은 직업발달에 매우 중요하며 직업의 선택은 자기의 표현이라고 볼 수 있다.
- 일생의 단계를 통한 발달은 부분적으로 능력과 흥미를 촉진시키고, 현실 검증을 도우며, 자아개념을 발달시킴으로써 지도될 수 있다.
- 진로발달 과정은 자아개념을 발달시키고 실천하는 과정이다. 즉, 자아개념이 타고난 적성, 신체적 외모 그리고 다양한 역할 기회가 상호작용한 산물이라는 점에서 진로발달은 자아개념을 통합하고 보충하는 과정이다.
- 직업 수준은 부모의 사회경제적 수준, 정신능력, 성격적 특성에 의해 결정되고, 어떤 기회를 가지느냐에 영향을 받는다.
- 일과 직업의 선택은 대부분의 남성과 많은 여성들의 성격조직과 일치한다.
- 일련의 발달단계는 인생의 '큰 주기(maxicycle)'로 이루어진다.

---

3. 진로발달 과정

① 수퍼는 진로발달 과정이 5단계, 즉 성장기(growth stage), 탐색기(exploration stage), 확립기(establishment stage), 유지기(maintenance stage), 쇠퇴기(decline stage)에 걸쳐 이루어지는 지속적인 과정이라고 하였다.

② 평생에 걸쳐 이루어지는 5단계 진로발달 과정은 다음과 같다.

■ 수퍼의 진로발달 과정에 따른 특징

단계		연령	특징
1	성장기	출생~14세	• 가정 또는 학교에서 주요 인물과 동일시함으로써 자아개념이 발달한다. • 초기에는 욕구와 환상이 지배적이며 사회참여와 현실검증이 증가함에 따라 흥미와 능력을 중요시하게 된다.
2	탐색기	15~24세	• 학교, 여가활동, 시간제 일 등을 통해서 시행착오를 겪는다. • 자기검증, 역할수행, 직업적 탐색을 한다.
3	확립기	25~44세	• 자신에게 적합한 직업분야를 발견하고 그 분야에서 안정적인 위치를 확보하기 위해 노력한다. • 초기에는 시행착오를 통해 전환을 가져올 수도 있다. • 전문직에서는 시행착오 없이 확립과정이 시작된다.
4	유지기	45~64세	• 직업세계에서 확고한 위치가 확립되고 유지하기 위해 노력한다. • 확립된 직업에서 계속 발달한다.
5	쇠퇴기	65세 이상	• 신체적·정신적으로 쇠퇴함에 따라 직업활동에 변화가 오고 이후에는 중단된다. • 새로운 역할을 개발한다. • 처음에는 선별적으로 참여하다가 나중에는 관망하는 정도의 역할을 담당한다.

▌ 긴즈버그의 진로발달 이론

• 인간의 신체와 정신이 발달하는 것처럼 직업에 대한 지식, 태도, 기능도 어려서부터 발달하기 시작하여 일련의 단계를 거치면서 발달한다.
• 직업발달이란 삶의 어느 한 시기에 이루어지는 일시적인 사건이 아니라, 전 생애에 걸쳐 발달하는 일련의 의사결정 과정이다.
• 긴즈버그는 진로선택 과정에서 초기 선택의 중요성을 지속적으로 강조하였으며, 직업선택은 일생 동안, 즉 사람이 일하는 동안 공존하는 것이라고 주장하였다.

■ 진로발달 단계

단계	나이	특징
환상기	아동기 (11세 이전)	현실여건, 자신의 능력이나 가능성을 고려하지 않고, 독단적으로 특정 직업을 선택해서 그 직업에서 하는 일을 놀이활동을 통해 표출하려고 한다.
잠정기	초기 청소년기 (11–17세)	자신의 흥미, 능력, 가치는 고려하지만 현실적 요인들은 고려하지 않고 진로를 잠정적으로 정해 보는 기간이다.
현실기	청소년 중기 (17세에서 청장년기)	자신의 흥미, 능력, 가치, 기회는 물론 직업의 요구조건, 교육 기회, 개인적 요인 등을 고려하여 현실적으로 실현 가능한 진로를 탐색하고 선택한다.

04 홀랜드(Holland)의 인성 이론 중등 08 · 09 · 10, 초등 12

1. 개요

① 진로발달에서 성격의 측면을 강조한 이론으로는 존 홀랜드(John Holland)의 이론이 대표적이다. 그는 직업의 선택을 각 개인의 성격 표현으로 보고, 성격 유형과 진로 선택의 관계를 강조하였다.

② 홀랜드의 이론은 다음과 같은 가정을 기초로 한다. "직업적 흥미는 일반적으로 성격이라 불리는 것의 일부분이기 때문에 개인의 직업적 흥미에 대한 설명은 곧 개인의 성격에 대한 설명이다."

2. 기본 가정

① 대부분의 사람들은 여섯 가지 유형, 즉 실재적 · 탐구적 · 예술적 · 사회적 · 설득적 · 관습적 유형 중 하나로 분류될 수 있다(RIASEC).

② '실재적 · 탐구적 · 예술적 · 사회적 · 설득적 · 관습적' 6가지 환경에는 그 성격 유형에 일치하는 사람들이 속해 있다.

③ 사람들은 자신의 능력과 기술을 발휘하고 태도와 가치를 표현하고 자신에게 맞는 역할을 수행할 수 있는 환경을 찾는다.

④ 개인의 행동은 성격과 환경의 상호작용에 따라 결정된다.

3. 직업적 성격 유형에 따른 특성

(1) **실재형(현실형)(realistic type; R)**

솔직하고 성실하며, 검소하고 단순하다. 지구력이 있으며 신체적 기술을 잘 활용하고 말이 적으며 고집이 있고 직선적이다. 교육적인 활동이나 치료적인 활동은 좋아하지 않는다.

(2) **탐구형(investigative type; I)**

탐구심이 많고, 논리적 · 분석적 · 합리적이며, 정확하고 지적 호기심이 많다. 비판적이고 내성적이며 수줍음을 잘 타고 신중하다.

(3) **예술형(artistic type; A)**

상상력이 풍부하고, 감수성이 강하며, 자유분방하다. 개방적이고 감정이 풍부하다. 독창적이며 개성이 강하다. 협동적이지 못한 편이다. 명쾌하고, 체계적이고, 구조화된 활동에는 흥미를 느끼지 못한다.

(4) **사회형(social type; S)**

사람들과 어울리기를 좋아하고, 친절하고 이해심이 많으며, 남을 잘 도와주고, 봉사적이고 감정적이며 이상주의적이다. 반면 기계, 도구, 물질이나 질서정연하고 체계적인 활동에는 별 흥미가 없다.

⑸ **설득형(기업형, enterprising type; E)**

지배적이고, 통솔력이나 지도력이 있다. 말을 잘하고 설득력이 있고 경쟁적이고 야심적이다. 성격이 외향적·낙관적·열정적이다. 그러나 관찰적이거나 상징적·체계적인 활동은 좋아하지 않는다.

⑹ **관습형(conventional type; C)**

정확하고 빈틈이 없고 신중하고 세밀하며 계획성이 있다. 새로운 것이나 변화를 좋아하지 않으며 완고하고 책임감이 강하다. 창의적·자율적·모험적·비체계적인 활동은 회피한다.

■ **홀랜드의 여섯 가지 직업적 성격의 특성**

직업적 성격 유형	성격 특징	선호하는/싫어하는 직업적 활동	대표적인 직업
실재적 유형	남성적이고, 솔직하고, 성실하며, 검소하고, 지구력이 있고, 신체적으로 건강하며, 소박하고, 말이 적으며, 고집이 있고, 직선적이며, 단순하다.	분명하고, 질서정연하게, 체계적으로 대상이나 연장, 기계들을 조작하는 활동 또는 신체적 기술들을 좋아하는 반면, 교육적 활동이나 치료적 활동은 좋아하지 않는다.	기술자, 자동차 및 항공기 조종사, 정비사, 농부, 엔지니어, 전기·기계기사, 운동선수 등
탐구적 유형	탐구심이 많고, 논리적·분석적·합리적이며, 정확하고, 지적 호기심이 많으며, 비판적·내성적이고, 수줍음을 잘 타며, 신중하다.	관찰적·상징적·체계적으로 물리적·생물학적 현상을 탐구하는 활동에는 흥미를 보이지만, 사회적이고 반복적인 활동들에는 관심이 부족하다.	과학자, 생물학자, 화학자, 물리학자, 인류학자, 지질학자, 의료기술자, 의사 등
예술적 유형	상상력이 풍부하고, 감수성이 강하며, 자유분방하며, 개방적이다. 또한 감정이 풍부하고, 독창적이며, 개성이 강한 반면 협동적이지는 않다.	변화와 다양성을 좋아하고, 틀에 박힌 것을 싫어한다. 모호하고, 자유롭고, 상징적인 활동을 좋아하지만, 명쾌하고, 체계적이고, 구조화된 활동에는 흥미가 없다.	예술가, 작곡가, 음악가, 무대감독, 작가, 배우, 소설가, 미술가, 무용가, 디자이너 등
사회적 유형	사람들과 어울리기 좋아하며, 친절하고, 이해심이 많으며, 남을 잘 도와주고, 봉사적이며, 감정적이고, 이상주의적이다.	타인의 문제를 듣고, 이해하고, 도와주고, 봉사하는 것에는 흥미를 보이지만 기계·도구·물질과 함께 명쾌하고 질서정연하고, 체계적인 활동에는 흥미가 없다.	사회복지가, 교육자, 간호사, 유치원교사, 종교지도자, 상담가, 임상치료사, 언어치료사 등

설득적 유형	지배적이고, 통솔력·지도력이 있으며, 말을 잘하고, 설득적이며, 경쟁적이고, 야심적이며, 외향적이고, 낙관적이고, 열성적이다.	조직의 목적과 경제적 이익을 위해 타인을 계획·통제·관리하는 일과 그 결과로 얻어지는 인정·권위를 얻는 활동을 좋아하지만 관찰적·체계적 활동에는 흥미가 없다.	기업경영인, 정치가, 판사, 영업사원, 상품구매인, 보험회사원, 판매원, 관리자, 연출가 등
관습적 유형	정확하고, 빈틈 없고, 조심성이 있으며, 세밀하고, 계획적이고, 변화를 좋아하지 않으며, 완고하고, 책임감이 강하다.	정해진 원칙과 계획에 따라 자료들을 기록, 정리, 조직하는 일을 좋아하고, 체계적인 작업 환경에서 사무적·계산적 능력을 발휘하는 활동을 좋아한다. 그러나 창의적·자율적이며 모험적·비체계적인 활동은 선호하지 않는다.	공인회계사, 경제분석가, 은행원, 세무사, 경리사원, 컴퓨터 프로그래머, 감사원, 안전관리사, 사서, 법무사 등

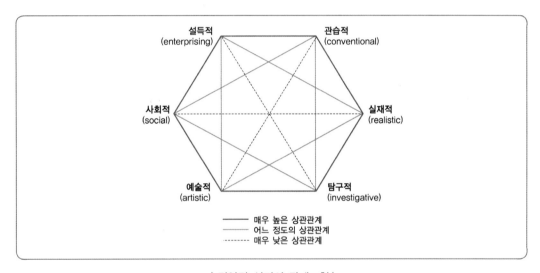

| 직업적 성격의 관계모형 |

4. 의의

① 홀랜드 모형은 학생의 성격 유형과 특정한 근무환경 사이의 일치도를 가늠해 볼 수 있다는 점에서 매우 유용한 진로상담의 도구다.
② 사회적 유형에 해당되는 학생은 사회적 환경에서 가장 편안함을 느낄 수 있는 반면, 실재적 환경에서는 그렇지 않을 것이다. 왜냐하면 사회형과 실재형은 서로 상반된 특성을 띠고 있기 때문이다.
③ 교사는 학생들이 자기의 성격 유형을 발견하고 이해한 후에 자신의 강점을 깨닫고 개발하여 그 성격 유형에 어울리는 환경을 찾아서 진로를 결정하도록 지도한다.

5. 한계

① 성격만을 강조하여 다른 중요한 개인적·환경적 요인이 도외시된다.

② 진로상담에 적용할 수 있는 구체적인 절차를 제공해 주지 못하고 있다. 특히 상담자가 내담자와의 대면관계에서 사용할 수 있는 과정과 기법에 관한 가이드가 없다.

③ 모형을 측정하는 검사도구가 성적 편차(gender bias)적인 문제를 해결하지 못하고 있다. 실재적 유형이나 탐구적 유형에 여성적인 직업을 배제하고, 사회적 유형이나 관습적 유형에 여성적인 직업을 다수 나열하여, 여성이 제한된 직업선택을 하도록 유도할 수 있다.

④ 성격의 발달과정에 대한 설명이 결여되어 있다. 왜 그러한 성격을 갖게 되었으며 성격이 어떻게 변화하는가에 대한 설명이 부족하다.

⑤ 사람들에게 자신의 환경 및 자기 자신을 변화시킬 수 있는 능력이 있다는 점을 고려하지 않았다. 또 성격에 맞지 않는 직업 환경을 선택하더라도 인간은 자신의 특성을 수정하거나 직업 환경을 개조함으로써 자신의 역할을 잘 수행해 나갈 수 있는 가능성이 있다는 사실을 외면하고 있다.

05 크럼볼츠(Krumboltz)의 사회학습 이론 초등 11

1. 개요

① 교육적·직업적 선호 및 기술이 어떻게 획득되며 교육 프로그램, 직업, 현장의 일들이 어떻게 선택되는가를 설명하기 위한 이론이다.

② 행동에 대한 일반적인 사회학습 이론을 기초로 하여 개인의 성격과 행동은 그의 독특한 학습경험에 의해서 가장 잘 설명할 수 있다고 가정하면서, 진로의사결정에 영향을 미치는 요인들의 상호작용을 밝히고 있다.

2. 진로에 영향을 주는 요인

(1) 유전적 요인과 타고난 능력(genetic endowments and special abilities)

① 타고난 유전적 재능이다. 학습된 것이 아니라 물려받거나 타고난 개인의 특성에 해당하는 것으로 교육적·직업적인 선호나 기술에 제한을 줄 수 있는 자질을 말한다.

② 인종, 성별, 신체적인 모습과 특징, 지능, 예술적 재능 그리고 근육의 기능 등이 포함된다.

③ 예를 들어, 달리기를 잘하는 사람, 절대음감이 뛰어난 사람, 손재주가 뛰어난 사람들이 있다. 이러한 능력은 어느 정도는 타고난 능력이며 이러한 유전적인 요인은 진로에 영향을 미치게 된다.

(2) 환경적 상황과 여러 가지 일들(environmental conditions and events)

① 개인이 속한 사회의 다양한 여건들도 진로에 영향을 미치는 요인이 된다.

② 일의 기회, 소수민족 보호와 같은 사회정책, 직업에 제공되는 보상, 노동법, 물리적 여건, 자연환경, 기술의 발전, 사회조직의 변화, 가족자원, 교육체제, 공동체 및 지역 사회 영향 등 12가지 환경조건의 범주를 제시하였다.

③ 예를 들어, 국가의 정책에 따라 어떤 직종의 일자리가 많아지기도 하고 세계 경제의 흐름에 따라 고용의 기회가 늘거나 감소하기도 한다. 또, 기후나 자연재해 등에 의해서도 개인의 진로선택은 달라질 수 있다.

(3) 학습경험(learning experiences)

① 개인이 어떤 진로에 대해 '좋다', '싫다'라는 경향성을 갖게 되는 것은 이전 학습경험의 결과에 의한 것이다. 즉, 어떤 경험을 하였는가에 따라 어떤 사람은 특정 직업에 호감을 가질 수도 있고, 그렇지 않을 수도 있다는 것이다.

② 학습경험은 크게 '도구적 학습경험'과 '연합적 학습경험' 두 가지 유형으로 구분할 수 있다.

　㉠ **도구적 학습경험(조작적 조건화)** : 학습이론에서 행동과 그 행동의 결과의 관계를 학습하게 되는 것으로, 행동의 결과가 긍정적이라면 그 행동은 증가할 것이라는 가정에 기초한다. 이것을 진로선택과 관련지으면, 어떤 사람이 행동의 결과로 긍정적인 것을 경험하였는가 부정적인 것을 경험하였는가에 따라 어떤 일에 대한 호감 여부가 달라질 수 있다는 것이다.
　　예 수업시간에 발표를 했는데(행동) 선생님으로부터 말을 잘한다는 칭찬을 들었다.(긍정적 결과)
　　　▷ 아나운서와 같은 직업에 관심을 갖게 된다.

　㉡ **연합적 학습경험(고전적 조건화)** : 이전에는 중립적이던 자극이 정서적으로 긍정적 또는 부정적 자극과 함께 경험되면서 부정적 또는 긍정적인 자극의 성격을 띠게 되는 것을 말한다. 연합적 학습경험의 두 가지 유형은 고전적 조건화와 관찰이다.
　　• 고전적 조건화
　　　예 자동차는 중립 자극이지만 자동차 사고를 경험한 사람은 자동차에 대해 부정적인 느낌을 갖게 되고, 자동차와 관련된 직업에 대해서도 싫어하는 태도를 보일 수 있음
　　• 관찰
　　　예 교사나 버스기사 등의 직업 수행 관찰 ▷ 긍정적 관찰경험 : 직업에 대해 호감, 부정적 관찰경험 : 싫어하는 경향
　　　예 독서나 타인으로부터 어떤 이야기를 듣는 것도 연합적 학습경험의 예에 해당 : '정치가들은 믿을 만하지 못하다.'라는 말을 들은 사람 ▷ 정치인이라는 직업에 대해 비호감일 가능성

(4) 과제접근기술(당면한 여러 가지 문제들을 다루는 기술)(task approach skills)

① 개인이 당면한 문제를 해결하기 위해 동원하는 기술로, 문제해결 기술, 작업 습관, 정신적 상태, 정서적 반응, 인지적 반응과 같은 개인이 개발한 기술을 의미한다. 이렇게 개발된 기술들은 개인이 직면하는 문제와 과업의 결과 정도를 결정한다.

② 과제접근기술은 바람직한 경험 또는 바람직하지 못한 경험의 결과로 수정된다.
　예 철수는 고등학생 때 자신의 노트 필기 방식으로 우수한 성적을 받았으나, 대학에서는 그 방법이 통하지 않는다는 것을 발견하고, 필기 방식을 수정하였다.

3. 진로결정 요인들의 결과

① **자기관찰 일반화**: 자기 자신의 직접적·간접적인 수행이나 자신의 흥미나 가치를 평가하는 외현적·내면적인 자기 진술을 의미한다. 선행 학습경험에 의해 영향을 받을 뿐만 아니라 새로운 학습경험의 결과에 영향을 미친다.

> 🔲 나는 존 맥켄로처럼 테니스를 잘 칠 수 없을지 모르지만, 서울 고교팀에서는 1등을 할 자신이 있다.

② **세계관 일반화**: 학습경험의 결과 사람들은 자기가 살고 있는 환경을 관찰하고 이러한 일반화로 또 다른 환경에서 어떤 일이 일어날 것인가를 예측하는 데 일반화할 수 있다.

> 🔲 봉사직에 종사하는 사람들은 본질적으로 마음이 따뜻해야 하고, 인간을 이해하기 위한 능력을 갖고 있어야 한다.

③ **과제접근기술**: 환경에 대처하고, 자신의 관찰을 통한 일반화나 세계관 일반화와 관련지어 환경을 해석하고 미래 사건에 대해 예견하는 인지적 능력, 수행능력, 그리고 감정적인 경향으로 작업습관, 감정적 반응과 같은 정신체계, 지각과 사고 과정 등을 포함한다.

④ **행위의 산출**: 의사결정과 관련된 특수한 행위로 구성된다.

> 🔲 어떤 직무 혹은 교육훈련에 지원하거나 대학에서 전공을 바꾸는 행위 등

---

06 블라우(Blau) 등의 사회학적 이론 중등 10

1. 개념

① 개인을 둘러싼 사회·문화적 환경이 개인의 행동에 영향을 미친다는 사회학적 지식을 바탕으로 생성되었다.

② 블라우, 밀러(Miller) 등으로 대표되는 이 이론의 핵심은 가정, 학교, 지역사회 등의 사회적 요인이 직업선택과 발달에 영향을 미친다는 것이다. 특히, 개인이 속한 사회계층이 지대한 영향을 미친다고 본다.

③ 저소득층 가정의 자녀들은 본인이 원하는 직업과 실제로 가질 수 있을 것으로 예상하는 직업 간에 상당한 차이가 나타났다. 이것은 자신이 원하는 직업에 접근하는 것을 주위 환경이 허용하지 않을 것이라는 생각에 기인한 것이다. 즉, 환경을 의식해서 자신의 열망을 추구해 보지도 않고 체념해 버리는 것이다.

④ 모든 저소득층 가정 자녀가 다 그렇다는 것은 아니며, 부모가 어떤 가정 분위기를 조성하느냐에 달라질 수 있다.

2. 시사점

① 이론의 특징은 개인이 통제할 수 없는 요인들이 직업선택에 중요한 영향을 끼친다는 것이다. 개인의 직업선택의 재량권은 다른 이론에서 가정되는 것보다 훨씬 적다.

② 따라서 진로상담을 할 때에는 개인을 둘러싸고 있는 제반 상황을 파악하여 지도하여야 한다.

07 젤라트(Gelatt)의 의사결정 이론

1. 개요

① 사람들은 선택 가능한 여러 직업 중에서 자신의 투자가 최대로 보상받을 수 있는 직업을 선택한다.
② 직업상담자는 학생이 자신의 진로를 잘 결정할 수 있도록 각 직업적 대안에 따라 예상되는 결과와 그 대안의 실현 가능성을 예측하고, 각 대안에 의해 정확한 가치 평가를 할 수 있게 도와주어야 한다.
③ 젤라트는 상담의 주요 목표 중 하나를 '학생들이 훌륭한 결정을 내릴 수 있도록 돕는 것'이라는 가정하에 의사결정 이론을 전개하였으며, 의사결정의 과정을 중시해야 한다고 하였다.

2. 의사결정 과정

① 진로목표 수립
② 정보 수집
③ 가능한 대안의 열거
④ 각 대안의 실현 가능성 예측
⑤ 가치 평가
⑥ 의사결정
⑦ 의사결정의 평가
⑧ 재투입

08 다위스(Dawis)와 로프퀴스트(Lofquist)의 직업적응 이론

① 개인의 특성에 해당하는 욕구와 능력을 환경에서의 요구사항과 연관 지어 직무만족이나 직무유지 등의 진로행동을 설명하려는 이론이다.
② 직업적응 이론은 개인과 환경 간의 상호작용을 통한 욕구충족을 강조한다.
③ 개인의 욕구(생리적 욕구나 사회적 인정 등)는 환경에서 제공하는 강화요인(보수나 승진, 작업환경 등)에 의해 만족되며, 환경의 요구조건(직무나 과업, 집단구성원으로서의 역할 등)은 개인이 제공하는 강화요인(과업을 위한 개인의 능력 발휘 등)에 의해 충족된다.
④ 개인과 환경의 욕구가 모두 만족되면 조화상태에 이르게 된다.
⑤ 개인의 욕구와 환경의 요구조건이 변하면 개인과 환경 간에 조화롭지 못한 상태가 된다. 이러한 상황에서 개인은 환경의 요구조건을 변화시키거나 자신의 욕구구조를 변화시켜 조화상태에 이르고자 한다. 환경도 동일한 행동을 취하는데 이것을 적응이라고 한다.
⑥ 직업적응은 개인과 직업 환경의 조화를 성취하고 유지하는 과정으로 이해된다.

Chapter 04 상담의 유형

01 개인상담

1. 개인상담의 의미와 특성

① 개인상담은 상담에서 도움을 필요로 하는 내담자가 한 사람으로 제한되는 것을 말한다.
② 개인상담은 집단상담과 비교하여 다음과 같은 특성을 갖는다.

개인상담과 집단상담의 비교

개인상담	집단상담
• 내담자의 심리사회적 특성과 역동에 개입한다. • 상담자는 내담자 개인의 심리내적 기제와 역동에 주목한다.	집단상담에서는 개인의 심리내적 기제와 역동보다는 집단원 간의 역동과 집단 전체의 특성에 주목한다.
도움을 주는 사람은 주로 상담자이다.	상담자뿐 아니라 다른 집단원들도 서로 도움을 준다.
집단상담에 비해 더 사적인 이야기가 가능하다. 더 심각한 문제와 심리내적 역동을 다루기에 효과적이다.	상담 중에 언급된 내용은 다른 사람에게 전하지 않기로 약속하나, 집단원들은 전문가 윤리를 반드시 지킬 의무가 없으므로 집단 내에서 언급된 이야기가 누설되지 않는다는 보장을 할 수 없다.

2. 개인상담의 목표

(1) 소극적 목표

내담자가 자신의 심리사회적 문제로 인해 정상적인 삶을 살지 못하고 있을 때 정상 수준의 삶으로 옮겨 가도록 내담자를 돕는 것을 말한다.

(2) 적극적 목표

정상적인 삶을 살고 있는 내담자에게 아직 발휘하지 못한 잠재력을 발휘하게 하여 좀 더 나은 삶, 좀 더 긍정적인 삶을 살도록 조력하는 것을 말한다.

3. 개인상담의 유형

(1) 치료적 상담 대 발달적 상담

① 치료적 상담은 상담의 목표 중에서 주로 소극적 목표를 달성하고자 하는 상담이다.
   예 신경증 경감, 성격장애 개선, 심리사회적 문제해결, 정신병리 개선, 대인관계 갈등 해결 등
② 발달적 상담은 상담목표 중에서 주로 적극적 목표를 달성하고자 한다.
   예 개인의 잠재력 발달, 긍정적 정서와 행동의 촉진, 합리적 의사결정, 개인 직무능력 최대발현 등

(2) **심리상담 대 진로상담**

① 심리상담은 주로 심리내적 문제해결이나 긍정적 정서를 촉진시키는 상담이다.

② 진로상담은 학교 및 직업 선택, 경력 개발 등을 돕는 상담이다.

(3) **상담 대 코칭**

① 상담은 개인의 심리내적 갈등과 문제를 해결하는 활동이라는 인상이 짙다.

② 이러한 이미지에서 벗어나 기업체에서 직장인들을 대상으로 업무 실적을 개선하고 합리적 의사 결정을 내릴 수 있도록 하는 활동으로 코칭이라는 영역이 생겼다.

02 집단상담

1. 정의

① 집단의 내담자들이 상담자의 인도 아래 개인 문제를 토로하는 형태이다.

② 상담의 3대 역할(예방, 교정, 발달 촉진) 중 특히 예방적인 역할이 강조된다.

2. 집단상담의 목표

① 감정의 바람직한 표현과 발산을 촉진한다.

② 자기문제(관심사)에 대한 직면과 해결을 권장한다.

③ 집단생활에서 자아개념을 강화(또는 자기표현의 향상)하고, 협동심을 향상시킨다.

④ 대인관계 기술을 향상시킨다.

3. 집단상담 시 고려사항

(1) **집단의 구성**

성별, 연령, 학년, 성숙도, 관심사, 성격적 특성과 다른 학생들과의 관계형성 여부를 고려한다.

(2) **집단의 크기**

4~8명으로 하되 내담자의 성숙도, 주의력, 타인에게 관심을 가질 수 있는 능력에 따라 결정된다. 아동의 경우에는 보다 적은 인원과 짧은 시간으로 진행한다.

(3) **특징적 내담자**

도발자, 중화자, 방관자 등 집단 내 역할 면에서 특징적 내담자가 있게 마련이다.

(4) **집단의 일정**

나이가 어릴수록 회기 시간이 더 짧고 자주 만나는 것이 바람직하다. 중학생 집단은 일주일에 1차 례 모여서 회기당 1시간~1시간 30분 정도, 고등학생 집단은 일주일에 1회 회기당 2시간 정도가 적당하다.

(5) 집단의 장소

주변이 소란하지 않고, 옆방에서 다른 사람들이 엿들을 수 없는 곳이어야 한다. 지나치게 넓은 공간은 주의가 산만해져 학생들의 집중력을 떨어뜨릴 수 있다.

(6) 개방집단과 폐쇄집단

① 개방집단 : 집단의 회기가 진행되는 동안 기존의 학생이 집단을 종결하면 새로운 학생이 들어올 수 있다.

② 폐쇄집단 : 특정한 학생 수의 집단으로 구성되어 일단 집단이 시작되면 새로운 학생이 참여할 수 없다. 교사에게는 개방집단보다는 폐쇄집단이 훨씬 더 용이하다.

4. 집단상담 과정 초등 04

(1) 참여 단계

학생들이 집단에 참여하게 된 이유를 설명하고, 서로 소개하며, 신뢰롭고 수용적인 분위기를 조성할 수 있도록 도모하는 활동을 한다.

(2) 과도적 단계

탐색 단계에서 생산 단계로 발전해 가는 과도기에 해당된다. 주요 과제는 집단의 참여과정에서 일어나는 망설임, 저항, 방어 등을 자각하고 정리하도록 도와주는 것이다.

(3) 작업 단계

집단상담의 가장 핵심적인 부분이다. 집단과정에 대해 깨닫게 되고 집단규범을 적극적으로 실천하게 된다. 대부분의 집단원이 자기의 구체적인 문제를 집단 내에서 활발히 논의하며, 바람직한 관점과 행동방안을 모색하는 분위기가 된다.

(4) 종결 단계

다른 학생들과의 집단경험을 통해 학습한 것들을 총체적으로 정리해서 일상생활에 보다 효율적으로 적용할 수 있도록 한다. 청소년들의 경우 집단이 끝날 때쯤 거부당하였다는 느낌을 받는 경우가 생긴다. 따라서 집단이 더 이상 모이지 않을 때도 집단원 간의 유대관계가 지속되도록 노력하는 것이 필요하다.

5. 장단점

(1) 장점

① 내담자는 상호작용을 통해 자신이 가진 문제와 다른 사람들이 가진 문제의 유사점과 차이점을 자각하고, 자신을 이해하게 된다.

② 내담자들은 다른 구성원들과 친밀한 관계 경험을 통해 신뢰감을 향상시킬 수 있다.

③ 내담자는 집단 안에서 도움을 받기도 하지만 도움을 줄 기회도 갖게 된다.

④ 상담기회를 통해 대인관계와 의사소통 기술을 배울 수 있다.

(2) 단점

① 집단상담에서 상담자의 역할은 더 분산된다.

② '집단과정'의 문제에 집착하게 되어, 집단원의 개인적인 문제는 등한시할 수 있다.

③ 내담자 문제의 어떤 유형이 개인상담보다 집단상담에 더 적합한가에 대한 논란이 있으며, 이에 대한 정보가 부족하다.

03 또래상담

1. 개요

① 학생들은 자신의 고민을 교사나 상담전문가보다 또래 친구에게 더 쉽게 이야기하는 경향이 있으며, 교사의 관찰로는 드러나지 않던 학생들의 어려움이 또래 친구에게 발견되어 전문적인 상담으로 연계되는 경우도 많다.

② 특히 학교폭력이나 자살문제와 같이 자기노출을 피하는 위기상담영역의 경우 일상을 공유하는 친구들에 의해 조기 발견되는 경우도 있다.

③ 학교상담의 전문 인력이 부족한 현실에서 또래상담은 학교상담의 조력활동을 하는 중요한 기능을 담당할 수 있다.

2. 정의

① '특별히 훈련받은 학생이 다른 동료학생의 학업, 인성, 행동 등과 관련된 문제를 도와주는 것' (Lucian, May&Rademacher)이다.

② '특별히 훈련받은 재학생이 지도자가 되어 몇몇 정상적인 동료학생을 대상으로 그들의 성장과 발달 및 인간관계 발달의 능력을 촉진시키려는 의도에서 이루어지는 대인관계의 과정'이다.

③ 또래상담의 영역은 정상적인 급우들의 성장과 발달을 조력하는 활동영역이 병리적 영역보다 더 큰 비중을 차지한다.

3. 또래상담 프로그램의 운영

① 또래상담반을 운영하기 위해서는 지도교사와 또래상담자 학생의 확보가 가장 중요하다.

② 학생 선정의 경우 학기 초에 모집공고를 하여 운영의 취지와 목적, 운영내용에 대해 안내한 후 활동자를 모집한다.

③ 선정 후에는 학생들이 또래상담자로서의 자격과 역량을 갖출 수 있도록 다양한 또래상담자 프로그램을 진행하여 교육시켜야 한다.

④ 또래상담자들이 다른 친구들보다 뛰어나고 우수하여 선발되었다는 특권의식을 갖지 않도록 지도하는 것이 중요하다.

⑤ 교육 프로그램을 통해 충분한 소양교육을 거친 후 실제 상담활동에 참여할 수 있도록 지도해야 한다.

01 교육행정의 개념과 기초

교육행정의 정의
- 국가통치권론
- 조건정비론
- 행정과정론(행정관리론)
- 협동행위론
- 교육지도성론

교육행정의 성격

교육행정의 원리

02 교육행정 이론

고전이론
- 과학적 관리론
- 행정관리론(행정과정론)
- 관료제론

인간관계론
- 호손실험

행동과학론
- 버나드와 사이먼의 행정이론

체제론
- 개방체제
- 사회과정 이론(사회체제 이론)
  - 역할과 인성의 상호작용 모형
  - 겟젤스와 구바의 사회과정 모형
  - 겟젤스와 셀렌의 수정모형
  - 카우프만의 체제접근모형

03 동기이론

내용이론
- 매슬로의 욕구위계이론
  - 자아실현의 욕구
  - 존경의 욕구
  - 사회적 욕구
  - 안전의 욕구
  - 생리적 욕구
- 허즈버그의 동기-위생이론
  - 동기요인과 위생요인
    - 직무풍요화
    - 경력단계 프로그램
  - 직무재설계
- 엘더퍼의 ERG이론
  - 생존욕구
  - 관계욕구
  - 성장욕구

과정이론
- 브룸의 기대이론
  - 유인가
  - 성과기대
  - 보상기대
- 포터와 로울러의 성과-만족이론
- 아담스의 공정성 이론
  - 투입 조정
  - 성과 조정
  - 투입과 성과에 대한 인지적 왜곡
  - 비교 대상의 투입과 성과의 변경
  - 비교 대상의 변경
  - 조직 이탈(퇴직)
- 로크의 목표설정이론
  - 목표의 내용과 강도가 동기유발 요인
  - 효과적인 목표의 특징(Steers)

04 지도성 이론

특성론

행위론
- 아이오와 대학의 연구
- 오하이오 주립대학의 연구
- 미시간 대학의 연구
- 블레이크와 머튼의 관리망 이론

상황적 리더십론
- 피들러의 상황이론
- 하우스의 행로-목표이론
- 레딘의 삼차원 리더십 유형
- 허시와 블랜차드의 상황적 리더십 유형

현대의 지도성 이론
- 리더십 대용 상황모형
- 변혁적 리더십
- 카리스마적 리더십
- 슈퍼 리더십
- 분산적 리더십
- 문화적 리더십
- 도덕적 리더십
- 감성 리더십
- 기타 리더십

05 조직론

조직의 구조
- 공식 조직과 비공식 조직
- 계선 조직과 참모 조직

조직의 유형
- 파슨스의 사회적 기능 유형
- 블라우와 스콧의 1차적 수혜자 유형
- 칼슨의 봉사조직 유형
- 에치오니의 순응조직 유형
- 카츠와 칸의 본질적 기능 유형

조직 풍토론
- 할핀과 크로프트의 학교풍토론
- 리커트의 관리체제이론
- 마일즈의 조직건강론
- 윌로워의 학교풍토론

조직 문화론
- 맥그리거의 X-Y이론
- 아지리스의 미성숙-성숙이론
- 오우치의 Z이론
- 세티아와 글리노우의 문화유형론
- 스테인호프와 오웬스의 학교문화 유형론

학교조직의 특성
- 전문적 관료제
- 조직화된 무질서 조직
- 이완조직
- 이중조직
- 홀의 관료적 구조론
- 학습조직으로서의 학교

조직과 갈등관리
- 토마스의 갈등처리방안(갈등해결 전략)

의사소통
- 의사소통의 형태(망)
- 의사소통의 주요 기법: 조해리의 창

PART

8

05

교육행정

교육행정의 개념과 기초

Chapter 01

01 교육행정의 정의

1. 국가통치권론(국가공권설)

① 교육행정을 총체적인 국가행정의 관점에서 파악하려는 것으로, 교육행정을 '교육에 관한 행정'이라고 보는 입장이다.

② 국가의 삼권분립에 따라 입법·사법·행정 중 행정의 하위영역인 내무·외무·군무·법무·재무의 다섯 영역 중 내무행정 아래의 보육행정과 경찰행정 중 보육행정의 하나가 교육행정이라고 보는 견해이다.

③ 교육행정은 일반행정의 한 영역으로 간주되기 때문에 중앙집권적인 형태를 띠게 된다. 따라서 행정이 교육보다 우위를 차지하게 되며, 국가행정이 교육행정을 통제하는 전통적인 권위주의적 행정관이 성립된다.

④ 교육행정을 '교육을 대상으로 하는 법적·행정적 작용'이라고 보기 때문에 교육행정의 특수성과 전문성을 무시하고 행정의 관료성과 획일성을 강조하며, 교육의 정치적 중립성과 자주성을 간과하고 있다는 문제점이 있다.

2. 조건정비론(기능주의설) 중등 07, 초등 02

① 교육행정은 교육목표를 효율적으로 달성하기 위해 필요한 인적·물적 제 조건을 정비·확립하는 수단적·봉사적 활동이라고 보는 견해이다.

② 교육행정의 기능주의적 입장을 대표하는 정의로서, 민주적 교육행정을 설명하는 데 가장 많이 이용되는 정의이다.

③ 교육행정을 목적이 아닌 수단으로 보는 입장으로 행정은 교육을 위해 존재한다는 것으로 교육의 본질적인 면이 강조된다.

④ '교육을 위한 행정'의 관점은 교육활동의 특수성과 전문성을 강조하여 교육행정은 일반행정과 구별된다.

■ 교육행정에 관한 관점

구분	교육에 관한 행정	교육을 위한 행정
관점	행정영역 구분설, 법규해석적 정의, 국가공권설, 국가통치권론	기능주의설(기능적 접근), 조건정비론(조건정비적 접근)
입장	교육행정은 국가 행정기능의 일부	교육행정은 교육을 위한 것
정의	교육행정은 일반행정영역 중 하나로, 교육부가 수행하는 법적 기능인 행정집행활동	교육행정은 교육목표를 효율적으로 달성하기 위하여 인적·물적 자원을 지원하는 수단적 봉사활동
강조점	교육보다 '행정' 중시	행정보다 '교육' 중시
장점	행정의 통합성, 효율성, 능률성 추구	교육의 자주성·전문성·정치적 중립성 추구
문제점	• 관리와 통제 위주의 행정편의주의 • 교육의 자율성, 다양성, 수월성 경시 • 교육행정의 특수성, 전문성 간과	• 행정적 가치 경시로 인한 제도의 비능률성 • 인적·물적 자원 운용의 비능률성

3. 행정과정론(행정관리론)

① 어떤 기관이나 조직에서 행정이 이루어지는 단계나 순서를 중심으로 행정을 정의하는 관점이다.
② 행정과정은 계획 수립에서 실천, 평가에 이르는 행정의 전체 경로를 가리킴과 동시에 이 경로 속에서 이루어지는 행정 작용의 제 구성 요소를 의미한다.
③ 1916년 페이욜(Fayol)이 행정 또는 관리의 요소로 '기획-조직-명령-조정-통제'의 다섯 가지 요소를 제시한 이래, 많은 학자에 의해 다양한 요소로 분석·제시되어 왔다. 특히 굴릭과 어웍은 최고 행정가가 해야 할 일이 무엇인가에 대한 질문의 해답으로 'POSDCoRB'라는 약어를 고안하여 7개 요소로 행정과정을 정리하였다.

4. 협동행위론

① 행정활동을 합리성을 토대로 한 집단적 협동행위로 보는 견해이다. 행정 작용을 주로 행정행위, 그중에서도 의사결정 과정에 초점을 두고 정의하는 방식이다.
② 대표적인 학자는 왈도(Waldo)이다. 그는 행정을 고도의 합리성을 바탕으로 한 집단적인 협동행위로 정의한다.
③ 행정의 본질은 조직 속에서 각자 맡은 역할을 책임 있게 수행하면서 전체적인 목적달성을 위하여 협동하도록 하는 것이다.
④ 이러한 관점에서 학교의 지도자는 교직원들이 서로 의사소통을 원활하게 하고 갈등을 조정하며 직무동기를 극대화하여 직무를 통한 만족감을 느낄 수 있도록 하는 능력이 요구된다.
⑤ 교육행정은 '합리적으로 계획된 과정과 절차에 따라 교육목적을 최대한 달성하기 위해 교육활동과 관련된 제반 조직과 조건을 체계적으로 정비하고 조성하는 협동적 행위'로 정의할 수 있다.

5. 교육지도성론

① 교육행정을 교육의 목적을 효과적으로 달성하기 위해 교육지도성을 발휘하는 활동이라고 정의하는 방식이다.

② 교육지도성이란 교육과 관련된 활동 과정에서 교육의 목적을 효과적으로 달성하기 위해 발휘되는 지도성을 의미한다. 교육의 목적 실현을 보다 잘할 수 있도록 제반 조건을 마련하고, 그 환경을 조성하는 과업을 수행하는 과정에서 발휘되는 지도성을 말한다.

02 교육행정의 성격

1. 교육행정의 일반적 성격

(1) 봉사적 성격

① 교육행정이 교육목적 달성을 위해 필요한 인적·물적 제 조건을 정비·확립하는 봉사활동이라는 조건정비론적 입장에서 보면 교육행정은 목적 달성을 위한 하나의 수단으로서 봉사적 성격을 지니고 있다.

② 교육행정은 국민 모두의 교육복지 실현을 지향하여 교사와 학생의 교수·학습활동을 조력하고 교육행위와 제도운영을 전문적으로 지원·조장하는 봉사행정으로서의 기능을 수행한다.

(2) 정치적 성격

① 교육행정이 수단적·기술적 성격을 가지고 있다는 것은 교육행정 활동의 내용이 역동적인 성격을 가지고 있다는 것을 뜻한다. 이때 역동적 성격이란 바로 교육행정이 정치적 성격을 가지고 있음을 의미한다.

② 교육은 정치와 떨어질 수 없는 관계를 갖는다. 실제 교육행정체제 내에서 추진되는 교육정책들은 사회의 다양한 이해집단 간의 역동적 과정에서 결정되는 경우가 많다. 고교평준화의 유지, 무상급식 시행, 학업성취도 평가, 대학입시제도의 변화 등이 그러한 예이다.

③ 교육행정의 독자성과 정치적 중립성을 강조하는 것은 교육이나 교육행정이 정치와 분리됨을 뜻하는 것이 아니라, 교육이 정치의 수단이 되거나 어느 한 쪽의 정치적 성향에 휘둘리지 않아야 함을 의미한다.

④ 교육행정가는 교육문제를 예견하고 이에 대한 대책을 강구하며, 교육 발전을 위한 장·단기 계획을 수립, 실천하기 위하여 탁월한 행정적 수완과 더불어 예민한 정치적 예견과 지성을 필요로 한다.

(3) 민주적 성격

① 교육이란 바람직한 민주시민을 길러 내는 것이므로 교육행정 또한 민주적인 방식으로 운영되어야 한다는 것이다.

② 우리나라의 기본 이념은 자유민주주의이므로 교육행정에서 민주적 성격은 필연적이다. 최근에 정치, 경제, 사회 등 여러 분야에서 민주화·자율화가 증대됨에 따라 교육에 있어서도 민주화와 자율화에 대한 요구가 어느 때보다도 강하게 표출되고 있다.

③ 교육행정조직의 민주화를 위해서는 중앙 교육행정기관을 비롯한 교육청과 학교 등이 자율성과 민주성에 바탕을 두고 조직되어야 한다.

(4) 수단적·기술적 성격

① 교육행정은 교육을 위한 행정, 교육의 능률화를 위한 행정(수단적 성격)이다. 따라서 목적을 효율적으로 달성하기 위한 실제적인 수단과 기술이 필요하다.

② 즉, 교육행정은 교육을 지원하기 위한 수단이자 기술이지 교육행정 그 자체를 위한 활동이 아니다.

(5) 전문적 성격

① 교육행정은 특수행정으로서의 전문성이 요구되며, 훈련을 받은 전문가에 의해 수행되는 전문적인 활동이다.

② 교육은 지적·정서적·도덕적·신체적 성장을 포함한 인간의 '전인적 성장과 인격형성을 추구하는 활동'이다. 따라서 교직에 헌신하는 교사는 교과에 대한 전문성과 함께 교육의 방법적 전문성을 겸비할 것을 요구받고 있다.

③ 이러한 교육활동을 지원하고 조장하는 교육행정은 관료적 맥락의 행정보다는 높은 수준의 전문성과 인간과 교육에 대한 심층적 이해를 요구하고 있다.

2. 교육행정의 독자적 성격(특수성)

① 교육조직은 사회에서 매우 중요한 역할을 수행한다. 교육조직은 어린이를 '사회화'하고 '정치화'하며, '문화적 적응'을 담당하는 핵심적인 기관이기 때문이다.

② 교육, 특히 공교육은 언제나 공공에 대하여 민감해야 한다. 대부분의 학교는 사적 기관이 아니라 공적 기관이기 때문에 공개성이 요청된다.

③ 교수·학습을 주된 기능으로 하는 학교는 매우 복잡한 활동을 수행한다. 예를 들어, 교수·학습에서 그 과정을 안내하는 책임을 가진 교사는 그것을 완전히 통제하고 과업을 수행하지 못한다. 학습자가 제공되는 자극에 반응할 수도 하지 않을 수도 있기 때문이다.

④ 조직의 목표를 달성하기 위해 인간관계의 친밀성을 필요로 한다. 교사와 학생, 학생과 학생, 교사와 교사, 교사와 학부모, 학생과 학부모의 관계 등은 강한 친밀성을 특징으로 하고 있다.

⑤ 성과를 쉽게 인지할 수 없다. 학교의 성과는 학생 행동의 변화이며, 이는 지식, 기술 또는 태도의 변화를 포함하므로 명확한 측정이 어렵고, 일정한 기간이 지나 여러 가지 입증자료가 축적되어야 평가할 수 있다.

⑥ 장기적 특성을 지닌다. 교육의 효과와 영향은 장기적으로 나타나는 경우가 많다. 따라서 교육행정은 장기적 안목에서 시행되어야 하며, 전 생애적 맥락에서 고려될 필요가 있다.

03 교육행정의 원리

1. 민주성의 원리 중등 04

① 국민의 의사를 교육행정에 반영하고 국민을 위한 교육행정을 해야 함을 의미한다.
② 민주성의 원리의 핵심적인 특징은 참여이다.
③ 교육행정을 할 때에는 혼자 또는 특정한 집단에 의해서만 이루어져서는 안 되고, 다양한 가치관과 이해관계를 가진 사람들도 참여하고 그들의 의사가 반영되도록 최선을 다해야 한다는 것을 뜻한다.
예 학교운영위원회

2. 효율성의 원리

① 성공적인 교육행정을 위해 투입되는 시간, 노력, 그리고 인적 및 물적 자원이 그 투입된 양에 비해 많은 성과를 거둘 수 있도록 교육행정을 해야 한다는 것을 의미한다.
② 교육행정이 이루어지는 과정에서 좀 더 경제적일 수 있도록 해 준다는 점에서 장점이 있다.
③ 그러나 효율성의 논리만 너무 강조할 경우 역효과를 가져올 수 있다. 예를 들어, 교육청에서 학교평가 점수에 따라 예산을 차등 분배한다고 할 때, 각 학교에서는 학교 경영을 하는 데 있어 주어진 인적 및 물적 자원에서 시간과 노력을 더욱 경주할 가능성이 높아진다. 학교 경영에서는 효율성을 높일 수도 있으나, 학교 간 빈익빈 부익부 현상이 반복될 가능성도 높아진다.

3. 합법성의 원리

① 교육행정의 모든 활동은 합법적으로 제정된 법령, 규칙, 조례 등에 따르는 법률 적합성을 가져야 한다.
② 모든 교육행정은 법률에 위반되어서는 안 되고, 법률의 근거를 필요로 하며, 실정법에 맞는 집행을 해야 함을 의미한다.
③ 교육행정이 「국가공무원법」, 「교육기본법」, 「초·중등교육법」, 「고등교육법」, 「교육공무원법」, 「지방교육자치에 관한 법률」, 「교원지위향상을 위한 특별법」 등에 따라야 하고, 이러한 법률을 위반해서는 안 된다는 것을 뜻한다.

4. 기회균등의 원리

① 모든 국민에게 교육을 받을 수 있는 기회가 균등하게 제공될 수 있도록 교육행정을 시행해야 한다는 것을 의미한다.
② 기회균등의 원리를 법률에서 찾아보면, 「교육기본법」 제3조에 명시된 "모든 국민은 평생에 걸쳐 학습하고, 능력과 적성에 따라 교육받을 권리를 가진다."는 것, 그리고 「교육기본법」 제4조에 명시된 "모든 국민은 성별, 종교, 신념, 사회적 신분, 경제적 지위 또는 신체적 조건 등을 이유로 교육에 있어서 차별을 받지 아니한다."는 것을 들 수 있다.
③ 기회균등의 원리는 구체적으로 경제적 차원, 지리적 차원, 시간적 차원에서 해결될 필요가 있다.

5. 지방분권의 원리

① 교육행정의 권한이 중앙 정부에 집중되지 않고 각 지역에 권한 이양이 이루어지도록 실시해야 함을 의미한다.

② 각 지역마다 지역의 특수성이 있으므로 교육행정에 관한 권한이 지방으로 이양되면 각 지역의 특수성에 맞는 교육행정을 지역 주민의 교육에 대한 요구를 반영하여 효율적이고, 효과적으로 실행할 수 있다는 것을 뜻한다.

③ 지방분권의 원리는 각 지역의 특수성에 맞는 교육행정이 가능하도록 기회를 제공해 주고 교육 행정의 다양성과 자율성을 존중해 준다는 긍정적인 측면이 있다.

④ 하지만 중앙의 권한이 지방으로 이양될 때 교육재정 부담까지 함께 전가된다면, 지역 간의 교육 재정 자립도 수준 차이를 도외시하여 결국 지역 간 불균형을 더욱 악화시킬 가능성도 있다.

6. 자주성의 원리

① 교육행정은 일반행정으로부터 분리되고 독립되어야 하며, 특히 정치적 그리고 종교적 지배를 받지 않고 독립성을 유지할 수 있어야 함을 의미한다.

② 원활한 교육행정의 수행에 요구되는 재정적 측면과 행정적 측면이 일반행정과는 독립되어 편성 되고 분배·실행되며 평가 받아야 한다는 것을 뜻한다.

③ 또 특정 정당의 특성이 반영된 교육행정이 되어서도 안 되며, 특정 종교의 특성이 반영된 교육 행정이 되어서도 안 됨을 의미한다.

7. 안정성의 원리

① 안정성의 원리는 교육정책이나 프로그램이 일단 시행되면 어느 기간까지는 장기적이고 안정적 으로 유지되도록 교육행정을 해야 한다는 것을 의미한다.

② 교육정책이나 교육행정의 일환으로 시행되는 프로그램들이 자주 교체되면 학생, 학부모, 교원을 비롯한 대다수의 국민들이 사회적 혼란을 경험하게 되고 국가의 교육행정에 대해 불신을 가질 수 있다.

8. 전문성의 원리

① 교육행정에 관한 이론과 실제 그리고 경험적으로 잘 이해하고 있는 사람이 교육행정을 수행해 야 함을 의미한다. 즉, 교육행정가는 교육활동의 본질을 잘 이해하고 교육에 관한 고도의 식견과 전문성을 갖춘 전문가여야 한다.

② 이는 교육행정이 보다 성공적이고 효율적이며 효과적인 교육행정을 위한 인적 조건을 충족시키 는 것이 중요함을 강조하는 원리이다.

③ 전문성의 원리가 반영되고 있는 대표적 예로는 교사가 되기 위해서 반드시 교사자격증을 소지 해야 하며, 교사임용시험을 합격해야만 가능하다는 점을 들 수 있다.

Chapter 02 교육행정 이론

01 고전이론

1. 테일러(Taylor)의 과학적 관리론 중등 03 · 06, 초등 08

(I) 기본 관점

① 인간을 효율적인 기계와 같이 프로그램화하면 생산성을 극대화할 수 있다.

② 노동자들은 경제적 요인만으로도 과업동기가 유발되고 생리적 요인에 의해 성과가 크게 제한받는다.

③ 과학적 관리론의 창시자 : 테일러

   ㉠ 작업과정을 분석하여 과학화하면 능률과 생산성을 극대화할 수 있다고 믿고 시간연구(time study)와 동작연구(motion study) 등을 통해 체계적인 공장관리론을 발전시켰다.

   ㉡ 생산공정의 개별 작업을 요소 동작으로 분리하여 각 요소 동작의 형태, 순서, 소요 시간을 시간연구와 동작연구에 의해 표준화함으로써 1일의 과업을 설정하고 그 과업을 기준으로 관리의 과학화를 도모하였다.

   ㉢ 노동자는 높은 임금을 원하고, 고용주는 노동자들에게 낮은 임금을 주고 싶어 한다. 따라서 합리적인 분배가 필요하다.

(2) 주요 원리

① 최대의 일일 작업량 : 모든 노동자에게 명확하게 규정한 최대의 일일 작업량을 정해 주어야 한다.

② 표준화된 조건 : 노동자들이 과업을 성공적으로 수행할 수 있도록 작업조건과 도구를 표준화해 주어야 한다.

③ 성공에 대한 높은 보상 : 노동자들이 과업을 성공적으로 수행한 경우에는 높은 보상을 해 주어야 한다.

④ 실패에 대한 책임 : 노동자가 과업을 성공적으로 수행하지 못한 경우 그 실패에 대한 책임을 지게 한다.

⑤ 과업의 전문화 : 노동자에게 주어지는 과업은 일류 노동자만이 달성할 수 있을 만큼 어려운 것이어야 한다.

(3) 공헌과 비판

① 공헌 : 조직과 인간 관리의 과학화를 주창하여 능률을 극대화하는 데 기여하였다.

② 비판

   ㉠ 생산과정에서 인간성을 배제하고 인간을 기계처럼 취급하였다는 점에서 비판을 받는다.

   ㉡ 동기요인, 심리 · 정서적 요인, 인간 간의 상호작용 등을 무시하고, 인간을 기계적 · 합리적 · 비인간적 도구로 취급함으로써 오히려 자발적 생산성을 저하시켰다는 비판을 받고 있다.

   ㉢ 작업과정에서 노동자에 대한 관리자의 통제에 초점을 두어 노동착취라는 비판을 받았다.

(4) 과학적 관리론과 교육행정학

① 보빗(Bobbitt) : 그가 제시한 학교에 대한 과학적 관리의 원리는 ⅰ) 가능한 모든 시간에 교육시설을 최대한 활용하며, ⅱ) 교직원의 작업능률을 최대한 유지하고, 교직원의 수를 최소로 감축하며, ⅲ) 교육에서의 낭비요소를 최대한 제거하고, ⅳ) 교원은 학생을 가르치는 데 전념하고, 별도의 행정가가 학교행정을 책임져야 한다는 것으로 요약된다.

② 스폴딩(Spaulding) : 1913년 미국 교육연합회에서 '과학적 관리를 통한 학교체제의 개선'이라는 강연을 통해 교육행정에 과학적 관리의 원리를 시급히 도입할 것을 강조하였다.

2. 행정관리론

(1) 페이욜(Fayol)의 산업관리론

① 분업과 조정 문제에 주목하여 관리 과정의 과학적 접근 방법을 제시하였다.

② 원래 탄광 기사였으나 일반행정과 기업경영에 관심을 가지고 연구를 하여 1916년에 『반(反)행정 및 기업경영론』이라는 저서를 출간하고 성공적인 행정학자가 되었다.

③ 행정이란 몇 사람의 권위의식이나 책임의식에 의해 이루어지는 것이 아니라 조직구성원 모두의 협력과 협조에 의해 이루어지는 것이라 주장하였다.

④ 관리 과정에 초점을 두고 행정의 과정을 다음과 같은 다섯 가지 요소로 정리하였다.

  ㉠ 기획(planning) : 미래를 예측하고 운영계획을 수립하는 일

  ㉡ 조직(organizing) : 인적·물적·환경적 자원을 조직하고 체계화하는 일

  ㉢ 명령(commanding) : 구성원으로 하여금 과업을 수행하도록 하는 일

  ㉣ 조정(coordinating) : 모든 활동을 통합하고 상호 조정하는 일

  ㉤ 통제(controlling) : 정해진 규칙과 명령에 따라 일이 이루어지고 있는가를 확인하는 일

(2) 굴릭(Gulick)과 어윅(Urwick)의 행정관리론

① 1937년 미국의 루스벨트 대통령의 일반적 직무를 기능적으로 분석하여 POSDCoRB라는 약어로 표현되는 행정 과정을 제시하였다.

② POSDCoRB는 굴릭 등이 페이욜의 행정 과정 5요소를 확장·발전시킨 것으로 오늘날까지 널리 활용되고 있다.

  ㉠ 기획(planning) : 조직의 목적을 달성하기 위하여 행동의 대상과 방법을 개괄적으로 확정하는 일

  ㉡ 조직(organizing) : 공동의 목적을 달성하기 위하여 공식적 권한 구조를 설정하고 직무 내용을 배분·규정하는 일

  ㉢ 인사 배치(staffing) : 설정된 구조와 직위에 적격한 직원을 채용·배치하고 작업에 적합한 근무조건을 유지해 주는 일

  ㉣ 지휘(directing) : 조직의 장이 의사를 결정하고 그것을 각 부서에 대한 명령과 지시 등의 형태로 구체화하는 일

  ㉤ 조정(coordinating) : 각 부서별 업무 수행의 관계를 상호 관련시키고 원만하게 통합·조절하는 일

　㉧ 보고(reporting) : 작업 진척 상황에 대한 기록, 조사, 연구, 감독 등을 통해 조직의 장이 자신과 하위 직원들에게 정보를 제공하는 일

　㉯ 예산편성(budgeting) : 조직의 목표 달성에 소요되는 제반 예산을 편성하고 회계, 재정 통제, 결산 등을 하는 일

③ 기획, 조직, 조정은 페이욜의 관리 요소를 그대로 적용한 것이고, 지휘는 페이욜의 명령을, 보고와 예산편성은 통제를 구분·변경한 것이며, 인사 배치는 페이욜의 조직에서 일부 분리한 것이다.

3. 관료제론 중등 23 논술

(1) 개요

① 관료제(bureaucracy)라는 말은 특정한 조직 구조나 현대 정부 그 자체를 나타내는 용어로도 사용되며, 그러한 조직이나 정부의 병폐를 지적하는 용어로도 사용된다.

② 관료제를 특정한 조직의 형태 혹은 구조에 관한 이론으로 체계화한 사람은 막스 베버(Marx Weber)이다.

③ 베버는 관료제를 하나의 이상적인 형태 또는 순수한 형태의 조직으로 개념·정의하고 있다.

④ 관료제는 합리성을 최대로 보장해 주는 조직의 형태로서, 조직 안의 '인간'보다는 '구조' 자체를 강조하고 있다는 점에서 위에서 살펴본 과학적 관리론과 일맥상통한다.

⑤ 베버의 관료제 이론은 권위 구조에 기초를 둔 것이다. 베버는 조직체에는 통제와 권위가 있게 마련이라고 보고, 권위가 정당화되는 방법에 따라 권위 유형을 전통적 권위, 카리스마적 권위, 합법적 권위로 구분하였다. 그리고 합법적 권위가 관료제를 이루어야 한다고 주장하였다.

(2) 권위의 유형

① 전통적 권위(traditional authority) : 왕위 세습과 같이 '전통적으로 그러하였다'는 근거로 정당하게 받아들이는 권위이다. 특정한 위치에 있는 사람이 권위를 지님에 따라 그러한 권위를 당연한 것으로 받아들이는 경우이다. 왕조와 같이 혈연에 의한 세습적 조직의 권위가 대표적이다.

② 카리스마적 권위(charismatic authority) : 권위의 근거가 지도자의 비범한 능력에 있으며, 지도자에 대한 경외심이 복종의 기초가 되는 권위다. 초인적인 신체나 정신적 능력을 소유한 예언자나 주술사 혹은 종교·정치·군사 분야의 지도자와 같이 많은 추종자를 이끄는 사람들에게서 그 예를 찾을 수 있다.

③ 합법적 권위(rational-legal authority) : 지배의 근거를 법 규정에 의한 합법성에 두고 있는 권위다. 지도자는 법적으로 규정된 절차에 의해 임명·선출되며, 추종자는 지도자에게 부여된 법적 권위에 의해 복종을 수락한다. 현대 사회에서 가장 요청되는 권위라 할 수 있다.

◎ 세 가지 권위 유형 가운데 합법적 권위를 관료제적 지배의 이상적인 형태로 봄

(3) 관료제의 특징

호이(Hoy)와 미스켈(Miskel)은 관료제의 주요 특징을 다음과 같이 제시하고 있다.

① 분업과 전문화(division of labor and specialization) : 조직의 목적 달성을 위한 과업이 구성원의 책무로서 공식적으로 배분된다.

② 몰인정성(impersonal orientation) : 개인적인 감정이나 편견에 치우치지 않고 합리성에 근거하여 직무를 수행한다.

③ 권위의 위계(hierarchy of authority) : 조직의 서열에 따라 공식적 명령 계통을 중심으로 조직운영이 이루어진다는 것이다.

④ 규정과 규칙(rules and regulations) : 의도적으로 확립된 규정과 규칙체계를 통해 활동이 일관성 있게 규제된다.

⑤ 경력 지향성(career orientation) : 조직구성원들의 직무경력을 중요하게 여기는 것이다.

■ 관료제의 순기능과 역기능

관료제의 특징	순기능	역기능
분업과 전문화	전문성 향상	권태감의 누적
몰인정성	합리성 증진	사기 저하
권위의 위계	순응과 원활한 조정	의사소통 장애
규정과 규칙	계속성과 통일성 확보	경직과 목표 전도
경력 지향성	안정적 업무수행	실적중심 경시

(4) **학교조직의 관료제적 특성** 중등 15 논술 추가

① 전문화와 분업의 체제를 갖추고 있다. 초·중등학교의 학교급 분리, 교과지도와 생활지도활동의 구분, 수업과 행정이 분리되어 있으며, 교사가 담당하는 교과목이나 학년별 학급담임, 부서별 사무분장 또한 분리가 되어 있다. 따라서 교사는 자신의 담당과목과 학급, 학사업무에만 충실하면 된다.

② 몰인정지향성 면에서 학교는 학생의 학적을 관리하고 출석을 기록하며 성적을 평가하고 처리하는 데 정확하고 엄격한 기준을 적용한다. 교원의 인사행정이나 교원평가에서도 사적인 편견을 배제하는 경향은 마찬가지이다.

③ 권위의 위계 측면에서 기구표 내지 직제표상 명확하고 엄격하게 규정되어 있는 위계구조를 가지고 있다.

④ 규칙과 규정 면에서 학교에는 교원이 지켜야 할 각종 법률과 시행령 등이 있다. 「교육공무원법」, 「초·중등교육법」, 「사립학교법」 등이 그것이다.

⑤ 교사는 전문적 능력에 기초하여 채용되며, 대부분의 경우 전문적 경력으로 이어진다. 승진은 연공서열과 업적에 의해 결정되고 경력에 따라 일정한 급여를 받는다.

02 인간관계론 중등 01·07·10·12

1. 개요

① 과학적 관리론을 비롯한 고전이론은 1930년대에 이르러 경제공황이 심화되면서 심각한 한계를 드러냈다. 과학적 관리론은 기계적 효율성만을 강조하여 인간의 사회적·정서적·심리적 측면을 무시하였다.

② 사회가 민주적 방향으로 변화되고 노동자의 교육정도와 생활수준이 높아짐에 따라 노동자는 자신들의 권리와 인간으로서의 대우를 요구하게 되었다.

2. 호손실험

(1) 개요

① 하버드 대학교 경영학 교수인 메이요(Mayo)와 뢰슬리버거(Roethlisberger)를 중심으로 미국 시카고 근처 호손(Hawthorne)공장에서의 연구로 8년간(1924~1932)에 걸쳐 수행되었다.

② 호손 실험연구는 조직의 효율성 및 효과성에는 인간관계가 강력하게 영향을 미치게 됨을 널리 알리게 되는 계기가 되었다.

(2) 호손실험의 주요 내용

① 조명실험: 작업장의 조도와 작업능률과의 관계를 분석하기 위한 실험이다. 조도를 높이면 능률도 올라갈 것이라는 가설 검증을 목적으로 3단계로 진행된다.

1단계	3개 부서의 조도 수준을 일정한 간격으로 높이면서 생산량의 차이를 조사하였다. ◎ 조도와 생산량 증가 사이에 의미 있는 상관 없음
2단계	여성근로자를 통제집단과 실험집단으로 나누어 통제집단에서는 일정한 조도를 유지하고, 실험집단에서는 계획된 일정에 따라 조도를 점차적으로 높였다. ◎ 두 집단의 생산량이 모두 같은 수준으로 증가함. 조명에 의한 차이 없음
3단계	실험집단의 조도는 낮추고 통제집단의 조도는 일정하게 유지하였다. ◎ 두 집단의 생산량 모두 증가함. 특히, 실험집단에서는 일하기 어려울 정도까지 조도를 낮추었는데도 불구하고 생산량은 오히려 증가하는 결과가 나옴

② 전화계전기 조립 실험

㉠ 1차 실험에서는 사이가 좋은 2명의 여공이 좋아하는 4명의 여공을 선정하여 6인 1조로 작업팀을 만들어 일반 여공들이 일하는 작업현장 옆 별실에서 작업을 하게 하였고, 2차 실험에서는 5명의 여공을 선발하여 집단 임금제도의 영향을 관찰하였다.

㉡ 실험 초기에는 일정한 작업조건을 유지하다가 그 후에는 휴식의 빈도와 시간을 조정하고, 주당 근무시간을 줄이고, 간식을 제공하고, 성과급을 제공하는 등 작업조건에 변화를 가하였다. 그러나 여러 가지 작업조건의 변화에도 산출량은 계속 증가하였다. 특히, 실험 이후 처음과 동일한 상태로 작업조건을 환원시켰는데도, 산출량은 오히려 높아졌다.

ⓒ 결론
 • 작업능률에 영향을 미치는 것은 휴식이나 간식의 제공, 봉급 인상 등과 같은 물리적 작업 조건보다 심리적 만족도, 집단에 대한 소속감과 참여 등 인간적·사회적 측면이라는 사실이 밝혀졌다.
 • 실험에서 여공들의 작업능률이 높았던 것은 자신들이 선택된 사람이며, 일반 작업장이 아닌 별실에서 일한다는 자부심, 원하는 사람들과 일할 수 있다는 즐거움, 엄격한 감독 없이 자율적으로 일할 수 있다는 것 등에 기인한 것으로 분석되었다. 이 실험을 계기로 작업집단 내의 사회적 관계에 보다 많은 관심이 집중되었다.

③ 면접 프로그램
 ㉠ 종업원이 자신들의 관심사를 직접 이야기하도록 하여 그들의 생각을 파악하기 위한 실험이었다. 신변상의 문제와 근무환경에 대한 불평불만, 기타 의견 등을 면접을 통해 조사하였다.
 ㉡ 결론
 • 종업원들은 이성보다 감정에 의해 행동하고, 자신의 의견을 우회적으로 표현하며, 주로 자신의 입장에서 사태를 파악하는 경향이 있었다.
 • 면접은 종업원의 태도나 생각을 파악하는 수단으로서뿐만 아니라 그를 통해 불만을 해소시켜 회사에 대한 부정적인 태도를 바꾸고, 안정감을 심어주어 대립보다는 협력하는 태도를 갖게 하는 효과를 가져오는 수단으로서도 중요하다는 사실이 밝혀졌다.

④ 건반배선 조립 관찰실험
 ㉠ 전화교환기에 사용되는 건반배선을 조립하는 14명의 남자 노동자(9명의 전선공, 3명의 납땜공, 2명의 검사관)를 건반배선 작업 관찰실에 배치하고 1명의 조사원을 함께 배치하여 작업 행동을 관찰하였다.
 ㉡ 전화계전기 조립 실험과 매우 유사하지만, 14명의 남자 노동자의 감정, 태도, 상호관계 등이 아무런 인위적 조작 없이 관찰·분석되었다는 점에 차이가 있다.
 ㉢ 결론
 • 생산성은 노동자의 능력과 기술보다는 비공식 조직에서 정해 놓은 작업표준량에 의해 좌우되었다. 14명의 노동자는 실험이 진행되는 동안 자연스럽게 2개의 비공식 집단을 형성하였다. 비공식 집단에서는 비공식적인 규범이 나타났으며, 그 규범이 구성원의 행동을 규제하고 집단을 통합시키는 기능을 하였다.
 • 예를 들어, 일을 너무 많이 하면 '일벌레'로, 너무 안 하면 '빼질이'로 비난을 받았다. 비공식 집단 내의 활동은 공식적으로 규정된 역할에 반하는 것들이 많았다.
 • 그들은 높은 생산이 가능함에도 비공식적으로 자신들이 낮게 정해 놓은 생산 수준을 유지하였다. 생산량이 많으면 많은 임금을 받을 수 있었는데도 불구하고 생산량을 높이려 하지 않았다.

(3) 의의와 비판
 ① 의의
 ㉠ 경제적 요인만이 중요한 동기유발 요인은 아니다. 비경제적인 사회적 요인도 경제적 유인의 효과를 제한하고 감소시킨다.

ⓛ 근로자들은 개인으로서가 아니라 비공식 집단의 일원으로서 경영자에게 반응한다.

ⓒ 생산 수준은 개인의 능력보다는 비공식 조직의 사회규범에 더 영향을 받는다.

ⓔ 전문화와 분업화가 반드시 작업집단을 가장 효율성 높은 조직으로 만드는 방식은 아니다.

ⓜ 근로자들은 경영자의 자의적인 결정으로부터 스스로를 보호하기 위하여 비공식 조직을 활용한다.

ⓗ 비공식 조직과 경영자는 서로 영향을 미친다.

ⓢ 비공식 조직의 지도자는 때때로 공식적 지도자만큼 중요하다.

ⓞ 인간은 기계의 톱니바퀴와 같은 수동적인 존재가 아니라 적극적으로 활동하는 인간이다.

   ⓩ 경제·물리적 여건만을 중시하던 시각에서 벗어나 인간의 사회적·심리적 여건의 중요성을 확인하고 그에 관심을 갖도록 하였다.

② 비판

ⓙ 경영자와 노동자 간의 갈등 문제를 정확하게 파악하지 못하고, 추상적이고 사소한 문제에 치중하여 조직운영과 관련된 더 중요한 문제점을 제대로 파악하지 못하였다.

ⓛ 조직 내의 인간적 측면에만 지나치게 집착하여 조직의 구조적 측면과 생산성 문제를 등한시하였다.

ⓒ 호손실험은 처음부터 경영자의 입장에서 연구되었고, 결론을 도출하는 과정에서 임상적 편견이 작용하는 등 엄밀한 연구라고 볼 수 없는 측면을 갖고 있다.

ⓔ 조직을 개방체제보다는 폐쇄체제로 간주하여 연구하였고, 조직과 환경 간의 상호작용 관계를 명백히 다루지 못하였다.

ⓜ 지나치게 인간적 가치만을 중시하여 조직의 생산성이나 효과성 문제를 도외시하였다.

3. 인간관계론과 교육행정학

(1) 쿠프만(Koopman) : 『학교행정의 민주화』(1943)

① 학교장은 학교행정을 민주화해야 한다고 주장하였다.

② ⅰ) 교육의 사회적 책임, ⅱ) 민주적 리더십의 개념, ⅲ) 민주적인 조직 형태, ⅳ) 모든 사람의 적극적 참여, ⅴ) 교사의 역할 등에 대해 확인하고 실천할 것을 주장하였다.

(2) 요크(Yauch)

① '학교행정에서의 인간관계 개선'(1949)이라는 연구를 통해 교육행정에서 인간관계의 중요성을 강조하면서 장학, 예산편성, 교육과정 등 행정의 모든 영역에 교사의 적극적인 참여가 보장되어야 한다고 주장하였다.

② 학교장은 교사와 원만한 관계를 유지하도록 노력해야 하며, 교사들이 최대의 만족을 누릴 수 있도록 학교를 운영해야 한다는 것을 골자로 하는 민주적인 교육행정의 원리를 제시하였다.

(3) 몰맨(Moehlman)

『학교행정』(1951)을 통해 학교조직 구성과 운영원리를 제시하고, 이를 바탕으로 민주적인 교육행정의 관점을 체계화하였다.

(4) 그리피스(Griffiths)

『교육행정에서의 인간관계』(1956)를 통해 교육행정에서의 인간관계에 관한 여러 연구를 종합하여
교육행정에서의 인간관계론을 크게 발전시켰다.

03 행동과학론

1. 개요

① 과학적 관리론과 인간관계론은 모두 조직 속에서 인간을 목적으로 대하기보다는 수단으로 취급
하였고, 관리자의 입장에서 인위적 조작을 통해서라도 조직 목적을 달성하기 위해 노동자를 효
율화해야 한다는 입장을 견지하였다.

② 과학적 관리론은 경제적 유인가를 통해 노동자를 매혹시켰지만 인간관계론은 인간에 대한 관심
과 배려를 통해 노동자들을 조직 목적의 달성에 헌신하도록 하였다. 그래서 두 이론 모두 조직
구성원을 조직의 목적 달성을 위해 수단시하였다.

③ 과학적 관리론과 인간관계론의 장점들을 통합하고, 두 이론의 단점을 극복하고자 행동과학론이
출현하였다.

④ 1950년대에 이르러 사회과학자들에 의해 행동과학적 접근이 이루어졌고, 심리학, 사회학, 행정
학, 정치학, 경영학 등의 이론을 바탕으로 개인과 조직의 문제를 복합적으로 연구하였다.

2. 버나드(Barnard)와 사이몬(Simon)의 행정이론

(1) 버나드의 연구

① 버나드는 행정에 대한 행동과학적 접근을 최초로 시도한 사람이다.

② 그는 미국 뉴저지에 있는 벨 전화회사(Bell Telephone Company) 사장으로서의 조직관리 경험
을 토대로 『행정가의 기능』이라는 저술을 발간하였다.

③ 이 책에서 그는 조직을 사회적 협동체로 보고, 조직의 요소로 의사소통, 협동, 공통의 목적 등을
제시하였으며, 조직 내 비공식 조직의 중요성과 공식적 조직과의 불가피한 상호작용을 설명하
였다.

④ 그는 행정가가 조직을 관리할 때 공식적이고 구조적 측면에만 초점을 맞추지 말고 노동자의 열
망과 기대와 상호작용하면서 동시에 조직의 목적과 요구를 충족시켜야 한다고 주장하였다.

(2) 사이몬의 연구

① 『행정행위론』에서 버나드의 이론을 이어받아 이를 확대·발전시키고, 조직의 유인과 구성원의 기여가 조화를 이루는 조직 균형에 관한 개념을 정립하였다.

② 인간형을 의사결정 과정에서 최적의 합리성만을 추구하는 경제적 인간(economic man)과 만족스러운 범위 내에서 제한된 합리성을 추구하는 행정적 인간(administrative man)으로 구분하고, 보다 객관적이고 효과적인 의사결정을 하기 위해서는 행정적 인간형이 필요하다고 주장하였다.

③ 경영의 입장에서 최대의 이익을 찾기보다는 현실적인 적절한 이익을 찾는 것으로, 고전주의 경제학 이론의 이상형인 경제인 대신에 행정인을 새로운 이상적인 인간형으로 제시한 것이라 할 수 있다.

3. 교육행정의 이론화 운동

(1) 배경

① 1950년대 태동, 그간 주먹구구식으로 운영되던 교육행정에 대한 연구와 이론의 개발을 촉발시켜 사회과학적 관점에서 교육행정 현상을 기술·설명하고 그 실제를 진단·처방하는 계기를 마련하였다.

② 신운동(new movement)이라고도 불리며 실제적 처방 중심의 교육행정학을 다른 사회과학처럼 이론 중심의 학문으로 발전시키기 위한 노력이었다.

(2) 이론화 운동의 내용

① 교육행정을 연구하는 데 이론의 역할이 중요함을 인정하고 이론에 근거한 가설 연역적 연구 방법을 통해 교육행정을 연구해야 한다.

② 교육행정을 일반행정이나 기업경영 등과 다르게 보는 편협한 관점을 버리고, 행정 앞의 형용사와는 관계없이 행정은 행정 자체로서 연구되어야 한다.

③ 교육은 사회체제로서 가장 잘 이해될 수 있는 것이므로 교육행정 연구는 행동과학적인 접근 방법에 크게 의존하지 않을 수 없다.
　⊙ 교육행정학을 실제적 기술의 상태에서 이론적 학문의 수준으로 전환하는 데 공헌

(3) 공헌 및 비판

① 공헌: 사회과학적 접근을 활용한 많은 연구를 촉발시키고 교육행정 협동 프로그램을 통해 사회학자, 심리학자, 행정학자들이 교육행정을 연구하게 되어 교육행정학을 양적·질적으로 크게 발전시키는 계기가 되었다.

② 비판: 조직 내의 변인에만 관심을 두고 조직을 둘러싼 외부 환경을 고려하지 않았다는 비판을 받아 왔다.

04 체제론 중등 02

1. 체제의 개념

① 체제란 희랍어 '시스테마(systema)'에 어원을 두고 있으며, 여러 부분으로 이루어진 전체 혹은 여러 요소의 총체를 말한다. 원래 세포로 구성된 유기체를 총체적으로 지칭하는 생물학적 개념에서 비롯되었으나 사회과학 영역에서 조직을 유기체로 이해하였던 고전적 조직이론과 접합되면서 관리론의 중심적 개념으로 수용되었다.

② 체제(system)는 특정한 목적을 위한 하나의 단위로 기능하는 요소들 간의 일련의 상호작용으로 정의 내릴 수 있다.

2. 개방체제

(1) 개념

① 체제에는 생존을 위해 환경 또는 다른 체제와 자유로운 상호작용을 하는 '개방체제'와 상호작용 관계가 없는 '폐쇄체제'가 있다. 그러나 사실상 상호작용이 전혀 없는 체제는 없으며, 폐쇄체제란 환경의 변화를 수용하지 않으려는 체제로 볼 수 있다.

② 학교는 국가, 사회의 정치, 경제, 사회, 문화 등 다른 체제와의 긴밀한 관계 속에서 교육활동이 이루어지므로 대표적인 개방체제라 할 수 있다.

(2) 개방체제의 특징

① 체제는 환경과 상호작용한다. 즉, 투입과 산출이 있다.
② 균형상태를 스스로 유지하려는 경향이 있다.
③ 자기통제력을 가지고 있다. 즉, 자기에게 영향을 미치는 모든 힘을 조절하고 통제할 수 있다.
④ 최종 결과를 동일하게 하려는 경향이 있다. 즉, 상이한 조건하에서도 다른 과정을 밟아 동일한 결과를 달성하는 능력을 가지고 있다.
⑤ 하위체제 간의 역동적인 기능적 상호작용을 통해 자신을 유지한다.
⑥ 재투입 과정을 통해 과정과 산출을 효율화한다.

(3) 기본 모형

개방체제는 투입, 과정, 산출 및 환경이라는 개념으로 구성된다.

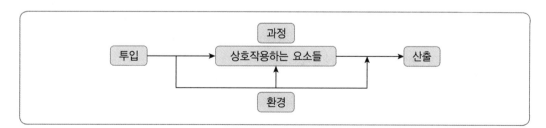

① 투입: 상호작용하는 요소들이 체제의 목적을 달성할 수 있도록 체제의 밖에서 안으로 들어가는 모든 요소를 말한다. 체제에 투입되는 자원과 정보 등 체제 내의 작용을 통해서 체제의 유지나 산출을 가능하게 하는 요소들이다.

② 과정: 체제가 목적 달성을 위해 여러 자원과 정보를 활용하여 산출로 만들고 가치를 창조하는 과정이다.

③ 산출: 체제가 환경이나 인접한 체제로 내보내는 자원과 정보로서, 체제가 의도적이나 무의도적으로 생산해 내는 모든 것을 말한다.

④ 환경: 체제와 일정한 접촉을 유지하고 그것에 일정한 영향을 주는 경계 밖의 주변 조건이나 상태를 말하는데, 체제 외의 모든 다른 체제를 통칭하며 체제와 영향을 주고받는 인접 체제들이다.

3. 사회과정 이론(사회체제 이론) 중등 02, 초등 09

(1) 역할과 인성의 상호작용 모형

① 겟젤스(Getzels)와 구바(Guba)에 의해 제안되었으며, 사회체제 내의 인간행위를 인성과 역할의 상호작용, 즉, B=f(P·R)로 표현하였다.

② 행동에 영향을 주는 역할과 인성의 상호작용은 집단의 성격에 따라 큰 차이가 있다.

③ 어떤 집단에서는 개인의 인성보다 제도적 역할의 영향을 훨씬 더 많이 받으며, 다른 집단에서는 개인의 인성에 결정적 영향을 받는다고 보았다.

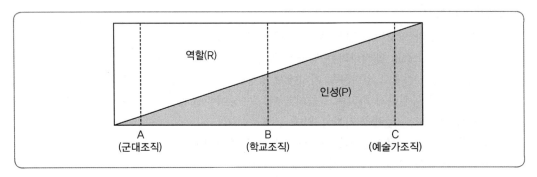

| 역할과 인성의 상호작용 모형 |

(2) 겟젤스와 구바의 사회과정 모형

① 역할과 인성의 상호작용을 기반으로 사회체제를 개인의 집합으로 이루어진 사회적 단위로 보고 사회체제 속에서 인간의 행동은 규범적 차원(nomothetic dimension)과 개인적 차원(idiographic dimension)의 상호작용으로 나타난다고 보았다.

　㉠ 규범적 차원: 조직적 차원을 말한다. 이는 사회체제의 환경조건을 이루는 기관 또는 제도로 구성되는 사회체제의 차원으로, 지위와 역할, 그 역할에 따른 기대 등을 규정한 제도를 말한다.

ⓒ 개인적 차원 : 심리적 차원이다. 사회체제에는 제도적으로 규정된 지위를 차지하고 역할을 수행할 개인이 있다. 그들은 고유의 욕구와 인성을 가지고 있으며, 제도에 의해 규정된 역할과 기대를 수행하는 독특한 방식을 가지고 있다. 개인적 차원은 이러한 독특한 특성을 가지고 있는 개인을 포함하고 있는 사회체제의 측면을 말한다.

② 사회체제에서 이루어지는 개인의 행동을 이해하기 위해서는 이 두 차원을 고려해야 한다.

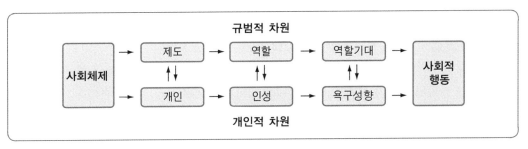

| 겟젤스와 구바의 사회과정 모형 |

⑶ 겟젤스(Getzels)와 셀렌(Thelen)의 수정모형

① 겟젤스와 구바의 모형을 보완하여 새로운 모형을 발전시켰다. 겟젤스와 구바의 모형은 현대의 복잡한 사회에서 이루어지는 사회적 상호작용을 설명하는 데 한계가 있었기 때문이다.

② 인간의 행위는 단순히 조직과 개인 차원에서만 이루어지는 것이 아니라 전체 사회, 문화, 집단심리 등 더 복잡한 차원과 관련된 사회적 상호작용에 의해 이루어진다.

③ 따라서 겟젤스와 구바의 모형에 인류학적 · 조직 풍토적 · 생물학적 차원을 추가하여 보다 다양한 사회적 행동을 설명하고 있다.

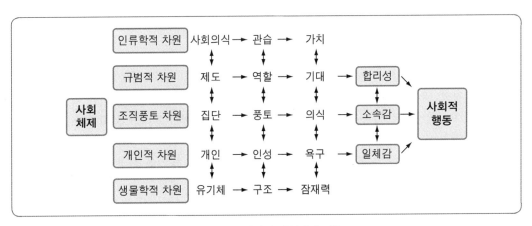

| 겟젤스와 셀렌의 사회체제모형 |

　　㉠ **인류학적 차원**: 사회가 여러 제도의 조직으로 이루어진다는 점에 주목한 것이다. 사회는 여러 제도로 구성되어 있으며, 한 제도에 소속된 개인의 행동은 보다 큰 차원의 사회의식에 의해 영향을 받는다.

　　㉡ **생물학적 차원**: 한 개인이 생물학적 관심의 대상이 될 수도 있다는 점에 주목한 결과다. 유기체로서 인간의 신체 구조와 내적 잠재력이 개인의 인성과 욕구에 영향을 주고, 사회적 행동에까지 영향을 미친다.

　　㉢ **조직 풍토 차원**: 역할과 인성의 상호작용이 상황에 의존한다는 점을 강조하기 위한 것이다. 역할과 인성은 상황이 적절할 때 극대화된다. 조직의 풍토(climate)가 특정한 역할을 수행하는 데 부적절하거나 특정한 인성을 지닌 개인으로 하여금 그것의 발휘를 불가능하게 한다면 그 사람의 사회적 행위는 다른 형태로 나타날 것이다.

(4) 카우프만(Kaufman)의 체제접근모형

카우프만은 체제접근을 교육 분야의 문제해결의 도구로 보았다. 체제접근의 절차는 효과적·능률적으로 목표를 달성하기 위하여 거쳐야 할 단계를 말한다. 중등 04

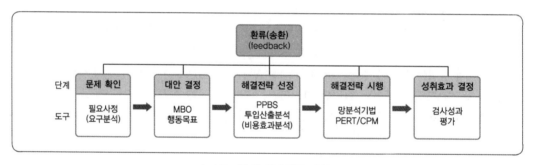

| 카우프만의 체제접근모형 |

① **문제 확인**: 무엇이 문제인지 확인하는 단계이다. '있어야 할 것'과 '있는 것' 사이의 불일치를 분석함으로써 문제를 분명히 한다.

② **대안 결정**: 문제에 대한 본질을 파악하고 해결해야 할 목표와 과업을 밝히는 과정을 포함한다. 측정가능한 용어로 일반적 목적과 구체적 목적을 기술한다. 그리고 문제해결을 위한 대안을 탐색한다.

③ **해결전략 선정**: 설정된 목표를 성취하기 위한 가능한 여러 방안을 설정한다. 여러 대안들을 비교, 분석하여 최적안을 선택한다.

④ **해결전략 시행**: 결정된 해결방안을 실제에 적용한다.

⑤ **성취효과 결정**: 정해진 목표에 대한 실행성과를 측정한다.

⑥ **수정**: 환류의 단계로 평가의 결과를 토대로 문제점을 수정, 보완하여 다시 실행하는 데 정보를 제공한다.

⑸ **공헌과 비판**
　① 공헌
　　㉠ 교육행정 과정에서 인성의 복잡성을 강조하였다.
　　㉡ 조직의 비공식적 측면과 공식적 측면의 분석을 체계화하였다.
　　㉢ 개인적 가치와 집단적 가치의 관계 분석에 유용한 개념적 모형을 제공하였다.
　　㉣ 학교가 갖는 여러 하위체제의 기능적 상호작용에 관한 이해를 높였다.
　② 비판
　　㉠ 기본적으로 폐쇄모형에 입각하고 있다.
　　㉡ 행동주의적이고 실증주의적 관점에 입각하고 있다. 따라서 복잡한 심리적 과정이나 인성 자체의 탐구를 통한 인간행동의 이해보다 그 결과로 나타나는 행동에 대한 이해만을 추구하였다.

Chapter 03 동기이론

동기의 개념과 분류

1. 동기의 개념

① 동기(motive)는 사람으로 하여금 어떤 행동을 일으키게 하는 내적인 요인 또는 마음의 상태를 의미한다.

② 동기부여(motivation)는 이와 같은 상태로 되거나 또는 가져오게 하는 것을 의미한다. 동기는 그 자체가 행동이 아니기 때문에 직접 관찰할 수는 없지만, 관찰되는 행동을 통해서 유추해 볼 수 있다.

2. 동기이론의 분류

① 내용이론 : 동기를 유발하는 내용, 즉 '무엇'이 동기를 유발하는가에 초점을 두고 있다.

② 과정이론 : 동기가 유발되는 과정, 즉, '어떻게' 동기가 유발되는가에 초점을 두고 있다.

02 **내용이론**

1. 매슬로(Maslow)의 욕구위계이론 초등 01

(1) 기본 가정

① 인간의 욕구는 보편적이며 위계적인 순서로 배열된다.

② 충족되지 않은 욕구는 개인이 해당 욕구에 초점을 맞추게 한다.

③ 하위단계의 욕구가 충족된 후에 상위단계의 욕구가 나타나며, 이를 충족하기 위해 행동이 유발된다.

(2) 욕구위계

① 생리적 욕구 : 인간의 생존에 가장 기본적인 욕구이다. 의식적 또는 무의식적으로 행하는 인간의 신체적·물질적 욕구와 관련이 있다.

② 안전의 욕구 : 위험으로부터의 보호, 경제적 안정, 질서, 예측 가능한 환경의 선호 등으로 표현된다. 조직생활과 관련하여 가정, 직장과 작업환경의 안정을 추구하는 것과 밀접하게 관련되어 있다.

③ 사회적 욕구(사랑과 소속의 욕구) : 인간의 사회적이고 사교적인 동료의식을 조성하기 위한 욕구
로서 애정, 귀속, 우정, 사랑 등을 포함한다.

④ 존경의 욕구(인정의 욕구) : 타인으로부터 인정받고자 하는 욕구이다. 성취, 능력, 지위, 인정이 존
경의 욕구를 충족시킬 수 있다.

⑤ 자아실현의 욕구 : 욕구단계의 최상위에 위치한다. 자신의 삶에서 매우 가치 있고 중요하다고 생
각하는 목표를 추구하며, 그 대상에 헌신하여 스스로의 잠재능력을 극대화하고 자기완성을 이
루려는 욕구이다.

(3) 실패회피자와 성공추구자

① 서지오바니와 카버는 인간이 어떠한 자아개념을 가지고 있느냐를 기준으로 실패회피자와 성공
추구자의 두 집단으로 구분하였다.

    ㉠ 실패회피자 : 낮은 자아개념을 가지고 자기보호와 자아방어를 위하여 자신의 에너지를 소모
한다. 책임을 지려하지 않으며, 각광받는 것을 싫어하고, 모험을 두려워하고, 혁신적이고 헌
신적인 활동을 회피하며, 독립적이거나 자율적인 것을 싫어한다.

    ㉡ 성공추구자 : 자율과 자아실현의 표현은 물론 자신의 능력 욕구 강화를 계속적으로 추구한다.

② 성공추구자는 상위체제 욕구를 강조하는 반면, 실패회피자는 하위체제 욕구에 관심을 갖는다.

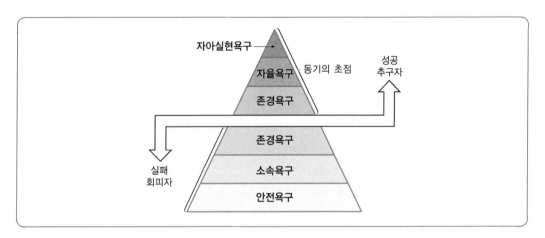

> 포터(Porter)는 매슬로가 자율욕구(autonomous need)를 강조하지 않은 한계에 착안하여 생리적 욕구를 제외하
> 는 대신 자율욕구를 자아실현 욕구의 밑에 설정하여 욕구만족측정질문지(Need Satisfaction Question; NSQ)를
> 만들었다.
> 자율욕구란, 자신의 환경이나 운명을 통제하고자 하는 욕구로, 자신의 직무와 관련된 의사결정에 참여하고 영향력
> 을 행사하려는 것을 말한다.

(4) 학교 조직에의 시사점

① 학교 경영자들은 교사들이 충족하기를 바라는 욕구의 내용을 체계적으로 알고 접근해야 한다.

② 인간의 욕구는 단계적이며 복합적이므로 교사들의 동기유발을 위해 복합적인 접근이 필요하다.

③ 학교 경영자들은 교육의 주체인 교사들이 직무를 통해 자아실현의 욕구를 충족하도록 인간중심의 조직 문화와 풍토를 가꾸어야 한다.

④ 교사들이 교사로서의 긍정적 자아개념을 갖고, 고차원적인 요구를 충족하도록 배려하는 것이 필요하다.

(5) 욕구위계 이론에 대한 시사점과 비판

이론	시사점	비판점
욕구위계 이론	• 교사의 과업동기에 관한 체계적인 설명을 제공하였다. • 인간중심의 조직 문화와 풍토의 조성을 제시하였다. • 동기유발을 위한 단계적·복합적 접근의 필요성을 제시하였다. • 자기존중·자아실현 욕구를 통하여 자기효능감 진작의 중요성을 강조하였다.	• 욕구의 순차적 계층성은 고정되어 있지 않다. • 여러 욕구가 복합적으로 작용할 수 있다. • 욕구발생과 관련한 조직요인이나 환경요인을 고려하지 않았다. • 욕구 요인의 중요성과 가치는 개인에 따라 다르다. • 인간의 자율적 욕구를 고려하지 않았다.

2. 허즈버그(Herzberg) 동기–위생이론 중등 01·02·06·07·12, 초등 00·01·09

(1) 개요

① 매슬로의 욕구이론에 근거를 두고 개발하였다.

② 허즈버그는 203명의 회계사와 기술자를 대상으로 조사한 연구에서 직무만족에 기여하는 요인과 직무 불만족에 기여하는 요인이 별개로 존재한다는 사실을 발견하였다.

③ 연구결과를 바탕으로 직무상황에서 '만족을 주는 요인'과 '불만족을 주는 요인'은 서로 다르다는 사실을 보고하였다.

④ 동기–위생이론은 직무만족과 직무불만족은 서로 독립(분리)된 별개의 차원이며, 각 차원에 작용하는 요인 역시 별개로 본다.

⑤ 만족의 반대는 불만족이 아닌 '만족이 없는' 무만족이며, 불만족의 반대는 만족이 아니라 '불만족이 없는' 무불만족이라는 사실을 발견하였다.

⑥ 이를 기초로 직무만족을 가져다주는 요인들을 동기요인 또는 만족요인이라 부르고, 직무불만족을 가져다주는 요인들을 위생요인 또는 불만족요인이라 불렀다.

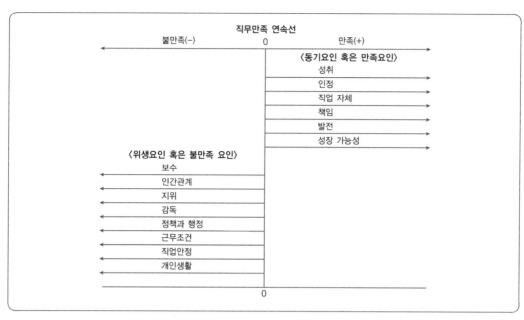

| 허즈버그의 동기-위생요인 |

(2) 동기요인과 위생요인

① 동기요인(만족요인)

ⓐ 직무상황에서 사람들에게 만족을 가져다주는 요인으로 '직무 그 자체'와 관련된 것들이다.

ⓑ 일을 하면서 경험하게 되는 성취감, 전문직업인으로서의 성장, 인정 등 만족감을 주는 요인을 말한다.

ⓒ 동기요인은 충족되지 않아도 불만은 없지만, 일단 충족되면 직무태도와 직무만족에 긍정적인 영향을 줄 수 있다.

ⓓ 접근 욕구(approach needs)와 관련이 있다.

② 위생요인(불만족 요인)

ⓐ 직무를 수행하는 환경과 관련된 요인으로 회사의 정책과 관리, 감독의 질, 임금, 대인관계, 작업조건 등을 말한다.

ⓑ 위생요인의 충족은 직무에 대한 불만족의 감소만 가져올 뿐 적극적으로 직무만족에 작용하지 못한다.

ⓒ 회피 욕구(avoidance needs)와 관련이 있다.

▣ 조직상황에서 만족요인과 불만족 요인

요인	내용	관련	해당
직무 만족요인	• 성취감에 따른 보람 • 타인으로부터의 인정 • 스스로의 자부심 • 책임과 성장 등	직무와 관련된 요인	주로 내적·심리적 요인
직무 불만족 요인	• 조직의 정책과 행정 • 감독, 보수, 대인관계, 작업조건 등	직무 외적인 환경요인	주로 외적·물리적 요인

⑶ 비판

① 방법적인 면에 문제가 있다. 공개적 면담을 통해 질문에 대한 응답을 얻었기 때문에 응답자들이 사회적으로 수용할 수 있는 응답, 즉 면담자가 듣기를 원한다고 생각하는 응답을 했을 가능성이 높다.

② 두 요인을 서로 배타적으로 본 것은 현실을 제대로 반영하지 못할 수 있다. 동료들과 우정(사회적 욕구)을 쌓으면서 일을 하는 과정에서 만족을 느끼는 사람도 많이 있다. 개인차에 따라 어떤 요소가 만족요인이 되기도 하고 불만족 요인이 되기도 하기 때문에 두 요인을 엄밀하게 상호배타적인 것으로 보기 어렵다.

③ 피고용자의 실제적 동기와 성과보다는 피고용자의 만족에 초점을 두었다. 즉, 만족스러운 직무 경험과 높은 성과 수준 간의 연계나 불만족한 경험과 낮은 성과 수준 간의 연계성에 관한 심층적인 연구가 바탕이 되지 않았다.

⑷ 의의

구성원의 동기유발 방안 개발에 공헌하였다.

◎ 이전까지는 대부분의 교육행정가들이 위생요인에만 관심을 집중하였다. 결근율이나 이직률이 늘어나거나 사기문제에 직면하였을 때 봉급을 올려주거나 부가급부를 더 마련해 주거나 근무조건을 개선해 주는 식이었다. 허즈버그의 이론은 위생요인만으로는 교직상의 불만은 줄일 수 있을지 모르나 교원들의 적극적인 동기를 부여하기는 어렵다는 시사점을 준다.

⑸ 학교조직에의 시사점(직무재설계)

동기 – 위생이론은 교사들이 직무만족과 직무성과를 제고하는 방안에 대한 철학적 토대를 제공하고 있는데, 직무재설계 프로그램(work redesign program)으로 구현된다.

① 직무풍요화

㉠ 교사들은 봉급수준이나 근무조건보다 가르치는 일을 통한 발전감, 책임감, 도전감 등을 통해 동기가 활성화되므로 직무 자체, 직무수행 방식 등을 변화시키는 것이 필요하다.

㉡ 직무풍요화는 직무수행에 다양한 작업내용이 포함되고, 보다 높은 수준의 지식과 기술을 필요로 하며 작업자에게 자신의 성과를 계획·지휘·통제할 수 있는 자율성과 책임을 많이 부여하고, 개인적 성장과 의미 있는 작업경험에 대한 기회가 제공될 수 있게끔 직무의 내용을 재편성하는 것을 말한다.

ⓒ 직무확대나 직무교체의 개념과는 차이가 있다.

ⓔ 직무풍요화는 교사들로 하여금 직무수행상의 책임을 증가시키고, 권한과 자유재량권을 부여하며, 구성원들이 자신의 능력을 발휘할 수 있는 기회를 갖도록 하여 직무수행의 과정에서 도전·보람·흥미·심리적 보상을 얻도록 하자는 것이다.

② 경력단계 프로그램

㉠ 자격과 단계를 세분화하여 교사들이 지속적으로 새로운 지식과 기술, 전문성을 계발할 수 있는 기회와 보상을 제공하고, 직무의 다양성과 책임을 증가시켜 교직의 보람과 만족을 경험하게 하려는 것이다.

㉡ 직위 단계를 다단계(다층구조)로 재설계하는 것을 말하는데, '수석교사제'가 그 예이다.

- 수석교사: 일정 경력과 능력을 가진 교사 중 일정 인원을 선발하여, 학생을 가르치는 일 외에 학교·교육청 단위에서 수업코칭을 하거나 교육과정, 교수·학습, 평가 방법을 개발하고 보급하며, 신임교사를 지원하고 지도하는 역할을 한다.

㉢ 수석교사제는 교사들이 한정되어 있는 교감·교장직으로의 진출을 최종 목적으로 삼지 않고, 계속적 자기연마와 전문성 개발을 통해 교직수행 능력을 증진하고 교직의 만족을 얻도록 하는 데 목표가 있다.

3. 엘더퍼(Alderfer)의 ERG이론

생존-관계-성장이론(existence-relatedness-growth theory; ERG)은 허즈버그와 매슬로의 이론을 확장한 것이라고 할 수 있다.

(1) 욕구의 종류

① 생존욕구(existence needs): 인간이 생존을 유지하기 위해 필요한 욕구이다. 모든 형태의 생리적인 욕구와 음식, 의복, 주택과 같은 물질적 욕망이 포함된다. 보수, 부가급부, 직업안정, 근무조건 등이 포함된다. ⟱ 매슬로의 생리적 욕구와 안전욕구에 해당

② 관계욕구(relatedness needs): 사회적 존재로서 타인과 관계를 맺으려는 욕구이다. 타인과 친근하고 따뜻한 개인적 관계를 발전시킴으로써 충족될 수 있다.

⟱ 매슬로의 사회적 욕구와 존경 욕구에 상응

③ 성장욕구(growth needs): 인간이 성장·발전하고 잠재력을 최대한으로 발휘하고자 하는 욕구이다. 자신의 능력을 최대로 이용하고, 새로운 능력의 개발을 필요로 하는 일에 종사할 때 충족된다. ⟱ 매슬로의 자아실현욕구와 존경욕구에 해당

(2) 매슬로 이론과의 차이

① 매슬로의 욕구위계 이론에서는 일단 충족된 욕구는 더 이상 동기요인이 될 수 없다고 하였는데, 엘더퍼의 ERG이론에서는 어느 단계의 욕구가 충족되지 않으면 하위단계의 욕구로 퇴행할 수도 있음을 지적하고 있다.

② 매슬로는 강도가 큰 우세한 욕구만이 일어난다고 하였으나, 엘더퍼의 ERG이론에서는 세 가지 욕구가 비록 강도에는 차이가 있을지라도 동시에 나타날 수 있는 것으로 본다.

③ 매슬로의 이론에서는 하위단계의 욕구가 충족되지 않으면 상위단계의 욕구로 이동되지 않는다고 하였으나, 엘더퍼의 ERG이론에서는 하위 단계의 욕구가 충족되지 않아도 상위단계의 욕구가 발생할 수 있음을 지적하고 있다.

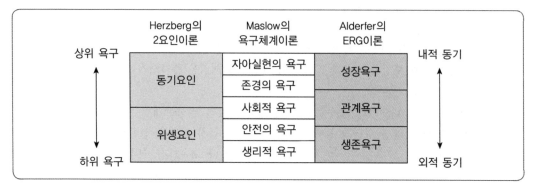

| 동기의 내용이론 간의 관계 |

03 과정이론

1. 브룸(Vroom)의 기대이론(expectancy theory) 초등 12

(1) 개요
① 유인가(valence), 보상기대(instrumentality), 성과기대(expectancy)의 개념을 중심으로 이론의 틀을 구성하여 유인가−보상기대−성과기대이론(VIE theory) 혹은 가치이론(value theory)이라고도 한다.
② 이 이론은 성과가 보상을 가져다주리라는 수단성에 대한 기대감의 복합적 함수에 의해 결정된다고 하였다.
③ 개인이 어떠한 행동을 통해 정해진 결과를 얻을 수 있을 것이라는 기대와 결과가 얼마나 매력적인 것인지를 보여주는 유인 정도에 따라 행동하게 된다고 본다.

(2) 이론의 가정
① 사람은 자신의 행동이 가져올 결과 혹은 개인적인 보상에 대해 기대하였던 가치를 주관적으로 평가한 다음에 어떻게 행동할 것인가를 선택한다.
② 개인의 가치와 태도는 역할기대와 학교문화 같은 환경적 요소와 상호작용하여 행동에 영향을 준다.

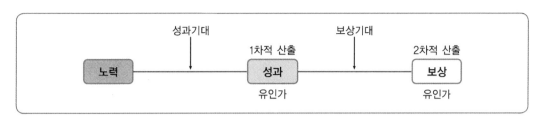

| 브룸의 기대이론 |

(3) 동기의 구성요소

① 유인가(목표의 매력성)

㈍ 과업수행에 대한 목표, 결과, 보상에 대해 개인이 부여하는 주관적 가치이다.

㈎ 개인이 어떤 대상을 바라거나 거부하는 정도이다. 매력적으로 생각하거나 강하게 바라는 것은 높은 '긍정적 유인가'를 갖게 한다. 반면 거부감이나 불쾌감을 느끼는 것은 높은 '부정적 유인가'를 갖게 한다.

㈏ 어떤 대상에 대한 지향성은 개인에 따라 다르기 때문에 유인가는 주관적이다.

② 성과기대(노력과 성과의 연계)

㈍ 과업에 관련된 노력이 어떤 수준의 성과를 가져올 것인가에 대한 신념의 강도이다.

㈎ '내가 열심히 하면 성공할 수 있을까'라는 질문으로 표현 가능하다. 어떤 학생이 열심히 공부하면 성적이 오를 것이라고 믿고 있다면, 그 학생은 높은 성과기대를 가지고 있는 것이다.

③ 보상기대(성과와 보상의 연계)

㈍ 과업은 성취한 후에 보상을 얻게 되는 가능성에 대한 주관적인 확률이다.

㈎ 보상기대는 개인이 수행과 보상 간에 밀접한 관련이 있다고 지각할 때 높게 나타난다.

㈏ '내가 어떤 일을 성공하면 보상으로 무엇을 받을 것인가'라는 질문으로 표현 가능하다.

> 예 열심히 공부를 하면 좋은 학점(1차 성과)을 받고, 그렇게 되면 반드시 장학금(2차 성과)을 받을 수 있다고 믿는다면 보상기대는 그만큼 높은 것이다.

(4) 시사점

학교조직에서는 보상기대, 즉 성취와 보상의 연결정도를 구체화하고, 교사들이 생각하는 보상에 대한 매력의 정도를 증진시켜야 한다.

2. 포터와 로울러(Porter와 Lawler)의 성과–만족이론

(1) 개요

① 브룸의 기대이론을 기초로 하여 발전시켰다.

② 직무성과가 직무만족에 영향을 미친다는 사실을 강조하여 성과–만족(performance-satisfaction)이론이라 한다.

③ 직무성과는 조직구성원들이 원하는 목적과 결과를 얻으려는 노력에 의하여 결정되며 만족은 구성원들이 실제로 달성하는 결과에 의해 결정될 수 있다고 전제한다.

④ 성과-만족이론은 내적 보상과 외적 보상 모두가 동기요인으로서 중요한 역할을 수행함을 보여준다.

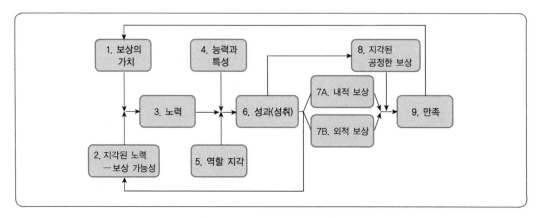

| 포터와 로울러의 기대모델 |

(2) 성과-만족 이론의 요소

① **보상의 가치**: 기대이론의 유인가와 같은 개념으로 하나의 결과가 얼마나 매력적인가 하는 것을 말한다.

② **지각된 노력-보상 가능성**: 기대이론에서 성과기대와 보상기대(수단성)의 개념을 합한 것이다. 노력-성과(성과기대), 성과-보상(보상기대) 요소로 구분될 수 있다.

③ **노력**: 어떤 과업수행에 드는 에너지(힘)를 말한다.

   ◎ ①~③은 기대이론의 기본적 줄거리와 같다.

④ **능력과 특성**: 한 개인이 갖고 있는 장기적 관점에서의 특성을 의미한다.

⑤ **역할 지각**: 효과적 직무수행을 위해 요구되는 자신의 역할에 관한 정확한 인식을 말한다.

⑥ **성과**: 여러 과업들에 대한 개인적 성취를 말한다.

⑦ **보상**: 과업을 수행한 결과로 얻게 되는 파생물을 말한다. 내적 보상과 외적 보상으로 구분한다.

⑧ **보상의 공정성 지각**: 성과에 대해 보상이 공정하다고 느끼는 정도이다.

⑨ **만족**: 개인이 실제로 받은 보상이 받을 것으로 지각한 보상의 수준을 충족시키는 정도를 의미한다.

(3) 이론의 특징

① 직무수행 노력은 과업성취와 거기에 결부된 보상에 부여하는 가치, 그리고 어떤 노력이 보상을 가져다줄 것이라는 기대에 의해 좌우된다.

② 노력에 의한 성과가 개인에게 만족을 줄 수 있는데, 만족을 주는 힘은 결부된 내재적·외재적 보상에 의해 강화된다.

③ 내재적·외재적 보상이 있더라도 그것이 공정하다고 지각되어야 만족을 줄 수 있다.

(4) 공헌점

① 성과-만족이론은 산출로부터 기대되는 결과와 그 결과에 의한 만족감이 동기에 작용하는 역할을 중요시함으로써 동기에 대한 이해를 증진시켰다.

② 행정에서 성과 및 보상에 대한 기대감을 중심으로 적절한 인센티브의 중요성을 강조하고, 노력과 성과에 대한 기대감을 중심으로 구성원의 능력 및 기술 개발을 강조함으로써 동기유발의 실제에 많은 도움을 제공하였다.

(5) 비판점

① 이론 체계가 너무 복잡하여 검증이 힘들다.

② 변수에 대해 조작적 정의가 애매하며 기대이론 주장자들 간에 통일성이 결여되어 있다.

③ 가장 만족이 큰 쪽으로 인간의 행동이 동기화된다는 기대이론의 쾌락주의 가정은 인간 행위의 올바른 설명이 되지 못한다.

④ 과연 인간이 이렇게 복잡한 계산과정을 거쳐 행동하는가에 관한 의문이 있다.

> ◼ **기대이론과 성과-만족이론이 학교조직 경영에 주는 시사점**
> - 학교 경영자는 교사들이 노력만 하면 성과를 얻을 수 있다는 믿음을 크게 해주어야 한다. 이를 위해 교사를 위한 훈련 프로그램이나 안내, 지원, 후원 그리고 결정에의 참여 등이 중요하다.
> - 보상기대, 즉 성과와 보상의 연결 정도를 분명히 하고 이를 구체화해야 한다. 열심히 가르치면 무엇을 얻을 수 있을 것인가를 명료화하고, 보상체계의 공정성을 증진시켜야 한다.
> - 교사들이 생각하는 보상에 대한 유의성, 즉 보상에 대한 매력의 정도를 증진시켜야 한다.
> - 역할기대를 분명히 할 필요가 있다. 자신이 해야 할 역할이 분명하면 노력을 집중시킬 수 있으며, 성과가 높아져 보다 나은 보상을 받을 수 있다.

---

3. 아담스(Adams)의 공정성 이론(equity theory) 중등 08

(1) 개요

① 남과 비교해 얼마나 공정한 대우를 받느냐에 관한 지각이 개인의 동기에 영향을 미친다는 이론이다.

② 사회적 비교이론(social comparison theory)의 하나라고 할 수 있다.
- 사회적 비교이론 : 한 개인이 타인에 비해 얼마나 공정한 대우를 받고 있다고 느끼는가에 초점을 두고 정립된 이론이다.

③ 조직 속에서 개인은 자신이 투자한 투입과 여기서 얻어지는 결과를 다른 개인이나 집단과 비교한다. 자신이 투자한 투입 대 결과가 타인과 동일하면 공정하다고 느끼며 만족하게 되고, 불공정성을 지각하게 되면, 공정성을 회복하는 방향으로 행동한다.

㉠ 투입(inputs) : 과업을 수행하기 위하여 특정인이 기여하는 모든 것을 말한다. 교육, 경험, 능력, 훈련, 개인적 특성, 노력, 태도 등이 있다.

㉡ 성과(outcomes) : 과업을 수행한 결과로서 특정인이 받게 되는 보수, 승진, 직업 안정, 부가적 혜택, 근무조건, 인정 등을 말한다.

<자신 : A>   <타인 : B>

$$\frac{성과}{투입} \quad 대 \quad \frac{성과}{투입}$$

④ 이 비율이 동등할 때(A=B) 사람들은 고용자와 공정한 거래를 하고 있다고 느끼게 되며, 직무에 대한 만족을 느끼게 된다. 반대로 불공정하다고 느낄 경우에는(A<B, A>B) 직무에 대해 불만을 갖거나 불안을 느끼게 된다. 불공정이 어느 방향으로 되든 간에 불안과 긴장을 유발하게 되는데, 이때 사람은 긴장을 감소시키고 공정성을 회복하도록 동기화된다.

(2) 공정성 회복을 위한 행동 유형

① 투입 조정: 개인은 불공정성이 유리한 것이냐 또는 불리한 것이냐에 따라 투입을 증가시키거나 감소시킨다. 과소보상이라면 개인은 노력을 덜 할 것이고, 과다보상이라면 더 노력할 것이다.

② 성과 조정: 불공정을 줄이기 위해 적은 봉급수준에 만족하려고 하거나, 노력이나 투입의 증가 없이 보수, 근무조건, 노동시간을 개선할 것을 요구할 것이다.

③ 투입과 성과에 대한 인지적 왜곡: 실제로 투입이나 결과를 변경시키지 않고도 인지적 왜곡을 통해 같은 결과를 얻을 수 있다. 타인이 자신보다 불균형하게 높은 성과를 받을 경우, 타인이 자신보다 많은 직무 지식이나 지능을 가지고 있는 것으로 추론함으로써 자신의 지각을 왜곡시킨다. 반대로 자신이 불균형하게 많이 받을 경우에는, 자신이 더 많은 경험이나 지식을 가지고 있다고 확신함으로써 이를 정당화할 것이다.

④ 비교 대상의 투입과 성과의 변경: 비교 대상에게 투입이나 산출을 감소 또는 증가시키도록 압력을 가하거나 조직을 떠나도록 압력을 넣을 수도 있다.

⑤ 비교 대상의 변경: 비교 대상을 다른 쪽으로 변경함으로써 심리적인 불공정성을 줄이는 방법이다.

⑥ 조직 이탈(퇴직): 전보를 요청하여 부서를 옮기거나 조직을 완전히 떠날 수 있다.

(3) 시사점

① 학교조직에서 교사들은 사회적 비교과정을 통해 만족과 불만족을 경험한다는 사실에 비추어 학교 경영자들이나 정책집행자들은 교사들을 공정하게 대우하도록 노력해야 할 것이다.

② 학교 경영자는 교사의 동기부여에 있어서 지각의 중요성을 고려해야 한다. 지각은 행위자 개인의 소산일 수 있으나, 구성원이 상호작용하여 만들어 내는 조직 풍토나 문화는 개인의 환경에 대한 지각과정에 크게 영향을 미칠 수 있다.

③ 공정성 또는 불공정성에 관한 결정은 교직 내의 다른 사람뿐만 아니라 교직 이외의 직종에 종사하는 사람들과도 비교할 수 있다.

(4) 비판

① 공정성에 대한 판단이 주관적이다. 공정성은 사람마다 다를 수 있고, 개인이 판단하기 때문에 일정한 규칙성을 보장할 수 없는 문제가 있다.

② 사람은 받아야 할 것 이상을 받는 것보다 더 적게 받는 것에 민감하다. 덜 받는 것보다는 더 받는 것을 합리화하기가 용이하기 때문에 균형적 판단에 문제가 있다.

③ 공평성과 정의는 많은 사람에게 중요한 동기가 된다. 그것이 중요한 동기요인이 되기 때문에 오히려 공정성을 높이는 방향으로 행동이 집중될 수 있다.

4. 로크(Locke)의 목표설정이론

(1) 개요
① 목표설정이론은 처음에는 하나의 이론으로 출발한 것이 아니다. 목표설정의 중요성을 탐색하는 과정에서 이론적 가치가 확인됨에 따라 체계를 갖추게 된 이론이다.
② 목표는 개인이 의식적으로 성취하려고 하는 것으로, 내용과 강도가 동기유발을 위한 매우 중요한 요인이 된다.
   ㉠ 목표의 내용 : 하려고 하는 활동이나 얻고자 하는 성과와 관련을 갖는다.
   ㉡ 목표의 강도 : 개인이 목표에 대해서 부여하는 중요성의 정도와 관련을 갖는다.
③ 목표관리(MBO), 기획예산제도(PPBS), 경영정보관리는 물론 체제분석, 전략적 기획 등과 같은 경영 기법에 광범위하게 적용되고 있다.

(2) 효과적인 목표의 특징(Steers)
① **목표의 구체성** : 막연한 목표보다는 구체적인 목표가 성과를 높일 수 있는 행동을 불러일으킬 수 있다. 구체적인 목표는 목표의 모호성을 감소시켜 주고 행동 방향을 명확하게 제시해 주기 때문이다.
② **목표의 곤란성** : 쉬운 목표보다는 다소 어려운 목표가 동기를 유발시킨다. 도전감이 문제해결에 많은 노력을 집중하도록 자극하기 때문이다.
③ **목표설정에의 참여** : 구성원이 목표설정 과정에 참여함으로써 성과가 향상될 수 있다.
④ **노력에 대한 피드백** : 노력에 대해 피드백이 주어질 때 성과가 높아진다.
⑤ **목표 달성에 대한 동료 간 경쟁** : 동료 간의 경쟁이 성과를 촉진시킨다. 그러나 지나친 경쟁은 오히려 해가 될 수도 있다.
⑥ **목표의 수용성** : 일방적으로 강요된 목표보다는 구성원이 자발적으로 수용한 목표가 더 큰 동기를 유발시킬 수 있다.

(3) 목표가 행동을 유발하는 메커니즘
① 목표는 개인의 과제에 대한 주의력을 증가시킨다.
② 목표는 행동에 투입하는 노력을 증진시킨다.
③ 목표가 명료하게 확립된 후에는 포기하려는 유혹을 줄여 주기 때문에 지속성을 증대시킨다.
④ 과업을 수행하는 방법을 효율화함으로써 과업수행 전략을 개발하는 데 도움을 준다.
   ⊚ 따라서 성공적인 과업수행을 위해서는 성공적인 목표설정이 필요하다.

⑷ **의의와 비판점**

① 의의

㉠ 어려운 목표라 하더라도 일단 수용된다면, 쉬운 목표보다 높은 수준의 과업수행을 가져온다.

㉡ 구체적이고 어려운 목표는 애매하거나 명료하지 않은 목표보다 더 높은 수준의 과업수행을 가져온다.

㉢ 목표는 자신이 선택하거나, 다른 사람과 함께 선택하거나, 다른 사람에 의해 부여되거나 하는 근원에 관계없이 강한 동기유발의 요인이 된다.

② 비판점

㉠ 어떠한 요인이 개인으로 하여금 목표를 수용하게 하는지 구체적으로 제시하지 않고 있다. 또 가치가 어떻게 결정되고, 정서가 어떻게 목표로 전환되는가에 대한 언급이 없다.

㉡ 목표의 수용성, 목표의 곤란성 등의 변인들이 어떻게 결합되어 개인의 노력을 결정하는지에 대한 설명이 없다.

지도성 이론

01 지도성의 개념

1. 정의

(1) 지도성이란 한 개인이 조직의 목적을 달성하기 위해 구성원에게 영향력을 행사하는 과정이다.

(2) 지도성이란 '집단이나 조직의 목표를 달성하기 위하여 조직의 지도자가 구성원들로 하여금 그들의 신념과 행동을 지도자가 원하는 방향으로 변화시킬 수 있도록 영향을 주는 지도자의 능력과 행동'이다.

(3) **학자들의 정의**

① 에치오니(Etzioni, 1961) : 지도성은 본질적으로 규범적인 것이고 주로 개인의 특성에 기초한 권력이다.

② 리프햄(Lipham, 1964) : 지도성은 조직의 목적과 목표를 달성하거나 변화시키기 위하여 새로운 구조나 절차를 창출하는 것이다.

③ 스토그딜(Stogdill, 1950) : 목표설정과 목표달성을 위하여 조직화된 집단의 활동에 영향을 주는 과정이다.

④ 허시와 블랜차드(Hersey&Blanchard, 1977) : 일정한 상황하에서 목적달성을 위하여 개인이나 집단의 활동에 영향을 미치는 과정이다.

2. 지도자 영향력의 근원(French&Raven)

(1) **합법적 권력(legitimate power)**

조직의 위계 속에서 지도자의 지위나 역할에 부여된 것이다. 이것은 지도자가 부하에게 영향력을 행사할 수 있는 권리를 갖는다는 것을 상호 인식함에 기초한다.

(2) **보상적 권력(reward power)**

지도자는 구성원들에게 보상을 줄 수 있는 능력을 가지고 있다는 점 때문에 조직 내에서 보상적 권력을 갖게 된다. 권력의 강도는 지도자가 통제할 수 있는 보상의 양과 보상을 바라는 부하의 열망의 강도에 따라 다르다. 보상적 권력의 예로 임금 인상, 승진, 선호하는 직책에의 배치, 칭찬 등이 있다.

(3) **강압적 권력(coercive power)**

보상적 권력과 반대되는 것으로 지시에 순종하지 않는 부하를 통제하고 벌을 줄 수 있는 지도자의 능력을 말한다. 강압적 권력의 예로는 강등, 임금동결 혹은 삭감, 징계, 위협 등이 있다.

(4) 전문적 권력(expert power)

지도자가 가지고 있으며 집단이 필요로 하는 특별한 능력이나 지식에 근거를 두고 있다. 지도자는 집단에 부과된 과제를 분석하고, 수행하고, 통제할 수 있는 능력을 소유한 것으로 간주된다. 이 권력은 교육, 훈련, 경험에 따라 결정된다.

(5) 준거적 권력(referent power)

지도자의 인성적 강점으로 추종자를 복종하게 만드는 능력이다. 어떤 의미에서는 다른 사람으로 하여금 지도자를 존경하고 충성하게 만드는 카리스마의 한 형태라고 할 수 있다.

02 지도성 이론

1. 특성론(trait theory)

(1) 개요

① 특성이론은 자질이론이라고도 하며, 1950년대까지 지도성 연구를 주도해 온 초기 지도성 연구의 대부분을 차지하고 있다.
② 특성론은 지도자의 독특한 선천적 특성 또는 자질에 초점을 맞추고 있다.
③ 특성론자들은 지도자적 특성을 구비한 사람과 그렇지 못한 사람의 두 유형으로 구분되어 있는 것으로 이해하고, 지도자가 공통적으로 구비하고 있는 특성을 식별하려고 노력하였다.
④ 지도자는 선천적인 지도자적 특성을 지니고 있다고 보고, 지도자가 공통적으로 가지고 있는 특성과 자질을 연구 대상으로 삼았다.

(2) 특성론에 대한 연구

① 배스(Bass): 리더십을 하나의 공통적 자질로 보고, 모든 상황과 문화에 있어 그와 같은 특성과 자질을 지닌 사람이 지도자가 되며, 또한 지도자들은 모두 그러한 특성이나 자질을 지닌다고 하였다.
② 스토그딜(Stogdill): 리더십과 연관된 특성을 다섯 개의 범주로 분류하였다.

재능(capacity)	지능, 기민성, 언어의 유창성, 독창력, 판단력
성취(achievement)	학문, 지식, 운동경기의 성취
책임(responsibility)	신뢰, 솔선, 인내력, 적극성, 자신감, 성취욕
참여(participation)	활동성, 사교성, 협동성, 적응성, 유머
지위(status)	사회경제적 위치, 인기

③ 카츠(Katz): 효과적인 리더십을 위해 필요한 기술로 다음의 세 가지를 제시하였다. **중등 24논술**

인간관계 능력 (human skill)	다른 사람들과 함께 일을 하는 데 필요한 지도자의 능력과 판단	최고경영자
상황 파악 능력 (conceptual skill)	과업을 전체적으로 조망하고 파악하는 능력	중간관리자
기술 능력(사무 능력) (technical skill)	구체적인 과업수행을 위해 지식, 방법, 기술을 활용하는 능력	하위직원

(3) 한계

① 연구결과에서 제시된 지도자의 특성에 일관성이 결여되었다. 어떤 연구결과에서 지도자의 특성으로 규명된 것이 다른 연구에서는 그렇지 않은 것으로 나타났으며, 모든 상황에 적용할 수 있는 지도자의 일반적인 특성은 발견되지 않았다.

② 지도자와 추종자를 구별할 수 있는 명확한 특성을 발견하지 못하였다. 지도자에게서 발견된 특성이 추종자들에게도 발견되었다.

③ 구성원의 성격과 욕구를 무시하고 지도자만을 관심의 대상으로 삼았으며 특성 간의 상대적 중요도를 구체화하지 못하였다.

2. 행위론

(1) 개요

① 지도자가 어떠한 특성을 가지고 있는가보다는 지도자가 어떠한 행동을 하는가에 관심을 두고 지도성에 대한 연구를 수행하는 입장이다.

② 지도자의 행동은 관찰될 수 있고, 측정될 수 있다고 본다.

(2) 아이오와 대학의 연구: 권위적·민주적·자유방임적 리더십

① 개요

㉠ 1938년 레빈(Lewin)의 지도하에 리피트(Lippit)와 화이트(White)에 의해 수행되었다.

㉡ 10대 아동들을 대상으로 하였으며, 교사들의 민주적·권위적·자유방임적 지도성 유형이 아동에게 미치는 영향을 알아보는 실험연구였다.

② 실험내용

㉠ 소년을 다섯 명씩 네 집단으로 구성하여 한 집단은 통제집단으로, 세 집단을 실험집단으로 구분한 후 각종 재료를 주고 장난감을 만들게 하였다.

㉡ 사전에 훈련받은 교사들이 권위형, 민주형, 자유방임형의 지도자 역할을 연출하도록 하였다.

③ 연구결과: 아동은 민주적 지도성 유형을 가장 선호하였고, 권위적 지도성 유형을 가장 싫어하였다. 또, 권위적 지도성 유형보다는 자유방임적 지도성 유형을 좋아하였다.

㉠ 권위적 지도자 집단: 지도자에 대한 반감과 구성원 간의 공격성, 공동체 의식의 결여가 나타났다. 생산성은 초기에는 상승하였으나 시간이 흐름에 따라 급격히 감소하였다.

ⓛ 자유방임적 지도자 집단 : 좌절과 방향감 상실, 지도자에 대한 타인 시, 낮은 생산성, 독자적 행동이 나타났다.

ⓒ 민주적 지도자 집단 : 지도자에 대한 존경, 원만한 인간관계, 강항 공동체 의식이 나타났다.

④ 시사점

ⓞ 동일한 집단에서도 지도성 유형에 따라 서로 다른 반응을 보일 수 있다.

ⓛ 지도자의 행동과 관련한 최초의 연구였다는 점에서 의의가 있다.

⑤ 제한점

ⓞ 미국이라는 지역의 제한된 아동을 대상으로 하는 연구결과를 성인 조직에 적용하는 데 일반화하기 어렵다.

ⓛ 피험집단을 환경의 폐쇄된 개체로 간주하여 사회 환경과의 상호작용을 무시하였다.

⑶ 오하이오 주립대학의 연구 : 구조성과 배려성 차원

① 개요

ⓞ 1940년대 말 할핀(Halpin) 등에 의해 실시된 연구로, 지도성의 행동적 접근의 연구가 본격화되는 계기가 되었다.

ⓛ 연구결과에 따르면, 조직구성원들의 지도자 행동은 구조성과 배려성이라는 두 차원으로 분류된다.

② 연구내용

ⓞ 다양한 집단의 지도자를 대상으로 연구하여 지도자 유형을 구분할 수 있는 지도자 행동기술척도(leader behavior description questionnaire; LBDQ)를 개발하였다.

ⓛ 지도자의 행동을 기술한 30개의 문항으로 구성되어 있으며, 이 중 15개 문항은 구조성 차원(initiating structure)에 관한 것이며, 나머지는 배려성 차원(consideration)에 관한 것이다.

• 구조성 : 조직수행 목표에 초점을 두고 과업을 조직하고 설정·할당하며 과업집단의 성취를 평가하기 위해 노력하는 지도자의 행동을 말한다.

• 배려성 : 지도자가 신뢰, 존경, 온화, 지원, 집단 구성원에 대한 관심을 나타내는 정도를 말한다.

③ 연구결과 : 가장 효과적인 유형은 Ⅰ유형으로, 조직의 과업을 효과적으로 성취하기 위해서는 배려성과 구조성 모두 높아야 함을 의미한다.

Ⅰ유형	효과적 지도성 – 높은 성과, 낮은 불만, 낮은 이직률 보임
Ⅱ유형	인화중심 지도성
Ⅲ유형	비효과적 지도성 – 낮은 성과, 높은 불만, 이직률
Ⅳ유형	과업중심 지도성

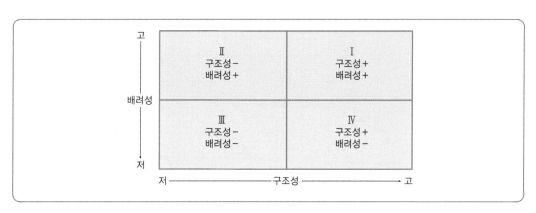

| 구조성과 배려성 차원의 지도성 유형 |

(4) 미시간 대학의 연구 : 직무중심과 종업원중심 리더십

① 리커트(Likert)는 지도성 유형을 직무중심 리더십(job-centered leadership)과 종업원중심 리더십(employee-centered leadership)으로 나눌 수 있다고 보았다.

　　㉠ **직무중심 지도자** : 구조성 차원이 높은 지도자의 행동과 유사하다. 종업원의 과업수행과 과업성취를 위한 방법을 강조한다.

　　㉡ **종업원중심 지도자** : 배려성이 높은 지도자의 행동과 유사하다. 종업원의 개인적인 욕구와 개인적 성장, 인간관계의 개선을 강조한다.

② 생산성이 높은 부서의 감독자들은 종업원중심 지도자였으며, 생산성이 낮은 부서의 감독자들은 직무중심 지도자였다.

③ 구성원의 기대와 가치에 부응하는 분위기와 여건을 조성하면서 언제나 구성원을 중심으로 지도성을 발휘해야 직무성과가 높아진다는 것이다.

(5) 블레이크(Blake)와 머튼(Mouton)의 관리망 이론

① 지도자 성향의 양 차원을 생산에 대한 관심(concern for production)과 인간에 대한 관심(concern for people)으로 규정하였다.

② 이 관리망에서는 81개의 가능한 유형이 나올 수 있으나, 그림에 제시된 다섯 가지 유형이 가장 핵심이다.

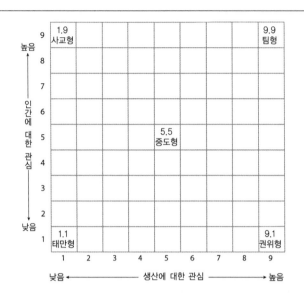

- 1.1 태만형(무기력형)(impoverished management) : 지도자가 조직에 계속 고용될 수 있을 정도의 최소한으로 요구되는 과업만을 수행한다. 누구와도 접촉을 삼가고 비개입적 태도를 취한다.
- 9.1 권위형(과업형)(authority-obedience) : 지도자는 권력, 권위, 통제를 통하여 생산을 극대화하는 데 관심을 쏟는다.
- 1.9 사교형(컨트리클럽형)(country club management) : 구성원의 사회·심리적 욕구충족을 중시하면서 원만한 인간관계를 중심으로 조직을 유지해 나가려고 한다.
- 5.5 중도형(organization-man management) : 지도자는 현상에 순응하고 중도를 유지하거나 그럭저럭 잘해 나가는 데 집중한다.
- 9.9 팀형(team management) : 지도자는 집단 구성원의 광범위한 참여를 통하여 양적·질적 개선을 꾀하기 위한 목표 중심적 접근 방법을 활용한다.

| 블레이크와 머튼의 관리망 |

③ 블레이크와 머튼은 팀형을 가장 이상적인 유형으로 보았다. 팀형은 조직의 공동목표와 구성원들과의 상호신뢰 등을 통해 업무를 달성하고자 하는 리더 유형이다.

④ 그러나 근본적으로 조직이 처해 있는 상황이나 환경에 대한 고려 없이 항상 효과적인 리더의 행동이 존재할 것이라는 것에 대한 의문이 제기된다.

⑤ 호이(Hoy)와 미스켈(Miskel)은 초등학교 교장의 성공적인 지도성 유형은 5-9이며, 중등학교 교장은 9-5라고 하였다.

3. 상황적 리더십론(contingency leadership) 중등 01

(1) 개요

① 특성이론이나 행동이론에서 지도성이 발휘되는 시간, 장소 및 조직이나 집단의 성격이 고려되지 않았음을 지적하였다.

② 상황적 리더십이론에 의하면 효과적인 리더십은 지도자의 개인적 특성, 지도자의 행위, 리더십 상황의 요인 간의 상호작용에 의하여 결정된다.

③ 효과적인 유일한 지도성이란 존재하지 않으므로 어떤 상황에서 복잡한 상황적 변수가 지도성의 효과와 어떠한 관계가 있는지를 다차원적으로 알아보고자 하는 데 있다.

(2) **피들러(Fiedler)의 상황이론(contingency theory)** 초등 07

① 피들러는 지도자의 효과성을 상황의 호의성을 통해 설명하였다.

② 상황의 호의성(situational favorableness) : 상황이 지도자로 하여금 집단에 대하여 영향력을 발휘할 수 있도록 하는 정도를 말한다.

㉠ 지도자와 구성원의 관계 : 지도자가 가지고 있는 구성원에 대한 신뢰, 지도자에 대한 구성원의 존경도 등에 의하여 평가된다.

㉡ 과업구조 : 과업이 명확하게 규정되고 수행 방법이 체계화되어 있으면 구조화되었다고 하며, 그렇지 않은 경우에는 비구조화되었다고 한다.

㉢ 지도자의 지위 권력 : 지도자가 합법적·보상적·강압적 권력을 가지고 구성원의 행위에 영향력을 미치는 정도를 말한다.

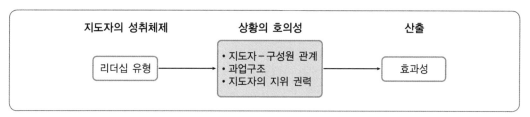

| 피들러의 상황이론의 주요 변인 |

③ 피들러는 리더십 유형을 측정하기 위해 '가장 싫어하는 동료 척도(least preferred co-worker scale; LPC)'를 활용하여 상황의 유리성에 따라 효과적인 지도자가 달라짐을 설명하였다. LPC 점수가 높은 지도자는 과업수행을 위하여 인간관계를 중시하는 관계 지향형(relationship-motivated)이며, LPC 점수가 낮은 지도자는 과업 지향형(task-motivated)이라고 하였다.

④ 리더십 유형과 효과성의 관계는 상황적 요소인 지도자-구성원 관계, 과업구조, 지위 권력에 따라 달라지며, 어떤 상황에서는 관계 지향형 지도자가 효과적이고 다른 상황에서는 과업 지향형 지도자가 효과적이라는 것을 보여준다.

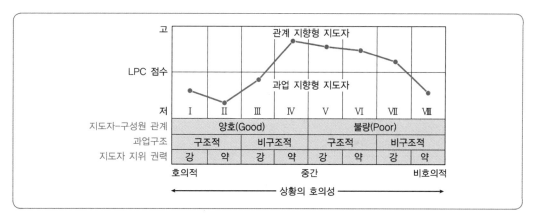

| 피들러의 상황에 따른 효과적인 리더십 유형 |

⑤ 과업 지향형 지도자는 지도자의 영향력이 대단히 크거나 작은 극단적인 상황(Ⅰ, Ⅱ, Ⅲ, Ⅷ)하에서 가장 효과적이며, 관계 지향적 지도자는 지도자의 권력과 영향력이 중간 정도인 상황(Ⅳ, Ⅴ, Ⅵ, Ⅶ)하에서 가장 효과적임을 나타낸다.

⑥ 의의와 한계: 특정한 상황에 적합한 지도성 유형이 어떠한 것인지를 설명하고 있지만, 상황의 호의성과 LPC점수 간에 함수관계가 성립될 수 없다는 비판과 함께 지도자와 구성원 간의 상호 작용의 과정을 분석하고 있지 못함이 한계로 드러났다.

(3) 하우스(House)의 행로-목표이론(path-goal theory)

① 행로-목표이론은 동기에 대한 기대이론에 근거를 두고 있다.

② 지도자의 행동이 하위자들의 기대에 영향을 줄 수 있는 범위 내에서 그들을 동기부여시킬 수 있다는 것이다.

③ 지도자가 하위자의 작업 목적의 인식, 개인적 목적, 그리고 목적에 도달하는 경로에 어떻게 영향을 주는가를 설명함으로써 행로-목표이론이라고 부른다.

④ 행로-목표이론은 지도자가 상황적 요인을 고려하여 바람직한 보상(목표)을 받게 되는 하위자의 행동(경로)을 명확히 해 줌으로써 하위자가 그것을 어떻게 지각하느냐에 따라 효과성이 달라진다는 것이다.

⑤ 지도자 효과성에 영향을 주는 상황적 요인들을 고찰하고 있으나 효과성을 과업성취가 아닌 하위자의 심리적 상태에서 정의하고 있다.

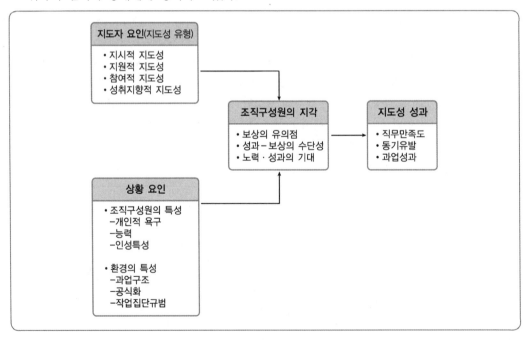

| 행로-목표이론 모형 |

⑥ 지도성 유형

　㉠ 지시적 지도성: 조직구성원의 업무활동을 지시하고 통제하며 조정하는 지도행위를 말하는데, 과업구조 설정과 관계가 깊다.

     © **지원적 지도성**: 인화적 측면을 강조하는 리더로 조직구성원의 복지를 증진시키고 문제해결에 관심을 가지며, 즐겁고 우호적인 업무분위기를 조성해 주는 지도행위를 말한다.

     © **참여적 지도성**: 조직구성원과 접촉하고 정보자료를 많이 활용하여 그들의 의견을 의사결정에 반영시키므로 팀 또는 집단위주의 관리를 중요시하는 지도행위를 말한다.

     ② **성취지향적 지도성**: 높은 수준의 목표를 설정하고 조직구성원이 최선의 업적을 달성하도록 촉구하는 지도행위를 말한다.

⑦ 지도자 요인과 상황 요인에 대한 조직구성원의 지각에 따라 지도성 성과의 정도는 달라진다.

⑧ 지도자 요인과 상황 요인에 의해 조직구성원들이 제공된 보상이 욕구를 충족시키고 성과가 있으면 합당한 보상이 따르며, 노력을 하면 반드시 성과가 있게 된다고 지각하게 되면 지도성 성과로서 직무만족도, 동기유발 및 과업성과는 높아진다.

(4) 레딘(Reddin)의 삼차원 리더십 유형

① 레딘은 학교행정가가 활용할 수 있는 리더십 유형을 구분하기 위한 삼차원 리더십 유형 (tri-dimensional leadership style)을 개발하였다.

② 오하이오 주립대학 연구의 구조성 차원과 배려성 차원에다 효과성 차원을 추가하여, 리더십 유형과 특수한 환경적·상황적 요구를 통합하려고 시도하였다.

③ 특정 지도자 유형이 상황에 적절할 경우에는 효과적이고, 상황에 부적절할 경우에는 비효과적이라는 모델을 제시하였다.

    • **리더십 유형에 영향을 주는 상황적 요소**: 과업수행 방법과 관련된 기술, 조직 행동에 영향을 주는 조직 철학, 상급자, 동료, 구성원

④ 중간 부분은 기본적인 리더십 유형을 나타내는데, 관계형, 통합형, 분리형, 헌신형의 네 가지 유형이 있다. 이 네 가지 기본적인 리더십 유형은 상황에 따라 효과적일 수도 있고 비효과적일 수도 있다는 것이 레딘의 기본 전제이다.

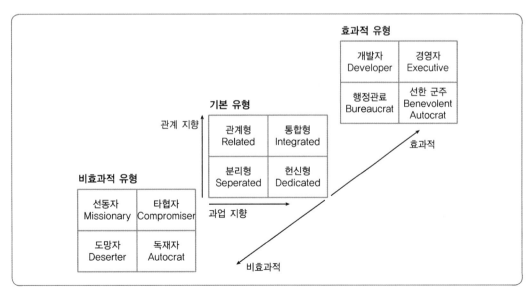

| 레딘의 3차원 리더십 모형 |

■ 효과성과 결합된 네 가지의 기본적 리더십 유형

지도자 유형	비효과적	보다 효과적
통합형 (관계↑과업↑)	타협자 부당한 압력에도 지나치게 영향을 받는 우유부단한 의사결정자. 제약과 문제에 너무 쉽게 굴복하는 자	경영자 부하직원에게 동기를 부여하고, 높은 표준을 설정하며, 개인차에 관심을 두고 팀 접근 방법을 선호하는 자
분리형 (관계↓과업↓)	도망자 무관심하면서 때로는 남의 일에 간섭하며, 책임을 포기하는 자	행정관료 공명정대하고, 규칙과 규정을 성실하게 수행하는 자
헌신형 (관계↓과업↑)	독재자 무감각하고 고압적이고 완고하고 타인을 불신하며, 단지 현안 문제에만 관심을 가진 자	선한 군주 해야 할 일을 알고, 적개심을 유발하지 않으면서 그것을 효율적으로 하는 역동적이고 적극적인 추진자
관계형 (관계↑과업↓)	선동자 기본적으로 조화에 관심을 두나, 조직이 목적 없이 표류하는 동안에도 선의만을 떠드는 자	개발자 타인을 신뢰하는 온화한 인간이며, 타인의 개인적 발전에 관심을 가진 자

⑤ 한계 : 개인차를 고려하지 않았으며, 효과적인 지도자 행동에 부합하는 '적절한' 상황이 무엇인지에 대해 명확하게 제시하지 못하고 있다.

(5) **허시(Hersey)와 블랜차드(Blanchard)의 상황적 리더십 유형** 중등 08 · 14논술, 초등 08
  ① 허시와 블랜차드는 여러 리더십 이론을 확장하여 상황적 리더십 모형을 개발하였다.
  ② 조직구성원의 성숙도를 상황적 요인으로 설정하여 구성원의 성숙도에 따라 지도성 유형이 다르게 적용될 때 지도성의 효과가 높아진다고 보았다.
  ③ 지도자 행동
    ㉠ 과업 중심 행동 : 지도자는 부하직원에게 무슨 과업을 언제, 어떻게 수행해야 할 것인가를 설명함으로써 일방적인 의사소통에 전념한다.
    ㉡ 관계 중심 행동 : 지도자는 사회 · 정서적 지원, 즉 '심리적 위로(psychological strokes)'를 제공하고 일을 촉진하는 행동을 함으로써 쌍방향 의사소통에 전념한다.
  ④ 구성원의 성숙도
    ㉠ 직무 성숙도(job maturity) : 교육과 경험의 영향을 받게 되는 개인적 직무수행 능력을 말한다.
    ㉡ 심리적 성숙도(psychological maturity) : 성취 욕구와 책임을 지려는 의지를 반영한 개인적 동기 수준을 말한다.
  ⑤ 리더십의 효과성을 좌우하는 것은 상황과 적절한 리더십 유형의 결합에 의해 나타난다. 기본적인 지도자 행동은 지시형(directing), 지도형(coaching), 지원형(supporting), 위임형(delegating)이다.

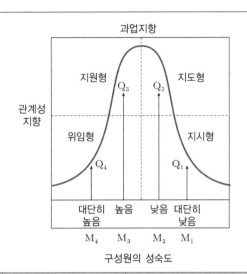

M₄	M₃	M₂	M₁
능력↑ 동기↑	능력↑ 동기↓	능력↓ 동기↑	능력↓ 동기↓

- 성숙도 낮을 때(M_1), 지시형: 높은 과업, 낮은 관계 중심 행동
- 성숙도 중간일 때(M_2), 지도형: 높은 과업, 높은 관계 중심 행동
- 성숙도 중간일 때(M_3), 지원형: 낮은 과업, 높은 관계 중심 행동
- 성숙도 높을 때(M_4), 위임형: 낮은 과업, 낮은 관계 중심 행동

| 허시와 블랜차드의 상황적 리더십 모형 |

⑥ 리더십 유형 네 가지를 교사들에게 다음과 같이 적용시킬 수 있다.
   ㉠ **지시형**: 수업과 장학에 많은 도움을 필요로 하는 초임교사
   ㉡ **지도형**: 자신감과 역량을 점차 확대해 가지만 여전히 부족함이 많은 2~3년 교직경력의 교사
   ㉢ **지원형**: 높은 창의성을 가진 교사
   ㉣ **위임형**: 자신의 일을 스스로 알아서 잘 처리하는 교사
⑦ **의의와 한계점**
   ㉠ 지도자가 성숙도에 따라 지도성 유형을 변화시켜 나감으로써 지도성 효과를 극대화할 수 있다는 점을 제시한 점에서 융통성 있고 적응적인 이론으로 인정받고 있다.
   ㉡ 상황변수로 구성원의 성숙도만을 다루고 있다는 점과 구성원의 성숙도를 각기 다른 상황에서 측정하기 어렵다는 점을 들 수 있다.

03 현대의 지도성 이론

1. 리더십 대용 상황모형 초등 11

(1) 개요

① 상황적 리더십 이론은 리더십이 상황에 의존하기는 하지만 여전히 공식적 리더십이 필요하고 중요하다는 점을 가정한다. 커(Kerr)와 저미어(Jermier)는 이러한 가정에 의문을 제기하고 리더십을 대체하거나 억제하는 리더십 대용 상황모형(substitutes for leadership model)을 개발하였다.

② 커와 저미어는 관리자와 여타 공식리더들의 리더십의 중요성을 감소시키는 상황측면들을 파악하는 모형을 수립하였다.

(2) 상황변인

① 대체요인(substitutes) : 리더의 행동을 불필요하고 중복되게 만든다(대용상황).

◎ 대체요인에는 구성원이 그들의 역할을 명확하게 이해하고, 업무를 어떻게 수행하는지를 알고, 매우 동기부여되고, 직무에 만족하도록 만드는 부하특징, 과제특징 또는 조직특징들이 포함된다.

② 중화요인(neutralizer) : 리더가 어떤 명시된 방식으로 행동하지 못하도록 하거나 리더행동의 효과를 무력화시키는 과제 또는 조직의 특징들이다(억제상황).

◎ 예를 들어, 효과적인 수행에 대해 리더가 보상을 줄 수 있는 권한의 부족은 중화요인으로 작용하는 상황 제약요인인 반면, 리더가 제공하는 인센티브에 대한 부하의 관심부족은 리더행동을 무의미하게 만드는 조건이 된다.

◼ 대체요인과 중화요인

특징	대체요인/중화요인
구성원 특징	
1. 경험, 능력, 훈련	대체요인
2. 전문직 성향	대체요인
3. 보상에 대한 무관심	중화요인
과제특징	
1. 구조화되며 일상적인 과제	대체요인
2. 과제가 제공하는 피드백	대체요인
3. 내적 만족을 주는 과제	대체요인
조직특징	
1. 응집력이 높은 집단	대체요인
2. 지도자의 낮은 권력	중화요인
2. 높은 공식화(역할과 절차)	대체요인
4. 조직의 유연성 부족(규칙과 정책)	중화요인
5. 지도자와 구성원 간의 물리적 거리	중화요인

2. 변혁적 리더십(transformational leadership) 중등 05 · 12 · 19 논술, 초등 02 · 03 · 05 · 09 · 10

(1) 개념

① 배스(Bass)에 의해 발전되었다.

② 넓은 의미에서 거래적 지도성과 대비되는, 1980년대 이전의 지도성에 대한 관점을 보완하는 새로운 지도성 이론을 의미한다.

③ 좁은 의미에서의 변혁적 지도성은 번즈(Burns, 1978)와 배스(Bass, 1985)가 말한 기대 이상의 직무수행을 가능하게 하는 지도성을 말한다.

④ 거래적 지도자는 봉사와 그 대가로서 보상을 상호 교환함으로써 구성원을 동기화하는 반면, 변혁적 지도자는 단순히 수행의 대가로 인센티브를 교환하는 것을 넘어 구성원이 조직 목적에 헌신하게 하고, 의식과 능력 향상을 격려함으로써 자신과 타인의 발전에 보다 큰 책임을 가지고 조직을 변혁하고 높은 성취를 이루도록 유도한다.

⑤ 변혁적 지도성이란 구성원의 성장 욕구를 자극하여 동기화시킴으로써 구성원의 태도와 신념을 변화시켜 자신감을 갖게 하며, 더 많은 노력과 헌신을 이끌어내며, 기대 이상의 성과를 달성하게 하는 지도성을 의미한다.

　ⓐ 거래적 지도성: 구성원에게 순종을 요구하고 그 대가로 보상을 제공한다.

　ⓑ 변혁적 지도성: 지도자가 구성원의 잠재 능력을 계발하도록 도움을 주고 내재적 만족감을 갖게 한다.

(2) 특징

① 변혁적 지도자는 추종자의 신념, 가치관, 목적과 조직 문화를 변혁시켜 그들로 하여금 기대 이상의 직무수행을 하도록 동기를 유발시킨다.

② 추종자의 욕구 목록을 확대시키고 과업의 중요성과 가치를 인식시키며, ⅰ) 추종자의 고급 욕구를 자극함으로써, ⅱ) 추종자의 과업달성에 대한 유인가를 높이고, ⅲ) 조직 문화를 변화시킴으로써, ⅳ) 추종자가 과업 달성을 위한 동기 수준을 높이도록 자극한다.

(3) 'I'를 조합한 네 가지 개념(변혁적 지도성의 구성요소)

① 이상적인 완전한 영향력(idealized influence): 지도자가 ⅰ) 높은 기준의 윤리적 · 도덕적 행위를 보이고, ⅱ) 목표 수행 과정에서 발생하는 위험을 구성원과 함께 분담하며, ⅲ) 자신보다는 타인의 욕구를 배려하고, ⅳ) 개인의 이익이 아닌 조직의 이익을 위해 행동하는 것을 바탕으로 구성원의 존경과 신뢰를 받고 칭송을 얻는다.

② 감화력(inspirational motivation): 조직의 미래와 비전을 창출하는 데 사람들을 참여시키고, 구성원이 바라는 기대를 분명하게 전달함으로써 조직의 문제를 해결할 수 있으며, 조직이 발전할 수 있다고 믿도록 구성원의 동기를 변화시켜 단체정신, 낙관주의, 열성과 헌신 등을 이끌어 낸다.

③ 지적인 자극(intellectual stimulation): 일상적인 생각에 대해 의문을 제기하고 문제들을 재구조화하며 종래의 상황을 새로운 방식으로 접근함으로써 구성원들이 혁신적이고 창의적이 되도록 유도한다.

④ 개별적인 배려(individualized consideration): 지도자가 구성원의 욕구에 특별한 관심을 보임으로써 새로운 학습 기회를 만들어 구성원이 잠재력을 계발하고 자신의 개인적 발전을 모색하며, 그에 대해 책임을 지도록 한다.

구분	거래적 리더십	변혁적 리더십
현상	현상을 유지하기 위해 노력	현상을 변화시키기 위해 노력
목표지향성	현상과 너무 괴리되지 않는 목표 설정	보통 이상의 높은 이상적인 목표 설정
시간	단기적 전망, 기본적으로 가시적인 보상으로 동기부여	장기적인 전망, 부하들에게 장기적 목표를 위하여 노력하도록 동기부여
동기부여전략	부하들에게 즉각적이고 가시적인 보상으로 동기부여	부하들에게 자아실현과 같은 높은 수준의 개인적 목표를 설정하도록 동기부여
행위표준	부하들은 규칙과 관계를 따르기를 좋아함	변환적이고 새로운 시도에 도전하도록 부하를 격려함
문제해결	부하들을 위하여 문제를 해결하거나 해답을 찾을 수 있는 곳을 알려 줌	질문을 하여 부하들이 스스로 해결책을 찾도록 격려하거나 함께 일함

3. 카리스마적 리더십 중등 12

(1) 개념

① 카리스마는 다른 사람들의 신념, 가치, 행동, 그리고 수행에 강력한 영향력을 행사하고 확산시키는 지도자의 능력을 말한다.

② 탁월한 비전, 가능성 있는 해결책, 압도하는 인간적 매력을 소유한 지도자가 구성원의 헌신적인 복종과 충성을 바탕으로 나타내는 강력한 영향력을 카리스마적 리더십으로 본다.

③ 카리스마적 지도성은 변혁적 지도성과 유사성을 지니고 있고 여러 논자들에 의해 변혁적 지도성의 중요한 한 부분이 되어 논의되고 있을 만큼 밀접한 관계가 있다.

④ 베버는 사람들로 하여금 자발적으로 복종하게 하는 권위에 관심을 갖고 카리스마적 권위가 존재함을 확인하였다. 카리스마적 권위는 리더의 개인적인 인력과 어떤 특별한 매력이 추종자들을 움직이는 사회적 지배의 양식이며 리더십의 요소를 내포한다.

(2) 카리스마적 지도자의 인성 특성

- 성취 지향성
- 창의성과 혁신성
- 자신감
- 높은 열정과 참여
- 높은 사회적 욕구
- 높은 수준의 업무 참여와 모험 성향
- 민감성과 배려심

① 카리스마적 리더십은 카리스마적 특성을 가진 지도자와 그 영향을 받는 구성원과의 관계에서 나오는 것으로 보고 있다.

② 카리스마적 지도자는 지도자가 성공하고 있으며 능력을 가지고 있다는 느낌을 구성원 사이에 불러일으키는 행동을 한다. 이러한 행동에는 다음과 같은 것들이 있다.

- 미래 비전의 제시
- 인상관리
- 자기희생
- 개인적인 모험 감수
- 구성원들이 모방할 행동모형의 제시
- 탈인습적인 행동
- 권력의 분담

📵 마음을 사로잡는 미래 비전의 제시는 업무수행의 의미를 부가해 주고, 구성원에게 열정과 자극을 일으킨다.
📵 인상 관리는 지도자가 내린 결정에 대한 신뢰를 증대시키고 구성원들의 자발적인 충성을 증대시킨다.

(3) 의의와 한계

① 위기, 격동, 변화 요구가 높은 조직 상황에서 큰 효과를 발휘할 수 있으며, 일부 지도자들이 구성원들에게 미치는 특별한 영향력을 효과적으로 설명한다는 장점이 있다.
② 그러나 지도자와 구성원의 관계에 과도하게 초점이 맞추어져 있으며, 리더십을 제한하고 촉진하는 상황적 변인이 무시되거나 간과되었다는 비판을 받고 있다.

4. 슈퍼 리더십(초우량 리더십)(super leadership) 중등 11 · 12

(1) 개념

① 만즈(Manz)와 심스(Sims)가 제안한 리더십 이론이다.
② 슈퍼 리더십은 셀프 리더십의 개념이 내포되어 있으며, 셀프 리더십은 구성원 각자가 스스로를 지도할 수 있는 능력, 즉 자율적으로 자신의 지도력을 발휘할 수 있게 되는 것을 의미한다. 리더는 구성원들이 스스로 해결책을 찾고 의사결정을 하도록 도와주는 사람이다.
③ 만즈와 심스는 슈퍼 리더를 "부하가 자기 자신을 스스로 이끌어 갈 수 있도록 해 주는 리더로, 부하에게 자율성과 권한을 부여하여 셀프 리더로 만드는 리더"로 정의하고 있다.
④ 슈퍼 리더십은 조직구성원 각자가 스스로를 통제하고 자신의 삶의 진정한 주인이 될 수 있도록 자율적 리더십을 개발하는 데 중점을 두는 리더십 개념이라고 할 수 있다. 자율적 리더십은 조직구성원 개개인이 자율성을 발휘하게 되는 것을 의미하며, 슈퍼 리더십은 지도자가 조직구성원 개개인을 지도자로 성장시킴으로써 단순히 '구성원의 지도자'가 아니라 '지도자의 지도자'가 되게 하여 모든 구성원을 지도자로 변혁시키는 리더십이다.

(2) 시사점

학교와 같이 전문직 종사자들이 근무하고 있는 조직의 경영에 의미 있는 시사점과 유용성을 준다. 전문직 종사자들은 직무수행 과정에서 독립적으로 일하며, 과업 특성상 자율성과 책임이 그 기반이 되므로 자율적 리더십이 매우 필요하다.

(3) 신장방안

① 외적 통제보다는 구성원이 자기 지도적이고 내적인 통제가 가능하도록 내적 동기를 부여한다.
② 스스로 지도자로서의 능력을 개발할 수 있는 기회를 제공한다.

(4) 한계점

지도자의 특별한 능력이나 행위보다는 구성원의 능력과 행위에 리더십의 초점이 맞추어져 있기 때문에 지도자의 리더십 프로그램이나 역량 개발 등에 시사하는 바가 약하다.

5. 분산적 리더십(distributed leadership) 중등 12

(1) 개념

① 엘모어(Elmore)에 의해 한 사람이 조직 변화에 책임을 지는 가정에서 벗어나 다양한 개인이나 집단이 지도성을 대체하거나 공유할 수 있다고 보는 가정에서 시작되었다.

② 지도자 개인의 역량이나 시스템 안에 머물러 있는 것이 아니라 교장, 교사 그리고 학교 상황, 교사의 상호작용에 의해 리더십이 분산되어 발휘되는 것이다.

③ 학교장과 학교 구성원 모두가 공동의 지도성을 실행하며, 그에 대한 공동 책임을 수행하면서 조직의 효과성을 극대화하는 것을 목표로 하는 지도성 실행에 초점을 둔 새로운 형태의 지도성 이론이다.

④ 지도자의 개인적 특성은 지도성을 구성하는 한 부분일 뿐 지도성 자체를 결정하는 필요충분조건이 아니라고 본다.

⑤ 조직 내 공식적·비공식적 지도자들이 조직의 상황과 맥락에서 조직의 목표와 직면한 문제 및 이슈에 대한 의사결정의 공유를 통하여 조직효과성과 개인의 전문성 및 역량을 극대화하고자 지도성의 분산과 실행에 초점을 맞춘 지도성 이론이다.

⑥ 분산적 지도성의 중요한 특징은 지도성의 영역이 구성원까지 확대되고 지도성 실행이 학교조직의 상황 속에서 어떻게 공유되고 분산되고 있는가 하는 점이다.

(2) 분산적 리더십의 실행(구성요소)

지도자	• 다수의 지도자들에 의해 지도성이 실행된다. • 지도자들은 독립적으로 업무를 수행할 때도 있지만 각각의 업무는 상호의존적이며, 공통의 목표를 위해 상호작용하면서 지도성을 실행한다.
구성원	• 구성원들은 상황에 따라 지도자의 역할을 맡기도, 구성원의 역할을 맡기도 한다. • 지도자들이 구성원에게 영향을 미치는 것과 마찬가지로 구성원 역시 지도자에게 영향력을 행사한다.
상황	• 지도자들은 상황과 상호작용을 한다. • 학교조직에서는 새로운 도구나 정해진 업무 루틴 등의 업무를 수행하는 데 필요한 수단들이 지도성 실행의 성격을 변화시킨다.

(3) 한계점

① 누구의 관심이 분산되고 어떠한 특정한 목표를 위해 활용되는가에 대한 고려가 필요하다.

② 민주적 의사결정 과정이 오히려 교사들에게 스트레스를 줄 수 있다.

③ 책임과 권력 분산이 조직경영의 효과성을 오히려 저해할 수 있다.

6. 문화적 리더십(cultural leadership) 중등 12

① 문화적 지도성은 독특한 학교문화를 창출하는 것에서 나오는 지도성이다. 서지오바니(Sergiovanni)는 특히 문화적 지도성을 강조하였다.

② 문화적 리더십은 조직구성원 개개인에게 초점을 두기보다는 조직의 문화에 초점을 두는 관점이다. 조직의 문화가 어떠하냐에 따라 조직구성원의 사고방식과 행동에 영향을 미치기 때문이다.

> 🖼 신임교사가 첫 발령을 받아 재직하는 학교의 문화가 어떻게 조성되어 있느냐에 따라 신임교사는 직간접적으로 영향을 받기 쉽고 시간이 지남에 따라 학교의 문화에 동화되기 쉽다.

③ 학교문화는 특정한 교사, 학생, 학부모를 하나의 집단으로 묶는 공유된 가치, 신념, 의미체계라고 할 수 있다.

④ 커닝햄(Cunningham)과 그레소(Gresso)는 학교조직에서 효과적인 문화를 형성할 수 있는 구성요소로 '버티컬 슬라이스, 결핍보다는 비전, 동료 관계, 신뢰와 지원, 권력과 지위보다는 가치와 흥미, 폭넓은 참여, 지속적 성장, 장기적 전망에 따른 현재의 생활, 질 높은 정보에 대한 용이한 접근, 개선의 유지와 지속, 그리고 개인적인 권한부여'를 들고, 이러한 문화의 형성을 통해 학교조직의 수월성을 높일 수 있다고 보았다.

- 버티컬 슬라이스 : 조직에서 각 계층 대표자들이 직위에 관계없이 허심탄회하게 토론하고 조정하는 의사소통 방법이다.

7. 도덕적 리더십(moral leadership)

① 서지오바니는 문화적 지도성이론을 확대하여 학교에서의 지도성을 도덕적 지도성으로 개념화하고 학교의 가치와 효율성에 대한 논의를 전개하였다.

② 그는 학교가 도덕적 측면의 '선의(good-will)'와 경영관리 측면의 '성공(success)'이라는 두 개의 축을 토대로 다음과 같은 네 개의 유형으로 구분된다고 하였다.

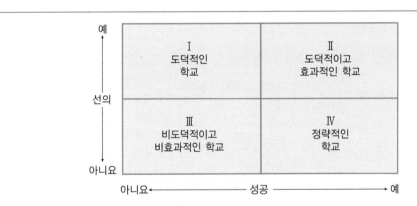

- Ⅰ수준(도덕적인 학교) : 도덕적인 면에서 교직원들의 선의는 높으나 목적 성취를 위한 성공률이 낮은 학교조직이다. 교직원들은 선의에 기초한 학교장의 리더십을 이해하면서 점차 성공할 가능성이 높아진다.
- Ⅱ수준(도덕적이고 효과적인 학교) : 선의와 성공이 모두 높은 도덕적이고 효율적인 학교조직이다. 교직원들은 선의에 의한 학교장의 리더십에 의하여 동기가 유발될 뿐만 아니라 목적도 성공적으로 달성한다.
- Ⅲ수준(비도덕적이고 비효과적인 학교) : 선의도 성공도 모두 낮은 비도덕적이고 비효율적인 학교조직이다. 교직원들은 선의에 의하여 동기유발이 되지 않으며, 목적도 성공적으로 달성하지 못한다.
- Ⅳ수준(정략적인 학교) : 선의는 낮으나 성공이 높은 정략적인 학교조직이다. 교직원들의 선의에 의해 동기는 유발되지 않지만, 목적달성에 있어서는 성공적이다. 단기적으로 성공을 지향하는 이러한 학교는 도덕적인 학교(Ⅰ수준)보다 성공할 가능성이 낮다.

| 서지오바니의 학교의 네 가지 유형 |

③ 교장이 지향해야 할 도덕적 리더십은 성공보다는 선의를 중시하는 Ⅰ수준과 Ⅱ수준의 학교를 만드는 리더십이라고 할 수 있다.

④ 학교행정가의 지도성은 높은 가치와 윤리를 바탕으로 둔 도덕적 지도성에 토대를 두어야 한다. 그럴 때에만 학생의 복지와 학교의 발전에 기여할 수 있는 참다운 지도성을 발휘할 수 있다고 하였다.

⑤ 명제창은 도덕적 리더십을 "리더십의 과정에서 리더의 도덕성과 추종자들의 자율성 확보를 통하여, 리더가 자신의 도덕적 품성과 능력을 바탕으로 추종자의 존경과 신뢰를 획득하고 나아가 추종자의 능력을 계발하고, 추종자의 자율적 직무수행을 조장하여 추종자들을 '셀프리더'가 되도록 자극하고, 리더 자신은 '리더들의 리더'가 되어 궁극적으로 효과적이고 도덕적인 조직이 될 수 있도록 하는 리더십 기제"라고 하였다(명제창, 1998;93).

8. 감성 리더십(emotional leadership)

① 골먼(Goleman)은 감성지능이 지도성 유효성에 중요한 요소이며, 조직의 상위계층으로 갈수록 더욱 중요하다고 주장하였다.

② 지도자의 감성능력은 자기 자신과 주변과의 인간관계를 효과적으로 관리하는 능력을 말하며 자기인식, 자기관리, 사회인식, 관계관리 등의 영역으로 묶을 수 있다.

③ 감성 지도성은 '지도자가 자신이 가지고 있는 감성적이고 사회적 능력을 개발하고, 구성원들의 감성을 이해하고 배려함과 동시에 비전을 제시하고 자연스럽게 조직구성원들에게 영향력을 행사하는 것'으로 정의할 수 있다.

■ 감성 리더십의 구성요인

구성요인	세부요인	정의	하위요인
개인 역량	자기인식능력	자신의 감성을 명확하게 이해하는 능력	• 감성이해력 • 정확한 자기평가 • 자신감
	자기관리능력	자기 자신의 감성을 효과적으로 관리하는 능력	• 자기통제력 • 신뢰성, 자기관리 및 책임의식, 적응력 • 성과달성지향, 주도성
사회적 역량	사회적 인식능력	다른 사람의 감성을 명확하게 이해하는 능력	• 감정이입, 조직 파악력 • 고객 서비스 정신
	관계관리능력 (사회적 기술능력)	다른 사람의 감성을 효과적으로 관리하는 능력	• 영감을 불러일으키는 능력 • 영향력, 타인지원성, 연대감 형성 • 커뮤니케이션, 변화촉진력, 갈등관리능력

9. 기타 리더십

(1) 피그말리온 리더십(pygmalion leadership)

학교조직에서의 지도성과 관련하여 피그말리온 효과는 학교장의 열성과 기대가 조직구성원의 성취에 그대로 반영되는 효과를 말한다. 조직에서 자기충족적 예언의 효과를 통하여 구성원들로 하여금 높은 기대에 부응하는 역할을 다하도록 할 수 있다.

(2) 서번트 리더십(servant leadership)

지도자의 강한 리더십 발휘보다는 솔선수범과 헌신적인 봉사를 강조하는 리더십을 말한다.

(3) 팀 리더십(team leadership)

구성원의 협동적 노력을 유발하고 활성화하는 리더십을 강조한다.

Chapter 05 조직론

01 조직의 개념과 특성

1. 조직의 개념

① 버나드(Barnard) : 두 사람 이상이 의식적으로 만든 활동 혹은 힘의 체제
② 캠벨(Campbell) : 주어진 상황에서 일정한 목표를 달성하기 위하여 함께 일하는 사람들의 집단
③ 에치오니(Etzioni) : 특정의 목적을 성취하기 위하여 의식적으로 구성되고, 재구성되는 사회적 단위
④ 가우스(Gaus) : 기능과 책임의 분담을 통해 합의된 목적 달성을 효율화하기 위한 인적 배치
⑤ 베버(Weber) : 협동집단으로서 계속적이고 의도적인 특수한 종류의 활동체제
　◎ '둘 이상의 사람이 일정한 목표를 추구하기 위해 의도적으로 구성한 사회체제로, 목표 달성을 위한 특정한 과업, 역할, 권한, 의사소통, 지원구조 등을 갖는 체제'라고 정의할 수 있을 것이다.

2. 행정조직의 원리

(1) 계층의 원리(principle of hierarchy)

① 조직구조의 상하관계와 형태를 조직하는 데 요구되는 원리다.
② 계층은 조직의 목표 달성을 위한 업무를 수행함에 있어 권한과 책임의 정도에 따라 직위가 수직적으로 서열화·등급화되어 있는 것을 의미한다. 군대조직이 그 예다.
③ 계층조직이 피라미드형이냐 평면형이냐에 따라 권한과 책임의 집중과 분산에 차이가 있을 수는 있으나 계층성이 없는 행정조직은 존재하지 않는다.

(2) 분업의 원리(principle of division of work)

① 업무수행의 효율을 높이기 위해 업무를 성질별로 나누어 가능하면 한 사람에게 한 가지의 주된 업무를 분담시키는 것으로, 전문화 또는 분업화의 원리라고도 한다.
② 분업화의 목적은 행정조직이 추구해야 할 공동과업을 수행함에 있어서 표준화(standardization), 단순화(simplification), 전문화(specialization)라는 3S를 촉진하는 데 있다.
③ 유사한 업무나 기능을 표준화하여 한데 묶고 전문적인 지식이나 기능을 가진 사람으로 하여금 그것을 담당하게 함으로써 업무수행상의 효율을 높이려고 하는 것이다.

④ 분업화의 장단점

장점	단점
• 작업 능률의 향상 • 도구 및 기계의 발달 촉진 • 신속한 업무처리	• 일에 대한 흥미와 창의성의 상실 • 시야의 협소화 • 업무의 중복, 낭비 및 책임 회피 • 조정의 곤란

(3) 조정의 원리(principle of coordination)

① 조직체의 각 부분이 공통된 목적을 달성하기 위하여 행동의 통일과 집단적 노력을 질서 있게 결합, 배정하여 조화를 이루게 하는 원리이다.

② 조직 내에서 업무의 수행을 조절하고 조화로운 인간관계를 유지함으로써 협동의 효과를 최대한 거두려는 것을 말한다.

③ 조정의 방법으로는 목표·책임한계의 구체화, 계층제로서의 권위 확립, 조정기구의 설치, 계획에 의거한 조정 등이 있을 수 있다.

(4) 적도집권의 원리(principle of optimum centralization)

① 중앙집권제와 분권제 사이에 적정한 균형을 도모하려는 것을 말한다.

② 중앙집권제는 중앙부서에 권한을 집중시킴으로써 능률을 높일 수 있지만, 획일주의와 전제주의를 초래할 위험성이 있다. 반면 분권제는 하부기관으로의 권한 분산으로 다양성과 자율성을 촉진할 수는 있으나 비능률을 초래할 가능성이 있다.

③ 두 제도의 적정한 균형을 도모하는 것이 적도집권 혹은 적도분권이다.

(5) 명령 통일의 원리(principle of unity of command)

① 한 사람의 상관에게서만 명령을 받고, 또 그에게만 보고한다는 원리이다.

② 명령 통일의 원리는 명령의 중복을 피하고 계층의 질서를 확립시켜 줄 뿐만 아니라 업무처리의 능률을 가져오고 책임 소재를 분명히 하는 데 도움이 된다.

(6) 통솔 범위의 원리(principle of span of control)

① 한 사람의 상관이 효과적으로 다스릴 수 있는 부하의 수에는 한계가 있다는 것을 말한다. 다시 말해, 인간의 능력에는 한계가 있기 때문에 한 지도자는 일정 수의 부하만을 통솔할 수 있다는 의미다.

② 많은 학자가 상층부는 4~6명, 하층부는 12~20명으로 제시하고 있으나, 오늘날에는 획일적으로 통솔범위를 정하기는 어렵고, 주어진 상황에 따라 달라질 수 있다고 보고 있다.

3. 조직의 구조

(I) 공식 조직과 비공식 조직 중등 16논술

① 공식 조직(formal organization)

㉠ 공식적인 조직표나 기구표상에 나타나는 조직이다.

ⓒ 공식화된 분업의 계통과 인원의 배치, 공식적 의사소통의 경로와 권한 배분을 보여주며, 공식화된 목표 달성을 위한 명확한 역할이 주어져 있다.

② 비공식 조직(informal organization)

　ⓐ 공식 조직 내에 존재하면서 공식 조직에 의해 충족되지 못하는 여러 심리적 기능을 수행하고, 공식 조직의 기능에 직·간접적 영향을 미치는 조직 내의 조직이다.

　ⓑ 공식 조직 내부에서 자연발생적으로 생기는 조직이라는 의미에서 자생 조직이라고도 한다.

③ 공식 조직과 비공식 조직 비교

　ⓐ 공식 조직은 인위적인 데 반해 비공식 조직은 자연발생적으로 형성된다.

　ⓑ 공식 조직은 외면적이고 가시적인 반면, 비공식 조직은 내면적이고 비가시적이다. 따라서 공식 조직은 대개 건물이나 집무실 등을 가지고 있으나 비공식 조직은 그런 것이 없다.

　ⓒ 공식 조직은 능률이나 비용의 논리에 의해 구성·운영되고, 비공식 조직은 감정의 논리에 의해 구성·운영된다.

　ⓓ 공식 조직은 전체 조직이 인식 대상인 데 반해, 비공식 조직은 공식 조직의 일부를 점유하면서 그 속에 산재해 있다.

　ⓔ 공식 조직은 계속 확대되는 경향이 있으나, 비공식 조직은 친숙한 인간관계를 요건으로 하므로 항상 소집단의 상태를 유지한다.

　ⓕ 공식 조직은 조직의 설립과 폐지에 따라 수명이 계속되나, 비공식 조직은 공식 조직에 선행하여 존재할 수도 있고 공식적 조직을 떠나서도 계속되는 경우가 많다. 예를 들어, 공식적 조직에서 타 조직으로 전근한 경우에도 전에 근무하던 조직에서 맺었던 비공직 조직은 유지되는 경우도 많다.

④ 비공식 조직의 순기능과 역기능

　ⓐ 순기능

　　• 공식 조직의 경직성 완화에 기여한다. 법규에 의해 운영되는 공식적 조직에 융통성을 부여하며 대인관계에서 오는 개방적 풍토가 형성된다.

　　• 조직원들에게 주어진 업무를 능률적으로 수행하게 한다. 구성원들 간의 원활한 협동관계와 지식·경험의 공유, 집단적 결정에의 참여 그리고 유기적인 상호의존관계를 가능하게 한다.

　　• 조직구성원에게 만족감을 주고 직무집단을 안정시켜 준다. 구성원들의 누적된 심리적 욕구불만의 해소처가 되므로 귀속감과 안정감을 부여한다.

　　• 공식적 구조만으로는 불충분하기 쉬운 의사전달을 비공식적 의사전달의 통로를 통하여 보충해 줌으로써 의사전달의 원활화에 기여한다.

　　• 공식 조직의 책임자에 대한 능력보완에 기여한다. 공식 조직의 책임자에 대한 자문기관이나 협조자의 역할을 하기도 한다.

　　• 구성원 간의 행동기준 확립에 도움을 준다. 구성원 간에 서로 권고, 조언함으로써 상호통제기능을 가지게 되어 나름의 행동기준을 제공한다.

ⓛ 역기능

- 파벌 조성의 위험이 있을 수 있다.
- 공식 조직의 목표와는 배치되는 의견을 가짐으로써 공식 조직의 효율성을 떨어뜨릴 수 있다.
- 비공식적 접촉을 통하여 개인적인 이익을 도모하기 쉽다.
- 비공식적 의사전달에 따라 왜곡된 정보 및 구설 등에 의해 조직의 분위기가 흐려지는 경우도 있다.

구분	공식 조직	비공식 조직
발생	인위적	자연발생적
성격	공적	사적
존재 형태	외면적 · 가시적	내면적 · 비가시적
구성원	전체	일부(소집단)
강조점	조직의 공식적 측면	구성원의 사회심리적 측면
운영원리	합리성 또는 능률의 원리	비합리적 감정의 논리

(2) 계선 조직과 참모 조직

① 계선 조직(line organization)

ⓐ 행정의 수직적인 지휘명령계통의 목적을 이루기 위하여 직접적으로 기여하는 일차적 조직을 말한다.

ⓑ 명령 일원화의 원칙에 따라 직속 상사의 명령에 따라 행동하고, 이에 대해 책임을 지는 조직이다.

ⓒ 장관-실 · 국장-과장-계장-계원으로 이어지는 행정관료 조직이나 참모총장-군단장-사단장-연대장-대대장-중대장-소대장-분대장-분대원으로 이어지는 군대의 지휘명령계통이 대표적인 예이다.

② 참모 조직(staff organization)

ⓐ 막료조직이라고도 하며, 계선 조직이 원활하게 그 기능을 수행하도록 기획 · 자문 · 협의 · 경고 · 정보수집 · 통제 · 인사 · 조사 · 연구 등의 기능을 수행하는 조직이다.

ⓑ 조직의 목적 달성을 위해 간접적으로 기여할 뿐, 명령 · 집행 · 결정을 직접 행사할 수는 없다.

구분	계선 조직	참모 조직
장점	• 권한과 책임의 한계가 명확하여 업무수행의 효율성 제고 • 단일기관으로 구성되어 신속하게 정책 결정 • 업무처리가 간편하여 조직 운영비가 적게 듦 • 강력한 통솔력 발휘	• 기관장의 통솔 범위 확대 • 전문적인 지식과 경험을 활용함으로써 합리적인 결정 가능 • 수평적인 업무조정 가능 • 조직의 신축성을 기할 수 있음
단점	• 복잡하고 과다한 업무처리에 문제가 있음 • 지도자의 주관적이고 독단적인 결정을 방지할 수 없음 • 전문가의 지식과 경험을 충분히 활용할 수 없음 • 조직의 경직성 초래	• 조직의 복잡성으로 조직구성원이나 부서 간 갈등 · 불화가 생길 수 있음 • 조직 운영을 위한 경비지출이 많이 듦 • 계선과 참모 간에 책임전가의 사태를 빚을 우려 • 의사전달의 혼란을 일으킬 수 있음

구분	계선 조직	참모 조직
형태	계층적, 수직적	수평적
기능	목적 수행, 실제 집행	전문적 권고, 지원, 보조
권한과 책임	직접적인 지시와 명령권, 결과에 대한 책임	간접적인 권한 행사와 책임
업무 강조점	통일성, 능률성, 책임성	전문성, 개혁성

02 조직의 유형

1. 파슨스(Parsons)의 사회적 기능 유형 중등 10

조직이 수행하는 사회적 기능에 따라 조직의 유형을 네 가지로 분류하였다.

(1) 생산조직(production organization)

사회의 적응기능을 수행하는 조직이다. 사회를 유지하기 위해 필요한 자원 획득을 일차적인 책임으로 하는 기업체 조직이 속한다.

(2) 정치적 목표 지향조직(political goal oriented organization)

사회의 공동목표를 설정하고 달성하는 기능을 수행하는 조직이다. 목표 달성을 위해 권력을 할당하는 정부기관이나 은행과 같은 조직이 여기에 포함된다.

(3) 통합조직(integrative organization)

구성원 간에 결속과 통일을 유지하는 사회통합의 기능을 수행하는 조직이다. 사회체제의 내적 활동을 조정 · 통합하는 법원, 정당, 사회통제기관 등이 여기에 속한다.

(4) 유형유지조직(pattern maintenance organization)

체제의 문화유형을 유지하고 새롭게 하는 잠재기능을 수행하는 조직이다. 문화를 창조하고, 보존하고, 전달하는 기능을 수행하는 공립학교, 대학, 교회, 박물관 등이 여기에 속한다.

2. 블라우(Blau)와 스콧(Scott)의 1차적 수혜자 유형

조직의 혜택을 받는 주요 수혜자가 누구냐에 따라 조직을 네 가지로 분류하였다.

(1) 호혜조직(mutual benefit associations)

1차적 수혜자는 구성원으로, 참여를 보장받는 데 관심을 가지고 있다. ⊙ 노동조합, 정당, 전문가 단체, 클럽, 종교단체

(2) 사업조직(business concerns)

1차적인 수혜자는 조직의 소유자로, 그들의 주된 목표는 이윤의 획득이다. ⊙ 산업체, 도매상, 소매상, 은행

(3) **공공조직**(commonwealth organizations)

1차적 수혜자는 그 조직의 구성원이 아닌 일반대중이다. ⊙ 군대, 경찰, 소방서 등

(4) **봉사조직**(service organizations)

1차적 수혜자는 조직과 직접적으로 접촉하는 일반대중이며, 이 조직의 기본적인 기능은 고객에게 서비스를 제공하는 것이다. ⊙ 학교, 병원, 사회사업기관 등

3. 칼슨(Carlson)의 봉사조직 유형 중등 03·11, 초등 05

조직과 고객이 서로를 선택할 수 있는 정도에 따라 봉사조직을 네 가지 유형으로 분류하였다.

(1) **유형 Ⅰ**

조직이 고객을 선발하기도 하고, 고객이 조직을 선택하기도 한다. 사립학교와 대학교, 개인 병원, 공공복지기관 등이 여기에 속한다. 이 조직은 살아남기 위하여 경쟁을 하지 않으면 안 되기 때문에 야생조직(wild organization)이라고도 한다.

(2) **유형 Ⅱ**

조직이 고객을 선발할 권리는 없고 고객이 조직을 선택할 권리만 있는 조직이다. 미국의 경우 모든 고졸 지원자를 받도록 학칙에 명시되어 있는 주립대학과 대부분의 지역사회 대학(community college) 등을 들 수 있다.

(3) **유형 Ⅲ**

조직은 고객선발권을 갖지만 고객이 조직선택권을 가지고 있지 않는 조직은 봉사조직으로 존재하기 어렵기 때문에 이 유형은 이론적으로는 가능하나 실제로는 존재하지 않는다.

(4) **유형 Ⅳ**

조직이나 고객 모두 선택권을 갖지 못하는 조직으로 공립학교, 정신병원, 형무소 등이 여기에 속한다. 이 조직은 법적으로 존립을 보장받고 있어 사육조직(domesticated organization)이라고도 한다.

		고객의 참여결정권	
		유	무
조직의 고객선택권	유	유형 Ⅰ 야생조직(사립학교, 개인 병원, 공공복지기관 등)	유형 Ⅲ (이론적으로는 가능하나 실제는 없음)
	무	유형 Ⅱ (주립대학)	유형 Ⅳ 사육조직(공립학교, 정신병원, 형무소 등)

| 선택과정과 통제권에 따른 봉사조직의 유형 |

4. 에치오니(Etzioni)의 순응 유형 중등 10

순응(compliance)이라는 개념에 기초하여 조직의 유형을 분류하였다.

(1) 순응이란 부하직원에게 행사하는 권력과 그 결과 부하직원이 조직에 참여하는 수준 간의 관계를 의미한다.

(2) 행사 권력은 강제적 권력, 보상적 권력, 규범적 권력으로, 참여 수준은 소외적 참여, 타산적 참여, 헌신적 참여로 구분하였다.

행사 권력		참여 수준	
강제적 권력	물리적 제재와 위협	소외적 참여	부정적 태도로 소극적으로 참여
보상적 권력	물질적 보상	타산적 참여	온건한 태도로 타산적으로 참여
규범적 권력	상징적 보상	헌신적 참여	긍정적 태도로 적극적으로 참여

(3) 순응 유형은 아홉 가지가 된다. 그러나 이 중 1, 5, 9의 유형만이 효과적인 조직 유형으로 나타나고, 나머지는 권력의 형태와 구성원의 참여가 일치하지 않기 때문에 비효과적인 유형이 된다.

		참여 수준		
		소외적	타산적	헌신적
행사 권력	강제적	1 강제조직	2	3
	보상적	4	5 공리조직	6
	규범적	7	8	9 규범조직

| 에치오니의 순응 유형 |

① **강제조직(coercive organization)**: 부하직원의 활동을 통제하기 위한 수단으로 물리적 제재나 위협을 사용하며, 구성원의 소외적 참여를 특징으로 한다. 목표: 질서 유지 ◎ 형무소, 정신병원

② **공리조직(utilitarian organization)**: 부하직원에게 물질적 보상체제를 사용하여 조직을 통제하며, 구성원은 타산적으로 참여한다. 목표: 이윤 추구 ◎ 공장, 일반 회사, 농협 등

③ **규범조직(normative organization)**: 규범적 권력을 사용하여 구성원의 높은 헌신적 참여를 유도한다. 목표: 새로운 문화의 창출과 계승, 활용을 중시 ◎ 종교단체, 종합병원, 전문직 단체, 공립학교 등

5. 카츠(Katz)와 칸(Kahn)의 본질적 기능 유형

사회의 본질적인 기능을 기준으로 유형을 분류하였다.

(1) 생산적(경제적) 조직

인간의 기본적 욕구를 충족시켜주는 일차적 산물, 즉 의식주를 생산하고 보수를 제공하며, 인간의 욕구를 충족시키는 조직을 말한다. ⊙ 기업

(2) 유지적 조직

다른 조직이나 사회에서 역할을 수행할 수 있도록 사회화하는 데 공헌하는 기능을 한다. 교육이나 교화 및 훈련 등을 통한 직접적인 유지와 복지활동이나 치료활동과 교정활동 등을 통한 간접적 유지의 기능을 수행한다. ⊙ 학교, 종교기관, 병원 등

(3) 적응적 조직

지식을 창출하고 이론을 개발·검증하며, 사회문제의 해결에 정보를 적용하는 기능을 수행하는 조직이다. ⊙ 대학, 각종 연구기관, 문화예술 활동조직 등

(4) 관리적(정치적) 조직

사회의 인적·물적 자원의 배분과 하위체제에 대한 결정과 조정을 하는 사회통합적인 관리기능을 하는 조직이다. ⊙ 국가행정기관, 지방자치단체, 정당, 노동조합, 각종 압력단체 등

03 조직 풍토론

1. 할핀(Halpin)과 크로프트(Croft)의 학교풍토론 중등 07, 초등 02

(1) 개요

① 할핀과 크로프트는 학교의 조직 풍토를 설명하고 기술할 수 있는 조직풍토기술척도(organizational climate description questionnaire; OCDQ)를 개발하여 학교풍토를 연구하였다.
② OCDQ는 교사집단의 특징과 교장의 행동에 대한 교사들의 지각을 조사하여 학교의 조직 풍토를 기술한 것으로, 교사들의 학교조직에 대한 관심도이며 또한 교사들의 자기평가라 할 수 있다.
③ OCDQ는 교사집단과 교장의 행동 특성 각각을 4개의 하위변인으로 세분화한 8개 변인에 각 8개 문항씩 64개 문항으로 구성되었다. 교사집단의 특성을 측정하는 변인에는 장애, 친밀, 방임, 사기를, 교장의 행동 특성을 측정하는 변인에는 과업, 냉담, 인화, 추진을 설정하였다.

(2) OCDQ의 구성요인

① 교사 행동 특성

장애(방해, hindrance)	교사들이 교장을 자기 일을 도와주는 사람이라기보다는 방해하는 사람으로 지각하는 정도
친밀(intimacy)	교사들이 업무 외에 다른 교사들과 우호적인 인간관계를 유지하면서 사회적 욕구를 충족시키는 정도
방임(일탈, disengagement)	교사들이 주어진 업무에 헌신하지 않고 이탈하려 하는 정도
사기(esprit)	교사들이 과업수행에서 욕구 충족과 성취감을 느끼는 정도

② 교장 행동 특성

과업(production emphasis)	교장이 직원에게 행사하는 적극적인 감독의 정도
냉담(coldness)	교장이 공식적이고 엄정한 행동을 나타내는 정도
인화(배려, consideration)	교장이 따뜻하고 친절한 행동을 보이는 정도
추진(thrust)	교장이 역동적으로 학교를 잘 운영해 나가는 정도

(3) 학교풍토의 유형

8개 변인에 대한 하위검사 점수를 가지고 학교풍토를 6개로 구분하고 개방－폐쇄의 연속선상에서 설명하였다.

① **개방적 풍토**: 목표를 향해 움직이고 학교 구성원의 사회적 욕구를 충족시켜 주는 활기차고 생기 있는 조직 풍토이다.

② **자율적 풍토**: 교장이 교사들 스스로가 상호 활동구조를 마련하도록 분위기를 조성하고, 사회적 욕구 충족을 위한 방법을 모색하도록 보장하는 자유보장적 풍토이다.

③ **통제적 풍토**: 과업수행을 강조하고 교사들의 사회적 욕구 충족을 소홀히 하는 풍토이다.

④ **친교적 풍토**: 교장과 교사 간에 우호적이며 사회적 욕구는 잘 충족되나 목표성취 활동은 부족한 풍토이다.

⑤ **간섭적 풍토**: 교장이 공정성을 결여하고 있으며 교사들에게 과업만을 강조하여 과업성취나 욕구 충족 모두에 부적합한 풍토이다.

⑥ **폐쇄적 풍토**: 일상적이고 불필요한 일을 강조하고, 교사들은 거의 만족감을 느끼지 못하는 비효율적 풍토이다

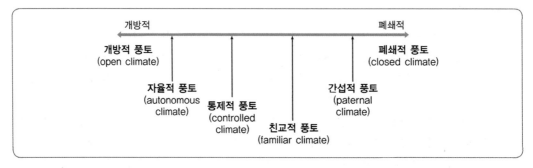

| 학교풍토의 유형 |

학교풍토의 유형

풍토차원		풍토유형					
		개방적	자율적	통제적	친교적	간섭적	폐쇄적
교사 행동	장애	↓	↓	↑	↓	↓	↑
	친밀	—	↑	↓	↑	↓	—
	방임(일탈)	↓	↓	↓	↑	↑	↑
	사기	↑	↑	↑	—	↓	↓
교장 행동	과업	↓	↓	↑	↓	↑	↑
	냉담	↓	↑	↑	↓	↓	↑
	인화	—	—	↓	↑	↑	↓
	추진	↑	—	—	—	—	↓

(4) 개정된 초등학교용 OCDQ 초등 11

① 개정된 풍토 측정도구(OCDQ-RE)는 초등학교 교사들과 학교장의 행동에 대한 6개의 하위검사, 42개의 문항으로 되어 있는 척도이다.

② 교사와 교장의 행동 특성

　㉠ 교사 행동 특성

　　• **단체적(collegial)**: 교사 간에 이루어지는 지원적이고 전문적인 상호작용 정도이다.

　　• **친밀한(intimate)**: 학교 안팎에서 교사들 간 형성된 긴밀한 개인적 관계의 정도이다.

　　• **일탈적(disengaged)**: 교사들 간에 조성된 소외감과 격리감의 정도이다.

　㉡ 교장 행동 특성

　　• **지원적(supportive)**: 교사들에게 진실한 관심을 보이고 지원하는 정도이다.

　　• **지시적(directive)**: 교사들의 개인적 욕구에 전혀 관심을 두지 않는 엄격한 과업 지향의 정도이다.

　　• **제한적(restrictive)**: 교사들이 업무를 수행할 때 장애를 주는 정도이다.

③ 호이(Hoy)와 미스켈(Miskel)은 6개 변인에 대한 하위검사 점수를 가지고 학교풍토를 네 가지로 구분하고 개방-폐쇄의 연속선상에서 설명하였다.

　㉠ **개방풍토(open climate)**: 학교 구성원 간 협동, 존경, 신뢰가 형성되고, 교장은 교사의 의견과 전문성을 존중하며, 교사는 과업에 헌신하는 풍토이다.

　㉡ **몰입풍토(engaged climate)**: 교장은 비효과적인 통제를 시도하지만, 교사는 높은 전문적 업무수행을 하는 풍토이다.

　㉢ **일탈풍토(disengaged climate)**: 몰입풍토와 반대로 학교장은 개방적이고 지원적인 데 반해 교사는 학교장을 무시하거나 무력화하려 하고, 교사 간에도 불화하고 편협하며, 헌신적이지 않은 풍토이다.

　㉣ **폐쇄풍토(closed climate)**: 개방풍토와 반대로 교장은 일상적이거나 불필요한 잡무만을 강요하고 엄격한 통제를 나타내는 반면, 교사는 교장과 불화하고 업무에 대한 관심 및 책임감이 없고, 헌신적이지 않은 풍토이다.

		학교장의 행동	
		개방	폐쇄
교사의 행동	개방	개방풍토 (open climate)	몰입풍토 (engaged climate)
	폐쇄	일탈풍토 (disengaged climate)	폐쇄풍토 (closed climate)

| 호이와 미스켈의 OCDQ-RE에 의한 학교풍토 유형 |

2. 리커트(Likert)의 관리체제이론 초등 07

(1) 개요

① 리커트는 학교를 포함한 조직의 특성을 측정하여 다음과 같이 체제 1에서 체제 4에 이르는 네 유형으로 구분하였다.

② 이들은 하나의 연속선상에 놓이는데 생산성이 낮을수록 체제 1에 가깝고 생산성이 높을수록 체제 4에 가깝다.

(2) 유형

체제 1	착취적이고 권위주의적 경영체제	경영자는 부하를 신뢰하지 않고, 의사결정과 통제권이 최고 경영자에게 집중된 형태
체제 2	자선적이고 권위주의적 경영체제	경영자는 부하들에게 자선적인 태도와 신뢰를 가지고 정중하나 부하들은 의사결정에 거의 참여하지 않는 형태
체제 3	자문적(협의적)인 경영체제	경영자는 부하를 완전치는 않으나 신뢰하고 의사소통이 상하로 이루어지고 통제권이 아래로 위임된 형태. 주요정책은 관리자가 결정하되 구체적 의사결정은 구성원들에게 많이 위임
체제 4	참여적 경영체제	경영자는 부하를 완전히 신뢰하고 통제과정과 책임이 분산되고 참여에 의한 동기유발과 의사결정이 이루어지는 형태

① 체제 1과 체제 2를 채택하는 교장 또는 교사는 학교의 목적 달성을 위해 고도의 통제와 지위를 이용한 압력과 권한을 행사한다. 1 대 1의 관계를 강조한다.

② 체제 3은 부하와 개인적으로 상의하여 의사결정을 하는 참여적 리더십을 보인다. 그러나 학교 목적의 극대화, 학생의 자아실현, 교사의 자아충족에는 미치지 못한다.

③ 체제 4는 모든 과정에 팀워크를 강조한다. 교장이나 교사는 자아통제적 방법으로 커다란 집단 충성심과 높은 목표완수, 고도의 협동을 이룬다.

3. 마일즈(Miles)의 조직건강론

(1) 개요

① 조직건강(organizational health)이란 인간의 건강에 대응하는 것으로, 조직이 자체 유지능력을 가지고 환경과 역동적인 상호작용을 통해 구성원의 사기를 진작시키고 생산성을 제고할 수 있는 능력을 기술하는 지표다.

② 건강한 조직은 높은 생산성을 유지하고 새로운 환경에 적절히 적응하면서 발전해 나간다. 반면 건강하지 못한 조직은 생산성이 점차 낮아지고 환경에 대한 대처능력이 떨어져 결국 소멸하게 된다.

③ 조직건강의 핵심적인 관심은 변화에 대처해 나가고, 미래에 적응하기 위한 조직의 능력을 지속적으로 향상시키는 것이다.

④ 마일즈는 학교조직의 건강측정 변인을 과업달성변인, 조직유지변인, 성장발전변인의 세 가지로 구분하여 제시하였다.

(2) 조직건강 요인

① 과업달성변인

⊙ 목표에 대한 관심(goal focus) : 건강한 조직에서는 조직 목표가 합리적이고 명료하며 구성원에 의해 잘 수용된다.

⊙ 의사소통의 적절성(communication adequacy) : 건강한 조직은 수직적·수평적 의사소통이 왜곡되지 않고 이루어지며, 외부 환경과의 정보 교신이 원활하게 이루어진다. 또한, 구성원들은 그들이 필요로 하는 적절한 정보를 신속하고 용이하게 얻을 수 있다.

⊙ 권력의 적정한 분산(optimal power equalization) : 건강한 조직은 영향력의 배분이 비교적 공정하다. 부하직원은 상사와 영향력을 주고받을 수 있고, 그들의 상사도 그의 상사와 영향력을 주고받을 수 있다고 생각한다. 이러한 조직구성원의 기본적인 자세는 강압보다는 협동적 태도이다.

② 조직유지변인

⊙ 자원의 활용(resource utilization) : 건강한 조직은 구성원을 효과적으로 활용한다. 효과적인 활용은 사람을 지치게 하거나 권태롭게 하지 않는 것이다. 건강한 조직에서는 사람들이 열심히 일하며 자신이나 조직의 이익에 반하는 일을 하지 않는다고 느낀다.

⊙ 응집력(cohesiveness) : 건강한 조직에서는 사람들이 그 조직을 잘 알고 좋아한다. 또한, 구성원도 조직 내의 다른 구성원에게 매력을 느끼고 애정을 갖는다.

⊙ 사기(morale) : 사기란 행복, 만족, 즐거움을 포함하는 개인의 정서 성향으로 불안, 스트레스, 불만 등의 정서와 반대되는 것이다.

③ 성장발전변인

⊙ 혁신성(innovativeness) : 건강한 조직은 새로운 절차를 만들고, 새로운 목표를 향해 부단히 움직이며, 새로운 종류의 산출을 만들고, 조직 자체를 끊임없이 다양화하려고 한다.

⊙ 자율성(autonomy) : 건강한 조직은 외부의 요구에 수동적으로 반응하지 않고, 환경의 요구에 대해 주체적으로 반응한다.

ⓒ 적응력(adaptation) : 건강한 조직에서는 조직의 자원으로 환경의 요구에 부응할 수 없을 때 자원 획득과 욕구 충족을 위해 스스로 조직 구조를 조정하며, 환경의 요구를 변화시켜 나간다. 그리하여 변화의 결과로서 보다 적절하고 계속적인 조직의 대처능력이 생긴다.

ⓔ 문제해결력(problem-solving adequacy) : 건강한 조직은 문제를 감지하고, 가능한 해결책을 강구하며, 그들의 효과성을 측정하기 위한 훌륭한 구조와 절차를 가지고 있다.

4. 윌로워(Willower) 등의 학교풍토론

(1) 개요

① 학교에서 교사가 학생을 통제하는 태도와 행위를 통해서도 조직 풍토를 규명할 수 있다. 학교의 목적은 학생에게 의미 있는 행동변화를 일으키는 것이다. 이 변화는 인지적 행동 변화뿐만 아니라 사회적·정서적·도덕적인 행동 변화를 포함한다.

② 윌로워 등은 학교에서 학생 통제를 어떻게 하느냐에 따라 학교풍토가 어떻게 조성되는가를 연구하였다. 그들은 학교의 학생 통제 방식을 인간적-보호적 방식의 연속선으로 가정하고, 학생 통제 방식을 연구하기 위한 학생 통제이념질문지(pupil control ideology; PCI)를 발전시켰다. 20개 항목의 Likert 유형척도인 PCI를 통해 학교풍토를 인간주의적 학교와 보호 지향적 학교로 구분하였다.

(2) 학교풍토 유형

① 인간주의적 학교
 ㉠ 학생들이 협동적인 상호작용과 경험을 통해 배우는 교육 공동체이다.
 ㉡ 학습과 행동은 도덕적인 것이라기보다 심리적·사회적인 것으로 간주한다.
 ㉢ 엄격한 교사의 통제보다는 스스로의 자세가 중시된다.
 ㉣ 교사들이 민주적인 통제 방식을 추구한다. 교사와 학생들은 자신의 의지에 따라 행동하려고 하고 그들의 행동에 대해 책임을 지려고 한다.

② 보호 지향적 학교
 ㉠ 학교의 질서를 유지하기 위해 엄격하고, 고도로 통제된 상황을 조장하는 전통적인 학교이다.
 ㉡ 교사들은 학교를 학생과 교사의 지위체계가 잘 정비된 권위적인 조직으로 생각하는 경향이 있다.
 ㉢ 교사들은 학생의 행동을 이해하려고 하기보다는 도덕적인 차원에서 판단한다.
 ㉣ 학생들은 무책임하고 훈련되지 않은 존재이므로 엄격한 규율과 체벌로 통제해야 한다고 생각한다.

04 조직 문화론

1. 조직 문화의 개념

(1) 정의

① 조직 문화(organizational culture)란 조직의 구성원이 공유하고 있는 철학, 신념, 이데올로기, 감정, 가정, 기대, 태도, 기준, 가치관 등으로 정의된다.

② 조직 문화는 일반적으로 조직을 하나로 묶어 주고 조직의 고유한 정체성을 제공해 주는 하나의 공유된 체제를 의미한다.

③ 현상적으로 볼 때, 조직 문화는 조직 풍토와 일치한다. 조직 풍토는 심리학적 개념인 반면, 조직 문화는 사회학과 문화인류학적 개념이라는 차이가 있을 뿐이다. 그래서 조직 풍토에서는 공유된 지각을 강조하지만, 조직 문화에서는 암묵적 가정, 공유된 가치관, 공유된 규범 등을 강조한다.

(2) 조직 문화의 수준

① 공유된 규범으로서 문화: 문화의 기본적 요소를 행동의 표준으로서 규범으로 규정하는 것이다 (가장 구체적인 수준).

② 공유된 가치관으로서 문화: 문화를 구성원이 공유하는 가치관으로 규정하는 것이다. 무엇이 바람직한가에 대한 집단의 판단을 의미한다(중간 수준).

③ 묵시적 가정으로서 문화: 가장 심층적인 차원에서 문화를 묵시적 가정의 집합적 표현으로 보는 것이다. 구성원들이 오랜 조직생활을 통해 습득한 것으로, 인간관계의 본질, 인간의 본성, 진리, 실재 및 환경 등에 대한 지극히 당연시되는 추상적 전제를 의미한다(가장 추상적이고 심층적인 수준).

2. 맥그리거(McGregor)의 X-Y이론 초등 06

(1) 개요

① 맥그리거는 관리자가 구성원들을 어떻게 보는가에 따라 조직의 구조뿐만 아니라 조직의 운영이 다르게 됨을 강조하였다.

② 조직구성원을 바라보는 관리자의 관점을 인간본성에 대해 두 가지 기본 가정에 기초하여 전개하였다.

③ 하나는 전통적인 경영이론에 바탕을 둔 X이론이며, 다른 하나는 경영에 대한 새로운 이론에 근거를 둔 Y이론이다.

(2) X이론

① 기본 가정

㉠ 인간은 태만하고, 가능한 한 일을 적게 하려고 한다.

㉡ 인간은 야망을 갖고 있지 않으며, 책임지기를 싫어하며, 지시되기를 원한다.

ⓒ 인간은 조직의 문제해결에 필요한 창의성이 부족하다.

ⓔ 동기는 생리적 욕구와 안정 욕구에 의해 야기된다.

ⓜ 인간은 엄격하게 통제되고, 조직의 목적을 성취하기 위하여 강요되어야 한다.

ⓗ 인간은 조직의 요구에 무관심하고, 오직 자신만을 생각한다.

ⓢ 인간은 지적이지 못하고 어리석으며, 선동에 쉽게 따른다.

ⓞ 인간은 변화에 저항한다.

② 경영전략

㉠ X이론의 관리전략은 당근(경제적 보상)과 채찍(억압, 통제)을 적절하게 사용하는 것이다.

㉡ ⅰ) 권위적이고 강압적인 리더십을 행사하거나(적극적 방법), ⅱ) 인간관계나 민주적이고 온정적인 행정을 통해 설득하는 방법(온건한 방법)을 사용한다. 각 경우에 있어서 부하직원은 설득되고 보상과 처벌이 주어지며 통제된다.

㉢ 강제, 명령, 통제, 금전에 의한 유인, 위협, 벌칙 등을 사용한다(과학적 관리론, 권위주의적 리더십이론과 일치한다).

(3) Y이론

① 기본 가정

㉠ 인간은 과업조건이 양호하면 과업수행을 놀이만큼 자연스러운 것으로 본다.

㉡ 인간은 조직의 목적을 성취하기 위하여 스스로를 통제할 수 있는 자율적인 존재이다.

㉢ 인간은 조직의 문제를 창의적으로 해결할 수 있다.

㉣ 인간은 스스로 통제할 수 있고, 동기화가 되면 과업을 창의적으로 해결할 수 있다.

㉤ 인간은 본질적으로 조직의 요구에 수동적이지도 저항하지도 않는다. 그러한 행위가 나타나는 것은 과거의 경험이 그러한 행위를 하도록 작용했기 때문이다.

㉥ 인간은 책임을 가질 능력, 인간적 성장과 발달의 잠재적인 능력을 갖고 있다.

② 경영전략

㉠ Y이론의 행정가는 부하직원의 노력을 촉진시키고 지원하기 위하여 조직의 조건과 운영 방법을 끊임없이 정비하려고 한다.

㉡ 경영자는 조직의 제반 여건과 운영 방법을 개선하여 구성원으로 하여금 조직 목표를 위해 스스로 노력하도록 유도해야 한다.

㉢ 명령이나 통제를 줄이고 개개인의 자발적 근무의욕과 동기가 발생하도록 유인해야 하며, 사회심리적 욕구의 충족을 중시해야 한다(인간관계론, 민주적 리더십이론과 일치한다.).

3. 아지리스(Argyris)의 미성숙−성숙이론

(1) 개요

① 아지리스의 미성숙−성숙이론은 맥그리거의 X−Y이론과 밀접한 연관성을 갖는다.

② X이론의 가정에 바탕을 둔 행정은 바람직하지 않지만, 실제적으로 아직도 널리 적용되고 있다.

③ 아지리스는 대부분의 조직에서 아직도 지배적인 관료적 가치체제(X이론에 기초한 조직)와 당시에 새롭게 부각되고 있던 인간적 가치체제(Y이론에 기초한 조직)를 비교연구하였다.

(2) 미성숙 조직 풍토

① X이론적 바탕의 관료적 가치체제에서 인간은 미성숙한 인간으로 취급된다.

② 관료적 가치체제를 따르는 조직에서는 피상적이며 의심 많은 인간관계가 형성된다.

③ 이러한 관계는 위선적인 관계를 유지하게 하여 대인관계 능력을 저하시킨다.

④ 대인관계 능력은 다시 불신, 집단 간 갈등 등을 야기하고, 결국 조직의 문제해결력을 저하시킨다.

(3) 성숙 조직 풍토

① Y이론에 바탕을 둔 인간적 가치체제에서는 인간을 자발적으로 책임감, 동기, 목표지향성 등을 갖는 성숙한 인간으로 취급한다.

② 조직 내에 인간적 혹은 민주적 가치가 지배적일 때에는 신뢰할 수 있는 대인관계가 형성되고 대인관계 능력, 집단 간 협동, 융통성이 증가되며, 결과적으로 조직의 효과성이 증대된다.

③ 이러한 환경에서 사람들은 성숙한 인간으로 취급되며, 조직구성원과 조직 자체가 잠재력을 최대한으로 계발할 수 있는 기회를 갖게 된다.

(4) 시사점

① 미성숙한 인간과 조직은 성숙한 인간과 조직적으로 연속적으로 변화한다.

② 인간을 미성숙한 개체로 보는 조직에서는 기업의 관리방법 자체가 개인의 성숙을 방해하고 개인은 환경에 대하여 최저한의 영향력밖에 행사하지 못하므로 수동적·의존적인 행동이 장려되어 미성숙한 존재로 남게 된다.

③ 결과적으로 조직의 효율성을 저하시키는 결론을 가져오는 이러한 가치체제는 지양되어야 할 것이며, 조직 관리자는 조직구성원을 성숙한 인간으로 취급하고 그러한 문화풍토를 조성하는 데 노력을 기울여야 한다.

미성숙한 인간과 조직의 특성	성숙한 인간과 조직의 특성
피동적인 태도	능동적인 태도
의존적인 성향	독립적인 성향
단순한 행동	다양한 행동
얕고 산만한 관심	깊고 강한 관심
단견적 비전	장기적 비전
종속적 위상	평등 지배적 위상
자의식의 결여	주체적 자의식

| 미성숙-성숙의 연속선 |

4. 오우치(Ouchi)의 Z이론

(1) 개요

① 오우치는 고생산 기업들이 어떠한 공통점을 가지고 있는가를 발견하기 위해 미국과 일본의 기업을 비교연구하였다.

② 효과적으로 성공한 기업에는 인간 중심의 공유된 가치를 특징으로 하는 독특한 기업문화가 있는데, 이러한 문화는 그 기업의 여러 가지 속성에 의해 촉진되고 있다고 주장하였다.

③ Z이론은 맥그리거의 X−Y이론의 연장선 위에 있다.

④ 맥그리거의 이론이 경영자의 리더십 유형 간의 차이를 강조한 반면, Z이론은 전체 조직의 문화에 관심을 갖는다. 성공적인 기업은 친밀성, 신뢰, 협동, 팀워크, 평등주의 등 공유된 가치관에 의하여 내적으로 일관되고 다져진 독특한 기업문화를 가지고 있다. 이들 조직의 성공은 기술보다 인간 관리에 기인하고 있는 것이다.

(2) Z이론 조직 문화의 특성

① 장기적 고용

② 점진적 승진비율

③ 참여적 의사결정

④ 집단 의사결정에 대한 개인적 책무성

⑤ 전체적 성향

Z조직의 특성		Z문화의 핵심적 가치
장기간의 고용	------>	조직에 대한 헌신
완만한 승진	------>	경력 지향성
참여적 의사결정	------>	협동심과 팀워크
집단결정에 대한 개인적 책임	------>	신뢰와 집단충성
전체 지향	------>	평등주의

| Z이론의 조직 문화 특성 |

5. 세티아(Sethia)와 글리노우(Glinow)의 문화유형론

(1) 개요

① 조직의 관심이 인간에게 있느냐 성과에 있느냐에 따라 조직 문화의 유형을 네 가지로 분류하였다.

② 인간에 대한 관심은 조직이 구성원의 만족과 복지를 위해 노력하는 것을 의미하며, 성과에 대한 관심은 구성원이 최선을 다해 직무를 수행하게 하려는 조직의 기대를 나타낸다. 조직 문화는 다음과 같은 네 가지 유형으로 구분된다.

(2) 조직 문화 유형

① **보호문화**: 구성원의 복지를 강조하면서 높은 성과를 강요하지는 않는다. 이러한 문화는 대체로 조직의 설립자나 관리자의 온정주의적 철학에 의한 것이다. 이러한 문화를 가진 조직은 구성원이 조직의 지도자에게 순응할 준비가 되어 있기 때문에 원만하게 운영되며, 구성원의 충성심과 애정 때문에 생존하고 번창한다. 팀워크와 협동, 동조와 상사에 대한 복종 등이 중요한 가치이다.

② **냉담문화**: 인간과 성과 모두에 무관심한 조직으로, 특별한 상황과 환경에 의해 보호를 받지 못하면 생존할 수 없다. 사기 저하와 냉소주의가 퍼져 있고, 이는 관리자의 방임적인 리더십에 의해 음모, 파당, 분열이 만연하고 불신, 불확실, 혼란이 조직 문화를 조장한다. 이러한 조직은 효과성과 능률성에 대한 관심보다는 기득권과 이해관계에 의해서 운영된다.

③ **실적문화**: 구성원의 복지를 소홀히 취급하는 반면 높은 성과를 요구한다. 실적문화는 성공 추구 문화의 대표적인 경우이다. 인간은 소모품으로 간주되며, 개인의 성과가 높을 때만 보상을 준다. 성공, 경쟁, 모험, 혁신, 적극성 등이 이 문화의 기본적 가치이다.

④ **통합문화**: 성과와 인간에 대한 높은 관심을 나타내는 조직이다. 인간에 대한 관심은 온정적인 것이 아니라 인간의 존엄성을 바탕으로 한 진지한 관심이다. 인간은 조직발전에 대한 큰 공헌을 할 수 있고, 또 그렇게 하기를 기대한다. '사람들이 할 수 있는 모든 것을 할 수 있도록 자유를 허용하라'는 것이 하나의 기본 원칙이다. 협동, 창의성, 자율 등이 주요 가치이다.

6. 스타인호프(Steinhoff)와 오웬스(Owens)의 학교문화 유형론 중등 20논술

(1) 개요

① 공립학교에서 발견될 수 있는 네 가지의 특유한 문화를 분류하였다.

② 학교문화의 특질을 비유를 사용하여 설명하고 있는데, 그 네 가지 유형은 다음과 같다.

(2) 학교문화의 유형

① **가족문화**: 이 학교는 가정이나 팀의 비유를 통해 설명된다. 교장이 부모나 코치로 묘사되며, 구성원은 의무를 넘어 서로에 대한 관심을 가지고, 가족의 한 부분으로서 제 몫을 다하기를 요구받는다. 가족으로서 학교는 애정 어리고 우정적이며, 협동적이고 보호적이다.

② **기계문화**: 이 학교는 '기계'의 비유로 설명된다. 비유로 사용되는 것은 잘 돌아가는 기계, 녹슨 기계, 벌집 등이며, 교장은 일벌레부터 느림보에 이르기까지 기계공으로 묘사된다. 이 학교에서 모든 것은 기계적인 관계로 파악한다. 학교의 원동력은 조직 자체의 구조에서 나오고, 행정가는 자원을 획득하기 위하여 시시각각으로 변화하는 능력가로 묘사된다. 학교는 목표 달성을 위해 교사를 이용하는 하나의 기계이다.

③ **공연문화**: 이 학교는 서커스, 브로드웨이쇼, 연회 등을 시연하는 공연장(cabaret)으로 비유된다. 교장은 곡마단 단장, 공연의 사회자, 연기 주임 등으로 간주된다. 이 문화에서는 공연과 함께 청중의 반응이 중시된다. 명지휘자에 의해 이루어지는 공연과 같이, 훌륭한 교장의 지도 아래 탁월하고 멋진 가르침을 추구한다.

④ **공포문화**: 이 학교는 전쟁터나 혁명 상황, 혹은 긴장으로 가득 찬 악몽으로 묘사된다. 교장은 자기 자리를 유지하기 위해 무엇이든지 희생의 제물로 삼을 준비가 되어 있다. 교사들은 학교를

형무소로 표현한다. 이러한 학교의 교사들은 고립된 생활을 하고, 사회적 활동이 거의 없다. 구성원은 서로 비난하며, 적의를 가지고 있다. 이 문화는 냉랭하고 적대적이다.

05 학교조직의 특성

1. 민츠버그의 전문적 관료제 중등 02 · 10, 초등 07 · 12

(1) 개요
① 관료제는 행정조직의 가장 일반적인 조직 형태다.
② 학자에 따라서는 행정관리를 위한 가장 이상적인 도구라고도 하며, 인간의 기본적 자유를 해치는 권위적 · 독선적인 도구라고도 한다. 하지만 거의 대부분의 현대 행정조직이 관료제적 성격을 가지고 있다.
③ 학교는 관료제가 갖는 여러 가지 특성을 갖고 있으나, 전문조직으로서의 상반된 가치가 강력히 작용함으로써 관료적 요구와 전문적 가치 간에 긴장과 갈등이 불가피하게 일어나는 곳이라고 할 수 있다.
④ 따라서 학교는 순수한 관료제라 하기는 어려우며, 민츠버그가 제시한 것처럼 교육에 대한 전문성과 기술이 조직활동을 통제하고 조정하는 기제로 작용하는 전문적 관료제에 가깝다고 볼 수 있다.

(2) 관료제적 특성 중등 04 · 15 논술 추가
① 분업과 전문화 : 초 · 중등학교가 분리되어 운영되고 있고, 각 교과별로 교육목표와 과정이 짜여진다. 교수활동과 행정을 다루는 일이 분리되어 있다. 교무부, 학생부, 행정실 등으로 여러 부서를 두어 직무를 분담하고 있다. 또한 자신이 맡은 업무를 엄격하게 구분하는 교사자격증제도를 도입하고 있다.
② 몰인정지향성 : 교육활동이나 행정업무는 사사로운 감정에 치우치지 않는 비인정성을 띤다.
③ 권위의 계층 : 교장, 교감, 부장교사, 교사 등의 순으로 위계를 이룬다.
④ 규칙과 규정 : 학교의 모든 활동은 각종 법률이나 규정과 규칙에 근거하여 수행된다. 복무지침, 내규, 업무편람 등을 규정하여 교직원들의 행동을 규제한다.
⑤ 경력지향성 : 경력이 많은 교원이 보수와 승진 등에서 유리하다.

(3) 전문직적 특성 중등 03
① 교사는 고도의 교육을 받은 전문가이다.
② 교사들은 독립적인 교실에서 서로 다른 배경의 학생을 가르치면서 상당한 자유재량권을 행사한다.
③ 다른 관료조직의 구성원과는 달리 교사는 감독이나 직무수행의 통일된 표준을 갖기 어렵다.
④ 학교의 교육목표가 상당히 모호하고, 학교 외의 요인이 학생의 학습에 매우 큰 영향을 미치고 있다.
⑤ 학교에서는 교사들이 전문가임을 인정하고, 의사결정에서 교사들의 보다 많은 참여를 보장하고 있다.

2. 조직화된 무질서 조직 중등 03 · 10, 초등 06 · 12

① 코헨(Cohen)과 마치(March), 올슨(Olsen)은 '무질서 속의 질서' 혹은 '조직화된 무질서(organized anarchy)' 조직으로 학교를 보았다.

② 이 조직은 불분명한 목표, 불확실한 기술, 유동적인 참여를 특징으로 한다.

　　㉠ **불분명한 목표** : 교육조직의 목적은 구체적이지 못하고 분명하지 않다. 교육조직의 목표는 수시로 변하며, 대립적인 목표가 상존하고, 구성원마다 다르게 규정한다. 또, 교육목표는 추상적이라서 분명한 방향을 제시해 주지 못한다.

　　㉡ **불확실한 기술** : 교육조직의 기술이 불명확하고 구성원들에게 잘 알려져 있지 않다. 교육조직에서는 많은 기술이 활용되지만, 그것들이 학습자에게 어떠한 영향을 미칠지에 대해서는 분명하게 말할 수 없다. 특히, 어떤 방법과 자료를 활용해야 학습자들이 요구된 목표에 도달하게 할 수 있는지에 대해 교사와 행정가, 장학담당자의 합의된 견해가 없다.

　　㉢ **유동적 참여** : 교육조직에서의 참여는 유동적이다. 학생들은 입학한 후 일정한 기간이 지나면 졸업한다. 교사와 행정가도 때때로 이동하며, 학부모와 지역사회 관계자도 필요시에만 참여한다.

3. 이완조직 중등 00 · 07 · 10 · 15 논술 추가

① 웨이크(Weick)는 학교를 이완조직(loosely coupled system)이라는 개념으로 설명하였다.

② '이완', 즉 '느슨한 결합(loosely coupled)'이란, 연결된 각 사건이 서로 대응되는 동시에 각각 자체의 정체성을 보존하면서 물리적·논리적 독립성을 갖는 경우를 말한다.

③ 학교에서 조직 직제상 모든 부서는 연결되어 있지만, 이들 연결관계는 상호작용이 자주 일어나지 않고, 반응도 매우 느슨하며, 연결관계는 비교적 약하다.

④ 학교 조직은 특성상 자율성과 자유재량권을 가지고 있으며, 때로는 교사도 형식적인 교장의 지시와 통제를 받을 뿐이다.

⑤ 교육조직의 경우 상담실이 그 예이다. 학생의 상담과 관련하여 학교장과 카운슬러는 어느 정도 관계를 맺고 있으나 각자는 정체성과 독립성을 보유하고 있다. 교장이 이번 학력고사에서 학교 전체 성적을 상위수준에 목표를 둔다고 해서 상담교사가 즉각적인 반응을 보일 내용은 거의 없다. 이들의 결합 관계는 견고하지 않으며, 상호 간에 영향력은 약하고 제한적이다.

⑥ 이완조직의 특성

　　㉠ 환경 변화에 적응하기 위해 한 조직에서 이질적인 요소가 공존하는 것을 허용한다.

　　㉡ 광범한 환경 변화에 대해 민감하여야 한다.

　　㉢ 국지적인 적응을 허용한다.

　　㉣ 기발한 해결책의 개발을 장려한다.

　　㉤ 다른 부분에 영향을 주지 않는 한 체제의 일부분이 분리되는 것을 용납한다.

　　㉥ 체제 내의 참여자에게 보다 많은 자유재량권과 자기결정권을 제공한다.

　　㉦ 부분 간의 조정을 위하여 비교적 소액의 경비가 요구된다.

4. 이중조직

① 이완조직의 개념만으로는 학교조직을 설명하기 어렵다. 학교는 느슨하게 결합된 측면도 있지만, 엄격한 관료제적 특성을 지니고 있기 때문이다.

② 학교에는 교수·학습과정과 관련된 전문적 영역과 제도의 운영 및 관리와 관련된 관료적 영역이 공존하는데, 관료적 영역은 일반 조직과 마찬가지로 엄격하게 연계되어 있고 응집력이 있는 구조를 가지고 있다는 것이다.

③ 교사의 수업활동에서 학교행정가와 교사는 느슨한 결합의 관계를 보이지만, 수업시간 운영과 학습집단 구성, 인적·물적 자원의 활용 등에서 교사와 학교행정가는 엄격한 결합 관계를 보인다.

④ 수업을 제외한 많은 학교 경영 활동, 예컨대 인사관리, 학생관리, 시설관리, 재무관리, 사무관리 등에서는 교장과 교사가 보다 엄격한 결합을 맺고 있다. 따라서 학교는 이중조직이라는 관점에서 이해할 필요가 있다.

⑤ 지나친 독립성이 조직의 생산성과 효율성을 떨어뜨릴 수 있는 반면, 엄격한 경직성도 교사들의 사기를 떨어뜨려 과업수행의 효과를 감소시킬 수 있다.

⑥ 교육행정가는 느슨한 결합과 엄격한 결합의 단점을 극복하고 양쪽의 순기능을 최대한 확보할 수 있는 안목과 전략수립 능력을 갖추어야 한다.

5. 홀(Hall)의 관료적 구조론 초등 08

① 홀은 조직의 관료화 정도 측정을 위해, 관료적 구조의 여섯 가지 핵심 특징을 ⅰ) 권위의 위계, ⅱ) 전문화, ⅲ) 구성원들에 대한 규칙, ⅳ) 절차의 구체화, ⅴ) 몰인정성, ⅵ) 기술적 역량으로 제시하였다. 이 여섯 가지 특징을 바탕으로 조직의 관료화 정도를 측정하였다.

② 학교에는 통합된 하나의 관료제가 존재하는 것이 아니라 독특하게 구별되는 두 가지 패턴의 합리적 조직이 함께 존재한다고 보았다.

③ 권위의 위계, 구성원들에 대한 규칙, 절차의 구체화, 몰인정성은 '관료적 패턴', 전문화와 기술적 역량은 '전문적 패턴'을 띠는 것으로 나타났다.

■ 학교상황에서의 두 가지 합리적 조직 유형

조직 패턴	조직 특징
관료적	• 권위의 위계(hierarchy of authority) • 구성원들에 대한 규칙(rules for incumbents) • 절차의 구체화(procedural specifications) • 몰인정성(impersonality)
전문적	• 기술적 역량(technical competence) • 전문화(specialization)

④ 관료적 패턴과 전문적 패턴의 상호결합의 관계를 바탕으로 네 가지 학교조직 구조의 유형화를 제시하였다.

		전문적 패턴	
		높음	낮음
관료적 패턴	높음	Weber형	권위주의형
	낮음	전문형	무질서형

| 학교조직 구조의 유형화 |

- ⊙ 베버형 : 전문적 패턴, 관료적 패턴 모두 높으며, 상호 보완적인 관계에 있는 구조이다. 베버가 기술한 이상적 관료제 형태와 유사하다.
- ⓒ 권위주의형 : 전문적 패턴은 낮고, 관료적 패턴은 높다. 관료적 권위를 강조하고 권위는 직위와 위계에 토대를 둔다. 또 규칙, 규제, 명령에 대한 복종이 조직운영의 기본 원리가 된다.
- ⓒ 전문형 : 전문적 패턴은 높고 관료적 패턴은 낮다. 의사결정이 전문직 구성원들에게 위임되어 있는 구조이다. 구성원들은 조직의 중요한 의사결정을 할 수 있는 전문지식과 능력을 갖춘 전문가로 간주된다.
- ⓔ 무질서형 : 전문적 패턴도 낮고 관료적 패턴도 낮다. 혼란과 갈등이 일상의 조직운영에서 나타나며, 모순, 반목, 비효과성이 조직 전반에 나타난다.

6. 학습조직으로서의 학교 중등 15논술, 초등 09

(1) 개요

① 학습조직이란 학교 내외적으로 교사들이 정보를 공유하고, 협력적인 학습활동을 전개하며 지속적으로 새로운 지식을 창출하여 학교의 환경 변화에 적응해 나가는 조직이다.

② 학습조직의 개념화를 최초로 시도한 셍게(Senge)는 학습조직을 "구성원들이 진정으로 원하는 성과를 달성할 수 있도록 지속적으로 역량을 확대시키고, 새롭고 포용력 있는 사고능력을 함양하며, 학습방법을 서로 공유하면서 지속적으로 배우는 조직"이라고 정의하였다.

③ 학습조직의 개념은 교사들에게 교육에 대한 본질적인 질문과 상호 간의 협력을 통해서 전문적 능력을 제고하도록 강조하고 있다.

④ 결국 학습조직은 교사들이 정보를 공유하고 협력적인 학습활동을 전개하여 지속적으로 새로운 지식을 창출함으로써 학교조직의 변화를 시도하게 한다.

(2) 학습조직의 원리

① 개인적 숙련(personal mastery) : 개인이 추구하는 지식, 기술, 태도의 형성을 위해 개인적 역량을 지속적으로 넓혀가고 심화시켜 가는 행위를 말한다. 개인의 비전을 구체화, 명료화하는 과정이다.

② 정신적 모형(mental model) : 주변에서 발생하는 현상들을 이해하는 인식체계이다. 개인이 무엇을 어떻게 보느냐를 결정하고, 어떻게 행동할지를 이끄는 인식의 틀이다. 교사들은 같은 상황에 대해서도 자신의 정신모델에 따라 각기 다르게 해석하고 판단한다. 정신모델은 교사들이 자신의 생각과 관점들을 성찰하고 객관화하여 자신의 행동과 선택에 영향을 미치는 사고의 틀을 새롭게 하는 훈련이다.

③ 비전의 공유(shared vision): 조직이 추구하는 방향이 무엇이며, 그것이 왜 중요한지에 대해 모든 구성원들이 공감대를 형성하는 것이다. 공유 비전은 사람들이 함께하는 공감대를 형성하게 되고, 조직구성원들이 함께 만들기 원하는 미래에 대한 이미지를 개발하는 것이다.

④ 팀 학습(team learning): 구성원들이 팀을 이루어 학습하는 것으로 개인수준의 학습을 증진시키고, 조직학습을 유도하게 한다. 대화와 토론을 통한 학습으로 학습의 시너지가 발생한다. 개인이 해결할 수 없는 복잡한 문제나 핵심적인 문제를 해결할 수 있고, 서로의 학습을 촉진하는 효과가 있다.

⑤ 시스템 사고(system thinking): 현상을 이해하고, 이를 바탕으로 문제를 해결하는 수단으로 이용한다. 조직에서 일어나는 여러 사건들을 부분적으로 이해하고 해결하기보다는 전체적으로 인지하고 이에 포함된 부분들 사이의 순환적 인과관계 또는 역동적인 관계를 이해하고 사고하는 접근 방식이다.

▌ 전문적 학습공동체(professional learning community) 중등 22 논술

1. 개념

① 교사의 전문성을 신장시키고 학생들의 학습 증진을 위해 함께 배우고 탐구하고 실천하는 교사들의 집단이다(서경혜, 2009).

② 학습자에게 직접적으로 도움을 주고, 학교 안, 학교 간, 여러 학교들의 변화 및 개선을 이끌어 내는 데 책임이 있는 전문가들의 집단이다(Harris&Jhons, 2010).

③ 교사의 전문성 향상과 학생들의 학업성취 신장을 목적으로 구성된 모임이다(권낙원, 2007).

④ 교사들이 함께 일하는 것에 가치를 두며 이 협조를 통해 교사의 교수활동과 학습활동을 개선하는 데 지속적인 노력을 기울이는 것에 초점을 두고 있다.

⑤ 다양한 실증적 자료를 사용하여 수업 개선을 위한 노력에 정보를 제공하기도 하고, 학교의 문제를 해결하는 데 도움을 주는 것을 강조한다.

2. 필요성

① 학생의 학업성취도 향상: 학생의 학습증진에 중점을 두고 협력하여 학습하므로 학생들의 성취도 향상에 효과적이다. 전문적 학습공동체는 학생에게 초점을 두고 있으며, 교육과정상 학생이 이수해야 할 내용과 진도에 대한 책임을 공유한다.

② 교사의 전문성 신장: 교사들 간 서로 협력하여 학습하며, 배운 것을 현장에서 실천하는 과정을 통해 교사의 수업을 개선하고 전문성을 신장시킬 수 있다.

③ 학교 조직 문화 개선: 교사들이 협력적 학습활동에 자발적으로 참여하는 과정에서 협력적 학교 조직 문화를 형성할 수 있다.

3. 전문적 학습공동체의 특징(구성요인)

① 가치·규범·비전의 공유: 전문적 학습공동체의 구성원들은 공동체를 구성함으로써 공동의 가치와 규범을 가지고 있다. 전문적 학습공동체 구성원들이 학생과 교사의 역할, 학생의 학습 능력, 교수·학습활동 개선에 대한 공통적인 신념과 가정, 교수·학습활동 개선을 위해 새로운 아이디어나 교수 방법의 시도를 중요시하는 가치를 공유함을 의미한다.

② 협력: 구성원들이 공동의 목표를 이루기 위해 상호의존적으로 작업해야 하고, 그것이 가능하기 위해서는 협력문화를 이루는 것이 필요하다. 교사들이 함께 연구하고 실천하는 일련의 과정 속에서 다양한 양상의 협력이 일어난다.

③ 지원적 환경: 교사들이 전문적 학습공동체를 통해 가치·규범·비전을 공유하고, 협력적인 실천이 이루어지기 위해서는 시간과 공간 등의 환경이 제공되어야 한다. 서경혜(2015)는 전문적 학습공동체는 이를 지원하는 환경에 기반함을 언급하며 지원하는 환경으로 자원의 이용 가능성, 고립을 감소시키는 학교 일정 등의 구조적 환경과 학교 교육, 학생, 혁신에 대한 교사들의 긍정적인 태도, 비판적 탐구와 지속적인 개선을 장려하는 문화, 교사들 간의 협력적 동료관계 등의 인적 자원을 제시하였다.

④ 반성적 실천성: 전문적 학습공동체는 학습과 실천이 유기적으로 연결되어 있으며, 공동체에서 나눈 앎을 비판적으로 승화시키고, 이를 교실 속에서 실천하는 반성적 탐구와 이를 통한 집단성장의 과정이 반영되어 있다.

06 조직과 갈등관리

1. 갈등의 개념

① 조직 내에서의 갈등(conflict)이란 행동주체 간의 대립적 또는 적대적 상호관계(작용)를 말한다. 여기서 행동 주체는 개인이나 집단일 수도 있고 조직일 수도 있다.

② 갈등상황(conflict situations)이란 갈등을 야기할 수 있는 조직 내의 상황 또는 조건이다. 갈등상황에는 갈등을 야기할 수 있는 사람의 특성과 행태도 포함된다. 갈등상황이 조성되어야 갈등이 생겨날 수 있다.

2. 갈등의 순기능과 역기능

(1) 순기능

① 조직은 갈등을 해소하는 과정에서 당면한 문제들을 건설적으로 해결하기도 한다.

② 갈등을 해소하기 위한 새로운 방식 추구는 조직혁신과 변화를 유도할 뿐만 아니라 변화를 수용할 수 있게 한다.

③ 의사결정과정에서 조직구성원에게 갈등을 의도적으로 유발시키는 것이 바람직할 때도 있다. 집단에서의 의사결정 시 집단사고가 나타날 수 있기 때문이다. 집단사고 시 하나 또는 둘 이상의 반대의견을 체계적으로 제기하게 함으로써 집단사고의 부정적 영향을 줄일 수 있다.

④ 조직구성원들이나 부서 간의 경쟁으로 유발된 갈등이 어떤 때는 조직에 유익하게 작용할 수도 있다. 경쟁은 조직성과를 높이는 데 기여하며, 서로 협력할 필요가 없는 조직구성원들 간의 적절한 경쟁적 분위기는 조직에 유익하게 작용한다.

(2) 역기능

① 목표달성과정에서 갈등문제해결 때문에 조직의 힘이 분산되어 시간과 비용을 낭비할 수 있다.

② 조직구성원의 심리상태에 부정적 영향을 미치기도 한다. 갈등은 조직구성원들에게 적개심, 긴장 및 불안감, 스트레스 등을 유발한다.

③ 오랫동안 갈등이 계속되면 조직 내의 신뢰성 있는 분위기 형성이 어렵다.

④ 상호작용을 해야 할 당사자들 간의 갈등은 조직성과에 부정적 영향을 미친다.

순기능	역기능
• 새로운 아이디어 유도	• 업무에 대한 에너지 분산
• 창조성 유발	• 심리적 안정상태 위협
• 변화 촉발	• 자원 낭비
• 조직의 생동감 제고	• 부정적 조직분위기
• 개인과 조직의 동일성 회복에 긍정적 영향	• 집단응집력 파괴
• 문제해결 촉진	• 적대심과 공격적 행위 표출

3. 갈등의 과정

① 갈등상황: 갈등 야기의 잠재적 조건이 형성되는 단계다.

② 지각: 행동 주체가 갈등상황을 지각하고, 그 의미를 확인하는 단계다.

③ 의도 형성: 행동 주체가 갈등상황의 지각에 따라 긴장·불만·적개심 등을 느끼고 갈등의 의도를 형성하는 단계다.

④ 행동(갈등의 표출): 대립적 또는 적대적 행동을 표면화하는 단계다.

⑤ 해소 또는 억압: 갈등이 해소되거나 억압되는 단계다.

⑥ 갈등의 여파: 갈등의 영향 또는 여파(aftermath)가 남는 단계다. 갈등이 잘 해소되어 장래의 갈등 발생 가능성이 감소하거나 갈등 원인이 제대로 제거되지 않아 새로운 갈등을 야기하게 되는 등의 영향이 나타나는 단계다.

4. 토마스(Thomas)의 갈등처리방안(갈등해결 전략) 초등 00 · 02 · 03 · 06

(1) 개요

① 토마스는 조직 내의 갈등을 처리하는 방식을 크게 협조성과 독단성의 두 차원으로 구분하고, 이 두 차원을 결합하여 다섯 가지의 해결책을 제시하였다.

② 협조성이란 상대편의 관심과 이익을 어느 정도 만족시켜 주느냐와 관련을 갖는 반면, 독단성은 자기 자신의 이익과 관심을 어느 정도 만족시키려고 하느냐와 관련된다.

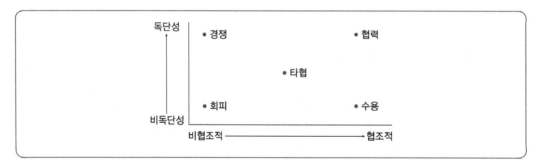

| 토마스의 갈등해결유형 |

(2) 갈등처리 유형

① 경쟁형(competing style)

㉠ 의미: 상대방을 희생시키고 자신의 갈등을 해소하는 유형으로, 한쪽이 이익을 얻는 반면 다른 한쪽이 손해를 보게 되는 접근이다.

㉡ 적절한 상황

• 신속한 결정이 요구되는 긴급 상황

• 중요한 사항이지만 인기 없는 조치가 요구되는 경우

• 조직의 성장에 매우 중요한 문제일 때

② 회피형(avoiding style)

    ㉠ 의미 : 갈등이 없었던 것처럼 행동하여 의도적으로 피하는 방법으로 자기뿐만 아니라 상대방의 관심사마저 무시하는 유형이다.

    ㉡ 적절한 상황

        • 쟁점이 사소한 것일 때

        • 해결책의 비용이 효과보다 클 때

        • 다른 문제가 해결되면 자연스럽게 해결될 수 있는 하위 갈등일 때

        • 사태를 진정시키고자 할 때

③ 수용형(동조형)(accomodating style)

    ㉠ 의미 : 좋은 인간관계를 유지하기 위해서 자신의 욕구충족을 포기하더라도 상대방의 욕구를 충족시키려는 것을 의미한다.

    ㉡ 적절한 상황

        • 자기가 잘못한 것을 알았을 때

        • 보다 중요한 문제를 위해 좋은 관계를 유지해야 할 때

        • 패배가 불가피하여 손실을 극소화해야 할 때

        • 조화와 안정이 특히 중요할 때

④ 타협형(compromising style)

    ㉠ 의미 : 다수의 이익을 위해 양측이 상호 희생을 통해 부분적 만족을 취함으로써 갈등을 해소하는 유형으로 서로 조금씩 양보하여 절충안을 찾으려는 방법이다. 양쪽 모두 손해를 보기 때문에 앙금이 남아 다른 갈등의 원인이 될 수도 있다.

    ㉡ 적절한 상황

        • 복잡한 문제에 대한 일시적인 해결책을 얻고자 할 때

        • 당사자들의 주장이 서로 대치되어 있을 때

        • 목표가 중요하지만 잠재적인 문제가 클 때

⑤ 협력형(collaborating style)

    ㉠ 의미 : 양쪽이 다 만족할 수 있는 갈등해소책을 적극적으로 찾는 방법으로, 양자에게 모두 이익을 주는(win-win) 최선의 방법이다.

    ㉡ 적절한 상황

        • 합의와 헌신이 중요할 때

        • 양자의 관심사가 매우 중요하여 통합적인 해결책만이 수용될 때

        • 관계증진에 장애가 되는 감정을 다루어야 할 때

        • 목표가 학습하는 것일 때

07 의사소통

1. 의사소통의 개념 및 기능

(1) 개념

① 의사소통(communication)이란 생각이나 아이디어, 감정 등 의도하는 것을 다른 사람들과 교환해 나가는 과정이다.
② 구성원들 간의 원활한 의사소통은 의사결정을 합리화하고 과업을 효율적으로 집행하게 해 준다.

(2) 의사소통의 기능

① 조정 및 통제: 구성원의 직무와 관련하여 책임과 권한의 소재를 명확하게 규정하는 것과 관련되어 있다.
② 합리적 의사결정: 의사소통 내용이 정확하고 신속·적절하며, 그 정보의 질이 우수할 경우, 의사결정의 수준을 높일 수 있다.
③ 조직통솔 및 리더십: 구성원을 통솔하고 조직목표에의 공헌과 추종을 유도할 수 있다.
④ 사기양양 및 동기유발: 구성원을 자극하고 격려함으로써 구성원의 동기유발과 사기를 높일 수 있고, 조직목표 달성을 위한 구성원 간 협동과 몰입을 불러올 수 있다.

2. 의사소통의 유형

(1) 방향에 따른 분류

① 일방적 의사소통과 쌍방적 의사소통
  ㉠ 일방적 의사소통: 지시, 명령, 공문하달과 같이 주로 위에서 아래로의 일방적 의사소통이다.
  ㉡ 쌍방적 의사소통: 송신자와 수신자 간 피드백이 가능하다. 대화, 질의, 토론, 수업 등이 있다.
② 하향적 의사소통과 상향적 의사소통
  ㉠ 하향적 의사소통: 조직 내의 지휘, 명령 계통에 따라 상사가 부하에게 전달하는 의사소통이다.
  ㉡ 상향적 의사소통: 부하가 상사에게 메시지를 전달하는 의사소통이다.
③ 수평적 의사소통: 조직 내에서 같은 계층에 있는 개인 또는 부서 간 상호작용적 의사소통이다.

(2) 방법에 따른 분류

① 언어적 의사소통: 구두에 의한 의사소통, 문서에 의한 의사소통이다.
② 비언어적 의사소통: 자세, 몸짓, 얼굴표정, 복장 등이 있다.

(3) 공식적 의사소통과 비공식적 의사소통

① 공식적 의사소통: 공식적인 구조와 채널을 통해 이루어지는 의사소통이다.
  ㉠ 장점: 권한관계 명확, 의사소통 편리, 책임소재 분명
  ㉡ 단점: 융통성 없음, 의사소통 속도 느림, 직원들의 욕구나 감정 전달 불가능

② 비공식적 의사소통 : 자연발생적으로 형성된 인간관계, 사회관계를 중심으로 이루어지는 의사소통이다.
    ㉠ 장점 : 지도자에게 유익한 정보전달 수단, 구성원의 만족감 높여줌
    ㉡ 단점 : 통제 어려움, 왜곡·정확하지 못한 정보 유통 가능성

3. 의사소통의 형태(망)

① 바퀴형 : 조직 내에 중심적인 인물이 존재하여 다른 구성원들의 정보전달이 한 사람에게 집중되는 형태이다. 가장 구조화가 잘되고 집권적인 형태이다.
② 연쇄형 : 공식적인 명령계통에 따라 위-아래로, 즉 수직적으로 흐르는 집권적 형태이다.
③ Y자형 : 두 사람이 고리 밖으로 나가 있는 것 외에는 연쇄형과 유사하다. 조직 내에 확고한 지도자나 중심적 인물이 있는 것은 아니지만, 비교적 다수의 구성원들을 대표할 수 있는 있는 인물이 있는 경우이다.
④ 원형 : 수평적이고 분권적인 의사소통 형태이다. 조직구성원들 간에 거의 동등한 입장에서 의사소통을 하는 경우에 형성된다.
⑤ 완전연결형 : 모든 구성원이 다른 구성원들과 자유롭게 정보를 교환하고 의사소통을 하는 형태이다.

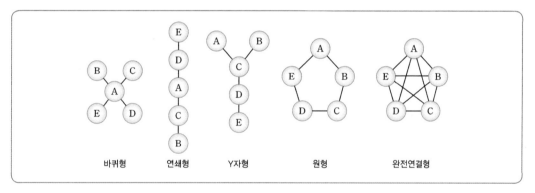

| 의사소통의 형태 |

4. 의사소통의 주요 기법 : 조해리(Johari)의 창 중등 04

(1) 개요

① 조셉 루프트(Joshph Luft)와 해리 잉햄(Harry Ingham)에 의해 개발된 데서 유래하였다.
② 조해리의 창에 의하면 인간은 자신에 대한 정보가 자신에게 알려져 있는 영역(known to self area)도 있고, 자신에게 알려져 있지 않는 영역(unknown to self area)도 있다.
③ 이들의 결합관계에 따라 인간은 다른 사람과 의사소통을 할 때 영향을 주는 자신에 관한 네 가지 종류의 정보에 대해 알 수 있다.

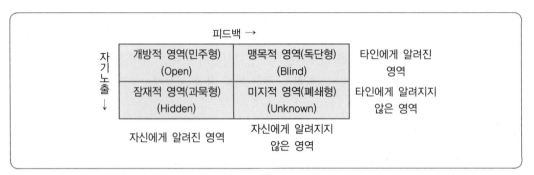

| 조해리의 창 |

(2) **영역**

① **개방적 영역(open area)**: 자신에 관한 정보가 본인과 타인에게 잘 알려져 있는 영역이다. 다른 사람과의 인간관계가 성숙해지면 이 영역이 커지면서 효과적인 의사소통이 가능해지며, 이와 같은 사람은 민주형이 된다.

② **맹목적 영역(blind area)**: 타인에게는 잘 알려져 있는데 정작 본인은 모르고 있는 정보로 구성되어 있다. 타인으로부터 자신에 대한 의견을 알지 못할 때에는 이 부분이 더 넓어져 의사소통에서 자신의 주장을 앞세우고 타인의 의견은 불신하고 비판하며 수용하지 않는 영역이다. 예를 들면, 다른 사람은 자신을 거만하고 비사교적인 사람으로 인식하고 있는데 당사자는 자신을 친절하고 개방적인 사람으로 인식하고 있는 경우로, 이와 같은 사람은 독단형이다.

③ **잠재적 영역(hidden area)**: 자기 자신에 대해 다른 사람들은 전혀 모르고 있고 본인만 알고 있는 정보로 구성되어 있다. 자기에 관해서 남에게 내보이지 않는 과묵형이다. 이 경우 타인이 취하는 자신에 대한 반응을 예측할 수 없기 때문에 타인에게 방어적인 태도를 취하게 된다.

④ **미지의 영역(unknown area)**: 나에 대해서 자기 자신은 물론 타인도 모르는 정보로 구성되어 있다. 이러한 경우에는 자신에 대한 견해를 표명하지도 않을 것이며, 타인으로부터 피드백을 받지도 못할 것이다. 이와 같은 사람은 폐쇄형이다.

5. 의사소통의 원칙(Redfield, 1958) 초등 10

① **명료성**: 의사전달 내용이 명확해야 한다. 피전달자가 분명하고 정확하게 이해할 수 있도록 간결한 문장과 쉬운 용어를 사용한다.

② **일관성**: 일치성, 의사소통 내용의 전후 일치, 즉 무모순성을 의미하며, 조직의 목표와도 부합되어야 한다.

③ **적시성**: 필요한 정보는 필요한 시기에 적절히 투입되어야 한다. 의사전달이 가장 효율적으로 이루어질 수 있는 적절한 시기를 놓쳐서는 안 된다.

④ **분포성**: 배포성. 모든 정보가 의사소통의 모든 대상에게 골고루 전달되어야 한다. 의사소통의 내용이 모든 사람들이 알 수 있도록 공개되어야 한다.

⑤ **적응성**: 융통성. 의사소통의 내용이 상황에 맞게 융통적으로 적용할 수 있어야 한다. 즉, 구체적인 상황에 적응할 수 있는 현실 적합성을 말한다.

⑥ **통일성**: 조직 전체의 입장에서 동일하게 수용된 표현이어야 한다.

⑦ **적량성**: 적정성. 과다하지도 과소하지도 않은 적당량의 정보를 전달해야 한다.

⑧ **관심과 수용**: 전달자가 피전달자의 주의와 관심을 끌 수 있어야 하고, 피전달자가 정보를 수용할 수 있어야 한다.

06 장학행정

01 장학의 개관

1. 장학의 개념

(1) 장학이라는 용어는 영어의 'supervision'이라는 단어를 해석한 것이다. 'supervision'의 어원을 해석해 보면, 'super'와 'vision'의 합성어로서 'super'는 '높은 곳' 혹은 '우월한'의 의미를 가진 접두어이고, 'vision'은 '본다' 혹은 '감시한다'라는 의미를 가지고 있다(전통적 장학).

(2) 주요 학자들의 정의
① 장학은 학생들의 학습을 돕기 위해 수업과정에 직접적인 영향을 미치는 방식으로 학교를 경영해 나가거나 변혁을 가져오도록 인적·물적 요소를 다루는 일이다(Harris, 1985).
② 장학은 학생들의 성장과 발달을 증진시키기 위하여 교사들의 활동을 전문적으로 개선·향상시키는 일이다(남정걸, 2003).
③ 장학은 궁극적으로 학습자의 학습을 위하여 교수·학습 과정의 개선에 목적을 두고 교사의 계속적인 전문적 성장과 발달을 촉진하는 활동이다(박병량, 주철안, 2005).
④ 장학은 교수 행위의 개선을 위해 교사에게 제공되는 장학담당자의 모든 노력이다(윤정일 외, 2008).

(3) 여러 정의를 종합하면, 장학은 '교사의 수업 개선 및 수업전문성을 향상시키기 위해 행해지는 종합적인 활동'으로 정리할 수 있다.

2. 장학의 기능

① 교사의 전문적 성장을 돕는다. 교사들이 교육활동 전반에서 전문성을 발휘하도록 돕는다.
② 교육과정 운영의 개선을 돕는다. 사회의 변화·발전을 유도하기 위해서만이 아니라 거기에 적응하기 위해서도 계속적인 교육과정 운영의 개선이 필요한데 이를 돕는 기능이다.
③ 교수·학습지도 개선을 돕는다. 현대장학의 궁극적인 목적은 교수·학습 개선을 위한 지도·조언이라 할 수 있다. 교수·학습지도 방법을 비롯하여 교재·교구·기자재 등과 학습평가에서부터 학습환경 구성에 이르기까지 기술적 문제에 대한 지도·조언 기능을 가리킨다.
④ 교육환경과 교육관리의 개선을 돕는다. 교육환경 개선과 교육과정 운영을 지원하는 활동의 개선을 돕는 일이다. 학교교육 계획 관리에서부터 조직관리·인사관리·재무관리·시설관리·사무관리 등 제반 행정활동의 개선을 돕는 일로, 이것은 행정장학 기능의 일부라 할 수 있다.

3. 장학의 발달과정 중등 05

(1) 관리장학 시대(1750~1930)

① 미국에서 장학은 많은 공립학교가 지어지기 시작한 18세기 이후부터 시작된 것으로 볼 수 있다. 주로 비전문가인 학교 외 인사들이 학교가 법령을 준수하면서 운영되고 있는지를 감독하는 형식으로 이루어졌다.

② 19세기 후반에는 공교육제도가 정착되면서 별도의 시학관을 임명하여 학교의 인원과 시설 및 재정 등을 점검하고 검열하도록 하였다. 이 시기의 장학은 행정의 연장이며, 권위주의적이고 강제적인 방법으로 이루어졌다.

③ 20세기 들어 과학적 관리론의 영향으로 능률과 생산성을 강화하는 방향에서의 과학적 장학이 강조되었다.

④ 과학적 장학은 행정적 차원에서 정교화되어 관료적 장학으로 정착되었다. 관료적 장학은 관료제적 특성을 활성화함으로써 장학활동의 능률을 제고하고자 하는 것으로 분업과 기술적 전문화, 조직규율을 강조하였다.

(2) 협동장학 시대(1930~1955)

① 1930년대부터 인간관계론이 부상하면서 장학의 개념도 강제적이고 통제적인 장학에서 인간적이고 민주적인 장학으로 변화하게 되었다.

② 미국의 1930년대는 진보주의 운동의 시기로 학교교육에서 아동중심 교육이 강조되었다. 이는 교육의 핵심이 교사에서 학생으로 전환되었음을 의미하는 것이었다.

③ 장학활동의 핵심도 장학담당자에서 교사에게로 전환되었으며, 최소한의 장학이 최선의 장학으로 간주되었다.

④ 장학사도 종래의 권위주의적 모습에서 벗어나 교사와 편안한 인간관계를 맺고 그들이 만족감을 느낄 수 있도록 하는 것이 핵심역할이 되었다.

⑤ 그러나 진보주의 운동이 방임 교육으로 비판받는 것처럼 협동적 장학이 어떻게 실천되어야 하는가에 대한 고민이 뒤따르지 못해 인간관계의 증진이 생산성 증가로 이어지지 못하였다.

(3) 수업장학 시대(1955~1970)

① 1957년 스푸트니크 충격은 미국 교육의 형식과 내용을 크게 변화시키고 학문중심 교육이라는 새로운 방향으로 선회하는 계기를 마련하였다.

② 미국 교육을 전반적으로 고치기 위해 교육과정 개발에 박차를 가하면서 교육과정 개발자로서의 장학사의 역할이 중요시되었다.

③ 장학담당자들은 각 전문교과의 전문가가 되었으며, 교육내용을 선정·조직하고 교사들과 함께 교육 프로그램을 제작·보급하는 것을 주요 임무로 삼았다.

④ 이 시기를 수업장학 시대라고 하며 교육과정의 개발과 함께 장학의 초점을 수업에 맞추어 임상장학, 마이크로 티칭기법, 현장 연구 등의 장학 기법이 등장하였다.

⑤ 임상장학은 교사−장학사 간에 서로 합의한 내용을 협력하여 진행한다는 점에서 보다 민주적인 장학으로 평가 받았으며, 장학의 초점이 수업에 맞추어짐으로써 장학담당자들은 교수・학습과 제에 대한 분석과 임상적 활동에 관심을 기울였고, 시청각 기자재를 활용한 수업 개선, 새로운 교수법의 개발 등에 노력하였다.

⑷ 발달장학 시대(1970~현재)

① 수업장학과는 별도로 인간관계론 시기의 협동장학에 대한 새로운 대안이 모색되었다. 이는 과학적 관리론의 조직 생산성 강조와 인간관계론의 직무만족이라는 장점을 절충하는 방향에서 이루어졌다.

② 이 시기에 주목되는 경향은 신과학적 관리론에 바탕을 두고 나타난 수정주의 장학과 인간자원 장학이다.

③ 수정주의 장학

  ㉠ 인간관계론 시기의 협동장학에 대한 반발로 나타났다. 인간관계론보다 과학적 관리의 통제와 효용 등을 보다 강조한다.

  ㉡ 교사의 능력계발, 직무수행 분석, 비용−효과 분석 등이 강조되며, 교사 개인에 대한 관심보다 학교 경영에 큰 관심을 보인다.

  ㉢ 경영으로서의 장학개념을 지지하고 있는 이 장학이념은 새로운 행동과학의 발전에 이론적 기초를 두고 있다.

④ 인간자원 장학 초등 01・09

  ㉠ 인간관계론의 영향을 받은 협동적 장학과 같이 교사의 만족에 관심을 보이나 인간에 대한 기본 관점에서 차이를 나타낸다.

  ㉡ 협동적 장학이 경영자의 입장에서 조직의 목표 달성을 위해 인간에 대한 관심을 가졌다면 인간자원 장학은 학교의 목표실현을 통해 교사의 만족을 추구한다. 즉, 인간에 대한 관심을 관리수단으로서가 아니라 관리목적으로 삼는다.

  ㉢ 기본적으로 인간의 가능성을 신봉하며, 인간이 안락만을 추구하는 존재가 아니라 일을 통한 자아실현을 추구한다는 기본 가정하에 학교과업의 성취를 통한 직무만족에 초점을 두는 인본주의적 특징을 갖고 있다.

  ㉣ 인간자원 장학에서 장학사는 교사와 함께 의사결정을 함으로써 학교의 효율성이 증대되고 이를 통해 교사의 만족도가 증가하여 성공적 학교로 변화할 수 있다고 본다.

> ▌인간관계 장학과 인간자원 장학의 차이점
> • 인간관계 장학 : 의사결정과정에 교사 참여 → 교사의 직무만족도 향상 → 학교 교육의 효과성 증대
> • 인간자원 장학 : 의사결정과정에 교사 참여 → 학교 교육의 효과성 증대 → 교사의 직무만족도 향상

02 장학의 유형

1. 중앙장학

① 중앙장학은 교육부 내에서 이루어지는 모든 장학활동을 말한다.
② 교육활동의 전반적인 기획, 조사, 연구, 관리, 지도, 감독을 통해 중앙의 교육행정 업무를 보좌하는 참모활동을 주축으로 한다.
③ 학교정책실을 중심으로 이루어지며, 지방교육지원국, 평생직업교육국, 교육안전정보국에서도 부분적인 중앙장학이 이루어진다.

2. 지방장학

(1) 지방 교육행정기관인 시·도 교육청과 그 하급 교육행정기관(교육지원청)에서 이루어지는 장학행정을 말한다.

(2) 교육활동을 위한 장학지도, 교원의 인사관리, 학생의 생활지도, 교육기관의 감독을 통해 지방의 교육행정업무를 관할하는 행정활동으로 규정할 수 있다.

(3) 지방장학은 종합장학, 확인장학, 개별장학, 요청장학, 특별장학 등의 방법을 통해 시행된다.
① **종합장학**: 국가시책, 교육청 시책을 비롯하여 중점 업무 추진상황, 교수·학습지도, 생활지도 등 학교운영 전반에 관해 종합적으로 지도·조언하는 장학활동이다.
② **확인장학**: 종합장학의 결과 시정할 점과 계획상으로 시간이 소요되는 사항의 이행 여부를 확인·점검하는 절차이며, 기타 학교운영의 애로를 발견하여 지도·조언하는 활동이다.
③ **개별장학**: 각급 학교에 따라 학교현장의 현안 문제를 중심으로 확인하고 지도·조언하는 활동이다.
④ **요청장학**: 학교장 요청에 의하여 해당 분야의 전문 장학담당자를 파견하여 지도·조언에 임하는 장학활동이다.
⑤ **특별장학**: 현안문제의 해결을 위해 필요하다고 판단되는 경우 혹은 사전예방 차원의 전문적·집중적 지원이 필요한 경우 실시되는 장학의 형태로, 학교담당 장학사를 포함한 현안문제에 전문적 식견을 갖춘 장학요원으로 장학협의회의 팀을 구성하여 현안문제가 해결될 때까지 그 학교에서 장학활동을 수행한다.

3. 지구별 자율장학

(1) 개념
① 지구 내 인접한 학교들 혹은 교원들 간에 교육활동의 개선을 위하여 상호 협력하는 활동이다.
② 각 지구별 특성을 살린 역점 사업과 다양한 협동적 교육활동, 수업연구, 수업공개 등을 추진하고 그 결과를 일반화함으로써 창의적 학교 경영을 하도록 하는 것이 주목적이라고 할 수 있다.

(2) **구체적인 활동**

① 학교 간 방문 장학 : 교육활동 상호 참관(공개 보고회, 공개 수업 등) 및 교육정보 교환, 학교 경영·학습지도·특별활동 개선방안 협의, 학교별 우수사례 발굴 홍보 및 일반화 협의, 지구별 교육 현안과제 협의 조정, 교원·학생 상호 간 학예활동 참관 및 체육교류 활동 등

② 교육연구 활동 : 수업 및 평가방법 개선을 위한 공개수업, 논술지도를 위한 협의회·교과협의회 (학습동아리)·방과 후 학교 협의회 구성 및 운영, 교육현장의 문제점 해결방안 및 공동 관심사에 관한 현장연구 발표, 교수·학습 자료 및 평가 자료 공동 제작 및 활용

③ 학생 생활지도 활동 : 교내 외 생활지도 방법의 개선 협의, 초·중·고등학교 지구별 통합협의회 활동, 연말연시 방학 중 합동 교외지도, 지구별 학생선도협의회 운영, 청소년 단체 합동수련 활동 등

④ 학예활동 : 문예 백일장, 미술 실기대회, 독후감 쓰기 발표대회, 특별활동 발표회 및 전시회, 기타 소질 적성 계발 및 건전한 학생문화 정립을 위한 행사

4. 교내장학(교내 자율장학) 중등 22 논술

(1) **개념**

① 학교에서의 교육활동을 성공적으로 수행할 수 있도록 교사를 지도하고 교사에게 조언하는 장학 활동이다.

② 교사의 수업활동을 개선함으로써 교육의 질을 향상시키기 위해 학교 내의 장학담당자가 교사들을 도와주는 지도·조언활동으로 규정할 수 있다.

③ 교내장학은 주로 교장, 교감, 보직교사에 의해 이루어지며 경우에 따라 교육청의 장학사에 의해 이루어지기도 한다.

④ 유형 : 임상장학, 동료장학, 자기장학, 약식장학 등이 있으며, 이 유형 중 장학담당자가 학교상황과 장학 대상에 따라 필요한 장학유형을 선택적으로 사용하는 것이 선택적 장학지도이다.

(2) **임상장학** 중등 04·12·14논술 추가, 초등 00·06

① 개요

㉠ 실제적인 교수 행위를 직접 관찰하여 자료를 수집하고 수업 개선을 위하여 장학담당자와 교사의 대면적 상호작용 속에서 교사의 행위와 활동을 분석하는 수업장학의 한 양상이다.

㉡ 학급 내에서 일어나는 교사와 학생 간의 상호작용 및 수업과 관련된 교사의 지각·신념·태도·지식에 대한 정보를 중심으로 수업의 개선을 도모한다.

㉢ 임상장학은 장학담당자와 교사의 관계가 상하관계보다는 쌍방적 동료관계를 지향한다.

② 목적

㉠ 임상장학은 교사의 전문적 성장과 교실수업의 개선에 근본적인 목적을 두고 있다.

㉡ 수업상황에 대한 객관적 피드백을 교사에게 제공하며, 교수·학습의 문제를 진단·해결하고, 교사들이 수업전략을 수립·사용할 수 있도록 도와주며, 객관적인 교사평가를 가능케 하며, 계속적인 전문적 신장에 대해 긍정적인 태도를 가질 수 있도록 교사를 도와준다.

ⓒ 성공적 적용을 위해서는 장학담당자가 기획·자료수집·분석 및 인간관계 기술 등을 구비하고 있어야 하며, 교사도 자신의 수업을 개선하겠다는 적극적인 의지를 가지고 있어야 한다.

③ 기본 전제

　ⓐ 실제 교실수업의 현장에서 이루어진다.

　ⓑ 교사와 학생, 장학담당자가 한 공간에서 대면적 관계로 이루어진다.

　ⓒ 수업의 전 과정을 진행하고 이를 관찰하여 진행함을 원칙으로 한다.

④ 임상장학의 주요 특징

　ⓐ 교사의 수업기술 향상이 주된 목적이다.

　ⓑ 교사와 장학담당자 간의 일대일 관계와 상호작용을 중요시한다.

　ⓒ 교실 내에서 교사의 수업행동에 초점을 둔다.

　ⓓ 일련의 체계적이고 집중적인 지도·조언 과정이다.

⑤ 절차

　ⓐ 임상장학의 최초 제안자인 Cogan은 그 과정을 8단계로 나누고 있다.

　　• 제1단계: 교사와 장학담당자와의 관계 수립

　　• 제2단계: 교사와의 협의를 통한 수업계획 작성

　　• 제3단계: 수업관찰 전략 수립

　　• 제4단계: 수업관찰

　　• 제5단계: 교수·학습과정의 분석

　　• 제6단계: 교사와의 협의회 전략 수립

　　• 제7단계: 교사와의 협의회

　　• 제8단계: 새로운 계획의 수립

　ⓑ 오늘날에는 ⅰ) 계획협의회, ⅱ) 수업관찰, ⅲ) 피드백 협의회의 3단계를 주로 많이 사용한다.

　　• 계획협의회 단계: 장학담당자와 교사 간 친밀한 관계를 형성하여 교사, 학습, 수업, 장학의 필요성 등에 대하여 상호이해를 함께하고 사전계획을 세우며, 상호약속을 하는 일종의 계약 단계이다.

　　• 수업관찰 단계: 계획협의회에서 약속한 대로 객관적인 자료수집을 위해 교실을 방문하여 실제로 수업을 관찰하는 임상장학의 핵심적인 단계이다.

　　• 피드백 협의회(관찰 후 협의회) 단계: 수집된 자료를 놓고 협의하여 수업 개선과 수업기술 향상의 전략을 모색하는 단계이다.

⑥ 장점

　ⓐ 수업 개선을 위해 좀 더 체계적인 장학을 할 수 있다.

　ⓑ 수업 개선을 위해 전문적인 지도를 받을 수 있다.

⑦ 단점

　ⓐ 임상장학에 대한 부담 및 거부감이 크다.

　ⓑ 임상장학의 준비와 시행에 많은 노력이 요구된다.

(3) 마이크로티칭

① 개념

㉠ 임상장학과 비슷한 과정을 거치는데 정식수업이 아닌 축소된 연습수업이라고 할 수 있다. 학생 수를 3~10명의 소집단으로 줄이고, 수업시간도 7~20분으로 축소하고, 수업과제나 동원되는 수업기술도 모두 축소시킨 연습수업이다.

㉡ 계획을 세워 수업을 하고 이를 녹화하여 되돌려 보면서 비평하고, 이 비평에 따라 재계획을 세워 수업하고 다시 녹화하여 재비평하는 식으로 반복하면서 수업기술을 향상시키는 장학 방법이다.

② 마이크로티칭의 절차

절차	내용
준비 단계	• 마이크로티칭의 개념 및 진행 과정 설명 • 영상 등을 통한 시범 • 주제와 상황을 선택하고 수업을 준비
교수 단계	• 모의수업 진행(영상 촬영) • 학생 역할을 하며 강의자의 모습 관찰, 평가
평가 단계	• 수업 진행과 교수기술 평가 • 영상 기록과 체크리스트 사용

(4) 동료장학 중등 18논술 · 14논술 추가, 초등 07

① 개요

㉠ 동료장학은 수업의 개선을 위해 교사들이 서로 협동하는 장학의 형태다.

㉡ 교사들 간에 경험을 공유함으로써 교수능력의 향상을 도모할 수 있으며, 협동적 인간관계의 수립을 통해 동료 간의 유대와 공동성취감 등을 향상시킬 수 있다는 점에서 그 중요성이 강조되고 있다.

㉢ 일반적으로 교사들은 장학사에 의한 장학보다는 함께 생활하는 동료로부터의 장학을 선호하는 편이다.

㉣ 동료교사들은 대상 교사 및 대상 학생들의 장단점을 잘 알고 실제적 경험을 바탕으로 지도·조언할 수 있다는 점에서 그 효과를 배가시킬 수 있는 가능성을 가지고 있다.

② 동료장학의 유형

㉠ 수업연구중심 동료장학 : 수업연구 또는 수업공개를 중심으로 한 유형으로 임상장학의 유형과 기본적으로 유사한 점이 많다. 동 학년 교사들 또는 동 교과 교원들이 공동으로 수업공개를 계획하고, 수업을 관찰하며, 이에 대한 의견을 교환하게 되는 것이다.

㉡ 협의중심 동료장학 : 동료교사들 간에 공식적이거나 비공식적인 일련의 협의를 통하여 어떤 주제에 관하여 서로 경험, 정보, 아이디어, 도움, 충고, 조언 등을 교환하거나 서로의 공동 관심사 협의 혹은 공동과업을 추진하는 활동을 의미한다. 학교현장에서 흔히 볼 수 있는 동 학년 협의회, 동 교과 협의회, 동 부서 협의회 등이 대표적인 형태이다.

© 연수중심 동료장학 : 각종 자체 연수를 계획, 추진, 평가함에 있어 공동연구자로서 서로 경험, 정도, 아이디어를 교환하며, 때로는 강사나 지원인사로서 공동으로 협력하는 동료장학을 말한다.

③ **동료장학의 장점**

㉠ 수업 개선을 위해 학교교사들이 공동으로 노력하게 하여 장학활동을 위해 학교의 인적 자원을 최대한 활용할 수 있다.

㉡ 수업 개선 전략의 설계와 실천에 대한 책임감을 부여함으로써 교사들이 수업 개선에 크게 기여할 수 있다는 인정감과 성취감을 갖게 한다.

㉢ 적극적인 동료관계 증진에 도움이 되며, 이를 토대로 학교 및 학생교육에 대한 적극적인 자세와 개인 교사의 전문적 신장을 도모할 수 있다.

㉣ 엄격한 훈련이나 협의회 절차를 거치지 않아도 되므로 교사들이 이용하기 편리하다.

㉤ 다른 장학에 비해 거리감이 적고 동료의식이 강하기 때문에 자유로운 의사 교환과 피드백이 가능하다.

㉥ 장학 인력의 부족 문제와 장학담당자의 방문 평가에 대한 교사의 거부감 문제를 어느 정도 해결할 수 있다.

㉦ 대상 교사 및 대상 학생의 장단점을 잘 알고 실제적 경험을 바탕으로 지도·조언할 수 있다.

(5) 자기장학 중등 12 · 14논술 추가

① **개요**

㉠ 외부의 강요나 지도에 의한 것이 아닌 교사 스스로 자신의 전문성 신장을 위해 계획을 수립하고 실천해 나가는 것을 말한다.

㉡ 장학지도자의 지도가 없어도 자신의 전문성 향상을 위하여 노력할 수 있는 의지와 능력이 있는 교사들에 대해서는 교사 스스로가 자기장학을 해 나가도록 유도하는 것이 바람직하다.

㉢ 스스로 성장할 능력을 갖추었다고 보기 힘든 신규 교사보다는 혼자 일하기를 좋아하거나 경험이 많고 유능한 교사에게 보다 적합하다.

② **자기장학의 특성**

㉠ 교사 개인이 성장의 프로그램에 의거 독립적으로 연구한다.

㉡ 교사 개인이 목표지향적인 전문적 개선 프로그램을 개발하고 추구한다.

㉢ 교사 개인은 그러한 목표를 달성함에 있어서 다양한 자원에 접근한다.

㉣ 자기장학 프로그램의 결과는 교사의 직무평가에 사용되지 않는다.

③ **자기장학의 주요 방법**

㉠ 자신의 수업을 녹음 또는 녹화하여 스스로 분석·평가한다.

㉡ 자신의 수업이나 생활지도, 학급경영 등과 관련하여 학생들과의 만남이나 학생들을 대상으로 한 의견조사를 실시한다.

㉢ 교직·교양·전공과목과 관련된 서적 및 잡지, 연구논문 등 문헌연구와 다양한 정보자료를 활용한다.

㉣ 야간대학, 방송통신대학 등의 과정 또는 대학원 과정 수강을 통하여 전문성을 신장한다.

　　　　◎ 전문기관 또는 교육청 등을 방문하여 교육전문가나 교육행정가·장학담당자들과의 면담을
　　　　　통한 지도·조언과 정보를 입수한다.
　　④ 장점
　　　　㉠ 자신의 개성과 적성에 맞는 방법으로 자유롭게 수업개선을 도모할 수 있다.
　　　　㉡ 다른 장학에 비해 부담감이 덜하다.
　　　　㉢ 자기성취감과 자기만족을 가질 수 있다.
　　⑤ 단점
　　　　㉠ 자기에게 장학을 맡겼다가 자칫 노력하지 않을 수 있다.
　　　　㉡ 수업 개선을 위한 다양한 방법을 알지 못하는 경우 실패할 수 있다.
　　　　㉢ 학습의 진전은 근본적으로 타인과의 상호작용을 통해 이루어지므로 자기장학은 한계가 있다.

(6) 약식장학 중등 07, 초등 05

　　① 개요
　　　　㉠ 단위학교의 교장이나 교감이 간헐적으로 짧은 시간(5~10분) 동안 학급순시나 수업참관을
　　　　　통하여 교사들의 수업 및 학급경영활동을 관찰하고, 이에 대해 교사들에게 지도·조언을 제
　　　　　공하는 과정을 말한다.
　　　　㉡ 단위학교에서 일상적으로 빈번하게 수행되어 일상장학이라고도 한다.
　　　　㉢ 교장이나 교감이 수업활동과 학급경영활동의 개선을 위해 적극적인 장학적 노력을 하고 있
　　　　　다는 것을 교사들이 알 수 있다.
　　　　㉣ 미리 준비한 수업활동이나 학급경영활동이 아닌 평상시의 자연스러운 수업활동이나 학급경
　　　　　영활동을 관찰할 수 있다. 따라서 약식장학은 교장이나 교감이 학교교육 전반의 정보를 파악
　　　　　하는 데 도움을 준다.
　　② 약식장학의 특징
　　　　㉠ 원칙적으로 교장이나 교감의 계획과 주도하에 전개된다.
　　　　㉡ 간헐적이고 짧은 시간 동안의 학급순시나 수업참관을 중심 활동으로 한다.
　　　　㉢ 다른 장학 형태에 대해 보완적이고 대안적인 성격을 갖는다.
　　③ 약식장학 단계
　　　　㉠ 약식장학의 계획 수립
　　　　㉡ 약식장학의 실행
　　　　㉢ 약식장학의 결과 활용
　　④ 유의점
　　　　㉠ 공개적이어야 하며 교장이나 교감이 담당한다.
　　　　㉡ 계획적으로 정해진 일정에 의해 이루어져야 한다. 계획 없이 불시에 학급을 방문하여 관찰하
　　　　　는 것보다는 체계적으로 계획을 세워서 행할 필요가 있다.
　　　　㉢ 학습 중심적이어야 한다. 교사에게 해당 수업의 관찰 내용에 대한 피드백을 줘야 한다. 피드
　　　　　백이 없다면 교사는 수업 개선 목적이 아닌 단순한 감독으로 받아들이게 될 것이다.

(7) **선택적 장학** 중등 04, 초등 03

① 개념 : 교사의 상황과 특성에 따라 적합한 장학이 선택되어야 한다는 점을 강조하는 장학이다.

② 글래드혼(Glatthorn)의 선택적 장학 : 글래드혼은 교사의 특성에 따라 적합한 장학을 제시하였다.

◼ 선택적 장학

장학의 종류	교사의 특성
임상장학	초임교사, 경험 있는 교사 중 특별한 문제가 있는 교사
자기장학	경험 있고 능숙하며, 자기분석 및 자기지도의 기술을 가지며, 혼자 일하기 좋아하는 교사
동료장학	모든 교사
약식장학	모든 교사에게 해당되지만, 임상장학이 필요치 않은 경험 있고 능숙한 교사, 다른 장학 방법을 원하지 않는 교사

③ 버든(Burden)의 장학선택과 교사경력 발달단계

   ㉠ 생존단계(경력 1년) : 구체적·기술적 교수기능에 대한 도움이 필요하므로 약식장학, 임상장학 등 지시적 방법이 효과적이다.

   ㉡ 조정단계(경력 2~3년) : 장학담당자와 교사가 책임을 공유하고, 문제해결, 상호협의를 중시하는 협동적 동료장학이 적합하다.

   ㉢ 성숙단계(경력 5년 이상) : 교사 스스로 주도적 역할을 담당하는 자기장학이 효과적이다.

5. 컨설팅 장학(consulting supervision) 중등 12 · 22논술, 초등 08 · 12

(1) **정의**

① 컨설팅 장학은 학교 컨설팅의 의미와 원리, 방법을 장학에 적용한 것이다.

② 컨설팅 장학이란 교원의 자발적인 의뢰를 바탕으로 교사의 전문성을 계발하기 위해 교내외의 전문성을 갖춘 사람들이 제공하는 조언활동을 말한다. 여기서 교사의 전문성은 교과지도, 생활지도 및 상담(진로지도 포함), 창의적 체험활동 지도, 학급운영 등과 관련되는 전문성을 지칭한다.

③ 컨설팅 장학은 장학담당자와 교사 간의 수평적 관계 속에서 이루어지고 교사의 자발성을 최대한 보장하는 방식의 장학방법이다.

(2) **컨설팅 장학의 절차**

① 준비 : 의뢰 및 접수, 예비 진단, 컨설턴트 배정·선택, 계획 수립, 계약

② 진단 : 자료수집·분석, 상황인식, 활동 방향 설정

③ 해결방안 구안 : 해결방안 구안·제안, 해결방안 선택

④ 실행 : 실행 방안 안내·조언, 의뢰인의 실행

⑤ 종료 : 평가, 피드백, 보고서 작성

(3) 컨설팅 장학의 원리

① 자발성의 원리 : 컨설팅 장학에서 가장 중요한 원리로, 의뢰 교사가 컨설팅에 관한 의사결정의 주체가 되어야 한다는 원리이다.

② 전문성의 원리 : 의뢰한 과제를 해결하기 위해 해당 분야에 전문성을 가진 컨설턴트에 의해 조언 활동이 이루어져야 하며, 의뢰인도 그것을 인정한 상태에서 컨설팅이 진행되어야 한다.

③ 독립성의 원리 : 컨설턴트와 의뢰인 및 컨설팅관리자는 수직적인 상하관계가 아닌 서로 평등한 관계로 독립적이어야 한다. 이를 명백히 의식하지 않으면 과거와 같은 상하관계가 설정되어 컨설팅의 효과를 보기 어렵다.

④ 자문성의 원리 : 컨설턴트는 의뢰인이 의뢰한 내용에 대해 정답을 제시하기보다는 의뢰인이 스스로 문제를 진단하고 해결할 수 있도록 자문을 해주는 역할을 해야 하며, 그렇게 유도해야 한다.

⑤ 한시성의 원리 : 컨설팅은 의뢰 교사에게 협약기간 동안만 제공되는 일시적인 서비스가 되어야 한다. 의뢰된 과제가 해결되면 컨설팅은 종료가 된다. 컨설팅 장학 협약단계에서 합의한 기간에 컨설팅이 종료되어야 한다. 경우에 따라 협의를 통해 기간을 조정할 수 있으나, 원칙적으로는 하나의 의뢰된 과제는 해결과 동시에 그 과정이 종료된다.

⑥ 학습성의 원리 : 컨설팅 장학의 과정이 의뢰인과 컨설턴트에게 학습의 과정이 되어야 한다. 의뢰인은 과제 해결과정에서 습득한 다양한 지식과 기법을 활용하여 컨설턴트로 성장할 수 있고, 컨설턴트는 끊임없는 반성적 사고를 통해 더 나은 컨설팅을 할 수 있는 학습의 기회를 가져야 한다.

• 학교컨설팅 : 학교의 자생적 활력 함양과 학교 교육의 질 향상을 위하여 단위학교와 학교구성원들의 요청에 따라 전문성을 갖춘 교육체제 내외의 전문가들이 문제와 과제의 해결을 도와주는 활동
• 수업컨설팅 : 교사의 전문성 중 수업과 관련된 문제를 해결하기 위해 도움을 요청한 교사에게 교내외의 수업컨설턴트가 학교컨설팅의 방법과 원리에 따라 제공하는 자문활동

Chapter 07 교육기획과 정책

---

01 교육기획 중등 17논술

---

1. 교육기획의 개념과 성격

① 교육기획은 미래의 교육활동을 준비하는 과정이라고 정의할 수 있다.

② 미래의 교육활동에 대비하여 교육목표 달성을 위한 효과적인 수단과 방법을 제시함으로써 교육 정책 결정의 효율성과 안정성을 보장해 주는 지적·합리적 과정이다. 교육기획은 다음과 같은 특성을 가지고 있다.

ㄱ **미래 지향적인 행동 과정**: 기획은 미래를 구상하는 것으로, 앞으로의 활동을 준비하는 과정이다. 주간계획, 월간계획, 연간계획, 장기계획 등과 같이 실제로 시행하기 전에 이를 준비하고 구상하는 과정이다.

ㄴ **지적인 활동**: 기획은 어떠한 일을 구체적으로 시행하기 전에 그 목표와 내용, 절차와 방법, 기대되는 성과에 대해 미리 생각해 보는 것으로 고도의 지성과 전문성을 요구한다.

ㄷ **합리적인 활동**: 기획은 목표와 수단 및 방법을 합리적으로 연결함으로써 목표 달성을 효율화하는 활동이기 때문에 합리적인 정보수집과 판단, 그리고 문제해결 능력을 필요로 한다.

ㄹ **사전의 준비과정**: 기획은 사전의 준비 과정이지 실제적인 시행이나 집행이 아니기 때문에 상황의 변화에 따라 언제든지 수정하거나 보완할 수 있다.

2. 교육기획의 유형

① 계획 기간에 따라 장기계획, 중기계획, 단기계획으로 구분되며, 수립 주체에 따라 국가계획, 지역계획, 학교계획으로, 계획의 범위에 따라 부문계획, 종합계획으로 구분된다.

② 행정조직의 계층이나 강제성 정도, 작성 방법, 주제 등에 따라서도 다양하게 구분할 수 있다.

ㄱ 계획 기간에 따른 유형

장기교육계획	10년 이상에서 20년에 이르는 것도 있으나 일반적으로 6년 이상의 계획을 지칭한다.
중기교육계획	계획 기간이 3년 내지 5년인 계획을 말한다. 경제·사회발전 5개년 계획의 교육부문 계획이 해당된다.
단기교육계획	• 보통 계획 기간이 3년 미만인 계획을 의미하나, 대체로 1년이나 그 이내인 계획을 가리킨다. • 당해 연도의 예산에 반영되는 교육에 관한 기본운영계획 등이 여기에 해당한다.

ⓒ 수립 주체에 따른 유형

국가교육계획	국가가 수립하는 교육계획을 말한다. 일반적으로 개발도상국가나 중앙집권적 국가 등에서 정부가 중심이 되어 교육체제 운영에 관한 정책과 행정상의 발전을 위해 수립·시행하는 교육계획이 해당된다.
지방교육계획	지방교육자치 단체에서 수립하는 교육계획을 말한다. 특별시나 광역시 혹은 각 도 교육청이 중심이 되어 지역 교육 발전을 위해 수립하는 교육계획이 해당된다.
학교교육계획	단위학교에서 수립하는 교육계획을 말한다. 단위학교가 주축이 되어 학교 발전을 위해 수립하는 연간 학교교육계획이 해당된다. 최근에는 단위학교 책임경영제가 보편화되면서 단위학교의 특수성과 자율성을 강조하는 학교교육계획의 중요성이 크게 강조되고 있다.

ⓒ 계획 범위에 따른 유형

부문교육계획	한정된 교육부문 혹은 영역에 대한 계획으로 특정한 대상만을 포함하는 교육기획을 말한다. 1954~1959년간에 수립·추진된 '의무교육완성 6개년 계획'이 예이다.
종합교육계획	교육의 여러 부문과 영역을 종합적으로 다루는 교육계획을 말한다. 부문계획이 한정된 부문만을 다루기 때문에 다른 부문들과의 관계를 포괄적으로 다룰 수 없는 반면, 종합계획은 부문계획의 단점을 보완할 수 있는 강점을 가지고 있다. 1970년에 수립된 '장기종합교육계획'이 그 대표적인 예이다.

3. 교육기획의 원리

① **타당성의 원리**: 의도하는 교육목표를 달성할 수 있는 적절한 수단과 방법을 통해 수립되어야 한다.

② **민주성의 원리**: 일반 국민과 이해 관련 집단 등의 광범위한 참여를 통해 민주적인 방식으로 이루어져야 한다.

③ **효율성의 원리**: 의도하는 교육목표를 달성할 수 있는 능률적이고 효과적인 수단과 방법을 동원하여 수립되어야 한다.

④ **중립성의 원리**: 교육 자체의 타당성과 효율성에 따라 수립되어야 하며, 어떠한 정치적·종교적·당파적 이해와 압력에 좌우되어서는 안 된다.

⑤ **전문성의 원리**: 교육전문가들의 적극적인 참여와 지속적인 검토 과정을 거쳐 수립되어야 한다.

⑥ **융통성의 원리**: 상황의 변화에 탄력적으로 대응할 수 있도록 신축성 있게 수립되어야 한다.

⑦ **균형성의 원리**: 안정성과 적응성, 민주성과 전문성 등을 적절하게 유지하는 방식으로 이루어져야 한다.

⑧ **안정성의 원리**: 정책의 일관성과 안정성을 유지할 수 있도록 수립되어야 하며, 지나치게 가변적이어서는 안 된다.

⑨ **통합성의 원리**: 국가의 다른 부문 기획과 통합되어야 하며, 하위 부문을 종합적으로 고려하여야 한다.

⑩ **계속성의 원리**: 교육목적 실현을 위해 계속적인 연구와 평가를 통해 수립되어야 한다.

4. 교육기획의 기능

① **교육발전 촉진의 계기**: 변화를 미리 예견하여 적극적으로 계획함으로써 교육발전을 촉진한다.
② **교육의 효율성 확보**: 설정된 목표를 가장 효율적으로 달성할 수 있는 대안을 선택함으로써 경제적 효율성과 교육활동의 타당성을 높여준다.
③ **교육의 안정화에 기여**: 교육목표와 정책 등을 장기적 전망에서 일관성 있게 견지하면서 교육을 운영해 나갈 수 있도록 방향을 제시해 준다.
④ **교육재정의 합리적 배분**: 한정된 재정의 합리적 배분과 교육투자의 우선순위 결정 등을 통해 교육의 효과를 극대화할 수 있다.
⑤ **교육의 합리적 통제기능**: 기획의 실천과정이나 실천 후 이루어지는 평가와 환류를 통해 목표를 수정할 수 있으며 진도를 조절할 수도 있다.

5. 교육기획의 과정

① **목표 설정**: 기획의 수립, 집행 및 평가에 이르는 기획의 전 과정에서 중요한 역할을 수행한다.
② **현황 및 문제 분석**: 현재 상황에 대해 정확하게 분석하고 문제를 도출한다. 현재뿐만 아니라 미래에 예상되는 상황에 대한 예측도 함께 한다.
③ **대안의 탐색**: 문제를 해결하고 목표에 달성할 수 있는 대안을 탐색한다.
④ **대안의 비교 및 평가**: 각 대안별로 어느 정도 예측되면, 각 대안을 비교·평가할 수 있는 기준을 설정하여 비교한 후 최종안을 선택한다.
⑤ **계획의 집행과 평가**: 넓은 의미의 기획은 선택된 대안의 집행과 평가까지 포함한다. 평가는 해당 기간 동안 계획을 추진한 성과를 측정하고 발견된 문제들을 정리하여 추후 기획과정에 환류시키기 위함이다.

6. 교육기획의 접근 방법

(1) **사회 수요에 의한 접근 방법(social demand approach)**

① 특징

㉠ 교육에 대한 개인적 또는 사회적 수요를 기초로 교육기획을 수립하는 방법으로, 가장 광범위하게 사용되고 있는 접근이다.
㉡ 교육받기를 원하는 모든 사람에게 교육기회가 주어져야 한다는 원칙에서 이루어지는 기획 방법이다. 이 방법은 대부분의 국가에서 교육계획을 수립하는 일차적인 접근 방법으로 활용되고 있다.
㉢ 국가의 인구와 가계소득, 그리고 미래의 학부모와 아동의 교육에 대한 수요를 예측한 다음 이를 기초로 학교 설립과 교원 양성, 기타 교육적 투입 요소를 계획해 나가는 방법이다.
㉣ 사회적 수요접근을 활용하는 대표적인 예는 의무교육에 관한 계획을 수립하는 경우이다. 이 접근은 인구의 자연 증가 추세와 교육에 대한 사회적 수요의 증가 추세에 따라 교육의 양을 증대시켜 나가려는 방법이다.

② 방법
  ㉠ 쉬운 것 같지만, 실제로는 매우 복잡하고 어려운 과정을 필요로 한다.
  ㉡ 얼마나 많은 사람이 어떤 유형의 교육을 원할지 명확하게 알아야 하기 때문에 이를 추정하는 작업이 선행되어야 한다.
  ㉢ 그러나 현실적으로 많은 요인을 모두 고려하여 미래 상황을 추정하는 것은 어렵기 때문에, 실제로는 인구성장률이 모든 단계의 교육 유형의 성장률이 될 것이라고 전제하고 단순하게 성장률을 추정하는 것이 보통이다.
    ⓓ 인구 1% 증가 ⓢ 초·중·고등교육 등 모든 단계의 교육도 1% 증가할 것으로 보고 추정
③ 장점
  ㉠ 사회의 교육적 수요에 부응함으로써 단기적으로는 사회적·정치적 안정에 기여할 수 있다.
  ㉡ 인구 성장률을 활용하여 비교적 손쉽게 교육계획을 세울 수 있다.
④ 단점
  ㉠ 사회적 요구가 사회적 필요와 일치되지 않을 수 있다. 국민들이 대학 진학을 원하는 만큼 대학문을 열어 주었으나, 직업세계에서는 그만큼 대졸자가 필요하지 않을 수도 있다.
  ㉡ 재정적 제약 등을 고려하지 않은 사회 수요의 충족은 교육의 질적 수준을 하락시키는 요인이 되기도 한다. 투자의 우선순위 등을 상세화하지 않고, 모든 교육수요를 충족시킬 만큼 자원의 여유가 없을 때 어떻게 해야 되는가에 대한 방안을 제시하지 못한다.

(2) **인력 수요에 의한 접근 방법(manpower demand approach)** 초등 08
① 특징
  ㉠ 사회가 필요로 하는 인력 수요를 고려하여 교육기회를 통제해 나가는 방법으로, 교육과 경제를 밀접하게 연결시키고자 하는 접근이다.
  ㉡ 가능한 한 교육 체제를 통한 인력의 양성 또는 공급을 경제체제에서의 인력의 활용 또는 취업과 직결시키고자 한다.
  ㉢ 1960년대에 경제발전이 교육에 의존한다는 인적 자본론의 영향으로 개발도상국가를 중심으로 유행하였던 방법이다.
② **방법**: 목표 연도의 인력수요를 추정한 다음 그것을 교육자격별 인력 수요 자료로 전환하고, 추정된 노동력의 교육자격별 구조와 현재의 교육자격별 노동력 구조를 비교하여 부족분을 교육 수준별, 부문별로 보충하도록 한다.
③ 장점
  ㉠ 교육과 취업, 교육과 경제성장을 보다 긴밀하게 연결하여 교육에 대한 계획을 수립할 수 있다.
  ㉡ 교육운영에서 낭비를 줄여 효율성을 높일 수 있다.
④ 단점
  ㉠ 교육과 취업이 항상 1 대 1의 대응관계를 갖는 것은 아니다.
  ㉡ 급변하는 사회에서 교육 수요나 인력 수요의 구조도 역시 급변하므로 추정이 어렵다.
  ㉢ 교육과 취업 간의 시차 때문에 수급 측면에서 차질을 빚기 쉽고 예측이 어렵다.
  ㉣ 교육의 목적이 경제개발에 국한되지 않고, 개인의 자아실현이나 문화의 발전을 위한 목적도 있음을 과소평가한다.

(3) **수익률에 의한 접근 방법(rate of return approach)**

① 특징

㉠ 교육에 투입된 경비와 산출된 효과를 금액으로 계산하고, 이를 기준으로 교육투자의 중점과 우선순위를 결정하려는 접근방법이다.

㉡ 교육활동의 경제적 효과를 숫자로 나타내는 수익률에 따라, 여러 가지 교육 프로그램 가운데 최고의 수익을 주는 프로그램을 우선해서 투자할 수 있다.

㉢ 교육투입은 교육에 투입되는 비용이며, 교육산출은 교육을 받은 후에 기대되는 수입을 말한다.

② 장점 : 교육운영의 경제적 효율성을 제고시킬 수 있고, 비용과 수익 분석을 통해 교육투자의 합리성을 제고할 수 있다.

③ 단점

㉠ 교육투입과 교육산출을 계산하는 방식이 다양하고 학자 간에도 합의된 것이 없어 측정이 용이하지 않다.

㉡ 수익률 계산에 따르는 어려움과 과거의 소득을 가지고 미래의 소득을 추정하는 기법 자체의 문제 등 기술적 한계를 가지고 있다.

(4) **국제 비교에 의한 접근 방법(international comparison approach)**

① 특징

㉠ 국가의 발전 단계를 국제적으로 비교함으로써 보다 발전된 나라의 발전모형을 참고하여 교육기획을 하는 방법으로, 주로 개발도상국가에서 적용하고 있다.

㉡ 후진국이 선진국의 경험에서 이득을 얻고자 하는 방법이다.

② 장점 : 유사한 외국의 경험을 모방하여 기획을 수립하기 때문에 그 과정을 단순화할 수 있다. 외국에서 선행 경험을 통해 얻은 효과적인 과정과 방법을 간접적으로 활용할 수 있기 때문에 계획 수립 자체가 쉬우며 문제 예측이나 처치를 효율적으로 할 수 있다.

③ 단점

㉠ 국가마다 교육 제도나 운영방식이 다르므로 한 국가에서 효과적인 방법이었다고 하더라도 자국에서는 비효과적인 방법이 될 수도 있다.

㉡ 각 나라의 전통과 사회문화적 배경이 다르고, 삶의 양식과 가치체계 등이 다르기 때문에 장점을 제대로 활용하지 못하는 경우도 발생할 수 있다.

㉢ 과거에 선진국에서 성공한 발전모형을 미래에 후발국에서 채택할 때, 시차에 따른 변화와 조건 차이로 인해 효과가 반감될 수 있다.

7. 교육기획의 효용성과 한계 중등 17 논술

(1) **효용성**

① 지휘의 수단 : 목표에 대한 주의집중을 통해 조직을 전반적으로 지휘할 수 있다.

② 미래에의 대비 : 미래에 발생할 가능성이 높은 사태를 예측하고 이에 대처하는 전략을 준비할 수 있다.

③ 합리성 제고 : 여러 대안 가운데 가장 합리적인 대안을 선택함으로써 경비를 절약하고 비생산적인 업무활동을 억제할 수 있다.

④ 효과적 성과 측정: 기획은 일정 공간과 시간 내에 수행되어야 할 업무를 보다 뚜렷하게 확정해 주고, 업무 단위나 개인별로 업무 성과를 정확하게 측정하는 데 도움을 준다.

⑤ 가용 자원의 효율적 사용: 일정 기간 동안 조직 내 가용 자원을 가장 효율적으로 사용하도록 하는 데 도움을 준다.

⑥ 전체적 운영 상황의 명확한 판단: 조직의 책임자는 기획을 통해 조직 내의 전반적인 업무 내용과 흐름을 일목요연하게 파악할 수 있다.

⑦ 효과적 통제의 수단: 통제는 조직의 활동이 미리 짜여진 계획과 일치하는지 확인하는 기능이므로, 계획이 없다면 효과적인 통제는 불가능하다.

(2) 한계

① 미래 예측의 어려움: 기획은 미래에 관한 활동이다. 그러나 인간의 예측 능력은 불완전하기 때문에 미래 상황을 정확하게 예측하는 것이 매우 어렵다.

② 기획에 대한 인식 부족: 기획은 단순히 중앙의 지시와 통제 수단이 아니며, 하나하나의 계획은 그저 합쳐놓은 것 이상의 것임을 구성원들에게 주지시킬 필요가 있다.

③ 지식과 기술의 부족: 최적의 대안 선택을 위해 다양한 가능성을 탐색하고 장단점을 비교하지만 최종 선택된 대안이 최선이라는 보장을 하기 쉽지 않다. 기획과 기획의 대상이 되는 영역에 대한 전문적 지식과 기술이 부족하기도 하고, 인간 지성의 한계 때문이기도 하다.

④ 계획 수립 및 실천을 위한 비용 문제: 계획을 준비하고 시행하는 데 소요되는 비용과 계획을 시행한 결과 얻을 수 있는 이익은 둘 다 측정하기 쉽지 않다.

⑤ 계량화의 곤란성: 교육계획의 목표는 추상적인 경우가 많다. 따라서 계량하기가 어렵기 때문에 목표 설정 자체가 어렵고, 달성 수단을 강구하거나 달성 여부의 평가가 어렵다.

---

02 교육정책결정 · 의사결정

1. 정책 · 의사결정의 개념

(1) 정책

① 정책은 '전체 사회를 위한 가치의 권위적 배분'이라고 정의될 수 있다. 정치적 성격을 강조한 것으로 '권위적'이란 어떤 정책이 결정되면 그 사회 구성원들이 결정에 대해 복종해야 한다는 것을 의미한다.

② 정책은 '목표, 가치 및 행동노선을 담은 사업계획'으로 정의할 수 있다. 어떤 목표나 가치를 달성하기 위한 전반적인 행동계획으로 이해될 수 있다.

③ 정책은 '규범적 사고와 행동에 대한 최초의 표현이며 지침적 이미지'라고 정의되기도 한다. 정책의 규범성과 행동지향성 그리고 정책효과 등을 강조한다고 볼 수 있다.

④ 이종열 등은 '권위 있는 공식기관이 문제해결이나 공적 이익을 달성하기 위하여 정치적 · 행정적 과정을 거치거나 당위성에 입각하여 의도적으로 선택한 장래의 행동계획'이라고 하였다.

⑵ **의사결정**

① '어떤 문제해결과 관련한 여러 가지 대안 중에서 최적의 대안을 판단하여 선택, 결정하는 행위'라고 정의할 수 있다.

② 그리피스(Griffiths)는 '의사결정이란 어떤 목적을 달성하기 위하여 가장 적절한 대안을 선택하는 연속적인 과정'이라고 보았다.

2. 의사결정을 보는 관점(교육정책 형성의 관점) 중등 04

⑴ **합리적 관점 : 합리적 판단으로서의 의사결정**

① 의사결정이란 목표 달성을 위한 수많은 대안들 중에서 최적의 대안을 선택하는 입장이다.

② 이 관점은 합리성에 대한 절대적인 믿음에 근거하고 있다. 모든 선택과 의사결정에는 가장 최적의 방식이 항상 존재한다는 생각이 퍼지면서 관점이 생성되었다.

③ 합리성을 구현하기에 가장 적합한 조직인 관료제 조직과 체계화된 조직 구조를 가지고 운영되는 중앙집권적인 조직에 적합한 의사결정 관점이라고 볼 수 있다.

⑵ **참여적 관점 : 참여로서의 의사결정**

① 의사결정을 관련 당사자 간의 논의를 통한 합의의 결과로 보는 입장이다. 참여적 관점은 관료제 조직보다 전문직 조직에 적합하다.

② 공동의 가치에 대한 인식, 전문가 식견에 대한 신뢰, 관련자들의 합리성에 대한 신뢰 등이 전제되고, 이러한 토대 위에서 결정이 이루어질 수 있는 조직상황에 적합한 의사결정방식이다.

⑶ **정치적 관점 : 타협으로서의 의사결정**

① 조직에 대해 영향력을 행사하려는 수많은 이익집단의 존재를 전제하고, 의사결정을 이러한 이해집단 간의 타협의 결과라고 본다.

② 조직이 달성하고자 하는 목표가 특정하게 존재하는 것이 아니라 이익집단의 이질적 목표들이 경쟁하고 타협하여 특정 목표를 지향하게 되며, 폐쇄체제가 아닌 개방체제를 전제한다는 점에서 합리적 관점이나 참여적 관점과 다르다.

③ 갈등이 항상 존재하고 협상과 타협이 기본적 규칙으로 되어 있는 조직에 적합한 의사결정 방식이다.

⑷ **우연적 관점 : 우연적 선택으로서의 의사결정**

① 결정행위가 어떤 합리적인 사고나 합의 혹은 타협의 산물이라기보다는 우연적으로 결정된다는 입장을 취한다. 이 관점의 특징은 의사결정이 목표 달성을 지향한다는 기존의 합리적 가정을 무시한다는 점이다.

② 의사결정이 목표를 달성하기 위한 과정이라는 가정을 부정하고 여러 요인이 복잡하게 조합된 결과로 나타난 우연적 현상이라는 점을 강조한다.

③ 이 관점은 목표가 불분명하고 목표 달성을 위한 방법적 체제나 관련 당사자의 참여체제가 제대로 정비되어 있지 않은 '조직화된 무질서' 혹은 '쓰레기통'으로 비유되는 특정한 조직상황에 적합한 의사결정 관점이다.

구분	합리적 관점	참여적 관점	정치적 관점	우연적 관점
중심개념	목표 달성을 극대화하는 선택	합의에 의한 선택	협상에 의한 선택	선택은 우연적 결과
의사결정의 목적	조직목표 달성	조직목표 달성	이해집단의 목표 달성	상징적 의미
적합한 조직형태	관료제, 중앙집권적 조직	전문직 조직	대립된 이해가 존재하고 협상이 용이한 조직	달성할 목표가 분명하지 않은 조직
조직 환경	폐쇄체제	폐쇄체제	개방체제	개방체제
특징	규범적	규범적	기술적	기술적

3. 의사결정모형(정책 형성의 기본 모형) 중등 04, 초등 06

(1) 합리모형(rational model) 중등 21논술, 초등 09

① 내용

㉠ 의미 그대로 합리성을 강조하는 고전적 모델이다.

㉡ 인간은 의사결정을 위해 필요한 모든 지식과 정보를 수집하고, 이를 객관적으로 분석·종합하여 최적의 대안을 선택할 수 있다는 인간의 전능성을 전제로 한다.

㉢ 조직의 목표 달성을 극대화하기 위한 최선의 해결책을 합리적으로 선택할 수 있다는 입장이다.

㉣ 정책결정자의 전지전능함, 최적 대안의 합리적 선택, 목표의 극대화, 합리적 경제인을 전제로 하고 있다는 점에서 이상적·낙관적 모형이라고도 한다.

② 한계점

㉠ 이 모형은 인간을 너무 합리적인 동물로만 파악한 나머지 감정을 가진 심리적 사회적 동물이라는 점을 간과하고 있다.

㉡ 인간은 전지전능하지 못하며, 문제 분석 능력에 한계를 갖고 있다.

㉢ 대안의 과학적 비교평가를 위해 필요한 정보를 충분히 구하지 못하는 경우가 많다.

㉣ 정책을 결정하는 데 필요한 인적, 물적 자원을 조달하지 못하는 경우가 많다.

(2) 만족모형(satisfying model)

① 내용

㉠ 마치(March)와 사이몬(Simon)이 주장한 것으로 합리성의 한계를 어느 정도 수용한 제한적인 합리성을 전제한 이론 모형이다.

㉡ 최선의 결정은 절대적 의미의 최고가 아닌 만족스러운 상태의 것이라는 생각을 반영하는 모형이다. 그래서 정책결정에 있어 객관적인 상황적 조건보다는 정책결정자의 행동에 더 많은 주의를 기울인다.

② 의의: 최적 대안보다는 만족스러운 대안을 선택할 수밖에 없다는 점을 밝힘으로써 합리모형이 가지는 현실적 한계를 극복할 수 있는 가능성을 제시하였다.

③ 한계점

ㄱ 만족스러운 상태를 결정하는 기준이 무엇이며, 그 기준을 구성하는 변수가 무엇인지 제시하지 못한다.

ㄴ 정책결정자의 개인적 차원을 강조하여 개인의 의사결정을 설명하는 데에는 상당한 설득력이 있지만, 조직 차원의 거시적 정책결정의 문제를 설명하는 데는 적합하지 않다.

ㄷ 만족의 정도는 주관적이기 때문에 보편타당성이 부족하다.

(3) 점증모형(incremental model) 중등 21 논술, 초등 02·07

① 내용

ㄱ 린드블럼(Lindblom)에 의해 제안된 모형으로 합리모형의 비현실성을 극복하기 위한 방안으로 제안된 모형이다.

ㄴ 점증이라는 용어가 의미하듯이 기존의 정책이나 결정을 점진적으로 수정해 나가는 것이다.

ㄷ 문제가 되고 있는 사안이나 문제에 대한 기존의 틀을 완전히 탈바꿈하는 것이 아니라 기존의 틀 속에서 기존의 정책에서 한 발짝 더 수정하여 보다 개선된 대안을 추구하는 모델이다.

ㄹ 획기적인 대안의 선택보다는 기본적인 목표의 틀 속에서 현행정책과 크게 다르지 않은 다소 향상된 정책결정에 만족하는 모델이다.

② 의의

ㄱ 첨예한 갈등이나 문제를 야기하지 않고 안정적인 정책결정과 집행을 할 수 있으며, 정책에 대한 폭넓은 지지를 받기 쉽고 실현 가능성이 높은 대안을 선택할 수 있다.

ㄴ 돌발적 변화의 가능성을 최소화하고, 정책의 급변에 따르는 비용을 최소화할 수 있으며, 점진적인 개선을 도모할 수 있다.

③ 한계점

ㄱ 선택된 대안이 얼마나 폭넓은 동의를 얻을 수 있느냐에만 관심이 많고, 새로운 목표의 적극적인 추구보다는 드러난 문제나 불만의 해소에만 주력함으로써 적극적인 선의 추구보다는 소극적인 악의 제거에만 관심을 쏟는다는 비판을 받고 있다.

ㄴ 점진적인 개선을 도모하기 때문에 지나치게 보수적이고 대중적인 정책결정모형이라는 평가를 받고 있다.

ㄷ 개혁이나 혁신적인 의사결정에는 부적합하다.

ㄹ 기존 정책이 기득권층의 권익을 옹호하고 있는 경우 빈익빈 부익부의 사회 불평등 구조를 재생산하는 데 기여할 수 있다.

(4) 혼합모형(mixed scanning model)

① 내용

ㄱ 에치오니(Etzioni)에 의해 제시된 것으로, 합리모형의 이상주의와 점증모형의 보수주의를 비판하고, 두 모형의 장점을 결합시킨 모형이다.

ㄴ 정책이나 기본 방향 설정은 합리모형에 의해 결정하고 방향 설정 후 세부적인 문제는 점증모형을 적용하는 방식으로, 두 모형의 특성과 장점을 혼합한 것이다.

ⓒ 이 모형의 특징은 기본적 결정과 관련된 부분은 광범위하고 포괄적으로 검토하고, 그중 특별히 주의를 기울여야 할 특정 부분에 대해서는 주도면밀한 검토의 과정을 거쳐 결정을 한다는 것이다.

② 의의: 합리모형과 점증모형의 장점을 혼합하여 현실적이고 바람직한 방향을 제시하였다.

③ 한계점: 새로운 모형이 아니라 절충, 혼합한 모형에 불과하기 때문에 이론 모형으로서의 가치는 떨어진다.

(5) **최적모형(optimal model)** 초등 11

① 내용

ㄱ 드로(Dror)가 점증모형의 타성적이고 현실 안주적인 성격을 비판하면서 그 대안으로 제안된 것이다.

ㄴ 합리모형과 점증모형의 절충을 시도하고 있다는 점에서 혼합모형과 유사하나, 양자의 단순 합계적 혼합이 아니라 합리성과 초합리성을 동시에 고려하는 최적치를 추구하는 규범적인 모형이라는 점에서 혼합모형과는 다르다.

ㄷ 정책결정이 합리성으로만 이루어지는 것이 아니며, 때때로 초합리적인 것, 즉 직관, 판단, 창의 등과 같은 잠재적 의식이 개입되어 이루어진다고 주장한다. 다른 모형에서는 고려하지 않는 초합리적인 과정을 정책결정에서 불가결한 역할로 파악하는 비정형적인 정책결정 유형이다.

ㄹ 최적치는 '모든 것이 고려된' 것이라는 의미에서 최선의 것이지만, 그것은 '지고지선' 그 자체가 아니라 주어진 목표에 도움이 되는 가장 바람직한 상태를 의미한다.

② 의의: 초합리성의 개념을 도입하여 합리모형을 더 체계적으로 발전시켰다는 평가를 받고 있다. 그동안 비합리성으로 배제해 왔던 요인들도 최적의 정책결정을 위한 핵심 요소가 될 수 있음을 확인해 줌으로써 창의적이고 혁신적인 정책결정을 거시적으로 정당화할 수 있는 이론적 근거를 마련해 주었다.

③ 한계점

ㄱ 달성 방법도 명확하지 않고 개념도 불명료한 초합리성이라는 개념에 의존하고 있어 다소 비현실적이고 이상적이라는 평가를 받는다.

ㄴ 정책결정에서 비합리적 요소를 고려해야 한다는 것 외에는 합리모형의 범위를 크게 벗어나지 못하고 있다는 비판도 있다.

(6) **쓰레기통 모형(the garbage can model)**

① 의사결정이 비합리적·우연적 선택으로 이루어진다고 보는 모형이다.

② 코헨(Cohen)과 마치(March)가 주장하는 목표의 모호성, 목표달성을 위한 방법적 체계의 불분명성, 유동적 참여 등을 특징으로 하는 '조직화된 무질서' 상황에서 일어나는 의사결정 모형이다.

③ 의사결정이 합리성에 근거하여 목표 달성을 위한 체계적인 과정에 의해 이루어진 것이 아니라 의사결정의 요소들인 문제, 해결책, 참여자, 선택의 기회들이 서로 다른 시간에 우연히 통 안에 모일 때 의사결정이 이루어진다는 것이다.

④ 비합리적인 의사결정에 강조점을 두고 있다는 점에서 다른 모델과는 구별된다.

4. 의사결정 참여모형

(1) 브리지스(Bridges)의 참여적 의사결정

① 개요

ㄱ 조직구성원들이 의사결정의 수용영역 범위 안에 있는지 밖에 있는지에 따라 참여여부를 검토 한다.

• **수용영역**: 구성원이 상급자의 의사결정에 대해 기꺼이 받아들이는 영역

ㄴ 브리지스는 구성원들이 수용영역 안에 분명히 속하는지를 증명하기 위해 두 가지 검증을 제시하였다. 하나는 적절성(관련성) 검토이고, 다른 하나는 전문성 검토이다.

② 참여수준의 기준

ㄱ **적절성 검토**: '의사결정에 구성원이 개인적 이해관계를 가지고 있는지를 의미한다.' 자신과의 이해관계가 높으면 참여에 관심을 보일 것이고, 그렇지 않으면 관심을 보이지 않을 것이다.

ㄴ **전문성 검토**: '의사결정 과정에서 구성원이 유용한 공헌을 할 수 있는 전문성을 가지고 있느지'를 의미한다. 해결하려는 분야나 사안에 대해 충분한 지식과 경험을 갖고 있어 문제해결 능력을 발휘할 수 있는지를 나타낸다.

③ 의사결정 참여형태

구분	수용영역 밖	수용영역 한계조건		수용영역 안
상황	상황 I 적절성○, 전문성○	상황 II 적절성○, 전문성×	상황 III 적절성×, 전문성○	상황 IV 적절성×, 전문성×
참여 정도	의사결정 과정에 자주 참여시키고, 참여단계도 초기 단계인 문제의 인지 및 정의부터 적극적으로 참여시킨다.	가끔 참여시키고 최종 대안을 선택할 때 제한적으로 참여시킨다. 참여시키는 목적은 최종결정 전에 구성원들에게 이해를 구하거나 설득·합의를 도출하여 저항을 최소화하기 위해서이다.	제한적으로 참여시킨다. 의사결정의 질을 높일 수 있는 아이디어나 정보를 얻기 위해 대안의 제시나 결과의 평가 단계에서 참여시킨다.	참여시킬 필요가 없다.
의사결정 방식	의회주의형 (다수결 원칙)	민주적−중앙집권주의적 방식 (구성원의 의견과 아이디어 경청 후, 최대한 반영하되 최종결정은 행정가가 내리는 방식)		−
행정가(리더)의 역할	소수의견 보장	문제해결·조정·통합·의견일치 및 저항 극소화		−

(2) 브룸(Vroom)과 예튼(Yetton)의 의사결정 방법

① 브룸과 예튼은 독단적인 것에서 민주적인 것까지 5가지 의사결정 형태를 제시하였다. 의사결정자는 상황에 따라 5가지 의사결정 형태를 선택하여 사용할 수 있다.

② 상황에 따라 다른 형태의 의사결정이 요구되므로 의사결정자는 상황을 올바르게 진단하고 적절한 의사결정 형태를 선택하는 능력이 필요하다.

◼ 브룸과 예튼의 5가지 의사결정 형태

형태	방법
AI	행정가가 현존하는 정보를 이용하여 단독으로 결정한다. ⓢ 단독결정
AII	행정가는 구성원들로부터 정보를 구하고 나서 단독으로 결정을 내린다. 구성원은 정보를 제공할 뿐 대안 탐색이나 평가에 관여하지 않는다. ⓢ 정보수집 후 단독결정
CI	행정가가 구성원들과 개별적 의견교환을 통해 아이디어와 제안을 얻고 나서 의사결정을 한다. 구성원들의 의견은 반영될 수도 있고 그렇지 않을 수도 있다. ⓢ 개별자문 후 결정
CII	행정가가 구성원들과 집단적으로 만나 함께 논의하여 아이디어와 제안을 얻고 나서 의사결정을 한다. 이 경우도 구성원들의 의견은 반영될 수도 있고 그렇지 않을 수도 있다. ⓢ 집단자문 후 결정
GII	참여적 방법으로 행정가는 집단적으로 문제와 상황을 함께 논의하여 결정한다. 모든 구성원은 함께 대안을 탐색하고, 평가하며 해결책에 대한 합의점에 도달하기 위해서 노력한다. ⓢ 집단결정

※ 형태에서 A는 autocratic, C는 consultative, G는 group styles를 의미한다.

③ 브룸과 예튼이 제시한 의사결정 형태를 선택하기 위해서 진단적 질문을 이용하게 된다. 진단적 질문들은 적절한 의사결정 형태의 선택을 단순화할 목적으로 7가지 규칙에 기초하고 있다.

④ 처음 3가지 규칙은 의사결정의 질에 초점을 두고, 나머지 4가지 규칙은 의사결정의 수용성을 다루고 있다.

◼ 의사결정 선택을 위한 규칙

		의사결정의 질을 보호하기 위한 규칙	
1	지도자 정보 규칙	결정의 질은 중요하지만, 지도자가 혼자 문제를 해결하는 데 필요한 충분한 정보나 전문적 지식이 부족하다.	AI(단독결정) 제외
2	목표 일치 규칙	결정의 질은 중요하지만, 구성원들이 조직목표에 합치되게 의사결정을 할 것을 확신하지 못한다.	GII(집단결정) 제외
3	비구조화된 문제 규칙	결정의 질이 중요하고, 지도자가 충분한 정보와 전문적 지식이 부족하며, 문제가 비구조화되어 있는 경우, 구성원들 사이에 문제해결방법과 관련한 정보를 쉽게 소유할 수 있도록 상호작용이 이루어져야 한다.	AI(단독결정), AII(정보수집 후 단독결정), CI(개별자문 후 결정) 제외
		의사결정의 수용성을 보호하기 위한 규칙	
4	수용 규칙	구성원들의 의사결정 수용이 중요하고, 단독결정이 구성원들에게 수용될 것이라는 확신이 없다.	AI(단독결정)과 AII(정보수집 후 단독결정) 제외
5	갈등 규칙	결정에 대한 구성원들의 수용이 중요하고, 단독결정의 수용이 확실하지 않으며, 목표 달성을 위한 방법에 대한 구성원들의 의견이 일치하지 않을 때, 충분한 이해를 가지고 결정 과정에 참여할 수 있도록 의사결정 과정을 재구조화해야 한다.	AI(단독결정), AII(정보수집 후 단독결정), CI(개별자문 후 결정) 제외

| 6 | 공정성 규칙 | 결정의 질은 중요하지 않으나 그 결정에 대한 수용도가 중요하여 구성원 전체의 의견이 반영되어야 한다. | AI(단독결정), AII(정보수집 후 단독결정), CI(개별자문 후 결정) CII(집단자문 후 결정) 제외 |
| 7 | 수용 우선 규칙 | 수용 여부가 중요하고, 독단적 결정은 수용되지 않을 것 같으나 구성원들이 신뢰할 만하다. | AI(단독결정), AII(정보수집 후 단독결정), CI(개별자문 후 결정), CII(집단자문 후 결정)은 제외 |

(3) 호이(Hoy)와 타터(Tarter)의 참여적 의사결정 중등 09

① 브리지스의 참여적 의사결정 모형을 발전시켜 관련성 검증과 전문성 검증 그리고 구성원들의 신뢰에 대한 검증에 따라 수용영역의 한계 범위인 경계적 상황을 다음과 같이 제시하였다.

구분	내용	상황
수용영역 밖	구성원을 신뢰할 수 있다면 광범위하게 참여시켜야 한다. 이 상황에서 유일한 쟁점은 의사결정을 합의로 할 것이냐 혹은 다수결로 할 것인가의 문제이다.	민주적 상황
	구성원을 신뢰할 수 없다면, 조직의 복지와 일치하지 않는 방향으로도 나아가게 할 수 있으므로 참여가 제한되어야 한다.	갈등적 상황
관련성 한계영역	구성원들이 쟁점에 대해 개인적인 이해관계를 갖고 있지만 전문성이 부족하면 발생하는 상황으로, 구성원들의 참여는 제한되어야 하고 가끔씩 참여가 이루어져야 한다.	이해관계자 상황
전문성 한계영역	구성원들이 쟁점에 대해 개인적 이해관계를 가지고 있지 않지만 전문성을 가지면 발생하는 상황이다. 이때 참여는 가끔 제한적으로 이루어져야 하며, 이 상황에서 행정가들은 질 높은 결정을 할 수 있는 기회는 많아지지만 구성원들을 무차별적으로 참가시키면 소외감이 증대될 수 있다.	전문가 상황
수용영역 안	결정 사항이 구성원들과 관련성이 없고 전문성을 가지고 있지 않다면, 의사결정은 수용영역에 포함되어 참여를 피해야 한다. 이러한 상황에서 구성원들은 일반적으로 관심이 없기 때문에 참가하는 것에 불쾌감을 나타낼 수 있다.	비협조적 상황

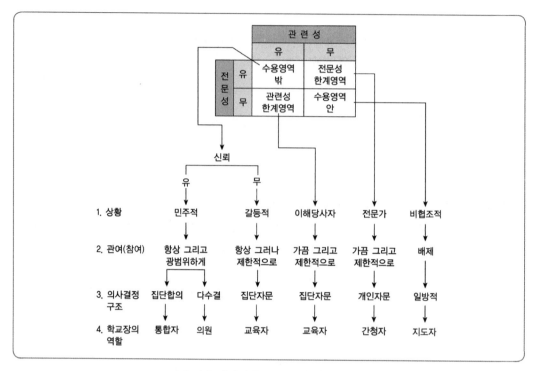

| 호이와 타터의 참여적 의사결정 모형 |

② 의사결정 구조

　㉠ **집단합의**: 행정가는 구성원들을 의사결정에 참여시킨 후 집단이 결정한다. 모든 집단의 구성원들은 결정을 하고 평가할 때 똑같이 참여하나 전체 합의가 있어야만 결정이 이루어질 수 있다.

　㉡ **다수결**: 행정가는 구성원들을 의사결정에 참여시키고 다수결의 원리로 결정한다.

　㉢ **집단자문**: 행정가는 전체 집단으로부터 의견을 경청하고, 제안들의 함의를 논한 후 구성원들의 욕구를 반영하거나 반영하지 않겠다는 결정을 한다.

　㉣ **개인자문**: 행정가는 결정 사안에 대해 잘 알고 있는 구성원들과 개별적으로 상의한 다음 그들의 의견을 반영하거나 반영하지 않겠다는 결정을 한다.

　㉤ **일방적 결정**: 행정가는 구성원의 자문이나 참여 없이 결정한다.

③ 행정가의 역할

　㉠ **통합자**: 의사결정의 합의를 얻기 위해 구성원들을 불러 모아 다양한 의견과 관점을 조화시킨다.

　㉡ **의원(의회인)**: 소수의 의견을 보호하여 개방적 의사소통을 촉진하고 민주적 과정을 통해 참여자들을 집단결정을 이끌어 내기 위해 지도한다.

　㉢ **교육자**: 결정의 쟁점과 그 제약요인을 집단의 구성원에게 설명하고 협의함으로써 변화에 대한 저항을 줄이고 결정을 수용하도록 한다.

　㉣ **간청자**: 전문가인 구성원들로부터 조언을 구한다. 행정가가 관련 정보가 적절하게 제시되도록 이끌어 나감으로써 의사결정의 질이 향상된다.

　㉤ **지도자(지시자)**: 구성원들이 전문지식이나 개인적 이해관계가 없는 경우에 단독으로 의사결정을 한다.

학교 경영의 개념과 기법

01 학교 경영의 이해

1. 학교 경영의 정의

① 학교 경영(school management)은 단위학교가 교육목표를 설정하고 그것을 달성하기 위해 인적·물적 조건을 조성하고 그것들을 계획·실천·평가하는 일련의 봉사활동이다.
② 학교를 하나의 경영단위로 하여 교육목표를 수립하고, 수립된 목표를 달성하기 위하여 인적·물적·재정적 자원 등을 효율적으로 활용하여 교육성과를 극대화하는 활동이라고 할 수 있다.

2. 학교 경영의 원리

① 민주성의 원리 : 학교 경영의 제반 과정과 영역에 교직원, 학부모, 학생 그리고 지역인사를 포함하는 학교 구성원들의 의견을 반영해야 한다.
② 타당성의 원리 : 학교 경영의 모든 과정은 학교 교육의 목적에 맞게 타당하게 운영되어야 한다.
③ 자율성의 원리 : 단위학교의 효율적인 운영을 위해 외부조직이나 상부의 지시나 간섭 없이 자율적으로 운영되어야 한다.
④ 효율성의 원리 : 최소한의 인적·물적 자원의 투입을 통해 최대의 성과를 달성해야 한다.
⑤ 합법성의 원리 : 국민의 교육권을 보장하고 국가예산의 효율적 집행을 위해 법에 의거하며 법이 정하는 범위 내에서 이루어져야 한다.

02 학교 경영의 최근 동향

1. 단위학교 책임경영제(school-based management; SBM) 중등 09

(1) 개요

① 단위학교 책임경영제는 단위학교가 자율권을 가지고 학교 내부의 민주적이고 합리적인 의사결정 과정을 통해 학교를 운영하며, 그 결과에 대해서 책임을 지는 학교 경영체제를 의미한다.

② 공교육체제의 혁신과 학교조직의 개혁을 통해 교육의 경쟁력을 향상시킬 목적의 교육개혁 프로그램으로, 일종의 '학교 재구조화' 프로그램의 한 형태라고 할 수 있다.

  • 학교 재구조화: 1980년 후반부터 학교교육의 질적 향상을 위해 도입하여 실행하고 있는 핵심적인 교육개혁 프로그램으로, 종래 교육조직의 구조에 대한 신념들을 본질적으로 변화시키는 의미를 내포하고 있음

③ 단위학교 책임경영제는 학교 재구조화 프로그램에서 중시하고 있는 교육조직의 변화를 의미하는 것으로, 중앙행정기관이나 지방교육청이 가지고 있던 의사결정 권한을 단위학교로 위임 · 이양하는 것이 주된 특징이다.

(2) 목표

교육과정, 교직원 인사 등 핵심적인 권한을 단위학교에 직접 부여하여 수요자 중심의 학교 교육 다양화를 유도하고, 다양하고 특색 있는 학교운영과 선의의 경쟁을 통하여 학교 교육의 경쟁력 제고를 목표로 하였다.

(3) 실천 방안

총체적 질 경영, 학교운영위원회, 학교회계제도, 교장공모제

2. 학교운영위원회 중등 06 · 24 논술, 초등 00 · 05 · 07 · 12

(1) 개요

① 단위학교 책임경영제의 대표적인 실천사례로, 단위학교의 자율성 보장과 아울러 학부모의 학교 참여를 활성화하자는 취지에서 운영되고 있다.

② 1996학년도부터 시 지역 이상의 국공립학교에서 실시되기 시작하였다. 2000학년도부터는 사립학교에서도 의무사항으로 규정되어 현재는 전국의 모든 학교에서 운영되고 있다.

(2) 학교운영위원회의 성격

학교운영위원회는 수요자 중심의 교육체제로 개혁하기 위한 학교운영 민주화, 학교공동체 구성원의 의견 수렴을 기반으로 하는 기구로 자리 잡고 있으며, 심의 · 자문기구의 역할로 운영되고 있다.

⑶ 학교운영위원회의 구성 및 자격

구성	자격
학부모위원	당해 학교에 재학하고 있는 자녀를 둔 학부모
교원위원	당해 학교에 재직하고 있는 교원
지역인사위원	당해 학교가 소재하는 지역을 생활근거지로 하는 자로 예산, 회계, 감사, 법률 등 전문가, 교육행정에 관한 업무를 수행하는 공무원, 당해 학교가 소재하는 지역을 사업 활동의 근거지로 하는 사업자, 당해 학교를 졸업한 자, 기타 학교운영에 이바지하고자 하는 자

⑷ 학교운영위원의 정수

학생 수	위원 수
200명 미만	5~8명
200명 이상 1,000명 미만	9~12명
1,000명 이상	13~15명

⑸ 학교운영위원의 구성 비율

구분	일반학교	산업수요 맞춤형고 및 특성화고
학부모위원	40~50%	30~40%
교원위원	30~40%	20~30%
지역위원	10~30%	30~50%

⑹ 학교운영위원회 위원의 선출

① 학부모위원의 선출: 학부모 중에서 민주적 대의절차에 따라 학부모 전체회의에서 직접 선출한다.
② 교원위원의 선출
　㉠ 국·공립학교: 당연직 교원위원(학교장)을 제외한 교원위원은 교직원 전체회의에서 무기명 투표로 선출한다.
　㉡ 사립학교: 학교장을 제외한 교원위원은 정관이 정한 절차에 따라 교직원 전체회의에서 추천한 자 중에서 학교장이 위촉한다(선출절차는 국·공립학교를 참고한다).
③ 지역위원의 선출: 학부모위원 또는 교원위원의 추천을 받아 학부모위원 및 교원위원이 무기명 투표로 선출한다. 관할 교육지원청은 지역사회에 대한 식견과 교육이해도가 높은 사람이 지역위원으로 추천될 수 있도록 지역위원 후보자의 인재 풀(pool)을 구성, 안내하는 등 지역위원 선출을 지원한다.

⑺ **학교운영위원회의 기능(심의·자문 사항)**

국공립학교	사립학교
학교헌장과 학칙의 제정 또는 개정	자문

- 학교의 예산안과 결산
- 학교교육과정의 운영방법
- 교과용 도서와 교육 자료의 선정
- 교복·체육복·졸업앨범 등 학부모 경비부담 사항
- 정규학습시간 종료 후 또는 방학 기간 중의 교육활동 및 수련활동

• 「교육공무원법」 제29조의3 제8항에 따른 공모교장의 공모 방법, 임용, 평가 등 • 「교육공무원법」 제31조 제2항에 따른 초빙교사의 추천	제외 사항

- 학교운영지원비의 조성·운용 및 사용   • 학교급식
- 대학입학 특별전형 중 학교장 추천   • 학교운동부의 구성·운영
- 학교운영에 대한 제안 및 건의 사항   • 그 밖에 대통령령이나 시·도의 조례로 정하는 사항

3. 총체적 질 경영(total quality management; TQM) 초등 02

⑴ **개요**

① 총체적 질 경영 이론은 1985년경 미국 기업에서 발생한 새로운 품질운동을 일컬어 총체적 품질 경영(TQM)이라고 한 데서 비롯된다.

② 학교조직에서의 TQM은 교육 수혜자에게 양질의 교육 서비스를 제공하여 학생들의 성취 수준을 높이고 교육 경쟁력을 강화하는 것을 목적으로 한다.

③ 수요자에게 초점을 두고 수요자 만족을 위한 경영 활동의 과정을 중시하며 계속적으로 수요자의 기대에 부응하는 것을 말한다.

④ 총체적 질 경영의 핵심은 학습자의 요구와 기대를 지속적으로 만족시키고, 이를 위한 구조화 과정 구축에 있다.

⑤ 학교행정가의 헌신적인 양질의 지도성을 바탕으로 양질의 조직 문화를 형성하고 조직의 모든 면에서 수월성을 추구함과 함께, 교육수혜자에 대해 최고의 가치를 두는 인간중심, 고객중심의 관리체제로서 양질의 과업성취를 이루는 관리방식이다.

⑵ **총체적 질 경영의 원칙**

① **명료한 목표 설정과 과정의 개선**: 일종의 경영 시스템이므로 명확한 목표 설정과 과정의 개선이 요구된다. 명확한 목표 설정이란 조직이 무엇을 해야 하는지 조직구성원 간의 인식 공유를 말한다. 과정의 개선이란 업무 수행을 보다 효과적으로 수행하기 위해 이를 분석하고 체제의 과정을 조정하고 재설계하려는 노력을 말한다.

② **팀에 의한 문제해결**: 도입 단계에서는 학교 내의 다른 부서와 다른 계층의 사람들로 구성된 팀을 활용하여 간단한 문제부터 해결해 나가는 것이 바람직하다.

③ **교사의 역할**: 효율적 추진을 위해서는 교사의 역할이 매우 중요하다. 교사들은 총체적 질 경영 추진에 헌신적이어야 하며 혁신을 추진하는 데 필요한 권한을 부여받아야 한다.

④ **교육 훈련 프로그램의 개발**: 교육 훈련 프로그램을 통해 구성원들은 자신의 새로운 역할을 이해하고 능력을 향상시킬 수 있다.

(3) 총체적 질 관리를 위한 방법

① **수업평가제도**: 수업효과를 비교적 정확하게 측정하여 교수·학습과정을 개선시킬 수 있는 객관적인 자료로서의 역할을 한다.

② **일분 에세이(one minute essay)**: 매 시간 후에 실행될 수 있는 피드백 방법으로 간단한 설문조사의 형태이다.

③ **학생대표그룹(focus group)**: 학생들의 의견을 대표할 수 있는 5~10명의 학생대표 그룹을 형성하고, 정기적인 만남을 통해 의견을 수렴하는 방법이다.

④ **멘토링(mentoring)**: 내부 교사들 간의 의사소통을 통해 수업의 질을 향상시키는 방법으로 수업경험이 탁월한 교사가 신규교사에게 수업경험을 전수하는 방법이다.

⑤ **벤치마킹(benchmarking)**: 국내·외 좋은 학교에서 제공되는 수업과 비교하여 수업 내용과 교수방법의 장점을 탐구하고, 자신이 가르치는 교과목의 수준을 그에 맞추어 향상시킬 수 있는 방법이다.

⑥ **수업에 대한 보상(reward)**: 수업의 질을 향상시키는 것으로 학교의 질을 향상시키는 열쇠가 될 수 있다.

4. 학교회계제도 중등 03·04, 초등 04·10

(1) 개요

① 학교단위의 자율적 재정운영을 보장하여 다양한 교육활동을 효과적으로 지원함으로써 학교교육의 질을 높이는 데 목적이 있다.

② 재원별로 지정된 목적에 따라 제한적으로 편성·집행해 오던 학교 교육 예산을 총액으로 배분하고, 교사의 참여와 학교운영위원회의 심의를 거쳐 우선순위에 따라 자율적으로 세출예산을 편성·집행하는 제도이다.

③ 학교회계의 세입은 국가의 일반회계 또는 지방자치단체의 교육비특별회계로부터의 전입금, 학교운영지원비, 학교발전기금으로부터의 전입금, 수업료(사립초등학교 및 사립고등학교), 기타 납부금 및 학교운영지원비 외에 학교운영위원회의 심의를 거쳐 학부모가 부담하는 경비, 국가 또는 지방자치단체의 보조금 및 지원금, 사용료 및 수수료, 이월금, 물품매각대금, 기타 수입 등이며, 학교운영 및 학교시설의 설치 등을 위해 필요한 일체의 경비를 세출로 한다.

④ 학교회계의 회계연도는 매년 3월 1일에 시작하여 다음해 2월 말일에 종료된다.

(2) 주요 특징

① 학교회계제도는 교사 인건비와 대규모 시설 공사비를 제외한 대부분의 사업비와 학교운영비를 학교 단위에서 독자적으로 편성·집행할 수 있다.

② 수입원에 따라 분산되어 있던 잡다한 회계를 단일화하여, 확정된 학교 예산과 결산이 학부모 및 교직원에게 공개된다.

③ 교사들의 예산 참여권이 보장된다. 교장은 반드시 교직원 등으로부터 예산 요구서를 제출받아 예산안을 편성해야 한다.

④ 각 경비별로 달랐던 회계연도를 학년 시작과 맞춰 3월 1일부터 이듬해 2월 말일로 한다.

⑤ 학교 회계 설치 이전에는 교육부나 교육청이 지원한 경비를 회계연도가 끝나면 전액 반납하였으나 학교 회계제도 아래에서는 이월이 허용된다.

⑥ 교내 시설물을 외부 기관에 빌려주면 국고나 교육비특별회계로 귀속되었지만 학교회계제도에서는 사용료 전액을 학교가 자체적으로 받아 직접 사용할 수 있다.

(3) 학교회계예산의 종류

① 본예산: 본래의 예산이란 의미로 한 회계연도에서 학교 단위의 교육과정과 학교 운영에 소요되는 수요를 파악하여 편성되고 학교운영위원회의 심의를 거쳐 확정하여 설립된 매 회계연도 최초의 예산을 말한다.

② 추가경정예산: 예산 성립 후에 생긴 사유로 인하여 이미 성립한 예산에 변경을 가할 필요가 있을 때 추가경정예산을 편성할 수 있다.

③ 준예산: 회계연도가 시작되었음에도 불구하고 예산이 성립하지 않은 상태가 일어날 수 있다. 이런 경우 전년도에 준하여 집행할 수 있으며 그 경비는 교직원 등의 인건비, 학교 교육에 직접 사용되는 교육비, 학교 시설의 유지 관리비, 법령상 지급 의무가 있는 경비, 이미 예산으로 확정된 경비 등이다. 이때 집행된 예산을 준예산이라고 한다.

④ 수정예산: 예산안을 학교운영위원회에 제출한 이후라도, 전입금의 변경이나 기타 부득이한 사유로 인하여 예산안을 수정할 필요가 있는 경우에, 수정예산안을 제출하여 학교운영위원회에 제출할 수 있다. 이때의 예산을 수정예산이라고 한다.

⑤ 실행예산: 이미 확정된 예산의 범위 내에서 임시로 편성하여 운영하는 예산이다.

(4) 학교예산 운영과정

절차	내용
예산편성지침 통보 ⇩	관할청이 예산편성지침을 작성하여 이를 학교장에게 통보
본예산 편성 ⇩	학교장이 관할청의 예산편성지침에 의하여 학교회계세입세출예산안을 편성하여 회계연도 개시 30일 전까지 학교운영위원회에 제출
예산심의 ⇩	학교운영위원회는 학교회계세입세출예산안을 회계연도 개시 5일 전까지 심의
예산공개 ⇩	학교장은 학교회계세입세출예산을 확정하고 학부모와 교직원에게 예산을 공개
예산집행 ⇩	학교장은 확정된 학교회계세입세출예산에 따라 집행 — 예산집행의 예외적인 사항을 예산총칙에 명기 — 예비비 제도의 활용 — 추가경정예산 편성
결산	• 학교장은 회계연도마다 결산서를 작성하여 회계연도 종료 후 2월 이내에 학교운영위원회에 제출 • 학교운영위원회의 결산 심의 후 회계연도 종료 후 3월 이내에 학교장에게 통보 • 결산 완료 후 학부모와 교직원에게 공개

03 학교 경영 기법

1. 목표관리기법(management by objectives; MBO) 중등 10

(1) 개요

① 분명한 목표를 설정하고 책임 한계를 규정하며, 조직구성원의 참여와 협조를 얻어서 조직원들의 업적을 평가하고 피드백을 통하여 관리계획을 개선하고 구성원의 동기를 유발하며 나아가 조직체의 효율성을 증진시키려는 일련의 과정이다.

② 목표관리기법은 명확한 목표 설정, 권한의 위임과 책임의 규정, 참여와 상하 협력 및 최종 산출의 평가 등을 통하여 조직관리 방법을 개선하고, 조직원의 참여를 통해 동기유발을 도모하는 기법이라 할 수 있다.

③ 학교 경영에서 목표관리기법은 교장과 교감 그리고 교직원의 공동 참여를 통해 교육목표를 수립하고 이를 달성해 나가는 학교 경영 방식의 하나로 활용될 수 있다.

④ 교육목표 설정에의 공동 참여, 목표 달성의 노력과 성과에 대한 평가와 보상, 그리고 교직원 각

자의 자기 통제를 통한 목표 도달이라는 순환적 과정을 거치는 학교 경영 기법으로 활용될 수 있다.

(2) 목표관리기법의 요소

① **목표설정**: 효과적인 조직관리를 위해서는 장기적 차원에서의 일반적인 조직 목적과 함께 단기 적인 차원에서의 구체적인 조직목표가 있어야 한다. 구체적 목표를 조직과 개인이 잘 알게 되면 목표 달성 가능성은 더 높아진다.

② **참여**: 목표는 상급자와 하급자가 함께 참여하고 협력하여 설정해야 한다. 참여와 협력 과정을 통해 설정된 목표는 더욱 타당하고 실현 가능성이 높으며, 참여자들의 적극적인 협조를 얻을 수 있게 된다.

③ **피드백**: 명확한 피드백은 조직의 문제해결 능력을 증진시키고 개인의 직무수행 능력을 향상시 킨다. 피드백은 문제점에 대한 보완과 개선을 위한 중요한 자료로 활용될 수 있다.

(3) 장점

① 학교 교육의 활동을 목표에 집중시켜 교육의 효율성을 높일 수 있다.

② 교직원들의 참여의식을 높이고 인력자원 활용의 효율성을 도모할 수 있다.

③ 목표와 책임에 대한 명료한 설정으로 교직원의 역할 갈등을 해소하고 학교관리의 문제나 장애 를 조기에 발견·치유할 수 있다.

(4) 단점

① 단기적이고 구체적인 목표에 대한 강조 때문에 과정을 중시하고 장기적이며 전인적 목표를 내 세우는 학교 교육 활동에 부적합한 측면이 있다.

② 측정 가능하고 계량적인 교육목표의 설정과 평가 때문에 학교 교육을 왜곡할 가능성이 있다.

③ 목표설정과 성과보고 등은 많은 노력과 시간을 필요로 하여 교직원들의 잡무부담 가중과 불만 의 원인이 되기 쉽다.

2. 정보관리체제(management information system; MIS)

① 경영자가 당면한 문제를 분석, 대안을 검토하고 합리적인 의사결정을 내리기 위해서는 다양한 정보가 요구된다. 합리적이고 효율적인 경영관리를 위해 정보를 수집·처리·보관하였다가 적 시에 정보를 제공해 주는 정보관리체제가 요구된다.

② 정보관리체제는 자료기기, 절차, 소프트웨어 그리고 인적 자원의 총합으로 조직의 하부체제를 통합해 주고, 조직운영계획 수립과 통제에 관한 의사결정에 필요한 정보를 제공해 주는 기능을 한다.

③ 정보관리체제의 개발은 필요한 정보가 무엇인지 확인하는 과정, 정보체제의 설계 과정, 관련 인 사들의 참여, 정보체제 운영조직, 정보체제의 운영, 정보체제의 평가 등으로 이루어진다.

④ 정보관리체제를 학교 경영에 적용해 보면, 학생들의 수업관리, 성적관리, 재정관리, 물품관리, 인사관리 등을 전산화 처리하여 정보화하는 것을 들 수 있다. NEIS(교육행정정보시스템)도 정 보관리체제의 한 부분이라고 할 수 있다.

3. 과업평가계획기법(program evaluation and review technique; PERT) 초등 04 · 07

(1) 개요

① 사업을 세부 작업 활동과 작업 수행 단계 등으로 세분하고, 선후관계와 인과관계를 따져서 사업추진 공정을 도표화하여 사업을 보다 합리적이고 체계적으로 수행하도록 계획하는 기법이다.

② 달성해야 할 목표와 목표 달성을 위한 활동과 과업 및 선행해서 이루어져야 할 사항들을 논리적 순서와 관계로 배열하여, 진행과정을 시간단계나 비용측면에서 직선적 혹은 병렬적 선망 조직으로 작성하는 사업계획도이다.

③ 과업평가계획기법은 두 가지 중심적인 요소로 구성된다. 과업을 수행하는 데 필요한 구체적 작업 활동인 '활동'과 특정한 활동과 다른 활동을 구별해 주는 시점인 '단계'로 구성된다.

④ 이 기법의 중요한 특징은 활동과 단계를 명료하게 도표화한다는 것이다.

(2) 과업평가계획기법의 절차

① 플로차트 작성 : 과업 달성에 필요한 활동들을 선정하고, 단계와 활동을 작업 순으로 표시한 활동 목록표를 작성한다. 그다음 활동목록표에 의해 단계와 활동을 서로 관련 있는 것끼리 연결한 네트워크를 작성하고, 네트워크가 완성되면 단계와 활동의 명칭을 구체적으로 기입하고 각 단계에 번호를 기입함으로써 네트워크 모형을 완성한다.

② 각 작업의 소요시간 추정 : 플로차트가 완성되면 단계와 단계 사이의 구체적인 활동에 대해 소요시간을 추정한다. 소요시간은 최단시간(일이 가장 순조롭게 진행됐을 때 걸리는 시간), 최장시간(가장 악조건일 때 걸리는 시간), 최적시간(정상적 여건일 때 걸리는 시간) 등으로 구분하여 추정한다.

③ 전체 과제수행 시간 추정 : 특정 활동들에 대한 기대시간이 추정되면, 전체 활동과 단계들을 수행하는 데 필요한 과제수행 시간을 추정하게 된다.

④ 예측 : 소요시간 추정을 완료한 후에는 과업을 제때 완성할 수 있을지 예측한다.

(3) 장점

① 특정한 과업을 추진하기 위한 세부 작업 활동의 순서와 상호관계를 유기적으로 파악할 수 있어서 계획을 보다 신중하고 체계적으로 수립할 수 있다.

② 계획에 대한 분석과 평가를 신속하고 정확하게 할 수 있다.

③ 작업과정에 대한 구체적인 계획과 정밀한 분석에 기초하여 작업계획을 수시로 수정할 수 있으며 상황의 변화에 쉽게 대처할 수 있다.

④ 학교 경영에서는 교육계획이나 행사계획 수립 및 추진 시 자주 활용한다.

4. 조직개발기법(OD) 초등 01

(1) 개념

① 행동과학적인 지식과 기술을 활용하여 조직의 목적과 개인의 성장욕구를 결합시켜 인간의 잠재력을 최대한 개발함으로써 조직 전체의 변화와 발전을 도모하는 기법이다.

② 조직개발은 급격히 변하는 새로운 기술, 시장, 도전에 잘 적응할 수 있도록 조직의 태도, 가치, 신념, 구조 등을 변화시키기 위해 고안한 복합적인 교육전략이다.

(2) 목표

조직을 바람직한 상태로 계속적으로 변화시켜, 조직의 건강을 증진하고 조직의 효과성을 높이는 데 목적이 있다.

(3) 조직개발기법의 성격

① 계획적 변화: 사전에 치밀한 계획에 의해 신중히 검토되어야 한다.

② 포괄적 변화: 전체 체제의 변화에 초점을 둔다.

③ 장기적 변화: 장기간에 걸쳐서 변화를 유도한다.

④ 행동과학 활용: 다학문적인 행동과학을 응용하여 적용하는 것이다.

⑤ 계속적인 과정: 한 번 실시하고 끝내는 것이 아니라 반복적으로 실시하여 적응하도록 한다.

⑥ 집단 지향적: 조직 내 집단 간의 상호작용에 역점을 둔다.

⑦ 평등주의: 집단의 관계성을 개선하는 데에 역점을 두므로 계층의 차이를 무시한다.

⑧ 현재성: 과거보다 현재의 문제를 발견하고, 적합한 전략을 수립하여 조직을 발전시킨다.

⑨ 역동적 인간 상호관계 중시: 구성원의 참여를 전제로 역동적 상호작용에 의해 조직을 발전시키고자 한다.

(4) 단계

① 변화의 필요성 인식

② 문제의 인식과 진단 및 성취목표의 설정

③ 개선방법 및 전략과 대안의 설정

④ 최선의 전략과 기법의 선정

⑤ 전략과 기법의 실시

⑥ 실시결과의 분석 및 평가

(5) 조직개발의 구체적 기법

감수성 훈련, 그리드 훈련, 과정자문법, 팀 구축법, 조사연구-피드백 기법, 대면 회합

• 감수성 훈련(sensitive training): 구성원 개개인이 참여하여 자유로운 분위기에서 친밀한 인간관계를 토대로 진행하는 자기 이해 및 자기변화 훈련을 말한다. 자유로운 분위기가 형성되면 대부분의 사람은 친밀하게 되고 각자 자신에 대해 더 많은 것을 알 수 있다는 가정하에서 실시되는 훈련이다. 대인관계에서 자신과 타인의 행동패턴에 대한 감수성과 인식의 증대를 통해서 인간관계 능력의 향상과 조직 유효성을 증대시키려는 기법이다.

04 예산 편성 기법

1. 품목별 예산제도 중등 11

(1) 내용

① 예산항목을 경비의 성격과 위계에 따라 관, 항, 목, 세목 등으로 제도화함으로써 지출의 구체적인 항목을 기준으로 예산이 편성·운영되는 제도이다. 즉, 급여, 수당, 여비, 시설비 등의 지출을 대상으로 표시한 예산제도이다.

② 품목별 예산제도의 주된 내용요소는 기관별 예산, 기관의 운영과 행정작용에 소요되는 품목의 나열, 소요경비와 그 품목별 내용의 금전적 표시 등이라고 할 수 있다. 품목별 예산제도는 지출에 대하여 부정지출과 낭비지출, 그리고 목적 외 지출 여부 등을 감독하는 통제지향적인 예산제도라고 할 수 있다.

(2) 장점

회계 책임을 명확히 하여 예산의 낭비를 방지할 수 있으며, 예산 편성이 용이하고, 회계감사가 용이하다.

(3) 단점

사업 효과나 효율보다는 지출의 경비에 초점을 맞추기 때문에 사업의 성과 측면에 소홀하게 된다.

2. 성과주의 예산제도

(1) 내용

① 주로 정부가 지출하는 목적에 중점을 두어 정부가 하는 사업이나 기능을 수행하기 위하여 소요되는 비용을 명확하게 해 주는 예산제도이다.

② 성과예산제도는 품목별 예산제도가 정부의 구입물품과 수단만을 나타내는 통제지향적인 성격을 지니고 있는 데 반하여, 실적을 위한 관리지향적인 성격을 지니고 있다.

③ 성과예산제도는 예산의 범주를 기능별로 분류하고 있으므로 이에 대한 구체적인 업무비용을 산정함으로써 행정가의 조직단위에 대한 업무능률을 측정할 수 있다.

④ 예산과목을 사업계획별, 활동별로 분류한 다음 각 세부사업별로 단위 원가에 업무량을 곱하여 예산액을 표시하고, 그 집행의 성과를 측정, 분석, 평가하여 재정을 통제한다.

(2) 장점

달성하려는 목표와 사업이 무엇인가를 표시하고 이를 달성하는 데 필요한 소요비용을 명시해 준다.

(3) 단점

예산관리에 너무 치중한 나머지 너무 회계적인 측면을 강조하거나 계획을 소홀히 할 수 있다.

3. 기획예산제도(planning-programming-budgeting system; PPBS)

(1) 내용

① 기획예산제도는 계획의 재정적 측면(예산편성)과 실질적 측면(목적과 목표)을 결합시키는 것이다.
② 장기적인 계획 수립과 단기적인 예산편성을 유기적으로 연결시킴으로써 자원을 합리적·과학적으로 배분하려는 제도이다.
③ 기획예산제도는 프로그램의 여러 가지 산출의 비용을 결정하고, 비용분석에 근거하여 목표 달성을 위한 모든 대안의 타당성을 검토하는 데 주안점을 둔다.
④ 이 제도는 ⅰ) 조직의 각 부서 또는 활동을 위한 목표를 결정하고, ⅱ) 정책대안들을 비용과 관련시켜 그 효과를 분석하며, ⅲ) 자원의 적절한 배분을 통해 조직의 목표 실현을 극대화할 수 있는 자금계획서를 작성하는 일로부터 시작된다.

(2) 장점

① 학교 경영에서 기획예산제도를 활용할 경우 학교의 목표, 프로그램, 예산을 체계화할 수 있다.
② 연도별 교육목표와 이를 달성하기 위한 교육프로그램의 소요자원을 확인할 수 있다.
③ 교육목표의 우선순위에 따라 자원을 합리적으로 조절할 수 있어서 예산을 절약할 수 있다.

(3) 단점

① 학교체제를 기업이나 공공기관처럼 간주하여 학교 교육에서 중요한 정서적·심리적 교수·학습체제를 단순화할 가능성이 있다.
② 교육활동은 복합적이고 장기적인 효과를 나타내는 것이기 때문에 중간 단계의 단기적 실적을 평가하기가 어렵다.
③ 중앙집권화를 조성하여 교수·학습활동을 위축시킬 가능성이 있다.

4. 영기준 예산제도(zero-based budgeting system; ZBBS) 중등 09, 초등 05

(1) 내용

① 전년도 예산을 고려하지 않고 모든 사업이나 활동을 새롭게 검토하여 우선순위를 설정한 후 자원을 배분하는 방식이다.
② 주로 전년도를 기준으로 가감하는 방식을 지향하고 있는 종래의 예산편성방식에서 탈피한 제도이다.
③ 의사결정 패키지를 작성하여 패키지에 순위를 부여해서 한정된 예산에 맞추어 사업을 결정하는 것이다.

(2) 영기준 예산제도의 실시방법

① 의사결정 패키지의 작성: 요약된 사업계획서라고 할 수 있다. 일반적으로 한 장의 종이에 한 사업의 개요를 간략하게 서술한 것이다.
② 우선순위 결정: 목적달성을 위해 제일 중요도가 높은 사업부터 낮은 사업으로 순서를 정하여 제한된 예산범위에서 수행 가능한 사업만을 결정하는 것이다.

(3) 장점

① 우선순위가 낮은 사업에서 우선순위가 높은 사업으로 재원을 전환함으로써 합리적인 예산배분을 가능하게 해 준다.

② 전년도 예산을 답습하지 않기 때문에 재정의 경직성을 극복할 수 있다.

③ 예산편성 과정에서 계층 간 의사소통이 원활하고 참여의 폭이 확대된다.

(4) 단점

① 모든 사업과 활동을 영(zero)의 상태에서 분석해야 하므로 시간과 노력의 부담이 가중된다.

② 교원들에게 새로운 과업을 부과하게 되고 제도에 숙달되기 전까지 많은 시행착오를 감수해야 한다.

③ 사업이 기각되거나 평가절하되면 비협조적 풍토가 야기될 수 있다.

④ 의사결정에 전문성이 부족하면 비용 및 인원 절감에 실패할 수 있다.

▌ 일몰(日沒)예산제도(sunset budgeting system)

- 일몰법의 정신을 반영하는 예산제도이다. 일몰법이란 어떤 행정기관이나 정부의 사업이 일정 기간이 지나면 자동적으로 폐지되도록 규정한 법률을 말한다.
- 행정기관의 사업이나 권한, 조직에 대해 사업시행 후 일정 기간이 경과한 시점에서 재검토하여 이미 목적을 달성하여 존속이 불필요하거나 부적절한 것, 당초의 목적을 달성하는 데 실패한 것, 상황의 변동 등으로 존재 이유가 희박해진 것 등을 폐지하는 제도적 장치이다.
- 일몰법의 기본이 되는 것은 자동적 종결과 주기적 재심이다. 따라서 일몰법은 영기준 예산제도와 상호보완적 관계에 있다고 할 수 있다.
- 불필요한 예산의 낭비를 막고, 보다 사회적 타당성이 높은 신규사업을 시도할 수 있도록 하고, 보다 효율적인 기관의 설치를 도와준다는 점에서 장점이 있으나, 정부의 각종 활동을 억제하는 역기능이 있을 수 있고, 정치성을 배제하기 어렵다는 문제점을 내포하고 있다.

한이수
교육학

초판인쇄 | 2025. 1. 10. **초판발행** | 2025. 1. 15. **편저자** | 한이수
발행인 | 박 용 **발행처** | (주)박문각출판 **등록** | 2015년 4월 29일 제2019-000137호
주소 | 06654 서울시 서초구 효령로 283 서경 B/D 4층 **팩스** | (02)584-2927
전화 | 교재 주문 (02)6466-7202, 동영상문의 (02)6466-7201

저자와의
협의하에
인지생략

정가 29,000원
ISBN 979-11-7262-342-5
ISBN 979-11-7262-341-8(세트)